AFRICA
六点非洲系列

非洲现代经济史
十九世纪

A Modern Economic History of Africa:
The Nineteenth Century

[马拉维] 保罗·提杨贝·泽勒扎 著
Paul Tiyambe Zeleza

张 瑾 何曙荣 译

华东师范大学出版社
·上海·

华东师范大学出版社六点分社　策划

总　序

　　学问之兴盛,实赖于时势与时运。势者,国家与人类之前途;运者,发展与和平之机缘。中非关系之快速发展促使国人认识非洲、理解非洲、研究非洲。

　　非洲乃人类起源地(之一),非洲文明形态使人类文明极大丰富。古罗马史家老普林尼(Gaius Plinius Secundus)有言:"非洲总是不断有新鲜事物产生",此种"新鲜事物"缘自非洲人之"自我创造活动"(Ki-Zerbo 语)。全球化再次使非洲为热土,非洲智者提醒:"千万别试图告诉非洲人到底哪里出了问题,或他们该如何'治好'自己。如果你非要'提供救赎',那么抑制你内心的这种渴望"。"非洲人不是坐在那列以我们的世界观为终极目的的列车上。如果你试图告诉他们,他们如何成为我们,千万别。"(Kaguro Macharia 语)

　　此提醒,预设了国人研究非洲必备的"问题意识";此提醒,不仅因国人对非洲的知识仍然贫乏,更促使吾辈须知何为中非文明互鉴之基础。

　　中国学界不仅须理解伊本·赫勒敦(Ibn Khaldun)之卓识远见,谢克·安塔·迪奥普(Cheikh Anta Diop)之渊博学识,马姆达尼(Mahmood Mamdani)之睿智论证和马兹鲁伊(Ali Mazrui)之犀利观点;更须意识到非洲之人文社会科学在殖民统治时期受人压制而不见经传,如今已在世界学术之林享有一尊。吾辈须持国际视野、非洲情怀和中国立场,苦其心志,着力非洲历史文化与社会经济诸方面之基础研究。

　　"六点非洲系列"之旨趣:既要认知西方人心目中之非洲,更要熟悉非洲人心目中之非洲,进而建构中国人心目中之非洲。本书系关涉非洲历史、社会、政治、经济、文化、文学……力图为非洲研究提供一种思路。惟如此，吾辈才有可能提供一套有别于西方的非洲知识之谱系，展现构建人类命运共同体伟大实践之尝试。此举得非洲大方之家襄助，幸甚。

"人之患在好为人师。"(孟子语)"各美其美，美人之美，美美与共，天下大同。"(费孝通语)此乃吾辈研究非洲之起点，亦为中非文明互鉴之要义。

是为序。

李安山 2019 年 11 月 11 日

于京西博雅西苑

目　录

序一⋯⋯⋯⋯⋯⋯⋯⋯⋯⋯⋯⋯⋯⋯李安山　1

序二⋯⋯⋯⋯⋯⋯⋯⋯⋯⋯⋯⋯⋯⋯舒运国　1

度量衡,货币⋯⋯⋯⋯⋯⋯⋯⋯⋯⋯⋯⋯⋯⋯⋯Ⅰ

前言⋯⋯⋯⋯⋯⋯⋯⋯⋯⋯⋯⋯⋯⋯⋯⋯⋯⋯Ⅲ

致谢⋯⋯⋯⋯⋯⋯⋯⋯⋯⋯⋯⋯⋯⋯⋯⋯⋯⋯Ⅴ

引言:非洲经济史再思考 ⋯⋯⋯⋯⋯⋯⋯⋯⋯⋯⋯　1

第一部分　环境和人口变化

第一章　环境变化 ⋯⋯⋯⋯⋯⋯⋯⋯⋯⋯⋯　25

第二章　人口变化 ⋯⋯⋯⋯⋯⋯⋯⋯⋯⋯⋯　52

第二部分　农业生产

第三章　土地利用系统 ⋯⋯⋯⋯⋯⋯⋯⋯⋯　85

第四章　农业生产关系 ⋯⋯⋯⋯⋯⋯⋯⋯⋯　116

第五章　殖民农业⋯⋯⋯⋯⋯⋯⋯⋯⋯⋯⋯　154

第三部分　矿业和制造业

第六章　采矿和冶金 ⋯⋯⋯⋯⋯⋯⋯⋯⋯⋯　173

第七章 手工业和工业化 ···················· 199

第八章 殖民工业化的开端 ··················· 223

第四部分 国内和区域贸易

第九章 北非的贸易 ······················ 249

第十章 西非的贸易 ······················ 267

第十一章 东非的贸易 ······················ 287

第十二章 中部非洲和南部非洲的贸易 ··········· 310

第五部分 国际贸易和帝国主义

第十三章 北非:债务帝国主义 ················ 333

第十四章 西非:贸易帝国主义 ················ 359

第十五章 南方的帝国主义 ··················· 386

结语:拓展非洲经济史的视野 ················· 412

参考文献 ··························· 416

索引 ······························ 476

译后记 ···························· 499

序一

李安山

保罗·提杨贝·泽勒扎(Paul Tiyambe Zeleza)的著作《非洲现代经济史：十九世纪》终于有了中译本。译者张瑾和何曙荣二位博士请我写序，并表示希望我向中国非洲研究学界介绍这位才华横溢的非洲历史学家。2020 年 7 月，我决定将泽勒扎列入《中国大百科全书》世界历史卷，他欣然发来最新的个人简历和照片。他还专门提到一位中国学者就翻译其著作联系他的事，并说已告知其可联系非洲社会科学研究发展理事会的出版社。2021 年初，我将自己在南非非洲世纪出版社出版的新作《全球化背景下的中国与非洲：接触、政策、合作与移民》(*China and Africa in Global Context*：*Encounter*，*Policy*，*Cooperation* & *Migration*)的电子版发给他。他非常高兴，除表示祝贺外，还告知其妻(政治学家)在写一篇有关塞内加尔和尼日利亚与中国关系的论文，该书正好可以给她作参考。

我与泽勒扎教授是 2002 年秋季认识的。当时他正在做一个有关全球非洲研究的大项目，分批邀请了各国从事非洲研究的专家去他当时执教的伊利诺伊大学香槟分校开研讨会。我被邀请的那组除了我之外，还有来自英国、瑞典和日本的学者。当时，我们各自给研讨班师生介绍了自己国家非洲研究的历史。后来出版的两卷本《非洲研究》，第一卷"学科与跨学科接触"(Discipline and interdisciplinary encounters)包括多个相关学科和重要专题的非洲研究情况，主要包括人类学、社会学、民族学、文学、语言学、史学史、民族史学、政治学、经济学、地理学和心理学等学科，以及妇女研究、性别研究、视觉艺术、非洲宗教、全球卫生、传播、文化与哲学及后现代等方面的研究。第二卷"全球与跨国参与"(Global and transnational engagements)包括非洲研究中出现的一些问题，如全球化对非洲研究的影响，经济自由化与非洲发展、移民裔群、语言翻译等问题，以及一些主要国家和地区如法国、美国、英国、德国、瑞典、俄罗斯、加勒比地区、巴西、印度、澳大利亚、中国和日本的非洲研究的历史与现状。后来我才知道，是于佑任先生的嫡孙、当时也在该校任教的于子桥先生(George Yu)推荐我代表中国学者参加此会。泽勒扎教授的组织能力从他当时操办的会议、周到细致的接待工作、会议期间的学术安排以及丰盛的家宴上已充分体现出来。

　　保罗·提杨贝·泽勒扎是马拉维的历史学家、文学批评家、小说家、短篇小说作家。他于 1955 年 5 月 25 日出生在南罗得西亚的索尔兹伯里（即现今津巴布韦的哈拉雷），父母是马拉维人。一家人在 1956 年回到尼亚萨兰（即今天的马拉维）。他在马拉维接受小学、中学和大学教育，获得文学学士学位后，就读于伦敦大学东方与非洲研究学院和伦敦经济学院，并于 1978 年获得非洲历史和国际关系方面的文学硕士学位。1982 年，他在加拿大新斯科舍省哈里发克斯的达尔豪斯大学获得了经济史哲学博士学位。随后他在加勒比、非洲、北美等多地从事教学和科研活动。他曾在肯尼亚的肯雅塔大学和加拿大的特伦特大学从事教学和研究。"非洲现代经济史：十九世纪"正是他在肯雅塔大学教书的主要课程，他后来有机会在位于埃塞俄比亚首都亚的斯亚贝巴的联合国非洲经济委员会和他的母校加拿大达尔豪斯大学进行研究和补充，最后在特伦特大学完成这一艰巨的工作。

　　泽勒扎教授曾担任过各种教学、科研和社会职务。2003 年，他被联合国社会发展研究所(the United Nations Research Institute for Social Development，UNRISD)任命为一个由九名成员组成的咨询委员会成员，负责监督《两性平等：在不平等的世界中争取正义》(Gender Equality：Striving for Justice in an Unequal World)的出版工作。这是一份研究报告，是为了纪念 1995 年 9 月在北京举行的联合国第四次妇女问题世界会议和评价十年来所取得的成就。他于 2009 年担任美国非洲研究学会的主席，曾当过美国和非洲多所大学的负责人。2016 年 1 月开始担任美国非洲国际大学副校长兼人文社会科学教授。多年来，泽勒扎作为非洲著名历史学家，出版了关于非洲历史、思想发展和高等教育等方面各种有影响力的著作,其研究领域从非洲历史扩展到性别研究、人权研究和侨民研究。泽勒扎也是一位小说家,著有两本短篇故事集即《黑暗之夜和其他故事》(1976 年)和《流放的乐趣:故事》(1994 年),以及一部小说《燃烧的木炭》(1992 年)。他还发表了关于非洲文学和后殖民批评的评论文章。

泽勒扎教授出版了 20 余部著作,因其卓越的研究成果获得多项奖励和荣誉。1993 年出版的这部《非洲现代经济史:十九世纪》获得 1994 年非洲大陆的学术最高奖"诺马奖"(Noma Award)。1998 年,他的另一部著作《非洲研究与危机的生成》(*Manufacturing African Studies and Crisis*)获得"诺马奖特别表彰"(Special Commendation of the Noma Award)。2003 年,他因取得的学术成就被《选择》杂志评选为"最佳杰出学术称号获得者"(Choice Outstanding Academic Title)。2004 年,他担任副主编的《二十世纪非洲历史百科全书》获得非洲图书馆员理事会设立的"康诺弗·波特奖荣誉奖"(Conover Porter Award:Honorable mention)。2006 年,他获得了宾夕法尼亚州立人文学院 1933 届人文学科荣誉奖(the 2006 Penn State College of Liberal Arts Class of 1933 Distinction in the Humanities Award)。2013 年 7 月,他被《纽约时报》评为美国 43 位伟大移民之一。2015 年 5 月,他因杰出的个人成就被授予达尔豪斯大学荣誉法学博士。他目前担任国际大学协会行政委员会、非洲伙伴关系联盟咨询委员会以及卡内基非洲移民裔群研究金计划咨询委员会主席,肯尼亚教育网董事会主席,加纳大学理事会成员。作为非洲裔知识分子的杰出代表,他获得了诸多基金会和科研理事会如福特基金会、洛克菲勒基金会、纽约卡内基基金会、弗里德里希·艾伯特基金会、美国教育部、美国国家人文基金会、加拿大社会科学和人文研究理事会以及非洲社会科学研究发展理事会的各种资助。

泽勒扎教授于 2021 年又出版了新作《非洲与 21 世纪的分裂》(*Africa and the Disruptions of the Twenty First Century*)。2021 年 3 月 25 日,我应邀参加了这部重要著作的发布会。因为网络连接问题,我作了英文书面发言:"保罗·泽勒扎教授的又一部重要著作出版,我在此对好友作出的新贡献表示祝贺。这部著作表明了作者的广阔视野并涵盖了多个重要领域,如具有美国种族功能障碍 400 年根源的非洲裔美国人的当代危机,移民为可持续发展作出的长期努力,伟人和常人为争取民主和更好生活的非洲政治戏剧,非洲知识的非殖民化,对非洲研究的历史和未来的思考,非洲大学在能力建设、就业能力、财政短缺等方面的挑战等。这些专题表明了一位非洲裔美国知识分子的历史洞察力和对现实的关注。像往常一样,保罗为我们树立了一个很好的榜样,说明一个大学教授应该考虑什么,关心什么。为了非洲和人类的美好未来,我们应该永远记住我们的责任。"

这部杰出的非洲经济史著作获得"诺马奖"的理由是"对有关非洲社会和经济的本质与发展提出了前瞻性的挑战"。我们希望,中国学界能通过这部著作客观地认识非洲经济的内在动力及其发展过程中遇到的各种障碍,从而更深刻地认识非洲人民的主动性及其在全球化进程中的作用。

2022 年元旦

(李安山,北京大学荣休教授、电子科技大学协议教授、中国非洲史研究会会长、中国亚非学会副会长、联合国教科文组织《非洲通史》[9—11卷]国际科学委员会副主席)

序二

舒运国

泽勒扎是非洲著名的学者,1955 年出生于现今津巴布韦的哈拉雷,在伦敦大学获得硕士学位,在加拿大的达尔豪斯大学获得经济史博士学位。毕业后,泽勒扎曾在三大洲六个国家和加勒比地区的十几所大学任教,曾任美国昆尼皮亚克大学、美国国际大学非洲分校(内罗毕)的副校长(2021 年 8 月已离职)。21 世纪初,他被聘为福特和麦克阿瑟基金会(Ford and MacArthur foundation)顾问,负责振兴非洲的高等教育。2008—2009 年,他担任美国非洲研究协会主席。泽勒扎多次获得国际奖项,其中包括因为非洲研究和卓越的学术贡献而获得的友谊奖、杰出的泛非主义者奖、杰出的非洲学术卓越奖,以及塔博·姆贝基领袖奖。

泽勒扎所著的《非洲现代经济史:十九世纪》是一部影响较大的经济史著作,获得 1994 年诺马非洲出版奖(the Noma Award for Publishing in Africa)。该奖评委会称这本书"旁征博引,文笔娴熟,对 19 世纪的非洲经济史进行了全面的综合研究",同时认为"该书对迄今为止广为接受的正统观念、术语和解读提出了令人信服的挑战,这是一项杰出的、开拓性的工作,注定使这部著作获得高影响力。本书提供的丰富信息和细节,将非洲经济史的研究提升至一个新的高度"。①

(一)

非洲经济史是一门多灾多难和先天不足的学科。

19 世纪晚期,经济史作为一个专门研究人类历史上的经济现象和经

---

① https://www.amazon.com/Modern-Economic-History-Africa-Vol/dp/2869780273.

济活动过程的学术领域问世了。它首先出现在西欧和北美，但是发展十分迅速。到 20 世纪 40 年代，在世界其他地区也得到了不同程度的普及和发展。然而，在人类的诞生地非洲，尽管最早出现人类的经济活动，但是非洲经济史却一直难以诞生。

非洲经济史无法问世是西方殖民统治造成的。为了维护对非洲的殖民统治，西方殖民者大肆鼓吹种族主义和欧洲中心论，公开宣扬非洲不存在历史，在种族主义和欧洲中心论的打压下，非洲历史（包括非洲经济史）遭到人为抹杀。

在殖民地时期，非洲经济史在诞生的道路上经历了"三部曲"。

三部曲之一：不承认主义。

德国哲学大师黑格尔指出：非洲"不是一个历史的大陆，它既没有显示出变化，也没有显示出发展"。"黑人的精神意识十分微弱，或者更确切地说根本就不存在。黑人处在野蛮的、未开化的状态之中。"[①]黑格尔的观点代表了 19 世纪欧洲的主流看法。这种观点主宰学术界很多年，直至 1960 年代，牛津大学教授特雷弗－劳泼（Trevor-Roper）对非洲历史的定义仍是："在地球上那些风景如画但毫不相干的角落里，野蛮部落重复着令人讨厌的活动。"[②]著名非洲历史学家巴兹尔·戴维逊对于不承认主义做了总结："过去许多人认为尼格罗人是一种没有历史的人。从这种观点出发，黑非洲——撒哈拉以南非洲——是一块人类从未依赖自己的努力把自己从野兽的水平提高了多少的大陆。"[③]不承认非洲具有历史，那么，当然也就没有非洲经济史。

三部曲之二：外来说。

非洲历史的存在本来就是事实。非洲各族的历史丰富多彩，不但有自己的语言、文学、史学、宗教，还有大量精湛的艺术、音乐、舞蹈、医学等。此外，金属冶炼和城市也早已出现。所以一味不承认终究站不住脚。从19 世纪中叶起，不断出土的考古成果（如 1868 年发现大津巴布韦遗址和1931 年诺克文化的出土）使不承认主义失去立足之地。事实已经表明，

---

①　参见黑格尔：《历史哲学》，商务印书馆，1937 年，第 151—166 页。

②　A. J. R. Russell-Wood, African History: Unrewarding Gyrations or New Perspectives on the Historian's Craft, *The History Teacher*, Vol. 17, No. 2 (Feb., 1984), p 247.

③　巴兹尔·戴维逊：《古老非洲的再发现》，生活·读书·新知三联书店，1973 年，第3—4 页。

非洲大陆确实存在悠久的历史。在这种形势下,欧洲殖民主义者开始从不承认主义转向外来说,即承认非洲存在历史,但是又认为这些历史都是非洲之外的人创造和留下的,与非洲本土居民无关。比如对于大津巴布韦的石头文化遗址,西方学者认为这是外来人仿照所罗门王和示巴女王的庙宇、宫殿所作;对于斯瓦西里文化,则认定是阿拉伯人带来的。

三部曲之三:以欧洲价值观为标准研究非洲历史。

"不承认主义"和"外来说"随着研究的深入纷纷破产,非洲历史成为世界历史大家庭中不可或缺的重要组成部分。于是,欧洲中心论转而以欧洲的价值观观察和判断非洲历史进程。这种现象不但至今还能经常发现,而且给非洲历史(包括非洲经济史)的研究打下了深深的烙印。非洲学者迟米(Ihediwa Nkemjika Chimee)指出:"欧洲人对非洲历史的研究,一开始就意味着他们从自己的视角来撰写他们认为适合的东西,而不是从本质上书写非洲过去的现实。"[1]

1960 年代非洲国家独立,才使非洲经济史真正摆脱了厄运。非洲民族主义领袖们意识到,非洲国家和民族要真正独立,除了政治领域外,思想文化领域的独立也不可或缺。恩克鲁玛(Kwame Nkrumah)多次号召非洲的学者行动起来,尽早恢复非洲历史的真实面貌,并且在此基础上建立非洲历史科学,塞内加尔总统桑戈尔(Senghor)则指出,"非洲学课程要同经典课程平起平坐。一定要设立专门的非洲系和非洲课程"。[2]在这种形势下,非洲国家独立后都纷纷创建大学,建立关于非洲研究的学科。非洲史应声而出。非洲经济史作为非洲史的一门分支,也随之诞生。还必须指出的是,非洲大陆的独立,对于昔日的宗主国产生了巨大冲击。继续采用种族主义或者不承认主义已经失去了意义。西方学术界开始研究非洲历史(包括非洲经济史),这也直接推动了非洲经济史的发展。

由于历史的原因,非洲经济史自 1960 年代诞生以来,形成了两个明显的特点。

第一,非洲经济史研究的主要力量仍然是欧美学者,他们的研究主导

---

[1]   Ihediwa Nkemjika Chimee, African Historiography and the Challenges of European Periodization: A Historical Comment. https://trafo. hypotheses. org/11518.

[2]   陈公元、唐大盾、原牧主编:《非洲风云人物》,世界知识出版社,1989 年,第201 页。

着非洲经济史发展的方向。在世界顶级刊物上发表的论文以及有影响的著作，绝大多数出自欧美学者之手。以已经出版的数十部《非洲经济史》为例，除了两部是非洲学者撰写，其余均为欧美学者的著作。

第二，欧洲中心论对于非洲经济史的影响依然十分严重，它包括两个层面的内容。

其一，用欧洲的历史作为坐标，衡量非洲历史，用欧洲的经济发展规律衡量非洲经济史。所谓"顺我者昌，逆我者亡"，凡是符合欧洲标准的，皆予肯定，凡是不符合欧洲标准的，都予否定。由于非洲经济发展有其自身的特点，与欧洲经济发展存在着许多不同，于是非洲的经济史充满了欧洲学者的否定论调。比如，忽视或者贬低非洲各族的经济活动及其成就，突出和放大西方殖民主义在非洲的活动；在非洲经济发展历史上，西方成为非洲经济活动的主体，非洲经济史成为叙述西方在非洲经济活动的历史等等。

其二，欧洲中心论在经济史研究中所形成的理论、研究方法的影响挥之不去。欧洲中心论在世界历史研究中，一度占据统治地位，因此对于世界历史的研究产生了十分恶劣的影响。这种影响也不可避免地渗透进入非洲历史和非洲经济史的研究之中。著名非洲经济史学家加雷斯·奥斯廷（Gareth Austin）指出，"非洲历史研究中一直存在欧洲中心主义观念，依赖从对欧洲经验甚或是西方经验的反思中得到的分析工具。在非洲研讨会上，人们谈及此事经常哀叹，研究撒哈拉以南非洲的学者所采用的这种或者那种理论，通常是借用了研究欧洲或北美的学者的概念工具"。[1] 换言之，也就是非洲学者们在研究非洲历史和非洲经济史时，已经习惯于借鉴、运用欧洲历史发展的模式来比较、对照非洲历史，习惯于用欧美学界流行的理论来解释非洲历史问题。

有专家指出：由于欧洲中心论的长期流行，非洲各族对于文明的贡献"被许多人甚至有时被非洲学者所忽视。非洲及其人民对历史和文明所作的贡献明显地从正规教育的教科书中消失了，而且大多数人仍然不知道"。[2]

---

[1]　Gareth Austin, "Reciprocal Comparison and African History: Tackling Conceptual Eurocentrism in the Study of Africa's Economic Past", *African Studies Review*, Vol. 50, No. 3, (Dec, 2007), p. 2.

[2]　Frances E. Owusu-Ansah and Gubela Mji, African indigenous knowledge and research, *African Journal of Disability*, 2013; 2(1): 30.

（二）

令人欣喜的是，近年来，非洲本土学者在非洲经济史研究领域快速崛起。他们关于非洲经济史的研究成果，给非洲经济史带去了新鲜的空气和活力。1993 年，非洲本土学者泽勒扎出版了他的著作《非洲现代经济史：十九世纪》。这本书一问世，就引起了学术界的关注。

这本著作与西方学者的同类著作相比，具有许多不同之处。

第一，研究的空间与时间。

从研究的空间看，泽勒扎打破了欧美学者把非洲分为北非和撒哈拉以南非洲两部分的做法，而以非洲整体为研究对象。1980 年代以前问世的非洲经济史著作，在空间上都以撒哈拉以南非洲为研究地域，有的甚至以热带非洲为研究地域。十分清楚，非洲经济史如果仅仅涵盖热带非洲或者撒哈拉以南非洲，那么北非实际上被人为地隔离出去。由于北非是非洲不可或缺的组成部分，在经济发展的历史上，北非与撒哈拉以南非洲相互渗透和交流，比如穿越撒哈拉沙漠的贸易就是双方沟通和交流的渠道之一。因此，缺少了北非部分的非洲经济史，就无法呈现非洲经济发展的历史全貌。泽勒扎明确指出，"非洲与'撒哈拉以南非洲'之间的关联是建立在种族主义构想之上的。这种种族主义旨在将北非从非洲主流历史中剥离出去。这种构想始于 19 世纪，那是一个欧洲帝国主义狂妄自大和种族主义肆无忌惮的时代"。[①] 因此，泽勒扎特别强调：在他的研究中，非洲指的是整个大陆。

泽勒扎的观点代表了非洲民族主义尤其是泛非主义的看法。泛非主义领导人、塞内加尔总统桑戈尔在非洲大陆独立之初就指出，对"非洲人"的界定必须进行扩展，除了非洲黑人外，现在还应包括北非的非黑人居民，即阿拉伯人和柏柏尔人。桑戈尔认为，黑人和阿拉伯人是非洲人的两个分支。阿拉伯语和黑人语言组成了由北向南的非洲语言链。在文化方面，阿拉伯人和黑人相互渗透和影响，黑人学习了阿拉伯人的思维方法和逻辑，而阿拉伯人则吸取了黑人的情感。虽然两者还存在许多差异，比如

---

① Paul Tiyambe Zeleza, *A Modern Economic History of Africa. Volume* 1: *The Nineteen Century*, CODESRIA, 1993, p. 1.

肤色和语言，但是这已经显得无关紧要了。①

泽勒扎对于非洲经济史空间的重新划定，打破了欧洲中心论的传统看法，把北非和撒哈拉以南非洲融合成为有机的一体。这样的划定反映了非洲历史发展的真实面貌，也使非洲经济史更加具备非洲一体性和完整性的内涵。

在研究的时间上，作者选定 19 世纪，使该书成为第一部专门研究 19世纪的非洲经济史。19 世纪是一个非常有价值的历史时期，是一个几乎在所有领域都发生动荡变化的时期，从环境、人口到农业、工业和贸易都是如此。首先，环境条件波动剧烈，世纪初和世纪末是长期的干旱，中间时期较湿润多雨。其次，人口结构的变化是因为奴隶贸易的逐步废除、新疾病的肆虐和旧疾病的蔓延、大规模的区域性移民及欧洲和亚洲的定居者移民、城市化的扩张，以及殖民征服的掠夺。19 世纪是非洲历史上承上启下的历史时期，它呈现了非洲从传统经济向殖民地经济转化的历史进程。因此，研究 19 世纪非洲经济史，既可以追溯非洲传统社会的经济活动，又可以研究西方殖民者对非洲的殖民渗透活动，以及对于非洲大陆经济发展所带来的影响。

第二，以非洲本土学者的视角阐述非洲经济史，消除欧洲中心论在非洲经济史领域的影响。

泽勒扎在《非洲现代经济史》中，贯穿始终的主线就是以非洲本土学者的立场，收集相关资料，撰写非洲学者眼中的非洲经济史。他批评了欧洲中心论在研究中主要聚焦于寻找非洲经济发展的外部因素的观点。他并不是否认外部力量在非洲历史上发挥的重要作用，而是强调内部发展是构成推动非洲历史前进的更加重要的动力。非洲的内部发展必须从非洲环境的性质、人口、农业、采矿、制造业和贸易到环境变化的影响、新疾病、奴隶贸易和欧洲进口等一系列具体问题，以及城市化、性别分工、市场组织、原始殖民积累和殖民化的模式等各种因素中寻找原因。

关于非洲的农业经济，泽勒扎一针见血地指出：非洲的农业史一直受到欧美学者过于笼统的概括、不精确的比较、不必要的进化论和没有证据

---

① Rubin, L and Weinstein, B., *Introduction to African Politics: A Continental Approach*, New York: Praeger, 1974, p. 5.

的断言的影响。它过去是，现在依然被贴着"流动的耕种者""狩猎-采集者"或"游牧民"等欧洲中心论的标签。欧美学者将非洲农业的特点归纳为所谓的锄头耕种、土地丰富但劳动力匮乏的农业系统，并且与欧亚大陆的犁耕、土地贫瘠但劳动力丰富的农耕系统进行了不符合客观实际的比较，这种观点仍然比较流行。这不仅歪曲和过分简化了非洲和欧洲的农业发展进程，没有将每一个大陆高度多样化的土地利用模式、所使用的农业技术和科技置于其生态和社会经济背景之下加以考量，而且实际上忽略了非洲农业的实际动态和发展。由于运用了不正确的比较方法，其结果是既低估了非洲经济的实力，又夸大了欧洲经济的现代化和生产力。

非洲采矿业和制造业的发展历史一直受到"外来说"的困扰，欧洲中心论试图追溯某些技术的外部来源及其最终在非洲采用或缺失的原因。技术转化的阻碍被归结于生态变量或者非洲大陆（撒哈拉以南非洲）的"孤立隔绝"。于是，人们普遍认为，非洲采矿业和制造业的技术是"落后的"。泽勒扎引用了桑顿（Thornton）的研究成果，认为非洲的冶金和纺织制造比原先认为的更加发达。非洲人制造了大量的金属和纺织物。按照 17、18 世纪世界的标准，非洲金属工人和纺织业的生产水平并不低于欧洲同行，甚至更高。

关于贸易，过去认为非洲的内部交易是有限的，因为生产方式落后、运输存在瓶颈以及人口密度过低。泽勒扎认为这种对非洲前殖民经济所作的许多概括不够全面。除了研究传统的市场和货币问题外，他增加了关于商人阶级的形成和运输工人群体发展的一些研究成果，这些阶层和群体在商业网络的扩大中发挥了至关重要的作用。关于对外贸易，各区域出口的是品种不多的原材料，进口的大都是制成品。不同地区融入世界资本主义贸易体系的模式和过程有很大不同。

第三，重视非洲本土的生产活动，客观评价非洲生产技术的发展。

泽勒扎认为，以往的非洲经济史研究过分强调贸易和交换体系，尤其是外贸，而非侧重生产史，而生产史可以告诉我们更多经济、社会和政治变革的动力。

在农业生产方面，19 世纪非洲农业最突出的特点之一是种植和栽培的作物种类繁多。可以说，许多非洲社群在 19 世纪经历了一种"农业革命"：新的粮食和经济作物被广泛采用，而古老的本地栽培品种在区域内和区域间传播。

依据在非洲的当代欧洲旅客及考古学家的发现，作者指出，非洲的冶金业和纺织业水平很高，无论是产品质量还是数量都不输欧洲。他举例说，莱顿（Leiden）是欧洲主要的纺织生产中心之一，其人口与刚果东部的蒙博阿斯（Momboares）大致相同；在 17 世纪初，莱顿每年生产约 10 万米布，而蒙博阿斯的布匹年产量为 30 万至 40 万米。[①] 这些非洲纺织品在非洲大陆内部由非洲商人进行广泛交易，在西非沿岸由欧洲商人进行买卖；它们还出口到加勒比和南美洲。研究还表明，非洲的采矿业和制造业比人们普遍认为的更有活力。

第四，重视环境变化和人口的研究。

在以往的研究中，非洲历史学家倾向于把自然环境仅仅看作历史发展的"背景"。而帝国主义历史学家则把非洲看作一片自然荒野，那里的人民和他们生存的环境一样"野蛮"。十分明显，以往的研究并没有把环境和人口作为影响非洲经济发展的重要因素。

泽勒扎的研究与以前的研究不同，他着眼于气候变化的模式、各种社会处理这些变化的方式及其后果。尽管关于这些主题的文献是相当丰富的，但是许多问题还没有被完全纳入非洲经济史的研究范畴。在本书中，泽勒扎重建了环境和人口变化的模式，包括奴隶贸易，并解释了这些因素是如何影响非洲的生产和交换的。这些因素不但对非洲大陆不同地区经济转型和发展产生重要影响，而且决定了非洲与国际社会的经济关系。[②]事实上，环境和人口可以被视为历史与地理、人类与栖息地、社会与自然、时间与空间之间持续互动的记录。因此，重视环境和人口的研究，对于非洲经济史的研究具有积极意义。

第五，反对在非洲经济史的研究中生搬硬套外来的理论。

泽勒扎指出：非洲经济史研究一直被新古典主义、依附论和马克思主义这三个流派所主导。每一个流派都对非洲前殖民时期的经济变化、发展的过程和内容提供片面的分析。新古典主义和依附论对于前殖民主义

[①]　Paul Tiyambe Zeleza, *A Modern Economic History of Africa. Volume* 1: *The Nineteenth Century*, p. 14.

[②]　Hannington Ochwada: Book Review，https://journals. co. za/doi/pdf/10. 10520/AJA08566518_61.

的经济史几乎没有什么涉及，因为它们的概念来自资本主义的运作。依附论强调了外部的经济联系，而忽视了内部流程。马克思主义学者认为新古典主义和依附论都有理论缺陷、经验缺陷和意识形态偏见，具体地说，他们批评这两种方法把交换放在首位，而不是生产关系，还批评它们忽视阶级斗争。他们试图运用自己关于制度的起源、发展、功能和变化的概念，在特定的历史时代，揭开非洲的历史现实，但结果却不尽如人意。①泽勒扎认为，三种方法中的每一个都具有其自身的缺点，又有其优势。问题的部分原因在于，学者们急于构建模型和理论，然后将这些模型和理论强加于非洲这一多样而复杂的历史现实。泽勒扎强调需要更加注意将理论与事实联系起来，将结构和过程、生产和交换联系起来，将生产、社会和自然的关系与力量结合起来，解读并辩证地看待内部和外部力量、短期和长期趋势，并捕捉非洲各区域之间和区域内部经济变化模式的相似性和差异性。

综上所述，泽勒扎的《非洲现代经济史：十九世纪》具有重要的学术价值与积极的现实意义，本著作最可贵之处，正如作者引言的标题："非洲经济史再思考"。这部著作在很大程度上对于以往非洲经济史中流行的一些欧洲中心论的观点进行了批评。泽勒扎以一个非洲本土学者的立场和观点重新审视了 19 世纪的非洲经济史，向世人展示了一幅新的非洲经济史的历史画面。他的研究对于恢复非洲经济史的真实历史面貌，提高非洲各族的自信心和自豪感，无疑会产生积极的作用。

尤其值得一提的是，当前中非关系飞速发展，中非经贸关系已经成为中非经济发展中十分重要的因素。中国各界都希望了解非洲，了解非洲经济发展的昨天和今天。然而，由于中国学术界对于非洲的研究（尤其是对于非洲经济史的研究）滞后于形势发展，因此，中国学者的研究成果尚不能完全满足这种需求。中国学者几年前把拉尔夫·奥斯丁的《非洲经济史：内部发展与外部依赖》（R. Austen, *African Economic History: Internal Development and External Dependency*）翻译成中文，这是一

① Paul Tiyambe Zeleza, *A Modern Economic History of Africa. Volume* 1: *The Nineteenth Century*, pp. 3—5.

部由美国学者撰写的非洲经济史。今天，由从事非洲经济研究的张瑾博士和何曙荣博士把泽勒扎的《非洲现代经济史：十九世纪》中文版介绍给中国读者，不但提供了了解非洲经济史的不同视野，更加有意义的是，可以让中国读者直接了解具有强烈非洲气息的非洲本土学者的观点与立场。

当然，本书也存在一些不足，比如，作者在批判欧洲中心论的同时，也表现出强烈的非洲民族主义的倾向，在某种程度上反映出非洲中心论的色彩。在批评外来理论时，对于马克思主义的评论不够全面，有值得商榷之处。此外，正如作者自己所指出的：鉴于文献数量巨大，阅读必然是有选择的。作者只查阅了英文文献。这就排斥了许多其他语言的非常重要的研究，特别是法语、阿拉伯语以及其他欧洲和非洲语言。因此，历史资料阅读的局限性，多少会影响对于非洲经济史的全面理解。然而，瑕不掩瑜，泽勒扎所著的《非洲现代经济史》仍然不失为一部优秀的经济史著作，值得大家好好学习。

度量衡

以下是本文中要用到的一些度量衡。它们是近似值，因为它们往往因地而异，并随时间而变化。

1 弗拉西拉（frasila）＝35 磅（英国标准）＝15.876 千克。

1 莱戈（legger，复数 leaguers）＝582 升。

1 阿达布（ardabb）＝180 升。

1 费丹（feddan）＝1.038 英亩＝0.42 公顷。

1 坎塔尔（cantar）＝44.928 公斤。

货　币

玛丽亚·特蕾莎银币（MT＄）：在 19 世纪的大部分时间里，1 玛丽亚·特蕾莎银币相当于 1 美元或 2.125 卢比。1870 年代前，4.75 玛丽亚·特蕾莎银币兑换 1 英镑，1890 年代初贬值为 6 至 6.50 玛丽亚·特蕾莎银币兑换 1 英镑。

前　　言

本书试图对 19 世纪的非洲经济史进行综述。撰写综述是一项充满未知困难的工作，在我们这样一个将学术研究置于狭隘专业化领域的时代更是如此。有人觉得综述是天真或孤僻学者的乐趣所在，是对简单化模式或宏大理论的传播。许多人会认为，试图对整个非洲大陆的经济史进行综合分析是一种毫无希望的鲁莽行为，因为要填补我们知识中的空白还有很多工作要做。此外，这项工作需要的语言、方法和分析技能不可能为任何一个人所拥有，特别是一个相对年轻的学者。

尽管存在这些问题，但综述的重要性是不言而喻的。综述是对学术发展过程中不同时期积累的学术资本进行盘点的一种手段。理想情况下，它们提供了研究对象所处位置的路标，指出了未来研究的可能方向。作为综述，它们将微观研究置于更广阔的背景下，有助于将其研究成果融入到更广泛的学术体系中。如果对自己专业以外的领域或学科的研究成果及其发展趋势一无所知，往往会导致考虑欠周的概括和徒劳无益的重构。综述抓住了常常湮没于微观研究中的社会过程与现实的相互联系。就像一片森林，它赋予独特的知识之树以形状。综述不是初级和微观研究的替代品，而是不可或缺的补充物。

对非洲经济史进行新的综合研究，理由是非常充分的。在过去的二十多年里，关于这个问题已经有大量文献。这些资料有很多都匿迹于各种期刊、学位论文、专著、会议论文中，甚至在非洲的大学也通常无法获得这些材料，特别是自 20 世纪 80 年代初，非洲的"书荒"发生以来。本研究的部分灵感来自填补这一空白的需要，是将一些非洲经济过去的各方面中，最具启发性的、最新的研究，带入更广泛的传播和讨论中。其次，在过去的几年里,我越来越明显地感觉到,这些文献还没有得到充分的综合利用。正如后文引言所展示的那样,现有的综述存在着不同程度的不足。进行这项研究的第三个动机,是要反对过度的微观研究,因为微观研究虽然为我们提供了无数对历史重建十分重要的"事实",但由于无视不同区域的比较,它们也会导致概括站不住脚或无法验证。

鉴于文献数量巨大,我的阅读必然是有选择的。我只查阅了英文文献。这就排斥了许多其他语言的非常重要的研究,特别是法语、阿拉伯语以及其他欧洲和非洲语言。不用说,即使是英文的研究,我也只看了相对较少的一部分。因此,有些专题和地区的研究远比另一些专题和地区的研究要好。那些没有被充分述及的领域内的专家们,可能会因此觉得这种做法令人尴尬,由此也证实他们的信念,认为学术竞赛是一种诡谲的追求。但我的目的并不是要包容万象,而是要向那些不熟悉非洲经济史的人、非专业人士和学生指出过去二十年来在研究这一课题上所取得的巨大进步。

关于非洲经济史的著作往往在过度的经验主义和大刀阔斧的概括这两个极端之间摇摆不定。有时,这两者会严丝合缝,因为概括会以一两个案例研究为基础。本研究着力评论的既有过去对 19 世纪非洲社会、经济的性质和发展的解释,也有当前对此问题的正统说法。它们将表明,19世纪非洲经济比一般人所认识的要更加复杂和多样化。揭开笼统、神话和成见的面纱,是更好了解我们的世界不可或缺的第一步。现实世界远比通过抽象理论和模型的视角所看到的要复杂和迷人得多;但这并不是说要摒弃理论架构,那将使我们陷入平庸的经验主义。它只是想强调,需要不断地对接理论与经验数据,再在具体历史进程中判断理论范式解释的力度和效度。本研究为此做了一个尝试。一种重建历史的实践。它渴望解释 19 世纪非洲人在物质生活中是如何进行生产和再生产的。套用索因卡(Soyinka)的话说,作为历史学家,我们必须努力"摆脱宏大理论的抽象专制,从而给现实中呆板的人们留下一些跳舞的空间"(Lonsdale,1989a:130)。

致　谢

　　我要感谢洛克菲勒基金会为这项研究提供资金（反思发展研究员项目，编号 RF88075♯43），并感谢非洲社会科学研究发展理事会，通过他们的协调，我在非洲的项目得以开展，我这项工作的研究方案也被选中。我还要感谢这两个组织安排了两次会议，一次是在乌干达坎帕拉（Kampala），对每个研究者的原始提案进行了批判性讨论；另一次是在意大利贝拉焦（Bellagio）的洛克菲勒会议和研究中心，所有 1990 年的亚非研究者们在那里举行了为期两周的会议，评估和审议了各自研究项目的初步结果。

　　要特别感谢其他研究者的友谊、批评意见和宝贵建议。我受益于洛克菲勒基金会及非洲社会科学研究发展理事会请来的专家小组对本研究前五章的批评，特别是散迪卡·姆坎迪达维尔（Thandika Mkandawire）、马哈茂德·马丹尼（Mahmood Mamdani）、米塞雷·穆戈（Micere Mugo）、科乔·厄乌斯（Kodjo Ewusi）、科尼尔·桑德胡（Kernial Sandhu）、蔡-安南·萨姆达凡伊贾（Chai-Annan Samudavanija）、罗伯特·贝茨（Robert Bates）、詹姆斯·斯科特（James Scott）、乔伊斯·穆克（Joyce Moock）和大卫·库特（David Court）。

　　如果没有肯雅塔大学的朋友和同事，特别是奥格特（B. A. Ogot）教授、奥契恩（W. R. Ochieng）教授、达科赫（ M. B. K. Darkoh）教授和阿拉明·马祖伊（Alamin Mazrui）教授的鼓励，这项研究可能无法进行。我们度过了漫长而快乐的时光，一起讨论非洲历史、社会和发展。我们经常对非洲本土学者倾向于专注初级研究，而把综合研究的书写留给西方来做这一事实表示担忧。我将永远感谢他们对我进行非洲经济史综合研究的能力所表示的信任，这是我已经教授多年的科目。我所希望的是，他们不会对我在书中进行初步综合性研究的努力感到太失望。

　　自 1989 年 10 月以来，在从事这项研究工作的过程中，我对各国、各大学和各机构的许多图书馆员和个人感激不尽。最初的工作是在肯雅塔大学、内罗毕大学和联合国环境规划署的图书馆进行的。1990 年 1 月，我有幸在埃塞俄比亚亚的斯亚贝巴的联合国非洲经济委员会条件一流的图书馆工作了一段时间。我在非洲经委会各部门遇到的研究人员和官员不辞辛苦地协助我查找资料，并与我讨论各种问题。我尤其要感谢自然资源司司长皮特·姆旺扎（Peter Mwanza）博士，他花了大量时间为我在非洲经委会的工作提供便利，感谢总务科科长本·卡萨马勒（Ben Kasa-male）先生安排人快速处理我收集的大量材料，感谢泛非文献和信息系统主管南希·J. 哈弗金（Nancy J Hafkin）博士协助查找一些重要的研究报告和文件。

　　离开亚的斯亚贝巴之后，我在我的母校——加拿大新斯科舍省达尔豪斯大学（Dalhousie University）度过了 5 个月。我要感谢该大学校长和历史系主任聘任我为研究员，感谢约翰·E. 弗林特（John E Flint）一如既往的善意并让我使用他的办公室。在达尔豪斯大学期间，基拉姆图书馆（the Killam Library）是我工作的基地。

　　正是在达尔豪斯大学期间，我得到了特伦特大学（Trent University）目前的这份聘职。自 1990 年 7 月加入特伦特大学历史系以来，我受益于几位同事的鼓励，尤其是道格·麦克卡拉（Doug McCalla），他从繁忙的历史系主任职务和加拿大经济史研究工作中抽出时间，阅读了初稿的部分内容并提出了精辟的意见。由于离多伦多很近，我得以充分利用多伦多大学和约克大学名声显赫的图书馆。

　　我对所有图书馆员以及在内罗毕、非洲经委会、达尔豪斯、特伦特和多伦多以这样或那样的方式协助我的人，表示最诚挚的感谢。难以想象，如果没有电脑，我将如何打出这份研究报告，所以我想向特伦特大学电脑服务部表示感谢，他们帮我购置了电脑。

　　像往常一样，我对我的妻子宝琳（Pauline）和女儿塔莎（Thasha）的感激之情无法言表，她们很有耐心，让我只需尽很少的家庭责任；我不时要绞尽脑汁埋头历史写作，而不是与她们分享家庭生活的乐趣，她们也表示宽容理解。

　　回想起来，写这本书的真正灵感来自我在马拉维大学、西印度群岛大学和肯雅塔大学教过的学生。我感受到了他们的沮丧，因为他们找不到一篇能令人满意地论述整个非洲大陆近代经济史的文献。他们的问题、评论和随笔，对于聚焦我的思维、不断评估我的解释、加深我对过去非洲经济史的理解起到了很大的作用。他们会认出不少内容出自我的许多讲座和我们的辅导讨论。我希望我迟来的答复能回答他们当时提出的一些问题，解答他们许多当时我无法充分解决的疑虑。而且我深情地希望，他们也许已经发现，而且可能一直会觉得这个综述是有用的。这本书就是献给这些学生的。

保罗·提杨贝·泽勒扎
1992 年 2 月 12 日于安大略省彼得伯勒市

引言：非洲经济史再思考

[1]在过去的二十年中，非洲经济史研究已进入繁盛时代。我们只需将 1970 年代初（Austen，1971；Klein ，1972；Alpers，1973）试探性的、缺乏活力的评论与 1980 年代的作者那自信而全面的调查进行对比（Hopkins，1980，1988，1989；Cooper，1981；Lonsdale，1981；Freund，1984a；Berry，1984；Austen，1985；Manning，1989；Isaacman，1990），就能得出这个结论。在二十年的时间里，非洲经济史已经成了一项庞大的国际事业，"没有任何一个国家或方法论的传统在其中占主导地位"（Hopkins，1980：154）。虽然这种"不统一性会导致形形色色的学术标准……但它同时也保证了对新思想的开放性，防止出现一家之言独大的情况"（Hopkins，1980：154）。这使得研究非洲的经济史学家比其他经济史学家"更具有跨学科性"（Manning，1989：53）。

二十年前，非洲经济史与政治史不可同日而语。现在，它与政治史已是平等的关系，甚至更具优势。一部分原因是发展主义者的话语在非洲研究和公共政策研究方面占了主导地位，另一部分原因是民族主义史学的建构（Fyfe, 1976；Gutkind & Waterman, 1977；Bernstein & Depelchin，1978，1979；Temu & Swai，1981；Zeleza，1983，1989；Young，1986；Wamba-dia-Wamba，1986，1987；Jewswiecki & Newbury，1986）。然而，因为各自的学术话语、方法和侧重点不同，经济历史学家、发展经济学家、政策制定者和从业者之间并没有太多的交流。"政策制定者（主要是受过训练的经济学家）研究 1960 年之后的时期，经济史学家（主要是受过训练的历史学家）研究 1960 年之前的时期，双方都不依赖对方的工作"（Manning，1989：52）。前者往往因历史学家"驳斥传统智慧……破坏各国政府制定有效政策所需的简单信仰和虔诚幻想"(Roe,1987:46),而认为历史与效率背道而驰。历史学家则担心自己"客观性"的永恒追求被影响,试图不让自己的双手沾染发展处方中历史主义的污点。

经济历史学家和发展经济学家之间这种错综复杂的关系对双方都没有好处。历史几乎沉沦为怀古思幽,[2]而发展研究和政策则盲目出击,其研究的现状令人费解。经济史可以为发展经济学提供很多东西,当然,它可以帮助国内外发展专家,包括那些无处不在的国际发展机构中的发展专家,减少他们所提出的许多发展政策中那些难以置信的天真,这种天真也会影响到发展政策。霍普金斯(Hopkins,1988 年)在一篇关于非洲企业家精神的论文中富有见地指出,非洲企业家精神的历史在发展领域也几乎不为人所知。因此,旨在促进创业精神的方案往往是基于错误的假设,往往失败。霍普金斯(Hopkins,1988:23)的结论是,"历史学家不具备为当今问题提出解决方案的能力,但可以帮助确保妥善地提出问题……那些不了解过去的人可能确实会重蹈覆辙,这是他们的悲剧。但是,如果他们也希望把过去不符合历史而重构出的结果强加于人,那么无辜的人就会受到伤害"。

尽管在过去二十年中非洲经济史研究取得了相当大的进展,但这并不意味着它本身一切都很好。事实上,这项研究的灵感来自对目前知识状况的不满,尤其是对标准文本和综述的不满。通常,人们对非洲经济史的宏大概括是基于地理、主题和历史中相当狭隘的数据。通常非洲是以"撒哈拉以南""热带"或"黑"非洲(Munro,1976;Konczacki,1977;Freund,1984,Austen,1987)加以分析的。在这些主要的作品中,只有威金斯(Wickings,1981)将非洲作为一个整体。但遗憾的是,他只关注南非,对这一主题当前的研究似乎并没有充分的了解。

非洲与"撒哈拉以南非洲"之间的关联是建立在种族主义构想之上的。这种种族主义,旨在将北非从非洲主流历史中剥离出去。伯纳尔(Bernal,1987,1991)令人信服地证实,这种构想始于 19 世纪,那是一个欧洲帝国主义狂妄自大和种族主义肆无忌惮的时代。在这方面,现有的对非洲经济历史的综述研究落后于通史,如联合国教科文组织和剑桥的非洲历史系列,以及柯廷等人(Curtin,et. al. ,1978)和居利(July,1992)的著作,他们把非洲视为一个整体,尽管这是一个高度差异化的历史单元。在那些研究中,非洲指的是整个大陆。必须从对非洲历史的整体解读中抽象出自称是"非洲"的概括,而不是依据对区域的局部描述认定那就是非洲。而且,这些区域是按照相当模糊的地理或种族考量来划分的。

在主题上,大多数文献过分强调贸易和交换体系,尤其是外贸,而非侧重生产史,[3]但生产史可以呈现更多经济、社会和政治变革的动力。即使在那些有意识对生产和交换发展进行研究的著作中,也可以看出这个问题。例如,霍普金斯(Hopkins,1973)从静态结构和功能的角度对前殖民时代西非的生产进行讨论,历史运动似乎只是随着殖民主义的到来才出现的。在兹万恩伯格和金斯(Zwanenberg & Kings,1975)对肯尼亚和乌干达的研究中,这个缺点更加明显。在奥斯丁(Austen,1987)让人期待已久但令人失望的专著中,贸易先对"商业组织"产生了"发展性影响",之后又"在生产上带来了变化"。尽管依附论学者的结论与采用新古典主义方法的学者不同,但他们重生产轻贸易的偏见特别明显,他们认为贸易具有"不发达性"的影响力(Rodney,1982;Gutkind & Wallerstein,1976)。

许多一般性的作品也缺乏历史深度。尽管历史学家习惯性地攻击"传统"一词,但前殖民时期往往被视为是殖民主义带来变化的"传统"背景。例如,农民和雇佣劳动力被视为"殖民资本主义"的产物。难怪克莱因(Klein,1980)关于非洲农民的作品集,其副标题是简洁的"历史与当代视角",而事实上,其对前殖民时期几乎没有任何论述。关于劳工史的研究也是如出一辙(Sandbrook & Cohen,1975;Gutkind,Cohen & Copans,1978;Stichter,1985;Freund,1988)。

关于非洲社会经济变革的许多著作都受到二元模式的困扰。在这种模式中,变革往往被描述为一种理想类型突然被与其相反的类型所取代。这些二元对立的模式有各种复杂的形式:"传统—现代"社会、"自给自足—市场"经济、"正规—非正规"部门等,都只是其中最常见的几种。这些二分法在殖民人类学和发展经济学的二元化概念中有着悠久的历史(Mafeje,1976;Streeten,1984)。这些二元模式的持续存在,以及由此产生的简单化概括,是相当惊人的。非洲经济史研究一直被新古典主义、依附论和马克思主义这三个流派所主导。每个流派都对非洲前殖民时期的经济变化、发展的过程和内容提供了片面,有时甚至是误导性的分析。事实上,前两种范式除了提供神话和定型观念外,对前殖民时期的经济史几乎没有说什么,因为它们的概念来自并旨在分析资本主义的运作,或者是先进的资本主义和依附的资本主义形式之间的关系。

[4]新古典主义流派具有抽象的演绎模型,其本质上与历史无关。新古典经济学家回避研究古典经济学家所关注的增长和发展问题,只集中于分析市场过程和资源配置中的边际主义。他们构建了不受时空影响的普遍经济规律。这使得新古典主义的概念被赋予了科学客观性和意识形态中立的光环。实际上,这些概念是对资本主义制度的抽象化、合理化,即便不是合法化。面对非资本主义经济,新古典主义概念除了创造上述的虚假二分法之外,没有任何解释力(Kay,1975;Dean,1987;Usoro,1978;Onimode,1985)。

依附论的产生是源自新古典主义对第三世界发展的主流描述、分析及对策让人不满,并受到对西方的道义愤慨和对拉丁美洲、非洲和亚洲国家发展前景的极度悲观情绪的影响。但依附论的"融入""不等价交换""不发达体的发展"以及"中心—外围"等概念,强调了外部的经济联系,往往忽视了内部流程。事实上,与它的死敌新古典主义方法一样,依附论对交换关系的研究远比对生产过程的研究多得多。此外,从依附关系的角度撰写的研究报告,除了"以自我为中心"和"自给自足"发展的理想化形象外,几乎没有提及关于非洲或任何社会"融入"世界资本主义体系之前的经济史。追溯到 16 世纪大西洋奴隶贸易,从非洲被纳入世界资本主义体系的那一刻起,非洲的历史,像其他所谓的"第三世界"地区的历史一样,常常被刻板地描写成持续不断加深的不发达的故事(Amin,1974,1976;Wallerstein,1974,1976,1979,1980,1983;Legassick,1976;Brenner,1977;Palma,1978;Warren,1980;Cooper,1981;Zeleza,1983;Harris,1986;Blomstrom & Hettne,1988)。

马克思主义学者认为新古典主义者和依附论者都有理论缺陷、经验缺陷和意识形态偏见。具体地说,他们批评这两种方法把交换放在首位,而不是生产关系,是一种简化论(reductionism),并忽视了阶级斗争。他们试图运用自己关于制度的起源、发展、功能和变化的概念,在特定的历史时代,揭开非洲的历史现实,但结果却不尽如人意。事实证明,无论是"原始共产主义""奴隶制""封建主义"或"亚细亚生产方式",都很难将非洲纳入马克思主义的模式中。[5]构建"非洲""附属国"和"世系"(line-age)的生产方式也存在同样的问题,因为所有这些方式都对剩余分配机制有明显的偏见,但对劳动过程的实际组织和控制,特别是分析生产性资源的筹集和使用的分析,都显得十分薄弱。到20世纪80年代中期为止,关于生产方式的辩论已接近告终(Terray,1972;Hindess & Hirst,1975,1977;Asad & Wolpe,1976;Zwanenberg,1976;Coquery-Vidrovitch,1977,1978;Seddon,1978;Foster-Carter,1978;Law,1978,1981;Jew-siewicki & Letorneau,1985;Guy,1987;Hall,1987;Suret-Canale,1988)。

因此,三种方法中的每一个都具有其自身的缺点,又有其优势。产生这些问题的部分原因在于,学者们急于构建模型和理论,然后将这些模型和理论轻描淡写地强加于非洲多样而复杂的历史现实。学者们需要更加注意,要将理论与事实联系起来,将结构和过程、生产和交换联系起来,将生产、社会与自然的关系和力量结合,解读并辩证地看待非洲内部和外部力量、短期和长期趋势,并捕捉各区域之间和区域内部经济变化模式的相似性和差异性。

本研究并不提供宏大的理论或解释,其意不在高远。我们确信,经济史不能被简化为新古典主义理论家的市场、依附论者的世界体系或马克思主义者们的生产模式。经济史的研究对象是人,是关于他们如何在家庭、社区、社会、国家、地区以及整个大陆内部的日常生活中进行生产和再生产的。生产和再生产的物质和社会条件,是由自然和社会、男人和女人、统治者和被统治者、当地人和外国人、过去和现在等复杂的相互作用,所共同塑造的。

本研究首先审查了19世纪非洲的环境和人口。这不仅试图重建环境和人口变化的模式,评估它们对非洲大陆不同地区的经济转型和发展的影响,还试图阐明和批评历史学家和其他社会科学家在分析这些过程中使用的方法。非洲历史学家倾向于把自然环境仅仅看作是历史行为发展的"背景"(Howard,1976;Ogot,1979;Sindiga,1985)。他们没有更严肃地对待环境问题,因为他们大多数对环境和技术决定论持谨慎态度。就在不久以前,帝国主义历史学家还把非洲看作是一片自然荒野,那里的人民和他们的环境一样野蛮。[6]唯物主义分析加强了历史学家对环境作用的偏见,这些分析源于阿尔都塞(Althusserian)对生产方式的定义。

在这种定义中,生产关系的首要性是因果关系,而不是生产力(Mandala,1990:8—10)。

第一部分的两章着眼于气候变化的模式、各种社会处理这些变化的方式、疾病的生态学、人口增长、奴隶贸易的影响、迁移和移民的过程,以及定居模式,特别是城市化进程。现在,关于这些主题的文献是相当丰富的。然而,许多这些问题还没有完全被非洲经济史的研究所涵盖。

第二部分关于农业发展,有三章。第一章关于土地使用体制,第二章关于农业生产关系,第三章关于葡萄牙在安哥拉、莫桑比克、南非和阿尔及利亚的殖民飞地上的殖民农业的开端。

非洲的农业史继续受到过于笼统的概括、不精确的比较、不必要的进化论和没有证据的断言的影响(Richards,1983:24)。整个社会过去是,现在依然被贴着"流动的耕种者""狩猎采集者"或"游牧民"的标签。古迪(Goody,1971,1976)将非洲所谓的锄头耕种、土地丰富但劳动力匮乏的农业系统与欧亚大陆的犁耕作、土地匮乏但劳动力丰富的农耕系统进行了宏大而虚假的比较,这种比较仍然吸引着追随者(Iliffe,1987:3—14;Hogendorn & Gemery,1990—91)。虽然其他人对这些概念提出了许多有说服力的批评(McLoughlin,1970;Hopkins,1973;Richards,1983;Hart,1982;Richards,1985),非洲的农业仍然被许多学者描述为"轮垦型",非洲的经济也仍被刻画为"谋生型"(Moran,1979;Sutton,1984;Austen,1987;Coquery-Vidrovitch,1988)。认为前殖民时期的非洲因其劳动力短缺、土地充裕而与众不同的观点过于简单化,因为正如桑顿(Thornton,1990—91a:51)所指出的,"在17世纪,非洲大片地区与中国以外的地区相比,特别是与欧洲相比,其人口密度是很高的"。

事实上,就更贫困和较富裕家庭的不同劳动制度而言,这个观点"在微观层面上并没有告诉我们任何关于劳动力的供给和需求信息";这也是"发现在早期招募劳动力非常困难的殖民政府和欧洲移民公司"所虚构的谜团(Hill,1978:128)。与欧洲所谓的集约化农业相比,"轮垦"(shifting cultivation)被明里暗里说成是"落后的",因为集约化农业处于农业进化阶梯的顶端。这不仅歪曲和过分简化了非洲和欧洲的农业发展,[7]而且也没有将每个大陆高度多样化的土地利用模式、所使用的农业技术和科技置于其生态和社会经济背景之下加以考量。

在有关发展的文献中,人们普遍认为"传统的"非洲农业在过去和现在都是非生产性的,却没有明确说明所使用的生产力的衡量标准(Phillips,1966:75—79)。最近的一场辩论充分证明了这一点。桑顿(Thornton,1990—91b:7—8)在对当前历史学的一次重大修订中认为,现有的数据清楚地表明,"非洲农业,即使没有犁,也比现代欧洲早期的农业更有效率"。桑顿的批评者没有评估他所提出的证据,而是求助于新古典主义理论中关于生产力和效率的标准假设,认为这是不可能的。他们认为,从历史上看,由于殖民时期和更多当代的数据显示,非洲农业生产力,无论是劳动力、土地还是其他投入,都低于欧洲,所以非洲农业生产力在前殖民时期不可能有很高水平(Austen,1990—91:22;Hogedorn & Gemery,1990—91:32—33)。这些批评者的结论是,"对前殖民时期非洲劳动生产率的了解还不够,不足以得出非洲比欧洲等其他地区劳动生产率更高"的结论(Hogedorn & Gemery,1990—91:35)。对奥斯丁(Austen,1990—91:24)和曼宁(Manning,1990—91:28—29)来说,非洲农业生产力低下的最佳证明是大西洋奴隶贸易。非洲除了人口,没有更好的东西可以出口。这是一个为奴隶贸易做的可悲的辩解。

可以看出,技术(特别是犁)、环境条件、劳动力与土地的比例以及奴隶贸易,已被用来作为衡量或解释所谓殖民前非洲农业生产力水平低下的指标。这些观点并未告诉我们非洲农业的实际动态和发展。非洲和欧洲农业先进性的争论和比较存在三个问题。

首先,这种比较是不精确的。比较的时期不同:将殖民前的非洲农业与现代欧洲农业进行比较,而不是与同一时期的欧洲农业进行比较。其结果是"既低估了非洲经济的实力,又夸大了欧洲经济的现代化和生产力"(Thornton,1990—91a:50)。这些比较强调了非洲农业面临的环境和其他困难,[8]却忘记了当时欧洲农民也面临环境问题、恶性疾病、低预期寿命和高婴儿死亡率、野蛮剥削以及许多人太穷而不能使用犁的事实(van Bath,1963;Kerridge,1968;Abel,1980)。

其次,这种比较毫无意义,因为非洲和欧洲的农民在极为不同的环境和背景下劳作。非洲农民是"根据自己的需求和当地资源进行生产,而不是按照欧洲农民的条件"。因为我们要了解的是历史背景下的人类决策过程,所以非洲生产者对自己成功实现所期望的、"有效的"生产的评估才有意义（McDougall，1990—91：38）。这就有了非洲研究创立以来一直深受其困的第三个问题，也就是错误的普遍性。这种普遍性根据理想化的欧洲条件构建，然后不断拿非洲来作比较，这迫使很多非洲学者"浪费时间盲从欧洲，来找寻偏离这些模式的原因，而不是去探究我们自己的模式和现实"（Mama & Imam，1990：20—21；Zeleza，1992）。

值得注意的是，在奴隶贸易时代和殖民时期构建的关于非洲经济和社会的种族主义和帝国主义观念依然存在，并被重新包装和重新贴上标签，以适应当前的时髦论调。例如，20世纪70年代和80年代的大多数所谓的激进分析家，包括那些具有马克思主义信仰的分析家，尽管他们通常强调理解前殖民主义经济或前资本主义社会形态变化动态创新的重要性，但这主要是基于人类学正统的旧有解释（Chanock，1977；Cameroff，1982）。其中许多人使用的是"生存"经济（"subsistence"economy）的概念基线，而农业变革被认为离开了这种"生存"经济，走向现代"现金经济"或陷入不发达的桎梏。因此，农业变革，甚至是农民阶层本身的建立，在新古典主义经济史学的语言中，或者在依附论和世界体系的术语里，被认为是引入殖民市场的产物，或者是将非洲纳入世界资本主义经济的产物。

许多学者抵制称呼非洲农民为"佃农"（peasants），宁愿称他们为"庄稼人""原始农民""传统农耕者""自给自足的耕种者""新兴农民"，或干脆叫他们"部落成员""耕种者"或"牧民"，因为他们似乎并不符合欧洲的模式。欧洲的佃农依附于地主，向地主支付租金，而且他们为市场提供产品（Reining，1970；Post，1972；Welch，1977；Silberfein，1977；Bernstein，1979；Klein，1980；Hesselberg，1985）。[9]尼罗河河谷沿岸的北非，埃塞俄比亚、东非湖泊之间的地区和尼日利亚北部的酋长国（仅举几个最明显的例子），那里的农民也都是这样做的，但这不足为怪。问题在于，非洲农民通过殖民人类学这一学科进入了知识分子的话语，而这一学科用的并不是历史的方法论，它对"外来的""封闭的"和小规模的社会永远情有独钟。在人类学的建构中，或者说，借用兰杰（Ranger，1989）的说法，非洲农民看起来就像是生活在自给自足的、以亲属为基础的社区中的"原始"耕作者，不受变化的影响。"传统"社会和"自给"经济的神话就是这样诞生的。

有人说，非洲农民是"自给自足的"耕作者，不能算是佃农，因为佃农的生产主要为了市场需求(Dalton,1967)。另一些人准备把部分生产是为市场而进行的那些非洲农民升级为受尊崇的佃农群体(Middleton,1966)。1970年代和1980年代的激进学者们,尽管对殖民时期的人类学正统观念进行了抨击,但他们的优雅范式还是建立在同样的正统论基础上。他们所做的一切就是造出新词来描述同样的老酒。外部市场被资本主义所取代。历史被引入了,但却成了切头去尾的依附论的历史。据称,非洲农民阶层的发展是非洲融入世界资本主义体系的结果(Saul & Woods,1979)。由于资本主义是在殖民时期植入的,因此,非洲农民阶层是由殖民资本主义创造的,或者至少是由殖民资本主义孕育的。对农民阶层崛起的探究势头不减,在南非、津巴布韦和肯尼亚等欧洲移民殖民地,农民阶层最终衰落(Bundy,1979;Palmer,1977;Atieno-Odhiambo,1974)。"农民化"(peasantization)一词的出现就是为了描述这一过程。

在所有这些宏大的理论建构中,一个简单的事实被忽视了,即农民阶级在其他地方,如在欧洲和亚洲,是在资本主义、现代世界体系或殖民主义之前出现的。一些人承认,在历史上,农业是一种前资本主义的生产方式,尽管它继续存在于资本主义形式中(Boesen,1979)。但争论很快就发生了逆转。海登(Hyden,1980,1983)发现,农民的生产方式具有一种"经济亲情",它与市场关系、压力或激励机制在本质上是对立的。他假设,非洲当代农业危机的根源在于"情感经济对非洲社会的控制"(Hyden,1983:25)。这种范式不仅太整体化,太简单化,无法捕捉到农民社会团结和社会关系的多样性,而且它是静态的,缺乏分析的精确性(Mamdani,1985;Lemarchand,1989)。[10]它忽视了这样一个事实,即所谓的道德经济或亲情经济在当今非洲的表现形式可能并不是"传统"的过去的遗留物,而是代表了当代资本主义生产和再生产的形式(Watts,1983;Zeleza,1986)。与海登的道德经济模式相对应的是贝茨(Bates,1983,1986,1988),但他所主张的同样是简单化的理性选择模式。

海登的构想会有危险,时钟有可能完全倒拨到人类学上朴素的"传统""自给自足"时期的非洲。随着关于农民阶层的争论在诡辩和兜圈子中陷入僵局,库伯(Cooper,1980:312)被迫呼吁"长期停用'农民化'一词……使用这样的词不仅对语言是一种暴力行为,更给思维过程带来危险"。库伯的呼吁可能已经得到了响应,因为在20世纪80年代出现的新研究表明,由于环境条件、国家形态和商品生产过程的变化,非洲农民生产体系存在巨大的多样性(Kea,1982;Richards,1983;Thornton,1983)。研究人员也越来越容易接受农民的声音,并以口述资料补充他们的档案研究成果,开始重建丰富的农民历史资料库(Bradford,1987;White,1987;Keegan,1988;Cohen & Atieno-Odhiambo,1989;van Onselen,1990)。因为他们近距离接触了农民,而不是从宏大理论的崇高地位对其进行研究,研究人员发现农民并不是死板保守的。他们不仅能够进行科学和技术的创新(Berry,1974;Martin,1984;Richards,1985),而且还与试图剥削他们的掠夺性外部力量进行斗争(Crummey,1986a)。农村的斗争并不局限于危机时期偶然爆发的农民起义,而是贯穿于日常生活之中,因为农民社区、家庭和家庭成员之间为控制和获取关键资源以及占有剩余产品也会爆发争斗(Isaacman,1976,1977;Scott,1985;Ranger,1986;Beinart & Bundy,1987;Watts,1988)。

尽管他们有许多见解,但这些研究大多没有对农民劳动过程和性别关系给予足够的重视(Isaacman,1990:23—30)。劳动力研究往往过度关注奴隶制度,部分程度上是基于一个站不住脚的假设,即"在那些更多涉及市场关系的社会中,过剩的主要来源和最重要的投资形式是奴隶,而不是农民"(Klein,1980:13)。19世纪,非洲绝大多数民族并没有通过使用奴隶劳动进行繁衍生息,因此,任何关于奴隶制生产方式的谈论都是没有价值的。[11]不过,令人鼓舞的是,最近的一些论著已经开始纠正这些缺陷(Mandala,1990)。

第四章探讨了19世纪非洲农业的生产关系变化,同时讨论了农业中的性别分工问题。性别分析穿插于整个研究过程,因为性别角色在生产组织中发挥着重要作用。在过去的二十年间,关于非洲妇女的文献已大大增加(Pellow,1977;Walker,1987;Geiger,1987;Wipper,1988;Hay,1988)。研究重点发生了重要的转变,从哈伊(Hay,1988)所说的女主角,即政界和商界中的女王,转到受害者,即妓女、家庭佣工和奴隶,最近再到作为生产者的妇女,特别是作为农民的妇女。遗憾的是,这些研究照样实行学术上的种族隔离,将北非与其钟爱的撒哈拉以南非洲区分开来(Johnson-Odim & Strobel,1988)。

此外,这些工作大多涉及的是殖民时期和后殖民时期。殖民前时期研究的目的往往是将其与殖民时期进行正面或负面对比。人们一度认为,殖民主义将非洲妇女从"传统"压迫的桎梏中解放出来(Klingshirn,1971 年)。现在,人们的共识是,殖民主义破坏了妇女的地位和权力。在坤塔(Qunta,1987:第 1 章)的论述中,随着殖民征服,非洲妇女从母权平等主义的恩典跌落到帝国主义、种族主义、阶级和性别压迫的父权主义魔掌中。但这两种解释都过分简化了非洲历史上性别建构的社会进程。我们离全面了解前殖民时期非洲妇女生产者的历史遭遇还很遥远。例如,哈弗金和贝伊(Hafkin & Bay,1976)、贝伊(Bay,1982)、哈伊和斯第希特(Hay & Stichter,1984)、罗伯森和杰伯(Robertson & Berger,1986)、斯第希特和帕帕特(Stichter & Parpart,1988)、帕帕特和施托德(Parpart & Staudt,1989)等人的论文集中的大多数论文,除了对妇女在"传统"非洲角色进行强制性的颂扬外,对前殖民时代的情况几乎没有提及。仿佛在殖民统治到来之前,非洲前殖民时期的性别角色一直没有改变。

这往往会导致站不住脚的一概而论。例如,海茵(Henn,1984:1—2)在分析农村经济中的妇女时告诉我们,"殖民前非洲的粮食耕作制度几乎处处都是使用锄头的轮垦制度",并将非洲大陆分为"妇女耕作制度""男子耕作制度"和"混合耕作制度"等区域。这不仅歪曲了非洲农业的性质,而且将农业劳动过程中的性别分化的动态过程过度简单化,并将其定格。[12]怀特(White,1984:55)的论断同样简单化和过于公式化,即"从事集约型农业的人往往是母系的"。证据表明,"集约型"农业涉及各种不同的家庭形式。罗伯森(Robertson,1984:14)认为,"在撒哈拉以南非洲的大部分地区,招募和控制劳动力的等级组织以各种形式盛行,是当地的技术落后的原因;在那里,即使一些非洲社会很早就与使用犁和轮子的其他社会接触,但犁和轮子都没有被采用"。这暴露出她对农业技术和环境条件之间的关系缺乏理解。她的"家族生产模式"概念是一种拙劣的理论化的尝试。

事实上,对前殖民社会中的性别关系进行较为详细讨论的作品为数不多,理论不充分会使之失色。许多理论往往建立在高度程式化的,关于亲属关系和家庭性质的人类学"事实"的基础之上。血缘关系往往被视为既定的,不需要解释的,或者存有问题的(Bernstein & Depelchin,1979:34)。早期的进化模型将非洲"落后"的大家庭系统与欧洲"高级"的核心夫妻家庭作对比,但却忘了后者本身就是一个相对较晚的历史发展阶段的产物(Stone,1979)。事实上,非洲和欧洲的家庭结构的多样性使类型学和单系血统的观点受到嘲弄。总之,分类标签经不起实证和历史研究的检验(Netting,et. al. ,1984)。

家庭是复杂的社会单位,其形式和功能、劳动力分工和斗争、规模和组成在不同文化和文化内部都有很大的差异,而且随着时间的推移不断变化。因此,试图从共同居住、共生、共有权、收入来源、共同伴侣等方面得出普遍性定义,是不太有用的(Oppong,1981)。家庭形态、习俗和意识形态,会随着经济、政治或生态环境的变化而变动(Smith,1984,et. al. ,1984;Mafeje,1991)。家庭内部关系的模式,在不同的社会阶层、文化团体、社会结构之间差异很大,也随着时间的推移不断变化(Moock,1986)。简而言之,家庭的性质不应该是先天确立的,而应该是经过具体调查得出的,因为家庭延续着复杂的社会行为体,包括相互影响的生产和生育过程、居住模式和意识形态实践。盖耶(Guyer,1981:104)认为,"所有的证据都表明",像家庭这样的术语"表明有一些问题需要探讨,而不应该用死板的流行方式来套用分析性的概念"。

第三部分着眼于采矿业和制造业,并研究所采用的技术和工艺以及生产关系。[13]非洲采矿业和制造业的历史一直受到传播主义模式的困扰,即试图追溯某些技术的外部来源及其最终在非洲采用或缺失的原因。技术转化的阻碍被归结于生态变量或者非洲大陆(撒哈拉以南非洲)的"孤立隔绝"。奥斯丁和黑德里克(Austen & Headrick,1983:172)认为这些解释并不令人满意,但提供了殖民时期种族人类学和心理学的替代解释。他们将非洲所谓的"技术保守主义"归因于"偏重风险规避,而非利润最大化的经济战略;普遍压制创新的世界观;识字率低;用经济手段而不是用政治和军事手段解决社会问题的文化偏好;劳动和养育子女的性别分工模式"。在研究非洲的儿童阅读行为时,他们的论点的平庸之处完全凸显出来,因为他们显然对非洲的儿童阅读习惯一无所知。他们认为,在非洲,"养育孩子是人力密集型的,是反物质性的。对于成长中的孩子来说,其结果是人际关系的程度很高,但操控物质世界的经验却比欧洲孩子少"(Austen & Headrick,1983:174)。这是种族主义者哗众取宠的废话。

尽管许多历史学家并没有这么不靠谱,但人们还是普遍认为,非洲采矿业和制造业的技术是"落后的"(Goody,1971;Johnson,1978a:15;Miller,1988:78—81)。依附论学者也提出了这一立场,他们将非洲制造业的不发达归咎于大西洋奴隶贸易(Rodney,1982:第 4 章;Inikori,1982,1983)。与之相反,杰梅里和霍根多恩(Gemery & Hogendorn,1978)则认可奴隶贸易所带来的技术革新,特别是因为枪支的广为使用,"奴隶聚集"被加快了。

桑顿(Thornton,1990,1990—91a—91b)也参与了相关方面的研究,并就这些盛行的观点提出了有用的修正。他依据在非洲的当代欧洲旅客及考古学家的发现,认为非洲的冶金和纺织制造比原先认为的更加发达。非洲人制造了大量的金属和纺织物。事实上,他的结论是,按照 17、18 世纪的世界标准,非洲金属工人和纺织业制造商的生产水平与欧洲同行相同甚至比他们更高。例如,莱顿(Leiden)是欧洲主要的纺织生产中心之一,其人口几乎与刚果东部的蒙博阿斯(Momboares)相同;在 17 世纪初,莱顿每年生产约 10 万米布,而蒙博阿斯的布匹年产量为 30 万至 40 万米(Thornton,1990—91b:12—14)。[14]这些非洲纺织品在非洲大陆内部由非洲商人进行广泛交易,在西非沿岸由欧洲商人进行买卖;它们还被出口到加勒比地区和南美洲(Johnson,1978a:263;Thornton,1990—91a:53)。

19 世纪非洲采矿业和制造业的衰退是不是因为外部竞争,尤其是欧洲的竞争,这个问题还需要更仔细的评估。第六和第七章认为,新古典主义和依附论学者关于非洲当地工业没有竞争力的观点过于简单。非洲缺乏竞争力的论点依据是来自欧洲的进口量不断增加,但这并不一定意味着当地的生产力在下降。非洲社会既不是专制社会,非洲的消费者也不是只关心温饱。例如,纺织品的进口与市场的扩大、时尚的变化有很大关系。最近的研究表明,非洲的采矿业和制造业比人们普遍认为的更有活力(Johnson,1978a;Goucher,1981;Pole,1982;Thornton,1990,1990—91b)。衰落与生存之间的平衡因外国竞争的激烈程度和当地生产的组织形式而不同。第七章的最后一节探讨了非洲社会的工业化尝试,并剖析了大家比较熟悉的埃及和不太为人所知的马达加斯加这两个案例。第八章集中关注南部和西部非洲殖民工业化的开始。

不同于以往的综合前人学说的著作,这项研究大部分内容是在考察生产力和生产过程的发展及其关系。最后两部分，即第四部分和第五部分，分析贸易以及非洲纳入世界体系的问题。第四部分有四章，分别论述了非洲大陆各主要地区的国内贸易和区域贸易的发展。贸易这一主题一度被务实主义与形式主义的争论所垄断，务实主义者从互惠和再分配的非经济规范来解释"原始的"经济行为，而形式主义者则强调市场力量在调节经济行为中的压倒性的重要性（Gislain，1987）。正如柯廷（Curtin，1984：14）所指出的那样，这场争论并不是"特别有启发性"，因为需要认识到"市场和其他交换形式都在起作用。问题是要衡量各自在特定情况下的影响"。

尽管有这些告诫，而且在研究非洲交换制度方面也取得了相当大的进展，但经济人类学中务实主义的幽灵并没有被完全消除。非洲的贸易、市场和货币仍然充斥着异国情调。[15]有人继续将这些描述成是对西欧"真正的"贸易、市场和货币苍白无力的模仿。直到 1980 年代末，威金斯（Wickins，1981：116）和奥斯丁（Austen，1987：20—21）仍然认为，非洲的内部交易是有限的，因为生产方式落后、运输存在瓶颈以及人口密度过低。交易主要局限于占据不同生态区的社区之间，反映的是社会关系而不是市场关系。戈瑞和伯明翰（Gray & Birmingham，1970）曾将这种交易称为"自给贸易"，随着非洲融入国际贸易网络，这种交易才转变为"市场导向的贸易"。

仅从生态区的角度来讨论贸易，就像从种族群体的角度来分析贸易一样简单，因为两者都不是生产单位，而是指空间实体和意识形态结构。非洲社会和社区是由家庭组成的流动集合体，很少有自给自足的情况。正如霍普金斯（Hopkins，1973：52—53）大致在二十年前所观察到的那样，奥斯丁对社会价值和经济价值的区分人为意识太强。

伯安南夫妇（Bohannans，1955，1968，1969）以及伯安南和道尔顿（Bohannan & Dalton，1965）提出了务实主义的论点，即非洲前殖民时期的交易体系是以社会动机而不是经济动机、再分配和互惠而不是贸易和商业为特点的；他们将社会加以区分：有市场交易和市场原则的社会，或具备两者之一的社会，或两者都没有的社会。他们的结论是，大多数非洲社会都有市场交易，但不按市场原则运作，这一观点最近还在重复（Bohannan & Curtin，1988：169—189；另见 Dalton，1978）。在 20 世纪 70 年代,一些历史学家基于蒂夫人(Tiv)社会建立了模型,他们对伯安南夫妇曾使用的研究方法提出质疑。例如,莱瑟姆(Latham,1971:600—601)令人信服地表明,他们通过对蒂夫人铜条货币的分析,将其认定为"原始配给制"而不是"通用货币",这种观点是收集到"那些铜条不再广泛用于交易"的信息后得出的。道尔德(Doward,1976:589)进一步发展了这一论点,认为"当他们全神贯注于蒂夫人经济的自给自足时,伯安南夫妇没有把握住为销售而生产的意义","因为他们从来没有观察到传统的蒂夫人经济,没有接触到或不知道相关文献资料"。霍普金斯(Hopkins,1973:52—53)认为,区分集贸市场和市场原则是基于理想类型而不是历史事实,并进而证明了古迪(Goody,1971:23—24)的观点,即"非货币经济学的概念几乎不适用于前殖民时期的非洲"。最近的货币研究充分证明了这一点(Webb,1982;Hogendorn & Johnson,1986)。然而,霍普金斯(Hopkins,1973)对本地贸易和长途贸易的区分是有问题的。他用于区分的关键是交易者在一天内往返市场的距离。[16]本地贸易和长途贸易之间的组织差异仍然相当模糊。当然,几乎没有证据表明本地贸易仅限于当地产品的交易。

本研究对国内贸易和国外贸易做了区别。当然,这个框架更适用于建立了某种全国性经济空间的国家社会。第九章至第十二章清楚地表明,在19世纪的发展过程中贸易组织的模式各不相同,变化很大,并强调对非洲前殖民经济所作的许多概括有不足之处。除了研究传统的市场和货币问题外,各章节还加入了最近关于商人阶级的形成和运输工人群体发展的一些研究成果,这些阶层和群体在商业网络的扩大中发挥了至关重要的作用。

最后,第五部分关注的是非洲的国际贸易和帝国主义。数据显示,非洲和欧洲之间的贸易量有巨大的增长,尽管各区域之间有相当大的差异。尽管各区域出口的是品种不多的原材料,进口的大都是制成品,但商品贸易还是呈现多样化。进口对当地经济的影响也因各区域国内社会经济和政治结构而异。简而言之,不同地区融入世界资本主义体系的模式和过程有很大不同。也许到19世纪中期,一体化程度最高的地区是北非和西非,因此将用单独的章节对它们进行研究。19世纪下半叶,中部、南部和东部非洲的融入速度加快。不同的融入过程也反映在殖民统治的不同模式里，这些模式为区域之后的发展提供了条件。

1870年前，非洲的大部分地区并不受外国控制。几乎没有迹象表明这种情况将会改变。事实上，根据波尔汉的研究（Boahen，1987a：23），新近从19世纪上半叶的奴隶贸易和革命战争火海中解放出来的非洲大陆，"正在酝酿变化和革命，着手接受新的挑战，展现出适应和调适的能力，回击种族主义的教条，最重要的是，改变其经济和政治以适应当前的社会经济现状"。于是乱象纷呈，随着瓜分而来的是突然、不可预测、无情的愤怒。到了1914年，除了埃塞俄比亚击败意大利赢得独立，利比里亚依附于美国，整个非洲大陆已经被瓜分，落入欧洲殖民统治的魔爪（Boahen，1987b）。[17]发生了什么？为什么会这样？后果是什么？这些问题一直困扰着非洲的历史学家和知识分子。问题一如既往地简单，但答案却越来越难以捉摸。

非洲的瓜分通常是与"新帝国主义"联系在一起讨论的。乍一看，两者之间的时间和结构联系似乎很明显。唯一的问题是，无论是瓜分还是帝国主义，这两个术语都很难定义，因为它们都描述了复杂的过程。帝国主义这个词特别令人伤脑筋。就像美一样，它的意义在旁观者的眼中，是情人眼里出西施。它进入英语最初是为了粉饰"（拿破仑）在法国建立的政权"，现在已变得面目全非了（Koebner & Schmidt，1964：1）。

对霍布森（Hobson）来说，他的著作《帝国主义：一项研究》对普及"帝国主义"一词作出了很大贡献，"新帝国主义"指的是对热带和亚热带地区的殖民化。他认为，总的来说，"新帝国主义"对英国不利，但对某些行业和阶层，特别是金融家来说是有利可图的；由于工人消费不足，在国内投资没有收益，而殖民地为这些拥有剩余资金的人在海外投资提供了盈利渠道。也可以这么说，如果能消除消费不足，就能消除帝国主义的根源。

列宁在他的专著《帝国主义是资本主义的最高阶段》中承认他受了霍布森的启发；对他来说，这种推理路线代表了自由改革主义。在他看来，帝国主义标志着资本主义发展的一个实际阶段，这是最高的垄断阶段，最终会被社会主义所取代。所以对列宁来说，殖民主义只是帝国主义的一个特征。其他特征包括垄断的兴起、金融资本的出现、资本的输出以及资本主义阵营对世界的划分。

因此，帝国主义史学出现了两个传统。一是跟随霍布森自由主义传统的脚步,倾向于将帝国主义等同于殖民主义;另一个是马克思主义传统,将帝国主义视为资本主义的全球扩张。对于后者,它最终成为了一种信仰,那就是帝国主义根本上是由经济力量驱使的;而对于前者,经济的重要性已不再如前,这些学者越是远离霍布森的观点,对马克思主义的争辩也越多。

消费不足作为霍布森理论的关键,一旦在经验上或理论上被推翻,那么在自由主义传统中的经济力量解释力一定会下降。熊彼特(Schumpeter)在他那篇颇有影响的论文《帝国主义与社会阶级》中指出,"新帝国主义"并没有什么"新"。帝国主义和人类社会一样古老,[18]是长期渴望战争和征服的产物,是深深植根于武士阶级的好战心态的产物。"新帝国主义"与资本主义毫无关系。事实上,资本主义与帝国主义是对立的,因为它在和平与自由贸易中才能繁荣兴盛。帝国主义的复兴代表着原始本能和利益的复苏,趋于衰落但仍然强大的"好战"贵族和新兴的但还不占主导地位的资产阶级之间的特殊的"非自然结盟",让这种复苏成为可能。他把这种"非自然的结盟"定位在中欧,因此包括英国和法国在内的西欧列强以及大西洋对岸的美国不再视为帝国主义的祸根。

熊彼特之后,争论焦点转到非经济性的解释。有些人把帝国主义降级为大国之间的外交纷争。非洲的瓜分被认为是俾斯麦精心策划的转移注意力的外交游戏。俾斯麦不仅想为他新统一的国家争取一个阳光下的位置,他还鼓励法国在非洲寻找殖民地,以转移其对失去阿尔萨斯-洛林的注意力,并让它卷入与其他欧洲大国的冲突中(Taylor,1938)。其他人将殖民帝国的建立归因于欧洲民族主义的兴起。据说,是渴望国家威望和荣誉的民族主义群众迫使他们的政府"不情愿地"去征服殖民地。大众的想象力被传教士、探险家和冒险家的旅行和活动的报道点燃了(Hayes,1941)。

最近,一些历史学家发现了技术、生态、社会生物学及性别因素的重要性。对一些人来说,蒸汽船、奎宁和其他 19 世纪的技术为欧洲扩张提供了最好的"因果模型"(Headrick,1981:3—12,1988:3—48)。另一些人相信,用克罗斯比(Crosby,1989:5)的话来说,他所谓的"新欧洲冒险"背后的因素,也许最好用生物地理学来描述。社会生物学的解释把帝国主义归因于人类的愚蠢的暴力(Reynolds,1981:第 5 章)。还有一些人,比如海厄姆（Hyam，1976，1986），他们认为帝国主义的动机不是输出过剩的资本，而是输出过剩的性能量，而这些性能量是在维多利亚时代性压抑之下的英格兰积累起来的。

这些理论提供了诱人的猜测（Speculations）。毋庸置疑，技术促进了殖民化，但认为它是主要"原因"就有点夸大其词了（Law，1982）。首先，黑德里克（Headrick）夸大了热带医学技术突破的影响，因为它们大多发生在非洲被瓜分很久之后的1930年代和1940年代，而不是1870年代和1880年代（Arnold，1988：10）。[19]殖民化当然是由复杂的生态变化推动的，反过来也会产生复杂的生态变化。它也因极端的侵略和暴力而得到发展，并导致殖民者和被殖民者之间的性接触。但是，把这些因素上升成为帝国主义背后的"因果关系"是不能令人信服的。社会生物学的论点是简单的还原论，本质上是非解释性的，因为"它只是把解释的问题从一个语境换到另一个语境"（Reynolds，1981：230）。生态和性的解释读起来通常像是欧洲帝国主义的辩解或庆祝。欧洲扩张被描绘成传播集体性欲的使命。例如，海厄姆提到了"性机会"和"性互动"，但没有提到对殖民地妇女的性剥削和强奸（Berger，1988；Hyam，1988）。

敢自诩是非洲史学家的，在从事帝国主义研究的老学者中很少，但在当代学者中很多，因为直到1950年代，非洲历史才在大都市或殖民地的大学开始教学。到了1960年，情况开始改变。非洲独立了，非洲历史研究也随之蓬勃发展。1961年，罗宾逊和加拉格尔（Robinson & Gallagher）发表了他们的名著《非洲与维多利亚时代》，试图从边缘而非中心的角度，重新解读瓜分，讲述在狂热的民族主义盛行时代流行的故事。他们认为，非洲的瓜分是出于战略考虑，而不是经济原因。主要的殖民大国英国在1880年以前对非洲几乎没有商业兴趣，当然在英国也没有公开要求开辟殖民地的呼声。相反，英国被迫放弃了它喜欢的"非正式帝国"，因为埃及和南非的民族主义风潮威胁到了它通往印度的海上航线。

这一论点简洁明了，符合历史学家的口味，而且细节和档案资料都很丰富。1882年，英国占领埃及，干预在南非顽抗的布尔共和国，这引发了对大陆其余地区的瓜分，因为其他列强不甘落后。这一论点在接下来的二十年里主导了历史辩论（Louis，1976；Hopkins，1978a，1986）。菲尔德豪斯(Fieldhouse,1967,1973)进一步发展了这种所谓的"边缘"帝国主义理论,他驳斥了"资本帝国主义"的论点,并认为,面对欧洲影响下累积压力所引发的当地动乱,欧洲的利益必须在吞并或完全撤出之间做出选择。然而,与罗宾逊和加拉格尔不同,菲尔德豪斯愿意承认存在"贸易帝国主义"。

罗宾逊和加拉格尔的观点在方法论和实证层面是站不住脚的。它们对经济、政治和战略因素的严格区分太过做作。[20]此外,正如霍普金斯(Hopkins,1986:370)所敏锐指出的,"支撑非洲和维多利亚时代研究的方法论源于行动的推理和原因之间的正式区别"。作者明确表示,他们主要关注的是"主观"动机,而不是"历史原因",他们的目的是重建"当代对非洲事件的看法",正如帝国主义的"官方意识"所记录的那样。对过去 30 年官方文件的仔细研究实际上表明,"官方思维"和确定政策的核心是商业考虑,而不是战略考虑(Uzoigwe,1974;Parsons,1976;Scholch,1981;Owen,1981;Johns,1982)。此外,法国和其他欧洲大国,如葡萄牙和德国,早在埃及爆发危机之前就试图在非洲建立殖民帝国。

霍普金斯(Hopkins,1973)自己提出了一个有说服力的论点,在第14 章中进一步阐述,他认为西非的瓜分是商业竞争的产物。瑞格利(Wrigley,1978:27—28)补充说,欧洲各国政府同意商人的正式殖民要求,不是出于"保护主义,甚至也不是为了商业利益,而是为了保证供应",这是确保工业原料和消费品安全的需要。他甚至试图将"供给"提升为"先进工业主义"的决定性特征。最近,凯恩和霍普金斯(Cain & Hopkins,1986,1987)认为,英国帝国主义不是主要由工业资本主义的力量决定的,而是由"绅士资本主义"的财富变化决定的,即 1850 年前的土地利益,以及从 1850 年到 1914 年的金融和商业巨头的利益。他们认为,绅士资本家的活动不仅远比人们认识到的更为重要,而且是他们在统治着英国。这一提法似乎结合了霍布森式理论的金融家角色的观点、熊彼特的"新帝国主义"不见得有新意的观点,以及马克思主义关于资本主义背后经济因素的观点,尽管作者声称他们正试图与这些有争议的史学传统保持距离。

自由主义的历史学家,除了像霍普金斯这样的著名学者,一般都放弃了对瓜分的经济解释，而马克思主义和依附论者则强调这一点。他们把瓜分看作资本主义全球扩张的必然时段和节点（Kiernan，1974；Brown，1978）。正如卢森堡（Luxembourg，1941：446）所言，帝国主义是"资本主义积累在竞争性环境中的政治表现，是为了争取非资本主义环境中仍开放的东西"。对于马克思主义者来说，帝国主义的经济基础是不言而喻的，没有必要进一步加以证明。这种瓜分被认为是由于[21]发达资本主义国家需要找到投资的出口、工业品的市场和原材料的来源。

但是，马克思主义关于帝国主义理论的重要内容一直受到批评。早期的马克思主义者相信资本主义有"双重使命"，即剥削性和解放性。殖民地作为剩余资本输出地的概念抓住了资本主义使命的矛盾性。然而，这似乎不符合历史记录。当然，在非洲的殖民地，除了少数几个明显的例外，从来没有被大都市的剩余资本所淹没。事实上，宗主国希望殖民地用自己的资源来偿付，而不是让大都市来投资。依附论者把资源从殖民地向大都市的逆向流动说成是帝国主义围绕运转的轴心（Frank，1967，1969，1978a，1978b，1980，1981；Emmanuel，1974；Amin，1974，1976，1977，1978，1980；Wallerstein，1974，1979，1980，1983，1984；Rodney，1982）。

沃伦（Warren，1973，1980）摒弃了剩余资本是帝国主义背后原因这一观点。他指出，"1870 年至 1914 年间，一些富有挑战性的帝国主义国家本身就是资本净进口国；资本输出一直是工业资本主义的一个重要特征，[并且]在 19 世纪末没有显示出突然加速的迹象"（Warren，1980：67）。事实上，对沃伦来说，帝国主义远非老迈腐朽的资本主义的产物，而是年轻且充满活力的经济的产物，是"资本主义的先锋"。他对帝国主义在第 三 世 界 的 进 步 作 用 的 颂 扬 受 到 了 强 烈 的 抨 击（Micheal，Petras&Rhodes，1974；Hansen & Schulz，1981；Polychroniou，1991）。其他马克思主义学者质疑列宁将先进资本主义定义为帝国主义，并敦促其放弃这一观点（Brewer，1980；Arrighi，1983；Willoughby，1986）。例如威洛比（Willoughby，1986：7）发现这个定义太笼统又太具体。说它笼统是因为"它会导致我们偏离领土统治/开发的具体现象，偏离国家和民族的冲突，而这些被认为是理解现代帝国主义的核心所在"；说它太具体是因为"20世纪早期国际资本主义方方面面的历史,都被视为是资本帝国主义通用理论基础,这实在是太多了"。

对于帝国主义的经济学,依附论和马克思主义者有很多话要说。具有讽刺意味的是,尽管他们盲目崇拜依附论或帝国主义剥削的"经济事实",但他们在增进我们对瓜分非洲的背后实际经济动力的理解方面,几乎没有做什么。在他们宏大的理论构想中,这种瓜分没有遇到问题。但因为没有合理解释,人们对高度差异化的殖民进程和模式,对非洲的殖民化以及后殖民资本主义发展困惑不解。[22]未能认识到瓜分非洲实际上是多样化的经历,可能是早期马克思主义和帝国主义依附理论最明显的不足。因此,无论是自由主义者、马克思主义者或依附论者,对非洲的解释都没有充分。前者倾向于关注当地事件和个别政府政策,看不到大局;后者采用了全局法进行研究,却没有充分考虑"当地的实际情况"。

学者们对各自所用概念的意义没有达成一致意见,因此他们经常各执一词,来解释不同的现象,一些人寻求长期的原因,另一些人则寻找瓜分非洲的触发机制(Penrose,1974;Ratcliffe,1981)。试图用经济与政治、大都市与边缘地区、资本主义与重商主义、非洲中心论与欧洲中心论等排他性的分类来解释非洲被瓜分、殖民、纳入世界体系的历史,对于这些复杂的过程而言,这些分类过于简单了。

本研究认为,经济因素确实对殖民力量的形成起了决定性的作用。第五部分对此进行了详细论述。不用说,这些因素并不是完全孤立的,而是以复杂的方式与政治、意识形态、技术和军事因素结合,一起发挥作用的。非洲被瓜分的过程非常纷繁复杂,不可能归结于单一的原因和诱因。因此,即便就经济因素而言,不同地区的"经济"也不尽相同。在北非,殖民化受到债务增加所带来的经济和政治危机的制约;而在西非,殖民化是在贸易竞争加剧的背景下出现的。中部非洲吸引了投机资本,而南部非洲则成为了矿业资本的天堂。东非是最后一个被纳入欧洲主导的世界资本主义体系的地区,成为先发制人的殖民主义的受害者。这并不是像有些人所说的,帝国主义是由外围的危机"造成"的。正如波尔汉(Boahen,1987a:29)最近提醒我们的那样,"非洲内部条件的性质……不能也没有促成这场争夺,这实际上是一种全球现象。我相信,这种现象的原因可以被找到,不是在非洲,或东南亚,而是在欧洲。19世纪的最后二三十年,那里的经济、政治和社会力量协调发展"。然而,为了解释20世纪殖民地国家构建、发展与落后、阶级形成和人民斗争的不同模式和形式,了解非洲殖民过程的差异性是非常重要的。

第一部分　环境和人口变化

第一章　环境变化

气候与历史

[25]环境研究已经充分表明,自然环境既不是人类活动的无关背景,也不是决定人类活动的不变因素。人类的行动和自然环境不断地以复杂的方式相互作用,并在这个过程中改变了社会和环境。事实上,人类过去的历史可以被视为历史与地理、人类与栖息地、社会与自然、时间与空间之间持续互动的记录,自然科学家和社会科学家已经越来越多地认识到气候、生态系统和社会在广泛的时空尺度上的相互作用(Clark,1985;Glantz,1987a;Lewis & Berry,1988;Worster,1988)。

直到最近,气候被认为是恒定的,与往年同期相比不会有波动。这个结论以世界主要城市最早用标准气象仪器进行长期天气观测的记录为基础。"到了 19 世纪末,记录的很多数据时间跨度已有 100 年,而 1875 年和 1895 年之间欧洲和北美的温度被发现已经普遍恢复到与一个世纪前相似的数值"(Lamb,1982:10)。这说明了历史上气候重建中的一些方法问题。要获得有用的气象数据,特别是早期的数据,并确定气候变化的原因是很困难的。

在重建过去的气候时,历史学家和气候学家使用了三种类型的证据。首先,是对气象学现象的仪器测量。这种数据仅限于少数几个地方,即使是西欧最古老的气象站,也不会早于 17 世纪末。而且,老仪器的读数与现代仪器的读数标准也不一定具有可比性。其次,还有一些书面资料,如天气日记和对天气的描述性记载。这些信息往往是相对的、主观的、难以衡量和量化。

最后，还有基于物理和生物数据的"替代数据"（proxy data），它们提供了过去气候影响的"化石"证据。地质学、考古学和植物学证据提供了有关气候序列的丰富信息来源。以植物学数据为例，最古老的证据可以从岩石中的孢子、叶子、茎和石化木化石中收集到，更近的证据可以从海洋和湖泊沉积物中保存的花粉、种子、针叶、木材和浮游植物中推断出来，[26]而最新的证据可以通过分析树木年轮推断出来。毋庸置疑，解释"替代数据"充满了复杂性。我们不应忘记，生物系统可能对气候变化表现出非凡的适应能力，而人类活动的影响可能会降低我们探测气候事件对生物系统影响的能力（Lamb，1977，1982；Rotberg & Rabb，1981）。

波动和变化背后的因素极为复杂。为了清楚起见，它们"可以分为紧密关联的三类：地球以外的事件引起的，地球系统内产生的，以及人类本身引起的"（Tickwell，1977：17）。这些变化有些是缓慢的、渐进的，有些则是急剧的、以突发事件为标志的。对气候最关键的地外影响是太阳。由不同类型的太阳干扰（如太阳黑子周期）引起的太阳能量输出的变化，可以导致全球温度水平的变化。地球轨道的变化影响了到达地球的太阳辐射量，也会影响气候。大气层对传入的太阳辐射或传出的地球辐射的透明度，可能会因大规模火山喷发后的火山灰而发生显著改变。火山喷发往往会产生显著的降温，并对气候带来相关影响，这种影响会持续数年甚至数十年。人们还知道，大气和海洋中的环流和热量分布的变化也会暂时或永久地改变气候。

人类活动，特别是农业、工业化和城市化，极大地改变了陆地环境，对气候产生了影响，当然，局限于地方和区域一级。为了农业和定居的便利，从大片土地上清除森林覆盖物，这影响了当地的降雨量，并在较小程度上影响了温度。城市的建设、人工湖泊的形成、灌溉面积的扩大以及河流系统的改道也导致了局部范围内气候的改变。自工业革命开始以来，人类改变或严重影响整个世界气候的能力已经增强。煤、石油和天然气等化石燃料的燃烧导致大气中二氧化碳的含量稳步上升。

人为气溶胶颗粒的数量也在上升。二氧化碳和其他温室气体浓度的上升预计将导致前所未有的全球变暖，这将改变温度和降水模式，对农业自然生态系统产生严重影响。氯氟烃被用作喷雾器和气雾剂罐的推进剂,也作为冷却设备的制冷剂,[27]会使保护地球的臭氧层耗损,而使更多的有害辐射到达地球表面,进而危害人类健康和保持着脆弱平衡的自然系统(世界资源研究所,1988)。

显然,人类活动已经并将继续对气候产生影响。反之亦然:气候对人类活动和人类历史也产生了深远的影响。气候的波动和变化影响着水的供应、温度、风的模式以及日照、湿度和云量的多少。它们影响到许多人类活动,包括农业和林业、昆虫和其他害虫的传播、动植物和人类的健康状况和疾病、对气候敏感的制造业和建筑业的发展、贸易和价格的起伏、旅行和通信方式、人口流动和定居的模式、疾病的性质和社会动荡、保险和救济措施的安排和费用、国家实时扩张和解体以及艺术和建筑的形式。气候系统变化的影响有直接的,也有间接的;有短期的,也有长期的;有表面的,也有实质性的(Lamb,1982:271—309)。

衡量气候变化对历史变化的影响往往是困难的。许多涉及气候波动对人类影响的研究都集中在短暂的气候危机时期,他们着手发掘在危机同时代的人们所遭遇的不幸。一些学者甚至提出,气候周期是经济周期的保证者,事实上,气候周期是文明兴衰背后的原因(Lopez,1966;Post,1977)。这种说法有环境决定论的论调。专注于气候危机的剧变时刻会掩盖这样一个事实,即"气候变化的后果不仅仅是水平的差异造成的,这很可能并不是主要原因;它们也来自于变化幅度的差异"(De Vries,1981:46)。此外,只看到"已造成的危害",会迫使研究者只研究短期危机,而不去考虑适应过程。

气候变化的模式

在非洲,只有少数地方的气象仪器记录可以追溯到一个世纪前或更久。因此,非洲历史气候的重建在很大程度上依赖于历史和地理记录以及口头传统中所载的气候观测和描述。关于气候波动和变化的信息也是从树木年轮气候学中获得的,或者通过研究湖泊沉积物和河流水位得到证实(Nicholson,1979)。尼罗河,这条非洲和世界最长的河流,得到了学界最广泛的研究。人们试图将尼尔计读数(Nilometer readings)、尼罗河上游源头[28]周围的降雨事件和口头传说联系起来,以确定旱灾和饥荒、迁徙和湖泊间地区国家形成的日期(Webster,1979)。

许多学者试图将数千年来气候的长期趋势或规律性的周期性,与持续数百年的细微变化,以及 10 至 50 年的变化或趋势区分开。"较短时期的变化叠加在较长时期的波动上,我们必须认识到,当我们试图进一步深入到过去时,我们区分小波动的能力就会减弱,只有大的变化才能被发现"(Grove,1977:55)。

几百万年前的长期重建显示,非洲经历了惊人的地貌演变和气候变化。在过去的 2 万年左右,也是就当前环境而言最重要的时期,气候系统在干旱和潮湿之间交替变化。根据尼克尔森和弗隆(Nicholson & Flohn,1980)的研究,过去 20,000 年根据其特点可概括为五个时期。第一个时期是公元前 20,000—前 12,000 年,该时期的特点是大陆大部分地区干旱,但北方以潮湿为主。第二个时期,即湖泊期,在公元前 10,000—前 8000 年前之间达到顶峰,当时只有北非部分地区经历了干旱。快到公元前 7000 年时,又出现了一段短暂的干旱期。另一个湖泊期大约在公元前 6500 年到公元前 4500 年之间重新出现。最后,大约在 4000 年前,像现在这样的干旱开始了。

在第一阶段,撒哈拉沙漠大举向南推进。各条河流以及青尼罗河和白尼罗河的流量减少。乍得湖可能已经干涸,东非的湖泊,包括蒙博托-塞塞-塞科(Mobutu Sese Seko,阿尔伯特)、马加迪(Magadi)、纳库鲁(Nakuru)、图尔卡纳(Turkana)、奈瓦沙(Naivasha)和维多利亚等湖泊的水位都很低。后者的水位甚至低于尼罗河溢出口的水面。中部非洲的热带雨林退缩,而乌干达的常绿林几乎消失了(Kendall,1969;Burke & Durutoye,1971;Butzer et. al. ,1972;Harvey,1976;Street & Grove,1976;Livingstone,1979)。随后的湖泊期,西非和东非的湖泊水位大幅上升,在尼日尔、毛里塔尼亚、苏丹和埃塞俄比亚的盆地和洼地形成了许多湖泊。例如乍得湖水深 160 米,面积扩大到约 35 万平方公里,与里海的面积差不多。河流也加深了,变得更加宽广。撒哈拉沙漠大大收缩,现在的萨赫勒地带被茂密的植被所覆盖(Kutzbach,1980;Maley,1977;Lewis & Berry,1988)。这些条件在接近公元前 7000 年时被短暂的干旱期暂时扭转,然后又恢复并一直延续到公元前 4500 年,从那时起非洲开始向现在的干旱过渡。[29]撒哈拉沙漠作为非洲气候变化的敏感指标,再次开始扩张。

这些变化背后的因素过于复杂,本章无法充分阐述。可以说,它们反映了南北半球热力条件变化所引起的大气环流模式的变化(Nicholson & Flohn,1980:331—345)。例如,20,000—12,000年前这段时间的亚热带和热带干旱就受到北半球冰凌的存在、上升洋流的增加以及海洋温度降低的影响。在大约6000—8000年前的新石器时代革命之前,人类活动对气候的影响是不太可能的,因为那时人为减少植被刚开始。人类开发环境对气候的影响并不像流行的环境论述所暗示的那样容易确定。地表过程和大气环流之间的相互作用非常复杂(Sud & Fennessey,1984)。

从前面的分析中可以看出,撒哈拉沙漠并不是一个人造的久旱区域。非洲沙漠的形成"主要归因于非洲大陆的地理位置"(Grove,1977:54)。这导致达科赫(Darkoh,1989:15)认为,一些环保主义者为了呼吁人们注意非洲沙漠的扩张而流传的荒漠化一词,"在许多方面是误导性的。流行的'沙丘侵蚀'或'沙漠蔓延'的形象只是问题的一小部分"。萨赫勒地区也并不仅仅是因撒哈拉沙漠推进的影响形成的,它不是另一个因人为影响而正在形成的尘暴区(dustbowl)。正如拉斯穆松(Rasmusson,1987:18)所说,"还没有证据表明,人类引起的环境退化(森林砍伐和荒漠化)正在导致该地区的气候恶化"。

大约从16世纪开始,关于气候重建的历史信息变得越来越丰富。尼克尔森(Nicholson,1978,1979,1980,1981)的研究表明,在16和17世纪以及18世纪的部分时间,西非、东非和北非许多地区的气候条件比今天更潮湿或更湿润。她认为撒哈拉沙漠可能已经收缩,尼克尔森的结论基础是:当时的湖泊和河流水位比现在更高,地理描述、植被和地质学证据、树木年轮研究和建筑风格。从1680年以后,严重的旱灾定期暴发。在1680年代,干旱摧毁了萨赫勒地区,之后,在1710年至1730年之间,干旱吞噬了大部分非洲大陆,南非除外。1738年至1756年间,以及1770年代和1790年代,非洲大陆不同地区又发生了一系列干旱。1790年代的干旱肆虐了乍得、尼日利亚北部的博尔努(Bornu)和卡诺(Kano)。

[30]在世纪之交,干旱的趋势加快了。也就是说,非洲在进入19世纪时正处于干旱期。非洲经历的最干旱时期一直延续到1840年。降雨量持续减少,整个非洲大陆的湖泊、河流和泉水逐渐变干涸。马拉维、坦噶尼喀等湖泊的水位很低,可能还有维多利亚湖,而乍得湖面积缩小,恩

加米湖（Lake Ngami）也干涸了。然后从 1870 年到 1895 年，随着降雨量的增加，大陆大部分地区又恢复了湿润的环境。事实上，湖泊和河流的水位超过了 20 世纪的水平。从 1895 年开始，情况又发生了巨大的变化，气候变得更干燥，一直持续到 1920 年。

当然，各地区的情况也有很大的差异。例如，北非海岸、几内亚海岸和南非东南部躲过了 19 世纪的干旱；而据报道，在本世纪末的湖泊期，摩洛哥海岸和中西部非洲的降雨量很少（Miller，1982）。南非大部分地区的降雨量开始增加，从 1855 年到 1895 年有一段明显的降雨丰沛期，大约在 1890 年达到高峰。1897—1907 年期间，南非、莱索托和斯威士兰都很干燥（Grove，1977；Tyson，1980：367；Ballard，1986；Newitt，1988）。

在非洲东部，降雨量在 1870 年代增多，这个时间比南部非洲稍晚；至少从维多利亚湖的水位可以看出，1880 年湖泊水位比 1868 年高出 2.4 米。1880 年至 1890 年期间湖泊水位下降，然后在 1892 年至 1895 年恢复并上升到较高的水位，之后在至 1902 年的 7 年中稳步下降了 0.76 米。许多其他东非湖泊的水位在 19 世纪末似乎比此后更高（Dalby，et. al.，1977；Webster，1979，1980）。虽然东非许多地区普遍潮湿，但在 1888—1892 年间，埃塞俄比亚遭受了 19 世纪最严重的干旱。埃塞俄比亚在本世纪共经历了八次旱灾（Pankhurst，1966；Wood，1977；Degefu，1987）。

萨赫勒地区比 19 世纪非洲的其他地区更容易发生旱灾。在 1800 年至 1900 年期间，至少每 20 年发生一次旱灾，集中在 1511—1514 年、1825—1827 年、1864—1865 年、1869—1870 年、1875—1876 年和 1884—1885 年（Schove，1977：46；Curtin，1975），在北非，摩洛哥在 1795 年至 1895 年之间经历了大约 40 年的旱灾，最严重的一次是在 1878—1879 年（Schroeter，1988：197—200），阿尔及利亚从 1884 年至 1896 年有一段多雨期。这些降雨扩展到撒哈拉北部、利比亚的的黎波里和班加西以及埃及的亚历山大。虽然非洲大陆的许多地区变得更加干燥，但从 1896 年开始，非洲东北部的降雨量略有增加，直到本世纪末，降雨量又明显减少（Grove，1977：58）。

[31]这些区域性差异可以归因于这样一个事实，即"非洲横跨各种温带、热带气候区，在非洲大陆的不同地区，与降水事件有关的气象状况大不相同"（Rasmusson，1987：5）。影响不同地区降雨模式的因素包括每个

地区的地形特征和纬度、其半球位置以及海洋信风系统和跨赤道季风循环的影响(Schove,1977;Shukla,1984)。一般来说,赤道地区经历两次最大降雨期,而在亚热带只有一个夏季雨季,在北温带地区只有一个冬季最大降雨期(Nicholson,1980;Nicholson & Entekhabi,1986)。萨赫勒地区的雨季较短且更不可预测,这可能是由于该地区"位于南半球和北半球的主要环流系统之间的缘故"(Nicholson,1978:17)。

19世纪非洲的降雨模式和气候条件并不只是一些神秘气象环境的产物。兰姆(Lamb,1982:236)认为,"可以将18世纪和19世纪气候复苏的许多(或大多数)逆转归因于异常频繁的火山爆发,在1752年至1840年期间,火山爆发的尘埃笼罩在高空,这是很好的例证"(Lamb,1982:236)。例如,1812年在加勒比海的圣文森特岛和1814年在菲律宾发生的几次火山爆发,以及1815年在印度尼西亚塔莫罗(Tamboro)发生的大喷发,所有这些火山爆发都向大气层喷出尘沙,随后笼罩了地球,从而减少了太阳光的穿透力,使北半球的大部分地区变冷,并扭曲了全球空气循环的模式。

因此,非洲的气候变化应被视为全球气候变化这一更大模型的一部分。非洲在18世纪和19世纪经历的许多干旱都影响到南半球的大部分地区。对空气循环模式的气候研究表明,南方涛动,即大西洋和印度洋之间的气压振动,在造成南半球湿润或干燥期方面,发挥了重要作用。南半球和北半球的气候条件是以相当复杂的方式联系在一起的(Pittock, et. al.,1978)。19世纪初,当非洲处于干旱期时,欧洲比正常情况下更冷、更湿。但在1860年代,非洲和欧洲都很干燥,在1870年代,两个大洲又普遍比较湿润。

气候变化与社会

[32]上述气候变化对19世纪非洲社会的影响是深远的。关于这一主题的文献可分为两类。首先,一些学者强调了干旱造成的巨大压力和痛苦,往往最终导致饥荒、战争和移民(Ogot,1979;Webster,1979)。第二,有些人把前殖民时代描绘成人与自然关系和谐的黄金时代,并把非洲的环境退化归咎于殖民主义和不发达(Kjekshus,1977a;Vail,1977)。这

两种方法都不能令人满意地解释非洲社会处理环境变化和压力的不同方式。评估旱灾对非洲社会影响的问题怎么强调都不过分。

部分问题在于资料来源本身,这些资料往往给人深刻印象,但不准确。书面资料谈论旱灾和饥荒,往往夸大其词。这些记录,特别是欧洲人的种族傲慢和帝国主义的狂热所产生的记录,并不总是受到应有的谨慎对待。例如,德杰弗(Degefu,1987:30)说,在 1888—1892 年的大旱中,约有三分之一的埃塞俄比亚人口死亡,其统计学依据就不清楚。谁做的统计? 饥荒前后埃塞俄比亚的总人口是多少? 施勒特(Shroeter,1988:198)在写 1878—1879 年摩洛哥大旱和饥荒时指出,"有些估计说,摩洛哥四分之一到三分之一的人口死亡"。他认为"这些消息来源很可能被夸大了",尽管他"几乎不怀疑这个国家被饥荒蹂躏了"。同样,这是一个缺乏任何统计学确定的结论。

如果说非洲近代饥荒的死亡人数已经很难弄清楚,那么,考虑到 19世纪的数据更加匮乏,想要确定其饥荒死亡人数可能是徒劳的(Bell,1987:85)。口头传说在提供环境变化影响的具体证据方面尚没有更好的表现。我们应该记住,"饥荒"和"旱灾"这两个名称,是口头传统中关于迁徙、战争和政治动荡的常见用语,可能并不总是指气候和死亡,而是内部经济危机和政治合法性丧失的隐喻(Richards,1983:45)。

对一些历史学家来说,干旱已经成为非洲历史的既成事实,是对 19世纪非洲人民所经历的所有革命、弊端和创伤的全面解释。例如,它被认为是祖鲁国家崛起的解释。盖伊(Guy,1980:103)认为,[33]到 18 世纪末,祖鲁兰面临生态危机,"该地区的人口密度和资源之间的不平衡已经上升,这引发了重大的社会变革"。这些变化包括生产、再生产和国家的重组。祖鲁国家的产生源于该地区强大的非洲酋长领地之间对稀缺资源的激烈竞争。巴拉德(Ballard,1986)和甘普(Gump,1989)进一步阐述了这一论点。巴拉德认为,1800—1806/1807 年的旱灾不仅引起了该地区社会、经济和政治的重组,体现在沙卡(Shaka)领导下的祖鲁国家的形成上;而且,沙卡革命也给自己带来了困难,加重了 1820—1823 年灾难性干旱对自己国家的影响,这为英国对纳塔尔的殖民提供了便利条件,"因为饥饿的非洲难民心甘情愿地屈服于白人的统治,以换取食物和安全"(Ballard,1986:378)。甘普(Gump,1989)强调了区域生态不平衡。对资源的争夺迫使祖鲁人加强年龄为基础的军团制度,以便更好地保护他们被北方邻居觊觎的牧场,这群北方邻居的土地已经被干旱蹂躏,由此出现了祖鲁国家。

这些解释让人好奇,但最终没有说服力。巴拉德所谓的非洲人"愿意"接受欧洲人的统治,与祖鲁人和定居者之间激烈冲突的历史并不相符,而甘普的以年龄为基础的军团制度论也没有说服力。在对"姆法肯"(mfecane)历史令人信服的修正中,科彬(Cobbing,1988,1991)表明,"姆法肯"的意思是"粉碎"(crushing)人民,是自由派历史学家发明的,并作为欧洲殖民和后来种族隔离的不在场证明。"姆法肯"一词本身是由一位历史学家在 1928 年创造的,"在任何非洲语言中都无迹可寻,但它粗略地传达了沙卡时代(大约 1810—1830 年)黑人摧毁黑人这一灾难性时期的谬论"(Cobbing,1988:487)。这种自私自利的种族主义谬论最初是由欧洲侵略者在 19 世纪构建的,后来被自由派历史学家完善,并被种族隔离国家宣传,成为一种主导性的范式,甚至被"受人尊敬的"历史学家所利用,包括那些急于显示非洲"主动性"的非洲中心主义观点的历史学家。

科彬令人信服地指出,祖鲁国和该地区其他国家的形成,与生态危机、人口过剩或沙卡的天才与残暴没有什么关系。这是一个被动的过程,在这个过程中,该地区的非洲人试图抵御来自西边的开普殖民地边界扩张和东边的葡萄牙奴隶贸易帝国。开普殖民者和葡萄牙人都希望得到非洲劳动力,前者供自己使用,后者则用作奴隶出口。正是由于这两种冲击,而不是某种想象中的"姆法肯"或非洲社会[34]内部的革命过程,非洲次大陆产生了前所未有的暴力。

一些历史学家试图将奴隶贸易的增长归因于旱灾,这就更没有说服力了。米勒(Miller,1982:29)在论述中西部非洲时认为,旱灾不仅极大地影响了该地区的政治历史,并产生了争夺资源的冲突和战争,具体表现为出现了因邦加拉(Imbangala)或"捷卡"(Jaga)突击队,而且"肯定使被奴役的难民人数增加,吸引欧洲奴隶主离开他们在西非海岸的常住地"。柯廷(Curtin,1983:380—381)也认为,"大量的奴隶运输和长期干旱之间的相关性非常明显,特别是在塞内冈比亚(Senegambia)和安哥拉"。韦伯斯特(Webster,1983:11)甚至将 1725—1840 年这一整段时期描述为"旱灾和奴隶制的世纪"。他认为,这一时期的干旱使"奴隶的供应量膨胀,供应曲线在每一次连续的干旱期都在上升,一直达到奴隶出口的历史顶峰"。借用 1980 年美国总统大选的术语,这就是"伏都巫术"(voodoo)供给侧经济学,是要不恰当地把奴隶贸易"归咎"于自然和受害者本身。

如果说米勒、柯廷和韦伯斯特把奴隶贸易的增长归咎于干旱,那么内维特(Newitt,1988)则把干旱作为莫桑比克包括庄园(prazos)在内的经济解体的原因,为奴隶贸易开脱。他告诉我们,"在奴隶贸易产生如此可怕的影响之前,大旱(1823—1831 年)已经开始对社会造成破坏,同时代人的证词绝大多数都认为,他们所经历的灾难是饥荒直接导致的"(Newitt,1988:31)。作者很明确地指出,"本文的目的是要把解释 19 世纪莫桑比克历史的重点"从葡萄牙奴隶贸易所起的作用转移到"内部"因素,主要是自然灾害。因此,19 世纪该国所经历的社会和经济混乱的背后,是反复无常的自然界和莫桑比克人无力胜天。相反,可以说,奴隶贸易加重了干旱的不利影响,因为它促进了群体内部的劳动和社会关系的改变,迫使许多人从生产效率较高的环境转移到更边缘的环境中(Lewis & Berry,1988:60)。

内维特对 19 世纪上半叶莫桑比克干旱影响的分析,读起来很像最近的新古典主义的道歉,即把 1980 年代的非洲饥荒归咎于自然和其他"内部主义"因素(Zeleza,1986;Mkandawire & Bourenane,1987;Glantz,1987a)。很明显,内维特招来的"同时代人"都是葡萄牙商人和政府官员,其中许多人大肆参与奴隶贸易。[35]不能指望他们挞伐自己的活动,就像不能指望当代非洲的国家和国际资本的官员谴责自己一样。这说明环境论不能脱离涉事主角的物质利益和意识形态的成见(Anderson & Grove,1987)。

干旱和其他形式的环境压力并非始于 19 世纪。几个世纪以来,非洲社会制定了适应战略,以尽量减少其影响。历史学家需要对非洲社会如何应对或未能应对干旱等环境变化带来的问题进行更多研究。应对机制要随着社会组织的变化而变化是有道理的。干旱和饥荒之间往往有太多简单化的联系。每当提到干旱一词时,几乎无一例外地在后面加上饥荒一词(Webster,1979;Ogot,1979;Degefu,1987;Shroeter,1988)。好像每次干旱都不可避免地导致饥荒,每次饥荒都是由干旱引起的。饥荒不仅仅是自然界的诅咒:它更是自然界和社会之间复杂互动的产物。

旱灾的性质往往不被人们所理解。很难定义"干旱"一词本身,因为"一个地区的干旱条件在一个更干旱的地区,或者是在一个更干旱的时代,可能被认为是正常条件"(Rasmusson,1987:8)。事实上,干旱有不同的类型,包括气象干旱、农业干旱和水文干旱,这只是最重要的几种类型(Wilhite & Glantz,1985)。气象干旱可以被定义为"某一地区长期平均降雨量减少25%;而农业干旱是指没有足够的水分在适当的时间供作物的生长和发育;水文干旱是指水流低于某个预定水位的情况"(Glantz,1987b:45—46)。引起农业干旱的原因不一定是总降雨量不足,而是生长季节中降雨的分布模式。事实上,由于不同作物对水分的需求量不同,一种作物的干旱不一定意味着所有作物的灾难。这就是为什么在得出干旱导致作物歉收并由此推断出饥荒的结论之前,必须了解一个特定社会的作物制度。

关于非洲社会为应对干旱和粮食短缺而制定战略的文献越来越多,其中大部分是受1970年代早期和1980年代中期萨赫勒和埃塞俄比亚危机的启发(Campbell,1977;Watts,1984;Dyson-Hudson & McCabe,1985;Mortimer,1988;Johnson & Anderson,1988;Shipton,1990)。这些文献表明,[36]非洲社会采用了各种战略来预防、适应粮食短缺并从饥荒中恢复。这些预防战略包括耕地和牧地的多样化,田地、作物和牧场的轮换,间作和种植抗旱作物,出借牲畜,在不同地点放牧,并使牲畜数量超过维持生计所需。对实际粮食短缺的调整也有多种形式,如增加贸易,用不定期的采集食物代替主食,缩小社区、家庭和畜群的规模,寄养儿童,动用亲属、朋友和赞助关系,收回贷款、欠款或出借物资,出售财产和移民。为了恢复,分裂的社区、家庭、牧群进行重新组合和安置,赎回质押物或去贷款,以收回或回购失去的土地、工具和牲畜,并加紧工作。

简而言之,应对机制不仅多种多样,包括对生产实践、社会网络和生态储备的操纵,而且往往是交错的,以应对生存危机的不同类型或阶段。其中一些研究显示了应对策略的性质,它们在19世纪过程中的变化方式,以及这些变化对后来发展的影响。让我们重点关注三个例子:尼日利亚北部的豪萨人、南部非洲的巴索托人(the Bastotho)和坦桑尼亚东北部的资卦人(the Zigua)。

在豪萨人中,大家庭的组织既是粮食和其他商品的生产单位,也是消费单位,它减少了个人和核心家庭单位对气候波动造成的粮食短缺的脆弱性。家庭之间的再分配和互赠模式又加强了社会抵御粮食短缺危机的能力。社会保险措施还延伸到了粮食储存和消费战略层面。精心设计的储存技术使粮食可以储存相对较长的时间。种植用的种子和生活用的粮食谷物被仔细分开。在农业周期的每一个阶段,何时可以打开粮仓,往往都有仪式指导。在饥荒时期,国家利用中央粮仓储存的税收粮食进行有组织的再分配,这种渐进的庇护关系达到了顶点。农业系统适应了不稳定的环境条件。间作的模式、抗旱品种的选择,以及随着每年的环境波动而变化的作物组合的使用,最大限度地降低了因干旱等不利气候条件而导致作物歉收的风险。[37]最后,"闲置"的土地被保留作为狩猎和采集保护区(Shenton & Watts,1979)。

莱索托的情况表明了干旱和饥荒之间复杂的互动关系,以及政治和经济如何决定干旱的社会影响。与南部非洲大部分地区一样,莱索托在1802—1803 年经历了严重的旱灾。该地区的粮食严重缺乏,结果发生了饥荒。但并非每个人都受到同样的影响。那些拥有大量牲畜的人避受饥饿。在家庭内部,妇女和儿童受到的影响更大;据报道,一夫多妻制者因为无法养活多位妻子而把她们赶走了。埃尔德雷奇(Eldredge,1987:71)写道:"在随后的几十年里,干旱和饥荒之间的联系是间接的:只有当战争爆发、生产和贸易被破坏、权利被掠夺而减少时,才会在干旱之后发生饥荒。在这些情况下,造成饥荒的是政治原因而不是生态原因。"

1802 年至 1803 年的干旱之后,巴索托人试图使他们的耕地和牧业生产多样化。他们扩大了抗旱高粱的生产,同时采用了新的粮食作物,先是玉米,后是小麦,并大力购买和蓄养了大量的牲畜群。此外,他们还改进了狩猎技术,发现了更多的野根和蔬菜作为采集食物。由于采取了这些措施,他们得以度过了 1812 年和 1834 年的旱灾。在 1818—1820 年和1826—1828 年的旱灾中,他们就没有那么幸运了。在这些旱灾期间,巴索托人之间以及他们与邻近部落之间为争夺牧场发生了冲突,导致了移民和战争。饥荒直接源于这些移民和战争,而不是实际的干旱,当然是旱灾首先引发了冲突。

从 1830 年代开始,巴索托人发现自己与扩张主义的布尔人牧民势同水火。他们与布尔人交战,随后布尔人没收了他们一半以上的耕地和大量的牲畜,这大大削弱了巴索托人的生产能力。人口增长只会使情况变得更糟,导致土壤的逐渐侵蚀、肥力耗竭。此外,"野味的消失耗尽了传统的饥荒救济来源,巴索托农业的日益商业化耗尽了粮食储备,增加了巴索托人对这个不稳定市场的依赖"(Eldridge,1987:75)。所有这些都使巴索托人更容易受到 1858—1859 年、1860—1863 年、1865 年、1883—1885年和 1895—1898 年干旱的影响,所有这些干旱都引发了饥荒。

资卦人(the Zigua)也发现他们针对干旱引起的粮食短缺的社会保险机制被削弱,但原因不同。吉布林(Giblin,1986:86)认为,"没有证据表明,殖民前的资卦人[38]经历了可与 1880—1940 年反复发生的灾难相提并论的长期生存危机……只有在罕见的特殊情况下才会出现大范围的饥荒威胁"。资卦人尽管生活在恶劣的环境中,但还是成功地避免了饥荒,因为他们预料到了干旱,虽然干旱的时间无法预测,但他们对此有计划。他们的定居点位于水源充足的山谷和季节性水道边,并由无人居住的林地相互隔开。他们的种植方式也是为了尽量减少干旱的影响。在没有采采蝇的地方饲养的牲畜补充了主食。此外,资卦人之间以及他们与邻近部落以及远方社区之间进行的广泛贸易在局部干旱或作物歉收期间提供了粮食储备。亲属和委托关系组成的社会组织使社会中较贫穷的成员能够融入社群网络,这在困难时期为他们提供了生计。

但从 1840 年代开始,随着与沿海的商队贸易和奴隶贸易的发展,这些干旱管理策略和饥荒保险机制遭到了破坏。随着商队贸易的扩大,粮食库存被出售;在粮食匮乏时较贫穷的人所依赖的庇护者开始将粮食从再分配网络转移到市场。掠夺奴隶产生的暴力,破坏了社会结构和政治秩序。1870 年代和 1880 年代初,随着奔巴岛(Pemba)和潘加尼河(Pangani)下游沿线种植园的扩大,商队贸易和奴隶交易达到高峰。1884—1885 年旱灾发生时,丧失粮食储备权的穷人遭遇饥荒。许多人被迫将自己或其家庭成员典当给有钱人,包括酋长,这些人成为商队贸易的谈判代表。对"有钱的庇护者来说,饥荒是获得更多权力的机会",因为他们不仅"吸引了更多的依赖者",而且"获得了对他们的更大程度的支配权"(Giblin,1986:97)。

可见,干旱并不一定会导致饥荒。反过来说,没有旱灾也不能保证足够的粮食供应。饥荒是一个复杂的现象。正如森(Sen,1981)有力地论证的那样,饥荒并不总是由粮食的绝对短缺引起的。相反,当人口中的某些部分失去了对现有粮食的权利时,就会发生饥荒。而在实际严重缺粮的情况下,权利的分配决定了谁能在饥荒中生存。粮食分配的政治经济学、资源的获取渠道以及社会网络的有效性等复杂的方式阐明了旱灾与饥荒之间的联系,以及饥荒的社会影响(Raikes,1988)。

[39]以上考察的三个案例表明,非洲社会为克服环境的压力和制约而形成了一些生态实践。非洲生态思想的历史还有待充分调查。例如,最近关于非洲环境变化的主要出版物都没有对这一问题述及太多(Anderson & Grove,1987;Glantz,1987;Lewis & Berry,1988;《南部非洲研究》,1989)。如同非洲研究中常见的那样,环境史学家至今都集中在殖民者的生态思想上。由于非洲大部分地区直到 19 世纪末才被殖民化,这意味着要在南部非洲,主要是南非开展相关研究工作。

从这项工作中可以很清楚地看出,19 世纪的旱灾引发了殖民保护思想的出现,其实施导致非洲人对自然资源,特别是土地的控制权逐渐被削弱。定居者和非洲社区对自然资源的激烈竞争,"使得任何国家对环境的管理尝试都成了高度政治化的问题"(Beinart,1989:147)。1821—1823年、1845—1847 年、1862—1863 年的干旱引发了定居者和国家对环境的关注。殖民科学家将降雨量的减少和旱灾的发生归因于植被的清除。在1820 年代之前,"人们已经认识到,欧洲的农业方法是导致土壤和牧场恶化以及森林破坏的具体原因",但从 1820 年代开始,造成"旱灾"的责任越来越多地归咎到非洲人头上(Grove,1989:165)。

这导致了格鲁夫(Grove,1989:184)所说的"歧视性环境主义"的发展。1850 年代,开普殖民地的国家环境干预正式开始。官方保护的"森林保留地"被建立起来,非洲人被赶出保留地。这些"实际上是非洲第一个'国家'野生动物保护区"(Grove,1987:27)。非洲人发现自己不仅被剥夺了耕地,而且被剥夺了季节性放牧和打猎的权利。事实上,打猎让位于"狩猎运动",这是一种脱离了商业和营养效用的世俗追求,并越来越局限于定居者精英、帝国冒险家以及寻求运动乐趣的花花公子等少数人;而非洲人现在被定义为偷猎者,被排除在外(Mackenzie,1987;Carruthers,1989;Mutwira,1989)。

因此,关于森林保护区和狩猎的观念,是以保护的名义,划定了殖民社会中新的权力和特权线,并加强了帝国主义对非洲作为自然荒野的建设。森林再保护的概念很快就被"原生保留地"的概念所取代,后者为定居者攫取非洲土地提供了手段和理由。这样一来,借由保护的高尚言辞,将非洲人[40]逐渐从他们的土地上驱除,并将他们禁锢在边缘土地上的做法得以合理化。

疾病生态学

环境变化以及政治、社会和经济秩序的转变为19世纪非洲疾病和健康模式的出现提供了框架。疾病和健康状况反过来又对社会产生了深远的影响。众所周知,严重的流行病会破坏现有的政治、社会、经济体系和人口制度(Briggs,1961),例如,1347年至1351年期间,欧洲和亚洲发生的鼠疫、肺鼠疫和败血症瘟疫,导致约7500万人死亡,这是人类历史上最严重的大流行病,对这两个地区的历史产生了不可估量的影响。跳蚤的活动与瘟疫有很大关系。因此,单单是跳蚤,乃至整个昆虫界,都对人类历史产生了深远的影响(Cloudsley-Thompson,1976;McNeil,1976)。正如勒汉(Lehane,1969:18)绘声绘色所说:"尼禄和忽必烈、拿破仑和希特勒、所有的教皇、所有的法老和所有的奥斯曼苏丹的综合影响,在历代跳蚤肆虐的狂风冲击下,都会烟消云散"。

气候、疾病与历史之间的联系,是密切而复杂的。现在关于非洲医学史的文献令人印象相当深刻,范围也很广,尽管前殖民时期的内容不如20世纪那么多(Patterson,1974,1978,1979;Feiermann,1979,1985)。研究非洲的疾病生态有三种方法。第一种方法认为非洲一直是不健康的,因此非洲大陆的人口相对不足,尽管"内在不健康的论点……无法检验,而且要把过去的1000年间热带非洲和西欧的医疗危害程度作比较,会引发无法解决的数据问题"(Richards,1983:15),但它基于的假设认为,既然早期欧洲人在非洲这个异域疾病环境中遭受了巨大的痛苦,那么非洲对其居民来说一直是不健康的生活场所(Turshen,1984:9)。

美洲或非洲原住民去欧洲,也会对欧洲的疾病环境得出类似的结论。一些学者认为,直到19世纪最后25年,欧洲医学才奠定了"科学基础,使其在技术上比非洲医疗实践的某些方面具有优势",非洲和欧洲的卫生条件以及医疗技术是相当的（Turshen，1984：10；Dubos，1959，1968）。

把非洲和亚洲描绘成一个不健康的热带污水池，并认为只有欧洲医学的高超知识和技术才能清理干净，[41]这是帝国主义意识形态的一个重要部分。用阿诺德（Arnold，1988：7）的话来说，"当欧洲开始从自己的流行病学的过去中解脱出来时，人们忘记了霍乱、疟疾、天花和鼠疫等疾病，它们越来越多地被驱逐到热带地区，但这些疾病是欧洲最近经历的一部分。疾病是大肆讨伐非洲和亚洲'落后'的一部分，正如医学成了种族自豪感和技术保证的标志，而这正是19世纪末新帝国主义的基础"。事实上，帝国主义的干预越来越多地以传播西方医学的好处为名。苏格兰医学传教士和探险家利文斯通博士成为仁慈的帝国主义的典型英雄，他把精神之光与健康带到了枯萎的大陆。此处忽略了这样一个事实，即热带医学最重要的进步直到1940年代非殖民化前夕才出现，而不是在1850年代（Bruce-Chwat，1980）。同样被遗忘的还有欧洲人在传播外来的和非洲已有疾病中的作用。殖民主义在非洲的出现，福特（Ford，1971：489）尖锐的谴责认为，标志着"大规模生物战的爆发"。

因此，第二种方法认为，非洲疾病环境的恶化是由于同世界其他地区，特别是奴隶贸易时期的欧洲联系加强造成的。主要的流行病，如天花、性病、流感和霍乱等，通过港口传入，沿主要贸易路线传播到内地。殖民主义加剧了这一过程。因此，阿诺德（Arnold，1988：4）谴责说，殖民主义本身就是"对土著人民健康的重大危害"。西方医学的"成功"，显而易见，要么是"在殖民时代姗姗来迟"，要么是只惠及"总人口的一小部分"。事实上，有大量的证据表明，源自非洲外的流行病让非洲的健康水平在19世纪末和20世纪初急剧下降。用哈特维希和帕特森（Hartwig & Patterson，1978：4）的话来说，"非洲历史上最不健康的时期无疑是1890年至1930年"。这相当于非洲的黑死病，也就是14世纪肆虐欧洲的灾难性大流行病。

第三种方法在某种程度上是对第二种方法的完善，强调环境、民众和病原体之间的动态互动。据此，当一个社会对疾病环境的生物和文化适应因一种新疾病的侵入，或因战争或饥荒造成的人口混乱，采用新的生产活动，以及与外国人加强接触而被打破时，就会发生流行病。外来者可能带来新的疾病，[42]或者因为缺乏当地的地方病的免疫力，他们成为疾病的受害者。如果病患数量过大,传统的治疗系统不堪重负,地方病就会突然暴发成为流行病(Richards,1983:19—22)。

在 19 世纪,北非和西非似乎没有像非洲大陆其他地区那样,遭受过大规模的流行病。到本世纪初,北非和西非的许多社会已经适应了欧洲的疾病,因为他们长期以来与欧洲有着相对密切的接触。此外,通过贸易、城市化和国家的形成,这些地区内部和区域之间的流动,相对来说更加频繁,因此人们"有好几代人的时间来建立防御措施,以应对更复杂的疾病环境,当然,这种防御措施只是局部的"(Hartwig & Patterson,1978:8)。相比之下,在非洲东部、中部和南部的许多地方,与外来疾病环境的接触以及区域交流直到 19 世纪才变得密集起来。

19 世纪,特别是在 19 世纪末,东非是灾难性流行病席卷的地区之一。通过长途贸易,外来疾病渗透到内陆地区,由于人们对外来疾病缺乏免疫力,流行病通常会暴发。贸易商队也是传播本地疾病的作用(effective)途径(Hartwig,1975:63,68)。在东非新出现或重新出现的流行病中,最致命的是霍乱和天花。霍乱于 1821 年首次在东非被记录。1836—1837 年、1858—1859 年和 1869—1870 年,三次严重的霍乱流行病袭击了桑给巴尔和东非内陆。最后一次流行病显然深入到了腹地。这些流行病经阿拉伯半岛,通过埃塞俄比亚的陆路、沿海港口的海路传入东非(Koponen,1988:661)。它们对该地区的影响与对其他地方一样具有破坏性,尽管数字很难得到。据估计,1869—1870 年的流行病仅在桑给巴尔就夺去了约 20,000 人的生命。

所有这些霍乱流行病都是更广泛的大流行病的分支,它起源于印度,席卷了亚洲、欧洲和非洲的其他地区。霍乱在地中海的推进导致摩洛哥在 1835 年、1848 年、1855 年、1865 年、1868 年和 1878—1879 年暴发了疫情,数千人丧生。埃及在 1831 年首次受到霍乱疫情的袭击,在 1850 年至 1902 年期间又暴发了六次霍乱疫情,成千上万人因此受害(Panzac,1987:74—75)。

天花是另一种可怕的疾病。在摩洛哥,"尽管在 1870 年代启动了疫苗接种计划,但天花流行病仍不断造成严重的生命损失,尤其是儿童"(Shroeter,1988:199—200)。[43]在埃及,天花流行病定期暴发,对小孩子的影响最大,每年有 50,000—60,000 人死于天花(Panzac,1987:17—

18）。瘟疫是北非的另一种恐怖疾病。在 1799 年和 1848 年之间，埃及在 50 年中有 30 年都暴发了瘟疫。最致命的年份是 1801 年、1813 年、1816 年和 1835 年。根据不同学者的记录，整个国家有 150,000 到 500,000 人死于瘟疫（Panzac,1987:19）。在突尼斯,1794 年到 1800 年暴发了瘟疫,1818—1820 年再次暴发（Valensi,1985:183）。

天花在东非是令人恐惧的。在苏丹，动荡的马赫迪时期（Maddiyyah period）只是偶有天花流行,1885 年、1891 年和 1895 年出现了大暴发,1898 年和 1900 年的暴发则不太严重。根据哈特维格（Hartwig,1981:9）的说法,"苏丹的军队通常没有无免疫力,这促进了流行病的发生"。埃塞俄比亚在 19 世纪遭受了六次大规模天花流行病的破坏,也就是说,几乎每 16 年就有一次（Pankhurst,1965）。在坦桑尼亚,疾病可能是新出现的。1809 年暴发的天花流行,据说造成了桑给巴尔和东北部沿海 5000—15,000 人死亡。在这里,每隔十几年就会有一次周期性的流行病暴发。有记录的大暴发发生在 1858 年、1868 年、1880 年代初以及整个 1890 年代（Kjekshus,1977a:132—134）。

南非最严重的天花流行病暴发在 18 世纪。该国受到来自印度船只所携带的天花毒株的困扰。1713 年、1755 年和 1767 年南非暴发了大规模的流行病,没有免疫力的科伊桑人大量死亡,并严重扰乱了开普敦的殖民社会（Elphick,1989;Ross,1989;Elphick & Giliomee,1989）。往北的安哥拉,19 世纪天花流行病每隔 5 到 10 年就会暴发一次,"特别是在征服运动中,葡萄牙军队调动就会激发这些流行病"（Dias,1981:359）。1864 年安哥拉天花流行记录相对完备,由北向南席卷整个大陆,夺去了大约 40,000 人的生命。

对疟疾这种重要疾病的历史研究出乎意料地少之又少。疟疾的成名很可能是因为它对欧洲冒险家和征服者施加的痛苦和死亡,而不是对非洲人的影响。疟疾肆虐地区的非洲人已经在代际传承中进化出遗传防御系统,如镰状细胞特征,这为疟疾提供了一些生物保护机制,也使得人们和疾病之间有了相对平衡的文化反应。但是,这种免疫力往往是针对当地的疟疾寄生虫菌株的,当转移到具有不同菌株的地区时,[44]这种免疫力必然会被证明是无效的。因此,迁移削弱了免疫力,不利的环境打破了人与疾病之间的平衡,导致疟疾发病率和死亡率的上升。这种破坏性的力量在 19 世纪增加了,所以和其他疾病一样,疟疾的发病率似乎也在增加,安哥拉的情况就是如此(Dias,1981:357—358)。戴维斯(Davies,1979:4)指出,在乌干达的殖民活动所引起的混乱,导致了疟疾菌株从该国的一个地区传播到另一个地区。在坦桑尼亚,疟疾也在世纪之交开始蔓延到许多以前没有疟疾的地方,包括高原和一些沿海地区(Koponen,1988:657—658)。有记录的最严重的疟疾发生在 1865 年至 1870 年间的毛里求斯。这种疾病"最近从印度传入,夺去了 78,000 人的生命"(Padayachee & Morrell,1991:74)。回归热(Relapsing fever)是一种蜱虫传播的寄生虫病,在非洲东部、中部和南部地区可能是一直流行的地方病,"在探险和早期殖民管理时代",该病在这些地区被激活和传播(Good,1978:60)。

最近引起历史学家研究兴趣的一种地方病是麻风病。艾利夫(Illife,1987:214)相当夸张地宣称,"麻风病高度体现了非洲贫困的规模和顽强程度"。麻风病主要流行于炎热和潮湿的地区,特别是赤道地区,如扎伊尔。但在这些地方,麻风病的毒性没有在高海拔地区那么强,不过高海拔地区,麻风病并不常见。这种疾病本身很少致命,但它会削弱对其他疾病的抵抗力。麻风病患者因其畸形而引人注目,这些畸形并不是由疾病本身引起的,而是由于患者无法感受到疼痛而造成的溃疡和损伤造成的。艾利夫并未清楚的描述这种疾病在 19 世纪是否在增加。可以通过患者的身体畸形来识别的另一种疾病是跳蚤病,它由钻入脚趾的恙螨(jigger-flea)或沙蚤引起。1872 年,一艘来自里约热内卢的英国船只停靠在安哥拉港口,恙螨显然是那时第一次被带到非洲的。恙螨迅速蔓延,蹂躏了从安哥拉和扎伊尔到东非海岸的社区,破坏了受害者的流动性和工作能力(Kjekshus,1977a:134—136)。

19 世纪流行病的暴发往往与干旱、战争和饥荒联系在一起,因为它们之间有着惊人的时间联系:流行病的年份通常也是主要的战争和饥荒年份。然而,疾病、干旱、战争和饥荒的动态比起初看起来更复杂。有些疾病,如伤寒,在卫生条件差、饮用水[45]被人类排泄物污染的情况下传播,在干旱时期可能更常见,因为那时水很稀少。例如,在 1878—1879 年摩洛哥的干旱和饥荒期间,这些疾病夺走了众多人的生命(Shroeter,1988:198)。

其他疾病流行与干旱之间的关系更难确定。正如我们前面指出的，主要的霍乱流行病是从外部输入的全球性流行病的地方分支。天花的情况相当复杂，因为到了 19 世纪，天花在许多非洲社会已不再陌生。一些学者认为，饥荒助长了传播。用哈特维（Hartwig，1981：9）的话说，"身体虚弱的人很容易受到各种疾病的影响，尤其是天花"。但也有人对此提出异议，他们认为虽然饥荒会削弱身体对疾病的抵抗力，但"一个人对天花的免疫力完全是由以前的感染或人工接种疫苗决定的"（Koponen，1988：671）。

这是一个更普遍问题的一部分。由于"目前的流行病学知识还没有解决营养和感染相互作用的每个方面，对工业化前流行病学的历史调查可能并不一定能提供明确的答案"（Post，1985：18）。医学界对饥荒和营养不良与疾病发病率和死亡率之间的联系意见不一。一些人认为营养不足与感染之间存在协同关系，而另一些人则强调饥荒在引发流行病方面的生态和社会后果。在 19 世纪非洲的天花案例中，人们认为流行病不是由饥荒引起的。在严重的粮食短缺期间，人们有时被迫迁移并聚集在少数几个地方，而这些地方往往成为天花和其他疾病传播中心（Dawson，1979；Dias，1981）。同样，战争鼓励人们在少数具有战略地位的地方流动和密集定居。这里，人们也更容易受到传染病的侵害。

除了人类的流行病，牲畜，特别是牛，也会遭受周期性致命疾病暴发的影响。与人类疾病的情况一样，牛的流行病既有外来的，也有本地的，并且是由疾病环境的变化引发的。在这些古老的疾病中，东海岸热，或泰勒虫病（theileriosis），可能是非洲东部和南部的本土疾病。但是东海岸热直到 20 世纪之交才显示出它的全部破坏力。它紧随牛瘟的大暴发而来。牛瘟在非洲大部分地区是一种新疾病。据戴维斯（Davies，1979：12）所说，在 1864 年之前，"牛瘟似乎从未从它的故乡俄罗斯大草原进入过撒哈拉以南的非洲。然而，在 1860 年代初，它通过从克里米亚进口的牛传入埃及，[46]并在 1865 年传播到西苏丹和西非"。这次疫情在影响到非洲东部和南部之前就已经消亡。然后在 1880 年代中期，受感染的牛从俄罗斯南部和印度进口，分别供给试图征服苏丹和埃塞俄比亚的英国和意大利军队食用。"1889 年，牛瘟在索马里兰暴发，并迅速扩展到埃塞俄比亚、苏丹和东非。该病毒的毒性大大增强，折磨着牛和其他以前没有接触过牛瘟、对牛瘟缺乏免疫力的动物"(Davies,1979:13)。到 1890 年代中期,这种疾病已经蔓延到南部非洲。

畜群数量锐减。有时,一个地区有多达 80% 或 90% 的牛死亡,如埃塞俄比亚(Degefu,1987:30)、东非的马赛人领地(Kjekshus,1977a:126—132)、安哥拉部分地区(Dias,1981:374)、南非的特兰斯凯(Transkei)(Bundy,1980:119—122)和尼日利亚(Davies,1979:14)的情况就是如此。戴维斯(Davies,1979:14)伤感地指出,"几乎在一夜之间,热带非洲地区的大部分财富被扫荡一空"。因此,就牛而言,似乎与人类一样,其在19 世纪最大的灾难是由入侵非洲大陆的新疾病造成的,而不是由旧有的疾病造成。另一种外来疾病是传染性牛胸膜肺炎(或称肺病),但其影响比牛瘟要轻。这种疾病明显是 1853 年传入南非的,1870 年在乍得有记录,1880 年代在东非的牛群中也曾观察到(Koponen,1988:667)。

牛瘟的流行也促进了采采蝇的传播,采采蝇既折磨人也折磨动物,并导致昏睡病或非洲锥虫病(nagana)。这种疾病是由被称为锥虫的寄生原虫引起的,这些原虫通过舌蝇属的采采蝇从一个宿主传播到另一个宿主。根据非洲锥虫病的主要权威之一福特(Ford,1971:494)的研究,昏睡病的流行源于"五个相关种群中的三者(人类、家畜和野生动物)关系出现明显生态失衡,以及这些变化对其余两个种群——锥虫和采采蝇——的影响"。似乎是从 19 世纪中期开始,采采蝇带在非洲的许多地方扩大了。

在塞拉利昂,我们被告知,直到 1865 年,马一直是行政与社会生活不可或缺的一个组成部分。然后突然地,它们死于一种神秘的疾病,这种疾病消灭了现有马群,并使马群的重建变得不可能。这种疾病已被确定为锥虫病。这显然是因弗里敦腹地的森林砍伐造成的,这是木材贸易迅速扩张的结果。大规模的森林砍伐必然导致雨林哺乳动物的数量减少,进而被草原哺乳动物所取代,[47]如羚羊,它是羚羊舌蝇的最爱,也是已知的布氏舌蝇经常光顾的宿主"(Dorward & Payne,1975:254)。

由于牛瘟的流行,牛群大量死亡,以前牛群放牧啃得很短的草被矮树和阴翳蔽日的荆棘灌木丛所取代,前者是采采蝇最喜欢出没的地方,而非洲野猪是采采蝇最喜欢叮咬的动物之一。研究表明,1890 年代的萨赫勒地区,牛瘟的肆虐伴随着采采蝇带扩张导致的人口密度下降。牛瘟极大地减少了对转场放牧的需求,而福特(Ford,1971)将人口的减少归因于奴隶贸易、干旱和天花传播以及农业活动减少的累积效应。"转场放牧的减少，以及由于人口密度下降，人们从农业边疆的撤离，导致了人类和牛群对锥虫感染抵抗力的减弱，这是由于缺乏与舌蝇物种的周期性免疫接触造成的"（Richards，1983：21）。

19世纪后半叶，昏睡病似乎也在南部非洲的部分地区传播。在安哥拉，该疾病1870年首次引起官方关注。在1870年代、1880年代和1890年代暴发了一系列的流行病。昏睡病在安哥拉的传播可能与当时区域疾病环境的变化有关，这些变化包括砍伐森林建立咖啡种植园、狩猎，以及商队贸易运输量的快速增长和扩大。突然涌入的人口，包括葡萄牙种植者和安哥拉劳工，可能为昏睡病的传播提供了更加有利的条件（Dias，1981：371—373）。

在赞比亚，从19世纪中期开始，先是恩戈尼人的入侵，后来是欧洲殖民者的征服，遏制锥虫病的脆弱的生态平衡受到破坏。恩戈尼人居住在紧凑的定居点内。他们的邻居切瓦人被迫居住在拥挤的村寨内以保护自己。其结果是，曾经有人居住的地区重新长出了灌木。然后殖民侵略者来到这里，掠夺人们的牛群，没收他们的土地，强迫村庄合并，制定法律禁止狩猎，建立野生动物保护区，并推行男性劳动力迁移。政府的这些决定使"从恩戈尼时代开始的，人与野生动物和丛林之间的不平衡延续和加深，锥虫病得以在这种保护条件下快速传播"（Vail，1977：142；参见Vail，1983：228—229）。

类似的过程也发生在中非和东非，"在1880年代和1890年代，[48]苏丹的马赫迪运动、桑给巴尔象牙贸易商蒂普·蒂布（Tippu-Tib）等人的商队，以及比利时和阿拉伯商人进一步加剧了昏睡病的传播"（Azevedo，1978：122）。更重要的，也许是在20世纪初实行的殖民政策。巨大的野生动物专属保护区的建立，改变了转场放牧的模式，加上考虑不周的殖民定居计划、土地转让计划和强制劳工迁移，使生态天平倾斜，19世纪微不足道的地方病在20世纪初期转变为毁灭性流行病（Kjekshus，1977a：165—179）。

麦克拉肯（McCracken，1987）试图重新评价韦尔·科杰科舒斯（Vail-Kjekshus）的理论。他以马拉维为例进行研究，认为"殖民管理对采采蝇传播的影响被过度简化了，资本主义经济的出现也同样如此"。麦克拉肯认为,殖民地国家势力太弱,无法实施防止采采蝇传播的政策,而资本主义的渗透是试探性的,但这并不能推翻韦尔·科杰科舒斯的论点。殖民地国家权力的形成和行使以及资本的渗透不是一个事件,而是一个过程。殖民地国家和资本逐渐改变了殖民时期马拉维的生态状况,促进了采采蝇带的传播。事实上,他承认在 1890 年代,也就是殖民之前,采采蝇被限制在少数几个地区。"然而,从 20 世纪初开始,马拉维及其邻国,遭受了采采蝇带的急剧扩张"(McCracken,1987:65—66)。

生态和流行病学灾难,无论是单独的还是集体的,都对非洲社会和经济产生了深远的影响。它们的影响当然因社会而异,取决于疾病的性质、传播方式以及社会对其的生物学、医学和文化上的防御。新的疾病更加危险,受影响的人口不太可能具有防御能力。此外,新疾病的影响不像饥荒或战争那样具有选择性,后者的受害者往往有社会地位、年龄和性别之分。各类疾病的不同影响可以从坦桑尼亚的霍乱和天花案例中看出,"据观察,霍乱主要夺去了穷人的生命,而天花则袭击了所有社会阶层"(Koponen,1988:673)。

几个世纪以来,非洲社会就它们面临的各种疾病制定了针对性的预防和治疗措施。非洲社会的医疗实践往往被视为神秘的仪式。最近的研究已经开始纠正这一点。例如,戴维斯(Davies,1979:10)讨论了 19 世纪在班约罗-基塔拉(Bunyoro-Kitara)使用的复杂外科技术。

他们在进行剖腹产时采用的方法[49]"显示了高超的医学和知识水平……剖腹产确实不是他们外科手术的唯一先进领域。他们会截肢,并对胸部、头部、腹部伤口和肠道病变进行手术。他们的医学进步也不止于纯粹的外科手术,他们会种痘预防天花,而且非常引人注目的是,他们接种疫苗以治疗梅毒,并因此饱受批评,这些批评来自第一批到访该地区的西方医生,因为"我们知道他们进行了各种实验"。因佩拉托(Imperato,1977)的研究考察了西非班巴拉人(the Bambara)的多种治疗过程和处方。班巴拉人能够治疗各种各样的疾病,从不孕不育和儿童疾病,到传染病和慢性疾病。牙科和外科也得到了应用。天花接种被用来治疗天花。

正如赫伯特(Herbert,1975)的研究表明,尽管在接种技术上的材料使用和接种地点选择上千差万别,接种天花疫苗似乎被广泛应用于整个大陆。接种的效果取决于所使用的技术。赫伯特(Herbert,1975:559)认为接种"无疑提供了一些抵抗天花的能力，即便这种行为存在一定风险"，这一结论也得到了哈特维（Hartwig,1981）的认同。1820年代，在穆罕默德·阿里政府的推动下，埃及的接种逐渐被注射疫苗所取代。疫苗注射由受过专门训练的理发师进行。到19世纪中期，天花已经得到了控制。新生婴儿都会注射疫苗；1870年至1872年之间，接种疫苗的婴儿比例在开罗和亚历山大分别达到了85％和74％（Panzac,1987:20,24）。隔离策略被用于防止传染病的扩散。

预防和治疗措施也被用于对付动物的疾病以及侵害动物和人类的昏睡病。尼日利亚北部的富拉尼族给他们的牛接种，以帮助牛抵抗牛胸膜肺炎的感染（St. Croix,1947）。至于昏睡病，人们通常知道传染病的疫源地并力图避而远之。如果东非地区的牧民必须途经采采蝇出没的地区，他们要么在夜间通过，要么为他们的牛涂上诸如狮子脂肪之类的东西。烟熏畜群也可充当对付采采蝇的临时驱虫剂。此外，还有治疗感染畜群的草药配方（Kjekshus,1977a:52—56）。

治疗机构也会随着社会的变化和时间的推移而改变（Feierman,1985:116—118）。在某些社会，治疗师、统治者和仪式专家的角色往往是重叠的，而在另外一些社会，他们的结合并不紧密。卫生保健制度化的方式也有所不同[50]。获得卫生保健的机会根据社会习俗的年龄、性别和阶级的不同有所差异。公共卫生和家庭卫生的模式也会受居住形式、生产活动的性质和对疾病病因的普遍看法的影响。

但预防和治疗措施并不总是有效果的。例如在摩洛哥，一些用以遏制霍乱流行的措施可能被证明达不到预期目标。关押来自东方的朝圣者只会使他们死于"缺衣少食而不是流行病。1860年代，出于外国（欧洲）的压力而建立的污水管道可能加剧了城镇的卫生条件的恶化"（Shroeter,1988:197）。沿海城镇的卫生条件改善的通常被农村移民的涌入所抵消，农村移民的进入导致城镇变得肮脏和拥挤，使其成为孕育霍乱和其他疾病的温床。

19世纪最后25年流行病的致命性是对非洲社会现有治疗体系局限性的生动评价（commentary）。它所导致的严重社会矛盾在某些社会中表现出来，如坦桑尼亚的卡拉贝（Karebe），表现为魔法和巫术的增加（Hartwig,1978）。在其他社会集体中，集体团结意识可能得到加强，特别是在东部和南部非洲的部分地区,疫情被归咎于欧洲殖民侵略者。例如,牛瘟的流行为是津巴布韦 1896—1897 年肖纳-恩德贝勒起义(Ranger,1967)以及南非一些不太为人所知的起义和抗议(van Onselen,1972)的政治背景。

流行病对社会结构产生了深远的影响。1890 年代东非的牛瘟大流行期间,现有的社会差异在许多领域凸显出来。例如,"在瓦赫赫族(Wahehe)中,幸存的牛集中在酋长和首领手中"(Kjekshus,1977a:131)。在一些地方,"奴役"或"家庭奴役"的情况增加了,因为强大的社会、血缘和家庭为了补充他们的人口损失或扩大资助网络而接纳了较贫穷的人(Hartwig,1978)。

在南非新兴的种族资本主义眼中,生态灾难加速了社会和结构分化的过程。牛瘟疫情紧随其他牛病而来,加剧了非洲和欧洲农民之间的社会分化。非洲人遭受的损失要比白人定居农民大得多,有多种原因:接种是为后者保留的;"紧急法律阻止黑人拥有的牛群迁移,因此一旦牛瘟暴发,就很难将受感染的牛群与健康的牛群隔离开来;最后,白人农民被允许[51]使用强制性的黑人劳动力,帮助他们消灭土地上的蝗虫,从而消耗了非洲农场的劳动力,而黑人农场同样受到蝗虫灾害的严重影响"(Campbell,1990—91:113)。其结果是,例如在纳塔尔,非洲人拥有的牛在 1897 年减少了 77%,而欧洲人拥有的牛只减少了 48%。在接下来的两年里,白人定居者拥有的牛增加了,而"非洲人拥有的牛又减少了34%。因此,纳塔尔的非洲人在 1896 年拥有 494,402 头牛,是白人拥有的牛群总数的两倍多,而到了 1898 年,他们的牛群数量骤减到 75,842头,不到白人拥有的牛群数量的一半"(Campbell,1990—91:113)。

20 世纪初,东海岸热病在南非第二波牛瘟疫情后紧接而来,加深了该国的非洲农业和欧洲农业之间日益扩大的结构性差异。而国家支持这一差异化进程。例如,当空中喷洒农药被证明对消灭蝗虫有效时,纳塔尔政府几乎只用它来帮助白人定居农民而不是非洲人(Ballard,1983)。这些灾害造成的贫困化促使非洲人的无产阶级化日益严重,也促进了劳动力迁移制度的发展。

很少有人会质疑这样一个事实:19 世纪末的生态和流行病学灾难与殖民征服相吻合,并促进了殖民征服。它们削弱了许多非洲社会抵御欧洲殖民侵略者的能力。英国征服者卢加德(Lugard)写道,东非的牛瘟"有利于我们的事业。尽管牧民部落强大而好战,但他们的骄傲却因这一可怕疫情的到来而变得卑微,而我们的殖民征服得以推进"(引自 Davies,1979:17)。他写的是肯尼亚的马赛人。当然,马赛人并不是肯尼亚唯一被这些灾难"打败"的民族。疫情对肯尼亚中部基库尤人(the Kikuyu)的影响也有据可查。在殖民军队入侵的同时,基库尤人受到了干旱、牛瘟、天花、蝗灾、恙螨和胸膜肺炎接二连三的破坏性打击。其结果是灾难性的。记忆中最严重的饥荒开始了。它从 1897 年持续到 1900 年。道森(Dawson,1981 年)认为,一半以上的基库尤人可能已经被饥荒和流行病消灭了。不管真实的数字是多少,这使得殖民主义征服变得更加容易。这也使得欧洲人以"胜利"和土地"无人认领"的名义合法夺取基库尤人的土地变得更加简单。

瘟疫不仅为征服提供了便利,还在欧洲帝国主义和非洲抵抗的意识形态建设中发挥了重要作用。对于入侵的欧洲人来说,他们不承认自己有任何责任,这些灾难证明了非洲固有的"野蛮的苦难",只有欧洲宽宏大量的文明使命才能拯救非洲人。另一方面,对非洲人来说,这些苦难与欧洲人的到来不谋而合,他们因此认为欧洲人要对这些苦难负责。福特说,"一切在于相互谅解"。在这种不理解中,出现了帝国的傲慢和反殖民主义的抵抗这两种矛盾的意识形态。

总　结

可以看出,在 19 世纪,非洲经历了重要的环境和生态变化,这些变化颠覆了过去是"静态"或"传统"的,是"快乐"或"原始"的简单概念。从迄今为止所进行的研究中,人们开始对非洲的气候变化模式有了更清晰的认识,特别是自 16 世纪以来的变化。现有的证据表明,自古以来,非洲的气候系统在干旱和潮湿之间交替进行。这种模式在 19 世纪持续存在,并延续到本世纪。当然,各地区也有重要的差异。

气候变化对非洲社会的影响存在严重争议。许多历史学家认为干旱是 19 世纪革命、移民和奴隶贸易增长背后的关键原因,本章对此提出了批评。部分问题在于人们对干旱的本质知之甚少。干旱并不总是导致饥荒;反之,没有干旱也不总是意味着每个人都有足够的食物。粮食短缺和环境困境的辩证关系非常复杂。人们制定了许多战略来预防、适应乃至从自然灾害和气候变化中恢复过来。毋庸置疑,各个社会之间和社会内部应对这些挑战的能力各不相同,而且随着时间而变化。在这个过程中,发展模式、社会阶层的形成和性别分化都发生了改变。此外,生态意识形态也发生了变化,19 世纪的南非就是一个例子。非洲生态思想史的研究还需要做更多的工作。

本章在考察 19 世纪非洲气候、疾病和社会之间的联系时,对研究非洲医学史的主要方法进行了总结和批判。许多地区在 19 世纪的最后 25 年里都经历了流行病灾难,这与殖民征服同时发生,并促进了殖民征服。此外,流行病学和生态灾害的结合对欧洲帝国主义和非洲抵抗意识形态的构建起到了重要作用。

[53]显然,非洲的气候和生态危机不仅仅是 20 世纪的现象。19 世纪,非洲社会应对气候和生态变化和问题时,有着不同程度的创新和成功。但是这些问题的性质和处理方式,从 19 世纪后期开始,随着强加的殖民主义而发生了深刻的变化。危机和殖民之间的联系不是暂时的;相反,是结构性的、根本性的。殖民征服改变了非洲社会过去应对、管理和遏制类似危机的方式。换句话说,正如本丛书第二卷所述,非洲的帝国主义和殖民主义并不仅仅局限于经济和政治的重组,它们还改变了环境本身及其已有的或好或坏的管理方式。

本章所概述的环境和生态变化影响到该大陆的人口变化模式,但反过来又受人口变化模式的影响。

第二章　人口变化

历史人口学

[54]历史人口学是在第二次世界大战后作为一门学科发展起来的（Glass & Eversley,1965;Hollingsworth,1969;Glass & Revelle,1972）。利用欧洲教区登记册中的一套非常独特的数据和人口普查卷（如果有的话），它发展出了自己的方法。历史人口学的主要关注点是人口事件的测量，主要是出生、死亡和婚姻。但尚没有发展出足够的理论来全面分析人口过程，也没有常规资料的情况下解释社会的人口制度。在研究这类社会时，人口学家们受马尔萨斯论（Malthusian）对人口爆炸恐惧的启发，往往把研究重点放在生育率上，把生育率与其他人口参数和社会经济过程及其历史发展隔离开来（Pool,1977;Cordell & Gregory,1980,1989;Gregory et. al.,1984;Cordell et. al.,1987）。

非洲人口史学面临的主要挑战之一是需要收集常规和非常规的人口数据来源，并扩大该学科本身的学科边界，以淡化历史人口学和人口史的区别，强调定量和定性资料对回答人口变化历程中的问题的重要性（Moss & Rathbone,1975;Fyfe & McMaster,1977,1981;Wrigley,1979;Miller,1984）。

正式历史人口学的传统来源包括人口普查、人口动态登记、教区登记和人口统计调查（Ajaegbu,1977;Cordell & Gregory,1980,1989）。非洲社会存在着各种各样的人口普查，有些可以追溯到19世纪。早期的人口普查往往是部分的、不规则的统计，对大多数非洲国家来说，现代意义上的人口普查始于本世纪中叶。如果妥善使用，它们可以产生有用的人口信息。在许多非洲国家，人口动态登记仍然不完整，但很多资料可能正埋藏在档案中。

在一些建立了基督教传教站的地方，有教区登记册。但是，数据收集的时间不长，而且在人口统计上不能反映人口概貌。桑顿（Thornton，1977a，1977b）曾试图利用教区登记册重建刚果王国 16 世纪中期以来的人口史。贝努瓦和拉孔贝（Benoit & Lacombe，1977，1981）也试图使用教区登记册来追溯近代的情况。人口统计调查自[55]1950 年代以来才在非洲广泛使用。但从所有常规资料来源获得的信息仍然不足，难以用于对 19 世纪非洲人口及其发展进行任何明确的研究。

非传统来源的资料很多。它们包括考古发现、历史语言学、口述传统、旅行者的描述、经济和生态数据、行政记录、税收数据以及军事名单。行政记录，包括殖民政府、宗教团体和其他方面的记录，税收数据（有其固有的倾向，即因逃税而低估了应纳税人口）和军事名单，主要被用作殖民时期的人口信息来源。其他资料则对 19 世纪及以前的人口史很有用。

考古学家试图通过分析物质文化、居住地和骨骼遗迹，重建史前时代的非洲人口模式（Gabel，1977；Shaw，1977，1977，1981；Onyango-Abuje & Wandibba，1979；Phillipson，1977a，1981，Derricourt，1977）和历史时期的非洲人口模式（Sutton，1981；Brothwell，1981）。鉴于其证据的性质，考古学家一直不愿意提出数字，而是倾向于概述大致的人口趋势。历史语言学也被用来连接考古学和历史记录。根据埃雷特（Ehret，1981：154）："过去的人口关系留下了语言的痕迹，其形式是……由于与其他语言（或同一语言的其他方言）的接触而导致语言的修改，或者……一种语言与另一种语言（或一种语言的某一方言与另一方言）一起使用而被取代。"

历史语言学在绘制移民等广泛的人口变化图方面特别有用。在历史语言学的帮助下，得以非洲历史上最著名的移民之一，所谓的班图移民。但是，语言的变化并不总是反映人口的变化，反之亦然（Hair，1975；Curtin，et. al.，1978：26—27）。

口述传统和旅行者的描述提供了人口数据的主要来源。虽然口述传统的定量信息较弱，而且往往涉及有限的地理区域和人口群体，但如果仔细利用，它们是移民、战争、饥荒、流行病、干旱和定居模式等人口事件的丰富数据来源。

许多历史学家和人口学家质疑非洲旅行者或欧洲居民所提供的定量数据的可靠性，理由是这些数据往往是凭印象、片面或道听途说的。然而，海伍德和桑顿（Heywood & Thornton，1988）对这种怀疑论提出了质疑。他们认为："一些旅行者可能从非洲统计资料中获得了信息，[56]这些资料虽然没有写下来，也没有为后人保存，但却是当时行政管理的一个组成部分，并满足了任何行政管理的需要，以便有效地发挥作用"（Heywood & Thornton，1988：213）。

人口趋势也可以从社会经济和生态变化的信息中获得。对粮食消费和生产的估计，以及对天气模式、土壤、生态和流行病灾害的分析，已经被用来推断人口的规模、结构和分布。面对 19 世纪东非统计数据的缺乏，历史学家们根据当时经济和政治条件的引导，进行了人口结构的重建。毋庸置疑，他们得出了相互矛盾的结论，我们很快就会看到（Kjekshus，1977a，1977b；Zwanenberg & King，1975；Hartwig，1979；Iliffe，1979；Turshen，1984；Koponen，1988）。

人口增长

虽然 19 世纪许多非洲国家和地区没有人口统计数据，但有限的这些数据仍有可能提供关于人口规模和趋势的估计和有根据的猜测。如同非洲经济史上的许多其他情况一样，有理由相信，人口增长模式存在着相当大的区域差异，因为各区域受到马尔萨斯人口学中的瘟疫、饥荒和战争以及奴隶贸易和殖民征服的人口灾难的影响相当不同。在一些地区，人口缓慢增长，而在另一些地区，人口停滞或下降。以整个非洲为例，可以看出，至少在 19 世纪中叶，非洲大陆经历了持续的人口下降。其主要原因是奴隶贸易。

19 世纪，少数国家以人口普查形式存在人口统计数据，它们是南非、埃及和阿尔及利亚。这几个国家都显示出人口增长的趋势，尽管其中有一段时期埃及停滞不前，阿尔及利亚则面临实际下降。这三个国家让我们深入了解了对 19 世纪非洲人口增长和变化背后的不同动态。让我们从南非开始。

对开普殖民地(现代南非的第一个殖民定居点)人口的统计可以追溯到 1670 年,但直到 1798 年殖民地的科伊科伊人才被纳入统计范围。那一年,开普的总人口约为 6.2 万,其中三分之一是欧洲自由公民,五分之二是这些公民的奴隶,其余是"自由黑人"和科伊科伊人。到 1840 年,该殖民地的人口已经增加到 15 万以上,欧洲定居者约占一半,[57]前奴隶和科伊科伊人占另一半(Elphick & Giliomee,1989:524)。这些数字告诉我们有关南非人口的信息并不多,因为它们只涵盖殖民地境内的人口,而当时的殖民地还没有涵盖整个现代南非。到 1840 年,绝大多数南非人仍然生活在独立的非洲城邦(states)和社区内。他们的人数只能凭猜测。

19 世纪南非的殖民主义思想家倾向于低估土著人口的规模,以证明欧洲人定居的合理性,而他们在 20 世纪的同行则倾向于强调"黑人危险"的威胁,以此作为控制非洲人口和定居者人口绝对与相对增长的理由(Brown,1987)。在 19 世纪学者的描述中,非洲人常年受到"部落间"战争、流行病、干旱和饥荒的祸害(Bryant,1965;Delegorgue,1990)。许多现代历史学家在撰写所谓的"姆法肯"时,都强化了这种永久战争和人口下降的形象(Omer-Cooper,1978;Guy,1979;Denoon & Nyeko,1982)。但正如科彬(Cobbing,1991:27)有力地论证的那样,虽然这些年南部非洲存在暴力,但他认为"姆法肯"是一个错误的概念,"作为理解这种暴力的解释性学说"是站不住脚的。

南非的人口普查与 19 世纪殖民时期不同,因为当时并没有当今南非的大部分地区的人口数据,但埃及的人口普查涉及的国家与当今的一致。埃及的人口普查记录可以追溯到 19 世纪初,尽管该国 1897 年的人口普查被认为是第一次真正的人口普查。这次人口普查显示,埃及的人口为970 万。争论的焦点是 1800 年埃及的人口规模,据此可以推断出该国在19 世纪的人口增长率。当时总人口的估计数从 250 万到 390 万不等,甚至达到 450 万(McCarthy,1976;Panzac,1987)。

潘扎克(Panzac)建议采纳后一个数据,理由是如果 1800 年的人口是250 万,那么它的增长率将高于埃及在 1897 年人口普查后的 40 年中所经历的 1.2%—1.4%。他认为,"没有理由相信","在 19 世纪末,情况会有不同"(Panzac,1987:12)。他估计,在 19 世纪,由于流行性疾病的影响,人口增长速度略低,为 1.0%—1.2%。例如,由于 1831 年霍乱和

1835 年瘟疫的流行,人口在 1830 年至 1840 年期间停滞在 500 万,其中有数万人死亡。到 1900 年,埃及的人口估计为 1020 万(Issawi,1982:94)。

[58]阿尔及利亚在 1856 年进行了第一次人口普查,结果显示人口为 2,487,373 人,包括欧洲定居者。1830 年,即法国对阿尔及利亚进行殖民统治的那一年,阿尔及利亚的人口估计为 300 万。这种急剧下降使阿尔及利亚的人口难以繁衍。被认为是法国的野蛮征服和残酷的原始殖民积累,造成阿尔及利亚的"人口直到 1886 年才再次达到 1830 年的水平,当时的人口普查显示有 3,287,000 人"(Bennoune,1988:42)。从那时起,随着殖民条件的稳定,家庭经济和殖民部门对劳动力需求的增加,人口开始增长,1900 年达到 470 万(Issawi,1982:94;Bennoune,1988:53)。土著人口以每年近 1%的速度稳步增长,显然"让殖民种族至上主义者感到惊讶,他们断言'历史在这里证明,劣等种族总是要被优等种族吸收或消灭'"(Bennoune,1988:54)。

在其他地方,第一次全面的人口普查是在 20 世纪才进行的。但这并没有阻止政府和其他有关方面进行估计和猜测,也没有阻止历史学家讨论这些地区和国家的人口增长趋势。对待这些估计值应极为谨慎。一些最详细的估计来自马格里布(Maghreb)。利比亚、突尼斯和摩洛哥的第一次人口普查分别于 1911 年、1921 年和 1931 年进行。从多个来源收集的数据表明,利比亚人口在 1800 年可能有 50 万,1914 年可能有 70 万。在 1911—1915 年和 1921—1932 年意大利征服战争期间,人口急剧下降(Evans-Pritchard,1949:39;Issawi,1982:94)。

突尼斯的人口在 1914 年估计为 200 万,从 1800 年的 100 万、1860 年的约 110 万增长而来(Brown,1974:375—358;Valensi,1985:183—190)。根据施勒特(Shroeter,1988:230)的说法,"国外对摩洛哥 1770 年代至 19 世纪末的人口估计从 200—250 万不等"。伊萨维(Issawi,1982:94)认为 1800 年可能有 300 万人口,1914 年有 400 万人口。据称,摩洛哥的人口增长率在 1878—1881 年饥荒和流行病期间有所下降。

从苏丹的情况可以看出早期人口估计中许多固有的困难。正如戴利(Daly,1986)所观察到的,在 1898 年英埃两国强行共同统治苏丹前后所做的人口估算,要么是凭空想象的,要么反映了其发起人的政治偏见。新政权热衷于将其取代的马赫迪亚国家描绘成"历史上最血腥的政权之一，原有特点是大屠杀、流行病和其他人口减少的诅咒：[59]英国有道德义务拯救那些幸存的人。显示人口大量减少的统计数据没有受到质疑，因为它们证实了最坏的情况"(Daly,1986:18—19)。

各地的估算数字大相径庭，而且大多是虚构的。1903年,《苏丹年鉴》将该国的总人口定为 3,500,000 人，"而同年的年度报告将总人口定为 187 万人。随后,1904 年的《苏丹年鉴》又对其读者改口坚称'苏丹的总人口可能非常接近于 150 万至 200 万之间'，但它并没有就为什么这个估算（或人口）会比前一年减少了 50％做出任何解释"(Daly,1986:20)。最好的说法是,1900 年苏丹的人口相对不足。

有些地区甚至不存在这样的估算。它们必须由历史学家自己来测算。桑顿(Thornton, 1977a, 1977b)以及桑顿和海伍德(Thornton & Heywood,1988)进行了一次创造性的尝试。桑顿通过对教区登记册的研究得出结论,刚果在 18 世纪初的人口"远远低于文献估计的 200 万;尽管有内战和奴隶贸易的扩张,但总体上还是略有增长"(1977a:525)。在研究了匈牙利旅行者拉兹罗·马扎尔(Lazlo Magyar)的笔记后,海伍德和桑顿(Heywood & Thornton,1988:227)认为他的数据"是可靠的,可以用来说明 1800 年至 1900 年的人口趋势。在此期间,[安哥拉]中部高原的人口似乎迅速增加,这可能是由于奴隶进口的缘故,而 1850 年后,东部隆达帝国(Lunda empire)的国土上的人口急剧减少"。

面对统计数据的缺乏和现有文献资料的不可靠,科杰克·苏斯(Kjekshus,1977a,1977b)决定在解读经济和政治条件的基础上重建坦桑尼亚 19 世纪的人口趋势。他研究了被认为是导致人口混乱的两个最主要因素,即自相残杀的战争和劫掠奴隶,并证实,这两个因素的规模和影响都被夸大了。鉴于这一发现以及经济扩张的证据,科杰克苏斯提出了一个新的人口假说,声称"坦噶尼喀的人口在整个 19 世纪直到最后十年都是稳定的或显示出略有增长的趋势"(Kjekshus,1977a:9—10)。兹旺恩伯格和金(Zwanenberg & King,1975)以及科波宁(Koponen,1988)使用类似的方法得出了相同的结论。

图森(Turshen,1984:28)质疑像科杰克·苏斯那样依靠几个群体进行推断的方法的有效性,因为这些群体"可能只占坦桑尼亚人口的七分之一"。哈特维(Hartwig,1979)叙述了饥荒和外来流行病的影响,尤其是天花和霍乱,[60]但他没有说明东非的人口是否因此而下降。然而,他认为,从 1890 年代到 1920 年代中期,该地区的人口开始经历严重而持续的衰退。艾利夫(Iliffe,1979:6—13)低估了殖民前坦桑尼亚人控制环境的能力,其做法与科杰克·苏斯的高估几乎如出一辙:他断言饥荒和疾病是 1800 年坦桑尼亚人口不足的主要原因,且 19 世纪的任何人口变化都是由于移民造成的。他没有说明这些移民是谁,也没有说明为什么他们能更好地管理环境。另一种解释是,缓慢的人口增长也可能是由于奴隶从内地向东非海岸的流动导致的,因为东非海岸对奴隶的需求一直不断增长。这些奴隶中有一部分被留在坦桑尼亚。

所有现有的全球估计似乎都一致认为,在 1750 年和 1850 年之间,非洲的人口在下降或停滞(Monsted & Walji 1978:19—20)。1750 年,非洲的人口为 9,500 万(Carr-Saunders,1936)、1 亿(Wilcox,1931)或 1.06 亿(Durand,1967)。如果采用后一个数字,那么在 1750 年,非洲占世界人口的 13%左右。1800 年,这个数字在 9,000 万(Carr-Saunders,1936)到1 亿(Wilcox,1931),以及 1.07 亿(UN,1973)之间。杜兰德(Durand,1967)认为最高为 1.42 亿,最低为 6,900 万,中位数为 1.07 亿。

到 1900 年,非洲的人口增加到 1.2 亿(Carr-Saunders,1936)和 1.41亿(Wilcox,1931)之间;或者说最高为 1.54 亿,最低为 1.15 亿,中位数为 1.33 亿(Durand,1967)。不用说,非洲人口的平均增长率,以及非洲人口占世界总人口的比例,都取决于采用哪种估算。联合国(UN,1973:32)测算非洲 1850 年至 1880 年的增长率仅为 0.1%,而 1850 年至 1900 年的增长率为 0.4%。世界其他地区的人口增长略快,因此非洲在世界人口中的份额从 1800 年的 11%下降到 1900 年的 8%。

奴隶贸易

上述数字可能并不准确,但它们所显示的趋势很可能是准确的,因为非洲大陆的广大地区受到奴隶贸易的蹂躏,这可能是 1900 年以前非洲历史人口学记录得最好的部分了(Pool,1977:58)。也许没有任何其他主题在非洲历史学中引起过如此激烈的辩论。一个以人类为商品的贸易体系提出了令人不安的道德问题。争论集中在几个问题上,其中有五个问题比较突出。第一,输出的非洲人总数。第二,贸易对非洲人口的影响。第三,经济上的影响。第四,贸易对非洲社会内部奴隶发展的影响。最后,[61]贸易对英国和西方工业资本主义发展的作用。

我们在这一章中主要关注的是奴隶贸易对人口的影响。但其他问题也不能完全回避,也将予以简要论述。在辩论中可以发现有两种方法。一种倾向于尽量减少奴隶贸易对非洲的不利影响,另一种强调损害。欧洲裔学者倾向于支持第一种方法,而非洲裔学者则支持第二种,尽管两者之间有很大的重叠。这不应该令人奇怪。奴隶贸易仍然是衡量非洲和欧洲关系的最终道德标准,尽管许多历史学家常常把他们的动机和偏见隐藏在复杂的方法论背后。人们有时没有充分认识到,许多争端与奴隶贸易本身一样古老。

大西洋奴隶贸易的基本情况众所周知,在此无需详细叙述(Davidson,1961;Mannix & Cowley,1962;Rodney,1982;Rice,1975;Rawley,1981)。这种贸易在 15 世纪开始缓慢发展,随后几个世纪急剧增长,在 18 和 19 世纪达到高峰。这种贸易先是由葡萄牙人主导,而后是 17 世纪由荷兰人,18 世纪由英国人,19 世纪由在美洲定居的欧洲人主导。

美洲对廉价生产性劳动力的需求引发了奴隶贸易。利用美洲土著劳动力的尝试失败了,因为他们中的许多人死于不熟悉的欧洲疾病。由于从欧洲不可能带来所需数量的劳动力,于是殖民者将注意力转向非洲。首先,非洲人是有经验的农民和矿工,而美洲需要干这些活的劳动力。再者,与美洲土著人不同,非洲人对欧洲疾病的抵抗力更强,因为旧世界的疾病环境有相似之处。加之非洲离美洲比较近。所有这些因素,再加上奴隶是被俘虏的,是偷来的,都使得非洲奴隶劳动力相对便宜。

出售奴隶,并不是如一些人所坚持的那样,因为他们的社会有多余的人口或未充分利用的劳动力,(Fage,1975:20;Gemery & Hogendorn,1974:237—239;Le Veen,1977:128),而是为了利润。非洲商人和统治阶级不知道自己在做什么,只是被欧洲商人"忽悠"的说法,和他们垄断贸易的观点一样站不住脚(Rodney,1982:79)。奴隶市场虽然不道德,但却是一个竞争性的市场(Bean,1974;Bean & Thomas,1979)。[62]然而,它最终是由欧洲人控制和组织的,因为毕竟是欧洲商人来购买奴隶,用船把他们运到美洲,然后再转卖给欧洲定居者,后者利用这些奴隶在矿山和种植园工作,并建立新大陆的经济基础设施。正如曼宁(Manning,1990：172)提醒我们的那样:"只是随着奴隶贸易的结束,欧洲移民(他们的后代现在在新世界人口中占主导地位)的人数才超过了美洲的非洲移民"。

与非洲现代腐败的统治阶级一样,非洲奴隶贩子也从不是由他们"生产"的商品交易中获益,只需承担到海岸的运输费用。尽管有一些波动,但奴隶价格一般都保持着上升趋势,直到 1790 年代才开始下降(Eltis,1989;Manning,1990:92—99)。假设非洲商人没有获利是因为他们的社会付出了沉重的代价,这和把他们的收益与社会的收益等同起来一样,是不符合历史的。利润的计算通常是个人和企业的,很少是社会的。换句话说,非洲奴隶贩子追求的是狭隘的利益和短期的经济效益,而这对他们的社会造成了长期的损害。可以说,他们几乎无从知晓他们的活动正在使"非洲"人口不足、发展不足,这种格局几乎不存在于他们的意识中,也不在他们的效益估算中,所以说奴隶贸易没有导致人口减少是相当似是而非的,因为正如费奇(Fage,1989:106)所争论的那样,"如果非洲统治者和商人认识到这会导致人口灾难的话,他们似乎不太可能提供奴隶出售给欧洲人,即便提供,规模也不会如此之大"。

奴隶的获得主要有两种方式,一是通过暴力,二是通过司法和行政手段。暴力手段中最重要的是战争、袭击和绑架。司法和行政手段包括奴役被控违反社会规则和巫术的人,或以奴隶的形式缴纳贡品和税收。自愿成为奴隶的情况远没有那么重要,只有在饥荒等困难时期,个人卖身或被家人售卖为奴。

因此,奴役本质上是对人的暴力抢劫。奴隶的家庭并没有因为失去亲人而得到任何好处。从非洲当地商人和统治者到美洲欧洲商人和奴隶主,所有的收益都来自奴隶贩子分享。与欧洲移民到新大陆不同,非洲奴隶甚至无法向家乡的家人汇款。

全球对于大西洋奴隶贸易人数的估算,目前还没有达成一致。柯廷(Curtin,1969)估计,1451 年至 1870 年间,有 956.61 万非洲奴隶被输入美洲。[63]柯廷的估计略微偏高,已被大多数西方历史学家普遍接受(Fage,1969,1975,1978,1980,1989;Hopkins,1973;Thornton,1980,1983;Wrigley,1981;Miller,1988)。洛夫乔伊(Lovejoy)的定期重新评估充分证明了这一点。在 1982 年的一篇文章中,他抨击了柯廷批评者的计算方法,并坚持认为"柯廷最初的统计是非常准确的",并估计从非洲输出了 1169.8 万名奴隶,其中 980—990 万名奴隶被运到了美洲;其余的死于运输途中(Lovejoy,1982:501)。最近,拉夫乔伊(Lovejoy,1989)在理查森(Richardson,1989a,1989b)等人发现新材料后,将他的估算值略微上调,但仍认为柯廷最初的估算是准确的。他提出"从非洲出口的奴隶估计为 1186.3 万,这考虑了 10%—20% 的海上损失,这意味着有 960—1080 万奴隶被输入美洲,完全在柯廷的估算范围内"(Lovejoy,1989:373)。

一些非洲历史学家对这些估计提出了批评。罗德尼(Rodney,1982:第 4 章)在其有争议的专著中暗示,输出的人数要多得多,尽管他没有给出具体数字。最持久的攻击来自因尼科利(Inikori,1976,1981,1982,1983),他一直质疑柯廷的计算方法和所采用数据的质量,特别是低估了向西班牙、葡萄牙和法国在美洲领地输出奴隶的数量。他建议将柯廷的数字上调 40%,这样大西洋奴隶出口总数达到 1,540 万,其中约 850 万来自西非(Inikori,1981:302)。

出口到美洲的非洲奴隶的确切数量可能永远无从知晓。正如赫尼格(Henige,1986)所指出的那样,试图对大西洋奴隶贸易的数量提供一个准确的全球估算值可能是"在测量无法测量的事务",因为可能有一些现存的资料来源还不为历史学家所知,或者其他资料来源已经丢失。此外,很难确定通过秘密或"非法"贸易运抵美洲的奴隶数量,以及从登船到抵达新大陆期间在"合法"和秘密贸易中死亡的奴隶数量。更加难以辨别的是,有多少俘虏是在前往海岸的途中或囚禁在海岸等待登船期间死亡的,有多少人是在奴隶战争和袭击中死亡的。具有讽刺意味的是,在列举了所有这些障碍之后,他反对较高的估计。他最后敦促历史学家放弃全面分析研究奴隶贸易对非洲的影响,而应该把重点放在微观研究上,这一呼吁得到了科德尔和格雷戈里(Cordell & Gregory,1989:21—22)的响应,他们建议"暂时停止"对全球奴隶贸易人数的猜测。这是对迂腐经验主义的召唤。

[64]这个"数字游戏",用柯廷的话说,其实与其说是统计上的精确性,不如说是道德程度上的谴责。通过提高或降低数字,贸易对奴隶来源地和奴隶本身的影响可以相应地增加和减少。经常使用的语言和方法,

揭示了潜在的意识形态偏见。西方学术界有一个悠久的传统，就是尽量减少奴隶贸易对非洲的人口影响。它始于奴隶贸易时期的亲奴隶制宣传者。这个传统还在继续。如前所述，有人认为非洲有"过剩"人口或"未充分利用"的劳动力。

另一些人则认为，葡萄牙人引进的新食物，如玉米和木薯，足以弥补任何人口损失。用柯廷（Curtin，1969：270）的话来说，"新的粮食作物带来的人口增长有可能超过奴隶贸易带来的人口损失"。更为反常的是，杰梅里和霍根多恩（Gemery & Hogendorn，1978：247）指出，"由于美洲作物的传播，奴隶贸易中潜在的俘虏数量很可能更大"。这一论点建立在玉米和木薯比当时的粮食作物更有营养的假设上，但却忽视了这样一个事实：这些作物直到 19 世纪奴隶贸易即将结束时才在非洲许多地区被广泛种植（Jones，1959；Miracle，1966）。当然，非洲并不需要通过奴隶贸易来接受玉米和木薯。

有人呼吁马尔萨斯和大自然的帮助。考德威尔（Caldwell，1977：14—15）声称，"如果人们接受在任何特定的时间有固定的马尔萨斯人口论的生存限制，那么［奴隶贸易］对人口总数量的影响将是零"。米勒（Miller，1988：156）断言，"奴隶制只是把本来会挨饿的人赶走了"。瑞格利（Wrigley，1981：28）认为，奴隶贸易不可能"单独"完成导致非洲人口不足的任务，"论证必须回归自然"。另外，非洲妇女也因其生育能力而受到称赞。米勒（Miller，1988：164）认为，从长远来看，奴隶制并没有消耗安哥拉的人口，因为"人口中有大量的育龄妇女，她们拥有超强的生育能力，事实上其生育的孩子足以弥补奴隶制造成的人口损失"。

同样，桑顿（Thornton，1983b：41）根据一次人口普查的结果，坚持认为安哥拉没有遭受人口减少的痛苦，因为有这么多妇女被留下来。不要忘了，他的"模型当然是基于相当粗略假设的平均计算值"。但粗略的方法也没有阻止费奇（Fage，1975）做出夸张的说法。他根据柯廷的数字和西非的现代人口辩解说[65]，奴隶贸易并没有对西非的人口产生"破坏性的"影响，因为该地区的人口平均每年只下降 1.6‰，与自然增长率差不多。尽管承认"这是一个非常粗糙的结果……因为假设本身就不够周全"（Fage，1975：18），但奴隶贸易没有导致西非人口减少的结论被费奇和他的追随者们当作事实提出。

另一个手段是夸大被送往"穆斯林世界"或"东方"(主要指北非)的非洲人的数量,说得好像该地区不在非洲。在帝国主义构建的东方主义和非洲中,两者当然有不同的含义(Said,1979;Mudimbe,1987)。最初是法国历史学家毛尼(Mauny)提出,1500年到1900年间,有800万非洲人被带到北方,后来又认为有更多的奴隶去了北方,就像有更多的奴隶去了南方和西方一样,所以他定了一个新的数字,即1400万。奥斯丁(Austen,1979)通过一条更迂回、据说更彻底的路线,得出了同样的数字。奥斯丁的数字包括从650年到1900年所有从"黑非洲"或"撒哈拉以南非洲"到"穆斯林世界"的奴隶。但他的"直接证据已经占到总估算数字的25%多一点"。奥斯丁的"穆斯林世界"目前人口中的黑人,远没有美洲的一亿非洲奴隶的后裔多。人们不禁要问,那些黑人奴隶都怎么样了(Mazrui,1986)。

奥斯丁的意识形态目标很明确。用他自己的话说,就是要"逐步颠覆穆斯林奴隶贸易比欧洲对非洲劳动力的需求更糟糕(即规模更大)或更温和(即规模更小)的看法。撒哈拉以南非洲的这两种历史趋势之间可能仍会有招人反感的比较,但如果这一章有点效用的话,那就是所有盲目跟风的人在援引数字支持时得更加谨慎"(Austen,1979:66)。考虑到奥斯丁自己的案例缺乏数字依据,这种说法显得可望不可即。

曼宁(Manning,1990:84)已经相当令人信服地证明,他遗憾地称之为"东方"奴隶贸易的规模远远小于"西方"奴隶贸易。前者主要从西部沿海地区获取奴隶,后者主要从热带草原和非洲之角地区获取奴隶。东部沿海地区同时为这两种贸易提供奴隶来源。他估计,从1500年起,非洲热带地区共出口了约1800万奴隶,其中四分之三以上是在17世纪和18世纪出口的,其中1100万来自西海岸,500万来自非洲之角和热带草原,200万来自东海岸。

曼宁(Manning,1981,1983,1987,1990)、曼宁和格里菲斯(Manning & Griffiths,1988)以及因尼科利(Inikori,1976,1981,1982,1983)的研究令人信服地表明,奴隶贸易对死亡、生育和迁移等人口学[66]过程产生了深刻的影响。受奴隶贸易影响的地区,由于奴隶出口以及奴隶战争和袭击造成的死亡,直接导致了人口损失。据曼宁(Manning,1990:171)估计,"与奴隶制有关的死亡造成的绝对损失累计达400万人"。迁徙增多造成的流行病、农业生产中断导致的饥荒,以及逃往较安全但土地不太肥沃的地区避难,都间接造成了人口损失。

奴隶贸易还改变了剩余人口的年龄和性别结构以及婚姻模式,所有这些都对生育率降低有影响。被输出的人口大多在 16 岁至 30 岁之间,也就是说,他们正处于生育的黄金时期,因此,他们的被迫迁移抑制了未来的人口增长。此外,他们离开时,他们的父母生育机能下降,无法再轻易取代他们繁衍后代。于是,留下来的人口的年龄结构逐渐老化,这进一步加强了低增长的趋势。因此,人口损失不容易被自然增长所抵消,当然也不可能在一两代人的时间内被抵消。

不同地区的性别比例差异很大,在大西洋奴隶贸易中,一般是男性占60%,女性占 40%;在跨撒哈拉奴隶贸易中,女性占 67%,男性占 33%。这影响了婚姻结构和生育模式。在受撒哈拉奴隶贸易影响的地区,妇女短缺降低了绝对生育水平,而在受大西洋奴隶贸易影响的地区,一夫多妻制婚姻的比例增加了,这可能意味着妇女的性接触比一夫一妻制少,因此也可能会降低生育率。

沿海地区的生育率也受到性病传播的不利影响。例如,加蓬的姆蓬圭人(the Mpongwe)受到梅毒和天花的蹂躏,这两种疾病都是由欧洲奴隶商人带来的。天花流行病杀死了许多人,包括那些处于生育高峰期的人,再加上当地婚姻习俗的破坏和一夫多妻制的扩大,导致生育率下降(Patterson,1975)。

奴隶贸易对人口的影响因地区、地点和时期而异。区域差异取决于捕获机制、奴役制度、前往海岸的距离以及奴隶人口中的男女比例。总的来说,从西非到安哥拉的非洲西部沿海地区,特别是在 1730 年至 1850 年期间,经历了历时最长、最持久的人口下降。受影响最严重的是贝宁湾,从 1690 年到 1850 年,贝宁湾的人口几乎没有间断地下降。塞内冈比亚和上几内亚海岸在 18 世纪经历了一次中等程度的人口下降,而比阿弗拉湾(the Bight of Biafra)[67]的人口下降始于 18 世纪最后 40 年,一直持续到 19 世纪初。奥约(Oyo)崩溃后,约鲁巴人(the Yoruba)成为 19 世纪西非奴隶输出的主要受害群体,因此他们的人口明显减少。从 18 世纪末到 1840 年代,卢安果(Loango)和安哥拉地区的人口开始严重下降。那时起,西非的奴隶贸易已基本结束,该地区的人口开始出现小幅增长。

在东非,人口发展趋势大相径庭。从非洲之角(包括索马里和埃塞俄比亚)向阿拉伯及其他地区出口奴隶,虽然导致人口增长速度放缓,但似乎还不足以使人口减少。在苏丹,人口体量小,加上奴隶贸易的激烈程度可能导致了 19 世纪上半叶的人口下降。沿着海岸线再往南,从肯尼亚到坦桑尼亚再到莫桑比克,奴隶贸易在 18 世纪后半叶之前相对来说是微不足道的。奴隶贸易在 19 世纪暴发,从而将其他地方延续几个世纪的奴隶贸易压缩到一个世纪。奴隶主要出口到欧洲和阿拉伯种植园经济已经建立起来的印度洋岛屿,以及巴西和古巴。马达加斯加既从大陆输入奴隶,又向毛里求斯和留尼汪岛以及南非输出奴隶(Campbell,1981,1987,1988a)。莫桑比克受害最深(Isaacman,1972;Alpers,1975;Vail & White,1980;Liesgang,1983;Campbell,1989)。

奴隶贸易的废除结束了非洲人大量出口到国外的现象,非洲人口下降的趋势现在可以扭转了。威廉姆斯(Williams,1981)在大约 50 年前首次提出,奴隶贸易之所以结束,是因为它已不再对新的工业资本主义制度有利,虽然工业资本主义制度本身一定程度上也是奴隶制的产物,因此,废除奴隶贸易背后的因素长期以来一直存在争议。此前,历史学家曾将废除奴隶贸易的原因归结为人道主义者的压力,他们以道德为由反对奴隶贸易(Mathieson,1926;Coupland,1933)。这两种做法是可以调和的。但废奴主义的意识形态并不是在真空中出现的,它是在不断发展的工业资本主义背景下发展起来的。因此,二者相辅相成,最终使奴隶贸易和奴隶制在道德上站不住脚,在经济上成为过去时(Davis,1975)。

废奴运动是大西洋世界复杂进程的产物,不应像有时那样只限于讨论在英国发生的事件。奴隶本身、宗教领袖和人权倡导者对奴隶制的反对越来越多,从而推动了废除奴隶制的进程。各种不同的趋势和倾向在 1791 年开始的海地革命中得到了体现,最终在 1804 年建立了一个独立的共和国[68](James,1963)。这次革命和美洲的其他革命标志着奴隶贸易和奴隶制结束的开始(Genovese,1979)。在奴隶贸易的主要中心、英国、西非和美国都兴起了废奴运动,由此产生了一系列废除奴隶贸易以及后来废除奴隶制的法律,并在塞拉利昂、利比里亚和加蓬推行重新安置计划(Fyfe,1974;Manning,1990:149—157)。

废除奴隶制的时间因国家而异。例如,丹麦于 1792 年废除了奴隶贸易,随后英国于 1807 年,美国于 1808 年,巴西于 1851 年,古巴于 1868 年也先后废除奴隶贸易。废除奴隶制本身则要晚得多:1838 年在英国殖民地,1865 年在美国,1886 年在古巴,1888 年在巴西。

可见,非洲奴隶贸易的结束是一个漫长的过程,持续了一个世纪。因此,不同地区的奴隶贸易结束的时间并不相同(Munro,1976:40—55)。奴隶贸易首先在西非结束,长期以来,西非一直是大西洋奴隶贸易的支柱。到 1830 年代,奴隶贸易在这个地区已经成为过去。在中西部非洲,奴隶贸易一直持续到 1850 年代才开始放缓。与此相反,当时东部非洲的奴隶贸易正在加剧。因此,西非是第一个享受到奴隶贸易结束带来的人口复苏的地区。到 1880 年代和 1890 年代殖民征服之时,该地区的人口上升已经有一两代。中西部非洲在被殖民征服之前,享受的"婴儿潮"时间要短得多。在东非,殖民主义到来时,奴隶贸易仍在对该地区的总人口减少造成影响。因此,在 20 世纪初,东非遭受的人口减少灾难比西非更大。

因此,可以合理地得出结论,鉴于奴隶贸易对非洲各地区的人口影响,非洲大陆的总人口很可能至少在 19 世纪中叶以前一直在下降,并可能在本世纪余下的时间里一直停滞不前。因尼科利(Inikori,1982:37)认为,"如果没有奴隶贸易输出人口,撒哈拉以南非洲地区会增加 1.12 亿人";曼宁(Manning,1990:85)认为至少会增加 5000 万。这些人口对非洲发展的影响是无可估量的。因尼科利利用博塞拉普(Boserup,1965)关于前工业社会人口增长和发展的模型推测,人口压力将为技术创新和发展提供有效的经济刺激。曼宁只是简单地提出了这样一个观点:非洲的人口在下降,而与此同时,世界其他地方的人口却在增长。

[69]当然,我们永远不会知道,如果奴隶贸易没有发生,到底会发生什么。首先,我们不知道如果没有奴隶贸易,失去孩子的父母们会做出什么决定。人口统计过程涉及生物学和社会学变量复杂的相互作用。在不同的人口制度下,它们的配置以及衔接会有很大不同。现有的生育模式和调节不一定会生育更多的孩子(Jewsiewicki,1987:272;Soejarto et. al.,1978;Farnsworth et. al.,1975)。如果认为殖民前非洲的人口不足本身就造成了不发达,就像认为 20 世纪后半叶的人口快速增长是非洲持续不发达危机的原因一样,都可能会产生误导。经济发展或不发达不能

以任何简单的方式与人口增长、稳定或下降联系起来,因为人口不是一个独立的变量,而是一张网络,以相当复杂的方式交织在社会经济和政治变化结构中。

这只是表明,除了人口影响外,奴隶贸易还产生了其他影响,破坏了非洲的经济和社会。有时世界历史因过度区域化会出现令人费解的一个影响,在奴隶贸易时代,由于奴隶贸易本身,欧洲和北美实现了工业化,并获得了征服非洲的物质能力、经济欲望和种族主义的思想武装。因此,19世纪末的殖民征服是奴隶贸易的直接结果(Rodney,1982;Wallerstein,1976,1989)。

大西洋奴隶贸易是世界历史上最大规模的强迫移民,它可能没有造成欧洲人对非洲人的种族主义侵害,但它肯定孕育了种族主义。正如帕特森(Patterson,1982)在他的权威研究报告中所表明的那样,在奴隶贸易开始之前,世界上的奴隶制并不限于非洲人。事实上,在1500年,非洲人可能只占世界奴隶的少数。但到了19世纪,奴隶制几乎成了非洲人的同义词,因此非洲大陆及其人民背负着对奴隶和被鄙视的社会阶层的偏见和蔑视的历史包袱(Curtin,1964)。由威廉姆斯(Williams,1981)开始的关于奴隶贸易和资本主义发展之间联系的辩论需要拓宽,不仅仅局限于加勒比海奴隶贸易对英国企业家是否"有利可图"(Anstey,1975;Drescher,1977,1987;Solway & Engelman,1987),还应包括奴隶贸易对资本主义和种族主义在整个奴隶贸易的三角世界(非洲、欧洲和美洲)的建设所做出的关键贡献。

迁移与外来移民

[70]奴隶贸易还导致非洲各地区内部和地区之间人口的重新分配。并非所有俘虏的奴隶都被出口,有些被留在了当地。这表明,大西洋奴隶贸易与非洲内部奴隶制的发展有关。奴隶出口导致非洲奴隶制扩大的论点最早是由罗德尼提出的(Rodney,1966,1981),他认为,奴隶贸易需要产生可以出售的没有自由的非洲人。他指出,18世纪被奴役的非洲人群体比16世纪更多。这对一个较早的论点提出了挑战,该论点认为,在大西洋奴隶贸易开始时,奴隶制已经很普遍(Wyndham,1935:221—222;

Fage,1955:77—79)。最近,费奇(Fage,1980:310,1989:108—109)认为,在对外奴隶贸易之前,西非就已经存在奴隶制,尽管后者导致了奴隶制的扩大。

曼宁(Manning,1990:20)和曼达拉(Mandala,1990:32)总体上支持罗德尼的观点,认为非洲的奴隶制扩大了,而且因为是对外贸易的直接结果而成为一种重要的制度。一些历史学家继费奇之后,坚持认为内部因素比外部因素对非洲奴隶制的发展影响更大。但他们的证据是从大西洋贸易开始之后而不是之前的时期得出的。例如,哈里斯(Harries,1981:318)热衷于在恩古尼人(the Nguni)中寻找奴隶制,他所能做的最大贡献就是提出"在 1860 年代之前,加扎兰(Gazaland)可能存在着家庭形式的奴隶制,但它们被男奴的出口以及妇女和儿童很容易被纳入亲属群体的做法所掩盖"。不用说,这时对外贸易已经进行了几代人。同样,希林(Searing,1988:475,488,500)认为,1700 年至 1850 年间沃洛夫(Wolof)国家的奴隶制与对外贸易关系不大,甚至像许多历史学家所认为的那样,否认奴隶制在 19 世纪被废除后有所扩大,但这难以令人信服。

证据的重要性表明,在非洲的许多地方,奴隶制在 19 世纪急剧扩展(Miers & Kopytoff, 1977; Lovejoy, 1981, 1983, 1986; Robertson & Klein,1983; Watson, 1980; Cordell, 1985; Willis, 1985; Manning, 1990; Mandala,1990)。不可否认,非洲奴隶制与大西洋奴隶贸易之间的时间和结构有关联。随着大西洋贸易对奴隶的需求减少、价格下降,欧洲对非洲商品的需求增加。正是这两个因素的相互作用,加上为服务大西洋贸易而建立的复杂机构的存在,导致了非洲奴隶制在 19 世纪的扩张。非洲奴隶制的废除是渐进的过程,一直到殖民时期还没完成(Igbafe,1975; Roberts & Klein,1980; Romero,1986; Miers & Roberts,1988)。和美洲一样,[71]非洲奴隶制的废除是由奴隶起义和殖民资本主义相互抵触的需求及思想所促成的。它的直接遗产不是"自由"劳动的发展,而是所有殖民地国家实行的强迫劳动(Manning,1990:160—168)。

非洲的奴隶制,在本讨论中包括跨撒哈拉奴隶贸易,是 19 世纪非洲人口大迁徙浪潮的一部分。从西非到北非跨越撒哈拉的奴隶贸易是区域间大规模移民和人口的再分配。许多俘虏也作为奴隶留在西非境内。索科托哈里发国(Sokoto Caliphate)、阿桑特国(Asante)和达荷美国(Dahomey)（仅举几个最著名的例子）输入了大量奴隶，用于在农业种植园劳作或从事手工业。据估计，奴隶可能占该地区总人口的 15％（Manning，1990：72）。这个数字可能太高了，因为其中包括了各种形式的奴役和依附人口，而这些奴役和依附人口严格来说并不算是"奴隶制"。无论真实的数字是多少，很明显，奴隶制是该地区人口结构和经济的一个重要特征。

输入奴隶的社区人口增加，而提供奴隶的社区人口则减少了。19 世纪，由于奴隶贸易（尽管并非完全如此），西非沿海地区人口相对密集。今天，安哥拉东部和扎伊尔南部的人口密度较低，是因为这些地区的男男女女都被从更西边来的奴隶贩子买走了（Thornton，1980：427）。尼日利亚中部地带人口相对减少也被归咎于奴隶贸易（Mason，1969；Gleave & Prothero，1971）。

更难以确定的是获得奴隶之后的人口收益是否代代相传。现有的生育率数据显示，奴隶妇女的生育率和结婚率很低（Meillassoux，1983；Strobel，1983；Klein，1983，1987）。奴隶妇女生育率低的原因尚不完全清楚。有人认为，奴隶妇女通过使用各种节育方法来限制她们的子女数量（Harms，1983；Cooper，1977，1980）。奴隶妇女的低生育率意味着奴隶的繁衍主要是通过购买或抓捕来实现的。这表明，奴隶作为一个阶级不进行自我繁衍的趋势，并不仅仅是因为非洲奴隶主阶级出于社会原因倾向于吸纳奴隶的后代，或者像各种历史学家所认为的那样，他们缺乏足够的力量来控制现有血统结构之外的自我繁殖的奴隶阶级，也受到奴隶生育和抵抗的动态制约。

[72]从某种意义上说，奴隶类似于农民工，因为他们主要被带到商品生产中心并用于商品生产。当然，与后者不同的是，他们除非逃跑，否则永远不会回到各自的家园。19 世纪商品生产的扩大，也导致了农民和农业劳动者大规模自愿迁徙到经济作物生产扩大的地区，如第四章将讨论的塞内冈比亚和加纳的花生和可可种植区那样。在突尼斯，南部和东南部的移民分散在北部和萨赫勒等比较有利的地区（Valensi，1985：12—15）。除了迁移的农民和牧民，还有第四部分将要讨论的移民运输工，他们在广大地区内部和地区之间的长途贸易路线上奔波。简而言之，19 世纪的经济转型在鼓励非洲大陆内越来越多的人移民方面发挥了关键作

用。因此，包括劳动力迁移在内的"经济"移民并不是殖民资本主义造成的（Amin, 1974）。

19世纪还见证了人们更为熟悉的"民族"迁徙，即历史学家们喜欢记载的那些假定的民族群体史诗般的迁徙。阿贾伊（Ajayi, 1989: 3）指出，大迁徙，包括大量人口在广阔的空间和时间范围内非同寻常的移动，早已结束；因为"到1800年，非洲人口的主要语言和文化分支早已在不同地点成形，并声称自己在这片土地上拥有立足之地"。但在19世纪确实发生了一些引人注目的区域性迁徙和运动，如"南部非洲和中部非洲的恩古尼人、中部非洲的乔克韦人（the Chokwe）、东非的阿赞德人（the Azande）、赤道非洲的芳族人（the Fang）和西非的约鲁巴人"（Boahen, 1989: 40）。这些迁移是由本世纪这些地区发生的深刻的政治、社会和经济革命引发的。

这些移民需要进行更仔细的界定。认为整个民族都在迁移的观点过于简单化，因为它忽视了这样一个事实，即族裔群体不是石头铸成的物体，而是在相当具体的条件下产生并进行繁衍生息的社会结构。通常情况下，实际的移民人数相对较少，恩戈尼人就是这样；但由移民和人数较多的当地居民融合而形成的恩戈尼社会却要大得多。将新构建的"恩戈尼族"倒推归结为移民社会，根本就是罔顾史实。在随后的章节中，我们会提到许多著名的贸易民族，他们的民族身份是在贸易流散地的构建中形成的。这并不是要否认发生过大规模的民族[73]群体迁移。这只是为了强调，需要从移民的原因和模式而不是从种族的角度来界定移民。

国内迁移可分为三类：第一类是奴隶迁移；第二类是自愿迁移的劳工、农民和商贩；第三类是因战争、自然灾害和饥荒而流离失所的人。奴隶是很少返回原来社区的移民，第二类人的迁移通常有波动，第三类人可视为难民，他们的迁移可能是暂时的，也可能是永久的。当然，任何一种身份都可以改变，奴隶可以逃跑成为难民，移民劳工可以被奴役，难民可以成为移民劳工。只有在区分产生迁移的条件及其持续时间的情况下，这些分类才是有效的。

前两类移民已在上文分析或提及。至于难民，关于他们的系统性研究工作很少。大多数关于非洲难民的研究都集中在最近的时期（Brooks & Ei-Ayouby, 1976; Kibrieab, 1983; Nindi, 1986; Harrell-Bond, 1986）。由于气候变化压力的增加、奴隶贸易和奴隶制的扩大以及殖民征服战争，难民的流动可能在 19 世纪有所增加。人们逃离家乡到别处谋生或到人迹罕至的地方定居,以此来抵制被奴役的命运,后来又以此来抵制殖民征服者的掠夺。艾萨克曼(Isaacman,1976)表明,在 20 世纪初,由于葡萄牙人试图巩固残酷的殖民政权,在莫桑比克,这两种现象都有所增加。

欧洲和亚洲移民

　　除了国内移民,还有欧洲和亚洲的移民来到非洲。19 世纪的欧洲移民主要集中在非洲北部和南部。1830 年沦为法国殖民地的阿尔及利亚,是北非欧洲移民最多的地方。他们的人数从 1833 年的 7812 人增加到 1901 年的 553,000 人,其中三分之二是法国公民。从 1896 年起,在阿尔及利亚出生的欧洲人数量超过了移民的数量。在阿尔及利亚定居的法国人一半以上是农村农民(Abun-Nasr,1987:268—269;Bennoune,1988:53)。在埃及,欧洲移民人口位居第二。它从 1840 年的 6000 人上升到 1882 年的 89,733 人和 1897 年的 111,270 人,其中 34% 是希腊人,22% 是意大利人,18% 是英国人,13% 是法国人,其余是奥匈帝国人、德国人和其他国家的人。在 1882 年(英国占领年)至 1897 年期间,英国人社区扩大了三倍。欧洲移民共占全国人口的 1.1%。与阿尔及利亚的定居者不同,在埃及的欧洲人集中在城市,主要是军人、商人、工匠和技术人员(Panzac,1987:25—28)。到 1901 年,突尼斯有 71,000 名意大利人和 24,000 名法国定居者。(Abun-Nasr,1987:294)。摩洛哥的欧洲人口从 1800 年的 130 人增加到 1867 年的 1400 人,1913 年达到 2 万人。而在利比亚,1908 年外国人的数量不到 5000 人,其中 300 人是马耳他人,1000人是意大利人(Issawi,1982:83)。因此,19 世纪末,北非总共大约有 75万的欧洲移民。

　　这与南非的欧洲人口数量差不多。19 世纪中期南非的欧洲人超过了 20 万,1890 年代超过了 75 万。在本世纪后半叶,欧洲移居者在南非的快速增长很大程度上是矿业革命的产物。1890 年到 1913 年间,欧洲各地,特别是英国,每年有 24,000 名移民来到非洲,他们大多在矿业中心工作(Houghton ,1967:13)。第一批英国移居者在 1820 年来到非洲,其中有 5000 人是契约劳工(Hun,1984;Peires,1989a)。最早移居者的祖先在17世纪末和18世纪来到了非洲,主要是荷兰人、德国人,还有一少部分是法国血统(Guelke,1989)。他们后来被称为布尔人或南非白人,在20世纪初之前,他们主要从事农业。

除了北非和南非,葡萄牙在当今安哥拉和莫桑比克的殖民"飞地",是为数不多有不少欧洲移民的地方。尽管葡萄牙人在16世纪已经来到这些国家,但是"1875年,他们总共只有几百人"(Newitt,1981:148)。他们中的官员在任期满后通常会返回葡萄牙。贸易商和罪犯,即所谓的被判处流刑的人(degredados),留下来拓建葡萄牙殖民地和文明社会。但是因为那里的欧洲女人很少,他们倾向于和非洲妇女通婚;因此,几代人之后,他们和非洲人没有什么区别(Bender,1978)。大部分的移居者来自葡萄牙本国,有些是从巴西过来的。从1880年起,布尔人开始从南非来到安哥拉南部,到1900年,大约有900人到来(Clarence-Smith,1979:44)。津巴布韦在1890年代末有5000多欧洲移居者。

总的来看,1900年非洲的欧洲移居者总数大约是150万到170万,其中大部分是在19世纪后半叶到来的。他们的人数远远超过亚洲移民。亚洲移民输入最多的是南非和东非。他们以契约劳工的身份被带到这里,大多在种植园劳动(如南非)或者修建铁路(如肯尼亚)。实际上,第一批来到南非的亚洲人[75]不是契约劳工,而是从印度和东印度群岛带到开普殖民地的奴隶(Worden,1985;Armstrong&Worden,1989)。1860年到1866年间以及1874年到1911年间,152,814名印度劳工被带到纳塔尔的甘蔗种植园(Richardson,1982:519)。"除了在农场劳动之外,印度劳工还受雇参与修建铁路和挖煤,甚至是在家当仆人。一些人后来从事捕鱼业"(Latham,1978a:118)。还有一些印度人,特别是商人,他们是自行来到非洲的(Padayachee & Morrell,1991)。

在肯尼亚,有20,000多印度人被引入修建肯尼亚-乌干达铁路(Mangat,1969;Ghai&Ghai,1970;Bharat,1972;Zeleza,1982;Seidenberg,1983)。那些在合同期满后留下来的人,加入了在该地区建立的老印度社区。坦桑尼亚有几千印度人。毛里求斯也有大量的印度人到来。此外,受当地种植经济发展的吸引,移民到东非海岸的阿拉伯人可能比以前更多。在19世纪初期和20世纪上半叶之间,从亚洲(包括印度人和阿拉伯人)来到东部和南部非洲的移民总数大概不会少于20万。加上欧洲移民的数量,非洲接收的移民数量接近 200 万。

欧洲和亚洲移民自己开展了一系列的内部迁移。其中一些迁移是相当引人注目的,例如南非的布尔人大迁徙。为了反抗殖民地中的英国霸权,寻求一个能自治的家园,1830 年代 15,000 名布尔人迁出开普殖民地。他们最初来到纳塔尔,在 1843 年纳塔尔成为英国的属地后又离开了;然后他们又迁移到了奥兰治自由邦和德兰士瓦。在那里,他们继续与英国抗争(Keppel-Jones,1975:61—75;Peires,1989a:499—510)。一些来到南非的印度商人是从毛里求斯转过来的(Padayachee & Morrell,1991:73—78)。印度商人还从东非海岸迁移到了乌干达,到 1911 年乌干达的印度人有 2216 人(Latham,1978a:118)。

城市化模式

19 世纪时,绝大部分非洲人生活在农村社区——当然,这不是非洲特有的现象。在 1800 年,全世界只有 2.4% 的人口居住在人口 2 万以上的城市(Mobogunje,1968:19)。研究非洲城市化的学者普遍放弃了以民族为中心的老套路,即不把非洲的城市集中区称为城市,因为它们不符合某种特定的指标,如识字率以及农业的缺失(Childe,1958;Sjoberg,1960)。城市化是一个复杂的过程,从历史上看,它并不是按照[76]世界上任何一个特定区域的预定模式展开的。出于同样的原因,谈论"非洲城市"也没有什么意义,因为根本就没有那样的东西。非洲的城市化与世界其他地方一样,是一个多样化的过程(Mabogunje,1968:33—43;Gugler & Flanagan,1978:19—22;Peel,1980;O'Connor,1983:25—55)。

钱德勒和福克斯(Chandler & Fox,1974)对过去 3000 年世界范围内的城市发展进行的研究是最全面的定量分析之一。该研究表明,在公元前 1360 年至公元 1800 年期间,一些非洲城市名列世界最大城市行列(Chandler & Fox,1974:367)。例如,开罗自公元 10 世纪中叶创建以来,一直是世界级水平的大城市(Abu-Lughod,1961)。人口超过 2 万的非洲城市数量从 800 年的 15 个上升到 1300 年的 38 个,1800 年有 33 个(Chandler & Fox,1974:44—48)。这个数据如果正确的话,说明城市化并不是一个不间断的过程:城市发展有兴有衰。到 1800 年,非洲一些著名的古城市有埃及的底比斯和罗塞塔(Rosetta),苏丹的纳帕塔和麦罗埃,埃塞俄比亚的阿克苏姆和阿杜里斯(Adulis),西非的昆比-萨利赫(Kumbi-Saleh)、阿瓦达古斯特(Awdaghust)、廷巴克图、杰内(Jenne)和加奥(Gao),中部非洲的姆班扎刚果(Mbanza Kongo)、卢安果、东果(Dongo)和中果(Chungo),南部非洲的津巴布韦和马篷古布韦(Mapun-gubwe),以及东非沿海的基尔瓦(Kilwa)、吉迪(Gedi)和马林迪(Malin-di),它们有的早已衰落,甚至被废弃(Hull,1976;Conah,1987)。

这表明,1800年的城市居民数量,从绝对值来看,可能并不比1300年或1500年高。例如,1500年最大的城市开罗和菲斯(Fez)的人口在1800年几乎减少了一半。1800年非洲33个大城市中,18个在西非,12个在北非,3个在东非。但6个最大城市中北非有5个,人口最多的是开罗26.3万,突尼斯12万,梅克内斯(Meknes)11万,然后是西非的奥约8.5万,最后是阿尔及尔7.3万,菲斯6万。到1850年,开罗人口仍居首位,但减少到256,000人,亚历山大上升到第二位,有138,000人,菲斯上升到第三位,有85,000人,突尼斯下降到第四位,有90,000人,最后几位是约鲁巴城市阿贝奥库塔(Abeokuta)和伊洛林(Ilorin),各有65,000人。到1850年,共有25个城市的居民人数达到或超过40,000人,其中13个在西非,8个在北非,2个在东非,中部非洲和印度洋岛国毛里求斯各1个(Chandler & Fox,1974:48,366)。

北非的数据表明,在本世纪初,该地区约10%的居民居住在1万或1万以上人口的城市(Issawi,1982:100—101;Valensi,1985:4—11;Ben-noune,1988:27;Shroeter,1988:230)。[77]这一比例高于世界平均水平。它是美国的两倍,比法国略高,但远低于英国和荷兰的25%。开罗、突尼斯和梅克内斯的人口上文已经说明。其他8个人口在2万以上的城市有阿尤特(Asyut,)、达米埃塔(Damietta)和塔鲁丹(Tarudant),各2.5万,以及阿尔及尔,7.2万。在19世纪,北非的城市人口稳步增长。在埃及,城市人口的增长速度是整个国家的两倍。到1897年,全国17%的人口居住在城市,其中开罗以570,062人居首;其次是亚历山大,有319,396人,苏伊士运河城市塞得港有42,328人,苏伊士有17,173人,伊斯梅利亚(Ismailia)有7207人(Panzac,1987:28—31)。摩洛哥的城市人口已增加到近12%,以菲斯为首,之后是拉巴特、马拉喀什、卡萨布兰卡和埃索拉(Essaouira)等城市(Shroeter,1988:219—221,230)。在阿尔及利亚,1906年城市居民占总人口的6.5%(Bennoune,1988:53)。1900年突尼斯人口达到17万,利比亚的黎波里人口超过3万(Issawi,1982:101;Panzac,1987:29)。利比亚落在后面,其城市化趋势只是在本世纪最后25年才开始加速,因此,"到20世纪初,的黎波里的人口约为30,000人,(而)班加西的人口为19,000人"(Anderson,1984:329—330)。

如前文所说,西非有大量的城市。一些学者详细记录了约鲁巴城镇和城市的发展(Mabogunje,1968;Krapf-Askari,1969;Law,1977a)。三个最大的城镇是伊巴丹(Ibadan)、伊洛林(Ilorin)和阿贝奥库塔(Abeoku-ta),每个城镇的人口都超过55,000人。1829年,伊巴丹一开始是一个不起眼的埃格巴村(Egba village),到本世纪末,它已经成为非洲第三大城市,人口近20万。在尼日利亚北部,随着索科托哈里发国的建立,卡诺等老城市不断扩大,索科托等新城市不断涌现。到1850年,索科托的人口为3.3万,而卡诺在本世纪末有5—10万人口(Frishman,1977:225)。阿桑特(Asante)、贝宁和达荷美等沿海国家的首都,即库马西(Kumasi)、贝宁市和阿波美(Abomey),人口也有显著的增长(Hull,1976:6—7,16—18)。还有塞拉利昂的弗里敦和利比里亚的蒙罗维亚等新城镇,是由来自英国、北美和加勒比地区的前奴隶和从西非海岸奴隶船上救出的被俘奴隶建立的。

在东非,一些古老的沿海城市经历了复兴和扩张。例如,马林迪在18世纪末被奥罗莫(Oromo)游牧民族洗劫一空,到1850年代已是一片废墟。但到本世纪末,它已经恢复,成为一个拥有几千人的繁荣城镇。蒙巴萨和桑给巴尔也在扩张(Cooper,1977:第2—3章)。[78]位于印度洋岛屿上的路易港,1850年人口有49,000人。在大陆上,位于维多利亚湖北岸的门戈(Mengo),建立于17世纪,仍然是最大的城市,人口超过40,000(Chandler & Fox,1974:55—57)。一些新的城市中心也出现了,如1830年后坦噶尼喀湖东岸的乌吉吉(Ujiji),1870年代从尼扬韦齐(Nyamwezi)村落群演变为城镇的乌兰博(Urambo)和塔波拉(Tabora),以及安科莱拉(Ankole)和布干达(Buganda)的首都布韦约利利(Bwey-orere)和鲁巴加(Rubaga)(Hull,1976:8—9;Conah,1987:214—215,223)。

埃塞俄比亚和苏丹有许多大小不一的城镇和城市。在本世纪，有些因战争而衰落，而另一些则扩张或新建。埃塞俄比亚的旧都贡达（Gondar）被内战破坏，人口从 18 世纪末的约 8 万人下降到 1881 年的约 4000人。首都迁移到安科巴（Ankobar），1840 年代，安科巴有 1—1.5 万居民，1880 年代，梅内利克在利切（Liche）定居，人口为 1.5 万。梅内利克在恩托托（Entoto）建立了另一个临时首都，人口为 5 万人。1887 年亚的斯亚贝巴建立。亚的斯亚贝巴发展迅速，到第一次世界大战前夕，已有居民10 万。埃塞俄比亚其他主要城市包括哈拉尔（Harar），其人口从 1850 年代的约 8000 人增加到本世纪末的 4 万至 5 万人。厄立特里亚的城市阿斯马拉（Asmara）和马萨瓦（Massawa）的人口也稳步增长（Pankhurst，1968：689—715）。19 世纪初，苏丹北部出现了一系列小城镇，如申迪（Shendi）、马塔马（al-Matamma）和科贝（Kobbei）。这些城镇很快就被喀土穆所取代。到 1860 年，喀土穆从一个小村庄发展成为一个拥有 3—4万居民的大城市。青尼罗河畔的马萨拉米亚（al-Masallamiyya）、东部的卡萨拉（Kassala）、北部的栋古拉（Dongola）和红海沿岸的萨瓦金（Suakin）也迅速发展（Bjorkelo，1989：114—117）。

非洲大陆腹地，特别是中部非洲的城市化模式和速度并不为人所知。这可能反映了该地区的城市相对较少，或者是历史学家和考古学家对该地区的城市历史研究不够。例如，考古学家很少调查湖区国家的移动首都，如布干达和安科莱（Ankole）。其中一些被 19 世纪的欧洲探险家描述为非常大的首都，这些遗址的"考古可见度"（archaeological visibility）很低，这是因为这些首都的流动性很强，而且使用的建筑材料，如木材和草，很少留下沉积物或结构遗迹（Conah，1987；214—216）。最近对中非的研究开始表明，该地区在城市化方面并没有完全落后。到了 19 世纪中叶，扎伊尔盆地和"北部热带草原林地上散布着许多城镇，[79]有的人口超过两万"（Hull，1976：xvi）。其中有金沙萨（Kinshasa），建于 16 世纪初，还有马莱博湖（Malebo Pool）（Vansina，1973：247—265；Harms，1981：73—81）。最大的是卡松戈（Kasongo），有 4 万多居民。

在 19 世纪的大部分时间里，南部非洲可能是非洲城市化程度最低的地区。随着祖鲁国家的兴起，出现了一些祖鲁城镇，其中最大的是乌姆艮艮哈罗孚（Umgungundhlovu），建于 1836 年，两年后被布尔民团烧毁。

其他城镇包括拉塔科(Lattako),估计人口为 1—1.5 万人,面积与开普敦一样大,卡迪特什沃克内(Kaditshwene)有 13,000—16,000 人,马肖(Mashaw)约有 12,000 人。巴索托民族的创始人莫什维什沃克(Moshweshwe)建立了塔巴-博修(Thaba Bosiu),恩德贝勒国父姆齐利卡齐(Mzilikazi)建立了布拉瓦约(Bulawayo),1888 年估计人口有 10,000 人(Hull,1976:xvii,22—24)。开普敦是该地区最大的殖民城市,1850 年人口为 26,000 人(Chandler & Fox,1974:379)。随着矿产的发现,从 1870年代开始,南部非洲的城市化进程加快。到 1871 年,在钻石发现后的五年内,金伯利(Kimberley)的人口达到了 37,000 人。这座城市成为非洲第一个拥有电灯的城市(Wheatcroft,1985:102)。约翰内斯堡的发展更为令人瞩目。1885 年,黄金被发现。10 年后,约翰内斯堡有 10 万居民,成为非洲大陆最大的城市之一(Keppel-Jones,1975:107)。

　　19 世纪非洲城市的多样性再怎么强调都不为过,这些城市发展的环境、政治制度、社会结构、文化传统和经济条件差异很大。因此,设定一种单一的城市化模式未免过于简单化。将它们描述为"传统""前工业"或"外围"并不能说明什么。用"本土的"和"外来的"这种人为的二分法来区分它们,或者给它们冠以"伊斯兰"等宗教印记也不能说明什么问题。此外,19 世纪它们的发展是由不同的因素促成的,特别是贸易、制造业和采矿业的增长、农业、新兴国家的崛起、战争和自然灾害造成的社会混乱以及移民等。

　　如第四和第五部分所示,19 世纪,整个非洲大陆的国内、区域、区域间和国际的各级贸易都有了巨大的发展。这促成了新城市的建立和旧城市的扩张。例如,在北非,由于国际贸易的发展,港口城市的增长速度超过了"内陆"城市。[80]一些城市的扩张还受其他因素影响,如开罗和卡诺还受制造业扩张的影响(Chaichian,1988;Mahadi & Inikori,1987)。博尔诺(Borno)盐矿开采和生产的增长促进了该州城市的发展(Lovejoy,1986)。南非的金伯利和约翰内斯堡是矿产发现后建成的。

　　东非一些沿海城市的复兴和发展,很大程度上要归功于该地区种植农业的建立(Cooper,1977,1980)。索科托哈里发国的一些城市,以及南非的开普敦和纳塔尔也是如此(Lovejoy,1978a;Lovejoy & Baier,1975;Richardson,1982)。许多非洲城市,常常被人遗忘,但它们却在具有高产潜力的土地上发展(Conah,1987:240—242)。

新国家的兴起往往伴随着新行政中心建立,这些中心有时会发展成大城市。索科托哈里发国(Sokoto Caliphate)建立了索科托城,恩德贝勒国建立了布拉瓦约城,马赫迪国(Madhist)建立了乌姆杜尔曼城(Omdur-man),埃塞俄比亚建立了亚的斯亚贝巴城,湖区国家也有其移动的首都。到了19世纪末,新建的殖民地国家将现有的城镇,如拉各斯、喀土穆、开罗等变成了行政首都,或者在以前从未有过城镇的地方建立了新的城镇,如卢萨卡、内罗毕和哈拉雷。欧洲行政人员、商人和农村移民纷至沓来,寻找工作,这导致了其中一些老城市的迅速扩张。例如,1882—1897年期间,开罗人口的年平均增长率为12.5%,相比之下1846—1882年的年平均增长率为1%(Chaichian,1988:26)。拉各斯的人口从1850年(英国占领前一年)的18,000人增长到1901年的41,000人。19世纪下半叶,拉各斯成为尼日利亚沿海的主要贸易港口,这也是英国殖民主义进入尼日利亚的跳板(Aberibigbe,1975)。

战争、掠夺奴隶和国家的崩溃所造成的社会混乱有时会导致防御性城镇的建立,或导致难民涌入现有的城市中心。例如,奥约帝国的崩溃深刻地影响了约鲁巴城区的发展以及伊巴丹等城市的扩张(Mabogunje,1968;Krapf-Askari,1969)。许多城镇的发展靠自然增长,但移民有时也发挥了重要作用(O'Connor,1983:57)。人口流动可以是暂时的,也可以是永久的。埃塞俄比亚的城市往往在重要的市场交易日期间规模膨胀(Pankhurst,1968:第15章)。在城市人口的构成中,如约鲁巴城市,相当一部分居民是农民;农村和城市之间的人口流动是城市生活必不可少的组成部分(Mabogunje,1968;Krapf-Askari,1969)。[81]在埃及,随着棉花经济作物生产的发展和土地的集中,农村人口向城市迁移的速度加快了。(Chaichian,1988:30—32)。

欧洲和亚洲的移民促进了另一些城市的发展。例如,到1920年代,欧洲人"在阿尔及尔、奥兰(Oran)、卡萨布兰卡、突尼斯、的黎波里、班加西……亚历山大和塞得港等城市的人口中占了很大一部分"(Issawi,1982:102)。这些城市的欧洲人,在他们的领事管理之下,通常都是居住在不同的地区。在突尼斯,人们试图通过建立一个市政委员会来控制他们,特别是随着"没有经济来源的欧洲人数量的增加,犯罪率(因此)急剧

上升,而原先在所有的北非城市中,犯罪率一直很低"(Cleveland,1978:
46)。1897 年,欧洲人占开罗人口的 6.2%,占亚历山大人口的 14.4%,
占运河区城市的 21.6%(Panzac,1987:31)。欧洲移民在南非的城市中
占了很大的比例,包括开普敦、纳塔尔、金伯利和约翰内斯堡。纳塔尔也
吸引了许多亚洲移民,毛里求斯的圣路易斯以及肯尼亚的蒙巴萨和后来
的内罗毕等城市也是如此。

城市布局

非洲城市的结构差异很大。如前所述,有些城市非常大,有些城市则
比杂草丛生的村庄好不了多少。北非和西非的大城市通常被城墙包围,
城墙与城门交错。建造城墙的原因有很多:为了防卫,为了便于经济控
制,为了提高统治者的政治威望。一些西非城市如库马西(Kumasi)、弗
里敦(Freetown)和蒙罗维亚(Monrovia),以及东非沿海城市和新的殖民
城市都没有公共城墙。19 世纪最后 25 年,埃及城市内部的大门被拆除,
加上封闭街区的开放和夜间照明的引入,改变了城市和集市的形态
(Toledano,1990:166—170)。

城市的空间组织反映了它们的经济和行政功能,阶级、亲属和意识形
态关系的衔接以及内部争斗的结构,也反映了它们与农村腹地以及与它
们所处区域权力系统的关系(Hull,1976;Abrams & Wrigley,1978;
Peel,1980;al-Sayyid-Marsot,1984;Conah,1987)。在许多西非城镇和城
市中,住宅鳞次栉比,中间被狭窄的小巷隔开。许多较大的城镇和城市有
大道横贯,小巷连接这些宽阔的大道,但通过琳琅满目的社区市场时会被
拦腰截断。在政治上集权的社会,特别是阿桑特(Asante)、约鲁巴、豪萨
和甘达(Ganda),城镇往往是放射状的同心圆,[82]道路从王室大院或中
央市场开始,向各地方中心辐射(Hull,1976:41)。

北非城市通常分为两个部分,一个是开放的"公共城市",有市场和清
真寺、王宫和政府办公室,另一个是相对隐蔽的"私人城市",街道蜿蜒曲
折如迷宫,狭窄的小巷内居住着众多的家庭(Hourani & Stern,1970;
Raymond,1984)。这些城市中心区的重点是市场或集市以及主要的清
真寺。

大的城镇和城市通常被分隔成不同的居住区或小区，各区本身通常是由几个家庭院落组成的。例如，卡诺（Kano）有 127 个区，库马西（Kumasi）有 77 个区。这些居住区或小区与阶级、职业、年龄、种族和宗教的划分休戚相关。在西非和北非的主要城市，外国商人有时会住在自己的居住区里。正如第四部分将论述的那样，这是为了便于国家的控制和征税。在一些社会中，如老卡拉巴尔（Old Calabar）和索科托哈里发国，农奴人口居住在隔离区（Hogendorn，1977；Mason，1981）。

富人和穷人、统治者和臣民住在城市的不同区域也是常见的做法。例如，在博尔努（Bornu）的首都库卡瓦（Kukawa），"东半部是为富裕的居民（国王、大酋长和商人）保留的，而西半部被一块长约半英里的空地隔开，这里拥挤不堪、生活贫穷，小巷狭窄曲折"（Hull，1976：81）。阶级的区别往往以房屋的大小和类型为标志。在 19 世纪中叶的埃及城市中，"也许不同类型的住宅之间最显著的区别是分配给花园的空间。宫殿和精英豪宅有花园"，而穷人则没有（Toledano，1990：169）。一位 1874 年到访阿散蒂（Ashanti）的游客指出，"普通的房子有一个院子，大房子有三四个，国王的宫殿有十个或十二个"（Rutter，1971：155）。

总　结

从本章可以看出，过去二十年来，人们作出了巨大的努力，利用各种各样的常规和非常规资料重建非洲的人口史。在非洲历史人口学中普遍使用所谓的非常规资料，这既有非洲大陆许多地方缺乏常规资料来源的原因，也有历史学家的原因，他们对解开超越测量人口统计的更为宽泛复杂的人口发展变化过程很感兴趣。

有人试图估计 19 世纪非洲的人口及其增长率，但对待这些估计需要极其谨慎。要想获得准确的数字可能是徒劳的。[83]更有成效的尝试是衡量其总体发展趋势。现有的估计似乎表明，非洲的总人口在 1750 年到 1850 年之间下降或停滞不前。在接下来的半个世纪里可能略有上升，但到 1900 年，非洲在世界人口中的比例很可能低于 1750 年。

与其他大陆相比，影响非洲总人口下降的主要因素是大西洋奴隶贸易。显然，这并不意味着非洲大陆的所有地区都同样受到奴隶贸易的影响。例如,北非是奴隶的净进口地区。在奴隶出口地区中,奴隶贸易对人口的影响极不平衡。首先,废除奴隶贸易的时间不同。大西洋奴隶贸易除了促使非洲人口在全球范围内重新分布外,还导致了非洲各地区内部和地区之间的人口重新分布,因为并非所有被俘奴隶都被输出到非洲大陆之外的地区。本章总体上支持大西洋奴隶贸易推动了非洲内部奴隶制的发展这一论点。

当然,非洲的人口史不仅仅是奴隶贸易和奴隶制。有人认为,非洲奴隶制是 19 世纪非洲大陆内部人口迁移大潮的一部分。除奴隶移民外,还有自愿劳动者、农民和商人的流动,这类移民人数的增加是由于经济扩张,特别是出口商品的生产,这一点将在后面几章中予以说明。最后,因战争、自然灾害和饥荒而流离失所的人也在迁移。除了这些国内移民外,据估计,非洲还接收了来自欧洲和亚洲的约 200 万移民,他们主要集中在非洲北部和南部。

城市化进程和模式具有多样性,用诸如"传统""前工业"或"外围"等任何一种词汇去描述非洲城市的企图,都是一种滑稽的模仿。在前殖民时代,非洲大陆一些地区的城市化程度是非常显著的。然而,事实仍然是,绝大多数非洲人,也许高达 95%,生活在农村社区。遗憾的是,关于农村定居模式的历史研究很少,但假设整个非洲大陆存在巨大差异仍然并不牵强。一方面,作为非洲经济和社会支柱的农业体系存在很大差异。其在很大程度上是由非洲大陆不同的人口制度所催生,环境条件则起到了更为基础的作用。

第二部分　农业生产

第三章　土地利用系统

耕作方法

[85]非洲是一个幅员辽阔的大陆,有各种各样的生态和人口,以及不同的社会经济和政治结构,这些都影响了非洲大陆不同地区的农业发展。在19世纪,在任何特定地区所使用的耕作方法都是自然地理和人文地理、历史和政治经济复杂互动的产物。在设定广泛参数的环境条件中,农业发展的关键是气候特征,特别是降水,分布规律,水系的存在及其性质、土壤条件。正如第一章所指出的,非洲的气候既不是一个模式,也不是一成不变的。非洲农民必须适应气候的变化和土壤的条件。关于非洲农业的许多笼统的说法并没有考虑到非洲大陆内部的环境变化多样性,而往往只从一个具体的案例就推断整个非洲大陆的情况。

非洲可分为八个气候区:炎热的沙漠,包括撒哈拉沙漠和卡拉哈里沙漠;半干旱区,位于沙漠地区的边缘;热带干湿交替区,覆盖大部分的热带草原带;中部非洲的赤道雨林区;非洲大陆南北两端的地中海式气候;南部非洲东南沿海湿润的亚热带海洋气候;南部非洲高地的暖温带高地气候;以及包括埃塞俄比亚高山地区和东非湖泊地区在内的山地气候。主要的水域包括尼罗河、尼日尔河、刚果河、赞比西河、奥兰治河和乍得湖的流域。非洲的土壤类型可分为五大类:沙漠土壤、半干旱地区的栗棕色土壤、类栗色土壤和黑色土壤、热带红壤和砖红壤、地中海土壤(D'Hoote,1964;Moss,1968;Thomas & Whittington,1969;Hance,1975;Thompson,1975;Lewis & Berry,1988)。

19 世纪人文环境多样性与自然环境相比毫也不逊色。人口密度和居住模式在不同社会和地区各不相同(Stevenson,1968)。农业发展受到每个社会的政治和经济结构的影响,包括管理土地使用权的规则、国家的收入基础、劳动分工、市场的发展以及社会融入区域和国际贸易网络的情况。[86]除了这些因素外,耕作方法也受到作物播种面积和品种的影响。

土地的使用是一个连续的过程,耕作方式有间断粗放型的,也有连续集约型的。某一地区在某一时期所采用的耕作的具体形式取决于上述各种因素的组合。连续集约使用土地的情况往往出现在具备以下一些或全部条件的地方:土壤的物理特性已得到高度开发,人口居住相对密集,降雨有规律或有其他水资源可供灌溉,作物品种多、常年可种植、受生态限制,以及国家干预明显。间断粗放型的耕种形式则出现在天时地利条件相反的地方。很难细分殖民前非洲土地连续使用并贴上标签,当然,试图按照从"落后"到"先进"的顺序排列也是欠妥的(Hopkins,1973:36;Richards,1985)。

到 19 世纪初,非洲各地的农民早已学会了如何操纵和利用各自的生态系统,每个生态系统都需要不同的土地管理形式。非洲大陆的热带中心地带,需要特别的精心管理。已经证实,在热带土壤中,恢复已耗竭土壤的养分比修复自然"衰竭"的土壤更容易(Ahn,1970;Greenland & Lal,1977;Lal & Green-land,1979)。土壤水分的保存、补充以及侵蚀控制在热带更为干燥的极端地区很重要,而在赤道地区,除了侵蚀控制外,最大限度地利用可用的阳光、处理土壤中多余的水分是土地管理中最重要的问题。尽管耕作周期不尽相同,所有这些问题在过渡地带的湿润热带草原区都具有重要意义。正是在这里,多样的耕作技术得以发展,包括局部翻耕、堆砌、筑埂和梯田、作物和土地栽培、地面覆盖、使用土壤改良剂和间作等。

由于篇幅所限,我们无法讨论 19 世纪在非洲发展或使用的各种农业系统。我们只需考虑七种耕作和土壤管理的方法和技术就够了:轮垦、间作、农林间作、梯田、湿地和灌溉农业以及混合耕作。轮垦在许多学者眼中声名狼藉。它被描绘成一种落后的耕作方法(Boserup,1965;McLoughlin,1970;Anthony,et. al.,1979;Erskine,1987)。其他人则指出,轮垦不属于[87]农业进化阶梯上的早期阶段,而是一种适合热带地区的综合耕作系统(Ahn,1970;Hopkins,1974;Ruthenberg,1980)。例如,只有当人们认识到磷是"非洲森林和热带草原地区经常缺乏的唯一主要植物营养元素时",才能理解焚烧灌木在轮垦中的重要性(Ahn,1970:167)。焚烧会把磷从植被中释放到土壤中。

　　以上两种研究观点,尽管对轮垦特点的认定不同,但有一个共同点:它们把轮垦看作是一个单一的系统。实际上,轮垦这个词指的是各种各样的土地管理程序。例如,米勒克尔(Miracle,1967)仅在刚果盆地就确定了不下12种轮垦类型。这让一些学者抛弃了该术语而改说"土地休耕制度"。理查德(Richard,1985:54)认为,轮垦根本不是传统的遗产,事实上,轮垦可能是在19世纪后期扩大了,因为受奴隶贸易蹂躏的社区试图开垦以前长期定居的区域,或者试图"迅速应对殖民条件下出现的新的粮食生产需求。因此,根据这一推测,殖民初期的轮垦程度与其说是非洲农业本质上很'落后'的标志,还不如说是非洲农业的创新以及对不断变化的经济环境作出反应的有力证据"。

　　也许使用最广泛的耕作和水土保持方法是间作。间作是指在同一农场种植不同的作物,或种植同一作物的不同品种。与间作相关的是连作(sequential cropping)和"套作"(relay cropping),前者在一个农业年份的作物种植顺序没有重叠,而后者有重叠(Steiner,1982)。克陆旭(Crush,1987:16)告诉我们,在斯威士兰人中"粮食作物与南瓜、葫芦、甜瓜、豇豆、黄豆和甘薯的间作很常见"。曼达拉(Mandala,1990:58)指出,在马拉维南部的芒安贾人(the Mang'anja)中玉米"与黄豆、南瓜、烟草、甘蔗以及多种蔬菜和其他豆科作物间作"。米勒克尔(Miracle,1967)的研究提供了刚果盆地各民族复杂的作物组合系统和顺序的详尽细节。自以为是但又无知愚昧的殖民官员曾把间作视为非洲农业落后的标志。现在,农学家已经发现了间作的好处(Igbozurike,1977;Belshaw,1979;Okigbo & Greenland,1977;Steiner,1982)。

　　间作的好处有很多。首先,在一块土地上混合种植作物,为土壤提供了植物覆盖,可以保护土壤不受过量降雨和风的侵蚀。[88]第二,由于不同植物的需求不同,互补性强,扎根的深度也不同,因此可以充分利用现有的土壤水分和植物养分。第三,病虫害传播的减少,因为间作作物属于同一物种的可能性较小。第四,杂草的生长减少,这有助于减少作物生长后期除草所需的劳动量。第五,最大限度地利用现有阳光,因为不同的植物有不同的生长特性和叶型。第六,产量往往比单一作物系统下的产量要高,而且作物组合会对土壤温度和小气候产生有利的影响。最后,由于不同的作物品种和物种以不同的速度生长和成熟,它们对水分的要求也不同,因此,因为干旱等原因造成作物歉收的风险也会降低。理查兹(Richards,1983:27)充满热情地说,"'间作'是非洲科学的伟大荣耀之一。它对于非洲农业来说,就像多节奏的鼓声对于非洲音乐以及雕刻对于非洲艺术一样重要"。

农林间作,或是在耕地里种树,是非洲一些地区(如津巴布韦)农业的一个显著特点。树木不仅有助于保持土壤肥力,在劳作期间和下大雨时提供荫凉和庇护,而且还能提供水果、木料、柴火和纤维。在沙土中生长的树木,其种类、多样性和密度与红壤黏土中的不同。沙地草原的树木多样性和密度都大于黏土草原。此外,沙地树木产生大量缓慢分解的树叶垃圾,"通过释放谷类植物根部以下收集的养分"帮助改善土壤;而在黏土草原,水比养分更能限制植物生长,农民使用树木"改善降雨对土壤的渗透,减少蒸发带来的损失"(Wilson,1989:376—377)。树木是如此深度融入农业系统,以至于有禁止在田间砍伐树木的禁忌。因此,盛行的环境意识形态或威尔逊(Wilson)所说的"宗教",使田间树木具有提供佑护的神圣性。

许多地方都有关于梯田的记述,梯田用来养护斜坡上松散的土壤,使其免受严重侵蚀。梯田通常是用翻地或耕作时从田地里清理出来的石头建造的。一些人选择居住在丘陵地带,这不仅是出于安全的考虑,还因为尽管有侵蚀的危险,但丘陵上"往往有更多的植被和更丰富的自然资源,因此可以吸引越过周围平原上空的雨水降落"(Sutton,1984:32)。例如,这就是吸引肯尼亚的坎巴人(the Kamba)和泰塔人(the Taita)分别在姆博尼山(the Mbooni hills)和泰塔山周围定居的原因。[89]他们在那里修建梯田,有时还修建灌溉沟渠,这使他们能够从事集约化农业(Sheriff,1985)。

在津巴布韦东部的伊尼杨加(Inyanga),沿着数英里长的灌溉渠道,梯田广布。有人认为,伊尼杨加梯田在18世纪或19世纪初被遗弃,原因不是很清楚(Sutton,1984)。在坦桑尼亚的瓦萨姆巴人(the Wasambaa)中,据说石头被堆砌成墙和垄,这些墙和垄又用种植的树篱予以加固

(Kjekshus,1977:33)。坦桑尼亚的瓦赫赫人(the Wahehe)和帕雷人(the Pare)也建造了令人印象深刻的梯田,以防止水土流失。在布隆迪和卢旺达这样的丘陵国家,梯田是土壤保护的一个特别重要的方面(Miracle,1967:174)。

非洲大陆各地的河流沿岸都有各种形式的湿地、洪泛区和山谷耕作系统。有人认为,沼泽和涝原草地(dambos)上的湿地垄耕是 19 世纪津巴布韦南部占主导地位的农业系统。涝原草地肥沃多产。涝原草地种植的产量"即便在降雨变化时也极为稳定"(Wilson,1989:371)。马拉维南部的芒安贾人除了使用旱地外,也在涝原草地种植。涝原草地上的田地被称为丁吧(dimba),而旱地上的田地被称为门达(munda,复数 minda)。丁吧位于齐里河(Tchiri)和其他河流周围的平原上。与现在该地区以门达种植为主的情况相反,"在 19 世纪和 20 世纪初……丁吧农业对粮食经济的贡献与另一种门达农业系统一样大,甚至更多"(Mandala,1990:56)。这种集约型的制度很高产,是应对干旱的有效保障。

在西非,湿地农业也很普遍。19 世纪末,塞拉利昂的替默人(the Temme)在斯卡西斯河(Scarcies)下游开辟了大面积的河口稻田,以满足弗里敦稻米市场日益增长的需求(Richards,1985:26)。事实上,在整个西非水稻区,需水量不一的沼泽水稻种植相当普遍。旱季退涝种植也在推行。理查兹(Richards,1985:73)认为,如果把灌溉理解为"除自然降水外,向作物供水的任何过程",那么各种形式的湿地栽培就是灌溉农业的构成部分(Stern,1980:3)。

小规模灌溉技术在南部和中部非洲的一些地区得到发展(Vansina,1973;Palmer & Parsons,1977;Birmingham & Martin,1983)。在西非,部分热带草原有灌溉,如尼日利亚北部的卡塔贡(Katagun)附近有灌溉麦田(Wickins,1981:41),[90]西南地区一带有沼泽水稻种植,在尼日尔河和塞内加尔河的洪泛区有小米、玉米和水稻种植(Hopkins,1973:34)。但西非有一些山谷环境,由于盘尾丝虫病(river blindness)盛行并不适合灌溉农业(Richards,1983:28—29)

在非洲大陆的一些地方也存在着大规模的劳动密集型灌溉系统,其中最古老和最大面积的灌溉农业系统是在埃及发现的,这个沙漠国家从法老时代起就靠尼罗河水生存。自古以来,埃及就采用"盆地"或"洪水"

灌溉。洪水所需的土地整理相对较少,但在洪水前的干旱月份,需要大量的劳动力通过波斯轮(saqiya)和桔槔(shaduf)将水提升到农作物种植的田地。周期性的洪水不仅使盆地可以休耕相当长的时间,使土壤得以再生,而且每年对这些土地和较高的田地的"冲刷"也防止了土壤中盐分的积累(Richards,1981:47—48)。

埃及的灌溉系统在 19 世纪发生了根本性的变化。1805 年,穆罕默德·阿里掌权后,其政权开始修复并扩大原有灌溉系统;从 1820 年代开始,埃及通过修建堤堰、水坝和运河,提高在洪水到来之前的干旱夏季河流和运河的水位,实现常年灌溉。到 1833 年,埃及已经新开凿了约 400 公里的运河。阿里的继任者伊斯梅尔(Ishmail,1863—1879 年)又增加了 13,500 公里,耗资约 1,260 万英镑。1882 年英国人攻占该国时,扩建计划仍在继续(Issawi,1982:129—130)。常年灌溉的推行使耕地面积和农作物种植面积的急剧增长成为可能。耕地面积从 1821 年的 3,053,000 费丹增加到 1897 年的 4,943,000 费丹,而农作物种植面积在同一时期从 3,053,000 费丹增加到 6,725,000 费丹(Waterbury,1979:36——见第 4 页关于度量衡的说明)。

但人口增长速度更快,因此到 1897 年,人均耕地面积从 1821 年的 0.62 费丹下降到了 0.52 费丹(Parvin & Putterman,1980:84)。而且常年灌溉的代价不菲。在夏季作物还在地里的时候,使用堤堰来防止土地被淹,这意味着用于夏季耕种的土地无法再得到尼罗河洪水定期冲刷的好处,因此盐碱化加剧,土地的生产力降低。此外,为保护夏季作物在洪水期关闭运河,导致许多富含尼罗河泥浆的河水流失到海里。建造水利工程、操作数量大增的波斯轮(到 1844 年有 52,836 个)和桔槔、[91]维护堤堰、清理运河和水渠所需的劳动力比以前多得多。最重要的是,常年灌溉取代了盆地灌溉,导致血吸虫病蔓延(Rivlin,1961:213—249)。

埃及的灌溉系统是迄今为止非洲大陆最大的灌溉系统,但它绝不是唯一的灌溉系统。在突尼斯的亚沙漠地区,开发了一种本地系统,在那里建造了暗渠(foggara),即地下管道,"将水从山脚下输送到可灌溉的土地上。在那里,和其他绿洲一样,在缺水时期,如何确保水的公平和定期分配比挖井取水更为重要"(Valensi,1985:124)。水的分配和控制是经过精心设计的。在一些地区,水是私人财产,每个农民都有固定的用水份额。在阿尔及利亚,法国殖民政府在本世纪下半叶耗资 630 万法郎修建了七座小水坝。

在非洲东北部,苏丹北部的灌溉范围大大扩展。波斯轮灌溉的土地极为宝贵,因此,由于人口增长和商品生产的增加,在本世纪的进程中,争夺这些土地的斗争更加激烈(Spaulding,1982 年)。在埃塞俄比亚的许多地区,包括提格雷(Tigre)和塞门(Semen)、叶茹(Yeju)、奥塞(Awsa)、阿拉马亚地区(Alamaya)和孔索(Konso),都大面积地实行了灌溉。在提格雷,通常的做法……[是]从较高处的溪流挖出小渠道,将水引到小沟渠纵横交错的平原"(Pankhurst,1968:187)。

在肯尼亚,科里奥裂谷(Kerio rift)的马拉卡韦特河(Marakwet)下游开发了复杂的灌溉系统,"特别是在恩度(Endo)这一带,长长的引水沟渠从河流的上游高处沿着悬崖峭壁蜿蜒而下,最终为谷底的田地供水,十分壮观"(Sutton,1984:37)。在坦桑尼亚,瓦萨姆巴人(the Wasambaa)、乌萨加拉斯人(the Usagaras)以及最重要的查加人(the Chagga)都实行灌溉,"精细的灌溉系统……从山间溪流中开凿出来,开凿点通常高出定居区数英里,水经由沿着山坡巧妙建造的水槽和隧道输送,通过无数的分渠和小支流到达各个定居点"(Kjekshus,1977:35)。这套灌溉系统衍生出许多复杂的权利和特权,这使得正常的两季之外的第三季作物种植成为可能。灌溉为生活在相对干旱地区的松乔人(the Sonjo)提供了进行农业生产的基础(Gray,1963)。

19 世纪马达加斯加修建了大规模的灌溉工程。有人认为,从刀耕火种的轮垦农业(swidden agriculture)向灌溉水稻种植的转变始于 17 世纪末的伊梅里纳(Imerina)。几个世纪以来,马达加斯加东海岸一直在种植水稻,水稻从那里通过南部高原传到伊梅里纳。[92]伊梅里纳显然是在因刀耕火种的轮垦农业导致森林消失的情况下开始灌溉水稻种植的。到19 世纪,已经开发了两种灌溉系统。第一种是依靠山间径流,将水分流到山坡下的众多梯田中。修建堤坝是为了控制进入每片梯田和稻田的水量。第二种灌溉系统的水来自低地河流水坝拦截的水流。河水被拦集在水库中,并通过运河输送到周边田地。这两种系统都得到了发展,到了19 世纪末,灌溉农业已成为伊梅里纳农业经济的基础(Berg,1981)。

灌溉系统并不总是能经受住人口流动、土壤衰竭或气候变化等变化无常的影响。废弃的伊尼杨加(Inyanga)梯田和灌溉渠道证明了这一点;坦桑尼亚北部裂谷里的恩加鲁卡(Engaruka)灌溉系统也是如此,这可能是该地区当时最复杂的灌溉系统。恩加鲁卡(Engaruka)"位于干旱地区,是一个与世隔绝、自给自足的居住地,完全依赖其设计精妙的灌溉设施生存。最终,由于土壤枯竭,水源减少,这个社区走向没落"(Sutton,1984:41)。这显然发生在 17 或 18 世纪。

农业工具

世世代代的耕作经验催生了最适合非洲大陆不同地区土壤的农具。因此,农具的采用是为了适应环境条件,同时也反映了所种植的农作物的情况。农具反过来又影响了耕作制度。威尔逊(Wilson,1989:371—372)提出了一个让人好奇的建议,即在津巴布韦,"更多地采用轮垦在 20 世纪早期已成为一种普遍的趋势,[部分原因是]斧头的使用更为普遍,并且引进了犁"。这强调了农业进化模式的愚昧之处,即假定它是从轮垦和粗放型农业到不间断和集约型农业的单线发展。

广义上讲,当时的耕作工具主要有两种,即犁和锄头。非洲北部和东北部的部分地区自古以来就使用犁。即使在同一国家内,各地区的犁也因土壤条件的不同而各异。例如,在突尼斯,有三种类型的犁——齿犁(the tooth plough)、摆杆步犁(the swing plough)和框柄犁(the frame-handle plough),每种犁都有各自的变化样式。与南方相比,北方的犁往往更大更重,因为北方的土壤相对更重。自以为是的欧洲观察家认为突尼斯的犁"不如北欧可以犁得更深的大型农具。自然保护与增产一样受到关注,毫无疑问,[93](突尼斯的)犁对土壤的危害较小,它能减缓水土流失,防止土壤水分过度蒸发。它只需要体型小巧的牲畜牵引,又易于制作,而且更换成本低廉,显然是最适合殖民前突尼斯家庭经济的工具"(Valensi,1985:138—139)。

埃及农民也广泛使用最适合各自土壤的铁头木犁,雄心勃勃的现代化推广者穆罕默德·阿里(Muhammad Ali)认识到了这一事实。阿里和他的同僚们"抵制了引进欧洲农具的诱惑",因为他们意识到,"尽管埃及犁有种种缺点,但它比欧洲犁更适合耕种土地,因为欧洲犁的犁沟太宽、太深。政府用欧洲工具进行的各种实验都证明了它们的不适用性,因此也没有尝试为农民提供这些工具。直到1916年,人们才证实,经过试用的犁,无论是机械上、农业上还是经济上的任何一方面,没有一个优于当地的犁"(Rivlin,1961:168—169)。

但在19世纪,欧洲的犁在一些地方得到了传播。一个是阿尔及利亚,那有大量的欧洲移民人口;另一个是南非,那也是一个有大量欧洲移民人口的国家。根据本迪(Bundy,1979)的说法,南非的非洲农民很快就使用了犁和其他欧洲工具,这不仅提高了他们的生产力,也改变了农业中的性别分工。饲养牲畜传统上是男性的专利,而耕作则属于女性的领域。牛拉犁的使用确保了男性更积极地参与耕作。犁的使用还产生了其他社会影响。例如,"一夫多妻制的经济基础———一个大家庭的户主需要有一个以上(生产粮食的)妻子——被大大削弱了"(Bundy,1979:95)。事实上,根据一位当代观察家的说法,到了1890年代,很少有女孩会"同意嫁给一个没有犁的男人,因为她知道,如果她的丈夫没有犁,她的生活一定是非常艰苦的"(Bundy,1979:95)。

然而,有人认为,犁在农民中的普及程度并不像本迪所论证的那样,所以本迪认为的由于犁的使用引发的那些变化很可能是由其他因素造成的(Lewis,1984)。本迪的论证本是为了颂扬农民的创新能力,无意中却带有欧洲中心论色彩。在古迪(Goody,1971)的模型中,欧洲的犁被当作农业技术发展的基础。这些犁对环境的不利影响却没有得到承认。肖沃斯(Showers,1989年)最近对莱索托土壤侵蚀的研究表明,该国从19世纪中期开始采用欧洲犁[94],结果使土壤侵蚀大大加速。

肖沃斯(Showers,1989,276)认为,"犁的使用"

> 不仅使放牧地的绝对数量减少,而且影响了可供放牧土地的质量……在最肥沃的土地上,农业取代了放牧,牲畜越来越多地被排挤到更边缘的土地上。

牲畜群的增加只会使情况变得更糟。传教士的活动加剧了水土流失的问题,因为他们不分青红皂白地砍伐树木做木器,砍伐灌木当柴火,开垦草地种庄稼,还采用规划不合理的道路。其结果是:"冲沟侵蚀在1830

年代基本上不为人所知……到了 1880 年代初,道路沿线和一些传教站出现冲沟侵蚀……到了 1890 年代中期,冲沟侵蚀在政府保留地已经很明显"(Showers,1989:268)。

当然,从莱索托的情况推断出欧洲农业技术加速了非洲的侵蚀显得过于简单。上文提到,在殖民前的马达加斯加,轮垦农业导致了环境退化,为此灌溉农业发展了。在埃塞俄比亚,砍伐森林造成的土壤侵蚀问题在 19 世纪期间更趋严重。人们不仅毫无章法地砍掉大量的树木,而且也没有重新补种,"野外的树木生长缓慢,被砍掉后再生长起来要很多年"(Pankhurst,1968:244)。在梅内利克(Menelik)国王的统治下,人们努力解决这一问题。国王:

> 下令禁止擅自砍伐或焚烧树木……更重要的是,他支持引进新型树种的项目。首先引进的是桉树……这种树生长快,几乎无需护养,被砍掉后,它又会从根部长出来;它可以每十年砍伐一次。这种树从一开始就证明是成功的(Pankhurst,1968:246)。

埃塞俄比亚是非洲犁和锄头耕作系统的纽带,因为这两种工具都在使用。犁主要在北部省份使用。在那里,犁与锄头相辅相成。在南部地区,农民"使用一种三叉戟状的工具,长约 8 英尺,由硬木制成,三根叉子有时包上铁制外壳"(Pankhurst,1968:187)。在广袤的非洲热带草原和热带稀树草原上,农民使用长短不一、形状各异的锄头。在描写刚果盆地的情况时,米勒克尔(Miracle,1967:286)就指出,锄头在不同的社区各有差异:

> [95]尺寸上,有很小的短柄锄头,有很大的长柄锄头;锄刃形状五花八门,从长方形到心形都有;锄柄与锄刃组装的角度也多样,从90 度到小于 45 度不等。

锄头耕作在这些地区占主导地位有其原因,因为锄头比犁更适合于耕作浅层的、脆弱的土壤,以避免土壤过度裸露而造成侵蚀(Hopkins,1973:36—37;Wickins,1942)。

锄头有全木或全铁的,或是木铁组合而成,如锄刃部分是铁、手柄部分是木头的锄头。许多社区自己制造锄头,或者从其他社区购买,尤其是全铁锄头需要购买。例如,肯尼亚的卢奥族(the Luo)和基库尤人(the Kikuyu)主要使用木制工具,因为他们生活的地区缺乏铁,这种状况一直到19世纪的某个时候,铁制品的贸易增加才结束(Sheriff,1985:20)。正如人们所预料的那样,铁锄头比木锄头更贵,因此铁锄头往往集中在相对富裕的农民手中,芒安贾人就是如此(Mandala,1990:47)。除了犁和锄头之外,其他农具还包括斧头、砍刀、挖掘杆和收割用的镰刀等,这些是最重要的农具。

作物种类

到了19世纪初,非洲种植的农作物种类繁多,既有本地作物,又有外来农作物。现在人们普遍认为,非洲不同地区引进的作物从谷物、油料种子、根茎类作物到蔬菜类、须根类、水果、饮料类和刺激性类果实不等,非洲大陆在农业史上发挥了重要作用(Clark,1976;Shaw,1976;Smith,1976)。关于单一农业起源中心的观点早已被抛弃,即所谓的"近东地区"或亚洲西南部,在那里发生了一场"农业革命",农业从那里传播到世界其他地区(Harlan,et. al. ,1976)。最近的证据表明,埃及很早以前就有野生大麦和单粒小麦(einkorn)并加以利用,这使人们甚至对"栽培的小麦、大麦和亚麻都是从近东传入非洲的"这一说法产生怀疑(Phillipson,1985:113—114)。现在看来,与"非洲大部分作物来自外部"的早期说法相反(Athony,et. al.. ,1979:135—136),除了少数例外,"在非洲种植的大部分作物都是土生土长的物种"(Phillipson,1985:113—114)。

北部非洲

[96]农作物的地理分布受环境和社会经济因素的制约。在北非,自古以来大部分耕地都用于种植谷物。在罗马时代,埃及和后来的马格里布曾被称为"罗马的粮仓"(Kehoe,1988)。在19世纪,谷物仍然占主导地位,以小麦为首,其次是小米、高粱和大麦,这些作物在降雨量较少的边

缘地区种植。埃及北部三角洲的湿地种植水稻。这些谷物的产量大部分在当地消费,但也有相当数量的谷物被运往城镇用以缴纳税款或支付租金,收成好的年景有时还会出口。还有一些主要为市场而种植的作物,主要是纤维类作物和木本作物,如埃及的亚麻和突尼斯的橄榄(Issawi,1982)。

在19世纪,农业生产普遍扩大,涉及原有作物和新作物。在埃及,传统的谷物、小麦、小米、高粱和大麦之外,又有玉米补充进来。玉米在17或18世纪就已为人所知,但在19世纪常年灌溉出现之前,其种植受到限制(Hamdan,1961;Waterbury,1979)。之后,玉米成为农民的重要主食,取代了小米和高粱。甚至有人认为,"在本世纪埃及人口的急剧增长中,玉米的传播发挥了作用。对玉米的日益依赖也为玉蜀黍疹(pellagra)的传播埋下伏笔,该病1893年首次得到治疗"(Richards,1981:51)。到1844年,玉米产量仅次于大麦。当年大麦产量为310万阿达布(ard-abbs)[①],而玉米产量为260万阿达布,小麦产量为250万阿达布,水稻产量为50万[②]阿达布(Rivlin,1961:261)。水稻也有少量种植。

除了谷物,还有大量的蔬菜,包括豆类、豌豆、红花、芝麻、地瓜、扁豆和羽扇豆产品。1844年,豆类产量为220万阿达布[③],扁豆产量为163,000阿达布。这些作物越来越多地种植在以前种植谷物的土地上。在上埃及,小麦产区也改种甘蔗(Lawson,1981:143)。埃及生产糖已经有几个世纪了。在19世纪,由于引进了常年灌溉和国内外市场的增长,糖的产量有所扩大。19世纪下半叶,国内人均食糖消费量大幅上升。到1887年,糖的产量达到41,000吨(Hansen,1979:38—41)。烟草的生产也增加了,不过关于烟草的种植范围,无论是种植面积还是产量的信息都很少。农民种植烟草主要是为了自用,但也有部分出口。烟草种植在1890年被禁止,部分原因[97]是出于财政考虑,部分原因是为了杜绝在烟田里种植大麻类植物哈希什(hashish)。在财政上,政府从进口卷烟的税收中获得的收入比促进当地烟草生产的收入还要多(Issawi,1982:120)。

---

①　1阿达布等于180升。——译者注

②　原文为0.5,疑应为0.5 million。——译者注

③　原文为2.2,疑应为2.2 million。——译者注

19 世纪埃及农业的真正王者是棉花。棉花在埃及已经种植了几个世纪。19 世纪的"棉花革命"主要基于三个因素。首先是 1820 年代长绒棉的发现和广泛采用。第二,穆罕默德·阿里政权决心鼓励出口导向的现代化。第三,常年灌溉的引入使大规模棉花生产成为可能。棉花不仅提供了国内纺织厂所需的原料,而且成为主要的出口产品和政府收入的主要来源。

棉花出口量从 1822—1824 年的年均 65,160 坎塔尔(cantar)上升到 1850—1854 年的 473,737 坎塔尔。美国内战推动了埃及棉花经济的发展。1860—1864 年期间,棉花年均出口达到 943,829 坎塔尔,1865—1869 年达到 1,706,480 坎塔尔。在 1865—1869 年期间,棉花年均出口值为 9,073,655,而谷物出口值为 1,037,046,糖为 82,130(Owen,1969:166,171)。到 1895—1899 年,埃及平均每年出口棉花 5,765,000 坎塔尔(Owen,1969:161,198)。棉花是埃及的"白色黄金"。棉花种植面积在 1874 年增加到 871,847 费丹,在 1899—1900 年达到 1,230,319 费丹,其中 93% 在下埃及,其余在上埃及。总的来说,在 1899—1900 年和 1903—1904 年之间,棉花种植面积约占主要作物用地的 23%,只有玉米以 30% 的比例超过了棉花,其次是小麦 22%,豆类 11%,大麦 9%,稻米 3%,糖 1%,水果和蔬菜 0.3%(Owen,1969:130,186,247)。

出口生产在其他北非国家也呈现出增长势头。马格里布的农民除了种植各种水果和蔬菜外,传统上集中种植小麦、大麦和椰枣。在利比亚,这些作物种植在沿海平原和贾巴尔(Jabal)雨量丰沛的地区以及内陆的灌溉绿洲,主要是在费赞(Fezzan)和加德梅斯(Ghadmes)。这些绿洲的椰枣特别有名,品种繁多。从 19 世纪初开始,三种农产品成为重要的出口产品。一个是橄榄油,为法国南部不断发展的工业所需。沿海的大农场主将他们的一些土地改造成橄榄种植园。另外两种产品是用于制造纯碱的冈羊栖菜和用于染布的茜草。这两种植物以前在利比亚没有大量生产。它们的产量不断增长,以满足法国纺织业的需求。冈羊栖菜的出口一直持续到 1820 年代,到一种用盐制碱的新工业[98]工艺开始广泛用于商业用途为止。橄榄油的生产和出口持续上升。事实上,橄榄油在 19 世纪成为利比亚的主要出口产品之一(Dyer,1984)。1835 年重新占领利比亚的奥斯曼政府鼓励利比亚的出口作物生产。新政府还颁布法律,鼓励私人拥有土地所有权并登记(Anderson,1984:332)。

19世纪,橄榄油成为突尼斯的主要出口产品。到1881年,在法国占领的前夕,突尼斯全国约有800万棵橄榄树,分布在全国各地,从北部雨水充足、精心照料的果园,到南部萨赫勒地区的灌溉田,都是橄榄种植的最佳地区。橄榄树和椰枣树一样,不仅提供食物,还提供一些副产品,在国内经济中也有很多用途。到19世纪中期,突尼斯的绿洲里有超过100万棵椰枣树。各种果树都很茂盛,其中许多果树都是多品种种植。例如,有四种李子和苹果,两种杏和梨,更不用说葡萄、酸橙、柠檬以及橘子。几乎每个村庄都生产各种各样的蔬菜,从胡萝卜和萝卜,到卷心菜、韭菜、辣椒和秋葵。与利比亚一样,随着本世纪的发展,用于提取染料的植物以及棉花变得越来越重要。殖民化后,突尼斯的小麦和葡萄酒对法国的出口迅速增长(Valensi,1985:110—127)。

阿尔及利亚于1830年成为法国的殖民地,是非洲最早感受到欧洲殖民征服全面冲击的国家之一。法国人热衷于促进出口生产。他们试图将阿尔及利亚变成一个巨大的热带农场,生产甘蔗、咖啡和茶叶,但没有成功,而他们在丝绸、棉花、亚麻和烟草方面取得了一些成功。最后,他们决定种植小麦和葡萄树,这些作物在阿尔及利亚种植了几个世纪,也是法国农业经济本身的支柱。法国移民实际垄断了这些作物的出口。1851年,法国免除了阿尔及利亚的小麦出口关税,1867年,葡萄酒出口被免除关税。葡萄酒的酿造和出口很快成为阿尔及利亚农业的主导。

小麦种植面积到1872年已达到158,607公顷,产量136万公担;1880年代扩大到232,129公顷,产量接近200万公担(Bennoune,1988:63)。葡萄园的种植面积从1878年的1.8万公顷扩大到1888年的10.3万公顷,葡萄酒产量则从3380万升增加到25,000万升(Issawi,1982:126)。到1888年,葡萄园几乎完全由欧洲移民所拥有。1900年,葡萄酒占阿尔及利亚出口额的三分之一[99]。在其他北非国家,葡萄栽培直到20世纪才变得重要起来。

西部非洲

西非的作物种植甚至比北非更加多样化。西非一般分为两大生态区,即热带草原和森林带。这两个区域之间的分界线并不明显;从热带草原到森林的生态过渡是漫长而渐进的,因此,在这两个区域相互影响的几个地方,作物种植有相当大的重叠。一般来说,自古以来,热带草原地带出产谷物,森林地带出产根茎类作物和木本植物。最重要的谷物是小米、高粱、西非稻和玉米。前三种是本地培育的,每一种都有几个品种,小米可能有 10 个,高粱有 6 个,水稻有 3 个。每个品种都需要特定的生长条件。水稻主要种植在尼日尔河、贝努埃河、塞内加尔河和冈比亚河沿岸。玉米最早由葡萄牙人在 16 世纪引入西非,它传播得很慢。大麦、做面包的硬质小麦也有种植(Miracle,1966;Irvine,1969:125—150;Curtin,1975:13—18;Purseglove,1976:302—307;Harris,1976:329—333)。

除谷物外,热带草原带还适合种植豆类,特别是落花生(groundnut)。豪萨(Hausa)落花生和班巴拉(Bambara)落花生这两种落花生是本地品种,但常见的落花生品种地豆(Arachis hypogea)被美国人称为花生,法国人称为落花生(arachides),豪萨人称为贾亚达(gyada)。它很可能是由葡萄牙人从美洲引入西非的,"不过缺乏关于引入的具体信息"(Hogendorn,1978:36)。从 1830 年代开始,出口到欧洲市场的花生产量增加。冈比亚 1835 年出口 47 吨,1851 年增加到 11,095 吨(Brooks,1975:34)。在塞内加尔,1886—1890 年期间,花生年均出口量为 29,000 吨(Hopkins,1973:128)。在葡属几内亚,花生出口在 1878 年达到高峰,当时出口了 1,120,828 蒲式耳,然后开始下降,1897 年下降到 16,455 蒲式耳。这种下降被认为是由于 1873—1896 年欧洲经济衰退造成的市场萎缩和价格下降,以及 1865 年美国内战和 1869 年苏伊士运河开通后,美国和印度的廉价油籽开始进入市场所带来的竞争所致。这加剧了花生种植区的冲突,进一步破坏了生产(Bowman,1987:100—106)。其他豆类包括豇豆、木豆和各种黄豆(lrvine,1969:1993—210;Harris,1976:329—333)。

稀树草原地区种植了一些非粮食作物和植物,包括棉花、靛蓝和烟草。[100]棉花至少有 6 种不同品种,适合于各种环境条件(Curtin,1975:211)。有证据表明,19 世纪,随着当地纺织业在卡诺等地的扩张,棉花产量大大增加。在索科托哈里发国时期,棉花成为主要的经济作物,在一些地区建立了棉花种植园。卡诺用从哈里发国其他地区输入的棉花来补充其周边棉花产区产能的不足,1904 年进口量约为 500 吨。本世纪末哈里发国估计有 15,000—20,000 个染坑,从这一事实可以看出靛蓝生产的规模之大

(Lovejoy,I978a:356;Mahadi & Inikori,1987:64—70)。许多塞内冈比亚农民成功地将烟草纳入其农业系统(Curtin,1975:15)。最后,他们在热带草原上种植了许多木本作物,包括乳木果油树(乳木果油的原料)、槐豆、酸角、酸橙和柠檬。其他作物包括西瓜、西非驯化的黑芝麻、芝麻、洋葱、葱、辣椒和甜椒(Irvine,1969:71—85;Harris,1976:329—333)。

林区最重要的根茎作物是薯蓣(yams),其中约有六种本地驯化的作物(Coursey,1976)。此外,还种植了原产于东南亚的芋艿或芋头,还有木薯和甘薯,它们都是葡萄牙人引进的(Irvine,1969:153—186;Harris,1976:329—333)。1800年以前,木薯在西非的传播速度比玉米或甘薯的传播速度慢,相比之下,木薯在中非的传播速度更慢。它的重要性在19世纪增加了,也许是因为该地区干旱频仍,而木薯则耐干旱、省劳力(Johnston,1963:106—112;Jones,1959:72—80)。森林带还以出产水果闻名,主要是香蕉和芭蕉,其种植集中在科特迪瓦和喀麦隆之间潮湿的沿海地区。此外,芒果、木瓜、菠萝和柑橘类水果(Irvine,1969:79—102)也有种植。

木本作物包括本土栽培的品种,如油棕榈、可拉果、大粒咖啡和阿开果(akee),以及移民栽培的品种,如可可、椰子、甘蔗和芭蕉。油棕榈有许多品种,提炼出来的油用于烹饪、制造肥皂和其他许多用途。油棕的果核可以用来酿造棕榈酒,而叶子则是搭建屋顶和制作垫子所需纤维的来源(Hart,1982:57)。棕榈产品在西非地区的贸易非常广泛。19世纪,西非的棕榈油出口到欧洲的规模大幅扩大,这将在第十三章中予以阐述。在一些地区,如加纳的克罗博(Krobo)和克瓦品(Kwapim),种植棕榈树,而在其他地区,如芳蒂(Fante),则从事棕榈生产的榨油活动(Sanders,1982:62)。

[101]牛油果树的果仁被用来制作油和黄油。可拉果是森林和热带草原地区之间贸易的主要产品。19世纪伊斯兰教在苏丹西部的传播促进了对可拉果的需求,因为它们是唯一不受伊斯兰教谴责的现成兴奋剂。可拉果至少有40个品种。主要品种是苏丹可拉果(cola acuminata)和光亮可拉果(cola nitida),后者的交易最广泛(Agiri,1977;Lovejoy,1980:1—5)。

除了大粒咖啡之外,西非还种植了另外两种非洲咖啡,即罗布斯塔(robusta)和阿拉比卡(arabica)咖啡。19世纪咖啡产量增加,并在世纪中叶成为加纳的主要出口产品。加纳也成为可可的主要生产国。可可是美洲作物,是 1879 年加纳人特特赫·夸希(Tetteh Quarshie)从费尔南多波岛(Fernando Po)回国时首先引入该地区的,而该岛的可可是一个西印度群岛和塞拉利昂混血人——威廉·普拉特(William Pratt)带去的(Hill,1963:112;Crowder,1981:8)。第二年,拉各斯商人戴维斯(J P L Davies)将可可引入尼日利亚南部,他也从费尔南多波岛获得了可可种子。许多拉各斯商人转而从事可可生产,因为英国殖民主义限制了他们的商业积累机会,而且现有的主要作物在世界市场上的价格急剧下降(Berry,1975;Hopkins,1978b)。

可可需要许多年才能结果,因此在 19 世纪最后几十年里,可可产量不高。加纳这个 20 世纪上半叶的世界主要可可生产国,1891 年可可出口量仅为微不足道的 80 磅(Crowder,1981:282)。可可生产和出口的惊人增长是在下个世纪。1908 年加纳出口了 12,800 吨,1919 年增加到173,000 吨(Hill,1956:103—104)。在 20 世纪,可可在加纳南部和尼日利亚南部的地位相当于 19 世纪的棕榈油。椰子和甘蔗没有成为主要的出口作物。它们主要是为当地消费而种植的(Irvine,1969:39,62)。

林区的农民还生产其他作物,如秋葵、茄子、葫芦、洛神葵和各种蔬菜(Irvine,1969:105—120;Harris,1976:329—333)。19 世纪最后 25 年,西非成为欧洲橡胶的主要供应地。从 1840 年代起,新工业用途对生橡胶的需求开始稳步增长。橡胶生产最初由巴西主导,但在 1880 年代,随着橡胶硫化技术的发明,再加上英国经纪人在寻找新的来源以打破巴西的垄断,橡胶需求不断增加,于是西非也开始生产橡胶。西非的商人和生产商很快就勇敢地接受了挑战,随后出现了一个壮观但短暂的繁荣期。加纳是西非的主要橡胶生产国。事实上,从 1890 年到 1905 年,加纳是世界上最主要的野生橡胶生产国[102]。出口量从 1880 年仅为 1200 磅,上升到 1885 年的 150 万磅,1897 年接近 500 万磅。20 世纪初,由于过度开发,加上其他地区的竞争,特别是东南亚新兴橡胶种植园的竞争,以及劳动力短缺,该行业有所衰退(Dumett,1971)。

中部非洲

中部非洲的作物种植制度主要由西非模式的各种变化组成。这个广阔的地区驯化了多种重要作物，从豇豆、木豆、葫芦、西瓜、甜瓜、罗布斯塔咖啡、速生棉花和洋麻，到秋葵以及猴面包、沙漠枣和枣子等水果，还有靛蓝、扇形棕榈和酒椰等作物。该地区是非洲大陆接收菠萝、番石榴、木瓜、鳄梨和细绒棉等美洲作物的渠道（Purseglove，1976：302—308）。

中部非洲也有自己不同的生态层，由森林和热带草原带组成，它们之间有许多过渡地带。到 19 世纪初，发达的森林蔬菜栽培、热带草原谷物种植和渔业等体系已经运行了几个世纪（Birmingham，1983 年）。农民为了最大限度地发挥其土壤和环境的生产潜力，种植十几种到六十来种不同的作物的做法并不罕见。例如，在 20 世纪初，金沙萨地区的梅耶人（the Medje）种植了 27 种香蕉和芭蕉、32 种薯蓣及相关作物、7 种木薯、7 种玉米、4 种甘薯和 3 种芋头。莱利人（the Lele）和玛姆武人（the Mamvu）有香蕉和芭蕉品种 18 个，薯类品种 16 个，红薯品种 7 个，木薯品种 6 个，玉米品种 6 个，甘蔗品种 4 个；北部的蒙哥人（the Mongo）有香蕉和芭蕉品种 53 个，木薯品种 5 个，薯类品种 4 个，甘蔗品种 5 个，红薯、水稻、玉米、花生、油棕等各有"数个"品种（Miracle，1967：44，49，53）。赞德人（the Zande）是中部非洲农作物种类最多样化的族群之一（Schlippe，1956：第 5 章）。

总的来说，仅在刚果盆地就有 10 种重要的主粮或粮食作物种植：小米、高粱、玉米、木薯、香蕉和芭蕉、豆类、水稻、薯蓣、芋头和甘薯。此外，还有各种蔬菜，包括许多品种的黄豆类、菠菜和茄子，以及甘蔗、花生和烟草。这些作物既有非洲的栽培品种，也有从非洲大陆以外进口的。在后者中，最重要的是香蕉和芭蕉、木薯和玉米。香蕉和芭蕉起源于东南亚，是最早被引进的。后成为刚果盆地东北部地区一些森林社区的主食。木薯和玉米是在 16 世纪"由葡萄牙人或在此期间被派往葡萄牙的非洲人引入的"（Miracle，1967：232）。[103]玉米逐渐被接纳，被以不同的比例掺入当地的食物中。例如：

> 到 1860 年代，芒贝图人（the Mangbetu）有了玉米，但这不是主食，他们的北部和东部邻居也不知道有这种植物。玉米是居住在森林中的（中非/刚果一带）波莫人（the Pomo）的主食，但不是他们森林地带邻居的主食，只是他们北部草原地带邻居的主食（Vansina，

1979:13)。

到 19 世纪末,玉米和木薯,尽管有各种缺点,但在中非的许多地区,已经可以与薯蓣、小米、高粱和香蕉等原有的主食相媲美,甚至取而代之。在森林地带的部分地区,"农民开始倾向于种植玉米而不是高粱,因为玉米对高湿度的适应性更好"(Vansina,1983:108),而营养价值较低的木薯则取代了营养价值较高的薯蓣,因为木薯的产量不仅比薯蓣高得多,而且可以在地里埋放 4 年之久,因此可以更好地抵御短期气候灾害和饥荒(Jones,1959:60—72)。此外,特制的木薯"面包"可以保存长达 6 个月,这使得木薯成为跨区域远距离贸易的理想食品。在非洲中北部,木薯因其作为保险作物(insurance crop)的特性而传播开来,因为它"帮助社群在穆斯林经济的暴力吞并中幸存下来",穆斯林经济在 19 世纪下半叶正从苏丹向该地区扩张(Cordell,1983:70)。

木薯的商品生产在主要贸易路线上出现了。例如,在阿利马(Alima)、伊科伦巴(Ikelemba)和卢隆加(Lulonga)建立了木薯种植园。19 世纪,该地区还出产其他经济作物。恩扎比(Nzabi)的乡村出口花生,而马莱博湖(Malebo Pool)及其北部高原出口烟草(Vansina,1993:109)。下刚果生产棕榈油,但数量比西非少得多。此外,与西非一样,从 1870 年代开始出现了短暂的橡胶生产繁荣期,由乔克韦族和奥温本杜族(the Ovimbundu)主导。到 1886 年,橡胶是安哥拉的主要出口产品。橡胶繁荣在 1899 年达到高峰,此后开始急剧衰退。所使用的获取方法意味着橡胶生产不可能持续很长时间。此外,在世纪之交,葡萄牙的征服战争加剧,橡胶生产被扰乱了,世界市场价格下跌也对其造成了损失(Vansina,1975:188,201;Miller,1970;Heywood,1987)。

从 19 世纪初开始,葡萄牙人试图鼓励大规模生产棉花、咖啡、小麦、糖、葡萄和烟草,特别是在 1820 年失去巴西之后。然而,尽管国家大力鼓励,棉花试验还是失败了。到 1870 年代,安哥拉有超过 60 万[104]公顷的土地用于种植棉花,莫桑比克有 50 万公顷的土地改种棉花。1890 年代,安哥拉棉花出口量为 86.5 公吨,比 1870 年代的 417.8 公吨有所下降(Pitcher,1991:46,67)。安哥拉的咖啡业取得了不小的成功。咖啡出口量不太稳定,从 1844 年的 3 吨增长到 1890 年代的 11,000 吨(Birmingham,1978:523)。咖啡主要由非洲和欧洲农民种植在卡森戈（Cazengo）。安哥拉咖啡业的命运与世界市场反复无常的波动息息相关。

在安哥拉北部,利奥波德试图将广阔的刚果盆地变成一个私人庄园。他开创了一个最残暴无情的"原始殖民积累"过程。1888 年,刚果自由邦出口了 4,000 吨棕榈油,1900 年增加到 6,000 多吨。它还出口了大量的橡胶,从 1895 年的 7,000 吨增加到 1900 年的 12,000 吨。此外,还出口了大量的柯巴脂（Copal）,1903 年达到约 12,500 吨。同年还出口了 13,000 吨其他产品（Miracle,1967:239）。

南部非洲

与北非和西非一样,南部非洲的农业呈现出区域专业化、创新和扩张的趋势。在这个主要是热带草原的地区,谷物生产占主导地位,传统的谷物包括几个品种的小米和高粱。津巴布韦的绍纳人（the Shona）的主食是芦苇粟（bulrush）和龙爪稷（finger millet）。小米种植在比较干燥的地区。此外,他们还种植至少两个品种的花生,以及各种豆类和种类繁多的蔬菜。直到 20 世纪,他们才将 18 世纪出现在赞比西河谷的玉米作为主食（Beach,1977,1983）。

19 世纪,玉米成为该地区一些地方的主食,如莫桑比克南部和赞比亚东部。在莫桑比克南部,随着向南非移民的男性劳动力增加,玉米取代了小米和高粱。玉米的优势在于其单位工时产量较高,而且比小米和高粱的劳动高峰期少,因为小米和高粱通常需要有人看守以防止鸟类偷食。"由于高粱只能由男人收割,这进一步加速了"小米和高粱被玉米替代的进程（Berg,1987:379）。在马拉维南部,到 19 世纪中期,大粒玉米已成为主要的丁吧或湿地作物。芒安贾农民还种植小米和高粱,以及南瓜、花生、豌豆、黄瓜,此外还有两个品种的棉花和其他次要的作物（Mandala,1990:50—65）。

[105]赞比亚西部的巴罗茨兰（Barotseland）洪泛平原是该地区作物种类最丰富的地区之一。早期的主粮包括小米、高粱和几种根茎类作物,18 世纪又有硬粒玉米（flint maize）和甘薯作为补充。到了 19 世纪中叶,甘蔗、埃及的海芋、两种木薯、南瓜、西瓜、豆类和花生也开始种植。"作物

种类的增加与准备在建的菜园类型的增加同步进行"(Horn,1977:145—146)。新品种作物的采用不仅涉及到种植方法的改变,还涉及到社会习俗的变化。

南非塔拉平人(the Thlaping)种植烟草的例子清楚地说明了这一点。直到19世纪初,塔拉平人的农业主要以种植适合其旱作方式的两个高粱品种为主,并间种了大约四个品种的食用瓜、西瓜、一个小品种的芸豆和多种南瓜。他们避免种植烟草,因为他们所在地区的降雨量不足,而且不愿意破坏他们与胡鲁策人(the Hurutshe)的贸易关系,因为他们从胡鲁策人那里购买烟草。从传教士那里引进灌溉和新的烟草品种,以及与卡拉哈迪(Kgalagadi)猎人建立新的贸易关系后,他们改种了烟草,并用塔拉平烟草换取兽皮(Okihiro,1984)。

由于国内外市场的扩大,南非农业增长显著,1870—1880年代的矿产革命加速了这一进程。非洲人和欧洲定居者也参与了这一进程,并相互激烈竞争,直到政治、经济和生态因素的共同作用使非洲人边缘化。除了新的农业技术外,殖民地领土上的非洲农民也采用了新的农作物。到了19世纪初,开普的恩古尼人种植了高粱、玉米、芋芳、南瓜、葫芦瓜、圆形葫芦、甜瓜、豌豆和多个品种的豆类、烟草以及多种水果和蔬菜。"传统"饮食的丰富性和多样性可以从佩迪人(the Pedi)的例子中看出,他们食用48种谷类膳食粥,13种全谷物炖菜,40多种水果和蔬菜,12种饮料(Webster,1986:450)。玉米产量在本世纪增长最快,后取代高粱成为不断增加的人口的主食。新作物中最重要的是小麦(Bundy,1979;Marks & Atmore,1980;Okihiro,1984)。

姆芬古(Mfengu)是南非历史学中最著名的农民社区之一,它的粮食销量稳步增长,到了1890年代,[106]农民不发达的进程加剧。本迪(Bundy,1979)将谷物销售作为19世纪姆芬古生产过剩和繁荣的指数之一。然而,路易斯(Lewis,1984)认为,对大多数姆芬古家庭来说,粮食销售的增加与其说是反映了高于"生存需求"的粮食剩余的可用性,不如说是他们不断融入殖民经济,不断有现金需求的结果。这个限定很重要,但它不一定与姆芬古商品生产增加的事实相矛盾。到1880年代为止,纳塔尔的非洲农民为殖民地生产了大部分粮食,包括"传统"的谷物、玉米、小米和高粱,远远超过了外来定居者,而且他们承担了大部分的税收(Harries,1987:374—375,382—383)。

巴索托人成为新谷物——小麦的大规模生产者。由于"布尔人几乎不种谷物……东开普省严重依赖巴索托人的谷物供应,在1840年代末和1850年代初的边境战争期间,从巴索托兰进口了大量的小麦"(Keegan,1986a:198)。一直到1893年,即便布尔人和其他定居者抢走巴索托人一些最肥沃的土地之后,莱索托仍然能够出口超过11,600公吨的小麦和6,000公吨的玉米,此外还有羊毛等其他产品(Morojole,1963:iv—8)。后来,随着布尔人强化打压巴索托人的竞争和创业,情况发生了巨大的变化,由此出现了新的贸易关注点,这些关注点与农民通过生产积累财富联系较少,所有这些都因市场波动和生态灾难而加剧。结果是,"从1920年代开始,巴索托兰无力回天,永远成为国内粮食消费产品的净进口国"(Keegan,1986a:214)。对于越来越多的巴索托家庭来说,从莱索托到南非的劳动力迁移不再是一种随意的举动,而是一种必需。

19世纪初,定居移民唯一享有支配地位的商品是葡萄酒。1813年英国降低了开普葡萄酒的关税,这极大地鼓励了葡萄酒的生产(Freund,1989:330)。产量从1775年的5,528莱戈(legger,约325万升)上升到1806年的9,643莱戈(550多万升),1924年上升到19,250莱戈(1120万升)(Newton-King,1980:173;Ross,1989:248—249)。

在本世纪前半叶,葡萄酒在开普殖民地得到长足发展,而在后半叶,在纳塔尔迅速崛起的则是糖。纳塔尔的定居者曾试图发展以棉花和其他热带作物为基础的商业农业,但没有成功。1840年代末和1850年代初,他们开始尝试种植甘蔗。他们由是发现了自己的"白色黄金"。1854年至1866年间,甘蔗种植面积从338英亩增加到12,781英亩。[107]"由于有利的价格、合理的低工资和保护性关税结构的结合,纳塔尔糖业发展迅速。除了这些优势之外,后来还加上了部分可控的劳动力市场和金融投机的短期利益"(Richardson,1982:518)。

尽管该地区的非洲人至少从17世纪就开始种植甘蔗,但制糖业还是被移民垄断了。1860年代,在传教士的鼓励下,一些非洲人试图加入糖业大潮。非洲基督徒被称为"科尔瓦"(kholwa),他们建立了一些种植园,但有几个因素对他们不利。种植者无法获得土地的永久产权,也没有资本(Etherington,1978:4)。非洲的生产范围也受到进一步限制,原因是"玉米等作物的吸引力,以及非洲牧民在欧洲人地盘的荒地上擅自放养牲畜的可能性"(Richardson,1982:521)。定居者在市场波动、生产过程和所有权结构的变化中巩固了糖业。在 1880 年代,糖业利益集团开始强烈要求在沿海和内陆地区获得更多的非洲土地,进入祖鲁人的中心地带。

东部非洲

在东非海岸的印度洋岛屿毛里求斯和留尼汪岛上,糖也是王者至尊。17 世纪中叶,荷兰人将甘蔗引入这两个岛屿中较大的毛里求斯。法国人在世纪末接替荷兰人成为该岛的殖民主,鼓励大规模的糖业生产。19 世纪初,英国人取代了法国人,进一步扩大了糖业生产。到本世纪末,毛里求斯已成为世界上最大的食糖生产国和出口国之一,是一个名副其实的糖岛,其国民收入、出口收入和就业的大部分都依赖糖业(Zeleza,1988:2)。

沿着东非海岸也建立了许多种植园。在桑给巴尔,当地人集中种植 1820 年代引进的丁香和历史悠久的椰子。丁香出口从 1839—1840 年的 9,000 弗拉西拉(约 143,000 公斤)急剧增加到 1854—1865 年期间的年均 415,398 弗拉西拉(660 万公斤)(Sheriff,1987:62—63)。在种植园外,种植了各种水果,包括芒果、香蕉、柠檬、橘子、菠萝蜜和面包果,以及谷物,特别是大米和小米,还有奴隶人口的主食木薯。

马林迪在本世纪初还是一个废墟,但随着谷物种植园的扩大,它的财富随之上升。1880 年代,马林迪繁盛至极。其出口量在 1887 年达到顶峰:小米 50 万弗拉西拉(790 万公斤)[108],芝麻 25 万弗拉西拉(将近 400 万公斤),豆类 20 万弗拉西拉(320 万公斤)(Cooper,1977:85)。城市化程度较高、以贸易为导向而土地较少的蒙巴萨,其种植园农业的发展没有那么急剧。1884 年,蒙巴萨众多出口物品中,有 10 万弗拉西拉(160 万公斤)小米、20 万弗拉西拉玉米、2 万弗拉西拉(约 31.8 万公斤)芝麻和 10 万个椰子(Cooper,1977:101)。

东非海岸在亚洲作物向非洲内陆扩散的过程中发挥了重要作用。最早传入的亚洲作物是香蕉,不晚于 14 世纪传入布干达(Buganda)。到 19 世纪,布干达已成为香蕉多样化和扩散的主要中心。至少有 31 个品种被开发出来，用途有四类：烹饪、烘烤、酿啤酒和甜点香蕉（McMaster，1977：15）。通过东非海岸引进的其他作物包括甘蔗、椰子、芒果、茄子、橘子、柠檬、亚洲大米、生姜、茶叶、大豆和大薯蓣（Purseglove，1976：305—306），而玉米、甘薯和烟草则来自美洲。

到 1800 年，这些作物中的大部分在沿海和部分内陆地区已为人所知。19 世纪，在商队贸易的帮助下，其他作物从沿海传入内地，其中包括木薯、水稻、花生和扁豆（Jones，1959：80—84；Ehret，1985）。新作物充实了长期以来形成的小米、高粱、水果和蔬菜的格局，促进了肯尼亚、坦桑尼亚和乌干达的农业扩张（Kjekshus，1977；Sheriff，1985）。

在这三个国家使用的许多非洲栽培作物最初是在埃塞俄比亚和苏丹驯化的，一些亚洲的驯化作物也是通过这两个国家传播的。埃塞俄比亚驯化了柚木、阿拉比卡咖啡、芦苇粟、象腿蕉（ensete）和诺格香料（noog），而苏丹是热带草原和萨赫勒复合体的一部分，其中高粱和龙爪稷被驯化（Purseglove，1976：302—305；Phillipson，1985：114）。在埃塞俄比亚，梅内利克政府为发展农业作出了巨大的努力。曾经为教会所不齿的咖啡被鼓励生产，以补充国家因象牙贸易下降而减少的收入。此前咖啡一直在埃塞俄比亚东部的哈拉尔（Harar）地区生产。

政府试图扩大该地区和国内其他地区的咖啡生产，于是种植了数以万计的咖啡树。在世纪之交，1902 年从法属索马里兰到哈拉尔附近的迪雷达瓦（Dire Dawa）的铁路建成，以及世界对这种饮料的需求不断增长，促进了咖啡生产。咖啡正逐渐成为埃塞俄比亚出口经济初步的基石（McClellan，1980）。

[109]从 19 世纪下半叶开始，越来越受到重视的其他经济作物是烟草（也曾受到教会的强烈反对）、棉花（自古以来广泛种植）、橡胶和剑麻。不用说，农民优先种植粮食作物。埃塞俄比亚生产了非洲大陆各地种植的大部分主要谷物、蔬菜和水果。谷物包括小麦、大麦、小米、高粱以及苔麸（teff），水果则有橘子、柠檬、酸橙、石榴以及桃子、香蕉和木瓜等。南瓜、甘蔗和葡萄树也有种植（Pankhurst，1968：184—208）。

苏丹农民也种植了许多作物，但主要的作物是高粱，其中至少有十几个品种，还有小米、蔬菜和豆科植物，以及木本植物，包括咖啡、棉花、牛油果树和各种水果树（Lado，1986：17—25；Bjorkelo，1989：64—68）。从

1821 年开始,土耳其-埃及殖民征服者试图通过鼓励大规模商业生产来改变苏丹北部的农业。他们不仅向农民施加压力,要求他们种植经济作物,而且还试图建立种植园。重点放在四种作物上:水稻、糖、靛蓝和棉花,但几乎从一开始,水稻种植就不成功,糖也不成功。靛蓝也很快就出现了衰落的迹象,因为"靛蓝往往会很快耗尽土壤,而且需要大量持续的浇水和劳动",所以农民不愿意种植(Bjorkelo,1989:71)。棉花是一种比较成熟的作物,但"就像靛蓝一样,农民不愿意把更多的时间和精力投入到棉花上,以免影响他们种植粮食的能力,特别是在劳动付出得不偿失的时候"(Bjorkelo,1989:72)。这种情况一直延续到被殖民之后。1990 年,在盖兹拉平原(the Gezira plain)上开始试验性地种植棉花,这是未来巨大的盖兹拉棉花灌溉计划的所在地(Holy & Daly,1979:127)。

畜 牧 业

在许多非洲经济体中,畜牧业是一项重要的活动——与农作物种植一样古老。然而,非洲驯养的动物品种似乎比农作物少得多。"绵羊和山羊没有来自非洲的原型……驯养牛的难度更大,牛可能是北非和/或近东野生物种的后裔"(Phillipson,1985:114)。这三种动物是最重要的牲畜。到了 19 世纪,当然有许多品种的绵羊、山羊和牛,每一种都适应特定的微观环境和农业结构。

畜牧业通常与放牧有关,而放牧又与游牧混为一谈。包括历史学家在内的学者与热衷于使牧民定居下来的现代政府和发展机构,说得好听点,他们把牧民视为耕种农民的穷亲戚,更甚之,认为牧民使环境恶化。在反游牧论述中,牧民被指责为患有非理性的"牛群情结"、过度放牧本土性流浪癖(Herskovits,1926;Murdock,1959;Lomax & Arensberg,1977;Lamprey,1983)。目前的牧区边缘化和环境退化模式被误认为是牧区"自然经济"的遗迹,而事实上它们是历史进程的产物,特别是殖民资本主义和考虑不周的后殖民发展战略的产物(Hedlund,1979;Watts,1987;Homewood & Rodgers,1987;Timbelake,1988)。

与耕种农业一样,畜牧业也有几种体系,其中有三种可以确定。第一种,混合农业,将农作物种植和牲畜饲养结合起来。第二种,季节性转场放牧，即每年定期沿规定的线路迁徙放牧。第三种，游牧，即牧群和家庭从一个地方搬迁到另一个地方寻找牧场。在 19 世纪的非洲，游牧是相当罕见的，几乎没有证据表明在西非或东非有这种做法（Hopkins，1973：41—42；Waller，1985）。因此，两种主要的畜牧业系统是混合农业和转场放牧。

"牧民"和"农牧民"之间的区别并不像有时想象的那样明显。许多所谓的牧区社群都种植农作物。尽管专业化相当普遍，但是同一社群的不同阶层或性别，或是一个农牧区内的不同社区，要么专门从事农作物种植，要么专门饲养牲畜（Galaty，1981；Schneider，1981；Bonte，1981；Brandstrom，1979：22—23）。研究者们倾向于忽视妇女，尽管妇女一直在种植作物、打理家计；同时又倾向于把牧民生活想象成与世隔绝的世界，于是上述事实往往被掩盖。

在混合耕作制度下，牲畜为农作物种植提供了急需的肥料。在西非，塞勒人（the Serer）采用"混合耕作作为他们的主要生产制度"（Hopkins，1973：34）。他们不实行转场放牧，而是把牛圈在待耕种的田地里。牛栏与金合欢树（Acacia albida）结合在一起，金合欢树的叶子在雨季开始前就会脱落。牛和树提供了粪便和腐殖质，使塞勒人"可以比他们的邻居更集约地使用土地，因此有更密集的定居模式"（Curtin，1975：28）。

混合耕作在南部非洲相当普遍，而且有相当长的历史。加弗拉克（Garlake，1978：486）对莫桑比克南部沿海马内克温尼（Manekweni）的津巴布韦（石头围场）进行了考古发掘，"有力地表明马内克温尼主要受益于密集的畜牧经济，他们生产优质牛肉稳定且有剩余；这不仅表明这种经济基于季节性的游牧也表明这一经济模式的需求是石头围场选址的重要决定因素"。他认为，在如今津巴布韦和莫桑比克的其他津巴布韦文化中心，农作物种植和畜牧业是它们共同的特点。这使他们能够在草原环境中实现高密度的人口和永久性的定居，而这仅靠作物耕作是不能实现的。因此，混合农业是津巴布韦经济的基础，而不是像人们普遍认为的那样，只是依靠黄金生产和对外贸易（Mudenge，1988：162—166）。

在 19 世纪的南部非洲，恩古尼人和索托人（Omer-Cooper，1978：11，14）以及斯威士人（the Swazi）（Crush，1987：17—18）也实行混合农业。东非许多地区，如肯尼亚中部（Muriuki，1986：107），以及坦桑尼亚的恩戈尼人和其他民族(Kjekshus,1977a:51—68)都有混合农业的报道。虽然肯尼亚中部的经济都是"基于种植业和畜牧业的结合,但作物和畜牧业生产结构的巨大差异将肯尼亚中部的众多社区区分开来"(Ambler,1985:203)。混合农业在埃塞俄比亚也很普遍(Pankhurst,1968:209—213)。在非洲北部,许多突尼斯和埃及的农耕农民也将农作物种植与牲畜饲养结合起来(Valensi,1985:148—152;Ayrout,1963:第4章)。

牲畜被视为粪便、畜力和财富积累的重要来源。例如,在苏丹北部,需要成千上万的牛来牵引波斯水轮,进行繁殖,同时作为固定财产。正是因为牛在经济中的地位如此重要,所以1830年代埃及让苏丹向埃及大量出口牛,为埃及工农业发展提供畜力的计划几乎摧毁了苏丹北部沿河一带的经济(Bjorkelo,1989:77)。

牛在苏丹北部占主导地位,而在突尼斯则是羊占据主导地位。"羊有几个品种,以毛色和羊毛的质量来区分。肥尾羊的数量由北向南会增加"(Valensi,1985:145)。其次是山羊,体型较小的山羊在南部腹地的村庄中最为普遍。然后是牛,牛只有在莫多(Mateur)平原才占第一位。牲畜的价值在于肉、奶、毛和皮,它们被制成许多产品,如黄油、帐篷、毯子和大衣。几乎每家每户都有一头驴,用于运输;长途运输则使用骆驼、马和骡子。牲畜没有圈栏,也没有草料。它们走到哪发现食物就吃。[112]转场放牧的模式随季节而变化。"集体迁徙的方向由牧羊人首领负责,他被称为奎得-阿尔阿兹得(quaid al'azib)。他监督转场放牧的秩序,解决争论,并与所经地区的居民保持良好的关系"(Valensi,1985:151)。

大多数从事畜牧业的社群几乎没有牲畜统计资料,因此必须谨慎对待现有的估计。潘克赫斯特(Pankhurst,1968:209)在描写埃塞俄比亚的文章中说,"在正常情况下,牲畜是非常多的,全国有数百万牛、驴、骡子、山羊、绵羊、骆驼、马和鸡"。他引用的一项估计表明,在1890年代,每年出售阉牛超74.7万头,母牛31.5万头,山羊近17.1万只,绵羊约16.25万只,鸡近70万只(Pankhurst,1968:210)。牲畜价格相对较低,这反映出其数量充足。牛几乎完全以草为食。第一批现代商业养牛场建立于1890年代。牛的产品在经济中发挥了重要作用,包括肉制品和奶制品,其中黄油是主要的贸易产品,而牛皮则提供了皮革制品,如著名的埃塞俄比亚皮具。此外,还有绵羊,因其羊肉和羊毛而受到重视。马和骡子提供了急需的运输工具。

也许东非最著名的牧民是马赛人（the Maasai）。马赛人确实被视为典型的牧民，但这忽略了一个事实，即马赛妇女种植农作物，而且"马赛经济本身与其他地方经济相互交织，还依赖于其他地方经济"（Waller，1985：84）。有些人试图通过将马赛人区分为"纯牧民""半牧民"或"混合牧民"来探究这杂乱的情况。马赛人养牛，牛是他们最宝贵的资产，还养绵羊和山羊。每个家庭还有几头驴子，主要用于运输，不过在极端情况下也会被用于挤奶。马赛人养大群的牛并不是因为他们患有人类学民间传说中的"牛群情结"，而是因为牛有许多不同的作用。牲畜不仅是一种生存手段和社会的主要资本存量，其中的牛还充当了交换媒介和价值储备。此外，牲畜与社会体系和意识形态系统相衔接，是贵重商品，具有神秘化色彩。在出生、成人礼、嫁娶和其他场合，要宰杀牲畜或以牲畜作为赠礼（Hedlund，1979：16—17）。

西非的富尔贝人（the Fulbe）相当于东非的马赛人，他们在几千年的时间里从塞内冈比亚的故乡扩散到苏丹西部。在这期间，他们的集体身份通过种族和宗教分化、定居、[113]阶级和国家形成等过程被重新构建。促使富尔贝人定居的一些强大压力是在 19 世纪新伊斯兰国家建立后出现的。在马西纳（Massina），"谢胡-艾哈迈杜（Shehu Ahmadu）对富尔贝牧民进行了大规模的强制定居，并声称伊斯兰教是村庄的宗教"（Azarya，1979：180）。更为重要的是，"定居简化了宗教和教育服务的提供；它也使行政管理、征兵和税收变得更加容易"（Johnson，1976a：494）。

定居的富尔贝人现在不得不把他们的大部分牲畜委托给职业牧民，以便进行季节性迁移放牧。其余的都留在附近，要么是为了给家庭提供生活必需品，要么是因为它们还太小，不适合长途转场。国家决定转场路线，并提供武装护卫队进行保护。转场畜群通常编入篷车队，由国家掌管牛群的畜牧官员带队。该官员有权：

> 下达与私有牛群有关的命令，如牛群的动向、疾病的控制等。牛群主人必须向牛群所经之地的统治当局支付放牧费，如果转场经过国家牧场，则向国家支付放牧费（Azarya，1979：182）。

国家对畜牧业生产进行这样的干预相当罕见。西非许多地区的富尔贝牧民能够控制他们的牲畜饲养。除了牛和山羊,西非热带草原国家和社群还饲养了大量的马和骆驼,用于骑兵和运输。森林地区的畜牧业受到锥虫病的制约。

如果说伊斯兰国家的形成改变了西非的富尔贝牧业,那么影响南非牧业的则是欧洲人的殖民。科伊桑牧民的边缘化始于 17 世纪中叶,终于 19 世纪末。那些设法在殖民化的致命冲击下幸存下来的科伊桑人要么被变成廉价的无产阶级,要么被逼到荒芜的不毛之地上,被迫以狩猎采集勉强维生(Elphick,1977;Elphick & Malherbe,1989)。同时,白人定居者的畜牧业继续扩大。据估计,到 1820 年代,开普殖民地牲畜群已从 1770 年代的 125 万只羊和 25 万头牛增加到 175 万只羊和 30 多万头牛,到 1840 年,殖民地羊的数量已增加到近 190 万只。这种增长“当然是布尔迁移者向开普内陆稳步扩张的结果,开普内陆相继被科伊桑人和科萨人(the Xhosa)占据”(Ross,1989:253),[114]还曾被巴索托人和祖鲁人征服。总之,白人定居者通过突击队突袭和没收被征服非洲社群的牲畜来扩大他们的畜群,这种“原始积累”的方法后来被非洲的其他欧洲定居者所采用,特别是在阿尔及利亚、津巴布韦和肯尼亚。

直到 1840 年代,由于引进了高产的美利奴羊,南非的定居者牧业才有了更坚实的基础。在 1860 年代和 1880 年代矿产革命出现前,羊毛生产是殖民地出口经济的支柱。开普殖民地“成为英国的羊毛来源地,仅次于澳大利亚”(Munro,1976:59)。一些非洲农民也开始养羊,但很难知道他们羊群的总规模。地方官员报告的数字显示,1895 年赫谢尔(Herschel)地区共有 24,000 名农民拥有 89,000 只羊和 44,000 头牛,在芬戈兰德(Fingoland),25,000 名农民拥有超过 40,000 只羊(Bundy,1979:96,155),数字可能有问题,但似乎可以肯定的是,非洲农民对养羊的定居者造成日益激烈的竞争。在特拉平人中,牛群扩大的一个标志是出现了牛栏系统。“该系统包括在城镇内饲养一些牛和羊,而将牛群的主要部分放在数英里外的边区村落,由委托人或部族的下级分支管理”(Okihiro,1984:72)。

对一些群体来说,牧业繁荣的日子在 19 世纪中叶已经开始接近尾声。在 1856—1857 年的杀牛事件中,科萨人损失了 40 多万头牛。科萨人自己把杀牛归咎于殖民政府的阴谋,而后者则指责是酋长和预言家告诉人们杀死"病牛",以此作为新生牛群茁壮成长的先决条件。佩雷斯(Peires,1989b)认为,1855 年的肺病大暴发,使许多科萨人的牛死亡,这才引发了杀牛。这个预言利用了科萨人关于疾病、邪恶、死亡和涤罪本质的信仰,也是源于科萨人对殖民征服和统治的挫败感。该事件呼吁牛群饱受肺病摧残的酋邦以及那些反对殖民统治的人们坚守原有的经济和社会结构。此外,"妇女从事着艰辛的耕种劳动,没有什么社会回报,得知以后可以不用参加农业劳作,很容易被打动"(Peires,1989b:315)。

殖民地国家煽动了这场灾难。在杀牛事件结束后,开普政府竭尽全力"将这场人类悲剧转变成开普殖民地的政治和经济利益。它没有让饥肠辘辘的人们[115]免费得到食物,反而利用人们绝望的饥饿感,通过殖民地劳动力市场精心策划土著人大规模外流,同时用白人定居者去占领他们原来的土地"(Peires,1989b:317)。其结果是:

> 1857 年 1 月至 12 月间,英属卡夫拉里亚(Kaffraria)的科萨人口减少了三分之二,从 105,000 人减少到 37,000 人,然后又减少了三分之一,到 1858 年底减少到 25,916 人的最低点。其中究竟有多少人死亡,很难说清楚(Peires,1989b:319)。

科萨人的杀牛事件凸显了农业、疾病、意识形态、阶级、人口和殖民之间复杂的相互作用。

总　　结

本章试图把握 19 世纪非洲土地利用系统的多样性和复杂性,从而打消许多将非洲农业视为统一、简单或落后的标准描述。本章试图研究所谓轮垦的性质,概述间作的优势,描述农林、梯田、湿地和灌溉农业的发展,并研究混合农业的发展。

这些发展和其他耕作方法的发展受到自然和人文地理、技术和政治经济相互复杂作用的制约。和耕作农业一样,畜牧制度也有好几种。事实上,一旦把妇女和她们的活动包括在内,"牧业"和"农业"社会之间的区别就显得不那么明显了。非洲牧民并不是人类学民间传说中典型的"传统主义者",因为正如分析所表明的那样,牲畜饲养的做法随着环境、经济和社会政治条件的变化而变化。

对农业技术问题的探讨,不仅是为了描绘非洲大陆不同地区所使用的工具种类,也是为了挑战普遍的进化论观点,即把欧洲的工具,特别是犁,视为农业进步的基础。一些研究表明,北非部分地区、埃塞俄比亚和苏丹使用的土著犁在机械、农业、经济和环境方面都远远优于欧洲犁。在评估农业工具和技术的效率时,历史学家往往没有考虑工具和技术对环境的影响因素。例如,在广泛采用欧洲犁的莱索托,短期增产之后,由于土壤侵蚀加速,土壤生产力长期下降。

[116]19世纪非洲农业最突出的特点之一是种植和栽培的作物种类繁多。可以说,许多非洲社群在19世纪经历了一种"农业革命":新的粮食和经济作物被广泛采用,而古老的本地栽培品种在区域内和区域间传播。此外,现有的统计数字,主要是关于出口到欧洲的经济作物的统计数字表明,作物产量有了惊人的增长。然而,这场农业革命也有黑暗的一面。在一些国家,正如埃及的情况所表明的那样,经济作物的生产越来越超过粮食生产。这些国家越是融入世界经济,就越容易受到世界市场上不可预测的价格波动的影响。

也可以说,经济作物生产逐渐导致种植粮食作物的范围和种类减少。历史学家尚未充分探讨这种影响,他们倾向于将19世纪农业商品生产的扩大作为非洲农民创新和主动性的证明予以庆祝。情况可能是这样。但是,由于在世纪末建立殖民资本主义经济作物革命得到强化,并对20世纪非洲的粮食多样性和饥荒等方面产生了深远的影响。当然,当今非洲社群许多人的饮食不如他们19世纪的祖先那样丰富多样。农业的日益单一化也导致了种植方式和生产关系的重要变化。

第四章　农业生产关系

农民和国家

[117]从前几章可以看出,非洲农民生活在各种各样的环境和社会形态中。因此,他们的生产关系有很大的不同,这是理所当然的。在一些社会中,国家通过推行土地租佃制度和占有农民的盈余,在农民农业生产中发挥了重要作用。毋庸讳言,分配机制有很大的不同。非洲国家形态和土地占有制的多样性和复杂性怎么强调都不为过(Lonsdale,1981;Conah,1987)。

试图将非洲的土地制度纳入"个人—社区"的二分法是没有意义的。正如伯安南(Bohannan)和柯廷所言,这种分类是愚蠢的,因为它是建立在对非洲社会群体基础的错误观念之上的。非洲的土地所有制是居住模式、土地使用制度、分配网络、亲属关系和社区结构、国家形式以及意识形态的复杂衔接体。

在19世纪,农业构成了大多数非洲社会的经济基础。因此,国家在很大程度上依赖于从农业中获得的盈余。姆坎达维尔(Mkandawire,1989)在谈到20世纪的非洲经济时,将从农业中获得收入的国家归为"商人国家"。19世纪非洲的绝大部分国家都符合这一特征。但是,正如埃及、苏丹北部、埃塞俄比亚、索科托哈里发国、巴洛茨兰和斯威士兰的情况所表明的那样,它们对农业生产的剩余占有和控制方法有很大的不同。

埃　及

埃及农民是非洲最古老、最受剥削的农民群体之一。19 世纪初，实行收税农业制度（iltizam）。在这一制度下，农民（fellahin）向马尔塔齐姆（multazims）纳税，马尔塔齐姆拥有土地，但要向国家缴纳一定的土地税。马尔塔齐姆可以保留他们从农民那里榨取的超过这一税款的任何金额。他们还可以从农民那里榨取徭役。1805 年成立的穆罕默德·阿里新政府，在其现代化计划和削弱旧统治阶级物质基础的工作中，试图改变这个制度，撤销农奴税，使国家能最大限度地直接向农民征收盈余。到了1812 年，[118]所有的土地都被国家没收了。四年后，引入了新的税收制度，土地登记在村社名下，村社负责直接向国家纳税（Rivlin，1961；Baer，1962，1969；O'Brien，1966；Owen，1969；Cuno，1980；Richards，1982）。

穆罕默德·阿里的中央集权管理使农民的生活比以前更加繁苛。农民不得不以低价格向政府交出他们的庄稼收成。雪上加霜的是，他们没能立即得到现金，而是收到了期票，称之为转让券（assignations），但有时这些期票并不能兑现。例如，1826 年，政府拒绝接受农民用于抵税的期票。政府还要求农民承担将庄稼收成运送到中央仓库的费用。政府可以随时用武力来夺取庄稼，就像 1812 年那样，此举导致了严重的粮食短缺。即使农民只将一小部分的收成转移到价格较高的自由市场上出售，只要被抓住，就会受到惩罚。在 1816 年，政府甚至禁止人们食用豆类和其他出口作物。当农民拖欠税款时，他们的牲畜和其他资产有时会被没收。

所有这些苛捐杂税，和征兵一样，都是农民所憎恨的。1812 年，上埃及暴发了几次起义，反对收税人和随行收税的军队。政府残酷地镇压了起义，焚烧村庄，屠杀居民。1816 年，由于禁止当地消费豆类和其他出口作物，再次发生了抗议活动。

最持久的动乱发生在 1820 年代的奇那省（Qina），不满的农民和工匠联合起来，他们都对政府的控制和剥削以及他们急剧缩水的财富感到愤愤不平。工匠们反对欧洲布匹在本地市场的泛滥，让该省的纺织业处于崩溃的边缘。许多工人失去了工作。农民和工匠联合在 1820 至 1824 年间暴发了一连串的叛乱（Lawson，1981）。农民也以更多的方式进行抗议，如逃跑、拒绝纳税、自残以逃避兵役。移民到开罗是另一种逃避兵役的方法，因为开罗的居民不用服兵役（Toledano，1990：181—188）。

到了 1830 年代，国家暴政和农民的反抗得到报应：农村地区陷入贫困，粮食短缺，国家收入急剧下降。为此，国家放宽了一些政策，1831 年允许农民不受限制地种植粮食作物。此外，为了改进和最大限度地提高税收，农业行政管理系统被分散[119]。这导致了一个新的农村地主阶级的发展，他们开始居中调解国家对农民盈余的征税额度。政府将大片未开垦的土地免费赠予国家高级官员、军官以及其他一些人，让其效忠。这些人免于纳税，但条件是他们必须耕种这些土地，即所谓的伊巴迪亚（ibadiyya）。王室成员得到的土地称为基弗里克（jifliks）。行政制度所依赖的乡村谢赫（shaykh）获得免税的土地，称为马斯姆赫（masmuh），以代替工资。起初，伊巴迪亚土地的获得者并不拥有土地，他们只有使用权。从 1836 年起，接受者的长子可以继承土地，到 1842 年，接受者获得了完全的所有权。

事实上，当时旧的收税农业制度已经以一种新的形式复活了。1840 年的一项法令允许政府高级官员、军官和皇室成员接管破产的村庄，支付他们拖欠的税款，为农民提供周转资金，监督农民耕种，并代表中央政府向他们征税。旧制度的明显回归反映了统治阶级权力的上升，而这正是在国家帮助下建立的，同时这也反映了 1840 年埃及在叙利亚的军事失败后，国家本身日益衰弱。这次失败让埃及丧失了对外掠夺的机会，而国家在一定程度上要依靠对外掠夺来奖励其公务员。统治阶级的成员与其他人一样，发现土地是他们的支柱。于是他们试图巩固自己作为地主的地位，特别是现在，由于灌溉工程和采用利润丰厚的长绒棉，土地的价值不断上升。

大地主，包括皇室成员，生产棉花的比例越来越大。穆罕默德·阿里本人在 1838 年至 1846 年间获得了大量的土地，达到 239,426 费丹（超过 248,500 英亩）。他的继任者获得了更多的土地，完成了土地私有制的进程。从 1846 年起，农民被允许将其土地抵押贷款，1855 年被允许继承土地。贝都因（Bedouin）牧民获得土地的条件是耕种土地，但他们更愿意将土地转租给佃户。政府努力制止这种做法，并对他们的土地征税，这激起了贝都因人的反抗和移民。随后的几十年，农民获得了全部的土地所有权。

到 1891 年,几乎所有的土地所有者都拥有了完全的所有权,但土地分配的模式却极不平等。1897 年,大地主,即拥有 50 费丹以上的地主人数为 12,184 人,占全部地主的 1.5%,他们拥有 220 万费丹(约 230 万英亩)的土地,占农田总面积的 44%;在另一方面,[120]小地主,即拥有 5 费丹以下的地主,占地主的 80.4%,但只拥有 20.2%的土地(Mabro & Radwan,1976:24—25)。埃及的地主阶级比他们上个世纪的前辈势力更大、更历久不衰(Cuno,1980)。

北 苏 丹

如前所述,苏丹北部在 1821 年至 1885 年期间处于土耳其-埃及的统治之下。在这一时期,土地占有制和农民盈余的分配制度发生了深刻的变化。新的统治者继续奉行其前任丰吉(Funj)苏丹的政策,给予一些人土地所有权或让他们拥有向占用者收取土地费的权利。地主阶级由酋长、宗教领袖和来自埃及和其他地方的定居者组成,规模快速增长(Awad,1971:218—221)。新的国家将土地分为两部分,自由产权土地(milk)和政府土地(miri)。前者指的是定期耕种的土地,后者则包括只有在自然灌溉成为可能时才能耕种的土地。因此,国家拥有并控制了大片土地(Bjorkelo,1989:58—59)。

不仅大型私人庄园得到发展,现有的土地使用权安排也发生了变化。随着土地私有化的扩散,被称为波斯轮土地的灌溉土地在传统上被视为耕种该土地的一个或多个家庭的共有财产。家庭根据各自份额和劳动投入从农产品中获得收入,越来越多地将土地"划分为小小的地块,各有其主;因此,对土地最初成果的权利让位于对土地本身的权利"(Spaulding,1982:4)。地块和边界被仔细划分。与以前不同的是,不同的人拥有波斯轮灌溉土地和地势较低的土地,即所谓的萨鲁卡(salluka),这种情况变得更加普遍(Bjorkelo,1989:60—62)。

私人土地所有权和伊斯兰继承法的推行导致了土地的普遍碎片化。据记载,一个孤儿女孩继承了波斯轮灌溉土地的 1/10,500 份额(Spaulding,1982:5)。但是,当"一个家庭持有的土地已经达到这个细分程度,或者很可能在这之前已经这样,土地所有者又恢复了旧的联合耕种(roka)制度"(Bjorkelo,1989:63)。另外,移民也减缓了土地碎片化的进程,因为一些人为逃避土耳其-埃及国家的苛捐杂税而移民。原先的通过父母赠与或聘礼转让土地的制度越来越多地让位于土地买卖和其他形式的土地转让,而新的土地税政策则促进了这种转让。根据该政策,任何支付欠税款的人都可以征用欠税的土地,而不管土地本身的价值如何。这使得商人可以将部分商业资本用于收购土地或借钱给农民,从而使自己变成地主。

[121]土耳其-埃及国家还实行了一种新的、更加繁重的税收制度。农民集体负责支付不断增加的税收,而不管他们的生产和产品价格如何波动。事实上,由于物价是固定的,且保持在较低的水平,而消费品的价格和税收是随着货币的波动而变化的,这就加重了税收负担,使农民的生活越来越差。贪官污吏经常超额征收税款,将差额收入囊中。税收的主要依据是波斯轮灌溉土地的大小。收税时军队压阵,就像在开展军事行动。

农民对此有不同的反应。很多人放弃了注册的河边土地,而选择靠雨水灌溉的地方进行耕作。事实上,逃离和移居外地的情况十分普遍。其他人则向商人借贷,或转为做兼职贸易或打工。税吏有时遭到伏击被杀。在整个土耳其-埃及统治时期,从1823年开始多次尝试改革税制,使其更加"公平"有效。税收制度成功地扰乱了苏丹北部的农业生产并使之下降。这不仅减少了国家收入,而且最终促进了1885年马赫迪运动推翻该政权并建立马赫迪王国(Bjorkelo,1989:82—103)。

埃塞俄比亚

埃塞俄比亚的农民也长期遭受苦难。19世纪初,埃塞俄比亚的统治仅限于该国北部,那里的贵族为争夺至高无上的地位和对君主政体的控制而彼此长期斗争,君主政体在此过程中被削弱(Crummey,1975,1979)。贵族依靠农民而生存,而且其土地可以继承世袭,尽管后者享有土地使用权。这就是所谓的里斯特(rist)。但里斯特并不是授权给某块特定的土地,而是授权给"通过男性和女性祖先的任何组合,由子孙后代共同拥有的"土地(Hoben,1973:12)。因此,实际土地的使用权要不断修改和重新分配。

包括阿姆哈拉人(the Amhara)在内的北方各族人之间的双系血统意味着个体属于几个同源血统群体,并可能在几个地区都可以拥有土地所有权。这鼓励了土地的碎片化并会引起冲突,破坏农民的团结,削弱他们应对贪婪成性的贵族耍阴谋诡计的能力。事实上,这加强了贵族在土地冲突中扮演仲裁者的作用。在厄立特里亚和提格雷的部分地区,出现了一种制度,根据这种制度,世袭制基于居住地而不是血统。[122]制定这一制度的目的也许是为了纠正地块过于分散的现象。所有拥有土地权的人都被称为里斯特格纳(ristegna)。

还有另一套土地权利,称为格尔特制度(gult 或 gwilt),是给统治精英成员忠诚服务的奖励,也是对教会和寺院的赠予。格尔特的持有者有权代表国家向耕种土地的人征税,并对他们行使司法和行政权力。对可以征收的税额几乎没有控制。因此,格尔特制度是行政制度的一部分。持有格尔特的人也可以拥有里斯特(rist)权利,当这种权利世袭时,就成为里斯特格尔特(rist gult)。"实际上,所有的可耕地都是由某人或某一机构以格尔特形式持有"(Hoben,1973:5)。

从理论上讲,里斯特格纳人(ristegnas)不是佃户,但实际上,贵族向他们收取费用,其形式有:徭役、一定比率的产品(通常为 10%)、纳贡牛或蜂蜜、或为维修当地教堂提供服务等等。此外,农民有时还被强行征召入伍,被过往的军队征用粮食。事实上,掠夺成性的士兵经常被用来"监督征税并直接从征税和使用已耕地上的劳动力中受益"(Caulk,1978:467)。他们中的一些人得到了可收回的世袭赠地,称为马得里亚(Maderiya),以换取其支持。克拉米(Crummey,1981a:232)认为,"18 世纪和19 世纪期间,从阿比西尼亚农民身上提取的盈余累计水平约为 30%"。

这种农民生产和剥削的模式在南部得到完善,南部从 19 世纪中期开始被征服,并在皇帝提沃德罗斯二世(Tewodoros II)(1855—1868)、约翰尼斯二世(Yohannes II)(1872—1889)和梅内利克二世(Menelik II)(1889—1913)统治下并入埃塞俄比亚。正是在这三位君主的领导下,埃塞俄比亚的帝国体制得到了重建和巩固,埃塞俄比亚国家进入了扩张势头最猛的时期之一,抗击外国侵略者的战争的军事胜利让人扬眉吐气,其中包括 1896 年抗击意大利人的阿杜瓦（Adowa）战争。中央政府有计划地将征服土地的征用并重新分配给本地统治阶级和移民定居者，后者成为新的统治者。

这样一来，私人土地所有权就产生了。南方为埃塞俄比亚贵族成员获得私人土地所有权，为政府奖励士兵、公职人员、教会官员和地方合作者提供了绝好的机会。被征服的民族，无论其土地占有制如何，都成为被征服土地的分配者的佃户。一些游牧民族甚至[123]"因这一过程而转变为农民，因为他们需要为其部族土地的受让人生产贡物"（Cohen & Weintraub,1975:36）。

南方佃户的地位与北方的里斯特格纳差很多。他们变得更像封建的农奴。除了向地主交纳租金和向国家交纳赋税外，佃户们还需要为地主的土地耕种或除草，为地主维护庄园，修理栅栏，放牧牲畜，或把他的产品运到市场上售卖。每逢节假日，佃户们还要给地主送礼！军队的征兵、抢劫和宿营在南方也比在北方更为明显。此外，当地的劳动力被用来建造被称为"科特马斯"（ketemas）的堡垒城镇，这些城镇点缀着景观，同时修建了连接这些城镇的道路。南方的额外劳动力"来自奴隶，有时是购买的，但更多的是被定居者作为战利品接收。梅内利克本人是埃塞俄比亚'最大的奴隶主'，接收了所有俘虏中的 10％"（McClellan,1980:71）。这些奴隶主要被定居者用来做家务，或者被出口到埃及、阿拉伯半岛或东非海岸。

农民以多种方式对这种剥削和压迫作出反应。最常见的反抗方式是逃跑、躲避、直接拒绝、抗争和武装斗争。对付掠夺，农民采取了各种策略，包括将村庄设在隐蔽且易于防守的地方，将粮食储存在秘密的地窖里，利用教堂隐藏粮食和牛群。面对迫在眉睫的战斗，他们会聚集在附近的战略要地，捕捉落败者，将其杀死或扣押以换取赎金。在 1850 年代和 1860 年代，随着贵族强盗（shefta）活动的加强，农民的反抗也更加激烈。农民起义和武装斗争定期爆发，不仅针对贵族强盗，也针对国王本人。

例如，1853 年，加贾姆（Gajjam）的农民伏击了提沃德罗斯的士兵，杀死了许多人，但他们后来也被击溃了。1866 年 1 月，贝加姆得（Begamder）的农民反抗政府提高税收的要求。当国王转而进行掠夺时，叛乱被激化了。这场战争一直持续到1867 年 10 月，提沃德罗斯终于离开了该省,去迎接一支他刚刚得知登陆的英国远征军(Crummey,1986b)。阿杜瓦战役中的意大利幸存者"被安置在战场以东的德布拉·达莫(Debre Damo)修道院附近,受到款待,这是农民持续不满的一个标志。虽然身强体壮的人已经乖乖离开……去围攻意大利人在阿迪格塔特(Adigrat)的堡垒",但那里的村民毫不留情地辱骂皇帝(CauLk,1978:473)。

索科托哈里发国

[124]在19世纪的非洲,很多社会的农民地位不会像埃塞俄比亚、苏丹和埃及的那样悲惨。但是,随着国家的扩张和对经济干预力度的加大,缴纳土地税或租金的做法越来越普遍。索科托哈里发国(Sokoto Caliphate)就是这样,它是在本世纪初乌斯曼·丹·福迪奥(Uthman dan Fodio)领导的圣战运动之后建立的。这个哈里发国成为西非最大、人口最多的国家。它发展了以农民和种植园生产为基础的复杂农业形态。农民生产占明显主导地位,是国家政治经济运转的基础。

农民的盈余支撑着庞大的国家机器。正如前面所探讨的国家一样,国家从农民身上取得两种形式的盈余:第一种是徭役,大都是为公共工程、农场和公职人员的产业提供劳役;第二种是征税,有不同种类的税项,包括教法规定的扎卡特(zakkat)、家庭税及手工税。扎卡特包括对粮食生产征收10％的税,对非粮食商品征收的税,以及对牧民征收的牛头税(Johnson,1976a:486—488;Watts,1983:69—71)。各酋长国之间和内部的收入制度差别很大。在整个世纪中,每个税种的规模和相对重要性也在不断变化。劳役和税收代表了农民向国家缴纳的租金,因为土地最终由国家授予。这个制度在意识形态上通过宗教和传统的习俗而得以合法化,并通过国家的强制工具得以维持。

土地保有制度是伊斯兰教法和习惯法的复杂结合。农民耕种的土地或从父母那里继承,或通过占有理论上由国家代理人批准认可的灌木丛而获得的,或由统治者授予。农民享有相当大的使用权保障,因为他们可以抵押、贷款、继承和赠送土地。在哈里发国的许多地方,特别是在人口稠密的地区,"占有和自由保有之间的区别越来越小"(Watts,1983:74)。

巴罗茨兰

在巴罗茨兰(Barotseland)，土地最终归国王所有，这使他有权要求那些想定居的人效忠。国王还可以分发未被分配的土地，拥有任何被遗弃土地的所有权，并为公共服务征用土地，给予土地持有者置换土地，并通过关于土地持有和使用的法律。相应地，国王有义务给每个臣民提供生活和耕种的土地，并允许[125]臣民自由使用林地进行狩猎和采集，使用公共水域进行捕鱼。土地权由国王委托给村长，再由村长委托给户主，最后由户主分配给家庭成员，土地作为生产单位的实际使用权归个人所有(Gluckman，1977)。但土地不能出售，出租、质押或抵押，但牛场和渔场可以按租佃制方式出租。

土地的分配是不平等的。到目前为止，国王拥有的土地最多，他的亲属和议员们拥有的土地次之。这些人构成了拥有土地的阶级。普通农民须向国王缴交租金及贡物，而这些租金及贡物主要是在拥有土地的阶级成员之间重新分配。此外，农民还被要求在洪泛平原上服劳役或强迫劳动，开垦肥沃的沼泽土壤进行耕种，同时改善水路交通(Clarence-Smith，1979a)。耕地通常分为平原内和平原外两部分。农民在平原内外都有小块土地，这无疑是耗时的。为了"使生产合理化，一个家庭有两套住宅变得更加普遍，但造房子也需要额外的劳动"(Horn，1977：146)。

斯威士兰

斯威士兰(Swaziland)君主对土地的集中控制主要是 19 世纪中期斯威士兰国家巩固的产物。这一进程始于斯威士兰著名的君主姆斯瓦蒂(Mswati)，他从 1830 年代末开始实施一项加强斯威士兰国家的方案，以抵御扩张主义的布尔人、英国殖民者以及祖鲁人的多重威胁。姆斯瓦蒂的改革在几个方面影响了农业。首先，他获得了大量的土地，为皇室成员、追随者和他任命的首领提供耕种、放牧和定居用地。事实上，他将名义上的控制权扩大到全国所有的土地，并"对木材和芦苇等自然资源行使绝对权利，他经常要求当地酋长领地提供这些资源"(Crush，1987：20)。

国家被划分为许多酋长领地,到 1890 年代酋邦已超过 100 个。

> 为了行政上的方便和维护地方的统治关系,分配土地给平民的权力仍然掌握在酋长手中……[他]把建筑、耕种和公共放牧的土地分配给那些表示效忠和进贡的平民(Crush,1987:20)。

国家权力得以巩固的同时,年龄军团制度(the age regiment system)加强,新的王权仪式建立,[126]所有这些都改变了原有农业组织的模式和结构。军团不仅是保卫国家的军事单位,也是新近并入的酋长领地里的青年男子社会化的工具,因而它在斯威士兰的民族建设中发挥了重要作用。此外,军团制"使贵族直接控制了大量用于军事和农业目的的劳动力,并为他们提供了实质性的内部垄断强制力"(Crush,1987:24)。

除了在王室田地里劳动外,士兵(或称 imbutfo)还为贵族完成了大量的家务劳动,在冬季又被派去打猎。王室田地的剩余产品主要用于维持军团本身和庞大王室村庄的开销。如此多本该田间劳动的男性劳动力被用于其他用途,这改变了性别分工,导致女性在农庄经济中的劳动时间大大增多。姆斯瓦蒂制定了一些新的王权仪式,包括"因茨瓦拉"(incwala),即庆丰收仪式(first fruits ceremony)。在这个仪式上,人们庆祝自然界的恩惠、王权的至高无上和超自然的力量。"这一仪式也是斯威士兰社会里中央控制农业生产的一个要素,[因为]作为第一批'收成',斯威士兰人在庆祝仪式之前不得食用新收获的粮食。在农业周期之初,姆斯瓦蒂又制定了一个被称为纳扎伊立库巴(neza ilikuba)的仪式。根据这个仪式,在国王公开修理农具之前,任何农庄都不允许破土种植"(Crush,1987:22)。

农民的劳动过程

并非所有非洲农民都生活在中央集权和国家干预之下。许多人生活在独立的村庄社区或高度分权的国家中。但即使是高度集权的国家也并不总是能成功地控制农民的生产组织,管理他们生活的各个方面。事实上,这些国家对调节生产本身的兴趣通常不如最大限度地利用所生产之物的兴趣。因此，农民农业社区在外部压力和制裁下享有不同程度的自主权。农民劳动过程的组织超越了国家组织模式和形式的差异。

农民劳动形式不同，其中最重要的是农民家庭本身提供的劳动。家庭劳动力有时可以得到家庭间劳动力储备、佃农、奴隶、契约劳力和雇佣劳力的补充。在规模、组成和内部劳动分工方面，家庭有很大差异。正如霍普金斯（Hopkins,1973:21）在谈到西非时所说，家庭[127]"很有能力调整其规模和技能，以满足不断变化的环境，创造新的机会。每个家庭的规模在其所处环境中都接近最优"。例如，他指出，"小家庭在尼日利亚中部的卡法亚（Kofyar）人中占主导地位，因为它最适合该地区盛行的精耕细作农业"，而在喀麦隆，"对额外劳动力的需求是一夫多妻制家庭存在和发展的主要原因"（Hopkins,1973:21）。

在埃塞俄比亚，农民家庭在规模、组成和资源上有很大的不同。由于家庭世袭结构的原因，埃塞俄比亚的家庭比大多数非洲社区更加不固定。随着成年子女离开建立新的家庭或非亲属的加入，家庭会缩小或扩大。一般来说，贫穷的里斯特格纳家庭比富裕的里斯特格纳家庭要小，因为后者有更多的资源用于整合。格尔特持有人的家庭往往是最大的家庭。此外，后者可以在一个以上的海拔区耕作，以便使其作物多样化（Hoben,1973;Cohen & Weintraub,1975）。

在许多非洲社区中，在农忙时期，如清理田地、种植和收割时，几个家庭把他们的劳动力资源集中在一起是很常见的。在豪萨人中，家庭被称为集达（gida），家庭佃户和奴隶也属于家庭组织（Smith,1954），个体农民可以召集四种主要类型的劳动小组，称为盖亚（gayya）。一是女儿的未婚夫组织的为新娘服务的劳动队；二是客户发起为其主顾服务的劳动队；三是由富人组织的劳动队；四是为官员强制性服务的劳动队（Watts,1983:127）。

在苏丹北部，劳动队称为那弗（nafir）或法扎阿（faza'a），主要从事诸如收割和脱粒的工作。参与的家庭"有食物和啤酒的款待"（Bjorkelo,1989:65）。在莱索托，调动家庭间协作劳动的能力使巴索托农民比其同行布尔人更有优势。基冈（Keegan,1983:217）引用一位白人定居者的话，他抱怨说：

　　一个本地人发出通知,他马上要收割了,到时会杀一只羊,提供卡弗(Kaffir)啤酒无限畅饮。不一会儿就聚集起一大群人,他的庄稼轻轻松松收割完成,看到这着实令人吃惊。可怜的[白人]农民起床后发现他的孩子们不见了,跑去喝啤酒了。第二天回来,喝得稀里糊涂,根本干不了活。

　　农民家庭劳动力是农业生产的骨干,不仅在农民自己的田地上是骨干,而且在大庄园里也是如此,就像在埃及一样,这些庄园越来越多地依赖从农民家庭中抽调的劳役或强迫[128]劳动。"与征兵不同的是,强迫劳动是强加给全体农村人口的"(Toledano,1990:188)。灌溉工程由徭役工维护。公共工程的强迫劳动与灌溉系统本身一样古老,但随着19世纪灌溉系统的迅猛扩张,维护劳动的需求急剧增加。穆罕默德·阿里政权实行了一种新的制度,与以前不同,可以根据需要将劳役民工从其所在地转移到埃及的任何地方。这意味着,被迁移的农民不能照顾自己的土地和牲畜。往往是整个农民家庭都迁走了。他们的工作包括清理运河和修复堤坝。每个农民年均出工时间为60天,后来减少到45天。通常,农民自备工具和食物。他们的工资是每天一个比索(Piaster)。

租佃分成制度

　　19世纪,租佃分成制度(share cropping)在非洲农业中的重要性尚未得到充分认识。有证据表明,这种做法比人们通常所认识到的更为普遍。在一些学者眼中,佃农的名声并不太好。从新古典经济学的角度来看,它被认为是"低效""不合理"的(Johnson,1950;Sen,1966;Warriner,1969;Jacoby,1971)。在马克思主义者看来,它被视为一种不公正的、"前资本主义的""半封建的"制度(Dumont,1957;Bhaduri,1973;Bell,1977;Pearce,1983)。这些控诉往往把问题过分简化。正如罗伯森(Robertson,1987:2)所指出的那样,租佃分成制度并不是"一种僵化的、不可改变的关系"。它是一个高度灵活的、多样的、复杂的系统,历史上它对资本主义积累既有阻碍,也有促进;既保护了阶级剥削,又改造了阶级剥削。

　　至于它的生产力,罗伯森(Robertson,1987:4)指出,"经验证据证实了这样的观点，即租佃分成制度下的产量可能与土地所有者自己耕作或更'进步的'土地-劳动安排下的产量一样高，甚至更高"。此外，有证据反驳了租佃分成制度必然抑制创新的说法（Hsiao，1975；Braverman & Srinivasan，1981；Nabi，1984）。塞内冈比亚和加纳南部从 19 世纪末开始经历的经济作物"革命"实际上是因租佃分成制度而得以发展的。

如前所述，加纳南部的可可生产始于 19 世纪的最后一个季度。几乎从一开始，可可种植区的家庭劳动力就得到了雇工和佃农的补充。与棕榈油生产不同的是，可可种植不太适合引入奴隶劳动，因为"在最初种植可可的地区，[129]大部分农业投资都是在土地上……如果既要投资土地又要投资奴隶来种植可可，会对大多数农民造成压力"（Sutton，1983：496）。此外，生产可可的劳动密集程度低于棕榈油生产。加纳南部移民中的可可种植者以家庭为单位或通过非亲属组成的公司购买土地，然后再将土地分割归个人使用。家庭组织形式与母系阿坎人（Akan）有关，而公司形式则与父系民族有关（Hill，1963 年）。

雇用佃农的制度被称为阿布萨（abusa）。在可可种植开始之前，阿布萨通常是以缴纳贡物换取土地使用权的形式施行的。根据这种制度，拥有土地的酋长可以从外国人耕种的土地收成中分到三分之一，因为土地给外地人耕种不是免费的。随着可可种植业的发展和"外地农民"涌入可可种植区，这一制度得到了扩大。该地区的酋长将土地授予阿布萨佃农，"当可可农场进入盛产期时"换取可可农场三分之二的股份。"在此之前，酋长要向后者支付餐费，但以今天的标准来看，后者在很短的时间内就会拥有农场三分之一的股份，并有权将其出售、遗赠或托付给看守人"（Robertson，1987：75）。因此，在可可种植的早期，"阿布萨是一种租-购安排"，使劳动力投资能够相当迅速地转变为土地权利。在这个阶段，阿布萨与它的后继者不同的是，它的主要功能是交易农场股份，也即已开发的土地的股份，而不是农产品的份额（Robertson，1987：75）。越来越多的阿布萨佃农在建立新的农场之时或之后被雇用来打理现有的农场。他们通常带着家人来，工作包括采摘、晒干和发酵可可。这一制度对新建农场的农场主的好处是，在可可开始结果之前，他们不必支付劳务费。同时，阿布萨劳工可以得到一块土地来种植粮食，也可以出售。那些承担将可可运到市场并负责间或除草的人还有额外报酬。他们被称为恩可突库阿诺

(nkotokuano)(Sutton,1983:473)。罗伯森的结论是,阿布萨促进了加纳南部可可生产的迅速发展,这一点不容置疑;但他认为这种制度导致了农村社会的"去阶层化",阻止了"明确界定的阶层类别的巩固",这一点值得商榷(Robertson,1987:79)。

从1830年开始,塞内冈比亚地区的花生生产过程中发生了经济作物革命,这是以移民农民为基础的。这些农民,在曼丁卡语(Mandinka)中被称为萨玛-马尼拉(sama manila),或色拉乌利斯(serawoolies),蒂利本卡斯(tillibunkas),或外地农民。他们来自上塞内加尔和尼日尔河谷,[130]前来寻找地理位置优越、生态良好的田地种植利润丰厚的经济作物,特别是种植花生的土地。移民们沿着长途贸易商的足迹而来。他们大多是年轻人,在这里停留两到三年,种植花生,然后带着他们获得的各种货物返回家乡。关于萨玛马-尼拉的起源,存在着争议。有人推断他们是奴隶出身(Klein,1977:355)。另一些人则认为他们是自愿的移民(Jeng,1978:108;Robertson,1987:256—257)。尽管有些萨玛-马尼拉最初可能当过奴隶,尽管奴隶和萨玛-马尼拉的劳动组织有明显的相似之处,但证据的天平似乎倾向于支持后一种观点(Swindell,1980:101—102)。

因此,萨玛-马尼拉本质上是自由的农业创业者。他们的迁徙是由内地的商人或酋长组织的,特别是来自那些已经熟悉种植土著花生品种的民族。从事花生种植的冈比亚农民缺乏足够的劳动力,特别是在英国人废除家庭奴隶制之后。移民得到耕种的土地、种子,有时土地所有者还会提供食物,以换取劳动服务(Swindell,1980:94—97)。这些契约可以重新协商多次,并持续多年,在此期间,移民可以逐步成为独立的生产者(Robertson,1987:205)。因此,移民扮演着双重角色,既是外来农民,又是农场劳工。

到了本世纪末,冈比亚的制度已经从与长途贸易商的活动密切相关的、"基于从当地酋长那里'租借'土地的制度,转变为基于与农场主个人分担劳动的制度"(Swindell,1981:93)。这种变化反映了花生种植区的新现实。越来越多的外行人与土地所有者个人而非酋长进行交易。强制向酋长和政府缴纳固定租金的"惯例"进一步加速了这一转变进程,后来这种租金转化成了税收(Robertson,1987:255)。

外来农民在几内亚比绍的花生生产发展中也发挥了重要作用，在那里，依靠被称为"商站"（feitorias）的公司种植花生。这些公司由非洲和欧洲商人拥有，既是农业设施，也是商务驿站。到 1850 年代末，共有 30 个商站，其三分之二的劳动力来自内地。商站的主人为移民提供交通工具，并在他们南下时为他们提供食物。抵达后，他们会得到一定数量的土地来耕种，还有种子、用具和其他供应品，他们在收获季节结束时偿付这些东西。这种信贷制度对他们不利，[131]许多人最终停留的时间比他们预期的要长（Bowman，1987）。租佃分成制度并不限于为世界市场生产商品。在西非内陆深处，索科托哈里发国的部分地区似乎已经发展出了租佃分成制度，"寻找土地的新农民可以与土地所有者建立伙伴关系，实际上，他们是通过分享农产品收成来支付租金"（Last，1977：104）。

北部非洲和南部非洲也有关于租佃分成制度和租赁的例子。例如，在埃及，租佃分成制度相当普遍。土地所有者支付税款和灌溉费，并提供农具、牲畜、种子和肥料，而佃农及其家庭则为作物提供从耕种到收获的所有劳力，并以五分之一或四分之一的收成作为回报。如果他承担一半的费用，就可以得到一半的作物。在许多情况下，佃农在收割时已经欠下了地主的债务，因此他们往往什么也拿不到，如果有多余收入，他们必须得保证来年继续来打工。租佃分成制的一个变种是佃农制，即一个农民在农业年度内租用一块田地。业主支付税款，并从租户那里获得固定收入（Ayrout，1963：55—56）。

在苏丹，租佃分成制被纳入波斯轮土地制度。随着土耳其-埃及国家建立的新的土地阶级试图开发他们新获得的土地，这一制度得到了传播。例如，在青尼罗河省，许多新地主倾向于使用被称为瓦基尔斯（wakils）的代理人：

> 当他们留在桑纳尔（Sannar）时，代理人为他们管理庄园，收取佣金，形成了一个新的富有的幕后地主阶层。农民实际上是任意而来的租户，在地主或其代理人分配给他们的地块上劳动，分得收成（Awad，1971：220）。

租金和土地费都很高。土地所有者的份额从雨养地作物收成的十分之一到河滩地的五分之一不等。此外,如果地块不需要开垦,如果地块包括河岸的坡地,以及只要佃户在地块上建造房屋或种植芝麻,就要收取额外的费用。租户有时还被要求在地主的私人土地上无偿工作一上午。布乔科罗(Bjorkelo,1989:80)认为,在土耳其-埃及政府统治下,波斯轮制度逐渐瓦解,这使得通过租佃分成安排将缺地、无地的农民和劳动者纳入生产过程的机会越来越小。[132]20世纪初建立了极度依赖租佃分成制的庞大的盖兹拉计划(Gezira scheme)之后,租佃分成制在苏丹农业经济中的重要性得以增加(Robertson,1987:第4章)。

东非最吸引人的租佃制度之一是在基库尤人中发展起来的。与苏丹北部和上述许多社会不同,基库尤人生活在众多的自治社区中,这些社区散布在今天肯尼亚的中部高地。随着19世纪农业的发展,基库尤人定居的边界不断扩大。土地是通过初次清地垦荒,或通过购买、与原土地所有者结成联盟和伙伴关系,或通过使用武力、哄骗以及收养和兼并等做法获得的(Muriuki,1974;Murmann,1974:60—61)。土地所有权归属姆巴里(mbari)的创始人或首领,这是一个以男性血统为准的世系,将土地所有权与婚姻规则结合起来。姆巴里的首领是姆拉玛蒂(Muramati),尽管他并不比其他成员享有更多的权利,但他控制着土地的分配,称为基萨卡(githaka)。土地的使用权可以出售,但只有在权利持有人获得整个姆巴里的同意后才能出售。

到19世纪下半叶,基库尤人已经开垦并占领了大部分高地。这种情况,加上人口增长,导致出现了拥有很少或没有土地的群体。这导致了土地租赁的发展。租户有三类,他们都要支付某种形式的租金。首先是穆古里(muguri),他们靠出让分成获得了土地的使用权。第二类是穆霍伊(muhoi),他们被授予临时耕种权,但不允许种植永久性作物。穆霍伊每年要交纳头批水果和啤酒作为贡物,并在边境上帮助完成清理森林、建造房屋或牛栏以及抵御外部攻击等艰苦的工作。最后是穆塔米(muthami),他们和穆霍伊一样,只是他们有额外的权利,可以在地块上搭建房屋。

这些租户为基库尤农民提供了额外的劳动力。如前所述,大多数人在自己的姆巴里中几乎没有或根本没有土地。租约也可以基于身份关系,例如,父亲将土地给了没有土地的女婿;或寡妇孩子的生父将土地权给予自己的后代。佃户可以被解约要求离开,对于穆古里来说,是在收回其收成份额及其自然增长之后；对于穆霍伊来说，是在庄稼收割完之后；对于穆塔米来说，是在房屋搬迁之后。这些土地租赁安排并不是由一个总的专制国家机器来调解或复制的。本世纪末，英国的殖民使这些安排得到了扩展和改变。

莱索托的租佃分成制发展一方面受到作物种植和畜牧业扩大的制约，[133]另一方面受到欧洲定居者侵占巴索托土地的制约。这两个过程促成了土地集中和无地现象的增加。因此，一些人的土地多，劳动力少；而另一些人的劳动力多，土地少。在早期的租佃分成制中，该制度是以土地所有者和佃户之间的产品份额为基础的。后来又辅以固定地租和雇佣劳动。除了为其他巴索托人工作外，巴索托佃农还越来越多地为邻近的奥兰治自由邦的欧洲定居农民工作（Matsetela，1982；Keegan，1983）。

佃农们有时会组织名为马茨马（matsema）的劳动团队（Matsetela，1982：221）。许多佃农"发展势头很好，日子当然要比贫穷的白人佃农比乔温纳（bijowners）更好过，[这]只会激起白人的愤慨"（Robertson，1987：191）。这种愤慨，加上定居者资本主义农业的扩张和巩固，给租佃分成制度带来了压力：合同期日益缩短，解约走人变得更加普遍，分成减少，劳动要求提高。一些巴索托佃农变成了无产阶级，另一些人则返回莱索托，而莱索托的租佃分成制度也在发生重大变化，灵活性越来越低，而商业化程度越来越高。

这些佃农的案例能在一定程度上打破关于非洲农民的谬见：他们懒散保守，没有其他形式的劳动来补充家务劳动，或他们生活在既不懂剥削也不懂分化的平等主义社区。这些案例还表明，非洲大陆的劳动力迁移并非始于殖民主义。西非农民迁移的显著特点是，他们跨越了不同的社区，而非仅仅通过自己社会的空间限制来进行再生产。很明显，佃农是随着商品生产的扩大和农民之间不平等的加剧而发展起来的。此外，出现了不同形式的佃农，并随着时间的推移而变化。

奴隶的使用

农民农业中使用奴隶的情况似乎也有所增加。关于非洲奴隶制的文献现在相当多。这些文献表明非洲奴隶制极其多样，以偏概全的做法很危险。有些人认为,奴隶制的形式多种多样,不能用一个叫"奴隶制"的词来概括(Kopytoff & Miers,1977)。不足为奇的是,许多学者对给出奴隶制的定义犹豫不决,但他们却在继续讨论它,"好像我们都知道它是什么"(Harms,1978:328)。辩论往往集中在确定奴隶制[134]主要是一种社会现象还是一种经济现象上,似乎这两者都是,而且是可以分开的。

那些强调奴隶制社会意义的人关注的是奴役行为在将人们纳入或吸收到社会中,特别是亲属群体中的作用,并试图用一些命中注定之类的文化术语,不顾史实地解释这样做的方式,却不解释为什么要这样做。他们倾向于强调奴隶拥有哪些"权利"、没有哪些"权利"(Grace,1975:1—20;Igbafe,1975:410—412;Kopytoff & Miers,1977;Falola,1987;O'Sullivan,1980;Bohannan & Curtin,1988:287)。另一些人则认为,用霍普金斯(1973:26)的话来说,"在非洲老早就有劳动力市场。这个市场采取的是奴隶劳动的形式,而不是雇佣劳动的形式,这是基于基本的、但大致准确的成本效益分析而做出的慎重选择的结果"。换句话说,获取奴隶是由于奴隶劳动比雇佣劳动更便宜、更有效率(另见 Northrup,1979:3—5;Manchuelle,1989:115)。

这两种路径都不能令人满意。正如库伯(Cooper,1979:104)所言,后者"将市场重新定义,就像吸收论将亲属关系重新定义一样。两者都没有提供一个充分的框架来分析控制劳动力和提取剩余价值这两者之间的根本差异,也没有提供一个充分的框架来理解控制特定群体和使用奴隶的能力对社会组织、文化价值和意识形态所产生的后果"。吸收论忽视了这样一个事实:奴隶不是由一些无组织的"世系""社会"或"种族"群体获取的,而是由特定的个人和家庭获取的。无论奴隶是否被纳入这些家庭,其待遇是好还是差,他们和家庭的其他成员一样,为了自己和整个家庭的繁衍,必须劳动。市场论则很不正确地假定,雇主所面临的选择只限于奴隶或雇佣劳动。这就忽略了佃农。此外,正如后面将要证明的那样,雇佣劳动并非完全不存在。

不应将奴隶制与各种形式的奴役和依附关系混为一谈,也不应将其与所有类型的契约劳动混为一谈。例如,必须将人质抵押、契约劳工和客户与奴隶区分开来(Igbafe,1975:414—416;Oroge,1985)。那些试图从社会、经济或政治角色中提炼出"非洲奴隶制"本质的定义,不仅忽视了非洲有不同奴隶制这一事实，而且还忽视了每一种奴隶制都有社会、经济和政治方面的因素，这些因素的组合因情况而异，并随着时间的推移而变化。奴隶制不是一个自发的、不受时间影响的制度，而是一个与不断变化的生产制度、亲属制度和统治制度相衔接的过程（Harms，1978：329）。奴隶的角色既不是文化赋予的，也不是抽象的经济的产物，[135]而是具体历史进程的反映，奴隶自身也是影响的一部分。因此，关于吸纳，不再是将其视为某种神秘的"非洲奴隶制"固有特征的问题，而是确定各种吸纳过程如何发生的问题（Cooper，1979：121—125）。

奴隶制和其他形式的劳动之间的联系相当复杂。在马达加斯加，农业奴隶制得以扩大的部分原因是从农民家庭中抽调了被称为"劳役工"（fanompoana）的男性佃户劳动力。这让妇女、儿童和奴隶承担了大部分农活（Campbell，1988a：474—475）。在苏丹西部的索宁克人（the Soninke）中，奴隶制的发展似乎部分是为了应对索宁克人的劳动力迁移。索宁克人越是参加临时移民到塞内冈比亚种植花生，"他们能够购买的奴隶就越多。而且，反过来说，他们买到的奴隶越多，就有更多的家庭成员从农业劳动中解脱出来，或多或少地长期从事贸易"（Manchuelle，1989：109）。从1870年代起，向南非的劳工移民也促进了莫桑比克南部的加扎恩古尼人（the Gaza Nguni）中农业奴隶制的发展（Harries，1981：320）。

在这些社会中的许多地方，奴隶劳动只限于富裕农民、富有的地主和精英阶层。当然，造成这种情况的过程因社会而异。在马达加斯加，奴隶集中在富人手中是从1830年代开始的。这时，劳役工和奴隶的供应已不能满足需求。由此造成的劳动力短缺和奴隶的高成本导致许多农民日益贫困，他们发现购买和保留奴隶更加困难。奴隶越来越多地落入宫廷精英手中，据估计，到1869年，至少有三分之一的"自由"梅里纳（Merina）人口根本没有奴隶，结果是"农业生产从奴隶劳动转为农民劳动，这种情况直到1870年左右才得到扭转"。

在19世纪之前的苏丹，奴隶大都要为官僚和军事服务，女奴会被贵族纳为妾。1800年以后，奴隶贸易和农业奴隶制蓬勃兴起。在达尔富尔，统治精英几乎完全依靠奴隶来耕作他们的庄园（O'Fahey，1973）。奴隶在富裕农民中也被广泛使用。到本世纪末，估计有20％—30％的居民是奴隶（Warburg，1978：221）。对奴隶劳动的需求，一方面是由于农业生产的扩大,另一方面是由于政府对每个水车征收固定税率的政策鼓励了劳动密集型农业的发展。地主可以[136]要么选择更彻底地剥削佃户,要么输入额外的劳动力。通常他们双管齐下(Spaulding,1982:13—16)。

在巴罗茨兰,地主阶级也越来越多地采用奴隶劳动来满足他们的劳动力需求。从 1880 年代开始,随着国家的扩张和臣民人口的增加,以及殖民资本主义的发展,区域农产品市场扩大,农业奴隶劳动的使用越来越多。奴隶的工作涉及农业劳动,还有建造房屋、制造独木舟、充当桨手等等。奴隶往往在严酷、残暴的环境下生活。于是奴隶们以逃亡、磨洋工作为回应,偶尔也会发生奴隶起义,如 1893 年和 1897 年的起义(Clarence-Smith,1979a:231)。当时巴罗茨兰在英国殖民统治下,叫北罗得西亚,后来改名为赞比亚。

在同一经济区域或国家内,奴隶制的出现和使用情况可能因奴隶参与的经济活动而有所不同。例如,在尼日利亚东北部的三个相邻地区,奴隶制对沿海地带和热带草原地带的经济很重要,但对油棕产区不重要,因为那里的劳动力是从粮食生产中转移出来的。在沿海地区,奴隶劳动主要用于划独木舟;而在热带草原地区,奴隶劳动则用于生产粮食。“沿海地区的快速同化系统和粮食出口区的阶级急剧分化系统之间出现了差异”(Northrup,1979:16)。

农业奴隶往往与其他奴隶,如军事奴隶、行政奴隶和贸易奴隶有所区别,在大多数社会中,他们处于奴隶阶级的最底层。在沃洛夫(Wolof),“他们几乎都是从最近被奴役和购买的人中抽选出来的,从事最艰苦和最困难的工作”(Searing,1981:477;Falola,1987:97—101)。第一代奴隶直接在主人手下的田地上劳动,第二代和第三代奴隶通常被安置在不同的村子里;他们要安排好时间以便在主人的田地和自己的田地上分工劳动。最后,“一些奴隶被允许向主人支付与所欠劳动相当的贡品或租金”(Searing,1988:480—481)。因此,农业奴隶本身就根据代际地位和劳动制度的不同而有所区别。

希林(Searing,1988:482)认为,“许多家庭奴隶很可能经过几代人,通过直接转籍得以解放,或经由附属于贵族家庭的佃户成为委托人(client),逐渐与自由农民合并”。这反映了贵族无法将奴隶作为一个社会阶级进行繁衍,部分原因是农民对自己被边缘化的抗争以及奴隶争取[137]

农民化的斗争。拉夫乔伊（Lovejoy，1978a：367—368）和瓦茨（Watts，1983：78）已经注意到了索科托哈里发国从奴隶制到农民化的转变，那里的第二代奴隶往往被吸纳到交租农民的亲属阵营中。

从奴隶制向包括契约劳动和雇佣劳动在内的其他劳动制度的转变，可能是一个持续的过程，但在本世纪末，随着家庭奴隶制走向末路，这种转变加剧了。在一些地方，如尼日利亚中部的比达（Bida）酋长国，以前的奴隶作为其前主人的佃户继续存在（Mason，1973：470—471）。在约鲁巴人中，被称为伊沃法（iwofa）的契约劳工是一种古老而相对受限制的质押制度，它在1890年代迅速发展，并成为"几乎是唯一的家庭外招募劳工的来源，因为大多数被英国人强行解放或被说服离弃的奴隶，并没有成为雇佣劳动者"（Oroge，1985：93）。这种契约劳工制度一直延续到1920年代。

越来越多的证据表明，农业雇佣劳动在一些地方也有所扩大，特别是在19世纪后期。在苏丹，雇佣劳动最初是作为对奴隶劳动的补充而发展起来的，然后在土耳其-埃及统治末期，随着奴隶价格的急剧上升，雇佣劳动开始与奴隶劳动竞争（Spaulding，1982：16；Bjorkelo，1989：80）。奴隶价格的上涨也是雇佣劳动在索宁克人中蔓延的原因（Manchuelle，1989：114—116）。在索科托哈里发国，被称为科瓦多戈（kwadogo）的雇佣劳动也得到了发展，特别是在科比（Kebbi）山谷的旱季水稻种植中，以及在卡齐纳（Katsina）南部的外来棉花劳工中（Watts，1983）。在加纳南部，可可农户用年工和日工来补充阿布萨劳动，年工以固定工资受雇一年，日工则在一年中的特定时间受雇或从事特定工作（Sutton，1983：474—475）。富裕的约鲁巴经济作物农民也更多地使用雇佣劳动（Oroge，1985：94）。

这些劳动制度并不局限于种植者。例如，牧民社区也采用股份合同制。在卢旺达，胡图族农民和图西族牧民生活在同一个国家，后者实行一种复杂的牲畜分成制度。在19世纪下半叶姆瓦米·尤希·盖辛迪罗（Mwami Yuhi Gahindiro）统治之前，所有牲畜饲养者都可以自由使用牧场。后来，可能由于人口和牲畜数量的增加，逐渐在国王或其代表授予的名为伊比-金基（ibi-kingi）的土地上建立了牧场的私有权，以换取以牛为形式的租金。这些牛被用来支持不断扩大的国家官僚机构。伊比-金基佃户不仅有权在自己的牧场上放牧自己家的牲畜，还可以转租。转租人预先交纳租金，[138]如他的牛生了小牛就要再交纳额外租金。佃户和分佃户的牛在一起放牧。这样，原佃户就获得了额外的劳动和收入。佃户死后，伊比-金基也不被分割，由承租人的男性后代继承，他们成为共同承租人（Maquet & Naigiziki，1977）。

马赛人的农牧业经济建立在对三种资源的开发上：牧场、牲畜和劳动力。马赛兰（Maasailand）被划分为不同的领土单位，从牧区到聚居地，再到牛群营地，这些土地上有几个家庭居住。领域性和共同居住，而不是亲属关系，构成了马赛社会的主要组织原则之一。毋庸置疑，领土单位大小不一，它们根据生态条件、牛群规模以及与邻近社区的关系会扩大或收缩。每一个牧区通常都有干燥的保留地，大部分是降雨量充足、地势较高的区域，那里全年都有牧草和水，还有地势较低的地区，那里有丰富的矿物质和盐渍地，可进行季节性放牧。这些地区一般都是在自己的界域内，以便在此进行转场放牧。牧区之间甚至是牧区内部，尤其在严重干旱时期，或是牧区和聚居地扩张的时候，会出现周期性的争夺草场和水源的冲突。

家庭的生存在很大程度上取决于其拥有的牲畜数量，而牲畜数量除了取决于土地的承载能力外，还取决于管理牲畜的可用劳动力。牲畜由家庭拥有，并由户主控制，"户主会给每个妻子分配足够的产奶母畜"（Waller，1985：104）。家庭内部的劳动分工与年龄军团制度相衔接，年龄军团制度是马赛社会的组织原则，它补充并在一定程度上贯穿了空间分工。年龄军团制度是男性人口的一种严格的等级制度。每个年龄组都有一套严格规定的责任、职能和权力。最底层是牧羊人，他们与其他男孩一起放牧家中的牲畜。随着牧羊人年龄的增长，他们先后被提升为初级战士，然后是战士、初级头人，最后是高级头人（Hedlund，1979）。每一个等级，特别是较低的等级，都在牧业经济中发挥着重要作用。

马赛社会存在着相当大的社会分化，其基础是资源的不平等分配。有些家庭拥有的资源比其他家庭多。富裕的牧民拥有更多的资源和更广泛的寻求支持的网络，比贫困的牧民更能幸免于长期干旱和疾病带来的不幸。但他们并不总是有足够的劳动力，而贫困牧民家里[139]有时劳动力多于牲畜。这就导致了主顾交易的发展，前者将其牲畜分配给后者。这种安排使富人能够为其牲畜获得额外的劳动力，而穷人则能够改善其生计，因为他们可以消费后者牲畜的一些产品。它还有助于抵御当地的过度放牧和干旱，并减少疾病的影响。

另一种已经发展起来的做法是富裕家庭雇用贫困家庭的牧民，这在本世纪末已经相当普遍。牧民被编入雇主的家庭，并可以使用一些产奶的牛。有时，如果遇上一个仁慈的雇主，他可能会获得牲畜，最终成为独立的牧主。但只有少数人实现了这种转变。事实上，在本世纪的最后几十年里，劳动力供应增加，而由于牲畜数量减少，对劳动力的需求却随之减少，牛群流行病暴发又导致无畜家庭数量增加，牧民的状况有所恶化。

这些安排促进了劳动力和收入在马赛族贫富家庭间的再分配。收入的再分配还通过一些仪式来实现，富人家庭为这些仪式提供的牲畜比其不太幸运的同胞多得多。这在意识形态上起到了赋予富人权力和声望的作用，同时也掩盖了不平等，促进了牧民平等主义的意识形态形成。

马赛人还试图通过吸纳外来人作为自愿牧民或俘虏，并通过正式的收养和婚姻来满足他们对劳动力的需求。外来人来到马赛兰的目的是为了贸易或获得新的生计。许多来自周边民族的人，如基库尤人和坎巴人（the Kamba），都是男孩和年轻人，他们从事牧民工作后，通常会带着雇主送给他们的几只绵羊和山羊回到自己的社区。一些外来者被正式纳入马赛族部落和家庭。这往往需要在资助移民的头人家中居住和服务很长时间。一旦被收养，移民就会得到一个核心畜群，以确立自己的地位。结婚后，他就独立了。

一般来说，马赛人更喜欢收养儿童，因为作为潜在的新娘或牧民，他们可以帮助家庭发展和巩固其份额持有。这些儿童要么是邻近社区穷人家寄养或质押的，要么是在战争期间作为俘虏获得的。马赛人还非常重视娶外国妇女为妻，因为她们"比马赛妻子便宜"（Waller，1985：112）。[140]简而言之，马赛人善于吸纳外来者，以满足他们的劳动力需求。此外，后者作为耕种者发挥了有益的作用。有人认为马赛兰被牧区包围的农耕地是"那些希望积累牲畜和人脉加入马赛族的外人的过渡地带"（Waller，1985：113）。

种植园制度

关于如何界定非洲的种植园以及是否将非洲的大庄园定性为种植园

的问题,存在着相当大的分歧。在美洲,种植园通常被定义为农业组织。因此,种植园被看作是以出口生产以及外国或大都市所有权为特征的资本主义企业(Beckford,1972;Mintz 1977)。如希林(Searing,1988:478—479)最近所论证的那样,否认非洲的大规模农业生产单位被称为种植园,因为它们的组织和管理方式不同于新世界的种植园,这就错误地假定种植园农业只有一种历史形式。这忽视了这样一个事实,即当地拥有的、按照非资本主义路线组织的、为当地而不是为世界市场生产的种植园已经存在(Bernstein & Pitt,1974;Graves & Richardson,1980)。

在西非,种植园农业成为索科托哈里发国经济的一个重要特征。种植园首先在索科托-里马河(Sokoto-Rima)流域发展起来,在那建立了关杜(Gwandu)和索科托两个首都。种植园是在圣战期间建立的防御中心(称为 ribats)的基础上发展起来的。防御中心吸引了源源不断的战争俘虏和寻求安全感的人们,他们很快就被投入到不断发展的种植园中劳动中。到 1820 年代,种植园已经在关杜和索科托稳固地建立起来。随着经济和政治条件的稳定,种植园很快出现在哈里发的其他地区,但种植园的规模和组织形式各不相同。最大的种植园为贵族和商人阶层所拥有。到本世纪末,政府官员控制的种植园部门的产量比其他群体要小(Lovejoy,1978a,1979,1981;Lovejoy & Baier,1975)。

单个种植园的生命周期相对较短,事实上,种植园和种植园的所有权似乎有明显的分散化趋势。种植园常常在创业园主死后被重新分割给他的子女。许多富有的庄园主宁愿拥有分散的、较小的庄园,以防范歉收或交易,而不是将他们的财产集中在一个地方。有人认为,在努佩(Nupe)的具体案例中,可能有一项故意的"官方"政策,防止单个地区的资产合并,[141],以鼓励发展"一个没有地区对抗的国家"(Mason,1973:467)。

种植园依靠各种形式的劳动,包括家庭劳力、向普通农民征收的徭役和奴隶劳动(Mason,1981:214)。因此,种植园并不像人们常认为的那样完全依赖奴隶劳动(Lovejoy,1978a;Klein & Lovejoy,1979)。在 19 世纪的过程中,家庭劳力、佃农劳动和奴隶劳动的相对重要性很可能因地而异,并发生变化。随着 19 世纪下半叶种植园经济的发展,奴隶制作为一种劳动力来源变得越来越重要,索科托哈里发国事实上成为该地区的一个主要奴隶贸易中心(Tambo,1976;Smaldone,1977)。种植园的奴隶数量取决于种植园的规模和园主的可用资源。他们的数量从少数几个到数千不等。例如，"扎里亚（Zaria）的一位埃米尔穆罕默德·萨尼据说拥有9000名奴隶，他在1846—1860年间蓄养了这些奴隶。虽然其中一些奴隶被留作后宫、宫廷随从和其他非农业活动，但毫无疑问，大多数奴隶从事农业活动"（Lovejoy，1978a：359）。

　　奴隶的工作安排因地而异。例如，梅森（Mason，1981：214）告诉我们，在努佩，"奴隶并不像北方的扎里亚那样与其世系人员一起劳动"。霍根多恩（Hogendorn，1977）描述了奴隶在扎里亚两个社区的劳动条件。他们的劳动有规律可循，轮流在自己的土地上和主人的庄园里劳动。各个劳动小组由一个叫萨金-甘杜（sarkin gandu）的监工监督，他本人也是一名奴隶。他的努力得到了"食物回报，并可根据自己的喜好选择妻子"（Hogendorn，1977：374）。萨金-甘杜强制执行纪律处罚。惩罚的性质取决于犯错的严重程度。迟到会受到额外劳动的惩罚，这减少了犯错者在自己土地上劳动的时间。违抗指令或逃跑则会受到殴打的惩罚。萨金-甘杜还负责在市场上出售庄园的产品，然后向每个奴隶分发少量的钱，让他们能够给自己买点东西。奴隶们可以自由出售他们制作的手工艺品。有时，他们会被释放获得自由，或允许他们付款赎回自己。

　　奴隶们当然不会毫无反抗地屈服于压迫和剥削。在哈里发时代，奴隶制的辩证法包括迁就和反抗。奴隶的命运可以通过合作得到缓解，也可以通过主人的临终宣告、自我购买和第三方的赎金获得解放。抵抗是[142]和解的对立面。对纪律的关注本身就表明，奴隶们试图为他们的剥削设定限度。抵抗的形式多种多样，有隐蔽的，也有公开的，有日常的，也有偶发的。奴隶们经常被指责为懒惰，也就是没有按照主人的要求努力工作。有时他们会采取蓄意破坏和偷窃的手段，甚至对主人进行人身攻击。更大胆的人则逃跑，逃到其他种植园或不容易被追踪到的地方。偶尔也会发生大规模的逃亡和叛乱，如1850年代或1860年代在瓦塞（Wase），1870年在包奇（Bauchi）附近，数百名奴隶进行了反抗。奴隶的反抗往往用穷人的宗教术语来表达，即需要清除宗教压迫和腐败（Lovejoy，1986a，1986b）。

　　种植园农业也在其他新建立的伊斯兰国家发展起来，如马西纳（Massina），种植园由国家任命的官员经营，靠奴隶劳动打理（Azarya，

1979)。国家还用战争缴获和税收积累起来的畜群建立了政府牧场（Johnson，1976a）。在塞古-班巴拉（Segu Bambara），马拉卡人（the Maraka）在18世纪末之前已经建立了谷物和棉花种植园。在种植园工作的奴隶生活在50至500人的奴隶村中，以相当稳定的家庭为单位，工作由奴隶监工管理和监督。罗伯兹（Roberts，1987：第3章）认为，1861年乌马利亚国家（Umarian state）建立后，通过奴隶的反抗和伊斯兰教的传播，种植园制度逐渐变得不那么僵化和苛刻。许多种植园主每年只到他们的种植园一两次，这使奴隶们对自己的生活有了更大的控制权，也增加了他们的集体认同感。随着乌马利亚国家将生产和商业活动的中心从尼日尔河岸转移到沙漠边缘，马拉卡种植园经济开始衰退。

西非的种植园并不局限于伊斯兰国家。在达荷美，随着奴隶贸易的减少，种植园农业变得更加重要。以前要出口的奴隶被转移到种植园，主要生产棕榈油。学者劳（Law，1977a：573），认为，"至少在最初，私营商人是……达荷美大规模油料种植园的主要业主，如果不是唯一业主的话"。只是从19世纪中叶开始，贵族才更多地参与到种植业中来，奴隶制也变得更加严厉和苛刻起来（Webster & Boahen，1974：107—120）。

奴隶制并非是西非各地种植园农业的基础。在利比里亚，种植园主依靠雇佣劳动。可以肯定的是，他们的劳动力似乎永远不会足够。利比里亚的"种植园农业受到政府的鼓励，以加强其经济以及扩大对腹地的控制"（Saha，1988：233）。[143]到了19世纪中叶，全国共有224个种植园，生产包括棉花在内的各种经济作物。然而，劳动力和资本的短缺困扰并最终破坏了种植园经济。

在北非，沿着肥沃的海岸带开辟了种植园，有的是土著种植者建立的，如在利比亚（Dyer，1984），有的是欧洲殖民者建立的，如在阿尔及利亚（Bennoune，1988）。埃及的种植园既依赖强迫劳动，也依赖自愿劳动。如前所述，劳役非常不受欢迎。一旦进入种植园，被强迫劳动者有时就会开小差、偷东西并蓄意破坏庄稼、牲畜和机器，有时还会直接造反。19世纪90年代初，除了扑灭蝗虫、加固堤坝等工作外，劳役终于被废除了。当然，也有一些农民因为没有土地，或者因为家庭的土地数量不足以满足家庭所有成员的生活需求，自愿到种植园工作。到本世纪末，埃及估计有100万到200万人没有土地（Baer，1969：215）。

19 世纪非洲最大的一些种植园是在东非被开发的，包括印度洋岛屿和沿海大陆。种植园在马达加斯加岛迅速发展，特别是在 1820 年代梅里纳国家采取专制主义政策之后（Campbell, 1987）。这些种植园都依靠劳役工的劳动。根据这一政策，每个男性每年都应该为国家提供总计 24 天的无偿劳动。劳役工被用于兵役和行政管理。最重要的是，劳役工成为灌溉工程建设和维护不可缺少的劳力，也是内地水稻种植园和东岸甘蔗种植园的主要劳动力来源。

内陆地区的种植园由统治阶级成员拥有，而沿海地区的种植园则是由一群经过挑选的外国人"与王室联合建立的，前者提供资金、设备和技术，后者提供土地和劳动力……为了满足种植园和相关产业的劳动力需求，王室不得不从岛上其他社区，特别是人口众多的东南部，强行迁走整个社区，或者提供奴隶，因为种植园是劳动密集型的"（Campbell, 1988a：480）。可见，奴隶制是对劳役工劳动力的补充，但它并不像人们普遍认为的那样，是种植园部门或整个梅里纳经济的支柱（Bloch, 1980；Lovejoy, 1983：234，238—239）。

国家和经济对劳役工劳动力的依赖性从 1870 年代末开始增加，[144]"原因是 1882—1885 年的法国-梅里纳战争导致的财政紧急情况，以及 1880 年代和 1890 年代初的商业萧条"（Campbell, 1988b：56）。国家的君主在 1869 年改信基督教，利用传教学校制度作为工具，为农业、军队、工业和传教站的建设招募劳役工。不足为奇的是，反对劳役工的声音变成了反传教士和反基督教的情绪。1895 年 11 月，在法国占领后不到两个月，不满情绪爆发，升级为叛乱，即所谓的梅纳兰巴起义（Menalamba revolt）。起义直到 1897 年 6 月才被有效镇压。数百座教堂被摧毁，许多教会领袖、政府官员和数千名平民丧生（Campbell, 1988b）。

东非沿岸的种植园是阿曼商业帝国的一部分，最初是以奴隶贸易为基础的。由于南方奴隶贸易的崩溃，在沿海地区经营的商人阶级受到了严重的影响（Sheriff, 1987）。他们建立种植园作为出口的替代来源。1820 年代，丁香种植园在桑给巴尔这个商业帝国的中心建立起来。苏丹成了最大的种植园主。不久，统治阶级的其他成员，农民和印度商人开始生产丁香。更多的阿拉伯人从阿曼移民过来。随着土地贵族的巩固，土著农民的农业被边缘化了，这破坏了岛上粮食的自给自足。

丁香种植园需要越来越多的劳动力。传统的每两周一次从土著居民那里得到的劳力显然是不够的。种植园主转向依靠输入奴隶劳动力。在1840 年代和 1850 年代,每年约有 10,000 名奴隶被带入桑给巴尔和彭巴岛(Sheriff,1987:60)。大地主拥有一个以上的庄园和几千个奴隶。每个小地主平均拥有约 30 个奴隶。1850 年代,椰子和蔗糖种植园得以开辟或复兴,部分原因是受到丁香和奴隶价格下跌的影响。

桑给巴尔岛的大部分种植者是阿曼的阿拉伯人。马林迪、蒙巴萨与桑给巴尔岛不同,这里的种植者阶层包括当地的斯瓦希里人。另外,马林迪和蒙巴萨的种植园主要生产粮食。与桑给巴尔一样,富裕的种植园主拥有一个以上的种植园和数百名奴隶。马林迪的种植园平均占地 61 英亩,雇佣 10—20 名奴隶(Cooper,1977:88—89)。蒙巴萨的种植园相对较小,因为城市的位置及它的腹地人口密集的缘故。蒙巴萨与桑给巴尔不同,在某种程度上与马林迪也不同,这里的奴隶与主人一起劳动,而不是代替主人劳动。

[145]奴隶的劳动和劳动时间受到严格的管制,尽管这些种植园的奴隶劳动的工作节奏比不上美洲和加勒比种植园的强度。奴隶们在奴隶监工的监督下,组成团队劳动。但他们对耕作、居住和迁移享有相当大的自主权。在为主人工作的同时,他们可以买卖"自己的房屋和农场,可以借钱,可以进行交易"(Cooper,1977:236)。像各地的奴隶一样,他们想拥有自己的生活,在这种生活中,迁就和反抗、依赖和自治被长期的斗争所束缚。释放奴隶显然很常见,尽管它很少能立即或完全切断依赖关系。当情况变得无法忍受时,奴隶总是可以选择逃避。

东非沿海种植园赖以生存的商业帝国,日益被世界资本主义经济的附庸所削弱,英国在阿曼和桑给巴尔的统治就体现了这一点。大英帝国的野心被裹挟在反奴隶制的言论中。英国对印度商人阶级霸权的建立,为种植园制度和进入内地的商队贸易提供了资金,"使英国领事能够对阿曼国家的财政管理施加强大的影响",并破坏种植园经济的生存能力(Sheriff,1987:207)。种植园主对金融和营销都没有控制权。从 1873 年开始的对奴隶贸易的压制以及后来的奴隶制只是让他们的情况变得更加糟糕。奴隶的获取变得更加困难,价格也更高,同时商品的价格也在下跌。更为复杂的是,由于迅速崩溃的阿曼国家试图填补其日益空虚的国库,种植园主承担的税收也在增加。因此,到1890年代,东非沿岸的种植园经济已开始衰落,尽管它一直蹒跚维持到20世纪。后来它被殖民资本主义改造(Cooper,1977:第4章;1980)。

劳动的性别分工

对非洲前殖民时期性别角色的分析往往受到性别歧视和理想主义偏见的影响。妇女往往被视为男人的附属品和受害者。在泰雷(Terray,1975)、梅拉索克斯(Meillassoux,1978,1981)以及杜普雷和雷伊(Dupre & Rey,1978)构建的模式中,妇女被贬为"商品",其流通由男性长者控制。有人认为,长者通过控制年轻男子获得妇女和婚姻商品(如牛)的机会,调节了人口再生产以及生产和交换关系。这些模式是静态的,将妇女贬低为主要为满足男性生产和生育的需要而获取和交换的"物品"。妇女的从属地位被认为是一种普遍的、永久存在的[146]结构性情况,而不是作为一种社会构建和不断争论的过程而被问题化。曼达拉(Mandala,1990,26—27)在其关于马拉维南部农民经济中的工作和控制权的研究中敏锐地注意到,这些模式中还包含了"社会年龄的性别歧视定义,它将高资历者等同于人口中的男性;而在芒安贾人中,基于年龄的差异是跨越性别界限的。此外,在河谷村庄之间流转的是男孩而不是女孩,他们的流转不涉及婚姻物品的交换"。

妇女积极参与芒安贾社会的经济、政治和思想组织。这既不能说是父权制,也不能说是母权制。曼达拉(Mandala,1990:25)说:"从证据中最多可以推断的是,两性之间的斗争结果还没有定论——尽管对那些对宗教特别感兴趣的[一些]观察家来说,妇女似乎赢得了这场斗争。"在相对松散和脆弱的芒安贾家庭或班贾(banja)家庭中,丈夫和妻子共同拥有一些财产,如房屋、粮仓、粮食和牲畜,而"其他物品,特别是家庭生产工具,则分开持有"(Mandala,1990:51)。在田地里,除了开辟新农场的繁重工作由男子完成外,男子和妇女都从事类似的工作。男孩子负责保护庄稼,防止鸟类和掠夺性野兽的侵害。曼达拉(Mandala,1990:60)的结论是,农业中的男女劳动力在技术上是对等的,尽管:

　　并非所有形式的家庭生产都是如此。有些活,如建造房屋(nyumba)和粮仓(nkhokwe)以及编织席垫,是专门由男性来干的。具体来说,女性干的活包括酿造啤酒、制作盆盆罐罐,更重要的是粮食加工。

　　芒安贾妇女的从属地位始于1860年代,这是两个过程作用的结果,一是奴隶贸易的扩大,二是商人资本的渗透。掠夺奴隶者"肢解了整个社区,而这些社区是女性权力的基础;他们打破了定居模式之间的微妙平衡……并使人口面临粮食短缺和饥荒的风险"(Mandala,1984:145)。流离失所的妇女像男子一样寻求科洛洛(Kololo)武装军阀的保护,这些军阀很快就在奇里河谷(Tchiri valleys)建立了新的政治秩序,其中包括剥夺妇女权利的过程。首先被边缘化的是以前享有特权的妇女。从1870年代开始,欧洲商人资本的渗透也导致了家庭商品生产的扩大,暂时恢复了妇女的自主权和重要性。[147]在1890年代殖民主义制度的建立,从根本上改变了这些关系,加强了男女之间为控制劳动过程而进行的斗争。

　　奴隶制和商人资本在加重妇女对男子的附庸程度、加强对女性劳动和生育剥削等方面的作用,在19世纪的其他社会也得到了证明,如莫桑比克南部(Alpers,1984a)、桑给巴尔和蒙巴萨。在这些地方,妇女的团结以及对不断恶化的从属地位的反对和迁就,是通过精神占有崇拜、舞蹈、自我提升(improvement)和成年礼等来表达的(Strobel,1976,1979;Alpers,1984b)。费尔曼(Feierman,1990:59)曾以坦桑尼亚的沙姆巴伊(Shambaai)为例,认为正是性别不平等促进了19世纪过程中奴隶制出现危急情况。妇女和穷人一样,都要依靠别人。一些穷人沦落到社会边缘,沦为抵押人质或奴隶。妇女依靠丈夫或父亲来维持生活。妇女一旦结婚并来到丈夫的村庄生活,就会有自己的农场,她要用自己的农场养活自己的孩子。丈夫也有自己的农场。一些农活由男女双方分担,而另一些农活则或多或少地共同承担。例如,男子负责开垦土地的前期工作,妇女负责收割。有些农作物种植是按性别划分的。香蕉是男性的作物,而大部分粮食供应来自妇女的农场。

　　在许多社会中,依附关系和女性从属关系往往因商品生产的增长而得到加强,特别是如果男性对土地和牛等生产资源的控制已经在制度和意识形态上得到体现。例如，南部茨瓦纳人的情况似乎就是如此（Kins-man，1983；Peters，1983）。我们对农民生产商品化对农民家庭中性别角色和斗争的影响的了解仍然很少。研究者们更多的是在庆祝商业生产增加的"非洲倡议"，而不是调查劳动过程中发生的变化。但情况开始发生变化。卡内和瓦茨（Carney ＆ Watts，1991）关于塞内冈比亚花生生产对性别关系影响的研究就是一个例子。

正如我们在上一章中所看到的那样，该地区的经济作物生产在 19 世纪经历了非常迅速的增长。随着更多的男子和更富裕的家庭转向花生生产，水稻产量下降，因此，到 1850 年代，以前出口大米的这个地区，现在开始依赖大米进口。1857 年的一场饥荒为粮食危机提供了一个生动的例证。鉴于这些情况，当地开始尝试增加水稻产量。集约化既是一个社会过程，也是性别分工的过程，因为压力[148]落在妇女和贫穷家庭身上，她们不断地抗争。在花生革命之前，性别的劳动分工是以任务为基础的。但后来出现了从"任务到特定作物性别角色"的变化（Carney ＆ Watts，1991：657）。种水稻现在成了妇女的农活，而种花生则成了男人的农活。此外，"随着花生种植向地势高的田地扩展"，男性的劳动场所远离了洪泛区和沼泽地，"男性和女性的农业劳动在高地和低地之间的空间距离越来越大，这导致了按作物进行的更严格的性别劳动分工"（Carney ＆ Watts，1991：657）。

虽然妇女在水稻生产上的劳动时间增加了，但妇女的努力劳动不足以满足日益增长的水稻生产需求，部分原因是由于外来农民的涌入导致地区人口增加。因此，粮食进口持续增长，加强水稻生产给妇女带来更大的压力。这使家庭夫妻关系更加紧张。1889 年实行的殖民统治加强了这种压力和性别斗争，因为殖民地国家对粮食进口量的规模感到震惊，于是通过启动自己的计划来改善水稻生产，努力重新实现家庭粮食自给自足。这些措施包括引进改良的亚洲水稻、垦荒红树林土地和建立一系列灌溉计划。这些措施大多是从 1920 年代开始实施的，但其中许多计划是在 1890 年代，即殖民统治的第一个十年中酝酿出来的。

很快人们就发现，扩大水稻种植面积以增加产量是一回事，而维持水稻种植面积和产量是另一回事。后者要求改变性别分工。这要求男性必须参与水稻种植，但是他们"以水稻是'妇女的作物'为由，成功地抵制了让他们去加强水稻生产劳动的努力"(Carney & Watts,1991:661)。他们以"传统"为依据,却忽略了这个"传统"是在半个世纪前才被发明出来的事实。殖民地国家站在男人一边,以维护父权制的财产劳动制度,而整个殖民事业正是建立在这种制度之上。

这些案例并不能证明商品生产的传播以及更复杂的社会制度必然导致 19 世纪非洲妇女权利受压抑的常见说法。克拉米(Crummey,1981b)对埃塞俄比亚妇女和土地财产的研究清楚地表明,妇女拥有广泛的土地权利,这与人们普遍认为的,在像埃塞俄比亚这样的"封建"社会中,妇女比在王权社会中受到更大压迫的看法相反。

在其他社会,妇女的生产角色、经济自主权、财产权和家庭关系因采用了新的技术而发生了变化。[149]正如我们在上一章中所指出的,南非农民采用犁改变了农业中的性别分工,男子更多地参与了耕作。莱索托似乎也发生了类似的过程。巴索托妇女在农业经济中发挥着核心作用。她们负责采集、饲养猪和家禽、耕种、驱鸟、收割和脱粒。除粮食生产外,妇女还负责粮食加工、取水和收集柴火做饭,并制作许多家庭用品,如篮子和陶器,其中一些制品在家庭以外进行交易。

尽管妇女在经济生产中发挥了关键作用,但她们几乎没有政治权力。在广泛采用牛拉犁之后,男子和妇女的劳动时间都发生了重要变化。与那些认为技术革新减少了妇女劳动时间的人相反,巴索托妇女在农业中的工作量实际上增加了,因为"引进犁后,耕地的数量和面积显著增加,妇女用传统方法和技术来锄草、驱鸟和收割的工作量也相应增加。此外,随着时间的推移,妇女每年的农业劳动时间不再均匀分配"(Eldridge,1991:715)。

妇女在农业中的劳动时间增加的同时,在家庭中其他方面的生产劳动相应减少。例如,她们放弃了"编织、制陶和建房等活计",特别是随着切割石建筑的普及(Eldridge,1991,723)。就她们而言,由于"男人开始帮助女人",她们的劳动时间也被重新分配。"组织除草、收割和脱粒等劳动队变得更加普遍,通过这些劳动队,已婚和未婚的男子帮助完成通常由妇女完成的农业任务"(Eldridge,1991:723)。随着男性越来越多地参与农业,而他们以前在家庭中生产的商品,如毯子、衣服、木制和铁制工具、武器和用具等,在市场上越来越容易买到,他们放弃或减少了生产这些商品的时间。家务劳动的重新分配也影响到年轻人和老年人,他们也被赋予了新的任务。例如,"以前只照顾小牲畜的年轻男孩也开始放牛"(Eldridge,1991:723)。当然,这些调整不仅仅是采用新的农业技术的结果,也是男性劳动力向不断扩大的南非殖民经济体迁移的结果。

除了商业资本主义渗透、商品生产增加和技术变革的影响外,性别分工有时也因政治进程发生变化。[150]斯威士兰的情况表明,在姆斯瓦蒂统治时期建立了军团制度之后,对男性家务劳动力的大规模征用导致"加强了妇女的要求范围和任务……除了主要负责田间农业生产之外,妇女和女孩还参与了本应是神圣不可改变的,管理牛群的任务"(Crush,1987:18)。

在肯尼亚的南迪人中,19世纪下半叶也出现了类似的进程。军事系统进行了重组和扩张,以抵御定期袭击南迪人领地的马赛人,并扩大南迪人自身领地,为迅速增长的牲畜群提供更多的牧场。军事和牧业经济的扩张,使男性劳动力逐渐从农田中消失,女性田间劳动时间由此增加。在此之前,"除了在森林中开垦处女地要男子完成外,所有家庭成员都会共同参与耕种的各个阶段"(Gold,1985:178)。现在,妇女承担了大部分的耕种工作,但剩余的土地被男子占有,通常用于获取牲畜;与只拥有使用权土地不同,男人将牲畜作为私有财产拥有。因此,妇女的从属地位增加了,这个过程是通过身体胁迫,更重要的是通过意识形态的控制来复现的。妇女的从属地位日益增加,与南迪人社会越来越多的不平等有关,但又有所区别。妇女本身的分化也更加严重,富裕男子的妻子与贫穷男子的妻子过着不同的生活。尽管如此,妇女作为一个群体还是遭受着"特殊的性别支配,即长期被排斥在对生产资料的控制之外。虽然贫穷的男子也可能缺少这种控制,但这不一定是一种永久的状况,也不是源于他们的性别"(Gold,1985:199)。

牧区社会中的妇女可能比任何其他群体更容易被文献所忽视,部分原因是研究者倾向于认为这些社会代表着典型的父系制度,在这种制度下,男性被认为全面控制着生产资料——牲畜(Dupire,1963)。当然,现实情况要复杂得多。事实上,妇女才是牧业生产和社会的基础(Nelson,1973,1974;Talle,1988)。

在大多数东非牧区社会,妇女不仅参与牧业生产本身,而且几乎专门负责作物种植和家庭经济（Murmann，1974）。例如，在马赛人中，男性确定的任务包括放牧、浇水和保护牲畜。妇女做的事情远不止这些。她们几乎承担了所有的家务活，包括照顾孩子、护理牲畜、挤奶和[151]宰杀牲畜，并参与照看放养在村庄附近的牲畜（Talle，1988：180）。此外，妇女还控制着牛奶这一牛群主要产品的加工、分配和消费。另外，她们还在村庄周围种植农作物。此外，她们还建造和维护被视为其私有财产的房屋（Rigby，1985：147—153）。这使得妇女作为户主发挥了重要作用，这反过来又使她们既承担了养活各自家庭的责任，又拥有了为儿子托管牲畜的管理权（Waller，1985：104）。换句话说，由男子拥有的牲畜财产通过由妇女控制的家庭制度进行分配。

因此，马赛社会存在着"父系悖论"，即妇女"被剥夺了正式的存在或承认，但同时又对群体的生存和繁衍具有决定性的重要意义"（Talle，1988：201）。妇女在马赛社会中调解生产和繁衍关系的重要性延伸到了贸易领域，她们与男性平等地参与贸易，"与目前完全由男性控制的活畜贸易形成鲜明对比"（Talle，1988：64）。有人认为，马赛妇女的从属地位随着马赛牧业经济的商业化而加剧，"这是由外部力量发起的"，主要是殖民化（Talle，1988：67）。但内部因素肯定也在这一过程中发挥了作用。这只能强调需要对性别角色、习俗和意识形态的变化进行更多的历史研究。把这些变化完全归咎于殖民主义或商业资本的渗透是很吸引眼球的，但却过于简单化。

对北非伊斯兰社会妇女的研究也是简单化的，这种研究基于理想主义的偏见；根据这种偏见，妇女在这些社会中的地位和作用主要归因于伊斯兰宗教和法律文本中的思想和价值观。伊斯兰的"压迫"和西方对妇女的"自由"态度通常形成鲜明的对比。在"穆斯林"世界，任何妇女解放的迹象都被归结为"西化"或"现代化"。很多时候，这种论述被简化为针对伊斯兰教对妇女的影响是积极还是消极的辩护或批评（Daumas，1943；Beck ＆ Keddie，1978；Keddie，1979：231—235；Rassam，1984a，1984b；Kader，1987：1—14）。

这种说法忽略了这样一个事实，即在构成所谓"穆斯林世界"的极其多样化的社会和国家中，正式的文本并没有告诉我们多少关于妇女生活变化的现实。从来没有不变的、同质的"穆斯林妇女"。在 19 世纪以及当代，不同阶层和生产单位的妇女已经并将继续过着截然不同的生活。
[152]由此可见，"西化"或"现代化"的影响也不能一概而论，它因社会、文
化和阶级的不同而各异。

　　关于非洲穆斯林妇女的文献，最多的可能是关于埃及的。塔克
（Tucker，1983，1985）在对 19 世纪埃及妇女的研究中，提出了一个有用
的框架来分析妇女在家庭和大型社会中的角色和地位的变化：第一，妇女
获得资源的机会；第二，妇女在家庭中的地位；第三，妇女参与社会生产；
第四，妇女角色的主流意识形态定义。在研究妇女获得财产的问题时，需
要区分伊斯兰法律和公认的习俗所体现的正式权利和妇女实际使用这些
权利的能力。妇女获得财产是通过家庭来实现的，在家庭中，生产和生育
的需求以复杂的方式结合在一起。不同的家庭结构，从庞大的大家庭到
小型的核心家庭，都受父权制和父系规则的制约。丈夫和妻子之间的角
色区分以及妇女的自主权及获得财产的机会，因家庭结构、家庭组成和生
产资源的差异而不同。

　　19 世纪，埃及农业组织发生了深刻的变化，改变了农业中的性别关
系。前面提到的土地使用权制度的变化对妇女获得土地的机会产生了明
显的影响。收税农业制度的破坏影响了马尔塔齐姆或马尔塔齐姆妻子的
妇女。1814 年，其中一些妇女在开罗街头示威，抗议被剥夺土地。在穆
罕默德·阿里改革之前和之后，大多数农民妇女都不拥有土地。事实上，
土地集中的加剧不仅使农民作为一个阶层陷入贫困，而且减少了农民妇
女获得土地的机会。当然，也有一些妇女通过购买、继承（通常是在没有
男性子女的情况下）或通过男性亲属，特别是父亲的赠与获得土地
（Tucker，1985：43—52）。妇女在动产方面享有更多的权利，包括农具和
牲畜。

　　埃及农民妇女的形象被描述为：过着积极的、不受约束的平等主义生
活，或者，被无情的苦役所累（Marsot，1978：261；Lane，1978：194—196）。
现实情况要复杂得多。在 19 世纪初，卡德尔（Kader，1987：34）认为，"几
乎没有证据表明男性或女性的劳动量有任何差异，尽管特定的任务很可
能是按性别分配的。在灌溉土地的精耕细作的农业体系中，所有在田间
干活的都需要长时间的劳动"。在穆罕默德·阿里的统治下，加大了征兵
规模和徭役时间，[153]大量男子脱离农村经济，结果是妇女在农业生产

中的劳动时间随之增加。后来又采取了招收整个家庭的政策。由是,无论是在自己地块上还是在劳役项目上,家庭都是生产单位。"然而,到了1880年代,由于对劳役的总体需求减少,妇女和家庭已较少出现在劳役劳动中"(Tucker,1985:41)。

到了19世纪末,农村地区男性劳动力的短缺也不如穆罕默德·阿里时代那样严重。这产生了一些后果。随着越来越多的男子受雇于大庄园里,妇女的受雇却仅限于收获季节。因此,随着男子"进入农业市场经济,而妇女则继续从事传统的畜牧业、粮食加工和添柴加火等家务",性别分化加剧(Kader,1987:35)。当然,并非所有家庭都输出男性劳动力。在那些没有输出的家庭中,男子往往在田间全职工作,妇女和儿童在农忙时协助劳作,特别是在播种和收割时。妇女负责家务,如取水、做饭、打扫房间等。她们还饲养牲禽。孩子们照顾牲畜,看管波斯水轮,收集粪便做肥料(Ayrout,1963:58—59)。摩洛哥也有类似的分工(Maher,1974:113—117)。

因此,农民妇女在埃及的地位是复杂、矛盾和变化的。她们一般不拥有土地,但却是农业生产的核心。这既削弱也加强了她们在家庭中的地位。与通行的固有看法相反,农民妇女常常自己选择丈夫,一夫多妻制很罕见,离婚倒是常见,"尽管法律上妇女在争取儿童监护权方面处于不利地位"(Tucker,1985:59)。此外,与上层阶级妇女不同,农民妇女通常并不封闭自我,也不戴面纱。前者,也就是上层社会人士的妻妾,"在埃及500万女性人口中的占比也许不到2%"(Kader,1987:17)。总的来说,由于本世纪发生的各种社会变化,农民和其他更低层阶级妇女的地位和安全感下降,这包括大家庭作为一个半自治单位逐渐衰落,以及随之而来的,以男人为中心的家庭财产的巩固。

有人认为,穆罕默德·阿里政权及其继任者推行的"国家资本主义"对中产阶级妇女产生了不利影响。由于实行国家贸易垄断,商人阶级被边缘化,"这实际上增加了中产阶级妇女的孤立性,使她们只能从事家庭管理,[154]而不是更积极地从事税收农业和商业活动"(Cole,1981:390)。同时,"新的"城市小资产阶级专业人员的妻子越来越多地与丈夫的职业生活隔绝,被归入家庭领域,这与旧的手工业阶级的妇女不同;在旧的手工业阶级中,家庭本身就是生产的单位和领域。

所有这些变化都引发了关于妇女在社会中地位的辩论。女权主义的讨论是在知识分子中进行的。来自中下层的男子，由于他们的地位相当不稳固，往往反对妇女解放，而来自上层的男子则比较支持。妇女解放意味着更多的教育机会及其在公共领域的参与，这会让中下层男子比上层男子损失更大。在 19 世纪末的几十年里，面对英国殖民化和新的性别意识形态的引入，这场辩论变得越来越激烈（Cole，1981：392—405；Canon，1985；Kader，1987：第 2 章）。因此，随着国家政治经济、阶级结构和劳动过程的变化，对妇女社会角色的意识形态定义变得更加有争议。女权运动并不局限于埃及。它最终蔓延到其他穆斯林社会（Saadawi，1980：第 18 章；Badri，1986）。

总　　结

上述讨论应在某种程度上有助于揭开殖民前非洲农业生产关系本质的神秘面纱，并掌握其某些动态。非洲农民既不是惰性的保守者，也并未生活在平等主义的共同体中：既没有被剥削，也没有被分化。农民与国家之间的关系一直是复杂而变化的。在高度集权的专制国家的社会中，农民的盈余通过繁重的税收、徭役，有时甚至是农产品充公等方式被占用。然而，农民并没有轻易地接受剥削和压迫。他们以各种方式进行反抗，既有隐蔽的，也有公开的；既有被动的，也有激进的；既有细微的，也有剧烈的。农民有抵抗，国家有应对，反之亦然，这贯穿了这些社会中土地关系的辩证过程和结构。

农民劳动过程的复杂性和活力尚未得到充分认识。农民，包括耕作农民和牧民，依靠一系列令人眼花缭乱的劳动形式，从家庭和家庭间的劳动组合，到佃农、奴隶、契约劳动和雇佣劳动。事实证明，佃农现象远比人们通常所认为的要普遍得多。不仅在西非，租佃分成的机制为经济作物革命调动劳动力和其他资源方面，发挥了极为重要的作用。奴隶劳动在一些社会的农业生产中也发挥了重要作用，尽管许多学者显然夸大了其普遍性。毫无疑问，虽然奴隶劳动发挥了重要的作用，[155]但是在非洲种植园经济中，家庭劳动是农民农业生产的支柱。非洲经济的主体是农民的产品，而不是种植园的产品。一些历史学家有一种相当粗枝大叶的倾向,把各种形式的奴役和依附关系以及各种类型的抵债劳动与奴隶制混为一谈。例如,委托人和契约劳工常常被与奴隶制混为一谈。对奴隶制的过分关注,可能也转移了历史学家对研究农业雇佣劳动发展的注意力。

　　性别分工问题也没有得到应有的重视。本章试图概述一下一些社会农业经济中的性别分工,它跨越了从"母系"到"父系"的各种家庭形式,并涵盖了不同的意识形态体系,包括伊斯兰教。如果说本章所分析的案例有任何作用的话,那就是指出了还有多少工作要做,同时也指出了关于殖民主义是改善还是恶化了非洲妇女地位的争论是多么的空洞,好像所有的妇女在前殖民时代和殖民时代都过着类似的生活。虽然在现阶段对19世纪非洲农业的性别分工进行任何有意义的猜测都显得草率,但今后的研究似乎很有可能证实,妇女在农业中的劳动时间逐渐增加是一个趋势。当然,造成这种情况的因素是多种多样的。我们需要更多了解的是男女之间的农业盈余分配模式,它们是如何变化的,以及为什么。毋庸置疑,非洲妇女将其劳动成果据为己有的能力不尽相同。

第五章 殖民农业

失败的实验

[156]上一章所讨论的农民和种植园制度,基本上是在非洲人自己控制的社会中发展起来的。但也有少数社会在19世纪中叶已经落入欧洲帝国主义的枷锁之下。本章所研究的这些社会包括葡萄牙在安哥拉和莫桑比克的殖民飞地、布尔人和英国在南非的殖民地以及法国在阿尔及利亚的殖民地。殖民地的农业涉及非洲人和欧洲殖民者之间为争夺土地和劳动力等生产资源以及政治权力而进行的持续斗争。虽然这些殖民者的农民农业和种植园的发展在某些方面有明显的不同,但建立殖民农业的先决条件是强行将非洲人从土地上赶走。

葡萄牙是第一个试图在非洲部分地区进行殖民的欧洲国家。葡萄牙人对奴隶贸易的兴趣远远大于对农业的兴趣。但他们的奴隶贸易活动对他们所左右的社会的农业生产产生了影响。此外,葡萄牙在安哥拉和莫桑比克的一些殖民者开始从事农业。事实上,在19世纪,殖民地政府曾努力促进殖民地的经济作物生产。棉花被指定为重点发展对象。在安哥拉,早在1820年,殖民地国家就"试图通过承诺购买殖民地生产的棉花来促进棉花种植。25年后,政府提出,如果非洲人生产150公斤棉花,就可以免除他们的兵役……政府[还]发放免费种子,为产量最大的种植户设立奖金,免除关税,甚至从巴西主要棉花种植区伯南布哥(Pernambuco)聘请棉花专家来指导种植"(Pitcher,1991:44—45)。

尽管有这些努力,安哥拉和莫桑比克的棉花生产最终还是失败了。

有四个主要原因。首先,棉花价格的下跌使生产者失去信心,削弱了帝国对棉花试验的兴趣。第二,采用了不适当的生产方法,没有尝试让效率较高的非洲农民参与。第三,奴隶贸易的摧残,加上非洲人不愿意为种植者工作,导致劳工短缺。大多数非洲人仍然享有独立的土地和市场准入权,因此他们为葡萄牙种植园主工作的动机不强。[157]在莫桑比克南部,从1850年代开始,许多潜在的劳工宁愿移民到南非,因为那里的工资更高、条件更好。因此,莫桑比克和安哥拉的种植园主开始依赖奴隶,但工作条件非常恶劣,奴隶们经常逃跑。奴隶的反抗也采取了"团伙盗窃"(social banditry)和起义的形式,如1879—1880年发生在莫桑比克南部莫卡梅德斯省(Mocamedes province)的起义。最后,在1860年代和1870年代,棉花种植区受到虫害和疾病的困扰,这不仅使这些地区的人口锐减,而且还导致非洲人为了免受疾病之害而移民(Clarence-Smith,1979;Pitcher,1991:48—60)。

如上文所述,安哥拉的咖啡生产情况稍好。来自葡萄牙和巴西的种植者利用零售贸易的利润,在殖民地的卡森戈(Cazengo)建立了咖啡种植园。由于卡森戈的土著居民忙于生产自己的咖啡,不愿意为殖民者工作,因此使用雇佣劳工的尝试并没有走得很远。因此,奴隶制被视为解决劳动力短缺之道。奴隶大多是从附近地区抓来的,因此防止逃跑是个大问题。奴隶要逃跑,再加上管理不善,意味着殖民者的咖啡经济仍然很脆弱。许多殖民者种植咖啡,其野心不是要在当地投资,而是为了快速获利,并将赚到的钱转移到巴西。这就是为什么"非洲咖啡贸易即使对拥有自己庄园的殖民者来说也很重要"(Birmingham,1978:527)。

事实上,可以说,咖啡的种植延续和其他经济作物的生产扩大,与其说是由于殖民者的成功,不如说是由于他们买卖非洲咖啡的成功。再次引用伯明翰(Birmingham,1978:538)的话:"与种植园相比,黑人小农户对开放作物市场的反应更为迅速,持有信贷的店主对农民土地的扣押引发很多冲突"。海伍德(Heywood,1987:356)在提到奥文本杜人(the Ovimbundu)时也提出了同样的看法。她指出,"在殖民政权的早期,奥文本杜人最初对出口导向型农业生产的机会增加作出了热情的反应;他们的产品,特别是玉米,主导了该地区的出口"。这些评论得到了其他人的赞同(Clarence-Smith & Moorsom,1975)。大多数葡萄牙农民和渔民

是绝望的穷人,不识字,负债累累。本德尔(Bender,1978:98—99)精辟地
评论道:"在安哥拉的内陆地区呈现出一种令人遗憾的景象,许多人完全
生活在痛苦之中。一些人被迫向邻近的非洲人乞讨食物"。

　　莫桑比克的情况也没有什么不同。19 世纪初,17 世纪中叶在赞比西
河谷首次建立的以王室庄园(prazos de cora)为基础的殖民耕作制度陷
入困境。[158]王室庄园建立在通过征服或操纵当地非洲政治获得的土
地上。它们包含四个不同的社会阶级:种植者阶级被称为王室庄园主
(prazeros)、奴隶被称为阿契坤达(achikunda)、自由土著人口被称为科罗
诺斯(colonos)、从属人员或奴隶被称为阿卡波罗(akapolo)。王室庄园未
能发展成为可行的种植园经济,因为它们的存在常常受到其所在地独立
的非洲政治实体的质疑。此外,王室庄园本身也缺乏资本、足够的劳动力
以及足够的农业经验和技术。不足为奇的是,单个王室庄园的寿命相当
短,通常不到 10 年(Isaacman,1972)。

　　到了 19 世纪初,整个王室庄园系统已经走向衰落,奴隶贸易的增长
使劳动力问题更加严重,而且出现了一个幕后的王室庄园主阶层。即使
是奴隶也逃脱了被输出的命运。有些人得到庇护,在内陆地区被同化,因
为他们的军事技能在那里受到重视。另一些人则建立了"跨界"社区,最
初以狩猎和买卖象牙为生,后来又以奴隶贸易为生(Isaacman ＆ Isaac-
man,1975;Isaacman,1986)。奴隶军队的解散使王室庄园变得非常脆
弱。1830 年代,由于干旱和来自非洲邻国的袭击,王室庄园遭到破坏,最
终导致了 1840 年代的恩古尼人的入侵。到 19 世纪中期,许多王室庄园
放弃了生产。

　　1854 年和 1863 年,人们试图更改王室庄园制度。1854 年的法令废
除了旧的王室庄园,这为建立新的王室庄园创造了条件。它们的拥有人
现在需要在五年内耕种土地,向国家缴纳 10％的利润税,自由土著人对
王室庄园主纳贡的旧有义务被废除,而奴隶制亦被废除。但该法令形同
虚设,是一纸空文。1863 年的法令要求通过强化在该地区的军事存在来
执行 1854 年的法令。但情况几乎没有任何改善。问题是葡萄牙既没有
财力也没有人力来执行其政策(Vail ＆ White,1980;Newitt,1981;Ne-
witt,1988;Seleti,1990)。

　　与此同时,在大多数王室庄园所在的赞比西河谷,一场以农民生产为

基础的农业"革命"正在发生。农民的植物油和谷物生产猛增。这导致农民社区之间的分化加剧,劳动组织发生了变化。为提供农业劳动而成立的青年男子社团(nomi)和已婚男子社团(ndomba)大量增加,地方奴隶制扩大。国家试图通过征收人头税[159]和成立公司购买农民产品来套取农民日益增长的财富,这引发了 1878 年的马库塔起义(Makuta rising)和 1884 年的马辛基利起义(Massingiri rising)。1886 年,政府认为农民有权在不受干预的情况下种植农作物和出售农产品。但这只是一个暂时的胜利,因为在 1880 年,殖民化和瓜分非洲的力量正在蓄势待发。印度商人主导了农民产品的贸易。这不仅剥夺了国家急需的收入,也给人留下了葡萄牙没能有效占领莫桑比克的危险印象。

在 1890 年代,意志坚定但穷困潦倒的葡萄牙政府向外国公司授予特许权,以确保"有效占领"并鼓励投资。这些公司被允许向其所在地区的居民征税,控制农民产品的贸易,并建立种植园,国家将确保为其提供足够的劳动力。赞比西河谷的王室庄园由赞比西亚公司接管。其他主要的特许公司包括莫桑比克公司和尼亚萨公司(the Niassa Company)。这些公司建立了巨大的食糖、椰子、剑麻、烟草、棉花、咖啡种植园和绵羊养殖场,其基础是残酷的强迫劳动制度;这种制度以某种形式存在,直到 1970 年代初非殖民化为止。

构建种族资本主义

在南非,殖民农业始于开普。科伊桑牧民首先与殖民者对峙,随后又与远在内陆的科萨人和其他农业民族对垒。这种原始积累的过程是暴力的,伴随着征服和抵抗的战争。征服并不总是意味着土地冲突的结束,反而经常导致冲突的加剧。将土著非洲居民从土地上驱逐出去的企图要么遭到抵制,要么无法完全实现,因为殖民者需要非洲劳动力和佃户。

开普的农民殖民者最初依赖从亚洲、马达加斯加和莫桑比克获得的奴隶劳动力,以及被剥夺了土地的科伊桑人的劳动力。1798 年,共有 25,754 名奴隶,而不包括科伊科伊人在内的自由农民人口为 21,746 人。到 1834 年,奴隶人数为 36,169 人。与人们普遍认为的相反,开普省的奴隶制并不"温和",它与美洲的奴隶制一样严酷和残暴(Worden, 1985,

Armstrong & Worden,1989)。在1828年至1838年期间,奴隶和科伊桑人在法律上的身份障碍被取消了,尽管他们的地位并没有显著改变。大多数前奴隶和科伊桑人只是变成了低工资、受压迫的农业无产阶级(Ross,1986)。从1860年代开始,随着殖民者对农村土地的集中持有,没有土地的贫穷白人数量增加,[160]他们成为农业劳动力的重要组成部分,既是雇佣劳动力,也是劳工佃户(Bundy,1986)。

随着殖民边疆向东开普、纳塔尔、奥兰治自由邦和德兰士瓦的深入,非洲佃户、佃农以及在较小范围内的移民劳工成为定居农民最重要的劳动力来源。租赁和佃农制度对地主和佃户都有利。地主不会因佃户开小差得到权益保障,佃户也可以免受驱逐而安心。此外,这个制度容许租户控制自己的劳动、工作节奏、生产模式和资本累积,地主则可以在无需筹集资金投资的情况下增加其土地的生产,尤其是在农民和地主的农业技术相似的情况下。事实上,佃户的牛被广泛用于耕作,补充地主家耕牛的不足(Keegan,1982,1986,1987;Matsetela,1982;Beinart,1986;Trapido,1986)。

这并不意味着佃户和地主之间没有冲突。(两者)对租佃条款是有争议的。非洲人对剥削的抵抗无处不在,他们采取了各种形式,但往往是小范围的。"具体的行动可能包括拒绝支付租金,拖延提供劳动力,拒绝从事某些类型的工作或保留技能,降低工作速度,直接破坏围栏或挑断牛的脚筋等"(Beinart & Delius,1986:45)。此外,不满意的佃户和佃农的反应是搬离到其他农场或保留地。偶尔他们也会反抗。有时,他们会集中资源,购买自己的土地。这种集体的努力、斗争和防卫是通过土话来表达的,这促进了民族性的构建(Beinart & Delius,1986:42—49;Keegan,1986b:234,245—249;Beinart,1986:278—285)。

在19世纪的大部分时间里,这些斗争成功地遏制了殖民者对劳动过程的控制。事实上,"19世纪末以前的剩余分配是零星的、任意的。大多数黑人人口,无论他们是否生活在白人拥有的土地上,都是在殖民者的权威下非常有限地融入新的生产关系中"(Keegan,1989:675)。非洲农民的农业实际上是在扩大的(Bundy,1979;Beinart,1980a,1982)。事实上,直到20世纪初,高原(Highveld)可耕地上生产的大部分谷物都来自非洲农民(Keegan,1987:51)。殖民者经济长期衰退,他们预计要越来越依赖非洲农民,这让他们感到恐惧。农民殖民者决心阻止这种未来。

非洲农民的劳动过程是相当复杂的,因为有不同的社会生产体系,[161]每个体系都有自己的剩余劳动力分配机制(Murray,1989:653)。首先是劳工佃户,他们利用自己的家庭劳动在自己的土地上和地主的土地上工作。在殖民者移居地区,更重要的是佃农(sharecroppers)。在本世纪最后20年,随着殖民土地所有者和承租人(其中许多人在幕后操控,并不出面),以及流离失所、被剥夺财产的非洲人试图利用经济迅速增长的机会,佃农的规模扩大了。佃农并不总是能够将整个家庭的劳动力集中起来,因为这些家庭通常一定程度上依赖雇佣劳动进行财富积累。许多进入租分成制种植的家庭往往利用亲属关系网来获得牲畜和劳动力,以建立农场。除此之外,较富裕的佃农有时会得到农场劳工佃户的帮助,特别是在锄草、收割和脱粒的季节(Keegan,1987:第3章)。

还有是一群拥有永久业权的农民,他们的规模在本世纪的最后几十年不断扩大。这些农民控制着自己的劳动和生产。非洲大地主经常以雇工、佃户和佃农来补充家庭劳动力。最后,有些农民通常还享有劳动力用益物权(customary usufructuary tenure)。他们依靠自己的家庭劳动力,在互惠的基础上可以从其他家庭集中劳动力。实际上,路易斯(Lewis,1984:4—8)认为,在科萨人中生产单位不是家庭,而是由几个家庭组成的农庄,通常由拥有大多数牛的户主来领导。来自没有牛的家庭的年轻人依附于有很多牛的家庭,并为其工作,其目的之一是为了获得牛来支付聘礼。

在1870年至1890年期间,非洲富裕的农民可能由于矿产革命达到了成功的顶峰,同时,矿产革命使农民的产品市场急剧增加,为农民打开了机会之窗,也为他们最终被边缘化埋下了伏笔。莱盖斯克(Legassick,1977)和本迪(Bundy,1979)认为,矿业公司和白人定居农民之间出现了一个“黄金”和“玉米”联盟,以剥夺非洲人的土地,迫使他们进入雇佣就业市场;对于白人定居农民来说,则是把非洲人作为竞争者从内部市场上清除出去,特别是在世界市场处于衰退状态之时。“黄金和玉米”联盟成为国家机器中占主导地位的“权力集团”,使“本土的自由主义朋友”,即商人和其他自由主义思想家黯然失色,这些人的自由主义寄托在农民积累财富的牛车上(Trapido,1980)。不应夸大白人定居农民和采矿业之间利益的一致性，因为他们之间存在着一些冲突，[162]特别是在劳工问题上（Lacey，1981；Morris，1981；Murray，1987）。

19世纪最后25年的经济快速增长，伴随着定居者和非洲农民之间的日益分化。没有土地的布尔人叫被称作"拜温纳斯"（bywoners），其人数由于土地集中度的提高、土地过度分割和债务的增加而增多了，而这些变化是由农业市场的兴衰周期引发的。高原地区一半以上的农村定居家庭都是拜温纳斯（Keegan，1987：21）。拜温纳斯发现自己很难与非洲生产者，包括佃农竞争。这激起了布尔人对非洲佃农的普遍敌意，特别是对那些生活在无人管理土地上的佃农。因此，殖民者社会与非洲社会一样，变得更加分化。

但是，这些划分越来越模糊，农村殖民者阶级的不满凝聚成了一种夸大的阿非利卡人集体受伤感。"可怜的白人主义"的发现和发展，促进了种族资本主义发展和非洲农民的边缘化（Bundy，1986：119—123）。而就其本身而言，由于殖民者农民和商人之间的裂痕"在很大程度上与白人群体的种族裂痕相对应，所以很容易将农民的利益定义为阿非利卡人的利益"（Giliomee，1987：58）。因此，人们越来越倾向于从意识形态上将阿非利卡群体的形成定义为既反对英国商人又反对非洲竞争者的运动。阿非利卡人的思想家开始煽动国家干预。他们要求提供受保护的市场、更容易获得信贷、消除非洲的竞争，以及定期提供可靠、廉价的非洲劳工。

矿业资本的活动助长了土地投机，加剧了非洲土地被剥夺的压力。"这种投机的冲动造成了这样的事实：到1900年，南非共和国总土地面积的近五分之一被土地公司或幕后地主所占有"（Trapido，1986：337）。这对资本主义农业和农民农业的发展都产生了倒退的影响，因为幕后地主对农业生产和投资几乎没有兴趣，而独立的农民却越来越多地失去了自己的土地，从佃户和佃农那里榨取劳动力和贡品的现象大幅加剧。

1890年代，这种潮流开始对非洲农民产生决定性的影响。首先是干旱和牛瘟流行等生态灾难，以及1899—1902年南非战争的掠夺，成千上万的非洲人被迫迁移，他们的粮食和牲畜被征用，他们的家园和田地被摧毁。[163]贸易条件也对农民不利，因为商人收紧了信贷制度，提高了向农民提供的预付款的利率。此外，商人越来越喜欢以实物而非现金来支付农民的产品。在王室土地上和商业殖民者农场上，非洲租户越来越多地面临着被驱逐或租金上涨,以及对可用土地和牲畜数量的限制。农民和佃农之间的区别越来越模糊。基冈(Keegan,1987:121—124)认为,定居的农民想要的是一个依附性、奴役性和可塑性强的佃户劳动力,而不是一个完全无产阶级化的劳动力群体。

在这个试图创造农奴化佃农的过程中,以及后来在补贴和巩固殖民者资本主义农业的过程中,国家发挥了核心作用。它通过土地银行提供廉价信贷,建设交通基础设施,协调营销设施,维持推广服务,这些是最重要的援助形式。从 1880 年代开始,国家还制定了一系列的通行证和反棚户区法。前者旨在控制租户的流动性并将低工资标准化,后者则是为了遏制佃农在幕后地主土地上进行耕作的现象。其他的法律,如 1884 年的《格伦-格雷法》(the Glen Grey Act)规定在非洲地区普及私有土地,并对非洲农民可以拥有的土地数量进行限制,目的是遏制非洲人的财富积累。

在世纪之交,对非洲农民的压迫越来越紧。1903 年至 1905 年期间,通过了一系列法律,禁止向非洲人出售王室土地,并向非洲人征收一些新的税费,所有这些都提高了农民的生活成本,使他们更难购买或租用土地,也更难对土地进行任何改进以提高生产力。让农民边缘化的棺材上的最后一个立法钉子,是 1913 年的《土著土地法》(the Native Lands Act),该法废除了殖民者和非洲人之间的自由土地市场,将国家划分为“白人”南非和非洲人“保留地”。“白人”南非拥有 92.5% 的土地,后来减少到 87%;其余土地为非洲人的“保留地”(Bundy,1979:第 4 章)。

这一连串的立法并没有立即导致非洲农民的衰落。“为了资本积累的利益,在被隔离的土地上征服并剥夺黑人的斗争要持续更长的时间”(Keegan,1989:677)。事实上,这一时期,非洲人反对剥夺和无产阶级化的斗争愈演愈烈。农村人口每天开展斗争,也会采取更大规模、更有组织的抵抗形式。这些斗争包括通过代表团、请愿和诉讼进行呼吁;拒绝纳税;反对农村委员会;反对槽式酸洗(anti-dipping protests),[164]通常是把酸洗池引爆、毁坏或钉上木桩;抵制商店;偶尔也发生叛乱骚乱。

这些斗争的组织和表达方式各不相同,因为农村居民分为不同的群体。如传统的统治精英,自觉“进步”的基督教化精英,富裕的农民,以及大量的贫苦农民和农民工。抗议者为收回或保护土地以及其他“传统”资源成立了酋长运动（chieftaincy movements）、为维护文化自治成立独立教会或通过移民劳工协会和工会来进行抵抗，并用方言、防御性的传统主义、非洲民族主义或基督精神等方式来表达他们的斗争。这些斗争并没有成功地击败国家和资本主义的干预，但它们为未来的斗争奠定了基础（Marks，1986；Beinart & Bundy，1987；Bradford，1987）。

伴随着殖民者资本主义农业的发展，企业种植园农业也在发展。19世纪下半叶，在商业性棉花种植失败后，纳塔尔建立了一个大型的糖业种植园。1855 年至 1866 年间，纳塔尔甘蔗种植园发展迅速，从 862 英亩扩大到 12,746 英亩。这种增长是"有利的价格、合理的低工资和保护性关税结构相结合的结果。除了这些优势之外，后来还加上了部分控制的劳动力市场和金融投机的短暂利益"（Richardson，1986：133）。制定有利于种植园主的关税政策，凸显了国家从一开始就在种植园制度的发展中发挥了至关重要的作用。通过"自由进口计划"，种植园主可以免关税进口种子、植物、肥料、农具和蔗糖加工机械，甚至牲畜。此外，国家还对劳动力市场进行干预，通过建立非洲劳力储备和进口移民劳动力，包括印度的契约劳工，确保种植者有足够的劳动力供应。

纳塔尔种植园种植甘蔗的总面积从 1866 年的 12,746 英亩上升到 1898 年的 33,033 英亩。这种增长并不是一直稳定。该产业在发展过程中经历了与国家经济本身同步的周期性波动。在 1867 年至 1891 年的 24 年中，有 14 年的甘蔗种植面积低于 1871 年记录的 22,182 英亩，1868 年的产量高峰直到 1874 年才被超越。在随后的几十年里，虽然总体产量上升，但周期性波动的模式仍在继续（Richardson，1986：149）。直到 1870 年代初，庄园的平均面积仍远低于 300 英亩。大部分的土地都是以永久产权的形式持有，少数土地是以租赁的形式持有。[165]纳塔尔蔗糖的主要市场是开普，然后是德兰士瓦，这是采矿业发展带来的新市场。国内市场占食糖总产量的 15％。1888 年至 1908 年期间，出口到世界市场的产品"按价值计算，从未超过纳塔尔总出口额的 6.2％"，因此可以说，纳塔尔种植园经济并没有"以西印度群岛、斐济或毛里求斯的方式融入世界市场"（Graves & Richardson，1980：222）。

纳塔尔种植园在同一单位结合了两个生产过程。一个是农业生产，以甘蔗的种植和收获为基础；另一个是工业生产，包括在磨坊中加工甘蔗。这在一定程度上解释了种植园对劳动力的大量需求。祖鲁人是该地区人数最多、势力最强的非洲人群体，但由于祖鲁人在 1879 年之前一直没有被征服，殖民地国家也没有通过殖民主义的劳动力创造机制——土地转让和税收——来胁迫他们，因此，从祖鲁人那里招募劳动力的尝试受到了挫折。不过，一些祖鲁族劳工自愿将自己的劳动力交给甘蔗种植园，但他们与种植园主之间的冲突可能阻止了其他人的参与。

阿特金斯（Atkins，1988）在一篇引人入胜的论文中认为，种植园主未能吸引祖鲁人的劳动力，其根源在于两个群体时间取向的冲突。在时间计算上的分歧导致了冲突，因为种植园主试图通过简易惩罚来强制执行他们的工业时间，其效果是将祖鲁人进一步赶出劳动力市场。祖鲁人的历法由 28 天的农历月组成，称为"伊尼杨加"（inyanga），每天的工作时间严格安排在日出和日落之间。因此，当祖鲁人受雇按"月"领取工资时，希望每 28 天一付，而不是像欧洲人的日历那样，每 30 天或 31 天领一次工资。此外，夏季有 14 个小时的日照，而在冬季，也就是生产过程的高峰期，只有 10.5 小时的日照。试图让祖鲁人在冬季工作与夏季相同的小时数，遭到抵制。简而言之，种植园主将他们的时间制度强加给祖鲁人的努力"被视为企图欺骗他们的时间"，因此，为了安抚他们，"雇主们要么顺从土著人的习惯，要么冒着前者突然退出市场的风险"（Atkins，1988：232）。此外，祖鲁人要遵守传统节日、要兼顾自己农场的工作时间安排，这经常打断祖鲁人的劳动力流动。

因此，关于时间定义的斗争在种植园主寻找其他普通、可靠和廉价的劳动力来源过程中发挥了作用。奴隶制现在当然是不可能的了。因此，在国家的帮助下，他们转而寻找移民劳工。与普遍的看法相反，[166]这些劳动力并不完全由契约印度工人组成。1860 年开始进口印度劳工，1866 年由于食糖价格暴跌，种植者和国家继续进口计划的成本非常高，于是停止了劳工进口，直到 1874 年才恢复进口印度契约劳工。"然而在1866—1874 年期间，糖产量却增加了 51％。在这些年里，来自纳塔尔以外的非洲移民工人在殖民地建立甘蔗种植园方面，即便没有起到决定性作用，也是发挥了重要的作用"（Harries，1987：379）。

非洲移民劳工最初来自于德兰士瓦北部和东部的各个酋长领地。但随着 1870 年代和 1880 年代采矿业的发展，这些来源逐渐枯竭。这导致了从莫桑比克进口工人，称为阿马顿加（amatonga），并促进了契约印度移民的恢复。1879 年祖鲁人在英-祖鲁战争中战败后，外国进口计划变得不那么重要。废除祖鲁人的军事制度，实行殖民税和土地转让等做法，迫使越来越多的祖鲁人进入劳动力市场。

因此，到了 1890 年代，纳塔尔种植园的劳动力根据种族、出生地和技能的不同而高度分化。管理总体上由欧洲人把控。种植园主重视契约劳工，因为这些工人提供了"可靠的"服务，"减少了种植园主对劳动力成本和供应波动的风险，这种波动是由不稳定的国际食糖价格和来自南部非洲新的劳动力市场的竞争带来的"（Harries，1987：394）。例如，阿马顿加越来越多地涌向德兰士瓦矿区中心收入较高的工作岗位。1860 年至1874 年，以及 1874 年至 1911 年，总共有大约 152,814 名契约印度劳工被带到纳塔尔，其中大部分人签了五年合同在甘蔗庄园工作（Richardson，1982：519）。印度劳工的生活条件很艰苦。他们被剥夺了财产所有权，许多人在合同结束后被强行遣返。但有一些人留了下来，成为南非印度人的核心（Pachai，1971 年）。

在 19 世纪的最后二十年里，纳塔尔糖业也变得越来越集中，以"应对各种压力，如价格的波动、可用资本的数量、劳动力的价格、技术的变化、作物病害问题和销售的变化"（Graves & Richardson，1980：226）。例如，1878 年，产量首次下降到每英亩 1 吨以下，1885 年和 1891 年又出现了这样的情况。1896 年最惨，由于土壤肥力枯竭和蝗灾的共同打击，产量大幅下降。所有这些压力不仅促进了资本的集中，[167]也促进了技术现代化和"通过增加工作日的时长"对劳动力的加强剥削（Richardson，1982：424—425）。小种植园主的重要性下降了。较大的糖厂和庄园越来越多地归公司所有，这一过程得到了外国资本（主要是英国资本）流入的支持，以及以种植园和糖业公司中互为董事为特征的垄断性所有权结构兴起的支持。20 世纪非洲农业企业的结构已经奠定。

南非资本主义农业的建设是一个漫长的过程。到 19 世纪末，这一过程还远未结束。但基础已经奠定。殖民地国家在这一过程中的作用怎么强调都不过分。最终，正如德农（Denoon，1983：122）所说，"殖民者在食糖、玉米、葡萄酒、羊毛、牛肉和水果生产方面的胜利，都是政治上的胜利。镇压非洲竞争对手，剥夺非洲佃农，调动劳动力，提供推广服务，提供信贷便利,甚至保证市场,都是几个国家根据白人农民的需要而完成的"。具体来说,农民发展不起来意味着保留地生态的衰败、长期贫困以及持续的饥饿和营养不良。正在出现的新种族资本主义秩序中,非洲人对资源的权利减少了,因此在缺乏有效的新战略取而代之的情况下,适应粮食短缺的旧生产和社会战略逐渐变得无效。也因此,南非的情况预示了 20 世纪将蔓延非洲的资本主义狰狞新面孔的大致轮廓(Webster,1986;Wylie,1989)。

再现大都会

法国于 1830 年开始征服阿尔及利亚。征服是一个漫长的过程,经历了四个阶段。第一阶段从 1830 年到 1839 年,主要是占领城市中心及其周围的农业地区。第二阶段从 1839 年到 1847 年,征服了阿尔及利亚北部特尔(Tell)地区肥沃的农业平原。第三阶段从 1848 年至 1871 年,第四阶段从 1872 年至 1900 年,在此期间征服了卡比利亚(Kabylie)山区和沙漠。法国对阿尔及利亚的殖民征服之所以如此旷日持久,是因为阿尔及利亚人的激烈抵抗。尽管"农村抵抗殖民主义的主力在 1871 年被击溃",但农村人口抵抗对其土地的占领的斗争一直延续到 1884 年(Bennoune,1988:40)。

四个阶段中的每一个阶段,"除了最后一个阶段涉及对欧洲定居农业意义不大的地区外,都伴随着一系列的没收法令和行动",这导致阿尔及利亚人的土地被剥夺(Ruedy,1967:38)。[168]土地被征用,要么是通过国家本身武力占用,要么是通过私人利益集团购买征用。在 19 世纪,第一种方法比第二种方法更重要。最先被征用的是王国的公共土地,即所谓的贝伊利克(beylik)。1830 年至 1851 年期间,被征用的土地面积为40—50 万公顷。随后通过扣押、没收、驻军、操纵穆斯林法律以及颁布殖民法律和法令等任意措施,法国又没收了其他土地,如特尔的自由产权土地(被称为"牛奶"),宗教土地或栖息地(habous),统治者达伊(deys)和贝伊(beys)授予特定部落以换取征战、治安和收税服务的马卡赞(makhzan)土地,被称为"阿尔什"(arsh)的部落土地以及森林、峡谷和山坡地带的马瓦特(mawat)土地(Ruedy,1967)。

　　到 1851 年，土地转让和定居者农业基本立法、司法和行政机制已经奠定。1851 年前后通过的法律，旨在促进定居者的财富积累和阿尔及利亚农民的边缘化。例如，1863 年的《参议院-顾问法》（the senatus-consulte law）就特别想通过驻军、分割部落土地以及建立私有财产来实现"部落的解体"。由于这项法律，数百个部落因人为划界而分崩离析；在 1863 年和 1870 年间阿尔及利亚的农村社区失去了 14％最优质肥沃土地和所有森林（Hermassi，1972：22；Bennoune，1988：44—45）。

　　如果说 1863 年的法律试图将农民从集体社会组织中连根拔起，并"将穆斯林所拥有的所有土地投放到公开市场上，使其可供法国定居者购买或没收"（Wolf，1969：213），那么 1873 年的《瓦尼尔法》（the Warnier Law）则试图将家庭持有的土地系统地分割成不利于耕种的地块。这成为"投机者手中掠夺的有效工具。有赎回权的高利贷导致无数农民的不动产被强占。投机者用尽一切可以想象的手段，挑起合法拍卖以出售"（Bennoune，1988：47）。通过这一机制，定居者在 1871 年至 1896 年间侵占了 563,000 公顷肥沃的可耕地。到 1908 年，定居者总共购买了 896,180 公顷阿尔及利亚最肥沃的土地。国家则在 1841 年至 1900 年间向 706 个"殖民中心"的定居者分配了 1,178,099 公顷土地。总的来说，到 1900 年，定居者控制了 1,912,000 公顷土地，国家控制了几百万公顷土地（Bennoune，1988：48—50）。

　　阿尔及利亚农民不仅失去了一些最肥沃的土地，让给了定居者，国家还向他们勒索钱财以支付执行这些法律的费用。这并不意味着阿尔及利亚农村社区沦为同质化的贫苦农民群体。[169]旧的贫富差别依然存在，新的差别又产生了。事实上，为了保障盟友，国家越来越愿意"与土地拥有者、小资产阶级和农村资产阶级达成协议"，这些人中有的已收回被没收的土地（Ruedy，1967：66）。事实上，很多既有家族仍然保留了一些土地和相当多的地方权力。因此，在"剧烈的、有时是毁灭性的政治、社会和经济变革"的背后，"阿尔及利亚本地领导层的重要部分""有显著的家族连续性"（Sivers，1975：274；1979）。

　　正如布雷特（Brett，1986：160）所观察到的，这种分析对集体"被斩首"社会这一流行概念提出了挑战（Hermassi，1972）。有一些阿尔及利亚人设法从移民手中买回一些土地。1878 年至 1908 年期间，定居者出售给阿尔及利亚人的土地达 257,168 公顷。不过,在同一时期,定居者从阿尔及利亚人手中购买的土地几乎是该数量的 3.3 倍。此外,交换条件是不平等的:阿尔及利亚人购买土地的费用几乎是法国人购买土地费用的两倍(Bennoune,1988:49)。

定居人口也是有区别的,就像在南非一样,农村定居者有富人和穷人。后者的队伍可能从 1860 年代开始增加,因为土地变得更加集中,并努力发展"以大规模生产单位为基础的农业资本主义,通常由公司管理,其中大部分由金融资本或银行控制"(Bennoune,1988:43)。与非洲其他地方的同行一样,在原始殖民资本积累的早期,阿尔及利亚的定居者面临着严重的劳动力短缺。阿尔及利亚的殖民者也采取了土地转让和征税的办法,这不仅可为定居者划拨资源,而且产生劳动力供应。

阿尔及利亚是在法国废除了奴隶制之后才成为殖民地的,所以从意识形态上讲,奴隶劳动并不是一个可行的选择。相反,强迫劳动被广泛使用,特别是在建设公共基础设施方面。定居的农民和企业生产者主要依靠三种劳动力来源。第一种是雇佣劳动,由贫穷的定居者和被剥夺财产的阿尔及利亚人提供。随着生产和再生产条件的恶化,从事有偿就业的阿尔及利亚人越来越多。他们有的按日计酬,有的按月计酬。1851 年,按日计酬的工资为 2—2.5 法郎,而按月签订合同的工人的工资为 20—30 法郎。总的来说,阿尔及利亚农业务工人员的工资约为定居者工资的四分之一。到了 1913 年,情况没有多大变化。阿尔及利亚人务农人员的日工资为 2.5 法郎,殖民者为 6—8 法郎。到 1901 年,共有 152,102 名农业务工人员(Bennoune,1988:56—65)。

[170]更多的是佃农,到 1901 年有 350,715 人,佃农人数是农业雇工的 2.3 倍。租佃分成制是阿尔及利亚一种古老的做法,称为卡马萨特(khammassat),其中佃户"除了使用地主提供的土地、工具、种子和牲畜等生产要素外,还得到五分之一的收成作为劳动的回报"(Ruedy,1967:6)。许多定居者的资本不足,因此他们既不能支付雇佣劳动,也不能充分开发他们的土地。佃农为他们提供了一条出路,对许多被剥夺了财产的阿尔及利亚人来说,佃农也比工资性就业更可取。如同在南非一样,出现了几种不同的佃农,有的人在被占土地上工作,有的人则在有幕后主人的土地上耕种。除佃农外,还有劳工佃户。在文献中,劳工佃户往往与佃农

混为一谈。他们有一个单独的类别，因为他们与土地所有者分享的是他们的劳动，而不是他们的产品。到 1880 年代，三分之一以上的殖民地土地要么由阿尔及利亚佃农耕种，要么租给了贫困的农民。

如同在南非一样，佃农和劳工租赁的安排经常受到质疑。斗争既有隐蔽的也有公开的，既有个人的也有集体的，并以各种宗教和阿尔及利亚民族主义的口号表达出来。拒绝支付租金和公开叛乱并不罕见。简而言之，殖民者生产在令人生畏的胁迫性外表下，有其致命的弱点。阿尔及利亚人被定期归还扣押的财产，并可以购买殖民者的土地，证明了殖民者霸权的弱点和不彻底性，也证明了阿尔及利亚人的抵抗力。到 1900 年，殖民者集中种植与法国本土同样的作物，但大都市的社会生产关系还没有在殖民地重建。

大多数阿尔及利亚人仍然是独立的土地所有者。1901 年，农民土地所有者的数量为 620,899 人。他们中的大多数人拥有的土地比他们的父母和祖父母在前殖民时期拥有的土地还要少。因此，大量的农村家庭不能完全依靠自己的土地进行再生产，于是他们不得不替较富裕的农民或殖民部门打工，或出租部分家庭劳动力。因此，农民家庭劳动过程发生了重大转变。新的殖民者资本主义秩序意味着阿尔及利亚大多数农民的贫困化。牲畜饲养量的统计数字充分证明了这一点。1867 年，阿尔及利亚人有 800 万只绵羊，1880 年代有 370 万只山羊，100 万头牛。到 1927 年，绵羊、山羊和牛的数量分别下降到 330 万、210 万和 70.7 万（Bennoune，1988：59）。

总　结

[171]葡萄牙殖民地、南非和阿尔及利亚这三个案例揭示了殖民农业的一些大致趋势，这些趋势一直延续到 20 世纪的非洲。在农业试验失败后，葡萄牙人转向特许公司，其他殖民地国家也采用了这种模式。南部非洲和阿尔及利亚的欧洲殖民者试图垄断商业性农业，后来津巴布韦和肯尼亚的欧洲殖民者也效仿了这种模式。本世纪末纳塔尔种植业的组织，为 20 世纪非洲农业企业的未来发展树立了榜样。当然，这三个案例之间存在着显著的差异。到了 19 世纪末，葡萄牙未能建立起殖民者农业；南

非正走在成功的道路上；而在阿尔及利亚的法国人已将该国部分地区变成了法国的翻版。

这三个案例有相当大的差异，但也有一些相似之处。首先，殖民的国家既努力消除非洲人的竞争，又为殖民者提供了广泛的支持，在为定居者农业的建立和繁衍创造条件方面发挥了关键作用。殖民地国家大肆剥夺非洲人的土地，并通过税收、租金和其他机制增加从非洲人那里获得的盈余，所有这些都是为了降低非洲人通过农业进行再生产的能力。就定居者而言，他们得到了廉价劳动力和信贷、歧视性的扩张、基础设施服务以及销售设施。没有这些，定居者就不可能成功地战胜非洲人的竞争和抵抗。因此，从根本上说，他们的成功是政治上的，而不是经济上的。

然而，尽管提供了所有这些过于慷慨的支持，但建立可行的殖民者农业经济是一个漫长的过程。这一过程之所以如此漫长，主要原因之一是非洲人的抵抗。非洲人不仅对殖民征服本身（建立殖民者经济的先决条件）发动了长期的战争和战斗，一旦殖民统治被强加于人，他们就抵制土地让渡和劳动力招募。当他们进入定居者的农业就业时，他们以各种各样的方式与定居者廉价和胁迫性的劳动控制制度进行斗争。在葡萄牙人的案例中，这些斗争有助于确保整个定居者农业事业的失败。在南非和阿尔及利亚这两个比较成功的案例中，现在很明显可以看出，取得胜利所花的时间比原来想象的要长得多。例如，南非严厉的土地法，包括 1913 年的《土著土地法》，不再是非洲人和定居者之间关于土地、劳动和权力的斗争的最后篇章，而是两个群体斗争领域中的另一个困境。[172]事实上，殖民者的胜利并非牢不可破，因为非洲人一直在与殖民霸权做斗争，直到最终赢得独立。同时，在定居者与非洲农民之间的鸿沟加深的同时，双方的阶级分化和冲突也在不断加剧。

第三，阶级的分化并不是简单地披上种族的面纱。事实上，正是因为殖民者中贫苦农民人数如此之多并在不断增多，而非洲富裕农民的队伍不断壮大，各种各样的种族资本主义才得以在移民殖民地建立。种族资本主义帮助压制了定居者内部的阶级斗争，并阻止了贫苦农民种族间的阶级团结，这两点如果不加阻止任其发展，就有可能使整个移民殖民计划夭折。但是，种族资本主义也注定了自身的最终灭亡，因为它帮助掩盖了非洲内部的阶级斗争，并让它们置身于反殖民主义的集体打击中。

第三部分　矿业和制造业

第六章　采矿和冶金

铁的生产

[174]在 19 世纪及其之前，铁是非洲生产的最重要的矿物之一。事实上，历史学家和考古学家（其中一些人有技术决定论的倾向），以特有的过度简化的方式，将铁生产发展的时代称为铁器时代（Shinnie，1971；Oliver & Fagan，1975；Phillipson，1977b）。在最近的一部著作中，菲利普森（Phillipson，1985：5）得出结论，这个术语和其他术语，如"晚石器时代"和"新石器时代"一样"无法精确定义"，所以最好避免使用。关于非洲铁器生产的起源，已经有很多争论。扩散主义者的概括已经有了广泛的应用。

人们曾经普遍认为，炼铁技术是从西亚扩散到非洲的，首先在北非登陆，然后通过埃及和迦太基传播到非洲大陆的其他地区。据说，炼铁技术从埃及沿尼罗河传播到麦罗埃（Meroe），麦罗埃成为"非洲的伯明翰"，也是炼铁技术向东非和西非传播的中心。据说，西非也可能是通过撒哈拉或大西洋沿岸地区从迦太基获得了炼铁技术。然后，讲班图语的人带着新技术迁移到了非洲中部和南部。铁器是直到 17 世纪欧洲殖民者到来时才传到南非的（Wickins，1981：74—83）。

扩散主义者是建立在少量的证据和推测之上进行追述的，其基础是种族主义的观念，即非洲，或者更准确地说是西方学术界所称的被截断的非洲，即"黑非洲"或"撒哈拉以南"的非洲，太"原始"了，无法进行独立的技术创新和发展。一些考古学家和历史学家，如迪奥普（Diop，1968）、科特库（Keteku，1975）和安达哈（Andah，1983），都有力地论证了炼铁技术是在非洲独立发明的。但仍有其他一些人认为，炼铁技术和一般的冶金技术都是从外部传入非洲的（Posnansky，1977：293；Herbert，1984：10；Kense，1985：22—24）。好像这种技术是一种不可改变的思想，是由外部世界构思、孕育并整体传入非洲的，而不是铁的生产技术与经济、文化、社会、政治和环境变化之间复杂的相互作用及其所产生的持续创新和变化过程的结果。

这需要谨慎对待。"令人吃惊，"一位研究者指出，"看到许多考古学家都误解了在其发掘中发现的冶铁遗迹。"（Noten，1985：118）[175]苏顿（Sutton，1985：182）坦言，"我们对非洲铁器加工的历史仍然知之甚少，对铁器制品的了解也不多"。无论是人种学资料还是考古学记录，都无法超越对该行业物质特征的静态描述。事实上，肯涩（Kense，1985：27）承认："非洲冶金业的发展及其在整个非洲大陆的传播路径的重建，取决于考古学、冶金学、人种学和语言学数据的整合程度，而这一点还没能实现"。

现在已知的情况使人们对许多流行的假设产生了怀疑。例如，埃及人是由亚述人或希腊人引荐才使用铁器的假设已经受到了挑战（Shinnie & Kense，1982：19—20）。麦罗埃已不再被认为是铁器传播的中心（Trigger，1969；Shinnie，1985：28）。西非、中非和东非几个中心开始炼铁的日期显示，这些中心在公元前 10 世纪到公元 1 世纪之间就有了铁器加工的知识，与麦罗埃同时代，有些甚至比麦罗埃更早。西非的中心包括尼日利亚的塔如咖（Taruga）（Tylecote，1975；Fagg，1970；Sutton，1982）、尼日尔的多迪米（Do Dimmi）（Calvocoressi & David，1979）、加纳的达博亚（Daboya）（Kense，1981）和马里的杰内-耶诺（Jenne-Jeno）。东非有来自坦桑尼亚的库塔鲁卡（Kutaruka）的有力证据（Schmidt，1975，1978，1980，1981；Schmidt & Avery，1978）。中非扎伊尔盆地地区也有早期铁器加工的证据（Maret，1982；Maret & Nsuka，1977；Maret、Noten & Cohen，1977；David，1982）。南非开始炼铁的日期被进一步推迟到了公元第三和第四世纪（Maggs，1977，1980；Hall & Vogel，1980；Mason，1981）。

班图语的散布与铁器时代技术之间的简单关系受到考古学和语言学方面的质疑。已有证据表明，比起更接近假定为班图故乡的社区，东非的多个社群更早出现了铁器时代文化（Phillipson，1977b：210—230）。语言学研究表明，各种班图语言中与冶金有关的词根并不都来自于一个共同的原班图语，但也不总是与非班图语中的词根不同（Maret & Nsuka，1977）。事实上，似乎班图语族人从他们在尼日利亚东南部故乡扩张的时间比曾经认为的要早得多，大约在公元前 2000—前 3000 年，在西非、中非或东非的铁器冶炼出现之前（Ehret，1982），因此这些地区最早的班图语族社区还没有生产铁器（Kense，1985：25）。

[176]到 19 世纪初，大多数非洲社会都能自己生产铁器，或通过贸易从邻近社区获得铁。铁的生产是一个复杂、漫长的过程，需要技术和大量劳力，包括勘探、采矿、冶炼和锻造。铁矿石几乎遍布非洲大陆，特别是在覆盖大部分热带草原地区的红土地壳中。铁矿床是借助露头岩层被发现的，并通过冲积层或浅层采矿被开采。冶炼是在使用木炭燃料的熔炉中进行的，然后铁在工场中被锻造。许多产品都是铁制造的，包括工具、器皿和首饰。

冶炼炉的种类很多。人们曾试图根据形式和外观（Cline，1937；Coghlan，1956；Williams，1974：第 9 章和第 10 章），或功能和操作方法（Kense，1977；Shinnie & Kense，1982；Kense，1983）对它们进行分类。在第一种分类中，炉子被描述为圆顶型、竖井型、球型、圆柱型、诱导通风型、碗型、高大型、高挑型等各种类型。在第二种分类中，根据有无冶炼室和风箱系统，区分出三种类型的炉子。冶炼室是指用于保温的封闭结构。风箱本身又可分为碗式和袋式，有人认为碗式风箱的使用早于袋式。这些分类没有考虑到历史的变化，过分关注生产过程中炉子的形状，而炉子的形状又涉及许多其他变量。我们只能同意波尔（Pole，1982：147）的结论：“没有哪种明确的‘类型’，可以确信被配置给某地理区域或文化族群”。波尔（Pole）根据目前对铁器生产技术、组织和工艺的了解，建议分为 16 种类型。

炉子通常是用黏土建造的。在西非，黏土通常与“活”白蚁山的土壤混合，以使黏土耐水（Curtin，1975：207）。在坦桑尼亚的布哈亚（Buhaya），炉子也是用蚂蚁土和以前冶炼的矿渣块建造的，并用黏土粘结（Sutton，1985：172）。炉子的耐久性各不相同。有些炉子是为了在一个季节里临时使用建造的，而有些则是永久装置，可以持续使用几十年。后者并不像许多人认为的那样，一定比前者好。带有坚固的永久性竖井的炉子会延缓铸坯的回收，因为必须让它们冷却；而那些在每次熔炼后拆除的炉子则可以更容易回收和清理矿坑中的熔渣。此外，永久性的炉子"在装料和卸料时可能会很不方便"（Sutton，1985：172）。

[177]炉型的多样化是非洲炼铁技术原始性和变化性的指标之一。从熔炉中生产出锻铁或钢。钢的生产有几种方法。其中一种方法是在炉内深处安装了鼓风口，使鼓风口中的空气在进入炉膛前就被预热到很高的温度。根据古彻（Goucher）的说法，这"构成了非洲工业特有的重大技术创新，是在刻意熔炼一种钢"——这一事实使得蔡尔斯·斯密特（Childs Schmidt，1985：122）认为：

> 非洲预热炉的操作很可能以完全不同于欧洲的工艺生产铁，而且效率更高……非洲技术代表了炼铁技术中一个独立的进化分支。另一种方法也是非洲独有的，就是在炉内强行施加足够强大的自然通风，以提高燃烧温度，使铸坯达到渗碳的水平。如果空气输入孔径与输出口口径的比例足够小，而且竖井自身足够高，就可以实现这种通风。

在尼日利亚的奥约（Oyo），冶炼厂使用以前冶炼的炉渣，开发了助熔剂技术，"这有助于铁的脱碳和吸收其他杂质，从而提高产量和质量。例如，当这种炉渣助熔剂在低炉温下使用时，它有助于降低铁的含磷量。如果把同样的矿石放在当时的欧洲普通高炉中，它将生产出含磷量为 0.06％ 的生铁。而采用非洲工艺，磷含量保持在 0.01％，搅炼后的成品是碳含量0.22％ 的好钢"（Curtin，1975：209）。古彻（Goucher，1981：187）认为，西非匠人善于使用淬火、退火和渗碳技术来生产钢。奥斯丁和黑德里克（Austen & Headrick，1983：167）对非洲的技术能力不屑一顾，他们勉强承认：

> 非洲的冶炼技术比欧洲、中东或南亚的冶炼技术要先进，尽管[他们忍不住补充说]与中国古代或现代欧洲早期的动力驱动技术相比，非洲的冶炼技术是落后的，这种技术生产的是熔化的生铁。

在一些地方，冶炼涉及的炉子不止一个。坦桑尼亚的菲帕人（the Fipa）在冶炼中使用了两个炉子。第一个是高大的炉子，叫伊隆古（ilungu)，它的高度超过 3 米，呈圆锥形，[178]底部直径约 2.5 米。底部的厚度是顶部的两倍。炉底周围每隔一定距离有 7 至 11 个通风口，其中一个作为进风口，其余为通风口。炉底铺上灰烬和树皮碎片，然后装上木炭，接着装上铁矿石，再装上未干的木柴，交替层层装上，直到装满。炉子从顶部点火，要烧三到四天。之后，铁被提取出来，送到一个叫基腾维(kitengwe)的高炉中，进行第二次加热，进一步提纯。基腾维比伊隆古小，上面搭了一个草棚。基腾维的底部通常有四个开口，其中两个开口包含了从一对山羊皮风箱中导入空气的鼓风口，每个风箱由一个人操作。所有这些都使冶炼者能够精确控制炉子里的热量。在这个过程中，熔渣铁水涓涓流出，纯铁形成一个个铁球。这些铁球随后被带到车间进行锻造。铁球在炉膛一样的凹陷处放在木炭上加热，当铁球变得红热时，就用钳子把它放在石头上，用沉重的石锤敲打；这一过程不断重复，直到球被压扁，制成所需产品。最重要的工具是锄头，其次是镰刀和剃刀、刀具和匕首、戒指和铁环，以及武器，如长矛、刺刀、箭镞和战斧等（Wembah-Rashid，1969；Wright，n. d.，1985）。

铁的生产需要大量的能源资源和劳动力。在 18 世纪中叶采用煤炭之前，该行业依赖木炭燃料，欧洲和北美的情况也是如此。古彻（Goucher，1981：181）在写到西非时说，"煤炭没有同样的潜力……因为那里的沉积煤年代不长，热值很低"。并非每一种树木都适合炭化，适合冶炼和锻造铁的树种数量也极为有限。只有四种热带草原树种适合制作木炭。木炭的制作过程是劳动密集型的。它需要砍伐树木和炭化，在炭化过程中需要定期监测，以保持适当的转化条件，即恒定的燃烧速度（Goucher，1981：182）。

事实上，整个铁的生产过程都是劳动密集型的，因为除了制作木炭之外，还需要劳动力来建造熔炉和其他设备，获取矿石备用，冶炼出铁，并将其锻造成所需的工具和物品。由于数据匮乏或不足，无法量化这些活动在总劳动投入中的相对份额。劳动过程受资源的可得性、熔炉的设计和耐用性以及冶炼活动的组织影响。靠近[179]可用于建造熔炉的黏土源和适合制作木炭的树木等丰富资源的生产中心，与那些不靠近资源地的生产中心相比，生产这些材料所需的劳动力更少。

波尔（Pole，1982）以加纳北部和南部为例，说明了炉子设计对劳动过程的影响。他表明，加纳北部较小的炉子比南部较大的炉子使用了更多的劳动力。加纳北部劳拉(Lawra)、蒂扎(Tiza)和齐亚那(Chiana)的炉子需要：

> 频繁地添加矿石和木炭，几乎连续不断地敲打炉渣，同时还要推拉风箱送风，[这]使得四五个人整天忙个不停。与此相反，加纳东南部的阿克帕夫(Akpafu)使用了较大的炉子，一旦装料燃烧了一段时间，操作员就可以离开，除了敲打炉渣外，炉子无需看管。一个人会被指派看守炉子，确保进气管不被堵塞，炉料不至于燃烧得太猛烈。阿克帕夫的熔炉比加纳北部的熔炉产铁量更高(Pole,1982:504)。

在加纳南部，花在烧制木炭上的劳动力比在加纳北部更多，因为在加纳北部，适合冶铁的树木更容易获得。总的来说，阿克帕夫生产每公斤可用铁的劳动成本远低于劳拉、蒂扎和齐亚那，据波尔(Pole,1982:504)按工时计算，它们分别耗时 8—13 小时、50 小时、40 小时和 93 小时。

冶炼活动的组织形式和产销关系也各不相同。在许多地方，冶炼是一种兼营活动，在收获季节和种植季节之间进行。但也有一些地方，例如在埃塞俄比亚城市的帝国工厂，冶炼是一种全职活动(Pankhurst,1968:256,271—272)。在一些社区中，冶炼和锻造是由同一批人完成的，而在另一些社区中，这两种功能由两批不同的人分担。例如在尼日利亚的部分地区，如努佩(Nupe)，"任何人都可以冶炼铁，但只有某些家庭的成员才被允许成为铁匠"(Pole,1982:506)。在"加纳北部，大多数村庄都有铁匠居住区，而社群的其他成员对锻造一无所知"(Pole,1982:155)。在菲帕人(the Fipa)中，铁的生产只限于收割和种植季节之间的时期，因为这涉及到许多社群成员和专业工匠的劳动。社群参与收集原材料、燃料，建造熔炉，提供食物等。男子和妇女的工作有一定的专业化分工。例如，妇女为伊隆古准备黏土,[180]而只有男人才能制造鼓风管。实际的冶炼只能由被称为瓦斯伊隆古(wasilungu)的工匠及其助手和学徒来完成。在达尔富尔，铁匠是男人，被称为米尔(mir)。他们的妻子也被称为米尔，尽管她们专门从事的是陶器制作(Haaland,1985:56—57)。

尤弗帕(Ufipa)铁器生产中心离村庄有一段距离，瓦斯伊隆古带着他们的配偶和孩子前来。他们同时从事冶炼和锻造工作。监督工作的是一位被称为姆瓦米(mwami)的冶炼大师和铁匠。瓦斯伊隆古收到一些成品作为酬劳,通常是锄头,便于以后出售。由是,实物支付使瓦斯伊隆古既是工人又是商人。锄头也被作为贡品送给酋长。这些锄头后来被分给那些来"讨要"的人,通常是为了支付聘礼。其余的产品要么以铁块的形式(仍需锻造成特定的物品),要么以成品的形式销售(Wembah-Rashid,1969;Wright,n.d.,1985)。很难评估尤弗帕冶铁业的规模。据各种估计,在1880年代,塔博拉(Tabara)市场上每年出售15万把农用锄头,在1890年代,乌文萨(Uvinza)每年出售3万把农用锄头(Kjekshus,1977a:90)。这个行业一直生存到1930年代,当时进口的铁在当地市场占据了主导地位。

铁器生产者的地位在非洲社区中差别很大。在一些社区中,他们受到高度尊重,在另一些社区中,他们受到鄙视。有时,当冶炼者和铁匠由不同的群体履行这两种职能时,他们对冶炼者和铁匠的态度也有所不同。在这样的社区里,受人尊敬的往往是铁匠而不是冶炼者。在马里(Filipowiak,1985:48),以及中部非洲的许多社区中,铁匠因其技能、知识和力量而受到钦佩,享有崇高的地位。事实上,流行的神话颂扬了铁匠、国王和某些铁器(如锤子)之间的象征关系(Maret,1985)。不过,在一些社区中,铁器加工被认为是臣民或低级阶级的工作,他们的声誉很低。在达尔富尔,铁匠被污名化(Haaland,1985:56—60),在那里他们被排斥在社会的其他部分之外,单独居住或住在村子里单独的区域;而在埃塞俄比亚,他们不被允许耕种、拥有或继承土地,也不被允许与种姓以外的人通婚(Pankhurst,1968:271;Todd,1985:91)。

几个世纪以来,非洲使用的大部分铁器都是当地生产的。到19世纪初,非洲仍有相当一部分铁的需求是由当地生产满足的。但到本世纪末,进口在非洲大陆的某些地区已成为主导。对此,人们提出了三种解释。

[181]首先是贸易影响模式。根据这一模式,工业的衰落是因为它们无法面对欧洲的竞争(Williams,1974)。事实上,弗林特(Flint,1974a:387)在提到西非时认为:

> 早在1800年,曾经是铁匠们不得不依赖获取材料的西非采矿业和冶炼业,几乎走到了尽头,它们毁于从欧洲进口的更便宜、更高纯

度的铁条的竞争。

这种说法是建立在错误的假设基础上的,即认为当时西非冶金业落后,不如欧洲冶金业。恰恰相反:

> 18世纪以后,由于使用煤作为燃料,欧洲生产的大部分铁含硫量很高,这严重影响了熔炼产品的质量,使其无法替代某些非洲炉子冶炼的碳钢或纯铁坯子(Goucher,1981:179—180)。

这就解释了为什么在整个19世纪和20世纪初,非洲人对当地生产的铁有明显的偏好。

对19世纪所谓的非洲生产稳步下降的另一种解释强调了生态因素及其带来的生产限制的作用。根据这种观点,冶铁业越来越受到砍伐森林造成的木炭燃料短缺的制约,而森林砍伐本身就是冶铁业要依靠树木生产木炭造成的结果。更糟糕的是,19世纪气候变得更为干燥,"大大减缓了已开发物种和原始森林的自然替代率……供应木炭的压力会要求最终开发较年轻的树种,从而干扰砍伐树木的替代"(Goucher,1981:183)。在西非,"欧洲的森林勘探会加剧这些砍伐森林,技术压力"(Goucher,1981:184)。面对合适的冶炼用木炭越来越少的情况,人们努力节约燃料,提高生产效率,例如,增加炉子的高度,适应鼓风口数量和角度的变化,以及发展预热技术。但这些创新显然是不够的。越来越多的非洲金属工人依赖进口铁条,这是必要的,但不是因为它们"更便宜"或"纯度更高"(Goucher,1981:188—189)。

[182]在19世纪,非洲对欧洲铁的进口肯定是增加了,尽管很难得到可靠的统计数据。然而,进口的增加并不一定意味着当地生产的绝对下降。直到1890年代及以后,有些地区还在生产自己的铁,与欧洲产品竞争。内陆地区的国家尤其如此。例如,直到1904年,在莫西州(Mossi)最北端的亚腾加(Yatenga),大约有1500座高炉在冶炼,估计每年生产540吨铁或钢,这可能比19世纪末该地区进口的铁还要多(Curtin,1975:210—211)。衰退的速度和生存能力因地而异。这些变化不能用生态模型予以充分解释。

第三种方法试图通过研究劳动组织和分配在冶铁业中的作用来解释这些变化。事实上，按照波尔（Pole，1982）的说法，要解释的问题并不是本土铁器生产的最终衰落，而是为什么在进口铁之后，它还能生存这么久。毕竟，它存续了四百多年。

存续和衰落的轨迹，受到很多因素的影响。由于质量和文化的原因，无论是生产者还是使用者，都喜欢使用本地铁。本地铁的质量普遍高于进口铁。此外，本地铁往往与仪式、宗教和其他文化习俗密切相关。简而言之，一般没什么机会进口铁。波尔（Pole，1982:507—509）认为："直到进口铁的价格降到了原来的六分之一，人们对国产铁的偏好才被抵消"。在非洲大陆的许多地方，特别是内陆地区，进口铁直到 20 世纪才达到这个目标。

当地工业的持久性也受到劳动组织的很大影响。在冶炼和锻造由两个不同的群体完成的社会中，用进口铁代替本地铁的可能性往往高于由同一群体完成的社会。从当地冶炼厂获得铁块的匠人，一旦有利可图，就可以比自己炼铁的匠人更容易改用进口铁；因为对他们来说，即使有能力购买进口铁，也不代表它是一种替代原料，但是如果劳动时间方面的压力增加，进口铁可以替代劳动力。

因此，19 世纪非洲的本土铁器生产似乎在一些社会中有所下降，而在另一些社会中却得以生存。在那些生产资源，特别是木炭燃料相对丰富的社会中，当地铁器往往在较长时期内占上风，[183]铁的质量明显高于进口品种，铁匠受到极大的尊重，铁作为一种象征和工艺品与社会的文化价值和习俗很好地结合在一起。而那些炼铁业在 19 世纪中衰落的社会，情况则恰恰相反。从这一分析可以看出，为什么殖民主义最终会导致非洲古老的炼铁业几乎消亡。在殖民时期，生态环境恶化加剧，包括森林砍伐；进口铁的质量提高了，但其价格相对于本地产品却大幅下降；享受膳宿的本地匠人要么被迫成为殖民地的雇佣劳动者，要么失去先前的影响力被新的工业工人和白领工人所取代；许多神圣的文化传统都与铁有关，其大部分相关性和意义不复存在。

铜的生产

就在 1983 年，奥斯丁和黑德里克就想知道为什么非洲没有"青铜时代"。他们所说的非洲当然是指"撒哈拉以南的非洲",因为人们普遍认为北非有一个青铜时代。两位作者继续回答自己的问题。他们推测,"其中一个原因可能是铁的存在,这使得对铜及其合金的进一步试验在经济上没有吸引力"(Austen & Headrick,1983:108)。赫伯特(Herbert,1984)对非洲前殖民时期铜生产的研究表明,奥斯丁的问题和答案都是似是而非的。在非洲,铜及其合金的生产和使用是很普遍的。事实上,在许多地方,它比铁器更早(Kense,1985:14—15;Calvocoressi & David,1979)。这说明推测需要谨慎:非洲冶金史仍处于起步阶段,许多断言是基于非洲与世界特别是欧洲之间的虚假比较而得出的,而这些断言在进行更仔细和系统的调查时会不攻自破。

非洲的铜业是一个古老的产业。事实上,在 20 世纪的非洲,几乎没有任何一个铜矿产区在以前没有被开发过。众所周知,埃及人在前王朝时代,即公元前 3000 年以前就开始生产和使用铜了(Lucas & Harris,1962;Muhly,1973;Coghlan,1962)。现在,非洲其他地区早期使用铜的时间也有据可查。公元前 2000 年在尼日尔的阿加德兹(Agadez)(Tyle-cote,1982),公元前 5 世纪在毛里塔尼亚西部的阿克如特(Akjoujt),以及公元 2 世纪或 3 世纪在非洲中部和南部的部分地区都有铜的开采和冶炼(Herbert,1984:15—28)。因此,到 19 世纪初,非洲人生产铜及其合金已经有几个世纪了。毋庸置疑,在这个漫长的发展时期,该行业在不同的地方和不同的时间经历了增长和衰退。

[184]非洲最常见的铜矿是碳酸盐岩、孔雀石和蓝铜矿,其铜含量分别为 54.7%和 55%。更为罕见的是赤铜矿,其铜含量高达 88.8%。硫化矿大多在较深的地层被发现,因此开采难度较大。非洲最丰富的铜矿床在非洲中部和南部。西非的尼日尔和毛里塔尼亚、北非的摩洛哥和阿尔及利亚、埃及的西奈半岛、苏丹的胡弗雷特-恩-那哈斯(Hufrat en-Na-has)和东非乌干达的基伦贝(Kilembe)等地的部分地区,铜矿资源略少些,但供应充足。

与铁矿的情况一样,铜矿床是根据地表标志确定的。开采是通过露天开采和地下开采进行的。在露天开采中,矿石可以通过挖掘大洞或在地下挖几个小竖井,或将两者结合起来进行开采。有些露天采矿作业的规模可能相当大。例如,在加丹加(Katanga)发现了一个露天矿,长四分之三英里,宽 600 至 1000 英尺。19 世纪末,在刚果的明杜里(Mindouli),沿着一连串岩石山丘,在两平方公里的区域内,有四个主要矿场的生产仍很活跃。最大的矿井有 150 至 200 个矿坑(Herbert,1984:19—20,24)。在津巴布韦一些最大面积的地下采矿作业被发现,矿井被挖到几十英尺深,有时甚至超过 100 英尺,人们还开挖了地下隧道来连接竖井底部的各个矿井室,并使用木材和石柱支撑以确保安全。通风由地道入口提供。水平通道的通风比较困难。竖井通风的做法是在底部点火,通过对流,上升的热空气将工作场所的污浊空气带走(Summers,1969)。

非洲矿工使用铁器和石器工具来采挖和分解矿石。如果是特别坚硬的岩石,则使用火烧碎石技术,审慎地用水冷却,通过热胀冷缩来破碎岩石。在深矿区,矿石必须被搬出并吊送到地面。在加丹加的矿区,随着矿井越来越深,纤维制成的梯子也越来越长。装矿石的篮子同样由纤维制成,并由守在梯子上的男男女女运到地面。每个篮子最多可以装 25 公斤的矿石。如果矿石块对篮子来说太重,则用纤维绳索将其吊升到地面,然后进行粉碎(Herbert,1984:52)。在津巴布韦的地下矿井中,矿石被装在小篮子或皮袋中,用手工或绞车搬吊(Summers,1969)。在大多数社会中,矿石的开采和分拣是在旱季进行的。相反冶炼可以在任何时候进行。事实上,这项工作通常是留给雨季的。

[185]与炼铁的情况一样,铜的冶炼也需要熔炉。但炼铜的炉与炼铁的炉不同,因为这两种金属的物理特性不同。一般来说,炼铜的炉"很少像炼铁的炉子那样坚固,这是由于分解铜矿石只需要较低的温度和较短的时间。在一些地区,冶炼炉是用蚂蚁丘或白蚁丘的土建造的,而在其他地区则是用黏土建造的"(Herbert,1984:69)。我们可以预料,铜矿冶炼炉及其操作在不同地区差异很大,甚至在同一地区也是如此,正如尼日尔阿加德兹地区考古发掘所揭示的那样(Tylecote,1982)。在大型生产中心,熔炉具有其他地方所没有的持久性和坚固性。根据矿石的质量和所使用熔炉的性质,铜矿石可以一次性冶炼或分阶段冶炼。对于较复杂的硫化物,可使用不同的炉子来焙烧和分解矿石。在亚熔化温度下的焙烧可以去除硫,以增加铜的含量(Herbert,1984:69—70)。在一些地方,助熔剂被用来提高冶炼效率(Cline,1937:72;Trevor,1930:395;Bower,1927:146)。从对来自大陆不同地区的铜样品的检测中可以很清楚地看

出，最终产品是一种纯度很高的金属（Clark，1957：16；Friede，1975：187）。

几乎不可能确定 19 世纪或之前几个世纪非洲的铜产量。然而，对特定地区的估计并不缺乏。例如，对加丹加地区的一个估计数字是：

> 1850 年前，就在姆西里（Msiri）统治之前的时期，加丹加每年产铜 115,000 公斤，基尔姆贝（Kiembe）每年生产 33,000 公斤，波约（Poyo）每年生产 6,000 公斤。在姆西里统治期间，所有这三个地区的总产量下降到约 31,000 公斤，而在他死后，仅有谢弗雷加丹加（Chefferie Katanga）还在继续采矿……到了 1903 年，产量减少［至］6,000 公斤。

铜是一种远比铁更通用的金属，铁匠几乎可以将其加工成任何形状或形式。它可以被硬化，并通过冷锻变得更加光亮更有光泽，也可以通过加热使其软化和变黑。扎伊尔的卢巴（Luba）铁匠通过将精铜重新加热，然后将其浸入水中来生产深红色的铜。一些铁匠使用棕榈酒或某些植物的汁液来达到同样的目的，以获得各种颜色。例如，德兰士瓦的伦巴（Lemba）铁匠通过这种方法生产出了精美的黄色铜线（Bloomhill，1963）。铜产品的颜色和机械性能也可以通过与其他金属的合铸融合来实现。非洲大陆不同地区的匠人[186]开发了各种拉丝、铸造和合金技术。拉丝是需要技巧的艰苦工作。根据现有证据，这种工艺在非洲中部和南部发展得最为完善（Herbert，1984：78—82）。

西非的铸造工艺更为著名。铸造方法有很多，包括相对简单的敞口铸造法和较复杂的脱蜡法（cire purdue）。西非铁匠使用后一种方法，引起了扩散主义者的恐惧，每当任何带有"复杂"味道的东西出现时，这种恐惧感总是困扰着非洲历史。威廉姆斯（Williams，1974）断言，西非人是在1500 年以后，随着欧洲人沿着海岸线的到来才学到铸造术的。泼斯南斯基（Posnansky，1977）对这一论断进行了有力的驳斥。他指出，铸造术不仅在西非，而且在整个非洲，都有相当古老的历史。他进一步提出，"脱蜡法技术也可能是在西非开始的，因为西非是一个蜂蜡和乳胶供应丰富的地区"（Posnansky，1977：296），这是非洲脱蜡法铸造的两种主要定型剂。

大部分的铸件都是用合金铜，特别是青铜，即铜和锡的合金，还有黄铜，即铜和锌的合金。除了铸造外，青铜和铜一样，也是通过锤打来加工的。青铜在大陆的各个地区都有生产。埃及和北非的其他地区的青铜是众所周知的（Lucas & Harris, 1962: 217—223）。西非青铜生产的证据来自几个地区，最著名的是尼日利亚的伊博乌克渥（Igbo Ukwu）。在南部非洲，津巴布韦文化综合体的各个中心都有大量的青铜器。铜在德兰士瓦也有生产。

与青铜一样，黄铜制品的分布也很不均衡。西非的黄铜加工非常有名，伊费、贝宁、伊博乌克渥、塔达（Tada），尼日利亚一些较少为人所知的中心，都有壮观的黄铜艺术品。中部非洲和南部非洲迄今发现的青铜器较少（Herbert, 1984: 100）。在埃塞俄比亚，"黄铜制品相当普遍，这种金属制品包括香炉、叉铃、小铃铛、手镯、链子、马具装饰品和其他物品，其中包括洗手用的壶和碗"（Pankhurst, 1968: 272）。

铜和它的合金被制作成一系列令人眼花缭乱的产品，用于多种用途。它们被拉成金属丝和金属棒，被铸成雕像和面具，被塑形成珠宝和装饰品，被制成器皿和用具，被涂抹在皇家徽章和宫殿上，被用作交流和艺术的媒介，被视为权力和仪式的象征，并在当地和外部市场上进行交易（Herbert, 1973, 1984: 第 8—11 章）。在许多社会中，铜与铁一样有用，与金一样珍贵。[187]根据赫伯特，到 19 世纪末，非洲铜业濒临灭绝，是进口金属泛滥、生态限制和一些主要产铜地区政治动荡的牺牲品。如同炼铁业一样，铜业的衰落也是一个不同的过程，其中有相当大的区域差异，劳动组织发挥了重要作用，这一点怎么强调都不过分。

锡的生产

青铜的生产是非洲某些地区开采和冶炼锡的一个迹象，有证据表明古埃及生产锡（Muhly, 1973: 259; Lucas & Harris, 1962: 253—257）。锡矿在非洲西部、中部和南部的部分地区大量存在，但不知道这些地区的锡矿开采何时开始。最大的史前锡矿位于尼日利亚的包齐（Bauchi）和南非德兰士瓦的罗伊博格-瓦特博格区（Rooiberg-Waterberg）。从罗伊博格古矿区的规模来看，"据计算，开采出的矿石不少于 16,000 吨，生产了大约 1000 吨锡"(Steel,1982)。

在 19 世纪,最重要的非洲锡矿床,也是世界上最丰富的锡矿床之一,位于尼日利亚北部乔斯高原(the Jos Plateau)的周围。没有具体的证据可以解释尼日利亚锡矿的起源。清楚的是,锡的生产是 19 世纪当地和地区经济的一个重要分支。需要几代人积累锡矿勘探技能,才有可能确定含有大量锡矿的地方。冲积矿开采显然占主导地位,尽管在热热万卡诺(Ririwain Kano)附近有地下开采。在地下开采中,要开挖竖立井和通道,深入含锡土壤和岩石深处。矿石需要清洗以去除杂质。洗矿作业可能很复杂,包括在溪流中筑坝,修建运河,让水在向下倾斜的水槽中快速流过,或者在没有足够的水流时建造人工洗矿槽。更简单的洗矿操作是在特制的葫芦罐子里进行的。所得的"黑锡"与水混合,然后被捣成饼状,以备冶炼(Freund,1981:15)。

冶炼是在少数几个中心进行的,不像采矿和洗锡那样可以在任何条件允许的地方进行。冶炼纯度高达 70% 的"黑锡"所用的炉子比冶铁用的炉子要小,因为锡的熔点比铁低。炉子一般有三英尺高,开有鼓风口,连接山羊皮风箱。为了控制热量,熔炉被放置在掩体中,在整个熔炼过程中风箱由两个人操作。"金属一旦从炉渣中分离出来,就会往下流入槽里,[188]然后慢慢流进模具里……。模子是用长长的草管做成的,准备好放在一堆小小的露天炭火上方,草管去除外皮后,锡就变成了杆子的形状"(Freund,1981:17)。

这些锡杆可以在市场上销售,通常是 100 根一捆,或者它们被送到锡匠那里被锻造成各种物品。与冶炼不同的是,在卡诺、包奇和比达(Bida)的不同地点都有锡匠在锻造。锡匠通常与铁匠有区别,他们使用自己的专用工具。比达的锡匠尤其以其技术精湛而闻名。锡被用于制造许多产品,包括刀鞘、戒指、手镯和马具。锡还被广泛用于焊接和家庭用具的表面处理,如碗、壶、盘和灯等。

尼日利亚锡业的生产和销售关系相当复杂。锡的生产所涉及的各种作业,从探矿、采矿、洗矿到冶炼和锻制,都需要大量的劳动力。据记载,探矿和采矿中广泛使用奴隶,而妇女在锡加工中发挥了重要作用,她们清洗锡矿石,或清洗冶炼后的锡矿渣以回收任何剩余的锡。熔炼和锻制涉及各种形式的劳动,所有这些劳动都是以家庭或吉达(gida)为单位组织起来的。冶炼成员由 10 人组成,每天工作 12 小时,不过不是全年都生产。冶炼操作主要由官员掌握。这些冶炼厂的所有者可分得锡生产盈余的大头。商人把冶炼好的锡卖给锡匠,或把制成品卖给市场,以获得其盈余份额。

19 世纪尼日利亚北部的锡产量难以量化。据估计,一个炉子每年可以生产 20 多吨锡,1850 年代,卡诺的锡贸易年产值约为 1000 万子安贝(cowries),按现在的汇率计算,约为 1200 英镑(Freund,1981:18,21)。无论实际数量是多少,我们都知道这种锡的交易遍及今天的尼日利亚甚至更远的地方,不过规模较小。没有任何迹象表明,锡业与铁业和铜业一样,在殖民征服之时处于衰退状态。然而,它也没有逃脱殖民资本主义的魔爪。20 世纪之交,尼日利亚被殖民之后,锡业被资本主义公司接管和重组。

黄金的生产

与铁、铜和锡不同,黄金没有什么实用价值。它主要是一种装饰品,是一种贵重金属。黄金生产也相对容易。碰到冲积矿床时,使用简单但却费力的淘洗方法即可开采,[189]而从矿石中提取金子,需要先将岩石敲成碎块,然后研磨或捣碎成粉末,将金子淘洗出来。再经过不断敲打将黄金精炼,又通过锤击和浇铸将黄金成型。

非洲的黄金生产起源于古代。在埃及发现的非常古老的金矿开采活动,可以追溯到公元前 3000 年初。有些金矿的开采深度达 300 英尺。埃及人的黄金提炼和锻制技术发展到了很高的水平。黄金经过着色、焊接和打磨,镀上铜或银,制成硬币和珠宝,或制成薄片和箔片,用于压印、雕刻、贴金以及装饰物品和建筑物(Lucas & Harris,1962:224—234)。古代非洲,乃至整个世界,最大的黄金产量来自努比亚(Nubia)的矿山,这些矿山在不同时期由埃及人和那帕塔(Napata)和麦罗埃的库什(Kush)王国控制。最近在麦罗埃的考古挖掘发现寺庙的墙壁和雕像被金粉覆盖,"据计算,在古代库什生产了大约 1000 公斤纯金"(Hakem & Hrbek,1981:311)。许多世纪后,西非也成为黄金的主要生产地。从公元 1000 年开始,洛比(Lobi)、班布库(Bambuku)、布雷(Boure)和阿散蒂的黄金产量稳步增长。产量最大的时期是欧洲中世纪，当时西非是西欧的主要黄金来源。再往南，津巴布韦生产黄金，时间大概在公元 8 世纪。

在洛比、班布库和西非许多其他地区，黄金生产发生在缺乏中央集权政体的社会中。洛比的金矿开采是由结构松散的世系团体控制的，这些世系团体组织成一个复杂的网络，将半自治城镇的住宅群与首领城镇联系起来（Perinbam，1988）。一旦通过各种因文化、地形和环境而异的探矿方法找到了金矿，人们就可通过开采冲积矿床或通过地面或地下开采来提取黄金。与许多地方挖矿坑是男人的工作不同，在洛比，挖矿坑是妇女的专属工作。妇女还主要负责淘洗金矿（Perinbam，1988：444）。

班布库的金矿主要出现在浅层冲积层中，但分散在矿床中。

> 典型的采掘是挖一口竖井，约 75 厘米见方。随着洞口的深入，每隔一段距离就会用基架加固，至少有一边是由水平木棍制成的栅条来保护，这些木棍可以作为爬上爬下的梯子。矿工通常会先去矿床的基岩[190]，在没有塌陷风险的情况下，他们在每一个方向上尽可能地开挖出水平隧道（Curtin，1973：628）。

金矿开采是在雨季结束后的旱季进行的，那时对农业劳动力的需求很少。

勘探或开采金矿的土地由一个世袭的村官分配，称为加拉尼拉（jala nila），主要负责宗教。加拉尼拉根据他的探矿知识选择当季的开采地点，并举行必要的仪式，想要开采的人向他支付费用。采矿本身由另一位世袭官员指挥，他被称为萨努库蒂基（sanukutigi）或杜拉基蒂（duragiti），意思是工程的负责人或金矿的负责人。他的责任是将特定的地点分配给各个挖掘组，并维持秩序，矿工也为此向他支付费用。工作分男女，前者进行挖掘，后者从矿石中提取黄金。无论团队中男女比例如何，产出的黄金都是由两组以及每组内的成员平分的。

几乎不可能知道 19 世纪洛比或班布库生产了多少黄金。例如，佩日巴姆（Peribam，1988：445）认为，可以肯定的是，"黄金产量在 19 世纪末 20 世纪初有所增加"。他否定了基于沿海市场上洛比黄金销售的估计，因为洛比的大部分黄金是在内地销售的，但这并不妨碍他宣称："由于收益/利润率较低,扩大市场交易的机会也很少,因此似乎没有什么必要最大限度地提高产量,也没有什么必要超越最基本的发展"(Peribam,1988:445)。

他与柯廷相呼应,柯廷提供了一个比猜测好不了多少的估计,即19世纪初班布库每年生产100公斤黄金,比18世纪的60公斤有所增加,但比20世纪初的200公斤要少。柯廷的数字传达了一种统计学上的确定性,但这种确定性被严重夸大了。在这样的猜测基础上,他断言人均产量很低。他认为,"这有助于解释为什么班布库人可以把黄金当作一种免费的商品⋯⋯这种活动是如此接近于边际,以至于它不承担任何租金——用马克思的话来说,没有任何剩余可以被剥夺"(Curtin,1975:205)。恰恰相反,加拉尼拉和萨努库蒂基或杜拉基蒂似乎侵占了矿工的租金,不过在意识形态上却掩盖了这一过程。

津巴布韦号称拥有非洲前殖民时期最大的黄金开采业之一。它发展了先进的探矿、采矿和提炼技术。主要采用了三种探矿方法。首先,沿河的冲积物样品被淘洗,如果结果是肯定的,则向上游寻找金矿[191]的来源,直到发现母矿脉为止。其次,通过观察土壤类型和植被类型,对含金地区进行详细的勘查。在该国干旱地区,通常与潜在含金土壤相关的树木包括台地高原金合欢、雷曼金合欢(A. rehmanniana)和本瑟金合欢(A. benthani),而在湿润地区则是瓦帕卡-科基那(uapaca kirkiana)或姆占哲(mzhanzhe)等乔木。第三,通过白蚁土丘取样,对选定的地区进行勘探,这些土丘通常包含白蚁挖洞取水所经过的所有岩石样本(Summer,1969;Phimister,1974;Mudenge,1988:166—167)。

找到矿床后,必须开采黄金。金矿有的是以冲积层形式发现的,有的是以矿脉形式发现的。冲积砂金的开采只需简单的洗金,而黄金矿脉的开采则更为复杂。它有三种方法。第一种方法是露天开采,即先清理地表的露头,然后从两边采掘矿脉。在地表岩石相对较软的地方,这种方法是可行的。在岩石坚硬的地方,使用的方法是地下回采技术(underground stopping)。竖井下挖的深度平均为6至24米,直径为1米。然后从各个方向对矿脉进行开采,直到开采殆尽。第三种方法是"如果矿脉相当平坦,则从山体侧面开凿隧道"(Mudenge,1988:167)。

搬运、研磨和回收的技术与铜矿开采中使用的技术有一些相似之处。

破碎含金岩石的工具是铁锤或钢锤、尖头棒凿和鹤嘴锄。坚硬的岩石可以通过加热，然后浇上冷水使其破裂的技术来破碎。搬运时，木钵或木桶由人工传到地面。矿井通过自然对流进行通风。挖到地下水时，矿工在放弃矿井前会尝试用钵头将水运出，进行排水。姆登格（Mudenge，1988：169）认为，"缺乏抽水技术是制约绍纳人采矿活动的主要因素之一"。这在一定程度上决定了采矿活动主要在旱季而不是雨季进行。冶炼相对简单。它包括将含金土壤煮沸或烘烤矿石，以便于粉碎和研磨。然后对金子进行反复淘洗，在淘金过程中，部分金子会流失。

冲积矿开采主要是家庭活动，而地下开采形式则需要调动一个社群内几户人家的劳动力和专业人员的技能。大部分的淘金工作是由妇女完成的，不过洗金技术似乎是由老人传授的。在淘金季节，每个村庄的统治者都会征用自己村庄的人，在他的淘金场[192]上工作，他们通常在那里扎营两个月左右。在 19 世纪的进程中，尽管酋长们仍然是最大的黄金生产者，因为他们有权要求所有大块的黄金由他淘洗，或者对洗金区征税，但是越来越多有进取心的个人会组织自己的洗金业务。统治者姆塔帕（Mutapa）可以特别要求为他开采黄金。他用牛来支付矿工的酬劳。这些矿工与家庭生产者不同，应被视为雇佣工人（Mudenge，1988：172）。因此，国家及其职能部门通过贡品、税收和其他机制，占用了相当一部分剩余，不过，如果像一些历史学家所假设的那样，如果断定国家垄断了黄金业，那就错了。

没有人知道津巴布韦生产了多少黄金。姆登格（Mudenge，1988：173）认为，由于马尼卡（Manyika）王国从姆塔帕分裂出去，夺走了大部分产金地区，以及"每过一个世纪，较容易开采的矿藏都会被采掘殆尽，而较难的矿藏不得不用基本相同的技术来开采"，因此黄金产量从 17 世纪末开始永久性下降。姆塔帕的黄金出口量从 1670 年代的平均 8000 公斤下降到 1500 公斤，1800 年约为 150 公斤，1820 年为 10 公斤（Mudenge，1988：174—175）。当然，出口数字并不能说明全部情况，但它们是一个很好的指示器，可以反映出过剩生产的规模。有人认为，矿脉开采在 19 世纪有所下降，部分原因是该地区的内部政治动荡，最终导致恩古尼人入侵，部分原因是市场波动和矿区逐渐被开采殆尽。与此相反，砂金开采：

更适合在某些地区延续下去。这得益于靠近市场的优势,但更重要的是,这种生产形式可以利用农闲季节,而没有任何矿脉开采的固定成本,因此不太容易受到利润波动的影响(Phimister,1974:447)。

萨莫斯(Summers,1969)认为,到 19 世纪,津巴布韦已经生产了3400 万盎司黄金,大约为 1000 万公斤,如果正确的话,这意味着该国生产的贵金属占世界总产量的比例很大。据估计,约有 10%的黄金被用于家庭消费,或成为珠宝,或用于仪式,例如,用于重要人物的葬礼。其余的则通过阿拉伯人和后来的葡萄牙人。在东非海岸进行区域和国际贸易。人们普遍认为,津巴布韦的黄金为印度洋贸易体系提供了大量资金。到1890 年该国被殖民时[193],绍纳人已经开采完了所有可采掘的金矿,再没有发现新的金矿。欧洲移民只是对旧的矿区进行了改造。事实上,他们中的许多人通过挖掘酋长的坟墓来盗取陪葬的黄金而发了大财。

在马达加斯加岛的大部分地区也发现了黄金。19 世纪以前岛上的黄金生产情况所知不多。有一些证据表明:

> 金矿冲积层在岛的南部被开采。此外,萨卡拉瓦(Sakalava)和梅里纳(Merina)君主都坚持传统的黄金勘探和开采禁令,这表明马达加斯加岛中部和西部可能存在秘密开采的矿藏(Campbell,1988c:100)。

坎贝尔(Campbell)认为,梅里纳王室"因为害怕激起欧洲人在该地区的殖民野心"而暂缓了金矿的开发,但随后在 1883 年扭转了这一政策,"希望黄金生产的收入能够避免破产,并为军事集结提供资金,以对抗法国对该岛的威胁性攻击。同时,马达加斯加黄金资源的突然火爆宣传吸引了大量的白人采掘者,并激发了法国殖民该岛的决心"(Campbell,1988c:102—103)。随之而来的是一股淘金热,来自南非、印度、中国和澳大利亚的矿工很快蜂拥而至。从 1886 年开始,外国人可以与王室合作开采金矿。私人黄金生产商也在此出现了。

国家通过严格控制该行业,力求从该行业获得最大收益。外国特许经营者应提供所有设备和技术人员,将所开采全部金矿石的 5% 交给国家,还需上缴其余金矿石销售利润的 50%。私人采掘者获得短期许可证,他们被限定在指定的区域内采掘,并被要求以每盎司 10 银币的价格向国家出售黄金,这低于市场价值。坎贝尔认为,这些条件阻碍了外国投资,鼓励了非法的黄金生产,因此,国家永远无法像它所希望的那样从黄金生产中赚得盆满钵满。"秘密生产和走私黄金在马达加斯加采掘者中非常普遍"(Campbell,1988c:109)。

此外,国家发现吸引劳动力很困难,于是便诉诸强制劳动(fanompoano),而且越来越多地使用童工,这加剧了被剥削的工人和臣民对梅里纳统治的反抗,而这些人是劳动力的主力军。"早在 1889 年",坎贝尔(Campbell,1989c:116)写道,"居住在沃尼宗格(Vonizongo)和贝齐寮(Betsileo)金矿区[194]的大量当地人都逃到了叛军队伍,而不是被召集去做黄金劳役工"。1895 年法国人征服伊梅里纳后,黄金业被法国人接管,但该行业面临的问题仍然存在,如生产瓶颈、秘密开采和走私、害怕外国人(这里是指"英国人")、竞争、劳动力短缺、民众的反对和叛乱等。

盐业生产

盐是殖民前非洲生产的最重要商品之一。人们制造了各种类型的盐,用于饮食、医药、工业和其他用途。盐的生产主要有三种方式。第一种,从含盐泉水、湖泊和海洋中提取。第二种,从含盐植物中提取。第三种,从含盐土壤中提取或开采。

在非洲各地都有盐湖和盐泉,特别是在非洲东部的大裂谷,当地人制盐的方法是将盐水灌入地洞中,搁置到足够的盐水浓度为止,然后将盐水放在陶罐中煮沸,直到出盐。19 世纪,坦桑尼亚的乌文萨(Uvinza)是大规模生产这种盐的地区之一,因人口、农业和商队贸易的增长,刺激了这种盐的生产(Sutton & Roberts,1968)。显然,任何人都可以生产食盐,但他们必须向当地酋长纳税。据估计,到本世纪末,每年从盐厂提炼的盐达 50 万公斤(Kjekshus,1977a:97)。西非贝努埃(Benue)河谷的盐水泉也生产了相当数量的盐。从沼泽地刮取盐土结皮,洗净后,将浓缩的溶液倒入锅中煮沸,水分蒸发后锅里就满是盐了。附属于贝努埃盐水泉的盐田由有身份的男子拥有或控制,工作则由妇女完成。在较大的地块,大部分劳动力是由奴隶提供的(Lovejoy,1986:50—51,82—86,107—110,159—163)。

有人认为,19世纪东非沿海地区从海里生产的盐不多,因为从阿拉伯进口的盐很容易得到。但在西非,海盐是区域盐消费的主要来源。在平均降雨量适中、温度高、湿度低且靠近海岸的天然平地,蒸发量大,有利于海盐的提取。加纳沿岸的沃尔特河河口的阿达(Ada)生产了大量的盐。阿达人专门从事捕鱼和制盐。据记载,每家每户都有一到两个盐仓,每个盐仓可储盐[195]50丹麦吨(Sutton,1981:47)。面积较大的咸水湖(Lagoon)在雨季到来前是干涸的,于是就从湖中提取盐。

采盐工作由酋长以及与咸水湖崇拜有关的祭司和女祭司控制。他们确保在咸水湖完全蒸发之前不会开始开采,并在通往咸水湖的道路上安排了看守人员。一旦允许开采,任何人都可以收集他们想要的盐。采集者要把一部分盐作为税款交到祭司、女祭司以及酋长那里。因此,虽然理论上每个人都可以获得盐,但大部分盐都落入了"大人物"的手中(Sutton,1981:51)。盐一般由奴隶、妇女和儿童收集。在加纳部分地区,特别是北部地区,阿达盐的生产一直到1940年代都主导着盐业市场。沿着塞内冈比亚海岸,盐从天然和人工盐池中提取出来。一些盐矿为酋长所有。19世纪末,塞内冈比亚的海盐总产量估计为每年1,000至2,000吨(Curtin,1975)。

通过反复试验,各社区知道了各自地区含盐量最高的植物。这类植物大多出现在"雨量丰沛的地区,那里的土壤中天然含盐量很低……这种类型的食盐生产出现在坦噶尼喀的南部和西部地区。这些地区与更广袤的植物灰盐区相连,几乎覆盖了马拉维、赞比亚、扎伊尔、加蓬、喀麦隆和乍得全境"(Kjekshus,1977a:102)。用于制盐的植物包括水浮莲(pistia stratiotes)、旱伞草(cyperus alternifolius)或纸莎草(papyrus)和芦苇(bulrusa),以及水生植物如水兰(vallisneria)和菹草(patamogeton)。在乍得湖地区,盐是用许多植物合成的,包括滨藜(Salvadora persica),一种在卡努里(Kanuri)被称为阿拉伯金合欢木(babul)的灌木,三种被称为帕加尼(pagani)、卡拉斯利姆(kalaslim)和卡尼多(kanido)的草,它们生长在湖边,还有灌木无叶金龟子(Capparis aphylla),或卡努里的伦杜特

(tundub)(Lovejoy,1986:71)。灌木或草被焚烧,灰烬放在过滤器中。所得的盐水可以直接用于家庭烹饪,也可以倒入炉子或锅里放火上煮,直到它浓缩成结晶状。

含盐的土壤主要是由火山岩、大面积的草地燃烧或含盐植物的分解而形成的,从含盐的土壤中提取盐分相对简单。在乌文萨,含盐的泥巴放在一个槽子里,槽子的底部覆盖着树皮碎片,槽子下面又放着六七个类似的容器。热水倒入最上面的槽中,使盐溶解,当液体经过其他容器时,变得更加清澈。最后一个器皿中的盐液被收集、煮沸、蒸发,得到白花花的优质盐(Kjekshus,1977a:98—102)。

[196]采盐是一个更复杂的过程。据记录,古代的盐矿开采来自埃及的西奈半岛和西部沙漠(Lucas & Harris,1962:208—209)以及埃塞俄比亚的丹卡利(Dankali),那里"盐层呈水平状平铺,并……用斧子砸成小块挖出"(Pankhurst,1968:240)。19世纪,埃塞俄比亚的历代帝国政权都试图打破穆斯林丹卡利人对盐业生产和贸易的垄断。这在约哈尼斯皇帝(Emperor Yohannes)时期,部分得以实现。梅内利克(Menelik)时期,采取了穆斯林和基督教徒在一年中的不同时期生产和交易盐的做法。丹卡利的盐通过商队运到整个埃塞俄比亚北部进行交易。1860年代的一项估计表明,在五个主要的北方市场上共售出了3000万条或阿莫尔(amole)盐(Pankhurst,1968:242)。每阿莫尔长约25厘米,宽5厘米,厚5厘米。

19世纪一些最大的盐矿位于撒哈拉和萨赫勒。苏丹中部的盐矿是该地区几千年来地质和生态变化的产物,其中包括撒哈拉的湖泊收缩沉积盐和萨赫勒地区出现的盐霜。主要的沙漠盐场在卡瓦尔(Kawar)、比尔马(Bilma)和费奇(Fachi)的洼地,而萨赫勒地区盐分最集中的地方是产生盐霜的地区,如曼加里(Mangari)、达洛尔-福加(Dallol Fogha)和达拉勒-博索(Dallal Bosso)的山谷以及乍得湖的东北部沿岸。不同的来源产生了各种各样的盐类,苏丹中部的盐业生产者十分清楚其中的区别(Lovejoy,1986:第3章)。

在沙漠地区,由于自然蒸发率高,生产技术相对简单。在卡瓦尔、比尔马和费奇,人们挖了一系列大小不一的坑,通过不断翻搅使水的表面形成盐。刚提炼出的盐被称为"贝扎"(beza),有时会被包起来,或放入不同形状的模具中,做成圆锥形,最大的重达 15 公斤以上,被称为坎图(kan-tu),或做成扁平的蛋糕状,称为坤库里(kunkuri)。待干燥后,盐从模具中取出,这需要几天的时间。在阿伊尔山(Air Massif)地区,盐是从浅层盆地中生产出来的。盐的生产是一种季节性的活动,会受到降雨量、温度以及农业经济组织的影响。

有两种形式的劳动力被动员起来。较北边和较偏远的沙漠地点主要由奴隶工作,人数可能有数千人,而卡努里农民则在南部的地点工作。工作团队通常由四名男子和一名老年妇女或儿童组成。沙漠盐碱地和农田、枣树一样被视为私有财产,可以买卖、继承和出租。[197]北部的盐碱地主要由塔布(Tabu)牧民拥有,而南部的盐碱地则在繁荣的卡努里家族手中。图阿雷格人(the Tuareg)享有特殊的进出权和纳贡权,这可能是在 18 世纪末获得的。自由妇女可以成为业主并继承盐碱地的各种权利(Lovejoy,1978b,1986:115—120,139—146,153—158)。

萨赫勒地区的盐业生产比沙漠地区更为分散和精细。生产技术取决于所生产的盐的种类。曼加里和姆尼约(Muniyo)生产曼达(Manda),这是一些氯化钠含量很高的盐,需要使用过滤装置、烤炉和熔炉。过滤装置叫查加蒂(chagadi):

> 由编织的稻草垫制成,放在三条木头做成的支架上,这样可使过滤器离开地面。滤器底部铺上沙子,下面放着盆子,用来接盐水……过滤器有助于将一些硫酸钠从溶液中分离出来,从而增加氯化钠和碳酸钠的浓度(Lovejoy,1986:67)。

雨季过后收集的盐土被放入过滤器中,然后浓缩的盐水再放入烤炉中,烤炉里有 40 到 170 个模具。劳神费思的煮沸操作要持续 24 小时,这需要经验人士的技术。相比之下,生产不同品种的泡碱,即高碳酸钠盐和硫酸钠盐,不需要复杂的设备。白色泡碱,即豪萨语中的法林-坎瓦(farin kanwa),只需从地面或池塘和湖泊边缘刮取,而红色泡碱,即贾-坎瓦(jar kanwa),则来自洼地中的盐水(Lovejoy,1986:63—70,74—82)。

与沙漠盐场不同的是,在曼加里、姆尼约、达洛尔-福加和达洛尔-博索,劳动力主要由自由迁移工人组成,他们在农闲季节来到这里,住在被称为屯加（tunga）的临时定居点。曼加里的农民工制度可能始于 19 世纪初，博尔诺（Borno）圣战的混乱之后。工作团队由 10 至 20 人组成，在一名主管的领导下工作。根据性别进行明确分工。

> 妇女负责收集盐土和运水，而男人则负责制造过滤器、模具和炉子，煮盐和收集柴火……。在比尔马，任务的分工表现在妇女有权制造小块盐弗希（fochi），这些小块盐与属于妇女的大块盐坎图有相同的盐混合物（Loveloy，1986：148—149）。

雇工得到一部分盐作为报酬，通常是七个月的产盐季每个人有九十个盐锥子。炉长或炉主得到的报酬是这一薪酬的 2 倍半以上。[198]其余的盐归业主所有。盐厂最终归国家所有，权力通过有头衔的官员行使，其中一些官员会监管多达五六个不同的盐场（Lovejoy，1986：120—133，148—151，163—176）。

由于数据不足，试图估计苏丹中部盐业的总产量很困难。拉夫乔伊（Lovejoy，1978：639，1986：94—114）的估计可能是迄今为止最全面的，他认为在 19 世纪末生产了 8,000 至 19,200 吨盐。他认为萨赫勒地区比沙漠地区产盐量更大。20 世纪初的生产力数据似乎表明，萨赫勒地区的产量高于沙漠地区。例如，1915 年的年生产能力如下：姆尼约和曼加里的曼达产区每个工人约 4.5 吨；姆尼约和曼加里的泡碱产区是 2.9 吨；阿伊尔山的泰吉达-恩泰森特（Teguidda n'tesent）1.3 吨；比尔马和费奇 0.9 吨。在博尔诺和索科托政府的鼓励下，这种盐在整个西非广泛交易，政府通过征收盐业税获得了大量收入（Lovejoy：第 8 章）。因此，盐有助于促进西非商业区域一体化的进程。

苏丹中部生产的盐种类惊人。它们包括"氯化钠、硫酸钠、碳酸钠、氯化钾、碳酸钙、磷酸钠、硫酸钾和各种浓度的硫酸钙"（Lovejoy，1978b：633）。每种盐都有自己的市场和用途。盐的烹饪用途是相当专业的。有些盐被用来调味和制作各种菜肴。食盐的使用暴露了社会阶层，因为使用的盐的纯度越低，人们的社会地位就越低；纯度越高，价格也越高。药用的用途也很多。不同的盐被用来治疗胃病、眼疾、跌打损伤和感染、性病、与怀孕有关的疾病以及与儿童和老人有关的某些疾病。有些甚至因其能够治疗头皮屑和增强活力而受到重视。工业用途同样很多。某些盐可以作为媒染剂用于纺织业、皮革鞣制和皮革染色、用乳木果油制作肥皂和冶炼铜。此外,盐还被用作牲畜的饲料和药物(Lovejoy,1986:15—32)。

拉夫乔伊(Lovejoy,1986:91)认为"盐的多种多样——实际上往往独创的用途——的用途……是技术滞后的直接后果",这种解释是相当奇怪的。事实上,情况似乎恰恰相反。拉夫乔伊(Lovejoy)的解释建立在一个虚假复杂的盐纯度等式上,而盐的纯度与氯化钠有关,最终又被归结到欧洲中心主义对"优质"盐的评判偏见上。西非盐业生产者[199]使用最适合生态和劳动力供应及组织的技术制造不同的盐,以满足他们的口味和市场的多样化需求。

总　　结

采矿业在许多非洲经济中的重要性怎么强调都不过分。本章试图研究 19 世纪及以前非洲社会生产一些最基本的矿物和金属的技术和工艺。此外,在数据允许的情况下,本章还努力简要地概述了发展起来的生产关系。从这一分析来看,采矿业劳动过程的多样性和复杂性不亚于农业。所分析的地区既包括人们熟悉的地区,也包括不那么熟悉的地区。例如,在黄金生产一节中,重点讨论了西非和津巴布韦这两个众所周知的案例,以及不太为人所知的马达加斯加的案例。至于盐,讨论的范围并不局限于开采出来的盐,还考察了从盐泉、湖泊、海洋和植物中提炼盐的情况。从本章可以得出三个主要结论。

首先,扩散论认为非洲的主要技术进步是由外部来源造成的,并被认为它们是从非洲大陆的一两个接受中心辐射开来的,这种论点越来越明显是建立在证据不足和过度猜测的基础上的。例如,麦罗埃似乎不再是所谓撒哈拉以南非洲的铁器传播中心,班图语的传播与铁器技术之间的关联也受到严重质疑。对起源的过分关注让我们对实际生产过程的发展知之甚少。即使是进口的技术,也不可能固步自封,永远停留在原有的专利中,而无视一代代匠人之手的完善之举。从铁器的情况可以看出,不仅生产铁器的技术有很大的差异性,不同社会的劳动过程本身也是不同的。

其次，不熟悉非洲经济史的人或者受欧洲中心主义的蒙蔽的人，有时并不能完全理解技术的先进程度和生产规模。例如，非洲的一些铁器生产技术，是当时世界上最先进的技术之一。非洲专业金属工匠的技术水平不亚于世界上任何一个国家。至于产量，要好好记住，几个世纪以来，西非和津巴布韦生产了世界上大部分的黄金供应，分别支撑了西欧和印度洋贸易区的货币和商业体系。[200]最近对主要的铁、铜和盐生产场所产量的一些估算清楚地表明，其产量和生产率与其他前工业社会的类似地点相当。

最后，对非洲工业的持久性和衰落问题进行了重新评估，特别是非洲工业一旦面对欧洲进口就崩溃的论点在很大程度上被否定了。这个过程要持久得多，事实上，在非洲大陆的许多地方，本土工业在引进进口产品后还能存活如此之久，这是很了不起的。以铁为例，有人认为，面对欧洲工业品的进口，当地工业的生存或衰落取决于一些变量，包括生产资源的可得性，特别是木炭燃料，当地产品的质量，以及劳动力的组织。然而，工业生存和衰落的轨迹不仅会因行业不同而变化，而且会因社会不同产生差异，因此，提出一个单一的解释模型可能是太过简单了。

第七章　手工业和工业化

纺织品的生产

[201]考古、书面和口头资料都证明了非洲纺织业自古就有。在埃及的墓葬中(Lucas & Harris,1962:140—149),马里的特勒姆(Tellem)洞穴(Lamb,1975:第2章),以及赞比亚的因格姆贝-伊勒得(Ingombe Ilede)墓葬(Davison & Harries,1980:175—177)中都发现了古代制造的织物。非洲纺织品早期历史和发展的有关文献资料,主要是阿拉伯语和欧洲语言,北非和西非特别多。也就是说,到19世纪初,非洲的纺织业确实是一个古老的产业。它的组织结构无法简单地概括,因为使用的原料、机械和劳动形式各不相同,生产方法也有变化。

对纺织生产的分析必须从了解大多数织物的制造过程开始,从纤维作物的收割和纤维的收集,到浸泡、干燥、软化、清洗、纺纱,以及通过编织、染色、漂白、刺绣、贴花等进行重组和细化(Schneider & Weiner,1989:20)。纺纱和织布需要机械,染色、刺绣和裁剪需要特殊的设备。制造过程需要技术和时间。非洲制造布匹所使用的纤维有树皮、树的韧皮部、酒椰叶、丝、羊毛和棉花(Picton & Mack,1979:23—48)。这些纤维可以分为纺纱和非纺纱两类。

树皮、树的韧皮部和酒椰叶属于非纺纱纤维,而丝、羊毛和棉花属于纺纱纤维。纺纱和非纺纱纤维有时可以混合使用。例如,北非的柏柏尔人将羊毛和山羊毛与针茅草、矮棕榈和灯芯草混合在一起制成地毯(Idiens,1980:8)。树皮被制成毛毡。最著名的树皮布生产中心在非洲大陆的中部地区。仅巴干达人（the Baganda）就认识并使用了 50 种树皮布。韧皮纤维是通过浸解某些双子叶植物的茎获得的。酒椰叶纤维是从酒椰的叶子上剥下来的，非洲有七个品种。它的自然栖息地是湿地或沼泽，因此它广泛地生长在非洲西部和中部的热带森林和马达加斯加岛的边缘。

丝的生产主要限于尼日利亚和马达加斯加，在那里发现了阿纳菲属（Anaphe）的各种蛾子。[202] 丝是从这些蛾子的幼虫中获得的，它们在罗望子树上繁殖。这些蛾子大多生长在野外，在尼日利亚北部的部分地区，罗望子树的种植有利于它们的大量繁殖。在许多情况下，含有蚕丝的蚕茧是由农民或猎人偶然收集的。丝还以蚕丝布的形式从欧洲和亚洲进口。蚕丝布通常被拆开来做线，用于镶嵌在其他布上。毛线主要从绵羊身上采集，其次是从山羊身上采集，偶尔也从骆驼身上采集，特别是在北非、苏丹和西非的萨赫勒地带。19 世纪使用最广泛的纱线来源是棉花，在非洲大陆的许多地方都是由当地种植的（见第三章）。

织布是纺织生产过程的核心。在许多穆斯林占主导地位的地区，纯色非常流行，尤其是白色。不同纤维的天然颜色不尽相同。例如，棉花本身就有天然的白色和浅褐色。非洲纺织品的主要装饰手段是染色。有时，羊毛和棉纱、酒椰叶纤维以及马达加斯加的韧皮部纤维在织造之前就会被染色。染料的制造和使用是一种相当专业的工艺。染料的来源因地而异，但通常是由树皮、木材、树根、果实、树叶、地衣等浸渍而成，有时会使用矿物。染料的颜色从黑色、蓝色、紫色到红色、橙色和黄色都有。

靛蓝是迄今为止非洲最常用的染料，其制备过程相当繁琐。靛蓝是从几种野生或栽培的靛蓝属植物中提取的。染料的制备涉及：

> 分解植物结构以促进发酵的过程；制备碱性介质的过程，碱性介质除了促进靛蓝的释放外，还作为媒染剂，根据着色要求将染料颜色固定在纱线或布上（Picton & Mack，1979：38）。

当然，制备过程的细节因地而异。例如，约鲁巴人建造了四英尺高、五英尺宽的炉子，准备了草碱做碱性介质。染色要么在大陶罐里进行，要么在地里挖坑进行。

卡诺的豪萨城以其染坑而闻名，19 世纪中叶估计有 2000 个（Picton

& Mack,1979:40)。尼日利亚北部将其染色技术出口到西非的一些地区。例如,在18世纪中叶,一位来自博尔努的商人和学者将染色坑引入位于白伏尔塔(White Volta)河畔的达博亚镇(Daboya)。[203]达博亚在19世纪的加纳以其染色而闻名(Goody,1982:51—53)。为了产生某种图案,染匠把布折叠起来,或在布上绑上酒椰叶,并缝在布上的某些区域防止着色。图案可以通过在布上绑上种子、石头或棍子来改变,也可以在布上徒手作画或用淀粉抗蚀剂进行模板印制。非洲最著名的靛蓝抗蚀剂染色法的从业者可能是约鲁巴人,他们把自己做的抗蚀剂染色布叫作阿迪雷(adire)。马里的班巴拉人(the Bambara)采用了一种不同寻常的技术,用泥浆对布匹进行抗蚀染色。其程序是用一种植物染料将布染成黄色,之后将布洗去多余的泥浆,再用烧碱将黄色染料遮盖。"分析表明,黄色染料中作为媒染剂的单宁酸与泥浆中的氧化铁之间发生了化学反应"(Idiens,1980:5)。

　　染色有时还伴随着绘画、印刷、嵌花、拼缝和刺绣等装饰技术。布匹上图案和纹样的范围与制作布匹的社会和生产者一样多种多样。这些装饰具有美学、宗教、社会和功能价值。它们将皇室用布和平民用布区分开来,将普通用布和葬礼等庄严场合的用布区分开来。例如,尼日利亚东南部伊比奥人(the Ibibio)的丧葬神龛用布结合了嵌花和拼缝技术(Salmons,1980:120)。在扎伊尔的巴库巴人(the Bakuba)中,刺绣布通常是正方形的,几块正方形的刺绣布会缝合在一起,拼出足够的长度,做成裹身裙子。制作这些绣花布是一项艰苦的工作。即使是一匹不超过一平方米的布,也要花上一个月甚至更多的时间才能完成。难怪绣花布代表着劳动力的过度投入,对那些使用绣花布的人来说,这是他们财富和地位的响亮宣言,证明他们的家庭已经超越了自给自足的劳动需求(Mack,1980:163—174)。

　　纺织,有时也需要裁缝,需要一些仪器和设备,这些仪器和设备一般是用当地的材料,如木头、竹子和棕榈纤维制成的。制造和使用的织机种类繁多。罗斯(Roth,1950)区分了七种基本类型,即"立式织垫机""水平固定式粗纱织机""立式棉纱织机""水平窄带脚踏织机""坑式脚踏织机""地中海或亚洲脚踏织机"和"盒式织机"(carton loom)。V.兰姆和A.兰姆(Lamb & Lamb,1980)对罗斯(Roth)的非洲织机分类进行了修订,并

将其重新归纳为四种类型。第一类包括他们所说的北非类型，其中包括
"平板织机""地中海脚踏织机"[204]以及"游牧及其相关的地面织机"。
第二类是坑式织机。第三种类型是水平窄条脚踏织机。第四类是"立式
或酒椰叶织机""尼日利亚妇女的立式织机"和"撒哈拉以南地区的地面织
机"。

　　V. 兰姆和 A. 兰姆（Lamb & Lamb, 1980:25）认为，"所有这些类型
都在今天大致上是尼日利亚这一带的某个地方相汇"。这些类型中的每
一种都可以进一步细分。例如，非洲的坑式织机有几种类型，主要在苏
丹、非洲东部和东北部使用；水平窄带脚踏织机至少有三种类型，集中于
西非，即非框式脚踏织机、框式脚踏织机和定轴式脚踏织机；每种类型又
可分为若干品种，框式织机约有四种，定轴式织机有八至十二种。他们设
想的分类方案是详尽的，但却被非洲主义历史学中那个永远存在的幽灵
所破坏，即以撒哈拉为历史分界线的倾向。不同的织机生产的布匹宽窄
长短不一，质地各异。

　　根据所使用的纱线、织布机、染料和图案结构的不同，生产出了种类
繁多的布匹。生产的布匹从毛毯、地毯、丧葬神龛用布，到普通服饰用布，
再到王室服饰用绢，不一而足。例如在阿散蒂，普通人穿的是棉布服装，
一般为蓝色或带有白色经线条纹。另一方面，酋长、宫廷官员和君主则穿
昂贵的丝绸衣服。皇室的布被称为阿莎西娅（asasia）。阿莎西娅的图案
被认为是最秘密的，因为它们是阿散蒂土王（Asantehene）的私有财产
（Lamb, 1975）。位于今天津巴布韦穆塔帕（Mutapa）的制布工人将"进口
布线与当地生产的棉纱混纺，饰以多种镶金的丝绸、锦缎和绸缎"（Mu-
denge, 1988:187），生产出昂贵的纺织品。

　　布匹生产出来后，可以马上使用，也可能需要裁剪。大多数裁缝工作
都是在家庭内部完成的。在主要的销售中心和城镇有专业的裁缝，缝制
更精致的服装。卡诺，西非的"曼彻斯特"，以其裁缝闻名。每个区都以特
定的服装和款式而闻名。例如，位于城市南区的索隆-迪因基（Soron
D'inki）"最初是以少数裁缝为政要制作精致的刺绣礼服和马匹装饰而闻
名。该区现在著名的马鞍布（jalala）在 19 世纪下半叶才成为主要产品"
（Pokrant, 1982:131）。位于西区的雅尔瓦（Yalwa）以制作东方样式的礼
服而闻名，贵族和商业精英都会穿。原本雅尔瓦是远道而来的商人的主

要中心,"他们的进口品中有[205]东方礼服。东方礼服的制作技术是 19 世纪引进的,起初是一个严格保护的秘密,仅在最初的裁缝家族之外慢慢传播"(Pokrant,1982:131)。

很难确定 19 世纪非洲纺织业的规模,因为几乎不可能获得生产统计数据。只有少数几个地方有基于贸易的估计,而且日期也很零乱。无论如何,这种估计只是给我们提供了最基本的工业规模和生产能力的指标,因为很大一部分纺织品从未进入市场,因为它们被生产者直接消费。可以肯定的是,布匹贸易量据说"很大",正如阿伦森(Aronson,1980)在尼日尔三角洲的案例中所证明的那样。有人提出,在 1850 年代的卡诺,布匹的销售量每年达 3 亿子安贝,折合约为 4 万英镑(Hopkins,1973:48—49)。约翰逊(Johnson,1978a:264)曾指出,"在 1880 年代的一个不景气的年份里,巴瑟斯特(Bathurst)商人手中剩下了价值约 8 万英镑的布匹;按每平方码约 1 先令计算,足以说明这些布匹数量巨大"。

在非洲大陆的许多地方,其他地区和海外进口品也会对当地纺织品加以补充。在整个 19 世纪,流入非洲的进口纺织品有所增加。其影响因地区而异。在非洲东南部的一些地区,当地的纺织业无力竞争,以至于到本世纪末,纺织业急剧衰落。这个地区是最早感受到掠夺性殖民资本主义冲击的地区之一。在赞比西河谷下游,葡萄牙人的控制力越来越强:

> 当地的布匹生产与葡萄牙帝国的经济政策背道而驰,该政策通过向该地区进口印度布匹而让葡萄牙人赚取利润。葡萄牙人希望莫桑比克增加印度布匹的进口,因为这是一项重要的、有利可图的王室垄断生意。于是根据官方政策,当地的生产被降级,仅向印度布匹制造提供原棉(Davison & Harries,1980:188—189)。

此外,随着葡萄牙人加强对该地区的殖民控制,不仅劳动力从布匹生产转移到强迫劳动或移民劳动,而且手织布的许多传统用途,例如作为货币和贡品,也变得过时了。同时,服装习俗也发生了变化,欧洲服饰越来越多地被接纳。

在其他地方,当地的纺织品生产更具弹性。例如,在扎伊尔的库巴(Kuba),"传统"纺织品的生产一直延续到现在(Darish,1989)。西非的

"传统"纺织业[206]经证明经久不衰,"自公元 10 世纪之前第一批来自北非的商队开始到达撒哈拉以南市场以来,它就在与进口纺织品的竞争中幸存下来……今天,它在面对来自更便宜的荷兰、日本、印度和非洲工厂制造的印花布的竞争中仍然能幸存下来"(Lamb,1975:157)。霍普金斯(Hopkins,1973:250)曾指出:

> 一直到 1964 年,当西非建立起现代化的纺织工厂时,使用手纺纱的传统手工纺织者还生产了约 9,000 吨纺织品,约占国内总产量的三分之一(Hopkins,1973:250)。

本土纺织制造业在面对进口产品和现代工厂生产的竞争中能够存活下来,可以归结为多种因素。正如人们所预料的那样,一些人类学家提出了玄妙的解释。达尔希(Darish,1989:118)认为:"传统的库巴族纺织品生产延续到现在,因为其纺织品的生产和使用模式与库巴族关于社会责任、民族身份和宗教信仰的观念有关"。菲力-哈尼克(Feeley-Harnik,1989:74)推测,在萨克拉瓦人(the Sakalava)中,传统布匹是一种媒介:"人们通过它来了解祖先,并与他们沟通……[和]祖先在亲属和非亲属中获得权威"。

纺织品的仪式作用不应该被忽视(Okeke,1979,1980),但土著纺织品的生存不能完全归因于已故祖先对服饰的要求。还有更多世俗的解释,其中包括当地产品的质量优良,生产者与消费者的接近,传统服装的民族主义吸引力,以及当地生产者对新技术的适应性,如使用工厂生产的纱线和缝纫机,使纺织工和裁缝能够降低生产成本,增加产量等(Goody,1982;Pokrant,1982;Hopkins,1973:251;Galleti,et. al,1965:96)。在非洲的许多地方,纺织业比冶金业有着更强大的生命力,因为纺织业主要是家庭活动,不像冶金业是家庭以外的企业,其组织结构和劳动过程首先被殖民主义所瓦解。

生产关系

虽然在大城市和乡镇中,纺织品也在相对较大的企业中被生产,但在许多社会中纺织品的生产是一项普通的家庭工作。在家务劳动中的分界往往与性别和年龄的分界一致。换句话说,不同的任务,往往被分配给年轻人以及成年男人和妇女。从事纺织生产的任务可以根据技能的熟练程度,按照不熟练、半熟练和熟练进行区分。[207]在大多数社会中,与技能层次相对应的是年龄,而不是性别。在这种技能层次中,孩子们通常执行不需要特殊技能的任务,如清洗新纱线;青少年担负半熟练的任务,成年人负责需要高度技巧的活计(Goody,1982a:66—77,1982b:24—28)。这说明在大多数非洲国家,妇女在布匹生产的各个阶段起核心作用。但男性和女性之间的任务分配却表现出很大的差异,这也凸显了非洲性别角色的复杂性,这种复杂性往往被那些以一两个社会为基础进行概括的人所掩盖。

在布干达,树皮纤维打浆这种耗时很长的任务通常是由男人完成的。在卡巴(Kabba)说约鲁巴语的欧温(the Owe)人中,妇女专门制作韧皮纤维备用,而在马达加斯加岛这些活都由男人来做。提取酒椰叶子纤维要么由男人、要么由妇女或两者共同完成,虽然在库巴酒椰的栽培是男人的专属活动。在许多非洲国家,剪羊毛多数是由男人来做的,但把羊毛纺成纱,并把纱织成布是由男人或妇女来做。例如,在柏柏尔人中,羊毛的准备与编织都是由妇女完成,而富拉尼族中,男性会完成这项工作(Picton & Mack,1979:24;Idiens,1980:8)。棉花的栽培、采摘、轧棉和加工成纱通常由妇女来做(Idiens,1980:10;Picton,1980:66)。

至于编织,它是由妇女、男人或两者一起来做的。在柏柏尔人所在的北非以及马达加斯加岛,编织只由女性来做的(Picton & Mack,1979:19)。这与尼日利亚南部的伊格比拉族(the Igbirra)(Picton,1980:63—88)和在赞比西河山谷的人们是一样的(Isaacman,1972:66)。在中部非洲的莱勒(Lele),男人负责所有的织布(Douglas,1965:197,1967:107—109)。库巴的男人也负责编织。在突尼斯,纺纱与织布一般是女人的工作,男人仅仅编织较大的贝都因(Bedouin)地毯,叫做卡蒂法(ktifa)。然而,这仅限于在哈马马省(the Hamama province)内。男性织工"到处跑生意,为特殊的订单工作。在工作期间,他们是其委托人的客人"(Valensi,1985:155)。在埃塞俄比亚,妇女纺纱,男人织布。有趣的是,在埃塞俄比亚纺纱比织布更加受人敬重。这也许是因为"女人的重要性,即使是公主也把纺纱作为一种消遣娱乐"，而织布的往往是"弱势群体"（Pank-hurst，1968：258—259）。

在男人和女人都会纺织的社会中，男女分别使用不一样的织布机。例如，在北非的阿拉伯人社区、苏丹和尼日利亚的部分地区就是这样。在约鲁巴族和豪萨族中，妇女使用立式的单综丝织布机，而男人使用卧式双综丝织布机（Picton & Mack，1979：67，114；Aronson，1980：100—101）。[208]显而易见，事实上，也许除了马达加斯加，在整个非洲双综丝织布机只有男性使用，而单综丝织布机则根据当地的情况，要么是男人使用要么是女人使用（Idiens，1980：7）。一些非洲国家有效的证据似乎表明，男性主要负责制造织布机。如前所述，在伊格比拉族中妇女负责纺织，而丈夫则须向妻子提供女用的单综丝织布机，以及纺织所需的任何必需品。织布机就成了妻子的财产（Picton，1980：68）。

在非洲的许多地方，染色是女性来完成，尽管在某些地区，如豪萨兰（Hausaland），这项工作由男人来做。布料的图案和刺绣由男人或妇女承担。加纳阿散蒂著名的阿丁基拉布（adinkira）印有几何图案，那是男人用葫芦片和竹梳子做出来的尖锐图章印上去的。在豪萨语族中，男人在男性服装上刺绣，也采用几何基本图案（Idiens，1980：16—20）。相比之下，在扎伊尔的巴库巴人（Bakuba）中，所有的刺绣都是妇女的工作，通过缝合以及用"割绒"技术（the "cut pile" technique）来完成（Mack，1980：163）。裁缝专门由男人或妇女来做。在埃塞俄比亚，裁缝传统上是男人的工作。在 20 世纪初，这些裁缝是最快采用现代缝纫机（Pankhurst，1968：261—262）的人们。

可以看出，纺织制造业中存在着相当程度的职业专门化，它的划分跨越了性别。一个地方是女性专业化，而在另一个地方则是男性专业化。强调分工是决定历史变迁的产物，这是很重要的。例如，有人告诉我们，在尼日利亚的伊比比奥族（the Ibibio），男人曾经参与纺织。奴隶贸易衰落后，情况发生了变化，男人开始外出：

> 到远方商业化企业工作，而妇女则在家中纺织。有一次，一个年轻男人无法从事任何商业活动，只能在家织布，他被社区排斥，甚至在他死后有人说他"亵渎了土地"。在阿可特（Akwete），纺织就这样

成了女性工艺,并通过设置禁忌防止男性的干预(Nicklin,1980:156)。

研究表明,在男人织布的地区他们有时组成小组和专业协会,一起工作;而女性,她们几乎总是把纺织和料理家务结合起来,很少加入这样的社团,并且往往是在自己家中单独工作(Picton & Mack,1979:21)。在突尼斯的沿海地区:

> 纺织是手艺人的固定的职业,他们是专业的纺织工,不用再在田地里劳作。妇女会纺羊毛,[209]但纺织商铺不在家里,在一个独立的地方。(valensi,1985:56)

在城镇中,专业纺织品制造商的生产能力远远超过那些仅把纺织当家务劳动的个体户,尤其是由于家庭纺织技术水平低下,只有通过延长工作时间,进行专门生产,采取更密集的生产模式外加付出额外的劳动力才能增加产量。例如,阿杜瓦(Adowa)典型的织布工通常只能生产够做三套服装的精美布料,每套价值约12银币,而"亚的斯亚贝巴织布机每三四天就生产约一银币的布料,每天可获四分之一银币的利润"(Pankurst,1968:260)。毋庸置疑,家务劳动的压力严重影响了妇女在家用纺织品制造业中的生产率。例如,在埃塞俄比亚,"一名从事日常家务劳动的妇女要花三到四个月的时间才能纺出足够的棉花,来做一件长袍"或宽外袍(Pankhurst,1968:259)。

对于纺织品的生产,个体家庭很少能在劳动力、技能和资金需要等方面做到自给自足。有时他们不得不使用流动资金去购买必要的投入,特别是原材料和可能的劳动力。除了非常富裕的家庭外,雇佣劳动对于其他所有的家庭而言太过昂贵。那些负担不起额外劳动力的家庭,有时让附属人员和奴隶加入生产,或通过家庭间的合作和互惠劳动交换机制进行生产。一些家庭很少或没有固定资本用于纺织品生产,所以他们被迫借用或租用必要的生产资料。

家庭工艺生产的组织形式因社会而异,其中制衣是家庭工艺生产的一种活动。它可以是兼职的,也可以是全职的,可以是季节性的,也可以是常年的。一般来说，农村地区的手工生产往往是季节性的，大多是在收割和种植之间的农闲时期进行，而城市地区则有比较固定的生产机构。因此，手工生产在农村或城市都很主流，是家庭消费或销售的主要方式。例如，在突尼斯，纺织产业主要在农村，而制陶主要在城市。许多突尼斯家庭生产纺织品供自己使用。但在南部的绿洲区，生产主要是为了销售，也更专业化（Valensi，1985：153，155，158）。在某些社会中，手工艺制造业可以由任何拥有必要技能和资本的家庭制造，也可以仅限于少数人。一般来说，家庭层面的手工生产是小规模和分散的。[210]统治者、政府官员和富商的家庭往往有更大、更集中的手工艺生产。例如，在索科托哈里发国，许多富有的商人拥有私人庄园，为当地的消费和出口生产农产品和工艺品（Lovejoy，1973；Tahir，1975；Pokrant，1982）。

产业往往集聚在原材料相对稀少，或是需要用大量的劳动力和资本的地方。产业集聚也是城市中心的一个特征，这些中心有大型市场，容易获得原材料，卡诺的纺织业就是这样。在这些中心，大量的工匠聚集在特定的街道或广场上，或者集中在作坊里。他们经常以行会的形式组织起来（Jagger，1973；Fika，1978；Shea，1975），这在北非和西非许多地区是很常见的。这些行会控制行业登记、生产方法、工艺标准和价格。在这样的社会中，"行业的成员资格通常是继承的，尽管有时外来者在完成学徒阶段后也可以加入行会"（Hopkins，1973：49—50）。在经济一体化程度较高的国家和地区，生产过程有时会分散到不同城镇，然后通过市场体系连接起来。比如，北非的很多行业，"城镇之间有着精细的劳动分工，每个城镇都专门从事某一特定生产过程"（Issawi，1980：470）。

手工业和建筑业

除了采矿、冶金、纺织制造业，还有其他重要的经济活动和手工行业，当中的一些往往被历史学家忽视。用于家庭消费和在家庭以外销售的主食和饮料的加工，便是其中之一。准备家庭食物当然是日常工作，主要由妇女承担。它包括捣碎和研磨谷物，把块茎食物去皮备用，取水和收集柴火，以及烹饪。劳动时间的消耗量取决于日常饮食，家庭的大小，以及可得到的水和能源资源。销售加工食品很常见的，尤其是在城市中心和主要贸易路线沿线。

各种各样的食品保鲜技术被用于 19 世纪。例如,肉、鱼和蔬菜可以通过烘干,用烟熏制,以及用盐腌制来保存。例如,科伊科伊人,常常把稍加腌制之后的肉挂起来烘干。肉不需要进行进一步的加工就可以食用。后来这一做法被欧洲殖民者广泛采用,这样得来的肉被称为干肉条(Elphick & Shell,1989:228;Delegorgue,1990:34)。[211]饮料酿造通常是由妇女来完成。啤酒、葡萄酒和蒸馏酒是由谷物、水果和其他原料制作而成的,如来源于甘蔗和棕榈树汁。南非的通加人(the Thonga)会制作所有这三种酒精饮料,而查格人(the Chagga)、蒂夫人(the Tiv)和阿赞德人(the Azande)主要用谷物酿造啤酒。用于蒸馏的装置一般比酿造啤酒的更加精细复杂。使用酒精饮料的社交场合和仪式当然因不同社会而异(Washburne,1961:3—79)。

除了纺织品,主要产品包括皮革、绳索、篮筐、陶器和家具。皮制品用兽皮和畜皮制成。在西非,皮制品的生产集中在稀树草原地带,那里是畜牧业的中心。尽管这些产品中有许多出口欧洲,被称为"摩洛哥"皮革,但实际上,有一部分借用此名称的商品来自西非(Hopkins,1973:49)。埃塞俄比亚生产各种皮革制品,包括"马鞍、盾牌、刀鞘、弹药筒和其他腰带、凉鞋、帐篷、人字拖鞋、皮带、袋子和子弹袋、睡垫、衣物和羊皮纸。不同的地方因各种各样的皮革制品而闻名"(Pankhurst,1968:267)。皮革也被用来制作鞋子,然而,只有一小部分人穿。

植物纤维用于制作粗绳,用途广泛。编制篮筐和编织密切相关,因为它们都涉及某种编织方法。编篮筐有三种基本技术:盘绕、缠绕和编结,每一种都有它自己的独特的技术,可以编出各种各样的装饰图案。用到的原材料包括草,各种植物的叶子和纤维。产品数量众多,其用途也很多。产品包括常用的篮子、食品篮、饮水碗、有盖的容器、牛奶瓶和酪乳容器、篮筐、用于装鸡和小哺乳动物的笼子、搬运用的筐子、渔栅、袋子、床、地毯和帐篷等(Sieber,1980:212—245)。这些产品要么由男人编织,要么由女人生产,有时男女都会。在突尼斯,编篮子是男人的工作,而在埃塞俄比亚则是女人的工作(Valensi,1985:159;Pankhurst,1968:270)。

陶器提供了炊具,储存液体和食物的容器以及屋顶瓦片。一些陶器,特别是那些用于烹饪或装液体的,往往经过烧制,而其他的,比如用于装粮食的只需在太阳下晒干即可。陶器成品有许多装饰的方法。其设计工艺可包括"冲压、压印、雕刻、穿孔、轧制、制模、刮刻、擦划、抛光或印制"等工序（Sieber,1980:246）。尽管有例外，但陶器制造主要限于女性（David,1972:23）。在索科托说豪萨语的民族中，[212]男人负责制作大部分的日用陶器；在伊费（Ife），赤土陶器和青铜铸件雕塑由男人掌控；在阿散蒂地区，男人制作的陶罐装饰了拟人化的动物图案，而其他所有的陶器由妇女制作（Fagg & Picton,1970:9—10）。制陶工人的地位，在不同的社会有差异。在埃塞俄比亚，制陶工作的声望显然很低（Pankhurst,1968:277）。生产中心也各有不同。在突尼斯陶瓷制作主要是城市行业，而在北非的其他地方，这个行业主要在农村（Valensi,1985:158—159）。

　　木工和木制品的制造，包括家具，没有从历史学家那里得到应有的重视。家用器具的生产，比如铁制工具，还有容器，比如陶制品，都得到了比家具更多的关注。在大多数普通人的家中，家具可能是相对不太重要的，但并不是可有可无的，当然这并不能反映物件制作所需技能和灵巧程度。最重要的家具是床和头枕，凳子和椅子。木制的床有各种不同的形状和大小，有的有雕刻、可安装。以塞内加尔海岸线的人们为例，他们制作了很高的床，显然是为了躲避蚊子（Sieber,1980:100）。床可以用木头、竹子、酒椰叶纤维加染色剂制作，就像芒贝图人（the Mangbetu）做的那样；或用黏土或泥巴来建造，就像在喀麦隆一些地区常见的那样。睡眠时用的头枕也可以当凳子用。凳子显然是用来坐的。所制作的凳子类型众多，有些是从一块单独的木头上切割下来的，可以是立方形也可以是圆柱状；而其他的，则用棕榈树、竹子、柳条以及其他材料做成。

　　椅子也用同样的材料做成。木材和黄铜钉制成的精致的椅子，就像那些由安哥拉的乔克维族（the Chokwe）和扎伊尔的恩加拉族（the Ngala）做的那样，为富人所用。在阿散蒂，令人敬仰的椅子被称为阿斯品（asipim）。另一个精心设计的椅子由木头、皮革、黄铜钉和顶端饰物组成，形似"螳螂，用于欢庆场合"（Sieber,1980:160）。也有与统治者相关的特殊的凳子，如阿散蒂著名的金色凳子。在布尼奥罗（Bunyoro）、卢旺达以及库巴（Kuba）和卢巴（Luba）也有王室凳子的报道（Sieber,1980:108,125）。

　　木材也被用来做其他的物品，包括家用器具和容器，如盒子、碗、瓶子、托盘、盘子、调羹、研钵和杵等。此外,木材是雕刻雕塑和仪式物品的重要材料(Fagg,1970;Horton,1965)。最后,木材被用于制造鼓、船只和独木舟。[213]牧民们把葫芦作为木材的补充之物,用于制作一些物品如牛奶桶、酪乳容器、储存瓶和油脂容器,或用于制作杯子、水壶、啤酒瓶、舀面粉的碗、盛食物的碗(Sieber,1980:170—195)。木雕几乎总是男人的工作。在许多社会,木雕被视作一门专门的工艺。在贝宁,木雕匠人有一个叫做伊格贝桑姆旺(igbesanmwan)的行会组织,内部成员根据年龄和资历划分。"雕刻工作主要由约鲁巴人的首领奥巴(Oba)和酋长授权,虽然家庭的器具如盘子、勺子和研钵,被行会的妇女拿来在市集上卖"(Ben-Amos,1971:71)。当工作任务不重的时候,雕刻工匠们在自己的家里单独工作,而对于更大、更困难的订单,雕刻工匠们通常在儿子、亲属和其他行会成员的协助下完成。最重要的雕刻是在奥巴宫殿自身的工坊里完成的(Ben-Amos,1971:78)。

最后,还有房屋和建筑业。这是另一个很少被历史学家研究的主题(Oliver,1971:7—24)。除了那些伟大的古迹,从埃及金字塔到大津巴布韦石头城,还有伊斯兰非洲和基督教埃塞俄比亚的宏伟建筑(Smith,1958;Smith,1968;Michell,1978),历史学家并没有过多述及太多普通住宅,或是别人所说的"民间"或"地方"建筑(Rapoport,1969:2,1980:285—286),或者仅仅是"遮风避雨之所"(Oliver,1987:9—10)。非洲的住宅经常被认为是"小屋"而不被重视,被当做原始艺术而不是真正的建筑。研究这一领域的大多不是考古学家就是人类学家。后者往往更感兴趣的是"遮风避雨之所"的"意义和象征",而不是建筑和建筑业的经济史(Oliver,1975;MacEachern,et. al. ,1989)。在人类学研究中,还有一种趋势是将现在的"传统"建筑形式投射到永恒的过去。

毫无疑问,提供住房是一项重要的经济活动。住房建筑是许多因素的产物,从气候和地点的物理动力学以及材料、技术和劳动力的可用性,到宗教、家庭结构、亲属和阶级的社会文化力量(Rapoport,1965:第2—4章;Levin,1971)。考虑到这些因素可以用许多不同的方式表达出来,在殖民时代之前的非洲,房屋类型可能多达5000种,其多样性如此之丰富就不足为奇了(Oliver,1971:20)。在一个单一的生态区内,可以发现建筑形式的变化。例如,有"六种典型建筑可能被认为是加纳北部的模式",

尽管该地区的生态是统一的(Prussin,1969:4;Archer,1971)。在阿尔及利亚的绿洲地区,泥巴和石头房子,与布料和茅草垫帐篷竞相呼应(Etherton,1971;Duly,1979:30—33)。[214]不同风格和大小的房子往往反映了社会地位和差异。

现有证据的数量和性质都不足以支撑对19世纪非洲的房屋建设过程的详细讨论,只能说明所使用的各种各样的材料和劳工组织形式。这些材料包括泥、砖、石头、木头、草、竹子和帐篷,有时是混合使用的。例如,长方形的阿散蒂房屋,有宽敞的庭院,墙壁用垂直固定的木材和水平固定的竹子搭成,并涂有黏土。上部墙体使用白泥,下部墙体和底部用红泥并加以抛光。屋顶用棕榈叶覆盖(Rutter,1971:155)。

泥巴作为建筑材料用途广泛,尽管使用泥巴的结构原理大相径庭,部分原因是土壤差异很大。在西非的大草原地区,泥巴和晒干的泥砖被用来建造各种形状的房屋,有圆形房屋,有矩形房屋;大小不一,有简陋的小居所,也有富人、权势人士的大住宅和气势宏伟的清真寺;定居模式不一,有分散的,也有集聚的。除了用于建造墙壁,泥巴有时也代替草用来做屋顶,豪萨族就是这样做的(Schwerdtfeger,1971:67)。泥巴圆屋的普遍存在可以用这样一个事实来解释:"作为一种均质材料,当结构是圆形时,泥巴能够达到其最大的综合强度"(Prussin,1969:30—31)。

在非洲大陆的许多地区,石头被用来建造房子。斯瓦希里族沿海的建筑,其坚硬的矩形几何结构依赖于珊瑚石的使用,这在海岸线附近很常见(Garlake,1966:15—29)。斯瓦希里族的石头房子,有着涂了厚厚灰泥的墙,装饰着图案和线条,还有用正方形的木椽支撑着的珊瑚瓷砖和瓦片,其"精心设置的管道设备……排水系统"和精致的浴室令人瞩目(Allen,1979:22,25)。这些建筑显然达到了15世纪末和16世纪初在建筑和设计上的卓越巅峰,又在18世纪末和19世纪初再次达到巅峰。房子最初是单层的;在后来的几个世纪添加了额外的楼层(Lewcock,1971:83;1978)。除了主要的私人房间之外,标准的房屋有两个卧室。房屋、清真寺和坟墓一同构成了斯瓦希里族石头建筑的基本形式(Wilson,1979:43)。在埃塞俄比亚的部分地区,富人和贵族的房屋,以及教堂,也是用石头建造的(Gebremedhin,1971;Lindahl,1969)。

除了石头建成的房屋之外,在斯瓦希里语族沿海的小镇和埃塞俄比亚,有用木头和泥土搭成的房屋。[215]木材建成的房屋在非洲大陆的其他地区也能找到。在冈维埃(Ganvie),不仅所有的房屋都由木材建成,而且整个小镇都是建在水上,那里的原住民都以捕鱼为生。对于捕捞和运输而言,独木舟不可或缺。这些居民点可能建于 19 世纪中叶,因为当时土地盐渍化越来越严重,无法支持农业活动。同时,"生物条件的改变似乎让更多密集捕鱼成为可能"(Danby,1971:40)。这座不寻常的小镇把住宅和工作、建筑和生态极好地结合起来。

　　草被广泛用于屋顶结构。祖鲁族用草建造整个房子。只使用草,叶子和木板条,没有钉子、金属丝、绳子或是木板,圆顶的祖鲁草屋就是一项技艺精湛的产品。"建筑的每一个细节",一个观察者说,"既有功能性、也有艺术性,这是一个巧妙构造的房子"(Knuffel,1973:11)。沙坎革命(the Shakan revolution)之后,建筑技艺更是发展到了一个更高的完美水平。不仅房子是圆形的,而且这些房子还被精心排列成圆圈(Biermann,1971)。其他用于建造"编制"房屋的材料还有竹子和酒椰叶。使用这些材料,在喀麦隆草原和高原上,不同的民族修建了"宏伟,甚至奢华的建筑"(Oliver,1987:100)。在埃塞俄比亚,辰查族(the Chencha)和西达摩族(the Sidamo)用竹子建造了半球形的房屋(Gebremedhin,1971:116—122)。

　　帐篷是非洲建筑的一个重要组成部分,因为帐篷为以畜牧业为主要经济活动的非洲北部、西部和东部,干旱和半干旱地区的无数人提供了庇护。种类繁多的帐篷提供了各种各样的住所。因为要用到布料,帐篷让纺织制造业和住房建设之间有了联系。所以帐篷居民经常是精巧的织工。使用最广泛的一种帐篷是黑帐篷,通常是山羊毛制成的,其中也有几个种类(Faegre,1979:9—41;Verity,1971;Andrews,1971)。皮毛帐篷在黑色帐篷地带以南的北部非洲使用,其范围囿于从西撒哈拉到肯尼亚北部领土的一条狭窄地带(Faegre,1979:62—77)。一些垫子帐篷,如东非博兰(Boran)的帐篷,严格意义上不是帐篷,可能说成是构架上覆盖垫子的住处更好(Oliver,1987:24)。像其他的住处一样,为了反映性别关系、劳动分工和年龄层次,帐篷的位置与空间被仔细地安排。在贝都因(Bedouins)部落中,男人一侧的地面铺有让客人坐的地毯和席垫,而帐篷里妇女一侧的空间更大。[216]根据男女分开、女眷隔开的传统习俗,作为生活和工作区域的帐篷,除了帐篷的主人外,不会给任何其他男人看(Fae-gre,1979:23)。

造房子要用到技能型和非技能型劳动力。家庭成员之间的齐心协力至关重要。无论在生活空间的构建或建造,还是房屋的后期维护和翻修中,女性都扮演了重要的角色。在祖鲁部落中,建造房屋所需不同的草和植物都由女性收集,她们把这些草编织成草垫,而房屋框架的搭建是男人的职责(Knuffel,1973:13,16;Biermann,1971:100)。在加纳的北部,妇女负责糊墙、装饰墙壁,"也许是因为所使用的原料通常都来自家庭周边范围内"(Prussin,1969:115)。在牧区,女性在住房建造和房屋维护上的责任可能会更大些。例如在马赛族中,每个已婚妇女都希望在她们孩子们的协助下,建造自己家的房子,这房子也被认为是她自己的财产(Rig-by,1985:147;Oliver,1987:66—69)。在摩洛哥西南部的塔卡那(Tekna)部落,搭帐篷、撤帐篷主要是妇女的工作(Andrews,1971:137)。

住房建设通常需要更多的劳动力和技能,这些都超出了家庭本身的能力。许多建造任务,如运送预制的屋顶到家里并将其吊起到合适的位置,需要共同的努力。因此家庭合作非常必要。在斯瓦希里部落的城镇,房屋规划和建设高度协同。"所有相邻的房屋,"加莱克(Garlake,1966:89)发现,"总是共享一面界墙……此外,几乎在所有情况下,房屋毗邻的地方,都相互连锁而不是简单地彼此邻接,以使建筑更紧凑、经济……[这]需要从一开始就有全面的合作和联合规划,然后是同时建造"。公共建筑,如清真寺和教堂,通常都是通过动员各种形式的共同劳动和强制劳动力来建造的。有人认为,一些宏伟的斯瓦希里族建筑显然是经由建筑师设计的,而不是单凭工匠和建筑能手就能建造的"(Garlake,1966:12—13)。

殖民前的工业化动力

以上所考察的各个行业都经历了很长时间的发展。非洲内部的工业发展水平相当不平衡,非洲大陆与世界部分地区,特别是西欧之间也不平衡。这些不平衡的发展模式在 19 世纪随着工业化进程的展开而加深。除了少数国家,非洲国家几乎没有试图开展任何工业化的努力。[217]埃及和马达加斯加是这少数几个例外。两国的工业化进程与西欧和北美同步启动。当地的企业和利益让它们鼓舞,它们采取了大规模的工厂机器生产。两国的工业化最终都失败了。可以提出三个问题:为什么这些国家首先开始工业化? 为什么他们失败了? 失败的后果是什么? 让我们从埃及这个比较有名的例子开始。

在19世纪初,埃及的制造业,就像北非的其他地区一样,被欧洲的产业竞争所威胁。在西欧的工厂"大量生产廉价的商品,地中海的和平以及安全保障的提升,加上航运的改善也使得低成本的货物运抵销售地。除此之外,还应加上各种商业条约的影响,这些条约将进口关税冻结在低水平,并打开了该地区的市场"(Issawi,1982:151)。穆罕默德·阿里的政权通过建立现代工厂,首次大力尝试推动埃及实现工业现代化,但历史学家对该政权的动机并不认同。一些人认为穆罕默德·阿里是一个将工业化视为经济发展先决条件的现代化者。据说,他想建立一个现代工业国家,可与当时出现在西欧的国家相媲美(Owen,1969:第1章)。其他人则强调,他的主要目标是发展军事而不是经济发展本身。根据这种观点,穆罕默德·阿里想要拥有一支强大的军队,他给予了与陆军和海军相关的工业特别关心(Mabro & Radwan,1976:10—11)。

试图挑选出推动穆罕默德·阿里工业化背后的一个或两个因素是徒劳无用的。当然,试图把它归因于穆罕默德的个人偏好也是没有用的。工业化动力是埃及社会当时发生的广泛变革的一部分。就像格兰(Gran,1979)表明的那样,这些变革是通过内部和外部因素相结合产生的,包括统治阶级和当地阶级力量的调整和整合重组,以及埃及在世界市场的融入。从18世纪中叶起,埃及统治阶级由马穆鲁克(Mamluk)精英和富裕的商人组成,而他们中多数是外国人,因此面临着越来越多的挑战:尤其是进贡制度的崩溃;埃及本土中低产阶级人士的自信日益增长,这些埃及人由当地的商人、穆斯林学者乌拉玛(ulama)和工匠精英构成;城市下层阶级越来越难以驾驭。法国1798年的入侵不仅加速了这些内部的变革,而且使埃及卷入进新兴的世界资本主义市场,这一过程对埃及内部发展产生了深远的影响。[218]伴随和反映这些转变的是宗教与文化的发酵,以及18世纪末和19世纪初的复兴。

穆罕默德·阿里政权的权力是由埃及的中产阶级赋予的,该阶级厌倦了腐败和专制的外国统治。为了摧毁旧统治阶级的力量，建立一个新的统治精英阶层，并应对欧洲竞争所带来的挑战，穆罕默德·阿里政权开始了由国家主导的经济现代化计划。总之，引用扎阿罗克的话（Zaalouk，1989：1），"穆罕默德·阿里上台后，几乎不再依赖私人企业。要实现任何经济进步，国家都必须负责生产活动。埃及这样做，创造了拥有大量土地的贵族和资产阶级企业家阶级。"

工业化进程经历了三个阶段。第一阶段从 1816 年到 1818 年，以政府对一些现有的手工业行会实行垄断为特征，首先是纺织业。政府提供工匠和原材料，并且都以固定价格购买成品。这一政策使政府增加了收入，但它不受消费者和生产者的欢迎。由于民众的反对和政府的自信不断增长，第二个阶段在 1818 年和 1830 年之间开始。政府自身设立工厂。机械和管理者都来自国外。一旦工厂开始运营，政府就取缔了与现有工匠进行的交易。此举确保了政府的垄断地位，使其能够销售产品，同时从现在多余的手工艺人那里获得劳动力，尽管许多工匠能手宁愿退休到农村，也不愿到新工厂领取计日工资。

第三阶段本质上是一个巩固期，其间很少有新工厂得到资助，并且"以牺牲迄今极为重要的外国技术人员和顾问的利益为代价，努力增加埃及人在工业中的参与。与此同时，国家对垄断的严格程度有所放松；公民只要每月缴纳可观的税，就被允许从事各种工艺，与国营工厂竞争"（Barbour，1972：43）。

投资到这些行业中的资本是从政府内部和外部贸易垄断、税收和强制贷款中获得的。（Issawi，1963：23）。伊萨维（Issawi，1980：471，1982：154）认为，直到 1838 年估计有 1200 万英镑已经投资在工业企业了。真实的数据也许永远不会被人们知道。但可以肯定的是，大量的资源被投资到建设工厂和进口机器上。[219]如马罗和拉德温（Mabro & Radwan，1976：16）所说，"穆罕默德·阿里并没想要搞廉价的工业化"。

工业遍布全国各地，集中在开罗、亚历山大和罗达岛（Rodaisland）。甚至在个别行业内部也有人试图进行产业分散化。例如，不同的中心专门从事纺纱、织造、染色和靛蓝加工（Barbour，1972：38—43）。这些工业包括各种各样的生产活动，但主要是生产消费品，特别是纺织品和食品。此外，还有生产铁、武器、纸、玻璃和化学产品的工厂。唯一尝试生产现代资本货物的是纺织业,其中所需的所有设备几乎都是在开罗制造的。

被雇佣的工业工人数量并没有可靠的数据。估计数量从 30,000(Issawi,1980:471,1982:154)到 60,000—70,000 之间(Mabro & Radwan,1976:16),甚至是 260,000(Barbour,1972:38—39)。不管哪一个估计是正确的,毫无疑问的是,大多数工业工人受雇于纺织厂。大部分的不熟练劳动力被召集,付给低工资,而技术人员主要是被高工资吸引来的外国人。劳动管制是强制性的、专制的。工人们当然有反应和抗议。"当代观察家报道了许多不明原因的爆炸和其他工业破坏的行为。此外……城市犯罪率明显上升"(Gran,1979:121)。

工厂的产品,通过进口替代,通过挤压取代一些手工艺品,在部队中找到了市场。直到 1830 年代初,有人告诉我们,"国内的纺织行业已成功地消除了低质量棉布和印度穆斯林棉布的进口威胁"(Mabro & Radwan,1976:16)。一些工业商品被出口,例如,染料和棉纱销往土耳其和欧洲。由此可见,有些行业生产的产品质量很高,管理水平也很高。据报道,管理最好、最成功的工业企业是亚历山大和开罗的海军兵工厂和武器装备工厂。

埃及的工业受到许多限制,最终导致工业化进程半途而废。首先因为人均收入低,国内市场很小。此外,市场对外国竞争几乎没有保护措施。当时,埃及正处于土耳其的统治之下,受到英土条约和公约的约束,这些条约支持自由贸易,并将从英国进口商品的关税限制在 3%。此外,除了棉花以外,当地的原材料短缺,能源和资金短缺。埃及以相当高的价格从欧洲进口大部分煤炭。利用风能和畜力的尝试并没有取得成功,而水力的开发,[220]例如在阿斯旺的第一道瀑布旁开凿运河,建立棉纺厂,又由于成本高昂而受阻。因此,埃及的生产成本高于欧洲。

这些限制中的大多数本身不会导致工业试验的崩溃。衰退开始于 1840 年代。克劳奇利(Crouchley,1938:74)写道,"工厂一个接一个地被废弃了。几年后,这个花费了数百万银币建立起来的庞大工业体系,只剩下了散落在全国各地废弃旧建筑里大量生锈的机器。使埃及成为工业国的尝试失败了"。失败通常归因于 1838 年的英土条约,这是一系列协议中最新签署的,它提升了欧洲产业在该地区的利益(Marsot,1984)。该条约废除了国家垄断,禁止国家促进工业化的任何企图。该条约还赋予英国商人不受限制进入任何土耳其控制领地购买原材料的权利。此外,该条约缩减了埃及军队的规模,从而剥夺了当地工业的重要市场。奥凯(Okyar,1980:152)认为,对试验的致命打击来自"土耳其政府,它对于打击穆罕默德·阿里军事力量的经济和金融基础感兴趣,而英国政府意在向整个中东强加自由贸易来扩大它的市场"。

经常被忽视的是,埃及工业化的崩溃反映了社会力量的转变,正是这种社会力量最初塑造并维持了工业试验。一些社会阶层,尤其是本地中产阶级,最初以支持工业化作为反对旧统治阶级的举措之一,现在不予支持,要么是因为他们已经加入了统治精英阶层成为地主和大商人,要么是因为他们已经落伍,远离政权。无论是哪种情况,深化工业化进程并不一定会增进他们的阶级利益。事实上,作为工业试验基础的国家垄断,越来越被视为阻碍他们在农业和商业领域进一步积累资本的机会,而这些领域是埃及资产阶级倾向于投资的。

农业出口经济的扩大实际上加强了去工业化的趋势。如第13章所述,为了服务这种经济,国家被迫修建和扩建交通和通信基础设施。这要花费很多钱,而国家没有这么多钱。因此,它开始从国内和国外大举借债。随着埃及债务的增加,工业投资的前景黯淡。到1900年,埃及的公共债务估计为1,166亿英镑,[221]高于1880年的9840万英镑。该国超过30%的出口收入用于偿还债务。另一大部分以外国投资利润的形式被投资国拿回。总的来说,"埃及国民收入的5%或6%被拿走了,几乎没有留给国内投资"(Mabro & Radwan,1976:20)。

从1840年代开始,随着吱吱作响的工业火车头急剧减速,埃及走上了去工业化的道路。这个历史上在所有"晚期"工业化国家中扮演关键角色的国家,沦落为一个无能的旁观者。埃及发展了典型的依附经济,主要以农业和出口为导向。其余的小型工业部门为外国所有,主要用于出口作物棉花的初级加工。例如,到1899年,埃及有63家公司。它们的总资本为1760万英镑。其中33家公司全部或大部分为外资所有,资本达1550万英镑。而且"超过一半的当地公司实际上属于犹太银行家或者居住在开罗或亚历山大的外国棉花商人"(Barbour,1972:57)。

1882年,英国占领了埃及,这在一定程度上是该国不断增长的经济和政治危机的结果,而英国和法国在埃及的活动在一定程度上也引发了这场危机,这给"工业化失败"的棺材上又钉了一颗钉子。在英国统治下,这个殖民地国家对通过公共或私人资本培育制造业几乎没有兴趣。"相反,完全没有针对外国竞争的保护措施,再加上对本地产品征收 8% 的消费税,这些都阻碍了国内企业的发展"(O'brien,1966:42)。埃及模式成了 20 世纪非洲殖民地极为常见的模式。

马达加斯加的工业试验没有那么出名。在 1820 年和 1861 年之间,梅里纳(Merina)王国做了尝试。在 19 世纪初,工业试验的基础就存在了,"集约型农业经济富有成效,市场体系发育良好,钢铁和手工艺制造的规模也相当大。并且国家决心继续推行工业化计划"(Campbell,1986,1987,1988b,1991)。有人认为,"梅里纳王室被迫承担推进工业化的角色",是由于害怕外国的入侵,害怕无法获得外国投资,担心当地商人阶级的弱点,以及主要出口项目奴隶出口减少会导致国家收入下降(Campbell,1991:531)。国家受到农业方面已经取得成功的鼓舞,打算进一步发展经济,[223]同时通过促进工业和商业增长来增加收入。工业化进程依靠利用当地资源,主要是劳动力,以及采用和适应欧洲的技术和工艺。主要重点放在纺织品和武器装备的生产上。为了保护新生产业,国家计划将提高关税,并将外国人限制在指定的沿海港口。

梅里纳王国面临一个两难的选择,这最终助其中止了工业试验。鉴于资本总量不足,无论是本地的或外国的,工业化计划只能以人力资本来投资。这就涉及到要从食品农业领域向制造、种植领域转移劳动力。后者生产经济作物用于出口融资,并且为制造业提供原材料。蔗糖、咖啡、丁香、香料、香草、椰子和用于产丝的桑树种植园都被建立起来。总之,据估计,约 35% 的梅里纳劳动力"从农业转移到了无利可图的工业就业"(Campbell,1991:526)。将如此大比例的劳动力向工业转移,整体上削弱了农业系统,况且农业系统是梅里纳王国的经济基础,这使得维持工业试验越来越难。

这需要极端的国家强制。一个靠剥削劳动力的集权政府由此建立,国家实行劳动力垄断,此举"由现存的国内机构和意识形态促进,旨在创建地理位置上集中的奴役劳动力",比如强制劳动(fanompoano),从"自由民众"、不同社会等级的工作单位以及奴隶强行征取(Campbell,1991:532—534)。因此国家拥有成千上万不计报酬或廉价的劳动力。此举降低了生产成本，但也同时也降低了人均收入和当地的购买力。

在熟练技术人力方面，国家转向了外国技术人员和其在国内外培训的工人，尤其是在英国和毛里求斯培训的工人。国家鼓励为强制劳动的劳工开设学校。1824年，国家接管了两年前建立的三所教会学校，又新建了一些学校。到1828年，已有100所学校。工业贸易学校也建立了。教育运动非常成功，到1835年，伊梅里纳（Imerina）的识字率"可能超过7％"（Campbell，1991：536）。学校不仅培训未来的工人，他们还努力贯输忠于国家、顺从和守纪等意识形态。培训不一定能转化为高回报。从1828年开始，一个自由技术工匠理论上每天的雇佣价格是0.08银币，这是一个无技能工人工资的两倍。[224]支付给外国工匠的工资费用"不是由国库支付的，而是向梅里纳民众征收特别税收取"（Campbell，1991：541）。因此国家在工业化驱动中，也在试图减少工资成本，以及教育和技能培训的成本。

许多工厂建立，以生产各种各样的制成品。第一家纺织厂成立于1824年，"40—50名来自皇家学院女生缝纫小组的女性"成为工人（Campbell，1991：542）。工厂生产的纺织品相对昂贵，很难与家庭生产的纺织品竞争。为了提高工厂生产的竞争力，国家决定从规模经济中获益，建立一个每年可生产5000件棉布的大型水力纺织厂。法国入侵东北海岸后，这个想法被放弃了，取而代之的是建造了一个军备工厂。工厂纺织生产的规模仍然很小。

建立了四个兵工厂。在随后的几年里，还建立了生产肥皂、纸张、皮革和其他产品的工厂。到1850年，最大的工业集群在曼塔索（Manta-soa），那里有五家工厂和众多的车间，雇佣了5000名工人。这些工厂都有鼓风炉，与传统的小熔炉相比，鼓风炉可以更有效地冶炼大量的铁矿石……该公司专门生产滑膛枪和大炮，但也生产剑、火药、霰弹、铜、钢、避雷针、玻璃、陶器、瓷砖、丝绸、各种布料、蜡烛、石灰、染料、柔肤皂、钾、糖加工成的糖果和酒精，以及鞣制皮革（Campbell，1991：546—547）。

尽管取得了明显的成就，但工业试验并非一帆风顺。生产不足以满足国内需求，因此国家只能容忍家庭生产和进口。制成品的出口被证明是一个难以实现的目标。马达加斯加的产品，包括糖，在区域内或欧洲市场上没有竞争力。劳动力成本低的优势被昂贵的运输成本所抵消。运输系统不发达,部分是由于资源不足,部分是出于战略考虑。人们担心交通的改善会有助于外国入侵者的征服(Campbell,1980)。因此,在埃及,改善交通和通讯让它陷入更深的债务泥沼,并使其工业化脱离了原先轨道;而在马达加斯加,交通不发达成为其货物运输体量和速度的主要障碍,破坏了工业化试验。

[225]更根本的,也许是劳动力问题。种植园农业和制造业生产都以强迫劳动制度为基础,强制劳动成为惯例:首先,低工资;第二,开小差是工人抗议的一种方式。如前所述,第一项低工资压制了人均收入,削弱了国内市场的需求,因此,只有国家和一小部分精英为生产的产品提供了一个有效的市场。如前所述,出口受到相对较高运输成本的阻碍。第二项则破坏生产和生产力。开小差和逃亡不只局限于制造业,也影响到种植园。为了避免被征召为劳役工,工匠们放弃了他们的贸易,农民放弃了他们的土地,这对农村经济造成了极大的损害,最终扼杀了工业化进程扩展和深化的机会。

伴随着婴儿的高死亡率,劳役工中逃走的人让伊梅里纳的人口下降,劳动力储备减少,这使得强制劳动更为必要。"伊梅里纳男性劳役工的登记人数从 1830 年代的 400,000 人下降至 1869 年的 54,750 人,下降幅度达到 86.31%,这反映了伊梅里纳人口的急剧下降"(Campbell,1991:558)。工业破坏活动是心怀不满的工人所采取的另一种抗议活动。例如,1853 年有两个工厂被纵火(Campbell,1991:555)。到了 1860 年代,工业试验很明显注定失败了。

总　　结

非洲手工艺的历史往往是由艺术史学家而不是经济史学家书写的。但是,纺织品和其他工艺品的生产是前殖民经济的一个主要分支,需要更仔细的推敲和研究。本章在这方面作了一些尝试性的努力。它描述了非洲大陆不同地区纺织品生产所涉及的技术流程,并简要介绍了皮革、绳索、篮筐、陶器和家具等产品的制作。另一个没有得到经济历史学家足够重视的行业是建筑业。历史学家们更感兴趣的是宏伟的纪念性建筑,而不是平凡无奇、持续为普通人建造房子、提供住所的活动。本章概述了在建筑业中使用范围很广的材料和技术。我们需要进行更多的研究,以便更全面地揭示纺织业和手工业生产过程中,以及建筑和建筑业发展过程中确实发生的变化。

此外本章也尝试着去简述家庭、作坊和社区的生产关系。劳动的性别划分得到了特别的关注,这再一次强调了要避免似是而非的概括,[226]因为在一个社会中女性的工作会是另一个社会中男人从事的工作。试图解读在这些关系中所发生的变化是很困难的,并且需要进一步的研究。

与采矿业一样,事实证明,在非洲大陆的许多地方,纺织业在抵御外国竞争方面比人们有时所认识到的更具弹性。当地纺织业能存活到 20世纪,除了其他因素外,要归功于当地产品的高质量、裁缝的魅力和生产者的创新。我们需要更多地了解其他手工制品的命运,不是把它当作文化人类学家和艺术历史学家所着迷的某些永恒传统的遗迹,而是作为可以养家糊口的经济活动。

本章已经不仅仅是把传统手工艺产业记入史册,还努力调查启动工业化所采取的一些尝试,或着手调查一些学者所谓的"原工业化"(proto-industrialization),这是一个以农村为基础的工艺品制造和现代化工业生产之间的过渡阶段(Mendels, 1972; Kriedte, et. al, 1981; Coleman, 1983)。埃及的情况是众所周知的。国家早在 19 世纪初就开始推动工业化。现在越来越清楚,埃及并不是唯一那么做的国家。此外还有马达加斯加,还有一些其他的尝试。例如,在埃塞俄比亚,梅内利克(Menelik)在本世纪末率先发起一场"现代化"运动。同样,第 14 章所讨论的西非新商业精英们也试图使他们的社会和经济实现"现代化"。这些尝试很大程度上失败了或被放弃了。本章分析的埃及和马达加斯加的案例表明,造成这种情况的原因各不相同。就埃及而言,外国干预起了关键作用,埃及国家的阶级基础发生了变化,资产阶级和中产阶级的累积利益发生了变化。对马达加斯加来说,外国干预所起的作用似乎不如与劳工征用和控制有关的问题来的关键。失败的后果基本上是一样的。两国作为初级产品出口国和制成品进口国日益融入世界经济。最后,它们被殖民,这让它们的工业化前景更趋暗淡。

第八章　殖民工业化的开端

[227]本章集中讨论三个领域,殖民工业化在这三个领域开启,并在进入 20 世纪后根深蒂固。南非和西非的采矿,特别是宝石和其他金属矿的开采,奠定了工业发展的基础。在阿尔及利亚,手工业和其他制造业被压垮,以利于控制国家本身。事实上,殖民经济被迫停留在生产初级产品的阶段,在某些情况下,独立的工业化被强行阻止。

南非的矿业

南非的殖民采矿业始于 1852 年,当时一家开普公司开始在开普殖民地西部偏远地区的那马卡兰(Namaqaland)开采铜矿(Innes,1984:21)。这个企业的影响不大。让其变得重要的是在 1867 年发现了钻石,随后在 1870 年代和 1880 年代又发现了黄金。矿物的发现,或者如一些历史学家所说的"矿产革命",深刻地改变了该地的政治经济,并最终使其成为南非。"矿产革命"使南非从一个贫穷落后的国家转变为次大陆的主要经济体。正如第 15 章将展示的那样,矿产革命导致了殖民主义在南非本身以及在次区域的延伸和巩固,并将该国完全纳入世界资本主义体系。在这一章中,我们的重点将是矿业本身的成长,殖民地国家在促进矿业发展中所发挥的作用,以及矿业如何反过来加强国家自身建设,使其获得征服非洲其余独立国家所需的资源,并动员非洲劳动力从事矿业和定居者农业。

钻石是在一个后来被称为金伯利的地方发现的。钻石工业经历了三个阶段。第一个阶段是 1867 年至 1873 年,由独立的小资本主导。第二阶段从 1874 年到 1885 年,公司生产上升到突出的地位。第三个阶段是

1886年到1902年,行业内出现了垄断生产和控制。每一个时期都有不同的生产组织形式和社会关系。后两个阶段都暂时解决了前面每一个阶段的斗争和矛盾。

[228]钻石被发现时,成千上万的人涌向金伯利挖掘他们的财富,每个挖掘者都是独立工作的。他们会挖坑井或开凿倾斜的隧道。新挖出的土被吊升到地面上,用铁铲将岩石打碎,然后用筛子筛选两次,进行分类(Wheatcroft,1985:35—37)。矿权持有者中有欧洲人,也有非洲人。1875年,钻石矿区的四个矿归757名男女矿工所有,其中有120名是非洲人(Turrell,1982:47)。

钻石生产者面临的主要问题是劳动力不足。许多非洲社区尚未被征服。那些已经被征服的农民仍然有足够的土地和其他生产资源,因此他们对雇佣劳动的需求是有限的。部分原因是,白人矿权持有者(其中许多人在矿井中充当股份工人)试图排斥他们的黑人同行;他们想把黑人变成劳工。另外,非洲人构成了激烈的竞争,因为他们的生产成本和生活费用低于远道而来的欧洲采掘者。非洲人还被指控偷窃以及推动非法购买钻石。

许多采掘者没有赚到钱。挖矿者曾经多达3600名。到了1875年,欧洲股份制工人所承受的压力已经到了无法忍受的地步。他们成了以矿主为首的采掘者协会(the Diggers Association)的成员。1875年6月,他们暴发了黑旗叛乱(the Black Flag Rebellion)。叛乱发生后,协会发起了一场反对非洲矿主的运动。从此,黑人将被限制在矿区特定营地内,禁止持有矿权,而白人工人将被单独安置在郊区(Turrell,1982:50—57;Innes,1984:24—25;Wheatcroft,1985:38—39,54—60)。由此开始了工业种族歧视和通过划区而居对黑人劳动力的系统调节。具有重要意义的是,第一批营地是与那些被带到矿上劳动的囚犯劳工的住所同时建造的。这凸显了一个事实,即营地被设计成监狱模样,并被视同监狱。商人,特别是酒类行业和经销商对这些营地表示反对,他们担心失去工人顾客。为了回应这些担忧,营地保持开放。这种情况后来又有改变(Turrell,1982:64—67)。

来自技术和财政方面的压力,很快迫使钻石矿区合并。在巨大的露天矿场单独开挖矿坑,就像开采一小块耕地一样,变得越来越困难。事实上,随着挖矿的深入,开采成本急剧增加。挖矿者之间的激烈竞争只是为了使产量最大化,而价格不断下跌。挖矿者不得不组建公司,以削减和分散生产成本,提高价格以赢利。[229]1873 年全球大萧条导致世界钻石市场价格暴跌,这引发了行业资本集中的趋势。到了 1874 年底,钻石领域濒临崩溃。大公司和钻石买家都尽可能多地买断矿权。

到 1881 年,金伯利矿区的矿权数量减少到 71 个(Innes,1984:31)。四年后,只有 15 家公司和 11 家私人控股公司(Wheatcroft,1985:94,104),而公司的成立使得劳动过程机械化。这反过来又增加了对技术劳动力的需求,而技术劳动力需要从欧洲输入,这"确保了基于技能的劳动分工逐渐变得种族分明"(Innes,1984:32)。同时,本地劳动力的短缺仍然存在,结果是工资上涨。新成立的公司开始研究控制和约束非洲劳工的方法。其中一个办法是增加使用因犯劳工。另一个办法是建立更强大的公司,以有效地对抗劳工的要求和斗争。大公司的出现将生产提高到前所未有的水平,它们之间的竞争非常激烈。结果是生产过剩,加上合并所造成的投机热潮,1886 年股市崩盘。

这场灾难加剧了矿业资本集中和集权化的趋势。很快,就剩下两大巨头在争夺。一个是塞西尔-罗德斯(Cecil Rhodes)的德比尔斯公司(the De Beers Company),另一个是巴尼-巴纳托(Barney Barnato)的金伯利中央钻石矿业公司(the Kimberley Central Diamond Mining Company)。罗德斯于 1871 年来到金伯利,开始在他兄弟的矿区挖矿,然后开始涉足其他行业,包括抽水和卖冰块。巴尼-巴纳托于 1873 年来到金伯利,也是跟着哥哥来的,他用一点现金和 40 箱廉价雪茄开始了他的生意。另一个主要的矿业巨头是阿尔弗雷德·贝特(Alfred Beit),他在 1875 年作为一个钻石购买商来到这里。1880 年代,罗德斯和巴纳托为争夺行业控制权进行了经济战争。罗德斯在罗斯柴尔德银行集团(the Rothschilds banking group)的协助下,最终赢得了胜利,并于 1888 年成立了德比尔斯联合矿业有限公司。这一胜利不仅使钻石业与国际金融资本结为一体,而且为生产和劳动过程的重组搭建了舞台。

德比尔斯公司成为南非最大的公司。它主导了南非和世界钻石市场,尽管在 1900 年代,在其控制区外,发现新的钻石田之后,它在南非的霸权受到了挑战(Innes,1984:34—35)。德比尔斯公司立即减产 40%,而钻石价格由此上涨了 50％。超过 3000 名工人被裁员，其中 92％是非洲人。食宿后工资降到每周 7 先令 6 便士到 15 先令之间，[230]。总的来说，生产成本被削减了一半（Doxey，1961：19；Kallaway，1974：12；Simons & Simons，1969：43）。对非洲劳工的决定性攻击已经开始。营地制度得到加强。

1886 年，德比尔斯公司开始封控营地。非洲工人举行了罢工，但无济于事。营地变成了过度拥挤、不卫生和封闭的营房，这确保了工人几乎完全被隔离。开小差或偷窃的可能性被降低了。规章制度使雇主能够更有效地控制工人，最大限度地减少磨洋工，提高产量。此外，雇主可以分隔和操纵工人，并监督他们的组织和抵抗。工人购买额外食物和其他用品营地商店给矿主提供了额外的收入来源，并有助于进一步将工人捆绑在一个负债的网络中（Van Onselen，1976，1982a，1982b）。最后，通过营地，可以日常建构和灌输非洲人是附属和劣等民族的意识形态（Bozzoli，1981：72—74）。

这些条件对吸引劳动力的作用不大，因而，随着工业的发展，劳动力短缺的问题变得更加严重，劳动力市场的情报信息通过摇摆不定的移民网络进行传播，工人们通过这些网络知道应该避开哪些矿井。开小差现象一直持续到 1910 年代（Jeeves，1985：165—169）。罢工也时有发生，特别是当工人获得生产资源的机会减少，更加依赖这份工作时。1887 年 4 月，非洲矿工举行罢工，反对使用"内窥镜，这是一种在工人下班时对他们进行肛门检查的仪器"（Wheatcroft，1985：109）。剥削和管控受到质疑，工人们通过盗窃和暴力侵害雇主或财产，以及因自残或醉酒而缺勤。根据种族、职业或居住地的休戚相关性以及社会性兴趣和娱乐爱好，工人们组成了各种协会（Van Onselen，1982b）。简而言之，他们试图重塑矿主为他们创造的世界。

德比尔斯公司作为垄断企业的出现，以及随之而来的生产结构调整，使钻石业有了更坚实的基础。南非成为世界上最大的钻石生产国。到 1901 年，金伯利生产了价值 1 亿英镑的钻石（Lenzen，1970；Horowitz，1967；de Kiewe 1957；Lanning with Mueller，1979）。德比尔斯公司和钻石资本在"第二次"矿产革命——即在贫穷的布尔人的德兰士瓦共和国发现黄金——的融资和组织中发挥了关键作用。

人们通常把黄金的发现时间定在 1886 年。然而,这个过程早在 1867 年就已开始,同一年钻石也被发现了。[231]在那一年,"在塔蒂河 (the Tatie river)岸边发现了古老的矿道……这一重新发现导致了进一步的探矿,1871 年在东德兰士瓦省发现了金矿"(Wilson,1972:14)。随后出现了暂时的淘金热。直到 1886 年,主要的矿脉才被发现,南非兰德公司随之诞生。主矿脉的质量很差,但它们的数量很大,且分布范围很均匀(Johnstone,1976:13—20)。这些地质学事实对南非产生了深远影响。矿业公司充分利用这些事实,成功宣传了这样一种观点:南非的采矿业具有很大的不确定性和风险,因此只有在低成本的情况下才可以开展。这被转化为一场争取低工资、低税收和其他特权的运动(Jeeves,1985:8)。

真相要复杂得多。矿业公司以最低品位的矿石来确定整个行业的生存能力。开采这些矿石需要相当高的设备成本,为了使企业有利可图,必须降低另一个要素——劳动力成本,特别是由于金价是固定的,因此,没有操纵市场价格的余地。通过降低劳动力成本,矿业公司打算降低工资底线,即"开采矿石的盈利点。工资底线越低,矿产储量中可用于盈利生产的矿石就越多,矿山的寿命也就越长;反之,工资底线越高,矿山寿命内可开采的矿石就越少。因此,如果成本保持在较低的水平,工资底线就会很低,长期盈利的潜力就会更大"(Innes,1984:49)。由是,为提高和延长金矿的盈利能力采用低成本结构,这反过来又会对外国资本产生吸引力。

1890 年代初存续的金矿公司意识到,他们所拥有的资本不足以着手进行大规模深层采矿。他们需要吸引外国资本。深层采矿涉及挖掘垂直竖井和水平隧道、梯段形开采面和运输工具。这是一个极其困难、需要技术复杂的过程(Wilson,1972:16—20)。将黄金从石英中分离出来需要那时尚未使用的技术。这两个问题在 1890 年代由采矿工程师解决了。人们发明了一种金刚石钻头钻孔技术,可以将竖井越挖越深。1892 年,有一个井下挖了 2343 英尺,即 714 米(Innes,1984:47)。后来人们发现通过将粉碎的矿石浸泡在氰化物溶液中,可以将黄金从黄铁矿中分离出来,第二个问题也得到了解决(Lanning with Mueller,1979:45)。

技术上的突破和生产过程的改变让工人的健康付出了沉重的代价。蒸汽驱动的抽水机的引入促进了深层采矿,廉价炸药的大规模应用促进了爆破作业,[232]以及广泛引入机器钻孔,所有这些都"显著增加了矿井空气中粉尘的比例",导致了肺痨(一种尘肺病,通常会发展成肺结核)发病率的增加(Burke & Richardson,1978:156)。到了1909年,在德兰士瓦省,"包括矿工肺结核在内的肺结核死亡人数占当年记录在案的所有死亡人数的9.6%"(Burke & Richardson,1978:163)。

黄金生产的高成本意味着黄金业从一开始就是大资本的专利。只有拥有足够资本的公司才有可能开发兰德。而金伯利已经出现了大公司促进垄断的趋势。到1889年,已有400家黄金公司上市,总市值达百万银币。南非黄金业因由阿尔弗雷德·贝特首倡的矿业集团的发展而发生了革命性的变化:他成立了兰德矿山有限责任公司作为控股公司,使那些个体金矿"获取比原先更多的流动资金、更好的工程师和更便宜的供应"(Lanning with Mueller,1979:46—47)。

许多分析家认为,集团制加速了南非金矿业的发展。黄金作为货币流通方式,几乎有无限的需求,而其价格是固定的,这减少了行业竞争,促进了合作。将几家金融公司合并成集团,有助于分散和降低矿业投资的风险,这使得该行业更具投资吸引力,急需的资本问题也解决了。集中技术和行政资源也有助于金矿公司实现更大的规模效益和技术突破,从而降低行业成本,延长行业寿命(Wilson,1972:22—23;Innes,1984:53—57)。

最大的金矿公司包括兰德矿业公司,该公司已发展成为世界上最大的矿业公司;罗德斯综合金矿公司;中央矿业公司;约翰内斯堡综合投资公司;通用矿业公司以及联合公司。罗德斯·塞西尔成为最富有、最有权势的矿业巨头(Lockhart,1963;Flint,1974b;Wheatcroft,1985)。巨额的资本投入到兰德矿区。总投资价值从1890年的2,200万英镑跃升到1899年的7,500万英镑(van Onselen,1982a:1)。这些资本中的一部分来自于再投资的利润。截至1932年,在投资于金矿业的2亿英镑中,有8000万英镑是再投资利润和其他当地资本。其余的则来自海外。

总的来说,采矿业吸收了南非的大部分外国投资,而南非又在非洲大陆的外国投资中占据了绝大部分。[233]根据弗兰克尔(Frankel,1938:151—170)的说法,从1870年到1936年,投资在撒哈拉以南非洲的12亿英镑中,有超过42.8%的资金流向了南非,而投资于南非的私人资本有三分之二进入了采矿业。由是,南非经济体作为贵重矿产品的出口国,稳固地融入了世界经济。到 1910 年,矿产占南非出口的 81.1%,而农业仅占 18.3%。而在矿产发现之前,羊毛占开普殖民地出口的 76%。

集团制度使金矿公司能够吸引外国资本并使产业生产合理化。但试图保证足够的廉价劳动力供应,以降低该行业的整体成本结构,并不那么成功。鉴于金矿开采的技术难度,除了大量的非技术工人和半技术工人外,还需要高度熟练的劳动力。早年的技术工人都是从欧洲输入的。到了 1897 年,兰德矿区雇佣了 9530 名白人。大部分人(83.5%)在地下工作。到了 1907 年,17,328 名白人中只有 7,866 人,即 45.4%在地下工作(Richardson & Van-Helten,1982:82—85)。这反映了他们的职能从直接生产者转变为监督者,成为了劳动者中的贵族阶层。

这是一个代价高昂的贵族阶层。1898 年,占矿井总劳动力 11%的白人工人占全部工作成本的 28.4%,而非洲劳动力的成本占比为 25.1%(Richardson & Van-Helten,1982:82)。这意味着白人工人的收入是非洲人的好几倍。欧洲人与非洲人的平均收入差距从 1889 年的约 7.5:1上升到 1898 年的约 10.5:1,并在 20 世纪进一步扩大(Wilson,1972:45—46)。高工资也是贵族阶层的致命弱点。事实上,欧洲工人遭受了约翰斯通(Johnstone,1976:57—64)所说的"极端的结构性不安全"。与他们的许多非洲同行不同,这些人是移民劳工,通常一只脚还绑在土地上,但现在却要完全依赖工资关系来进行再生产(Davies,1979:54—59)。

随着非洲工人获得工业经验,高成本的欧洲工人的地位被削弱。他们以前从事的许多技术性工作越来越多地由非洲工人接手。欧洲工人的非技能化在 20 世纪的前二十年加速进行,随之而来的是这些工人"失去了他们最重要的谈判优势之一……矿业资本对此认识也并不迟钝"(Davies,1979:71)。[234]因此,黑人和白人分别对应熟练工和非熟练工、所代表的更多是种族主义的话语,而不是现实。矿业公司逐渐舍弃了白人劳动力。从 1910 年开始,矿业雇佣的白人数量,无论是绝对数量上还是相对数量上都有所下降。正是针对这一点,他们开始呼吁实施工作种族歧视(Johnstone,1976:74),这些要求是通过不懈的斗争和激进的工会活动表达出来的(Simons,1969:第 2—5 章;Jeeves,1985:第 2 章)。

白人矿业劳动贵族因农业经济的变化和"贫穷白人"的出现而免于灭亡,这是南非经济史上最大的讽刺之一。殖民者统治阶级的所有阶层都对"贫困白人"问题感到担忧，因为它"威胁并破坏对非洲统治阶层进行社会控制的特殊结构"，并分散了"权力集团组织支持性和同盟性阶级的能力，而这是它维持对社会形态的统治所需要的"（Davies，1979：77）。贫穷的白人与失业的非洲人同住在棚户区，甚至为非洲人工作，向他们乞讨，这两个群体联合起来反对现行制度的前景令人不安。它不仅挑战了波佐利（Bozzoli，1981：63）所说的"剥削的等级制度"，而且挑战了南非政治经济赖以构建的意识形态和结构。正是在这样的背景下，国家出面干预，保护了白人劳工。德农（Denoon，1984：202）认为，"如果没有这种支持，很难想象白人工人阶级会生存下来"。

欧洲工人有投票权，非洲工人则没有。因此，攻击非洲工人的政治成本很低。1889年，矿业公司成立了矿业商会，以降低行业的劳动成本，统一工资和工作条件。矿业商会成立后不久，就将非洲人的工资标准从每月63先令降到44先令，这导致非洲劳动力规模立即大幅下降，矿业商会随即承认失败，恢复了原来的工资，但之后，便开始寻求一种更全面的方法来解决非洲劳工的问题。1893年，土著劳工部成立。但是，土著劳工部并没有能够"系统地组织本地劳工的供应"，也没有阻止非洲工人工资的螺旋上涨。

在1896年黄金股价崩溃之后，矿业希望用国家力量控制非洲劳工。殖民地国家已经并持续发挥基本作用，为矿业公司创造条件，尽可能生成和复制出廉价的非洲劳动力。征服非洲的国家和社会是调动非洲劳动力的必要前提。此后，[235]殖民地国家在众多法律的支持下，利用税收和强占土地迫使非洲人从事雇佣工作，因为他们需要钱来交税，或者因为他们失去了生产资料，无法再生存下去。税收当然是一把双刃剑：它既鼓励劳动力供应，又鼓励商品生产。这个国家逐渐被系统地划分为殖民者定居区和非洲人定居区（在第五章中，我们讨论了非洲农业系统性被破坏的方式）。

矿业公司和国家加大了对非洲劳工的攻击力度。1890年代中期通过了一项新的通行证法，表面上是为了遏制非洲人在去矿区的途中受到"骚扰"，以及一个矿区的劳工被另一个矿区"劫夺"（Jeeves，1985：41—43）。通行证包含了工人的个人信息和就业记录。但它的真正目的是加强公司对非洲工人流动的控制，减少逃亡人数。通行证制度成为南非建立在种族结构上的资本主义的重要支柱。除了劳动管理功能外,它还成为限制非洲城市化的"流入人口控制"的工具。1896 年,南非商会在股市暴跌和通行证法通过后胆子大了起来,成立了兰德土著劳工协会(RN-LA),旨在确立对劳工招聘的垄断地位。

第二年,商会决定将非洲人的工资整体削减 30%。结果,和以前一样,非洲劳工大量撤离。无奈之下,商会试图从远在西非的地方招募劳工,但无济于事。在这种压力下,金矿公司之间出现了激烈的劳动力竞争,"工资开始整体回升"(Innes,1984:62)。1900 年,商会用威特沃特斯兰德土著劳工协会(the Witwatersrand Native Labour Association)取代了兰德土著劳工协会,成为集中招聘劳工的新机构。它试图降低工资的做法,同样遭到了非洲工人的抵制:他们大量退出。非洲劳动力的规模因此下降了 56%,从 1899 年最高峰的 96,704 人下降到 1902 年的 42,587人。这迫使工资回升。正是由于这个原因,南非才决定输入 63,000 多名契约中国工人(Richardson,1977;Bozzoli,1981:93—97;Innes,1984:66—68)。

采矿业存在的头三十年里,面临着严重的劳动力短缺问题。部分原因是工作条件恶劣,对大多数非洲工人没有吸引力。地下采矿需要在尘土飞扬、炎热和通风不良的矿井中进行长时间的艰苦工作,每周工作六天,事故频发。工资低,而抗议减薪的努力亦于事无补。到 1897 年,非洲矿工的实际工资约为十年前的三分之二。金矿上的营地肮脏而拥挤。[236]通常几个人住的房间里,往往住有 20 到 50 人(Jeeves,1985:22)。虽然金矿营地要比钻石矿上的开放些,但工人行动受到严密监视。有人认为,金矿公司建立这些营地的目的不是为了减少盗窃,而是为了降低移民劳工的住房成本(Wilson,1972:6—7)。

事实上,这些营地不过是制造疾病的工厂,特别是肺结核,这在 19 世纪末之前的南非是相对罕见的一种疾病(Packard,1989:31)。从 1843 年开始,来自西欧的患有结核病的移民促进了该病在南非的传播,他们前来寻求气候治疗;而受感染的东欧移民则是为了逃避贫困和迫害。矿业革命后快速城市化,特别是拥挤的贫民窟的大量涌现,为结核病提供了前所未有的温床。非洲矿工特别容易感染,许多新招募工人到达矿区时身体健康状况不佳,因为他们在路上吃得不好。在营地里,他们得到的食物配给非常糟糕,数量也不足。兰德人的日常饮食缺乏肉类和蔬菜,这"导致了严重的维生素缺乏症,像在金伯利那样,坏血病的发病率很高"(Pack-ard,1989:80)。悲惨的生活条件因恶劣的工作条件而更加恶化。不足为奇的是,在金伯利建立营地后,"总死亡率从 1878 年的千分之八十一直攀升,10 年后达到千分之一百以上"(Packard,1989:75)。

在劳动力市场上未能建立起垄断地位,这迫使采矿业严重依赖私人招聘者,包括非洲人和白人定居者。"对于黑人招聘者和'经营者'来说,为劳务公司工作肯定比在矿上工作要好。对于失业的矿工和其他倒霉的白人来说,招聘业是最后的雇主"(Jeeves,1985:17)。酋长和头人在招募劳工方面发挥了重要作用。他们还被视为额外的监督代理人,通过访问矿井来提高来自他们所在地区工人的士气,以换取允许向这些乡民"筹集"资金(Jeeves,1985:161—163)。为了吸引劳动力,招聘者可以得到工资预付款,要么以现金支付,要么有时以牲畜支付。行业间争夺劳动力的竞争非常激烈,这有助于提高工人工资,提升劳务承包公司的招聘费用。

商会未能消除独立的招聘者或控制劳动力的供应,可以归因于独立的招聘者利用了矿业公司之间的地方性分化和竞争,以及政府不愿或无力取缔独立的招聘者(Jeeves,1985:第 1 章)。直到 1920 年代,[237]商会才战胜了独立招聘者,这归功于矿业集团之间更有力的合作,国家有效监督招聘制度的能力不断增强,以及随着保护区内再生产条件的恶化使非洲劳动力的自愿供给不断增加(Jeeves,1985:21 151—156)。

南非人普遍不愿意在矿区工作。对他们中的许多人来说,这是不得已而为之的工作。这也是 1890 年代商会将招工注意力转向邻国的原因之一。另一个原因是商会无法与私人招聘者竞争。事实上,有人声称,在南非的许多地方这些私人招聘者将商会驱逐出去。此外,农民的参与也造成了一些竞争。实际上国家为他们专门保留了南非的大片土地。"外国劳动力有其自身的吸引力,它的合同期长,更容易控制"(Jeeves,1985:57—58,121—122)。因此,在扩大招收矿工的地理区域,并不像有些人认为的那样,只是矿业公司为了创造一支"人造的"劳动力后备军,以降低实际工资而策划的一种资本主义策略,尽管这就是最终的效果(Legassick & Clercq,1984:146—148)。1889 年至 1899 年间,非洲劳动力增加了 500%以上,从 14,000 人增加到 97,000 人,其中 70%来自莫桑比克

(Lanning with Mueller,1979:54;Jeeves,1985:187—220)。

矿工的世界很艰苦,成员主要是男性,妇女或家人很少。比如在1896年,约翰内斯堡只有1200名非洲妇女(Marks & Rathbone,1982:12)。这种男性文化分别在非洲工人和欧洲工人所居住的营地和寄宿住宅中产生和繁衍。少数非洲工人住在非正式矿区"地点"(locations)或城镇的已婚人员宿舍里(Moroney,1982)。工人阶级生活的主要乐趣通常包括喝酒、赌博和嫖娼。1895年约翰内斯堡的14,000名白人妇女中,"至少有1000名是妓女。城里有九十七家不同国家的妓院:三十六家是法国人的,二十家是德国人的,五家是俄国人的,如此等等"(Wheatcroft,1985:4)。"政府和矿主,有时是联手行动,有时是单独行动,鼓励黑人工人饮酒,容忍白人工人招妓,以保障资本在工业化国家的长期积累"(van Onselen,1982b:6)。

酒精和嫖娼缓解了边疆矿区城镇无产阶级化的痛苦,但也引发了矛盾:醉酒削弱了工人的生产力,而卖淫导致性病的传播,损害了白人妇女的形象和新兴种族秩序的神圣性,因为大多数妓女都是白人。[238]所以从1890年代开始,越来越多的人呼吁"全面禁止"并反对卖淫这一"社会罪恶"。但酒精和卖淫没有一样被淘汰,它们只是被驱赶到地下或被隔离的院落和地区,在那里,它们远离新兴定居者中产阶级绅士化的目光,肆意滋生。

来矿区工作的非洲工人,无论是来自南非国内还是邻国的,大部分都是移民劳工。人们常常认为,移民劳工对资本的作用在于它使劳动力成本降到最低。农村保留地是移民离开家庭外出谋生、赚取低工资和进行资本积累的地方,它们像海绵,承担了维持非洲工人阶级生存和世代繁衍的成本,又充当了老迈、丧失能力和没人需要的工人的倾倒地(Wolpe,1972,1990;Legassick,1974,1977;Johnstone,1976;Mafeje,1981)。然而,需要强调的是,这些都是移民劳工的后果,而不是其原因。换句话说,20世纪移民劳工的动力和成本不应与其19世纪的起源和成本混为一谈。事实上,按照国际标准,19世纪的移民劳工的工资相对来说并不低。而且,从矿业公司的角度来看,不仅工资高,而且"雇佣移民劳工要支付招工成本、人头税和旅行成本,以及因开小差造成的严重损失"(Harries,1982:143)。因此,从一开始,矿业公司并非倾向于招收短期而不是更稳定的工人。

移民劳工是在复杂的过程中产生的,涉及殖民国家的性质、农村社会形态建构以及非洲工人和资本之间的斗争。重要的是要注意到,对于南非的祖鲁族等民族和莫桑比克等邻国来说,非洲权力的破坏只是在世纪末才发生的,因此殖民的国家和矿业资本直到很久以后才是决定劳动力动员的条件(Harries,1982;Guy,1982)。即使在殖民征服实现得更早的地区,建立了一系列动员劳动力的机制,如征税和土地转让,大多数非洲农民也没有直接面临再生产危机,因而没有必要将劳动力永久地移民到矿区。在一些受影响最严重的地区,如奥兰治自由邦,无地农民转变为佃农,在英布战争后的十年中,佃农的规模不断扩大(Keegan,1982;Matsetela,1982)。

[239]前面已经表明,非洲酋长在动员劳工方面发挥了关键作用。他们这样做是为了自己的物质利益,也是为了维护社会的完整。例如,统治莱索托的科伊那(Koena)家族为了在白人定居者不断的威胁中保住自己国家的土地,利用移民劳工的工资获得枪支(Kimble,1982:121—131)。鼓励劳动力长期外迁不符合统治阶级的利益,因为这将导致人口减少、政权脆弱性增加和汇款损失。为了鼓励移民回流,莫桑比克南部的酋长会确保移民的“财产在移民期间受到保护,他的家庭有足够的土地和劳动力来提供食物;并禁止其妻子的任何不忠行为”(Harries,1982:157)。

不仅仅是传统的统治阶级试图保障移民与故乡的联系,后者也需要继续获得土地作为养老保障,并与劳动力市场上的低工资和恶劣条件作斗争。劳动力和资本之间关于工资的常年斗争以及实际工资的持续下降,加强了工人们对农村避风港的需求。此外,早期矿区城镇的生活,充斥着肮脏、疾病、暴力和孤独,与相对温馨、安全和安宁的农村生活相比,实在是不如人意。因此,对一些移民来说,矿区不可能是“家”,而是暂时的地狱。这种意识形态在早期帮助了农民工的繁衍,后来,国家和资本将此制度神圣化和合理化,作为繁衍低成本劳动力的一种手段(Mayer,1980)。

传统的统治阶级和移民之间的利益结合通过预付款制度得到了最具体的体现:在这种制度下,移民在接受工作之前由招聘者先行支付报酬。这种制度使统治阶级更容易占有工人工资的一部分,使工人的家庭能够控制剩余部分,并且“使工人自身很难潜逃到城里,离开他的农村根基,

(因为)他随身携带的现金很少"(Beinart,1980b:84)。一些移民没有回来,另一些人开小差,许多人自愿自己去矿区,以避免招募者的控制、酋长的勒索和家庭的要求,并最大限度地增加他们的选择和工资,因为自愿劳动的工资比招募者的高。移民劳工仍然是一个矛盾的过程,反映了来自非洲社会内部的压力和殖民地国家及其资本的复杂衔接。但是,随着20世纪的发展,所有的利益越来越多地归属到后者身上。

[240]随着移民劳工制度的发展,南非各行各业都感受到了其影响,包括健康领域,正如帕卡德(Packard,1989)在肺结核研究方面令人信服地证明那样。移民劳工制度带来非洲劳动力无产阶级化的不完全,以三种主要方式影响了结核病的流行。第一,农村和城市之间的劳动力迁移摇摆不定,

> 导致城市的结核病向南非农村地区蔓延,速度比欧美更快……其次,与英国不同,劳动力迁移可能延缓了结核病耐药性的进程(Packard,1989:11)。

换句话说,劳动力迁移可能"延缓了非洲城市人口与结核病之间的稳定平衡的发展模式,从而延长了结核病的流行……最后,非洲工人的无产阶级化程度低于他们的英国同行或南非的白人工人,这一事实限制了非洲劳工推动卫生改革的能力"(Packard,1989:12)。

当然,不同的无产阶级化程度并不能完全解释为什么在世纪之交,白人工人的死亡率低于非洲工人。也反映出白人劳工、资本和国家之间不稳定的联盟"保证了白人工作和生活条件的改善得以实施"(Packard,1989:13)。同时,由于土地被剥夺和生态危机,非洲工人定期返回的农村老家变得更加拥挤、贫穷,而且非洲人的饮食越来越多地以玉米为基础,越来越没有营养,所有这些都助长了结核病的传播。

西非的采矿业

南非不是欧洲人试图建立采矿企业的唯一国家。从1870年代末开始,一些欧洲矿业公司也试图在加纳建立自己的企业。从1873到1874

年盎格鲁-阿桑特战争（the Anglo-Asante War）归来的士兵讲述了加纳"巨大"的金矿资源的故事。受到这些故事的启发，一些欧洲的股份公司匆匆成立，奔赴加纳。加纳矿业股票在伦敦和巴黎证券交易所风靡一时，1878年至1882年期间，共有25家公司成立。欧洲探矿者蜂拥而至，在加纳他们常常得到非洲企业家的帮助。土地特许权的交易变得如此疯狂以至于殖民政府对非洲土地权利的未来表示了严重的担忧。但事实证明，这种繁荣是短暂的。到1885年，已有100万英镑被投资到加纳，但回报只有可怜的27,000英镑。[241]许多公司无法开始实际的采矿业务，而在已经开始的公司中，只有一家公司能够在1897年向其股东返还股息。1890年代，欧洲矿场平均出口10,959盎司黄金，价值36,097英镑，分别占全国黄金总出口重量和总价值的48.6%和44.5%（Silver，1981：511—516，Rosenblum，1977：149—150）。

很明显，到1900年，欧洲在加纳的金矿公司经营不善，事实上，他们可以被认为是失败的。他们的失败被归咎于几个因素，包括新殖民地缺乏基础设施的发展，建立一个矿场因此变得困难，代价高昂，"政治不稳定和特许权立法的缺乏"加剧了这个问题，再加上"西海岸的气候和卫生条件，外籍采矿人员付出了惨重的代价，并使有经验的工程师不愿意在该国工作"（Crisp，1984：14—15）。矿业公司所面临的运输问题并非无解，这与它们无法"赢得与非洲人的合作有很大的关系，非洲人在铁路建成之前控制着运输系统"（Rosenblaum，1977：292）。而气候作为抑制因素的作用"被严重高估了"（Silver，1981：519）。

欧洲矿业公司在加纳经营的头30年未能取得多大进展，主要是因为他们无法解决"原始积累"的问题，无法克服非洲人的抵制和竞争。他们既没有充足的资本，也没有足够的劳动力可以支配。"股份推销商"（share-pusher）和"特许权贩子"的金融操纵使这些公司难以筹集到足够的原始资本开始生产。糟糕的管理和技术能力使情况更加糟糕。许多矿场经理都是前政府官员或商人，对采矿业知之甚少。"但比他们管理上的失误更严重的是欧洲矿业公司所拥有的技术知识过于粗浅，特别是他们对所处地质构造的性质和从矿石中提取黄金这一过程知之甚少"（Silver，1981：520）。事实上，"尽管欧洲以技术优势著称，但在淘金热开始后约三十年，欧洲勘探者才找到非洲掘金者未曾知道及未曾开采的金矿"（Silver,1981:521)。

殖民地国家无力也不愿意提供公共开支来促进欧洲矿业公司的利益,并像在南非那样对非洲人实行直接征税和土地让渡,迫使他们为矿业公司工作,此举加剧了这些管理和技术上的弱点。[242]殖民地国家担心这样做会激起它无法遏制的非洲抵抗,破坏农民的出口生产,而国家本身和资本正是依靠这些出口生产得以生存的。此外,殖民地国家亦需要劳工来开展殖民基础建设。国家"使用强迫劳动不仅耗尽了矿区的潜在工人储备,而且使矿区居民对自愿为其他外籍雇主工作极为警惕"(Crisp, 1984:16)。矿业公司发现,在没有国家支持的情况下,要获得正规、充足、高效、可靠和廉价的劳动力非常困难。

劳工问题困扰着矿业公司,并在很大程度上导致了它们在19世纪的失败。缺乏国家支持只是问题的一部分。矿井本身的工作条件也并不吸引人。工资很低。许多农民商品生产者和独立的非洲淘金者的收入远远高于欧洲公司雇用的工人(Silver,1981:527)。分配给工人的任务艰巨,工作节奏很快,监督方法也很苛刻。这些任务分配给男性和女性,女性主要是作为搬运工、分拣工和淘洗工。殴打和其他形式的身体强制措施也经常被用作纪律手段。不难想象,矿业公司在当地难以招到工人。1903年的17,000名工人中,有43%来自产金区域外,大约有14%来自利比里亚(Crisp,1984:19)。因此,和南非一样,加纳的采矿业越来越依赖移民劳工。此外,像在南非一样,当地酋长,其中不少人将其土地出租给矿业公司,在确保劳动力方面发挥了重要作用,他们因此得到了"昂贵的礼物"。

在世纪之交,随着南非矿业资本和人员的涌入,与南非的相似之处变得具体起来,部分原因是由于盎格鲁-布尔战争导致了南非矿场的关闭。这助长了小规模的淘金热,这一方面也是因为塞康迪-库马西铁路(the Sekondi-Kumasi railway)的修建和1900年阿散蒂起义被镇压。南非人发现,采矿业丞需提高劳动生产率。他们利用新的铁路,安装了更重型、更高效的机械,并通过分包任务和按任务付费的方式,试验了新的工作组织形式。南非人为新的劳工制度带来了他们熟悉的惩罚性和强制性的管理和监督技巧。甚至政府也对此抱怨。更重要的是,[243]对矿业公司来说,这些措施适得其反,因为它们导致许多工人离开,又阻止其他人前来

(Crisp,1984:22—23)。

　　矿业公司为增加劳动力供应而采取的另一种方法是稳定劳动力的政策。试图通过建设新的、有吸引力的村庄来改善矿区城镇的生活条件。但是,这些村庄的运转,被工人们视为工作场所的复制品;因为公司的监督具有侵入性和强制性。事实上,这些村落的建设是为了最大限度地控制工人的生活。1900 年后,这些定居点被围起来,表面上是为了遏制偷金问题。矿业公司甚至试图将他们的社会控制扩大到所有居住在特许区的居民,例如,建立村委会来审理轻微的刑事案件,并试图禁止喝酒。当这种做法失败时,"矿场开设了自己的酒类商店,并被授权可以否决该地区土著商人提出的所有酒类许可证申请"(Crisp,1984:26)。以南非的标准来看,这种社会控制制度是良性的;但以加纳的标准来看,它不近情理、残酷无情,而且使劳动力短缺的问题更加恶化。

　　矿业公司在争取垄断的过程中也失败了。1901 年,有人试图成立一个西海岸非洲劳工局(West Coast African Labor Bureau),在矿业公司中招募和分配劳动力,但被殖民政府和伦敦的殖民办公室拒绝了。南非联合金矿公司(Consolidated Gold Fields)提议成立附属的黄金海岸局(Gold Coast Agency),结局也类似。次年,矿业公司成立了矿工协会,这是三年后成立的西非矿业商会的前身,显然以南非矿业商会作为蓝本。它试图降低该行业的工资水平,规范其工作条件。如果连更强大的南非同行都发现难以实现垄断,那么加纳商会就更没有什么希望了。矿业公司没有团结起来。国家也不支持它们。相反,国家本身就试图建立一个垄断的劳动力市场。更重要的是,也许,工人的抵抗注定了项目的失败。

　　与南非不同,如前所述,加纳的殖民地国家既没有能力也没有兴趣去"摧毁"作为殖民经济支柱的非洲农民农业,因此,采矿业的工资性就业,不得不与农民生产进行竞争。前者由于工资低、工作条件差,竞争力很差。此外,也与南非不同,加纳当地的金矿开采不仅古老,而且还在发展中。[244]直到 20 世纪初,矿业公司仍还无法与生产量超过他们的非洲生产商进行有效竞争。事实上,它告诉我们,"欧洲最成功的矿业公司是由非洲人而不是欧洲人管理的,而且更重要的是,它是在前资本主义而不是资本主义的基础上组织起来的"(Silver,1981:524)。

　　难怪许多非洲人试图抵制将他们变成欧洲矿业公司工人的企图。工作场所的抵抗有几种形式。雇主通常抱怨工人拒绝执行某些任务或按自己的速度工作。这是工人试图控制或操纵工作节奏的行为。此外，工人拒绝签署公司喜欢的 6 个月和 9 个月的长合同。他们还采取偷窃的方式来弥补他们的低工资。他们辱骂雇主或假装误解指示来表达他们的不满。偶尔还会对特别臭名昭著的雇主使用肢体暴力。最常见的抵抗方式之一是开小差。此外，还有一些像英国路德分子（Ludittist）反对机械化的抵抗形式，工人们会蓄意破坏机器。最后，还有集体抗争的模式，包括罢工。在 1890 年代和 20 世纪初发生了一系列的罢工，包括在殖民地最大和最赚钱的金矿——阿散蒂金矿区发生的因工资和工作条件引起的总罢工（Crisp，1984：17—19，29—32；Silver，1981：524—528）。这些斗争限制了采矿业的发展，但并没有阻止采矿业在 20 世纪的发展。

在加纳，欧洲公司试图接管古老的土著黄金业。在尼日利亚北部，他们对锡矿业虎视眈眈，西非公司可能是英国的一家商行，它在 1870 年代首次意识到尼日利亚北部存在锡矿。但是，从 1880 年代开始，它的继承者皇家尼日尔公司（the Royal Niger Company）就试图开采锡矿用以出口。在欧洲大陆和北美迅速工业化的国家，锡的市场需求正在迅速增长。皇家尼日尔公司是征服尼日利亚的主力，它因此认为自己是该国矿产资源的所有者；英国政府试图接管该公司的行政职责时，接受了这一事实。1899 年双方达成了一项特许权使用费协议，根据该协议，皇家尼日尔公司将在 99 年内从尼日利亚北部大部分地区的矿产开采中获得政府所有收入的一半。该公司还获得了自己在锡矿所在的乔斯高原（the Jos Plateau）广大地区的探矿许可证。

然而，皇家尼日尔公司并不热衷于将自己从一家商行转变为一家矿业公司。起初，它既没有矿产方面的专业知识，也没有足够的资本独自开发锡矿，因此它开始向他人出售或出租其财产（Freund，1981：29—36）。皇家尼日尔公司在锡业发展中发挥的作用怎么强调都不过分。[245]它提供运输服务，后来为修建从拉各斯到北方的铁路提供贷款担保。最后，它开始向矿山提供各种供应品，并向它们提供工程服务、现金垫款和充当融资者。皇家尼日尔公司发现提供这些服务比实际经营采矿业务更有利可图（Freund，1981：39—40）。

1900 年代，英国矿业公司开始涌向高原地带。当时出现了投资热，以至于到 1911 年，"投资在伦敦尼日利亚锡业股票已有 300 万英镑；新年伊始，尼日利亚锡业股票成为伦敦交易最活跃的股票"（Freund，1981：37）。但在战前，这些公司几乎不生产任何锡。它们只是出口锡矿石，那是非洲人用他们古老的技术挖掘出来的。换句话说，欧洲人接管尼日利亚锡矿业的第一阶段是在流通领域。欧洲公司购买锡矿，并将其从当地转入出口市场。其结果是"到 1911 年，由于欧洲人的购买，据说卡诺市场上不再有锡，两年后，尼日利亚北部已经开始从英国进口大量的锡器"（Freund，1981：47）。这本身并不会摧毁本土锡业。比购买更严重的是，在欧洲公司声称拥有的土地上，非洲人生产的锡被征收。

因此，土地征用是欧洲人接管尼日利亚锡业的核心。对高原的暴力征服，尽管遭到了非洲人的英勇抵抗，但为剥夺非洲锡生产者的土地和重组锡业奠定了基础。被征服之后，非洲人失去了在锡矿所在土地上工作的权利。几乎没有证据表明他们得到了补偿，尽管行政长官卢加德（Lugard）曾经提议对非洲矿工失去的土地权进行补偿。但矿业公司获得了对矿区的独家许可。为了确保非洲人租不到土地，租赁费高得让许多非洲人望尘莫及，此外矿业公司还规定了所有工程师和承租人的代理人都必须是欧洲人。这就消除了非洲人在锡业中除了充当劳工以外任何角色的可能性。

在没收土地的同时，矿业公司还禁止非洲人采矿和冶炼（Newbury，1984：217）。矿业公司抨击冶炼厂，因为它们造成了商业上的挑战，并对自己的土地控制权提出了质疑，以避免为矿工提供出售锡矿的渠道，这些做法破坏了矿业公司招募劳动力和开采锡矿的努力。[246]到 1913 年，所有的冶炼厂都被关闭（Freund，1981：45—47）。这是尼日利亚锡业棺材上的又一颗钉子。殖民主义的采矿模式已经确立，乔斯高原不再加工锡，只出口未熔化的锡矿石，"英国冶炼厂用这些锡矿来改善纯度较低的矿石，特别是来自玻利维亚的矿石"（Freund，1981：36）。被剥夺了财产的非洲生产者现在变成了矿业公司的工人。他们不甘心，通过偷窃和社会抗议来反抗（Freund，1986）。

征用土地和关闭冶炼厂主要是为了将当地的独立矿工转变为矿业公司的雇佣工人。然而，被剥夺了土地的当地劳动力相当少，而这些人的采矿技能是公司所依赖的。于是公司不得不到更远的地方去寻找额外的劳动力。与南非和加纳的同行一样,这些公司面临着严重的劳动力短缺。它们不得不与其他经济部门竞争劳动力,包括有点起色的小农农业,乃至正在建设殖民基础设施的国家本身。如同在加纳一样,国家强迫使用劳动力只加剧了矿业公司的劳动力供应问题(Newbury,1984:215—216)。

与加纳相比,尼日利亚北部的殖民国家可能更担心激起穆斯林酋长国的反抗,所以它很小心,没有将土地征用扩大到高原矿区以外。但是,与各地的殖民国家一样,尼日利亚北部政府征收各种殖民赋税,这既是增加收入的手段,也是动员劳动力的工具。此外,因为征服导致了"旧有官僚和军队的失调",一支后备劳工队伍由此产生(Freund,1981:51)。奴隶制的废除增强了后备劳动力队伍。同南非和加纳一样,尼日利亚锡矿公司也成立了一个矿业商会,试图降低和统一行业工资,集中招募劳动力。但该商会在这两方面都不成功。这是一个卖方市场,所以工资没有下降。相反,"矿区的劳工需求产生了这样的效果……把北方的平均工资提高了50%,从6便士提高到9便士"(Freund,1981:53—54)。当然,这些工资以任何标准来看都不算高。1909年的一次降薪尝试引发了大家所知的第一次矿井罢工。几年后的第二次尝试也遭到工人反抗,工人从矿井中撤出,造成了劳动力的短缺。

商会也未能合理安排和控制劳工招募。政府拒绝了商会要成立一个国营的分会来垄断劳动力招聘的要求。各公司仍然依赖工头和劳工承包商。[247]劳务承包"仍然是非洲矿业企业为数不多的招工出路之一"(Newbury,1984:217)。招募的劳动力大多是移民。这不仅方便了矿业公司,也方便了矿工本身。工资很低,无法维持稳定的劳动力,矿场也难以为工人提供足够的食物,这些问题最终导致了1911年和1913年的大饥荒,并导致矿场的暂时关闭(Freund,1981:56—57)。对他们来说,大多数矿工仍无法割舍他们的小农经济。

到1909年,矿业公司雇用了约9000名工人,其中大部分来自尼日利亚北部。拉各斯-卡诺铁路有许多支线通往高原各地,铁路的修建促进了劳动力从尼日利亚南部流向北方。一些技术工人也来自遥远的加纳和塞拉利昂,还有一些来自欧洲。虽然与南非相比,尼日利亚锡矿上的欧洲人远少于非洲人,但在尼日利亚,这两个群体的收入差距与南非一样悬殊。在采矿业的早期,欧洲人的工资"每年达到几百英镑,大约是尼日利亚工人工资的 50 倍"(Freund,1981:52)。考虑到他们的高成本,加上采矿技术已非常成熟,而且没有支持性的定居人口,锡矿中的欧洲雇员数量一直很少。

殖民制造业

欧洲制造业在非洲的发展主要是 20 世纪的现象。其原因是相当明显的。欧洲在非洲的殖民帝国大多是在 19 世纪最后 25 年建立的。殖民统治的最初几年是以征服和"安抚"的战争为主。此外,早期殖民时期是一个原始的殖民积累时代,不利于建立制造业。无论如何,殖民的国家无意在殖民地建立工业。建立殖民地主要是为了给帝国主义国家提供制成品市场和原材料来源。

1870 年以前,欧洲在非洲的殖民活动主要限于葡萄牙在安哥拉和莫桑比克的沿海飞地、英国和布尔人在南非的殖民地以及法国在阿尔及利亚的殖民地。葡萄牙飞地是非洲大陆最古老的飞地之一,可追溯到 16 世纪。这些飞地脆弱的经济,主要依靠奴隶,几乎没有制造业贡献(Hammond,1966;Bender, 1978;Clarence-smith, 1979b;Vail & White, 1980;Newitt,1981;Seleti,1990)。正如第十五章所展示的那样,[248]葡萄牙定居者所需商品,以及与当地社区交易的任何消费品都是进口的。

19 世纪中期之前,南非的英国和布尔人殖民地,特别是布尔人殖民地,相当贫穷,现代制造业也几乎不存在(De Kiewet,1957;Marks & Atmore,1980;Marks & Rathbone, 1982;Elhpick & Giliomee,1989)。大多数定居者的制造业都是在家庭中使用古老的技术实现的。只有少数产品是由开普殖民地新兴殖民城镇相对较大的企业制造的,其中包括纺织、皮革和肥皂制造厂,以及蒸汽动力的糖厂、玉米厂、锯木厂、啤酒厂和葡萄酒厂、铸铁厂、印刷厂以及制砖和四轮马车制造厂(Houghton & Dagut,1972:73—102)。

如前所述,南非的政治经济因矿产革命而发生了深刻的变化,它为南非最终实现工业化奠定了基础。从 1890 年代开始,大型矿业公司开始投资支持其活动的产业。例如,德比尔斯公司"投资煤矿,为工业提供廉价的燃料;投资铁路和电报,以建立必要的基础设施;投资炸药,以规避因炸药垄断而产生的高成本"(Innes,1984:42)。另一家矿业公司路易斯和马克斯(Lewis & Marks)参与了酿酒厂、煤矿、果酱、蜡烛、玻璃和瓶子、皮革、制砖和制陶等行业(Innes,1984:138)。20 世纪初,德比尔斯将投资扩展到其他企业,包括制砖、制瓦、制酒和果酱制造。因此,采矿业直接促进了南非制造业的发展。它也间接地促进了城市化,城市化和大量的劳动力为制成品创造了新的市场。

20 世纪之前,采矿业对南非工业化的贡献微乎其微,这样说一点也不为过。矿业公司的大部分物资都是从国外进口的。事实上,马克斯和拉斯伯恩(Marks & Rathbone,1982:11)认为,1920 年代之前,"垄断资本通常都不需要内部市场,也未对当地制造业的发展有任何真正的兴趣,只要能从国外更便宜地获得机器和物资供应即可"。此外,在 19 世纪末,采矿业的发展几乎吸收了"所有可用的资本、熟练的人力和创业活动,因此制造业几乎没有什么发展空间"(Houghton & Dagut,1972:114)。甚至可以说,矿产收入可能会破坏当地的手工业,因为矿产出口收入的增加导致了消费品进口的增加。简而言之,到 1900 年,南非的制造业仍然不发达。

[249]在 20 世纪,南非注定要成为非洲工业化程度最高的国家之一,因为矿业公司发挥了关键作用。公司中的巨头将大量的资本投入到制造业中。例如,大型英美公司(the Anglo-American corporation)以矿业公司起家,最终建立了一个庞大的制造业帝国(Lanning with Mueller,1979;Seidman & Makgetla,1980;Innes,1984)。另外,国家将采矿业的大量盈余,通过税收划拨,将其中一部分用于工业基础设施建设,建立国有重工业。

这一过程是在 1920 年代才真正开始的,学界对其原因意见不一。一部分人认为,这是南非国内出现了有利于地方工业化的新型阶级力量的产物(Davies,et. al.,1976)。另一种观点则将其归结为资本重组所催生的英帝国战略的转变(Innes,1984:120—127)。不过,这一争论超出了本章的范围,属于本研究第二卷的内容。这里需要说明的是,始于 19 世纪末的矿产革命是推动南非 20 世纪工业化的动力。

当南非在 19 世纪末开始实现工业化的时候,1830 年被法国殖民的阿尔及利亚正在经历伊萨维(Issawi,1982:150—154)所说的"去工业化",即手工业的衰退;以及"再工业化",即现代工厂的兴起,到1900年才刚刚开始。对此,必须从法兰西帝国主义的动机和政策、阿尔及利亚殖民地国家的特点、以及该国阶级结构的性质和资源禀赋中寻求解释。

第十三章讨论了法国征服阿尔及利亚的动机和过程。在这一点上,只需说法兰西帝国主义在阿尔及利亚的动机主要是出于经济考虑。人们相信,占领阿尔及利亚可以使法国走向繁荣。正如狂热鼓吹殖民主义的朱尔斯·费里(Jules Ferry)所说:"殖民政策是工业化的产物……我们必须在世界其他地方找到新的消费者;如果我们做不到,现代社会便会破产"。此外,用1833年派往阿尔及利亚的非洲委员会的话说,阿尔及利亚将提供一个出口,以"减轻""大城市所承受的人口压力和集中在那里的资本的使用"(引自Bennoune,1988:35)。因此,无论是法国政府还是工业界,都无意向阿尔及利亚输出工业化。相反,阿尔及利亚将成为法国[250]制成品的保护市场和疏散"过剩"人口的出路(Abun-Nasr,1987)。

工业化也不在殖民地国家或法国定居者的议程上。阿尔及利亚殖民国家是通过暴力推翻腐朽的土耳其国家而建立的。殖民地国家的建设过程是一个漫长的过程,阿尔及利亚人进行了不屈不挠的抵抗。经过半个多世纪的时间,殖民者才在军事上征服了整个国家。直至1870年代,才完全奠定了"客观物质条件积累"的基础(Tlemcani,1986:33)。阿尔及亚反抗的激烈程度加剧了法兰西殖民帝国对殖民地国家的吞并,阿尔及利亚与法国的一体化使这一过程得以完成。因此,阿尔及利亚殖民地国家不像大多数殖民地国家一样,仅仅是法国的附属国(Young,1988;Berman,1990)。它的领土性、主权、统治机构、合法性、法律和意识形态的表现都来自法兰西帝国。

大批移民将与法国隔地中海相望的阿尔及利亚视为自己祖国的延伸,他们的到来强化了这个殖民地国家异常有限的自治权。定居者构成了殖民社会形态中占主导地位的权力集团。正如我们在第五章中所看到的,他们的物质基础是农业。因此,无论是国家还是定居者都没有能力或兴趣推动工业化。由此可见,阿尔及利亚殖民地国家对法兰西帝国的自治权远不及南非殖民地国家。另外,阿尔及利亚的定居者与南非的定居者不同,他们并没有从宗主国民族中再造一个自治的民族。而同样重要的是,当时阿尔及利亚的自然资源在土地和农业方面,没有像南非那样,突然发现巨大的矿产资源,而这些资源本可以为工业化提供资本并创造社会条件。

因此,与南非相比,阿尔及利亚在 1900 年前几乎没有任何工业发展。事实上,阿尔及利亚受到很大程度的"去工业化"的影响。为了调动农民的劳动力并为法国进口物品提供市场,阿尔及利亚殖民地国家对城市手工业企业采取了限制性的行政措施。第一批措施是在 1838 年制定的,然后在 1851 年扩大了范围,最后在 1868 年完全废除了这些企业。阿尔及利亚手工业者的数量急剧下降,从 19 世纪中叶的 10 万人下降到一个世纪后的 3500 人。不足为奇,"阿尔及利亚的手工业几乎消失了,被法国的工业产品所取代"(Bennoune,1988:66—67)。传统[251]教育的衰落加剧了阿尔及利亚制造业的破坏,传统教育曾使阿尔及利亚人具有较高的识字率,并被用来传授技能。在征服殖民时,清真寺和古兰经学校被没收或废弃。在阿尔及利亚传统教育体系的灰烬上,当局为贵族子女的殖民教育打下了基础(Bennoune,1988:67)。

这并不意味着完全没有工业。只是要指出,所做的努力是相当微弱的。阿尔及利亚的工业化只是在第二次世界大战后才真正开始。在 1880 年至 1910 年期间,广义上的工业部门只获得了国家总投资的 5%。制造业资本只限于食品加工方面的小型工业,如酿酒厂、面粉厂、烟草厂和鱼罐头厂。据报道,1901 年全国有 11,887 家企业单位,但其中绝大多数"是由自营职业者经营的,没有任何额外的雇佣劳动"(Bennoune,1988:74)。这些单位共雇用了 51,502 名工人,其中包括欧洲人,他们占了劳动力的一半以上。一半以上的阿尔及利亚工人没有技能。1911 年,妇女占阿尔及利亚城市无产阶级的 37%。一般情况下,干同样的活,阿尔及利亚工人的工资只有欧洲人的一半。

总　　结

很明显,殖民工业化的开始,就像殖民农业的建立一样,充满了血腥和暴力。在南非,非洲人的土地被剥夺;在西非,非洲人的矿井被剥夺;在阿尔及利亚,非洲人的手工业被剥夺。在所有这些情况下,殖民地国家的作用都是至关重要的。

到了本世纪末，南非建立了非洲最大的采矿业，也是世界上最大的采矿业之一。本章已经描绘了该行业的垄断结构和强制劳动制度的演变过程，并指出该行业的发展是受一系列复杂的劳动和资本之间的斗争所制约的。换句话说，矿业的格局并不像一些研究倾向于描绘的那样，是某种神秘的资本"逻辑"的可预测结果。同样的道理，农民工也不仅仅是资本主义操纵下功能主义的产物。它是由劳工和资本双方的冲突需求所催生的，而且一直是一个矛盾的过程，尽管制度的好处越来越多地体现在资本身上。因此，虽然南非劳工可能受到了严重的剥削，但它并不是被动的。本章进一步说明，采矿业不仅彻底改变了南非的经济和社会[252]结构，也改变了周边国家的经济和社会，因为采矿业越来越多地从这些国家吸纳劳动力，它还对疾病的流行产生了重大影响。

至少在 1900 年以前，在西非建立欧洲人拥有的采矿业的各种尝试都失败了，这提醒人们要去注意欧洲人在早期殖民非洲的风险投资中的弱点和非洲企业的韧劲。有人认为，与南非殖民地国家相比，加纳和尼日利亚的殖民地国家缺乏推动"原始积累"进程所需的狠劲，部分原因是定居者人口微乎其微，因此农民生产是殖民经济的基础和国家收入的主要来源。此外管理和技术上的严重缺陷，加上劳动力短缺使欧洲的矿业公司苦不堪言。同样重要的是，南非的采矿业以新"发现"为基础，而在西非，有抱负的矿业大亨必须与充满活力的本土采矿业竞争。他们强龙难压地头蛇，便转而试图取代本土矿业。因此，西非采矿业出现了两场斗争：一场是矿主反对剥夺其企业的所有权的斗争，另一场是矿工争取更好的工资和工作条件的斗争。

最后，本章认为，到 1900 年非洲几乎没有殖民制造业；即便在南非，工业化也直到 1920 年代才真正开始。这是由于矿业打下了基础，带来了资本；由于社会力量重组和新殖民主义国家阶级基础的重建；以及与此同时世界经济因素的影响。但这是未来的事。到 1900 年，南非仍然是一个典型的殖民经济体，出口依赖初级产品，主要是矿产，其大部分制造业依赖进口。阿尔及利亚的情况表明，殖民地国家不仅对促进其殖民地的工业化不感兴趣，有时还积极设法摧毁现存的那些工业。如我们所看到的那样，它们蓄意推行"去工业化"方案，结果是废除了手工业企业，使阿尔及利亚的手工业阶级丧失了工作能力，并逐渐被淘汰。

第四部分　国内和区域贸易

第九章　北非的贸易

垄断制度

[255]北非的贸易起源很古老。例如,在埃及,有记录的贸易可以追溯到前王朝时代,即公元前 3000 年以前。到 19 世纪初,北非的贸易历史悠久,错综复杂。在研究这一时期该地区贸易的发展时,许多研究往往集中在这些国家融入世界资本主义体系的问题上,但这一进程确实在 19 世纪加速了,并对该地区产生了深远的影响。不过,事实仍然是,在本世纪的大部分时间里,北非的域内贸易远远超过了与欧洲的国际贸易(Shroeter,1988:1—6)。

域内贸易在农村和城市市场以及每年的集市上进行。自伊斯兰教传入后,集市与每年的宗教节日同时举行。农村贸易由几个因素维持。首先,农户和村社不能自给自足。当地的专业化程度相当高,一个地区的特定村庄或一个村庄的某些家庭会生产特殊种类的食品或手工业产品。此外,农民还陷入了对强大的外部势力的依赖和从属关系中,他们有时需要依靠外部势力提供周转资金和额外的资源,以资助农村生活中的奢侈庆典,如宴会和婚礼。最重要的是,他们需要向国家和地方名流缴纳税款。因此,农民用他们的盈余来交易,以满足他们的需要和义务。

由此看来,农村市场是周期性的,受制于农村需求的性质。市场的位置因人口分布和国家政策的不同而异。在摩洛哥的某些地区,农村市场类似于波兰尼(Polanyi,1957,1968)笔下的"贸易港",因为它们位于"两块领土之间的无人认领土地上,或者位于附属于神殿的圣地上"(Ponasik,1977:200）。每个市场每周举行一次。一周中的每一天都有一个集市（suq），以当天的名字命名（Shroeter,1988:86—90）。实际上，摩洛哥的农村市场构成了轮换市场的循环。在人口较为密集和集中的埃及，根据当地情况，市场既有设在村庄之间的，也有在村庄内部的。

19世纪上半叶，北非各国政府试图增加收入以扩大军队，从奥斯曼手中赢得独立，[256]或应对日益增长的欧洲挑战，它们开始实施现代化计划，因此，国家对农村贸易的干预十分明显。政府对农产品及其他产品实施垄断。垄断使政府可以向农民以低价购买农产品，并以较高价格转售给消费者，从而获取丰厚利润。这种制度使国家能够占有农村的大部分盈余。

一心想要实现埃及军队和经济的现代化，穆罕默德·阿里政权无情地实行了垄断制度。1811年至1816年间，政府颁布了禁止私人买卖谷物、糖、棉花、靛蓝、芝麻和豆类等作物的禁令。每种农作物都有固定的价格。由于政府控制了供应，它可以"决定出售给商人的收成条件"（Owen,1981:66）。支付给生产者的固定价格与国内和出口市场转售价格之间的差距相当大。例如，在1833年，生产者得到的报酬相当于每百升小麦3.34法郎，玉米1.8法郎，豆类2法郎。这些产品当时在国内以6.4法郎、3.34法郎和3.6法郎的价格出售，在出口市场上分别以7法郎、6法郎和5法郎的价格出售。棉花成为埃及的主要出口作物，每公担收购价为120法郎，转售出口价为250法郎（Issawi,1982:20）。

在摩洛哥和阿尔及利亚，商品被卖给出价最高的人。事实上，在摩洛哥，商人的流动受到严格限制，因此，

> 在许多农村市场上，很少有非本地商人。除了限制商人的流动外，从一个地区到另一个地区的当地货物的运输也会被收取高额税款，有些物品根本不允许输往外地（Ponasik,1977:201）。

有人认为，这些控制是为了分割摩洛哥社会，以确保穆斯林统治者的霸权，因为统治者对农村腹地的军事和行政控制力很弱。这种制度与现代形式的商业国有化有些不同，因为：

商业活动有严格的定义——即购买、包装和将货物运输到装运港，是由获得临时的、可撤销的垄断贸易权的私人严格执行的（Pascon，1986：47）。

垄断制度并不局限于农村或国内贸易。事实上，其主要目的之一是为了控制对外贸易。它符合主宰国家的军事首领和寡头政治的利益，但却遭到无助的农民、土著商人和外国商人[257]的反感。他们联合起来予以反对，成功地迫使国家放松了控制。在阿尔及利亚，1830年法国对该国进行殖民统治后，这一制度被瓦解。征服阿尔及利亚后，欧洲对摩洛哥施加了更大的压力，依靠一系列军事胜利和"收复"条约，要求其开放国内市场。埃及也在外国的压力下被迫放弃垄断制度。到了1840年代末，农业垄断制度与雄心勃勃的工业化运动，以及土地国家所有制政策一起被打破。"从此，该国的农民与商人、高利贷者、轧棉工人以及其他世界市场中间人之间有了越来越密切的联系"（Owen，1981：74—75）。

以城市为基础的利益集团越来越多地开始向农民生产者提供资金或直接向他们购买产品。这种做法蔓延到突尼斯和摩洛哥，因为这些国家作为范围狭窄的初级产品的出口国更多地融入了世界资本主义体系（Valensi，1985：226—228；Doumou，1990：17—18）。这不仅导致商人和外国人对农村生产的控制力增强，也深刻改变了农村的社会结构和生态环境。该制度在运行的过程中，国家虽然富裕了，但农民却陷入了贫困化，本土商人的力量削弱了。因此，当该制度后来被废除时，本土商人已没有能力与外国商人竞争。

集市和商业行会

城镇贸易也没有逃脱国家的长期干预。不过，城市市场的组织方式与农村市场不同。首先，由于城市人口的需求集中且更为有效，城市市场的物质构造往往更为复杂，而且连续经营，通常每天都有集市。我们在第二章中指出，集市是北非城市的核心。集市由不同商人的聚居地，以及专门的手工业和零售业的市场和广场组成。集市像一个活动的蜂巢，人来人往，熙熙攘攘，充满了喧嚣。除了固定的零售商人和众多的顾客外，集市上还经常聚集着许多小贩和搬运工。

19世纪，特别是随着马车使用的增加和更多道路的修建，集市的组织发生了变化。随后，正如托莱达诺（Toledano，1990：169）在提到埃及时尖锐地指出的那样，"在城市中出现了争夺空间的斗争，特别是在开罗和亚历山大，但又不局限于此。轮式车辆不仅把行人或骑乘动物的人挤到一边，还把工匠和店主推到一边，他们将街道空间作为工作区域的延伸"。马车成为奥斯曼-埃及精英阶层地位的象征，强化了[258]他们的社会等级标志，即土耳其语的使用、优雅的官方服装、持枪的权利、法律面前的特权（Toledano，1990：155—180）。

集市受到两个机构的控制和管理，即商业行会和国家官员。北非几乎所有的城市行业和服务都是以称为希尔发（hirfa）或塔伊发（ta'ifa）的职业公司（由于没有更好的术语，译为行会）形式组织起来的。19世纪出现的新职业被纳入行会制度。在埃及，一半以上的行会（约占行会成员总数的三分之二）是商人和服务业行会，其余三分之一是工匠行会。

行会因其对国家和会员的双重责任要履行许多职能。他们要确保法律和规章制度，包括与其各行业有关的法律和规章制度得到执行，并协助当局将任何违法的成员绳之以法。他们也有责任代表其成员收税，并向政府和私人雇主提供劳动力。他们的成员则希望行会在其习惯权利或合法权利受到侵犯时能提供保护，并为贸易和所售商品的定价保驾护航（Baer，1964；1969：149—160；Shroeter，1988：75—77；Toledano，1990：225—230）。

负责整个城镇财政，特别是集市财政的最高国家官员被称为市场监督官（muhtasib）。他要与行会首领密切合作，这些首领在埃及被称为谢赫（shaykh），在马格里布被称为阿明（amin）。市场监督官的职责包括维护市场的法律和秩序，控制货物的重量、计量和价格。其权力相当大。他们利用自己的权力来剥削商人，而商人则将成本转嫁给城市居民，这是比较常见的。随着监督贸易的国家官僚机构的扩大，他们的权力逐渐被削弱。例如，在摩洛哥，市场监督官开始与其他主要官员分享权力，包括总督、法官（qadi）、宗教权威和负责城市财政管理的乌玛（umama）。这些官员都是由国家统治者直接任命的。

从1870年代开始，由于外国的压力，同时也是为了遏制腐败，这些官员的职能被精简。推行的行政改革,包括给官员发放工资但禁止他们从事商业活动,以及改进簿记工作(Shroeter,1988:135—142)。在利比亚,市场监督官"作为总督(sanjak bey)在集市上的代表为其服务,在城市的市场上履行其职责,尽管他也要对法官负责。[259]该职位通常被转让给一两个人,转让期有限(最长为一年)……销售商、店主、商人以及城门口的批发商向市场监督官支付实物和货币报酬"(Abou-El-Haj,1983:309—310)。

主要由于欧洲的压力,行会在 19 世纪末开始衰落。欧洲商品的涌入削弱了手工业行会,而欧洲商人的涌入则削弱了商人行会。后者也受到零售贸易的蔓延和城市快速发展的冲击,因为大量涌入城镇的人并没有加入或需要行会。由于行会的许多行政、财政和经济职能被政府部门接管,行会以前在城市生活中享有的霸权被进一步削弱(Baer,1969:153—157)。

商人阶级

19 世纪初,北非的土著商人阶层在国内贸易中几乎无需面临外国竞争,因为如前所述,外国人被禁止从事国内商业活动。除埃及外,关于这一阶层的规模或其成员财政资源的统计数据很难获得。根据 1798 年入侵埃及的法国探险队成员的估计,开罗有 25 万至 30 万居民。在从事经济活动的人口中,约有四分之一是手工业者,十分之一左右是商人和零售商。大多数商家规模较小,存货数量有限。对 205 个小商人的遗嘱分析表明,他们留下的遗产平均为 32,924 帕拉(para),而主要从事咖啡和纺织品国际贸易的大商人所留下的遗产,是这一数额的数倍(Owen,1981:49—50)。

北非的商人阶级因各国的社会和国家结构以及积累模式的不同而发展各异。两个例子可见一斑。一个是摩洛哥的情况,商人阶级的财富与国家利益紧密相连。另一个是埃及,商人阶级在那里扮演的角色比较边缘化。施罗尔特(Shroeter,1988)对 19 世纪摩洛哥主要港口埃索维拉(Essaouira)的商人进行的详细研究,充分说明了商人与国家的相互依存关系。

摩洛哥的大商人,无论是穆斯林还是犹太人,几乎无一例外地都是图贾尔苏丹(tujjar sultan),意思是"国王的商人"。苏丹为他们提供了作为批发商进行贸易的特殊许可,提供无息贷款以资助他们经商、购置住房。他们每年都要去马拉喀什向苏丹进贡。他们受苏丹恩惠,[260]如果没有苏丹的允许,没有担保人和存款或财产作为抵押,他们不能搬到其他城市。

因此,商人们作为客户、债务人、租户与苏丹捆绑在一起。这使他们不能成为一个独立的社会阶级,这亦阻碍了他们的财富累积。他们可以投资的领域被限制在房地产和税款征收上。很多富有的商人,尤其是犹太人,认为将资金存入外国银行或购买外国企业的股份,以便将资金输出更为安全。而许多财富被挥霍在当时的显贵消费中:奢侈的衣着和住房,以及送孩子到欧洲上学并去探望(Shroeter,1988:21—60)。

作为国家的附属,商人们非常容易受到任何危机的冲击。在欧洲列强的干预下,摩洛哥从 19 世纪中期开始就受到间歇性危机的困扰。国家因昂贵的军事改革和开支而变得财政紧张,与摩洛哥作战的各欧洲列强,先是法国,后来是西班牙,强加了沉重的战争赔款,这些耗尽了摩洛哥的国库。摩洛哥还签订了一些商业条约,如 1856 年与英国签订的条约,废除了垄断制度,取消了对外国商人的限制,由此,外商的数量增加了。

简而言之,摩洛哥陷入了严重的财政困境。它资助和支持商人阶级的能力急剧下降。事实上,征收新的税收,如对商人和驮畜征收出入通行费,威胁到了商人阶级的利益。他们中的许多人寻求新的保护伞,且在外国商人中找到了这种保护伞。当地商人越来越多地成为被保护者或买办,因为外国资本给他们提供了安全和机会,使他们在新的体制下进行财富积累;而商业条约则为他们提供了"各种法律和税收特权,为他们免除了国家的法律、税收责任和其他义务,如在国王远征军中服兵役,其他摩洛哥臣民则必须履行这些义务"(Doumou,1990:16)。摩洛哥商人阶级就这样把对国家的依赖置换成对外国资本的依赖。在这两种情况下,商人都没有发展成为能够进行动态资本主义积累的独立阶级。

埃及商人阶级的命运略有不同。尽管有一些相似之处,但埃及和摩洛哥商人阶级的地位有很大的不同,特别是在与国家的关系上。埃及商人不像摩洛哥商人那样受到国家的大力保护,[261]因为他们既不是统治精英的一部分,也起不了决定作用。

奥斯曼-埃及精英阶层主要由统治家族和高级文官和军官组成。总的来说,精英阶层的人数很少,只有几千人。这是一个组织严密的团体,尽管内部存在竞争,但它受到严格管制,循规蹈矩。其成员因效忠统治王朝、在埃及的服务、奥斯曼和穆斯林的传统以及他们的荣誉、头衔、特权和财富等而联系在一起。除了相对较高的薪水外,他们的大部分收入来自于埃及总督授予他们的土地(Toledano,1990:68—109)。

对于精英阶层来说,财富和地位不仅日益交织在一起,而且由于棉花革命,财富和地位也与土地财产密不可分。土地给精英阶层提供了物质基础。土地财产和精英的衔接意味着国家官员把自己看作是农业资产阶级的一部分,因此埃及国家有明显的农业偏好。亨特(Hunter,1984)认为,最高行政级别代表着三种利益。官员们试图促进自己的目标,农村利益和欧洲利益。他们努力实现地方或农村利益,不仅因为他们拥有土地财产,农村地区构成他们的权力基础,而且因为埃及总督将中央权力世袭化,排除了地方以外的任何政治。在穆罕默德·阿里和伊斯梅尔统治时期,改革和西化的方案和意识形态最有力地促进了欧洲的利益。一些精英阶层在与其他精英阶层成员争夺权力的过程中,依赖欧洲领事使团的协助。通过这些人"播下了合作的种子,欧洲也打下了支持埃及国家和行政机构的基础"(Hunter,1984:1 17)。埃及人在 1870 年代和 1880 年代收获了苦果,当埃及总督的力量被削弱,奥斯曼-埃及被英国强加的殖民地国家所取代。

穆罕默德·阿里建立了一个强大的中央集权的家庭政府,该政府以军队和官僚精英为基础,并由他的继任者加以巩固,这是埃及商人的作用在 19 世纪被边缘化的原因(Hourani,1968)。商人几乎无法构成一个法人团体或社会政治团体(Toledano,1990:71)。可以说,在埃及,与摩洛哥不同的是,商人阶层既没有受到国家的追捧,因为国家职能部门的社会基础越来越农业化,也没有受到欧洲资本的追捧,因为欧洲资本可以直接接触到越来越多的国家职能部门本身。然而,最终的结果并没有什么不同。[262]埃及商人阶级和摩洛哥商人阶级一样,仍然很弱小,没有能力进行持续的资本主义积累。

货币和金融

19 世纪北非农村和城市市场上交易的商品包括农业和林业产品、制成品、矿物和金属以及奴隶。多年来，贸易的构成逐渐发生变化。例如，奴隶贸易在本世纪下半叶急剧下降。同时，茶叶和糖等大众消费品的流通量增加。一般来说，城市地区的供应范围大于农村地区，因为城市市场与国内和国外贸易网络紧密相连，而农村市场则不然。

贸易是通过使用信贷和货币或易货贸易进行的，而易货贸易是三种方法中最不重要的。赊销和货币的使用非常普遍。批发商以赊账方式获得货物，再以赊账方式将货物转让给店主和零售商，这非常普遍。这种信贷安排的基础是个人债券和具有法律约束力的伊斯兰信贷原则。有两类信用关系得到了承认：代理（qirad，或称 commenda）和合伙（或称 sharika）。两者都涉及一方将资本投资于另一方并分享利润。不同的是，如果资本损失，在代理的情况下，风险只由投资者承担；而在合伙情况下，风险由双方分担（Shroeter，1988：109—113；Udovitch，1970）。这种法律结构促进了北非贸易、贸易网络或流散者的发展。信贷的使用对远距离贸易尤其重要。许多从沿海城市前往南部腹地市场的商人，都是通过赊销或委托代销方式获得货物进行交易的。

19 世纪初，区域的货币主要由银币和铜币组成，辅以各种欧洲和亚洲硬币，其中大部分是银币。一个国家存在如此多的货币，造成了相当大的混乱和复杂的货币交换。有许多迹象表明，在 18 世纪和 19 世纪，国内钱币的价值是贬值的。伊萨维（Issawi，1982：185）认为，这"部分是由于新大陆的金银涌入，主要是由于不断的贬值"。如突尼斯比索（piaster）的例子所示，问题不仅仅是这些钱币固有价值的贬值。

突尼斯比索的重量、大小和含银量都有所下降。铜币的情况也是如此。这一过程始于 18 世纪下半叶，并在 19 世纪初加速。例如，到 1829 年，[263]突尼斯比索的重量从 1735 年的 22.2 克下降到 11 克，同期含银量从 440 克下降到 286 克。除了失去固有价值之外，随着与欧洲贸易的增加，比索也失去了交换价值。货币投机和突尼斯进出口贸易的剧烈波动对突尼斯货币造成了严重破坏。越来越多的突尼斯人：

> 变成了它无法再控制的市场的俘虏。甚至其货币政策也失去了独立性。任何改革都必须先通知外国商人。1847 年，当贝伊决定开设银行、发行纸币和铸造新货币时，这些措施的宣布引起了外国商人

的集会和法国人的抗议(Valensi,1985:218—219)。

对外贸易也给摩洛哥货币带来了灾难。随着对外贸易的增长,该国的青铜和白银双金属体系被打乱,因为只有银币才有资格作为外汇。事实上,将银币运回国用于贸易融资、支付债务和赔偿金,导致西班牙比索成为该国的银本位币。摩洛哥的货币乌吉亚(uqiya),开始对西班牙比索通货膨胀。这引发了被称为"弗鲁斯"(flus)的铜币被伪造,这些铜币被做成小面额的乌吉亚。这进一步降低了乌吉亚的价值。素丹试图在西班牙银币、法国银币与乌吉亚之间建立固定的汇率,但没有成功。乌吉亚的贬值速度加快。在1848年至1858年期间,乌吉亚下跌了25%以上,在1870年代暴跌了100%,在1880年代再次暴跌了100%。最后,两种货币体系都被允许运行。外币用于国际交换,本币用于国内市场(Shroeter,1988:63,142—152)。

19世纪下半叶,由于国家与欧洲日益增长的对外贸易逆差和不断上升的负债,埃及货币也开始迅速贬值。通过引入埃及镑来遏制贬值的尝试收效甚微。实际发行的埃及金币很少,贬值最少的外币英镑几乎占据了整个货币政策"(Issawi,1982:187)。从1882年英国占领埃及后,欧洲商人开始主宰埃及的国内外贸易。欧洲银行的扩张对埃及的经济投下巨大的阴影,也使得欧洲商人的地位更加强化。埃及本地的欧洲放债者或成立于19世纪中期的欧洲国际银行,主导了银行业(Landes,1958;Tignor,1981)。

交通运输的发展

[264]运输是贸易的一个重要特征。我们先前提到奥斯曼-埃及精英阶层越来越多地使用马车。19世纪,马车在北非的货物或贸易商品运输中的作用微乎其微。货物要么由搬运工步行运输,要么用驮畜,主要是骡子、驴子和骆驼驮运。水路运输则使用独木舟、小船只和轮船。水路运输在国内贸易中使用不多,但埃及除外,因为尼罗河是该国国内外贸易的主要通道。帆船在海上贸易中很重要,但从19世纪中叶开始,帆船迅速被蒸汽船取代。蒸汽船帮助北非和欧洲之间的航运规范化,扩大了贸易,因为蒸汽船提供了更可靠的运输方式。但北非国家都没有重要的商船队。

因此,他们的海上贸易被外国,主要是欧洲的托运人所垄断(Valensi,1985:219;Shorter,1988:106—109)。

19世纪上半叶,陆路运输主要依赖搬运工。搬运工在城市和农村都十分重要,对于集市的货物往来,搬运工不可或缺。他们为商人和交易员运输商品,有时也兜售自己的商品。因此搬运工和小贩可能是不同的人,也可以是同一个人。搬运工、小贩和拍卖师被聘用,但是我们没有关于他们的工资信息。搬运工和小贩也遍布城乡之间的贸易路线。除了搬运工携带商品,商家也雇佣特殊的通讯员用以加急传递商业信息(Shroeter,1988:74—75,114)。

驮畜商队是陆路远距离运输的主要手段。最大的商队,特别是那些参与横跨撒哈拉贸易的商队,可拥有多达2万头骆驼或更多。标准的骆驼数量可能是1500头,旅行者的数量大致相等,尽管100头到200头骆驼组成的小型商队很常见。骆驼通常是租用来的。

只要市场和安全状况允许,商队就会频繁组织起来。贸易路线沿线的保护由国家提供,国家在主要路线上设立了站点来保障安全,商队也可通过向当地统治者缴纳税款或贡品寻求安全保障。大型商队的行进速度很慢,因为即使在良好的条件下,他们也很少能每天行进超过25英里,因为他们必须在省级地方市场上停下来补充食物供应,并在海关处停留。[265]费赞(Fezzan)和开罗之间的距离可以在50天内走完,而迈尔祖格(Murzuq)和卡齐纳(Katsina)或廷巴克图之间的路段则需要90天(Waltz,1978)。

19世纪下半叶,随着精英阶层对马车的使用越来越多,陆路运输方式开始发生变化。除城镇外,连接农村和城市的公路网并不发达。"只有在阿尔及利亚(和)突尼斯……第一次世界大战之前的道路有一定规模"(Issawi,1982:53)。例如,到1860年,阿尔及利亚拥有3000公里长的公路网,具有经济和军事功能。在接下来的几十年里,这个网络得到了极大的扩展。"在突尼斯,法国人在1892年之前修建了600公里的公路,到1914年修建了4000公里的公路……在埃及,农村公路的建设始于1890年,到1907年已达2,646公里,主要在下埃及"(Issawi,1982:53)。

北非陆路运输最重要的发展之一是1850年代开始修建铁路。在这一点上,埃及居于领先地位。1851年从亚历山大开始修建铁路,1856年到达开罗,1858年到达苏伊士。"到1869年,埃及有1338公里的铁路,到1905年,国家铁路总长达3000公里,估计成本为2500万英镑。此外,1400公里的窄轨铁路已由私人公司修建,总资本仅超过300万英镑,还有一些郊区线路……相对于它的居住面积和人口,埃及有非常好的铁路,铁路承载了大部分国内货物运输"(Issawi,1982:54)。

阿尔及利亚的铁路建设始于1858年,到1880年铁路总里程达到1100公里,属于6家私营公司。到了1890年,铁路总长达3056公里。突尼斯在1876年修建了一条小型铁路线,到1890年已建成416公里。在摩洛哥和利比亚,铁路建设始于20世纪初(Issawi,1982:54—55)。

有理由相信,运输系统结构的这些变化,通过刺激生产和促进一体化助益了国家市场的形成,国内贸易的扩大。运输成本和旅行时间都大大减少了。但成本还是有的。建立运输网络相当昂贵。例如,埃及为了修建和补贴铁路,在当地和国外欠下了沉重的债务。正如第十三章所述,政府日益增加的债务促使埃及最终成为了殖民地。在阿尔及利亚,法国人从1830年开始建立的交通网络更多是为了协助军事行动、控制和促进出口经济,而不是为了发展阿尔及利亚。事实上,[266]北非运输系统的扩张既是该地区更全面地融入世界资本主义体系的产物,也是其前提条件。

区域贸易

北非国家的对外贸易可以方便地分为三类:国家间贸易,与其他非洲国家的贸易,以及与外部世界,特别是欧洲和亚洲的贸易。与欧洲的贸易将在第13章中予以系统的介绍。在本节中,我们将考虑北非内部贸易以及北非与非洲其他地区,特别是与苏丹和西非之间的贸易。

北非内部贸易的数据相当贫乏,特别是马格里布国家间的贸易。不过,我们确实有一些整个马格里布地区与埃及之间的贸易数据。根据一项估计,1793年这一贸易额为6280万帕拉(paras),其中2170万帕拉是埃及对马格里布的出口,4110万帕拉是马格里布对埃及的出口(Walz,1978:62)。这显然占了埃及对外贸易总额的3.9%。埃及从马格里布进口羊毛布、珊瑚、皮毛、摩洛哥拖鞋、蜂蜜、油和黄油、咸腌鱼、油布和奴隶,以换取玻璃和金属制品、亚麻、丝绸和棉纺织品、香料、咖啡和小麦等产品。其中有些产品是转口来的,马格里布的货物是从苏丹西部或西非转口的,埃及则是来自苏丹东部、阿拉伯和印度转口的。

埃及在非洲除马格里布外的主要贸易伙伴是苏丹的达尔富尔王国和森纳尔王国(Sennar)。同样以 1793 年的估计,埃及与这些王国的贸易额为 5,110 万帕拉,占其对外贸易总额的 3.1%。埃及对达尔富尔和森纳尔的出口产品依次为纺织品、金属和五金、香料、药材和调味料香料、珠子和半宝石材料、火器和军事用品。作为交换,埃及进口了奴隶、骆驼、芝麻、皮革水袋(water skins)、犀牛角、鞭子、天然泡碱和明矾等国内消费的商品,以及罗望子、象牙、树胶和羽毛等主要转运到国外的商品。1793年,埃及与苏丹的贸易逆差达 3870 万帕拉。实际上只有 620 万帕拉"是实际可支付的,而剩余的约 3200 万帕拉,则通过普通市场交易和各种费用、海关收费、苛捐杂税和生活开支等手段来清偿"(Walz,1978:60)。

19 世纪埃及与苏丹的贸易增加了。穆罕默德·阿里把苏丹作为奴隶士兵、黄金和农产品的来源地。1821 年埃及对苏丹的征服促进了两国之间的交流,[267]往返于开罗和苏丹新首都喀土穆之间的埃及和苏丹商人数量增加。虽然黄金很少,但达尔富尔却成为埃及最大的奴隶供应地(Rue,1983:636—643)。苏丹也成为树胶的供应大国:"早在 1827—1828年就出口了大约 1270 吨。埃及工农业所需的牛和动物副产品是重要的出口产品:1836—1837 年,约有 25,000 张牛皮、6400 张山羊皮和 19,600张绵羊皮被运往埃及,骆驼市场一直很强劲。新的作物被商业化种植,有些作物,如糖和靛蓝,取得了成功;另一些作物,如鸦片和咖啡,则失败了"(Daly,1988:193)。这种贸易受益的是国家而非私有商人,因为穆罕默德·阿里将他在埃及实行的垄断贸易制度推广到与苏丹的贸易中。商品价格是固定的,而关税税率则在调整。私有商人发现自己被挤出了市场,"很快就开始专门从事奴隶贸易"(Walz,1978:236)。

埃及和苏丹之间的贸易有起有落。1830 年至 1850 年期间,因为双方的关系紧张,达尔富尔和埃及之间的贸易量大大减少(Rue,1983:644—646)。从 1850 年起,随着达尔富尔和埃及之间政治紧张局势趋于缓和,以及 1840 年代对苏丹主要作物垄断的撤销,贸易又开始蓬勃发展。达尔富尔商人的贸易条件逐渐改善。赛义德(Said)决定废除奴隶贸易后,奴隶贸易减少,贸易的构成发生了变化。苏丹商人在开罗瓦卡拉特·阿尔－盖拉巴(Wakalat al-Gallaba)广场的奴隶贸易被禁止。例如,到1863年,奴隶出口仅占达尔富尔对埃及出口总值的2.3%；罗望子占2%,骆驼占10%,羽毛占30%,象牙占50%(Rue,1983:664)。

在19世纪第三个25年,苏丹贸易"变成了大生意,以18世纪从未达到过的规模蓬勃发展"(Walz,1978:247—248)。苏丹各地的中心建立了商会,喀土穆也在其中,该地的商会于1862年建立。埃及成立了一个苏丹银行,为苏丹的贸易提供资金,但它在1873年失败了。埃及在苏丹修建铁路的尝试也因缺乏资金而失败。比较成功的是在尼罗河上引进蒸汽船。"到1879年,萨瓦金(Suakin)港口的年出口申报价值为25.4万英镑,1880年据说约有758艘船只停靠"(Daly,1988:193)。这种贸易越来越多地被苏丹北部的商人所主导,"他们中的一些人从最底层开始跃升为苏丹南部广大领土的统治者"(Daly,1988:193)。

埃及和西非之间的直接贸易在19世纪似乎并不繁荣。相反,到18世纪末,它似乎已经走向衰落。一个多世纪以前,埃及和西非之间的直接贸易还相当活跃,据说埃及每年从西非进口1000至1200坎塔尔(kantars)黄金,[268]约10,000至12,000磅,还有象牙和其他主要作物产品,以换取纺织品、子安贝和其他物品(Walz,1978)。

西非是马格里布在非洲最重要的贸易伙伴。几个世纪以来,横跨撒哈拉的贸易使马格里布国家和社会富裕起来。拉科斯特(Lacoste,1974)甚至认为,中世纪马格里布的大型商业城市不过是跨撒哈拉贸易的终点站。阿本－纳斯尔(Abun-Nasr,1987:19)也认为,这种贸易是"马格里布主要城镇同与之相连的贸易关系扩展网中最重要的因素"。事实上,他认为,"马格里布乡村没有经济资源,而这些资源本身无法使大城镇的出现成为可能,统治者也没有足够的控制力来有效地开发可用资源。因此,贸易对城镇的经济繁荣和维护统治者的权威非常重要"。

19世纪初,马格里布与西非的贸易仍在蓬勃发展。马格里布国家从西非进口的最有价值的商品是黄金和奴隶,其次是纺织品、皮革制品、象牙、阿拉伯树胶、蜡、科拉果和调味香料,交换出去的是纺织品、玻璃器皿、珠宝、铜、盐、子安贝和武器。目前没有可靠的统计数字表明1800年这种贸易的确切数量和价值。以前的假设是,在1591年摩洛哥人入侵桑海之后,跨撒哈拉贸易从 16 世纪末开始下降,但由于新的研究,这种假设已经被放弃了(Hopkins,1973:80—87;Austen,1987:29—31)。事实上这种贸易在 19 世纪有所扩大,只是在 20 世纪初才走向衰落。

马格里布是西非向欧洲出口的一些产品(特别是黄金和皮革)的转运基地,也是欧洲向西非出口产品(特别是纺织品和武器)的转运基地。众所周知,除了北非本身,西非是中世纪欧洲和西亚的主要黄金来源地。因此,西非的黄金维持了这些国家的国内经济,并帮助维持了它们彼此之间以及与其他地区的国际收支平衡。

直到 19 世纪中期,对摩洛哥来说,跨撒哈拉贸易的重要性远远超过海上贸易。当代对 1840 年代跨撒哈拉贸易额的估算是 6000 万法郎,而海运贸易则为 2300 万法郎。海上贸易直到 1870 年代才超过跨撒哈拉贸易。摩洛哥的撒哈拉贸易在 19 世纪最后几十年的衰落,原因是西非商品向南转移,从那里直接出口到欧洲。从 1870 年代中期开始,摩洛哥的海上贸易尽管出现了波动,但还是占据了重要地位。[269]到 1890 年代初,平均为 7500 万法郎,1900 年达到 8500 万法郎(Issawi,1982:24)。摩洛哥和西苏丹之间的跨撒哈拉贸易的衰落,让一些历史学家得出结论,认为整个跨撒哈拉贸易快速进入了永久性衰落期(Newbury,1966;Hopkins,1973:80,131)。最近,约翰逊(Johnson,1976)、贝尔(Baer,1977)和拉夫乔伊(Lovejoy,1984)等人对这种解释进行了修正。根据贝尔(Baer,1977:41)的说法:

> 远西航线上的贸易在 1875 年开始了最后的衰落,到 1900 年处于停滞状态。与此相反,的黎波里-卡诺商路则是后来才衰落的。再往东,班加西-瓦达伊商路(the Benghazi-Wadai route)仍然持续了较长时间,贸易强劲势头持续到 1913 年法国人攻击并占领萨努西(Sanusi)首都艾因-加拉卡(Ain-Galaka)为止。

19 世纪最后 25 年间,西非和整个马格里布之间的贸易扩大,归功于西非鸵鸟羽毛和象牙(当时欧洲对这两样东西的需求量很大)以及鞣皮的出口急剧增加。根据拉夫乔伊(Lovejoy,1984:103)提供的估计,象牙、鸵鸟羽毛、鞣皮和奴隶(其出口量急剧下降)的跨撒哈拉年贸易额从 1862—1871 年间的 93,000—158,000 英镑上升到 1872—1881 年间 201,000—221,000 英镑。在 1892—1901 年间,贸易额为 123,000—132,000 英镑,仍高于 1860 年代。拉夫乔伊(Lovejoy,1984:100)强调,这些估计表明,"1875 年后跨撒哈拉贸易下降的结论……根本不真实。此外,这一综合研究更强有力地指出,1901 年后,衰落是多么严重"。

最近的研究还表明,这种贸易并不像波尔汉(Boahen,1964)曾经假设的那样仅限于奢侈品,霍普金斯(Hopkins,1973 年)也重复了这一点。1870 年以后,北非从西非进口的奴隶数量微不足道。在 1880 年代和 1890 年代,奴隶的年均流动量已经减少到 500 到 1000 人之间,约为 1830—1870 年期间的八分之一(Lovejoy,1984:94)。1860—1900 年间,按价值计算,西非通过跨撒哈拉贸易进口的商品中,70%以上是棉纺织品和纱线,大部分是英国制造的,其目的是为了大众消费。这一事实反映了贸易向更广的社会基础转变。此外,北非商人"迁离苏丹国家的首都,在小村庄居住"(Baer,1977:45)。对 1874—1880 年和 1894—1900 年的黎波里对卡诺的出口价值进行比较可以看出,贸易额在 311 万英镑到 273 万英镑之间,变化幅度不大。相比之下,的黎波里在 1874—1880 年间从卡诺进口的数量达 160 万英镑,[270]是 1894—1900 年间进口量 83 万英镑的两倍(Johnson,1976b:105)。

现有证据表明,总体而言,北非商人实际前往西非或苏丹的人相对较少。埃及和苏丹之间的贸易由苏丹人垄断,即所谓的盖拉巴(gallaba);而马格里布和西非之间的贸易则主要由来自西非和撒哈拉的几个商人集团控制。西非商人主导了从西非内陆到萨赫勒边缘几个著名城市的贸易,如昆比(Kumbi)、廷巴克图、杰内(Jenne)、加奥(Gao)、卡诺和库卡瓦(kukawa),这些城市构成了跨撒哈拉贸易的南端目的地;而来自萨赫勒和撒哈拉的商人则主导了跨越撒哈拉的贸易,通过遍布这一广大地区的众多城镇和市场中心,直达北线目的地马拉喀什、菲斯、阿尔及尔、突尼斯、的黎波里和开罗(Boahen,1964;Hopkins,1973;Walz,1978;Austen,1987)。随着时间的推移,一些撒哈拉社区分散到北部,他们在北非的主要城市确立了自己成功商人的地位。其中一个例子是米扎比人(the Mizabis),18 和 19 世纪由于环境压力,特别是干旱,加速了他们向阿尔及利亚北部城市的散布,包括阿尔及尔。米扎比人在阿尔及尔的商业界迅速崛起（Holsinger，1980）。

北非城市中的外国商人被分配到专门的街区，在那里居住并进行贸易。这种将外国商人限制在特定区域的做法，有利于政府对他们的控制和收税。在开罗，苏丹的盖拉巴位于瓦卡拉特-盖拉巴（Wakala al-Gallaba），而来自马格里布的商人则位于该市的法哈明区（Fahhamin quarter）。这些商人被组织在他们自己的行会中，行会的作用是规范其活动，并充当成员和国家当局之间的调解人（Walz，1978：第3章）。其中一些外国人的行会变得相当富有。例如，在阿尔及尔，米扎比公司在18世纪末被列为阿尔及尔最富有的公司，"甚至有时向高官帕夏（Pasha）出借资金"（Holsinger，1980：68）。公司的领导人阿明（amin）是从公司中最富有、最有影响力的成员中选出来的。他领取年薪，并有权对作为公司成员的企业征税，对违反公司规则的下属处以罚款。这个可能带来丰厚利润的职位也要开支、承担责任。阿明"负责帮助新进城的人，并且在上任后要向行政官员支付相当多的款项"（Holsinger，1980：69）。

[271]外国商人通常依靠他们的贸易流散者。那些没有这种网络，或者网络不能提供所有必要服务的商人，不得不使用当地的中间人。利用这些中间人有几个好处，特别是考虑到外国人在当地流动和贸易的自由受到限制。此外，当地商人和经纪人更有可能更好地了解当地的消费趋势和口味。例如，埃及商人经常协助苏丹贸易商盖拉巴，向他们提供信贷服务，并充当他们的代理人。有时，这两个群体还结成伙伴关系，组建公司。看来，对埃及中间商来说，苏丹贸易的利润远比欧洲贸易的利润高。埃及一些最富有的商人与这一贸易有关，并将他们的大部分财富投资于农业控股（Walz，1978：第3章）。但在19世纪末，盖拉巴和他们的埃及经纪人都失去了对苏丹贸易的控制。这种贸易和当时埃及的许多其他贸易一样，落入了在该国的欧洲商人和来自阿尤特（Ayut）的商人控制之下，因为这些商人拥有更多的资源、人脉和专业知识来应对快速变化的殖民经济。

北非与西非和苏丹的贸易主要是与穆斯林同胞社会进行的。当然，伊斯兰教在多大程度上为商业组织提供了基础，这是值得商榷的。但很有可能同为穆斯林，商人之间的联系就容易多了。事实上，很多对外贸易都是由国家自己操办或委托进行的，国家之间的关系在一定程度上受伊

斯兰教准则的指导。例如,在专制制度时期,埃及和素丹之间的贸易是:

> 在国家层面进行的,来自素丹的高层人士被选出向埃及传递外
> 交信息,并在埃及开展皇室业务……埃及当局赐予的礼服代表了对
> 其地位的正式承认(Walz,1978:75)。

毫无疑问,北非的国内贸易和对外贸易在19世纪有了很大的增长。
当然,19世纪的贸易增长速度比18世纪快。该地区贸易的增长速度与
世界平均水平大致相同;世界经济繁荣时,该地区贸易繁荣;全球经济衰
退时,该地区贸易下滑(Issawi,1982:24)。这是北非正在更深入地融入
世界经济的最好证明。

进入19世纪,北非在很大程度上控制了自己的贸易,其国内和区域
性的非洲贸易所起的作用远比与欧洲的贸易重要。到了本世纪末,[272]
情况几乎发生了逆转:该地区作为一个依赖性的外围,牢牢地融入了以欧
洲为基础的世界资本主义经济体系。这种轨迹既不是独特的,也不是无
缘无故的。这是整个非洲大陆和其他所谓第三世界国家的命运,在很大
程度上要归功于"新帝国主义"的出现(见第十三章)。

总　　结

本章审查了北非的国内和区域贸易。它考察了农村和城市市场的结
构,以及集市和商行的组织如何变化;商人阶级的成长及其在该地区不同
的财富积累模式;贸易方法和货币制度的起伏;运输系统从主要依靠搬运
工、商队到铁路发挥越来越重要的作用的转变,以及这对贸易本身和债务
结构的影响;最后是区域内和区域间贸易的发展。

有人认为,垄断制度不仅剥削了农民,使他们陷入贫困,而且削弱了
本土商人与外国商人的竞争。当然,除了外国商人和竞争之外,还有其他
因素使本土商人阶层即使在垄断制度被废除之后也难以实现持续和有力
的资本积累。在摩洛哥,由于商人对苏丹的依赖,商业积累受到限制。19
世纪中叶开始的国家财政危机对商人产生了直接的毁灭性影响,他们从
对国家的依赖转向对外国资本的依赖,这只会使他们更加边缘化。在埃

及，商人阶级面临的困难并不是因为它被纳入了统治精英阶层，而是因为它没有被纳入统治精英阶层，所以他们的利益没有得到保护和促进，特别是当埃及更加融入世界经济、欧洲商人队伍不断膨胀的时候。

埃及与苏丹之间以及马格里布与西非之间的贸易规模，相当令人信服地表明，撒哈拉并不是北非与帝国主义史学中所说的撒哈拉以南非洲之间奇怪混合物的巨大鸿沟。当然，北非和西非之间的贸易联系远比同为"撒哈拉以南"地区的西非、中非或东非区域间的贸易联系更为紧密。因此，把"撒哈拉以南"非洲当作一个完整的历史学单位来谈是没有意义的，至少就贸易而言是如此。

正如已经指出的那样，对摩洛哥和利比亚等马格里布国家来说，在19世纪最后25年之前[273]跨撒哈拉贸易远比它们与欧洲的海上贸易更为重要。过去20年的研究使人们对早先关于这种贸易在19世纪趋于衰退的说法产生了怀疑。恰恰相反，所有迹象表明，它仍在扩大。跨撒哈拉贸易的重要部分，如卡诺-的黎波里商路贸易，直到本世纪初才有所下降；而且越来越明显的是，这种贸易并不像曾经认为的那样仅限于奢侈品。

第十章　西非的贸易

市场组织

[274]西非贸易的组织和发展与北非有许多相似之处。西非的贸易也相当古老。西非市场的周期性、空间位置和控制相当复杂。有定期、轮换和每日市场。周期的频率和范围因地而异,周期性的市场每隔两天到八天举行一次。人们曾多次尝试绘制该地区的市场周期图(Smith,1971;Fagerhund & Smith,1970;Hodder,1971;Murdock,1959;Hill,1966,1971)。遗憾的是,这些地图中有许多是基于 20 世纪的数据,所以很难判断它们的周期性是否与 19 世纪盛行的周期性相符。在周期性市场形成环状或周期的地方,似乎有轮转性市场的运作。比如说在一个地方有两个市场,每个市场都会隔天开市。轮转性市场的时间和地点间隔根据特定周期内本地市场的数量而变化。

周期性市场一般集中在居住分散、有效需求相当薄弱的农村地区。有人认为,除了粮食以外,"周期性市场肯定是散货市场",商人来这里购买当地产品,"再转卖给其他商人或消费者"(Hodder,1971:350)。随着人口及其密度的增长以及人们购买力的提高,市场的频率也在增加,直到形成日常性市场或连续性市场,从定期市场到日常市场的过渡通常是渐进的。在整个市场成为日常性市场之前,周期性市场会开展某些商品的日常销售。大部分日常性市场在城镇和城市。这些市场主要作为零售分销中心运作,尽管在大城市也有批发市场运作。

除了周期性之外,西非市场还因其地域性和客户群的不同而各异。

根据阿辛(Arhin,1979:6—7)的说法,在阿桑特有所谓的"本地""地区"和"区域"市场。阿辛强调,这种称呼并不是指市场的等级,而是指本地市场是为"当地"人服务的,而"地区"和"区域"市场的服务对象不仅仅是本地区和一个区域。在阿桑特,本地市场的例子包括首都库马西的两个日常性市场,[275]它们为该城镇的居民和附近村庄的居民服务。在边境和工业城镇或军事补给站有许多地区市场。最后,区域市场位于阿桑特的郊区,汇集了来自西非各地的商人。其中最著名的有萨拉加(Salaga)、邦杜库(Bonduku)、阿特布布(Atebubu)和金坦波(Kintampo)。19世纪,在西非其他许多国家也可以看到类似的贸易制度。

在西非的许多地方,国内贸易和对外贸易有明显的区别。在阿桑特,国内贸易或内部贸易被称为德瓦迪(dwadi),其商人被称为德瓦迪夫(dwadifo),而对外贸易是巴塔迪(batadi),商人是巴塔迪夫(batadifo)。这两种商人在组织上是不同的。当然,巴塔迪所需要的资金、安全、技术和运输服务远比德瓦迪多。

19世纪初,西非不同国家和地区之间的贸易得到了很好的发展,并在19世纪期间不断扩大。

区域间贸易

19世纪西非发展起来的区域贸易网络很复杂,涉及许多主要产品。关于这些贸易网络的文献中,涉及食盐和科拉果贸易的内容特别丰富(Lovejoy,1980,1985)。最活跃的贸易关系之一是阿桑特和索科托哈里发国之间的贸易。这种贸易主要是通过萨拉加(Salaga)和卡诺两个城市进行的,到19世纪中期,这两个城市的人口大约为4—5万。

这两个城市"发挥了互补的功能。萨拉加是科拉果出口和北方进口贸易的散装点和中转站,而卡诺则是苏丹中部科拉果的批发中心"(Lovejoy,1980:113)。随着奴隶贸易的减少,阿桑特扩大了对索科托的科拉果出口,而索科托则增加了对科拉果的进口,因为新的穆斯林政府"越来越不允许人们使用酒精类兴奋剂"(Wilks,1971:130)。拉夫乔伊(Lovejoy,1980)估计,19世纪初,索科托通过陆路从阿桑特进口的科拉果年平均在70—140公吨之间,到世纪末上升到250—350公吨。

毋庸置疑,科拉果贸易是非常有利可图的。根据 1891 年的数据,萨拉加和卡诺之间的科拉果价格上涨了 1700％到 2800％,或者换句话说,"萨拉加和卡诺之间每装一驴车的货,价格大约增加了 570—680 子安贝"(Lovejoy,1980:122)。在支付了运输成本之后,商人们还剩下足够的利润,如果他们愿意,可购买更多的驴子,[276]并在返程时装上泡碱运回。从现有的数据来看,19 世纪阿桑特和索科托的科拉果价格调整后的通货膨胀率尽管每年都有波动,但似乎仍然相对稳定。

阿桑特和索科托的贸易当然不限于科拉果和泡碱。阿桑特对索科托的出口还包括黄金,以及在本世纪期间从沿海地区获得的各种欧洲制成品,特别是枪支、火药和金属器皿。索科托对阿桑特的其他出口包括动物,如马、驴、阉牛、绵羊和山羊以及纺织品和皮革制品、干洋葱叶,还有一些北非转口的产品,特别是丝绸。奴隶是另一种双向的贸易商品(Arhin,1979:52;Lovejoy,1980:119—126)。

大多数关于 19 世纪西非长途贸易的研究都倾向于忽略谷物和其他粮食的贸易,认为它仅限于"奢侈品",或者谷物和粮食贸易只限于当地贸易。有许多地区没有或不能生产足够的粮食,因此依靠进口来满足其需求,这一点怎么强调都不过分。例如,撒哈拉南部的图阿雷格人就依靠苏丹中部的粮食供应。到 19 世纪末,估计阿伊尔山和阿扎瓦克(Azawak)的 50,000 名图阿雷格人每年从苏丹中部购买多达 7500 公吨的粮食(Lovejoy & Baier,1975:555)。除了粮食,他们还购买纺织品、剑、烟草和科拉果,以换取牲畜、食盐和椰枣。

西撒哈拉的摩尔人(the Moors)从尼日尔河中游河谷的马拉卡人(the Maraka)那里购买粮食。1883 年法国占领巴马科后,从 1880 年代开始,马拉卡粮食市场,特别是巴马科的粮食市场迅速发展。巴马科粮食市场的扩大导致种植园生产的增加和分配结构的变化,农民不再像以前那样,他们开始在新收获的粮食被安全储存之前出售前一年的剩余粮食。当农作物因干旱或虫灾而歉收时,农民更容易遭受饥荒,如 1899—1900 年发生在基塔(Kita)的饥荒,有 1800 多人死亡。但是,粮食贸易对参与其中的商人来说是非常赚钱的。事实上,"在许多情况下,粮食贸易的利润比更多外来产品的利润更为可观"(Roberts,1980a:48)。

如果将长途贸易商队和大西洋奴隶贸易船的供给计算在内,粮食贸易的规模是相当大的。诺斯拉普（Northrup，1978：180）估计，到 18 世纪末，仅在比夫拉（Biafra）海湾，每年就有 12 万个山芋卖给奴隶贸易船。他认为：

> [277]从内地到沿海地区的实际贸易量可能是这一数量的好几倍，因为在港口组装货物的许多个月里奴隶和船员也要吃饭，而沿海居民本身也消耗了大量的食物。此外，山芋只是内地供应的物品之一。牲畜贸易的规模一定也很大。

贸易对西非国家有重大利益。然而，这些国家对贸易和贸易商的政策不能简单地一概而论。所有国家都想从贸易中获得利益，这一点是毫无疑问的。但它们控制贸易的能力往往被夸大了。西非国家，特别是参与大西洋贸易的沿海国家，支配或垄断对外贸易的论点，很大程度上是基于达荷美王国的国王所享有的皇家垄断。学者劳（Law，1977a：556）已经令人信服地证明，"达荷美王室的这种商业垄断，尽管对非洲历史学家和人类学家的思想产生了影响，但近似于神话"。因此，在西非，没有建立起任何类似北非的垄断制度。当然，这并不意味着西非国家根本不寻求控制贸易。它们可以通过多种方式干预贸易组织，例如，征收税费、赞助国营贸易商和限制私营贸易商的活动。

对贸易和商人的收费和税收为国家提供了一个重要的收入来源。在约鲁巴城镇，从收费站收取的费用"是政治精英所依赖的收入的一部分"（Falola，1989：69）。在塞内冈比亚地区，"国家有权获得所有过往商品的十分之一，正如它有权获得农产品的十分之一一样"（Curtin，1975：286）。此外，商人们还被期望向政治当局赠送"礼物"。送礼的目的是相互的，是为了在商人和统治者之间建立友好的社会关系，但在许多情况下，它却变成了后者对前者的无形征税。当然，商人们可以尽量避免经过收费和税收较重地区的路线。对那些乘坐陆路大篷车的人来说，路线规避比乘坐独木舟更容易。事实上，有人认为，在塞内冈比亚贸易中，河运占主导地位，这促进了高税收结构的发展和实施（Roberts，1980b：183）。

在其他地方，对贸易商队的税收结构似乎是累进的，也就是说，大商人要比小商人支付更多的费用。在阿桑特，达库（Daaku，1971：176）告诉我们,"唯一已知的由押运者支付常规通行费的地方是在渡河的摆渡点"。使用贸易通道的人不需要支付通行费。[278]这种政策的目的是鼓励贸易,国家认为贸易比直接征税有更多的好处。例如,商人越多,妇女就有更多的机会出售熟食,房东也有更多的机会出租房子。

在委派本国商人与私营商人竞争的国家有达荷美和阿桑特。在18世纪,达荷美"国王的商人",被称为"阿基干"(akhigan),驻扎在维达(Whydah),在那里他们负责代表君主进行贸易,并收取关税。在19世纪,他们被查查人(the Chacha)所取代。查查人被赋予了额外的权力,包括管理居住在维达的欧洲商人的权力。这些权力后来被削弱。由于棕榈油贸易取代了奴隶贸易,来自私营商人的竞争加剧了(Law,1977)。在阿桑特,阿曼(oman)或国家商人暂时垄断了科拉果贸易。当他们在进行国营科拉果交易时,有20天左右的时间贸易路线暂时对私营商人关闭。此外,与阿曼商人不同的是,后者每装一车货要支付25个坚果的通行费。阿曼商人也可以在北方和沿海市场进行交易。他们在沿海转卖从北方获得的象牙和奴隶,以换取武器弹药和其他欧洲货物。一些奴隶被留在阿桑特,用于采集库马西附近农场的科拉果。他们赚取的利润被纳入国库(fotoo)(Arhin,1979)。

私营商贩可以通过多种不同方式进行控制。在达荷美,维达的私营商贩只能在国王的许可下进行交易。显然,"欧洲人和达荷美商人之间的谈判也必须通过由维达的皇家总督(Yevogan)指定的官方中间人进行"(Law,1977:565)。来自内地的商人不被允许直接在维达进行贸易。他们要把包括奴隶在内的商品卖给达荷美商人,再由达荷美商人转卖给沿海的欧洲人。

阿桑特国并不太担心所谓的目标商人,他们的贸易是不正规的,仅限于出售他们自己生产的商品以换取特定的商品。它更担心的是职业商人,它担心如果这些人变得过于富有和强大,可能会挑战统治阶级的霸权。在一个基本上是非穆斯林的社会中,这些商人大多是穆斯林,这一事实加强了这些担心,所以他们在阿桑特大都市的活动受到限制(Wilks,1971:132—138)。事实上,外围市场位于阿散蒂的郊区,远离其主要城镇。

阿桑特限制外国商人进入萨拉加和邦杜库(Bonduku)等边境城镇的

政策，既是出于政治考虑，也是出于经济考虑。[279]它使国家能够更有效地控制外国商人，遏制他们可能带来的任何干扰。另外：

> 通过将商人限制在一个市场上，阿桑特生产者和商人获得了更高的价格。这项政策抹杀了热带草原商人通过垄断运输牲畜和对北方市场的了解而拥有的自然优势（Lovejoy，1980：19）。

但这一政策对商人本身并非没有好处。它有助于加强商人的企业身份以及与该地区其他商业侨民的关系。当1874年阿桑特的军队被英国人击败时，阿桑特对这些集镇的统治也结束了。萨拉加市场走向衰落，但出现了新的集镇，如阿特布布（Atebubu）和金坦波，这两个集镇的发展都归功于其有利的地理和政治地位（Arhin，1971，1979）。

与北非的情况一样，西非集镇也为来自该地区的各地商人设立了单独的街区。每个区都有一个集市和一个住宅区，一些特定的商业流散者在此永久定居。这些在豪萨语中被称为"迈吉达"（mai gida）的业主为来访的商人提供住宿，充当他们的贸易代理人和经纪人，为他们提供短期信贷、包装和储存设施，并充当翻译。因此，迈吉达对市场的顺利运作是绝对必要的。他们中的许多人都变得很富有，并从操纵要价和售价中获利。此外，这些经营者往往都是有实力的商人。在不同的商人群体之间，以及他们与当地政府之间可能出现的纠纷和问题，通常由不同的社区领袖组成的非正式委员会来解决（Lovejoy，1980：127—131）。在伊洛林（Ilorin），"政治委托人和商业中介是相互关联的"（O'Hear，1986：69），外国人如果不利用当地的商业房东/经纪人，几乎不可能进行贸易。

贸易流散者

在中苏丹主导贸易的许多商人被称为豪萨，而西苏丹的商人则被称为朱拉（Juula）。豪萨和朱拉既是种族称呼，也是职业名称。被称为豪萨的人并不都是豪萨族人，而是融入了以索科托为辐射中心的商业网络的企业家。例如，主导阿散蒂-索科托贸易的商人群体，即阿加拉瓦人（the Agalawa）、托卡拉瓦人（the Tokarawa）和坎巴林-贝里贝里人（the Kam-

barin Beriberi)，最初是移民，他们在 19 世纪初才抵达并融入豪萨社会。
[280]吉哈德或圣战摧毁了许多豪萨商业社区，这些群体从圣战造成的破坏中受益。他们迅速建立了自己的商业网络，很快就从贫穷的移民变成了一些最富有的豪萨社团。他们中最富有的人在几个城市都有住宅，并养活了几十个家属。他们还投资大型种植园，雇用数百名劳工，包括奴隶（Lovejoy，1973 年；1980 年：第 5 章）。

朱拉人的职业起源就更清楚了。朱拉在马林克语（Malinke）中的意思是商人。朱拉人是不同民族出身的商人，他们因共同的商业利益、宗教和语言而联系在一起。几个世纪以来，他们逐渐意识到自己是一个独特的群体，其他人也认识到了这点。他们有专门的部族，实际上代表了西苏丹商业综合体的不同区域的分支。早在 17 世纪，塞内冈比亚地区就出现了几个朱拉族社区。他们包括加亚加人（the Gajaaga），其贸易网络从塞内加尔上游出发，向东延伸到撒哈拉南部和尼日尔河湾；贾哈安克人（the Jahaanke），他们在西边的冈比亚和东边的尼日尔之间的地区占主导地位；贾哈安克以南的马林克-莫里人（the Malinke Mori），以及主导冈比亚下游地区的达尔博人（the Darbo）（Curtin，1975；Wright，1977）。这些贸易社区和网络的繁荣和强盛随着政治和经济条件的变化而变化。例如，在 19 世纪期间，由于卡阿尔塔人（the Kaarta）在世纪之初摧毁了贾哈安克人的一些定居点，后来又由于奴隶贸易的结束，贾哈安克人的地位有所削弱（Curtin，1975：232）。

朱拉人和豪萨人构成了科恩（Cohen，1971：267）所说的贸易流散者，这是"一个由社会上相互依存但空间上分散的社区组成的民族"，其发展的目的是为了克服长途贸易中许多固有的问题，如信息交流、迅速发送货物（特别是易腐烂的货物）、提供信贷，以及裁决和维持权威机构。由于共同的物质利益和共同语言的意识形态牵引、虚构的民族同一性传统以及对同一宗教——伊斯兰教的信奉，两类商业流散者产生了关联。

伊斯兰教为商人提供了一个统一的法律结构和道德准则，在不同的政治、经济和社会制度下规范和促进了远距离的关系。伊斯兰教还为他们提供了识字能力，这是商业上不可缺少的技能。此外，鉴于非穆斯林对穆斯林精神力量的尊重，伊斯兰教给了商人相当大的威望和保护。事实上，伊斯兰教加强了他们作为职业阶层的排他性。[281]因此，伊斯兰教相当于商人的护照：它给了他们身份和流动性（Lovejoy，1971；Curtin，1975；Cohen，1971）。伊斯兰教在 19 世纪圣战后的传播巩固了信徒群体和商人群体。

并非所有的西非贸易社区都被纳入豪萨族或朱拉族的商业流散地，或建立自己的流散地（Sundstrom，1974）。来自没有流散地的社区的商人使用当地经纪人和代理人的经纪设施。例如，马拉卡（Maraka）商人没有明显的配套流散地，他们依靠当地的贾提吉乌（jaatigiw）为其提供货物和住所，并为其找到卖家，以换取佣金。马拉卡商人并没有试图通过婚姻关系来巩固"与贾提吉乌的关系。严格来说这是一种经济关系"（Roberts，1980b：180）。

女 商 人

人们通常认为，职业商人的队伍只限于男性，妇女不参与当地以外的贸易，因为她们被家务所束缚，缺乏时间、资本和技能来做大买卖（Hopkins，1973：56）。最近的研究表明，这种情况并不完全正确。例如，约鲁巴妇女积极参与贸易，包括远距离的贸易。事实上，随着城镇和城市的发展，以及家庭奴隶变得更容易获得，19 世纪的自由约鲁巴妇女离开了粮食生产，专注于贸易（Agiri，1980：134；Afonja，1981：308—309）。学者劳（Law，1977b：231）表明，国王的妻子们作为商人特别活跃，并为他提供了主要的财富来源。劳（Law，1977a：565—566）在写到达荷美时还指出，在18 世纪末，维达的主要商人之一是一名妇女，被称为"泼赛伊"（Paussie），她拥有的财产价值 70 个奴隶。沿海女商人在非洲与欧洲的贸易中扮演了重要的经济和文化中介角色。一个例子是塞内冈比亚的西戈纳尔（signares），她们变得相当富有和强大（Brooks，1976；Mahoney，1965）。

最近，怀特（White，1981，1987）对 19 世纪塞拉利昂的克里奥（Krio）妇女商人进行了精彩而细致的描述。她展示了克里奥妇女如何利用她们不同的文化背景和殖民形势来促进她们作为商人的利益。尽管困难重重，包括殖民官员以及欧洲和非洲商人的性别歧视态度，以及内陆地区的抢劫、绑架和奴役危险，但是，克里奥妇女商人不仅作为小商贩，而且作为职业商人，取得了自己的成就。例如，她们成功地参与了弗里敦肉类贸易的竞争,她们在建立弗里敦大市场方面发挥了重要作用。[282]该市场建立于 1860 年,已成为塞拉利昂连接当地、国家和国际经济的中心市场。事实上,克里奥妇女大量参与了从塞拉利昂到塞内冈比亚和拉各斯的科拉果贸易。为了促进这一贸易,她们形成了一个贸易散居体。这些充满活力的妇女在 20 世纪失去了她们的财富,并被边缘化。

货币和信贷系统

西非的内部贸易使各国和各地区使用不同的货币。例如,黄金是阿桑特的标准货币,而子安贝是索科托的标准货币。阿桑特的黄金货币以硬币和金粉的形式使用。后者更为常见。商人通常会携带天平秤(nsania)和砝码(abrammoo)来称金粉的重量。一盎司金子的价值是 4 英镑;它被细分为 16 个阿基(acki),每个阿基的价值是 5 先令。再细分为 12 个塔库(taku),每个塔库值 5 便士(Reynolds,1974:33—34;Arhin,1979:16;Gerrard,1980)。在边疆集镇上,子安贝是主要的货币,作为交换媒介或记账单位。两千子安贝相当于一阿基的黄金。不用说,这些城镇的货币交易是相当复杂的(Lovejoy,1980:126—127)。

西部非洲的货币这一课题在经济史学家中引起了相当大的关注。曾经有一段时间,实体论者的模型认为西非的"传统"货币代表了"原始"货币。玛丽恩·约翰逊(Marion Johnson)的研究在很大程度上揭穿了这个神话。她证明了黄金在西非被广泛用作货币(Johnson,1966,1968,1970)。到了 19 世纪,除了黄金之外,还有许多其他金属被用作货币。在当今尼日利亚的克罗斯河(the Cross River)地区,铜、黄铜条和金属丝被用作货币(Latham,1971)。铁制货币特别普遍,有几种形式,如硬币、铜手镯(manillas)和铁条。使用铁币的例子有象牙海岸和利比里亚北部,以及几内亚东北部使用的松贝铁币(sompe)或基西便士(kissi penny)。铁条在塞内冈比亚的国内和国际贸易中使用相当广泛(Curtin,1975:234,240—253),在今天的尼日利亚南部部分地区也有使用(Northrup,1978:164—167)。

西非的大部分地区都使用子安贝。霍根道恩和约翰逊(Hogendorn & Johnson,1986:1—2)在他们关于子安贝的权威研究中写道:"子安贝"

是异常"现代"的，甚至是 20 世纪伟大的国际货币所不能比拟的。在第一次世界大战前英镑的全盛时期，或者在那之后银币的全盛时期，这两种货币都没有在其他国家的市场上广泛流通，然而，"原始"的子安贝币却跨越了几十个国家的边界……在沿海的缅甸或在廷巴克图，在贝宁或孟加拉，在恒河或尼日尔河的狭长地带作为货币消费。[283]事实上，可以毫不牵强地说，子安贝"作为货币在世界上流通的地方比任何硬币都多"（Safer 和 Gill，1982：38）。

子安贝有几个特点使它们作为货币而受到欢迎：它们相对稀少、耐用、易于处理并满足美感，它们几乎坚不可摧、几乎不可能伪造、方便清点，而且几乎不会混淆其商品用途。子安贝的种类约有两百种，但只有两种被广泛用作货币，即黄宝螺（Cypraea moneta）和金环宝螺（Cypraea annulus）。

在 19 世纪中期开始进口金环宝螺之前，黄宝螺是西非唯一使用的子安贝货币。到 19 世纪初，或者早在 11 世纪，黄宝螺在西非部分地区就开始使用了。西非和印度的黄宝螺来自马尔代夫群岛，那里的子安贝贸易由皇家垄断。黄宝螺的进口最初是通过北非，后来通过欧洲沿海贸易，16 世纪由葡萄牙人主导，接着 17 世纪由荷兰人和英国人跟进。到"1800 年，英国人几乎取得了完全的优势"，在本世纪的前八年，他们带来了"年均超过 68 吨的进口量，而 1791—1798 年的八年平均进口量为 24 吨"（Hogendorn & Johnson，1986：64）。因此，在西非有两个子安贝区，一个是沿海地带，另一个是在内陆稀树草原。

子安贝"最初是作为一种替代黄金的小额货币。黄金到一定程度不能再细分，而非常小的购买，如一天所需的蔬菜，必须用不同的媒介物来购买"（Hogendorn & Johnson，1986：114）。在北部地区，子安贝以 5 个为一组单独计数，而沿海地区则以"一串"或 40 个、100 个或任何当地习惯的数字来计数。直到 1820 年代，子安贝一直采用金本位制，此后随着银元在该地区的普及，子安贝采用银币本位制。子安贝、黄金和银元之间的汇率有时是固定的，有时则是浮动的。几个世纪以来，子安贝和黄金之间的汇率不断贬值。在北部地区，子安贝的价值从 14 世纪的 8000 贝壳兑换一盎司黄金下降到 1780 年左右的 20,000 贝壳和 1850 年左右的 25,000 贝壳兑换一盎司黄金，而在沿海地区，1780 年的汇率为 32,000 贝壳,1850 年的汇率为 38,000 贝壳(Hogendorn & Johnson,1986:132)。毋庸置疑,子安贝促进了西非大部分地区一体化区域市场的发展。

从 19 世纪中叶开始,子安贝的使用开始下降,原因有很多。随着奴隶贸易的废除,西非的经济增长迅速,[284]因此对子安贝的需求也在增加。在桑给巴尔新发现了距离更近的金环子安贝品种供应来源。同时,相互竞争的欧洲公司也进口了大量的子安贝,以购买棕榈油或用于投机目的(Lovejoy,1974:575)。结果是 1851 年至 1869 年间,西非从东非进口了超过 35,000 吨的金环子安贝(Johnson,1970:24)。这破坏了该地区的货币稳定。更糟糕的是,1861 年占领拉各斯的英国人实行了货币改革,其影响超出了拉各斯。这些改革包括"禁止银币流通和引入英国银币,这两项改革对已经贬值的子安贝币的价值产生了不利影响"(Hopkins,1966:25)。这种影响在沿海地区最为明显,在 1850 年至 1895 年期间,子安贝对先令的价值下降幅度从阿克拉(Accra)的约 420%到维达(Whydah)的 500%以上,再到拉各斯的 800%(Johnson,1970:340)。通货膨胀逐渐向内陆地区蔓延,最远到达索科托,在那里,1840 年代中期到 1860 年代中期,子安贝的价值下降了 250%(Lovejoy,1980:120)。

通货膨胀的影响是相互矛盾的。一方面,它削弱了那些持有大量子安贝的人,主要是大商人、贵族和政府。作为回应,政府(如索科托哈里发的酋长国)提高了固定税率。另一方面,北方的汇率比南方低得多,所以"通货膨胀可能是本世纪中叶南北贸易的重要刺激因素。豪萨商人……来到(南方)的人数越来越多。到了 1880 年代和 1890 年代,他们使拉各斯人口膨胀数千人"(Lovejoy,1974:579)。霍根道恩和约翰逊(Hogendorn & Johnson,1986:150)认为,"19 世纪的大通货膨胀使子安贝币严重贬值,结束了它对大宗交易的效力。但是,这一原因并不足以强大到让它对市场上日常小额购买失去效用"。致命的一击是殖民地对子安贝显示敌意并让殖民地硬币通货膨胀。在殖民时期,子安贝币被无偿禁止使用。最后的子安贝币持有者不仅失去了他们的个人财富,禁止流通还导致了"整个经济的不可估量的损失,因为几个世纪以来用子安贝币换来的出口价值现在完全消失了";具有讽刺意味的是,子安贝币就像殖民货币本身一样,"是充满血腥的,因为它们必须通过出口才能获得"(Hogendorn & Johnson,1986:154;Ofonagoro,1979;Webb,1982;Hogendorn &

Gemery，1988）。

[285]在子安贝-黄金货币系统没有普及的地方，使用了其他货币。北部热带草原的一些地区使用布币。单位以布的长度为基础。布条的组合形成较大的货币单位。例如，在蒂夫人（the Tiv）中，有三个主要单位。最小的布条是扎尔（tsar），在殖民时代开始的时候，大约相当于两便士。然后是十片布条（puikonodo），价值两先令，二十片布条（ikundu），价值四先令，还有三十片的（ikundu-berave）（Dorward，1976：582—583）。通常是用未染色的便宜布条作为货币。如果使用更贵的布，估计价格是普通布的数倍。布币很少单独流通。在使用布币的同时，还使用一些辅助货币。这包括可用于小额交易的谷物或珠子，或用于较大单位的金属货币。例如，在塞内冈比亚地区，一条称为"塔玛"（tama）的布条相当于五姆得（mud）小米。一姆得约为 2.25 公斤（Curtin，1975：239）。在蒂夫人中，两个阿扎尔（atsar）相当于一根铜条。辅助货币为布币提供了更大的灵活性，有助于缓和布币的暂时短缺或过剩。

布币的稳定性因各地情况不同而各异，这取决于特定经济体的内部实力及其融入地区和欧洲主导的世界经济的模式。在蒂夫人中，布币在 19 世纪似乎非常稳定。事实上，它一直存续到 20 世纪。它的衰落是在 1920 年代才出现的，因为大量殖民货币支付给参与尼日利亚东部铁路建设的蒂夫族劳工，以及为殖民市场扩大布币生产（Dorward，1976：591；1975）。

乍得地区的情况则完全不同。在那里，18 世纪中叶之前铜币一直占主导地位，布币是以铜币（rod）为基础的；之后铜的价值上升，铜币不再作为货币使用。1 个铜币相当于 4 个加巴加（gabaga，布匹单位）。从 1820 年代开始，铜币与银元的汇率急剧下降。在 1820 年代，10 个铜币可以兑换 1 个银元。尽管银元本身对黄金贬值，但到了 1860 年代，汇率为 120：1，到本世纪末达到 150：1。1840 年代，当局也曾试图稳定货币。

众所周知，银币的价值会随着撒哈拉商队的到来而波动，因此，当时引入了固定汇率的子安贝，每铜币兑 32 个，每加巴加兑 8 个。不幸的是，当时正值子安贝币大通胀的前夕，子安贝币的稳定性甚至不如银币。[286]1860 年代以后，在博尔努布匹不再被视为正式货币,但它仍然被用于购买,甚至一直用到 1936 年(Johnson,1980:198)。

19 世纪,塞内冈比亚布币也经历了波动。布币在该地区已经使用了许多世纪,但在冈比亚,布币似乎在 18 世纪就被废弃了。在塞内加尔,当地的布币帕格尼(pagne),由塔玛布条(tama)制成,越来越多地被法国从印度进口的靛蓝染色布吉尼(guinee)所补充。吉尼在塞内加尔下游地区被用作货币。1830 年代,由于吉尼和法郎的过度进口,吉尼、帕格尼和法郎之间的汇率变得更加复杂。吉尼布的价格从 19 世纪初的 30 法郎下降到 6 法郎,最终成为幽灵货币。人们曾试图调整帕格尼,但由于帕格尼与法郎银币和谷物的挂钩而变得复杂。"最终达到了这样的境地:无论如何调整都无法使吉尼、法郎/塔玛/帕格尼和谷物保持一致。在一些地区,吉尼作为相当于 6 法郎的幽灵货币而存在;在另一些地区,塔玛和帕格尼则代表不同数量的布匹,分别与法郎和谷物的度量衡相关,直到最后法国人将谷物度量衡公制化,并最终将帕格尼从货币体系中取消"(Johnson,1980:199)。

可以看出,西非社会不仅有复杂的货币体系,而且这些体系随着时间的推移而变化。现在经济史学家普遍认为,西非货币具有现代货币的所有功能:交换媒介、价值尺度、财富储存和延期支付的标准。

鉴于该地区存在着如此广泛的货币和广泛的贸易,西非资本市场的发展也是理所当然的。商业信贷市场促进了国内和对外贸易。商人们相互借贷,或从专门的银行家和放贷人那里获得贷款,为他们的业务提供资金。西非商人也使用支票和信用证。担保方式通常是抵押第三方提供的债券,或典当家属和牲畜,以及抵押土地和其他财产。债务偿还是通过法律制裁和道德劝说来强制执行的。许多社会在法律上接受债权人扣押违约的债务人或扣留其财产或其家庭成员作为人质,为债权人服务,直到债务得到清偿。在道德压力方面无所不用其极[287],有时债权人会"在众目睽睽之下,在债务人社区"进行绝食(Sundstrom,1974:41)。看来,无力偿还债务的债务人依法宣布破产的原则只在蒙罗维亚(Monrovia)等极少数国家得到了实践。

贷款所涉及的风险和资本的短缺反映在收取的高利率上。根据森德斯特伦(Sundstrom,1974:34—35)"收集到的证据表明,年利息很少低于100％"。这种昂贵的信贷可能成为贸易增长的障碍,但这并不是普遍的情况。在一些社会,如博勒族(the Bole)和北部埃维族(the Ewe),只对货币贷款收取利息,而实物则不收利息。伊斯兰教对利息也有限制。但森德斯特伦(Sundstrom,1974:36)认为,西非商人"只是口头上支持穆斯林的商业原则。已发现的例子有:银行家为其储户投资,参股贷款银行,开办合作储蓄银行,担任货币兑换经纪人,以及投机货币和主食商品的未来价值,种植农作物,进出口并买卖布匹等货物,经批准后再出租收取利息等"。

运输和运输劳工

19世纪的西非,贸易的需要导致了几种运输系统的发展。与非洲其他地区一样,陆路运输主要依靠大篷车,而水路运输则由独木舟和船只提供。商队被描述为"武装车队"和"移动缓慢的市场"。但并非所有的商队都是如此。例如,达库(Daaku,1971:174—175)认为,阿桑特人的商队通常规模较小,而且"从来没有武装队伍在前或在后保护"。罗伯兹(Roberts,1980b:177)认为,马拉卡商队的规模也相对较小,"在途中不会在许多村庄停留,去购买食品和出售货物"。马拉卡商人将他们的长途旅行安排在旱季,因此他们希望快速往返并会携带足够的食物。

然而,霍普金斯的描述对于中苏丹和西苏丹的商队以及跨撒哈拉的贸易来说是成立的。他们步履沉重地从一个镇子到另一个镇子,在路上买卖货物。在出行期间,商队行使商业公司职责,具有公司结构和劳动力。在苏丹中部的商队中,管理单位由被称为"马杜古"(madugu)的商队首领和若干助手组成。作为探险队的行政和军事领导人,马杜古要熟悉路线,指挥防卫行动,维持秩序,解决商队内部的纠纷,并与当地统治者协商纳税问题。他的工作人员包括[288]职业商人和押运人。马杜古最重要的助手是向导(jagaba)、休息站的组织者(uban dawaki)、簿记员(malamin takardi)、书记员(malamin ayari)和鼓手(mai gangan madugu)。商队的头领大多是成功的、受人尊敬的商人。有些商队会绵延数里。这种商队被分成若干部分,每部分由一名商队队长助理领导(Lovejoy,1980,1985）。

商队劳工可以分为三个职业群体——搬运工和车夫,他们负责装卸和照顾驮畜;服务人员负责照顾商队人员,为他们准备饭菜、洗澡、洗衣服等;最后一个群体主要由妇女组成。在马林克商队中,最辛苦的服务性杂务,如收集柴火,都是由女奴来完成的。当其他人都在休息的时候,妇女们会纺棉花,之后她们会把棉纱卖掉,自己赚点钱。看来,商队女性服务人员所干的活与她们在村里做的一样。这使得罗伯兹(Roberts,1980b:178)将商队描述为"缓慢移动的村庄"。

然而,妇女受雇为搬运工并不罕见。欧洲的探险家,如1820年代的克拉佩顿(Clapperton)和1890年代的帕萨格(Passarge),留下了许多关于索科托哈里发地区"大量"女性搬运工的观察记录(Dufill & Lovejoy,1985:145—150)。20世纪初对阿波美(Abomey)的估计表明,从萨瓦隆(Savalon)到科托努途中经过该镇的商队中三分之一的搬运工是妇女(Manning,1985:56)。在几内亚的贝特人(the Bette)中,妇女作为商人和搬运工占主导地位的情况比较罕见(Coquery-Vidrovitch & Lovejoy,1985:16)。此外,另一个极端情况是商队中没有妇女,如马拉卡人的商队(Roberts,1980b:177)。

对商队劳工的动员、控制和报酬支付,因所使用的劳动类型、贸易组织和旅行距离的不同而各异。商队使用的劳动形式主要有三种:家庭劳动力、奴隶劳动力和雇佣劳动力。"目标市场商人"几乎无一例外地使用自己的家庭劳动力(Arhin,1979:12)。对于希望组织商队的职业商人来说,利用自己的家庭成员来准备和装载商品,并雇用他们作为自己在商队上的学徒和助手也相当普遍。作为家庭的成员,这些劳工没有报酬,但可以获得食物、衣服和住所,而且,"作为劳动的回报,他们获得了经验、人脉和信贷"(Duffill & Lovejoy,1985:145)。但家庭劳动力往往不够用,也不可靠,特别是对大商人而言。[289]这些商人经常用奴隶和雇工来补充家务劳动力。

一些商人发现,使用家奴或打算出售的奴隶来搬运货物很方便。使用家奴总是有逃跑的风险,而贸易奴隶(trade slaves)如果在到达市场时处于最佳状态,而不是因搬运重物、长途旅行显得虚弱不堪,则更有价值。此外,贸易奴隶缺乏动力,效率低下,因为"满负荷的贸易奴隶,尤其是戴着镣铐的贸易奴隶,会拖慢一般商队的平均速度"(Dufill & Lovejoy,1985:159)。不足为奇的是,商队对贸易奴隶的使用相当有限。事实上,达库(Daaku,1971:174)认为,"大多数被欧洲观察家描述为奴隶的人,都是那些雇用了劳力为一些内陆商人服务的人"。官方贸易商的劳动力往往是通过纳贡提供的(Arhin,1979:12)。

到了19世纪,在西非的许多地方,作为搬运工、车夫和服务性劳力的雇佣劳工随处可见。这些工作既吸引了需要额外资源生存的穷人,也吸引了相对富裕的人,他们希望积累足够的资本和经验,成为独立的商人。商队车夫为一些人提供了在农闲季节补充家庭收入的手段,为另一些人提供了逃避意想不到的社会经济困难和政治迫害的可能性,给那些富有冒险精神的人提供了探索新世界的机会。尽管他们的社会出身各不相同,但搬运工和车夫构成了一个被共同利益所束缚的劳工阶级。他们寻求减少工作量,增加收入,而他们的雇主,无论是谁,都希望完全反其道而行之。关于工资的数据很难得到。根据来自约鲁巴/努佩地区(Nupe)的报告,19世纪中叶,搬运劳工的工资是每天1200子安贝,到1890年代增加到每天1500子安贝。由于通货膨胀,1890年代的实际工资比1850年代低,1先令2.5便士只相当于当时的9便士。签约劳工一天的工资约为职业搬运工工资的三分之一(Duffill & Lovejoy,1985:150)。

在19世纪,在商队运输中使用有偿劳动变得越来越普遍。但并不是所有的搬运工和车夫都完全依赖工资关系。他们中的许多人除了承揽贸易货物外,还携带个人物品出售。因此,他们除了是劳工,也是小企业家。事实上,基于这个原因,一些搬运工和车夫坚持要求以实物支付工资,而不是以现金支付工资。对他们来说,现金工资将解除他们的双重身份,使他们明确地成为劳工。他们的斗争模式往往反映了这种双重性。他们的策略既是个人主义的,又是集体主义的。[290]他们开小差和偷窃一样司空见惯。商队的长途旅行加强了他们的阶级团结,而他们的不正规就业则弱化了这种团结。

在西非的许多地方,人类劳力是商队运输的骨干。事实上,在部分森林地区,搬运工几乎是商品长途运输的唯一形式。在这个地区,驮畜的使用"受到了锥虫病(昏睡病)和草场缺乏的限制"(Hopkins,1973:72)。例如,在贝宁湾的搬运劳工背着:

多达 40 到 50 公斤的盐,走上 800 到 1000 米的距离,然后将货物靠在树杈上,用携带的棍子协助支撑……一天行程标准大约是 25 公里,对于那些背盐的人来说,路程略少一些(Manning,1985:56)。

在西非的其他地方,搬运工作辅以驮畜,包括马、牛和骆驼。早在骆驼成为主导之前,马就在西非的热带草原和萨赫勒地区被使用。西非的马匹供应依靠从北非进口,另有一小部分当地的马匹在 15 世纪开始从葡萄牙进口(Law,1980;Elbl,1991)。19 世纪,马匹在萨赫勒和热带草原地区很常见。它们最重要的用途是军事。此外,它们还被用于狩猎、掠夺奴隶以及节日和仪式场合。但是,根据费舍尔(Fisher,1973:367—368)的说法,马匹"作为驮畜只做出了一定的贡献"。牛在草原上经常被使用,特别是在博尔努。从北方来的骆驼商队经常在草原边缘的贸易中心将他们的货物转移到牛和驴身上,"因为它们更适应热带草原的条件"(Hopkins,1973:72)。牛比驴驮的东西更重,但购买和喂养的成本更高,而且移动速度也更慢。

驴子是草原上的主要驮畜,就像骆驼在沙漠中一样。驴和骆驼都是专门为运输而饲养的,驴的载重量是骆驼的四分之一——50 公斤,而骆驼是 200 公斤。驴子的移动速度也比较慢——每天 30 公里,而骆驼商队则是每天 35 公里。此外,一个人可以管理三到五头骆驼,但也只能管理三头驴子(Duffill & Lovejoy,1985:153)。所有这些都"使骆驼的运载能力是驴的两倍以上,比牛多 50%"(McDougall,1985:102)。因此,骆驼每吨/公里所需的劳动力投入比驴子少。骆驼的运费,是目前最便宜的。据估计,19 世纪末,在萨赫勒地区或在沙漠中,每 1000 公里的骆驼运费为 10 英镑(Curtin,1975:280)。

[291]毫不奇怪,19 世纪西非最大的贸易商队是骆驼商队。其中一些可以超过 2 万头骆驼,尽管 3000 头骆驼的商队更为常见。许多大型商队由很多独立的商队组成,出于安全考虑,它们往往一起行动。通常随着危险的过去或随着旅途的延伸,而大型商队也会解散成更小的团体。平均每个独立商队由 200 至 300 头骆驼组成(McDougall,1985:101)。商队商人有时饲养骆驼,有时租用骆驼,随着贸易的扩大和萨赫勒和撒哈拉社会经济专业化程度的提高,这种租用骆驼的情况变得更加普遍。这种

专业化运输业的发展,不仅使拥有骆驼的群体得以积累财富,而且加强了牧业生产,并将牧业经济与区域商业体系联系起来。沙漠贸易中使用的大部分骆驼和运输工具都是由图阿雷格人提供的,"他们还控制着相当大比例的用于跨撒哈拉出口的沙漠边缘产品"(Lovejoy & Baier,1975:558)。图阿雷格商人在中苏丹的主要城市经营商业公司。

独木舟和小船是海上和通航河流的交通工具。它们的大小不一,"从只能载 1 人的小渔船,到长度超过 80 英尺、可搭载一百人或更多船员的独木舟"(Smith,1970:518)。用于捕鱼和战争的独木舟与专门运货的独木舟不同。后者不仅体积较大,而且是用最耐水的木材制成的,有时还会配置烹饪区和储藏室。独木舟在河道上靠船桨和撑篙推动,而海船则装有风帆。不用说,独木舟和轮船的制造者都是专家。最繁忙的水道是沿海地区和尼日尔河、塞内加尔河和沃尔特河等大河。在乍得湖和横贯西非的众多小河上,尤其是在森林地区,商业水运也很重要。

货运独木舟由富有的商人个人或组建的公司拥有。没有独木舟的商人要么租用独木舟,要么租用货位。我们有罗伯兹(Roberts,1980b:185)对运费的一些估计,他认为在 19 世纪末,"100 公斤的货物从杰内(Jenne)运送到廷巴克图,价格约为 1500 子安贝。水运约需 1250 子安贝。从辛萨尼(Sinsani)发往廷巴克图的 100 公斤货物的价格是 1500 子安贝,水运是 2000 子安贝"。造船和租船成为非常有利可图的生意。建造一艘船的成本在 200,000 子安贝到 300,000 子安贝之间。[292]这些资金一次航运就能收回。根据 1889 年从辛萨尼到廷巴克图的一次航行的计算表明,独木舟船主的净利润为 437,000 子安贝,而租用独木舟的商人的净利润为 4,570,000 子安贝(Roberts,1980b:185—186)。独木舟的租借者往往提供水手,并负责旅途期间的维护。

独木舟和船只运输的商品量相当大。例如,19 世纪末,在达荷美,每年约有 40,000 吨的货物通过海上运输。整个贝宁湾可能雇用了多达 10,000 名独木舟手(Manning,1985:62)。有人认为,"贸易独木舟的移动速度约为每小时 5 公里,大约是搬运工速度的两倍。每吨/公里的运费率为 0.2,约为搬运工的五分之一"(Manning,1985:61)。因此,独木舟可以比其他运输工具更快、更便宜地运输大宗商品。根据一项估计,"尼日尔河上平均 20 至 30 吨的货运独木舟运量相当于 1000 名搬运工、200 头骆驼或 300 头牛组成的商队运输的产品"(Roberts,1980b:183)。因此,使用独木舟的商人为每个劳工创造的收入要比其他运输方式多得多,因此他们不仅能获得更多的利润,而且支付给船工的报酬也比商队搬运工的要多。

在 1880 年代的辛萨尼(Sinsani),水手们来回的工资是 3 万子安贝,一半是预付的,另一半是返回时支付的。水手一般比其他运输劳工更熟练。他们也更趋向于无产阶级化,因为他们的工作是有规律的,更依赖现金工资,所以他们在维护集体利益方面表现得更加团结。与商队劳工一样,船工也是从家庭中抽调出来的,或是奴隶,或是"自由"的工资劳动者。

运输系统随着铁路的修建而改变,铁路是殖民化的主要工具。西非第一条铁路于 1879 年在塞内加尔建成,连接圣路易斯和达喀尔,长约 163 英里。这条铁路在后来的几年里得以延伸。随后在法属西非的其他地区也修建了另外的线路,以确保腹地不受英国人的侵犯,方便自己军事征服,并开发殖民地地区的经济资源。英国和德国的铁路建设计划背后也有军事和经济方面的考虑(Latham,1978a:23—24)。英国人和德国人在本世纪较晚的时候才开始在西非进行铁路建设。例如,英国人修建的第一批线路是 1896 年在塞拉利昂,1897 年在尼日利亚铺设的。在德国的殖民地多哥,第一条线路于 1905 年开通。因此,很明显,总的来说,在 20 世纪之前铁路和其他现代形式的运输业并没有对西非贸易产生多大影响。

[294]西非的区域贸易得到了跨越撒哈拉的北非贸易以及跨越大西洋的欧洲贸易的补充,并以复杂的方式与之相联系。我们已经讨论了跨撒哈拉贸易,而与欧洲的贸易将在第十四章中进行全面分析。我们在这一章中对西非地区贸易的关注,并不仅仅是基于分析上的方便,也不是为了给西非以"主动权",而是基于这样一个简单的事实,即 19 世纪西非的内部贸易,无论在数量上还是在价值上都大大超过了它的对外贸易(Farias,1974;Austen,1987:42)。值得注意的是,仅西非的食盐贸易就比跨撒哈拉贸易的价值更高(Lovejoy,1984:101—110)。因此,毫无疑问,直到 19 世纪末,区域需求和区域经济,而不是与外部世界的联系,才是西非发展的驱动力。但正如我们将在第十四章中看到的那样,对外依赖的种子已经播下了。

总　　结

西非作为一个贸易区域的突出地位在非洲经济史学中已得到确认。本章回顾了该地区一些主要国家和社会的国内和区域贸易的许多著名特点。正如阿桑特的案例所显示的那样，本研究中使用的国内贸易和对外贸易之间的区别，不仅仅是一种分析上的便利，也是当时的一种区分。本章还试图强调西非贸易的一些方面，这些方面在研究西非经济史的少数专家队伍之外可能并不那么为人所知。这包括长途贸易，且并不局限于奢侈品。粮食贸易的规模也相当大，这进一步削弱了"自给自足"经济的概念。此外，越来越明显的是，该地区的国家并没有像一些历史学家所说的那样对贸易进行控制。当然，西非没有建立过类似北非的垄断制度。同样明显的是，妇女在对外贸易和区域间贸易中发挥的作用，无论是作为职业商人还是运输劳工，都比人们曾经认为的要重要得多。

有人认为，贸易流散者不仅促进了西非错综复杂的商业网络的发展，而且对他们的研究也揭示了前殖民时代构建民族性的一些过程。在研究货币和信用体系时，有人认为 19 世纪的西非货币与现在的货币一样"现代"。[295]失控的通货膨胀不是仅出现在 20 世纪的发明。更重要的是，殖民政府在本世纪初对西非货币实行非货币化的破坏性影响，还没有得到充分认识。这是一个值得更多研究的课题，因为它揭示了这样一个事实：殖民主义在商业领域的革命性影响可能并不在于引入新的货币或贸易方法，因为殖民主义并没有带来什么真正的新东西，而在于非洲货币的非货币化，这导致了许多世纪以来积累的财富的流失，并在一夜之间使商人阶层陷入贫困。

本章还试图通过研究传说中的商队，以及不太为人所知的水路运输系统的结构，以此来解读为西非贸易服务的运输业的发展和组织。呈现出的是一个相当庞大而复杂的行业。特别吸引人的是对劳动力发展的描述，重点是技能形成、劳动力招募、报酬、控制和斗争的模式。现在很清楚，前殖民时代的雇佣劳动比以前意识到的更为普遍。这再次修正了早先的分析，这些分析认为，在引进殖民资本主义之前，除了家庭或奴隶劳动之外，几乎没有劳动力的差别。

第十一章　东非的贸易

贸易中心

[296]直到如今，人们对 19 世纪东非的贸易发展仍知之甚少。一些学者甚至一度认为，贸易和市场在殖民前的东非并不存在（Mair,1934：130；Bohannan & Dalton,1962：582；Oliver & Fage,1962：108—110；Hill,1963：447）。虽然现在没有一个有声望的历史学家可以证明，东非的贸易是由于外部刺激而开始的，但许多历史学家仍然几乎完全从内陆到沿海以及沿海与印度洋商业世界之间的长途贸易的角度来讨论殖民前的东非贸易（Iliffe,1979：40—52；Gray & Birmingham,1970）。对一些人来说，东非融入印度洋贸易体系导致落后（Alpers,1975；Sheriff,1979），而对另一些人来说则意味着贸易和生产的扩大；总之，是一种发展（Roberts,1970；Austen,1978,1987）。

正如我们在西非和北非的案例中所看到的，在前殖民时代，国际贸易的作用和影响不应该被夸大。东非的国内贸易和地区贸易远比该地区的国际贸易重要。与海外贸易相比，东非内部贸易涉及到更多人的生活，涉及到更多的商人，他们携带的商品范围和数量也更大。因此，在本章中，我们将集中分析东非内部贸易的发展。

东非贸易历史之悠久现在已被充分证实。到 19 世纪初，该地区许多地方的国内贸易和对外贸易都相当发达。该地区的市场结构和组织与西非和北非有一些相似之处。根据需求的性质、人口的分布以及国家干预的形式，市场交易活动定期或每日举行。正如我们已经考察过的两个地区一样,定期市场在需求相对较低、人口分散的农村地区占主导地位,而每日市场是城市中心的一个特点。迄今为止,还没有人试图为整个东非的市场周期性绘制地图。有迹象表明,市场周(market week)的平均时间在 3 到 10 天之间。例如,现今坦桑尼亚的查加人(the Chagga)每三天举行市场交易,肯尼亚的基库尤人(the Kikuyu)每四天举行,同在坦桑尼亚的瓦萨姆巴(Wasambaa)每五天举行。乞力马扎罗西部的马萨基(Maasaj)和来托基托克(Laitokitok)的边境市场交易每 10 天举行一次(Kjekshus,1977:115—116)。[297]在埃塞俄比亚的许多地方,每周都会在某个特定的日子举行集市,每个村子的集市日都不一样(Pankhurst,1968:346)。这些市场通常在当地循环举行,因此一周中的每一天都会有一个市场在特定的地区开放。在查加人中,每个集市日都以集市举办地的名称而为人所知。

19 世纪,东非的经济有相当大的增长,其特点是社区之间专业化程度的提高以及城市中心的扩张。这些发展促进了每日市场的发展。在班约罗-基塔拉(Bunyoro-Kitara),宇佐伊韦(Uzoigwe)告诉我们,"尽管像卡推(Katwe)和基比罗(Kibiro)这样的重要城市中心似乎比这更早支持每日市场,但每日市场似乎在 19 世纪更加普遍"(Uzoigwe,1979:44)。市场通常在上午或下午开放几个小时。交易的商品包括农产品,如谷物、香蕉、土豆、蔬菜、咖啡和烟草,还有奶制品、动物、矿产品,特别是铁制品和盐,以及布匹、陶器、篮子和珠宝等工艺品。在 19 世纪下半叶,三种新的商品变得更加重要,即象牙、武器和奴隶。大多数市场都位于王室的首都,而王室的首都会不时地搬迁,也有的位于重要的萨扎酋长(saza chief)领区的住所附近,还有的位于工业中心或战略要地和边境地区。

19 世纪东非一些最著名的每日市场是在主要商路沿途供应站的基础上发展起来的。这些供应站通常发展成城镇,依靠周围农村的生产者和消费者以及从事区域和国际贸易的商队的定期访问而维持生计。例如,在肯尼亚,塔维塔(Taveta)成为往来于海岸的商队的一个重要市场。到 1880 年代,这里的社区大约有 6000 人,来自整个地区(Kjekshus,1977:115)。

在坦桑尼亚西部,塔博拉(Tabora)和乌吉吉(Ujiji)拥有最大的市场。它们在 19 世纪下半叶迅速发展。在这些市场上交易的商品有食品,包括粮食和鱼干,林业产品,牲畜,陶器,盐,铁制品,以及越来越多的象牙和奴隶。塔博拉和乌吉吉由尼亚姆韦齐(Nyamwezi)商人所主导。其他商人则来自东海岸和西海岸(Roberts,1970)。

沿海地区有一些东非最大的城市,如巴加莫约(Bagamoyo)、基尔瓦、桑给巴尔、蒙巴萨和马林迪。桑给巴尔是其中最大的。1857年,该岛的总人口估计为30万,[298]其中约20万是奴隶(Cooper,1977:56)。这些城市的市场为当地、区域和国际贸易服务,交易的商品和参与的商人相当多样。最重要的商品是谷物,特别是小米和大米,香料,主要是丁香、水果,如椰子、蔬菜、纺织品、象牙、奴隶、金属和陶器产品。各种产品通常在特定场所或市场上销售。在本世纪末,零售商店遍地都是。这些商人包括当地人和外国人。鉴于东非沿海城市的世界性,"当地人"和"外国人"的称呼跨越了各种各样的民族和种族群体。例如,在蒙巴萨定居了几个世纪的阿拉伯人比乘坐19世纪大篷车从内地来的阿坎巴人(the Akamba)、比来到蒙巴萨的阿曼阿拉伯商人更"本地化"。一般来说,沿海贸易由阿拉伯和斯瓦希里商人主导,他们因使用斯瓦希里语和信奉伊斯兰教而团结起来(Brown & Brown,1976;Nicholls,1971;Chittick,1974;Freeman-Grenville,1988)。

再往北是索马里的港口城市摩加迪沙、泽伊拉(Zeila)、柏培拉(Berbera)和梅尔卡(Merka)等。这些城市拥有充满活力的每日市场,不仅服务周围的社区,而且还服务索马里、埃塞俄比亚和苏丹的腹地。整个地区的商人都会光顾这些市场。比如说,柏培拉的年度集市,在10月至次年4月凉爽干燥的时期举行,根据一些估计,有20,000至50,000人参加。这些城市的发展和规模可以从他们的外贸数字中衡量出来。例如,泽伊拉的进口从1880—1881年的690万卢比(ruppee)增加到1890—1891年的3290万卢比,而同期的出口从730万卢比增加到3070万卢比。在同一时期,柏培拉的出口从约900万卢比增加到2170万卢比,其进口从760万卢比增加到2840万卢比,翻了四倍。摩加迪沙和梅尔卡的数据显示,在1896—1897年,出口额分别为223,492玛丽亚·特蕾莎银币、184,520玛丽亚·特蕾莎银币,进口额分别为203,824玛丽亚·特蕾莎银币和169,521玛丽亚·特蕾莎银币。

这些城市的主要出口产品是咖啡、象牙、麝猫、皮毛、树胶、黄油、谷物、绵羊和山羊。而主要的进口产品包括纺织品、谷物，主要是小米和大米、面粉、糖、枣、烟草、香料、油和各种金属。与斯瓦希里海岸一样，印度人作为金融家在索马里沿海贸易中发挥了重要作用。索马里商人和阿拉伯商人也很活跃。许多索马里人为外国商人充当经纪人，或称阿办（abban）。在索马里内地的商业中心，商人几乎没有什么竞争。每个不同的部族都有自己的[299]经纪人网络，其服务包括提供驮畜和商队首领（Pankhurst，1968：418—444）。

东非最大的内陆城市位于埃塞俄比亚和苏丹。在 19 世纪上半叶，贡达尔（Gondar）是埃塞俄比亚最大的城市。它最繁忙的集市日是周一和周四，有成千上万的人参加。在 1860 年代，贡达尔已过了它的繁盛期，其年贸易总额估计为 166,780 玛丽亚·特蕾莎银币。北部的阿杜瓦号称拥有最大的市场，每周六举行，在 19 世纪中期通常有 5000 到 6000 人参加，到本世纪末则达到 15,000 到 20,000 人。在南部，大型市场位于阿利乌-安巴（Aliu Amba），这在 19 世纪上半叶是肖恩（Shoan）贸易的节点，还有首都安科巴（Ankobar），其集市日吸引了多达 20,000 人参加。亚的斯亚贝巴建立于 1887—1891 年间，成为埃塞俄比亚的首都。到本世纪末，它已经发展成为该国最重要的市场，每天都有集市，其中星期六的人数最多，赶集者多达 30,000 至 50,000 人。在这个市场内，为各种产品和商店设立了专门的市场。在 1899—1900 年，亚的斯亚贝巴的对外贸易估计为 160 万玛丽亚·特蕾莎银币。

贸易在有城墙的哈拉尔市（Harar）也很繁荣，该城在 1887 年被梅内利克占领并纳入埃塞俄比亚。1899—1900 年，通过哈拉尔的出口额估计为 270 万玛丽亚·特蕾莎银币。沿海的港口城市有马萨瓦（Massawa）和阿萨布（Assab）。埃塞俄比亚的大部分对外贸易都是通过马萨瓦进行的。在这些市场上买卖的商品种类繁多，最重要的包括粮食、咖啡、牲畜、黄金、食盐、香料、纺织品、皮革制品、金属制品、象牙、蜡和麝猫（Pankhurst，1968：355—417）。

埃塞俄比亚的市场互有联系，并与外国市场相连，形成了一个复杂的贸易路线和贸易流散地网络。例如，贡达尔通过阿杜瓦和其他许多城镇与马萨瓦相连，而亚的斯亚贝巴则通过切尔奇（Chercher）与海岸相连，通过哈拉尔与泽伊拉（Zeila）或塔朱拉（Tajura）相连。驼队到马萨瓦的旅程大约需要五个星期,而到泽伊拉或塔朱拉的旅程则需要七到十个星期。可以看出,埃塞俄比亚的国内贸易是在广阔的领土上进行的,其规模被当时使用的运输系统扩大了。这些分散地区之间的商队贸易被穆斯林埃塞俄比亚商人,即贾巴蒂人(the Jabartis)所垄断。据说,基督教埃塞俄比亚人普遍看不起商业活动。贾巴蒂人的垄断在南方越来越受到奥罗莫(Oromo)商人阶层的挑战。这个阶层被称为阿夫卡拉(Afkala),在很多情况下他们是北方商人的前奴隶或前仆从。阿夫卡拉建立了一个贸易网络,非常有助于他们商业活动的开展。除了阿夫卡拉人之外,还有西达玛(Sidama)和索马里[300]的商人们在埃塞俄比亚南部各自的地区逐步主导了贸易(Abir,1970:126—131)。

苏丹的国内贸易也是在广袤的区间内进行的。19 世纪初,苏丹由许多国家组成,每个国家都有自己的城镇,通过商队贸易相互联系。其中最大的贸易中心是达尔富尔的科贝(Kobbei)、瓦台(Wadai)的尼姆罗(Nimro),还有辛纳尔(Sinnar)和申迪(Shendi)。这些城市通常由几个区块组成,划分成公共场所或市场。这些市场既有开放的交易场所,也有商店。埃及对苏丹的征服将许多以前独立的国家和民族集中在一个行政机构之下。在这个过程中,一些古老的集市开始衰落,而新的集市随之出现。例如,申迪在遭受 1823 年的埃及征服运动破坏后,一蹶不振。到 1885 年只有 500 人。与此同时,喀土穆在 1860 年从一个小村庄发展成为一个拥有 30,000 至 40,000 人的大型城市,成为国内贸易和地区贸易的主要贸易中心(Bjorkelo,1988:114—116)。1885 年马赫迪国家成立后,首都转移到乌姆杜尔曼(Omdurman),该地成为国内贸易的新中心(Nakash,1988a:60)。

除了为当地服务外,这些城市还作为区域和国际贸易的中转站发挥作用,这使它们具有复杂的市场结构。它们为当地的消费者和生产者提供服务,同时也有许多商队到访;在继续前进或返回之前,商队会停下来交换他们的商品。例如,当申迪处于鼎盛时期时,它接受的商队来自四个主要方向:达尔富尔和科尔多凡(Kordofan),辛纳尔,萨瓦金(Sawakin),以及柏柏尔(Berber)和东戈拉(Dongola)。

来自辛纳尔的商队带来了高粱、咖啡、黄金、象牙、骆驼、树胶、烟草和各种工艺品,来自科尔多凡和达尔富尔的主要进口商品包括奴隶、泡碱、皮革、绳索和麻袋、皮革水袋、木制餐具和香料，而来自萨瓦金的则是珠子、印度商品、穆斯林细棉布、檀香木和麝香。不用说，申迪的商人来自苏丹的不同地区，以及邻近的地区，特别是埃及和埃塞俄比亚。他们中的大多数人使用阿拉伯语作为通用语言，信奉穆斯林或熟悉伊斯兰商业法（Bjorkelo，1989：12—27）。在马赫迪王朝的早期，苏丹的国内贸易有所下降，这是因为"1895年前频繁的战争，人口减少，1889年的大饥荒，以及道路总体上缺乏安全"（Nakash，1988a：60）。随着条件的改善，1890年代贸易有所恢复。

国家参与贸易

东非贸易有关文献对贸易和政治主题进行了相当广泛的讨论。一些人认为，贸易促进了[301]国家的形成，其他人则认为是国家发起并促进了贸易（Gray & Birmingham，1970）。现实远比这两种说法所描述的要复杂得多。假设贸易和政治之间的关系在整个地区和整个19世纪都是一样的，无疑是徒劳的。该地区的各国将贸易视为重要的收入来源，因此他们试图控制或参与贸易。但他们使用的方法各不相同，而且他们的努力并不总能成功。

东非国家为了控制国内贸易或从中获益，最常用的方法是征税。与非洲其他地区一样，可以用礼品交换取代欠款和税收。贸易商对他们的贸易商品（通常是在市场上）或他们的收入纳税，如塔博拉（Tabora）的阿卢尔人（the Alur）、巴干达人（the Baganda）就是这样。道路通行费的支付也很普遍。税率是根据过境货物的价值、商队的规模或当地统治者的权势而定的。卢旺达、布干达、乌坎巴尼（Ukambani）、梅鲁（Meru）、乌尼姆韦齐（Unyamwezi）、马赛兰（Maasailand）和埃塞俄比亚都有关于公路收费的报道。在这些地方中的许多地方，过路费通常是单向征收的。在埃塞俄比亚，东部的口岸被称为凯拉斯（kellas），数量众多，给商人带来了极大的不便，甚至造成延误。例如，在马萨瓦和贡达尔之间，有11个口岸。特沃德罗斯和梅内利克皇帝曾半心半意地试图废除内部海关，但没有成功。中央政府没有能力将自己的意愿强加给各州州长，因为对州长们来说，凯拉斯作为收入来源油水实在太丰厚，无法撒手不管（Pankhurst,1968:521—526)。在大多数中央集权的国家,税收从地方首领转交给国王,每一级权力机构都保留了一部分的税收。

在一些地方,国家对贸易的权力超出了税收的范围。例如,在布尼奥罗-基塔拉(Bunyoro-Kitara),有一些市场实际上属于国王,即奥姆卡马(omukama)。在卡巴勒咖(Kabalega)统治时期:

> 据说王宫周边有 4 个市场,生意兴隆。诺贝勒姆图(Nobere-mutwe)市场在宫殿前面;基班亚(Kibanya)市场在宫殿后面;第三个市场在宫殿的东边,由国家常备军(the ekitongole ekihukya of the abarusura)控制;第四个市场叫基多卡(Kidoka),在西边(Uzoigwe,1979:55)。

外国人被禁止进入这些市场。国王严格控制整个国家的象牙和枪支贸易。

埃及征服苏丹后,尝试对苏丹当地贸易进行最全面的控制。穆罕默德·阿里的政权将垄断制度扩展到苏丹。[302]商品的自由流动、交换和定价受到了严格的限制。在主要贸易路线上建立了海关,并加强了对市场的监督和控制。垄断制度给苏丹的贸易带来了灾难性的后果。它:

> 迫使贾拉巴(jallaba)脱离各种著名的长途贸易形式,转而从事非垄断的奴隶贸易和短途的小规模贸易。垄断结束后,贾拉巴的经济实力和社会地位相应下降,他们内部以及他们与外国商人之间的竞争日益激烈,使得大多数人无法超越小规模贸易的水平(Bjorke-lo,1980:118)。

就像在埃及一样,当地和外国商人对垄断制度感到反感。在 1840 年代,对私人贸易的限制逐渐放宽。

许多东非国家将对外贸易视为有利可图的收入来源,他们因此试图对其征税,或直接参与其中。通过对进口商品或出口商品征税,或对两者都征税,是向对外贸易征税的最常见方法。在马赫迪国家,对进口货物征税。从事此类商品贸易的商人除了在海关缴纳什一税外,还必须再缴税。

他们的总税率为 22.5％(Nakash,1988b:372)。在马林迪,商人要对小米支付出口税,而在桑给巴尔,奴隶出口和丁香也被征税。最初,丁香的出口税仅限于奔巴岛(Pemba),但由于丁香价格下跌,国家收入下降,出口税被扩展到桑给巴尔。税收在出口价格的 25％—35％之间。这一切中只有种植者是真正输家(Cooper,1977:86,115,138)。

在埃塞俄比亚,外贸税被系统地征收,从 1840 年代起成为国家收入的主要来源。起初,只有进口产品被征收相当低的税率。例如,在 1841 年和 1843 年分别与英国和法国签署的协议中,英国商品的税率为 5％,法国商品的税率为 3％。这些税率随后被提高并扩展到出口商品中。到 1900 年,基本税率:

> 是对进入或离开帝国的商品征收 10％的从价税。这种税要么是在边境省份,在当地统治者的帮助下征收的,要么是沿着主要贸易路线行进的商队在都城缴纳的。不过,这一制度经常被修改(Pankhurst,1968:527)。

一些国家试图积极参与对外贸易。根据开普特金斯和斯波尔丁(Kapteijns & Spaulding,1982)的说法,苏丹东部各州,[303]即今天的苏丹和埃塞俄比亚,试图通过五种主要方式做到这一点。首先,每个州都要求以适合出口的当地商品来支付部分税收。这使国家能够积累商品,以便在统治阶级成员之间进行交易或重新分配。第二,国王之间普遍存在互赠礼物的做法,其目的是为了促进他们国家之间良好的政治和经济关系。交换的礼物数量可能相当大。第三,国王们经常派遣王家商人代表他们进行贸易。这些商人通常兼具商人和外交使者的角色,并得到相应接待。第四,通过在外国市场上派驻王室成员或受信任的代理人,建立王室贸易流散地,以进行王室采购,储存国王的出口产品,同时也起到经纪人作用。

最后,国王,其次是王室成员和国家官员,享有在向公众提供货物之前从外国商人那里购买货物的特权。当然,这些做法不断受到臣民本身、私营商人和皇家商队途径之地的下属总督的挑战。事实上,这种制度所引起的冲突和挑战导致皇家贸易垄断或皇家管理的贸易从未真正实现。

例如，到 1820 年代，皇家贸易在辛纳尔消失了，从 1840 年代起，在希卢克（Shilluk）也衰退了。因此，东非大部分地区的皇家商人在 19 世纪逐步被私营商人所取代。

区域贸易网络

在提供贸易技能、资本和信贷以及信息方面，真真假假的家庭、宗族和种族社团都发挥了重要作用。商人们通过婚姻和拜把子关系在外国形成了联盟。"著名的斯瓦希里和尼亚姆韦齐商人，如蒂普·蒂布（Tippu Tib）和姆西里（Msiri），分别在卡松戈（Kasongo）和加丹加创建了商业帝国，他们的职业生涯建立在与当地统治者或民族的精明联盟之上，以婚姻和虚构的亲属关系为基础（Curtin，et. al.，1978：433—437）。建立拜把子关系的技能是东非和中非所特有的。在布尼奥罗-基塔拉，拜把子兄弟关系（omukago）"被认为比宗族关系更重要"（Uzoigwe，1979：53）。这种制度使巴干达商人能够在布尼奥罗-基塔拉进行贸易，尽管这两个国家之间普遍存在敌意。卢旺达的卡姆巴人（the Kamba），肯尼亚的基库尤人以及坦桑尼亚的尼亚姆韦齐人（the Nyamwezi）之间也有拜把子的记载（Sundstrom，1974：14—15；Roberts，1970：73）。

[304]在苏丹东部地区，宫廷通行的做法是给每个外国商人提供一个赞助人或专业东道主，为他提供"住宿和储存设施，在法庭上代表他的利益，监督他的交流活动，并向有关当局报告任何违规行为"（Kapteijns & Spaulding，1982：36）。他们被鼓励与当地人通婚，从而进一步加强他们的地位。他们大多居住在首都或贸易中心，"他们在自己的社区官员领导下享有内部自治，并享有高于平民阶层的特殊社会法律地位"（Kapteijns & Spaulding，1982：36）。

因此，当外国商人来到许多主要的贸易城镇时，他们往往被欢迎进入经纪网络，为他们的企业提供便利。最活跃的贸易团体也在该地区的不同地方，有时甚至在更远的地方建立了自己的侨居地。其中最引人注目的是苏丹的贾拉巴（jallaba）。贾拉巴贸易网络主要由来自尼罗河谷的贾-阿利因（Ja'aliyyin）和丹阿格拉（Danagla）组成，扩展到今天苏丹的大片地区。例如，现在的巴赫尔-加扎勒河省（Bahr al-Ghazal province）西部各州的贾拉巴人数从 1796 年的约 500 人增加到 1870 年的 5000 人。他们在苏丹首都或省会建立了永久性的贸易定居点，称为得赫姆（dehm）。在南部交通不便的地区，他们建立了全副武装防御的营地，称为扎利巴（zariba）。贾拉巴的流散地远至埃及的开罗，到 1850 年，他们已经到达中部非洲的赞德（Zande）和芒贝图（Mangbetu）（Curtin, et. al. , 1978：438—441）。

同样引人注目的是沿海的阿拉伯-斯瓦希里侨民，他们在 19 世纪初开始将触角伸向东非大陆，到 1852 年可能已经到达加丹加和布干达，这一年乌尼恩贝（Unyanyembe）的塔博拉成为他们的总部（Iliffe, 1979：41）。来自内地尼亚姆韦齐和坎巴的贸易网络帮助坦桑尼亚和肯尼亚巩固了内地与沿海市场之间的联系（Roberts, 1970；Cummings, 1975）。

对外贸易在东非中央集权的国家社会和王公贵族社会的经济生活中都发挥了重要作用。贸易在湖区国家之间非常兴盛。他们之间的主要贸易品是盐、铁、布、咖啡、烟草、粮食、牲畜和陶器产品。布尼奥罗（Bunyoro）是盐和铁制品的主要出口国，包括锄头、斧头、刀和矛。它还以其黏土产品，特别是罐子闻名。布干达以其精美的印花衬布（backcloths）而闻名，这些印花衬布被出口到布尼奥罗、卡拉圭（Karagwe）、卢旺达和布索加（Busoga），这些国家生产的布质量都无法与此相比。布干达还出口香蕉干，并与布尼奥罗一起出口咖啡。恩科勒（Nkole）生产[305]该地区最好的烟草，多余的烟草被出口到卡拉圭和布尼奥罗。在粮食方面，恩科勒（Nkole）、托罗（Tooro）和乌干达北部在小米出口方面居领先地位，而卢旺达出口高粱、豌豆和蜂蜜，布尼奥罗则出口红薯和花生（Uzoigwe, 1979：33—36, 49—52；Kamuhangire, 1979：81—82, 87—88）。

这些国家之间的贸易不仅在 19 世纪有所扩大，而且与该地区的其他商业系统的联系也越来越紧密，主要是与沿海斯瓦希里商人控制的系统的联系，以及在较小程度上与喀土穆人的联系。沿海商人在卡拉圭建立了他们的主要基地。他们定期访问布干达，直到 1880 年代布干达才成功地阻止他们进入布尼奥罗。沿海商人带来了彻底改变地区战争的枪支，还有棉布、珠子、普通黄铜和铜器、昂贵的餐具和瓷器以及子安贝，以换取盐和象牙。湖区国家似乎并没有组织商队前往海岸，因为据说只有布干达的穆特萨（Mutesa）在 1870 年向桑给巴尔派遣了一个代表团（Zwanenberg & King,1975:150—152;Tosh,1970:105—107,111—117)。

19 世纪肯尼亚的许多社会都是没有首领的(acephalus)。但他们之间的贸易也同样活跃(Ambler,1985)。许多贸易是在邻近的社区之间进行的。例如,卢奥人(the Luo)和古西人(the Gusii)之间有定期贸易。卢奥人出口的商品包括牲畜和奶制品、罐子、鼓、篮子和彩色头饰,以换取古西人的粮食、铁器和珠宝,以及用于制作容器和雕刻的皂石。这种贸易是如此重要,"以至于无论是否有战争,它一直没有中断过。这两个(群体)的妇女和儿童主要负责交易,特别是在敌对时期"(Ochieng,1986:102—103)。姆里乌基(Muriuki,1986:131)也认为,基库尤人和他们的邻居之间的贸易"在紧张甚至敌对时期仍然存在"。基库尤人向马赛人出售粮食、装牛奶的葫芦、烟草、赭石和蜂蜜,以换取牲畜、皮革和毛皮以及皮斗篷。基库尤人还与坎巴人进行贸易。两个群体交换粮食、牲畜、毒药、药品、工具、布匹、毛皮、武器和仪式用物品(Jackson,1986:200,216—225)。卢奥-古西人贸易和基库尤人-马赛-坎巴人(the Kikuyu-Maasai-Kamba)贸易的这些例子在 19 世纪肯尼亚的许多其他社会中都有复制(Wright,1979)。

在本世纪末,基库尤人、马赛人和坎巴人之间的贸易关系由于两个方面的发展变化而恶化。首先,降临在该地区的生态灾难破坏了生产并引发了冲突。第二,斯瓦希里商人的涌入加剧了沿海贸易的竞争。基库尤人憎恨新来的外国商人,而后者也对基库尤人持怀疑态度。[306]在某种程度上,这两个群体都是一些荒诞故事的不幸受害者,这些故事是"坎巴人为了将竞争者(无论是沿海人还是内地人)拒之门外而散布的"(Muriuki,1986:135)。沿海商人到来时,只有少数基库尤商人的生意远及海岸。坎巴人则截然不同。

在 19 世纪,坎巴人是肯尼亚最有活力的远距离贸易商人。他们不仅与肯尼亚中部的所有民族,如恩布(the Embu)、姆贝雷(the Mbeere)、梅鲁(the Meru)和塔拉卡(the Tharaka),以及基库尤人进行贸易,而且还与更西边的古西人、北部的桑布鲁人(the Samburu)和东部的米吉肯达人(the Mijikenda)进行贸易,并向南渗透到坦桑尼亚东北部(Lamphear,1970:80—83)。坎巴人的商业活动在与蒙巴萨开展的贸易中达到了顶峰。我们不知道坎巴人到底是什么时候开始与蒙巴萨贸易的。然而,有一些证据表明，早在 1800 年之前，他们就已经与沿海社区，特别是与米吉肯达人进行贸易。事实上，至少在 1790 年，一些坎巴人社区就已经在沿海地区建立了。

东非历史学家对坎巴人为何成为如此活跃的商人进行了激烈的辩论。一些人强调，坎巴人的领地容易发生干旱和饥荒，在 1790 年至 1830 年期间，这种情况有所增加，因此贸易对坎巴人的生存至关重要（Jackson，1986：213—214；Low，1963：307—318）。其他人则认为，坎巴人的对外贸易倾向得益于他们灵活的家园组织，这种组织鼓励迁移；他们作为猎人的能力，对于获取象牙（销往海岸的主要贸易品）是不可或缺的；他们有生产区域商业所青睐的各种手工艺品的技能（Lamphear，1970：83—86）。最有可能的是，这两类因素的组合起到了一定的作用。无论怎样，坎巴人与东非内陆和海岸其他社会的贸易从 19 世纪初开始增加。

坎巴商队主导了与蒙巴萨的贸易。事实上，如果说坎巴商人将蒙巴萨提升为东非海岸最繁荣的城市，一点也不夸张。坎巴商队带来的主要是象牙，然后带着纺织品、金属制品和珠宝返回。坎巴大商人们组织了由象牙猎人、搬运工和商人组成的公司，代表他们进行贸易，而不太富裕的商人往往亲自参与这些行动。一些大商人的名字、癖好和活动至今仍被人们所铭记，如马库提（Makuti）、穆加尼亚（Muganya）、基通加（Kitonga）以及其中最著名的基维（Kivui）。很少有妇女参与组织沿海商队，尽管"她们在区域间贸易中作用很大"（Jackson，1986：223）。基维变得非常强大，他甚至可以要求生活在他领地边界上的马赛人纳税。[307]事实上，坎巴商人似乎更热衷于将他们的财富投资于政治网络和社会流动方面，而不是生产上。他们的贸易组织很少能在创始人去世后继续存在。这表明，尽管坎巴商人在 19 世纪肯尼亚的大部分地区创建了令人印象深刻的商业帝国，但几乎没有持续的资本积累。

从 1840 年代开始，坎巴人在沿海贸易中的霸权地位已经丧失。有几个因素可以说明这一点。到那时，乌坎巴尼（Ukambani）许多地方的象群已经减少，因此象牙供应也减少了。他们的邻居并不太愿意让坎巴人在他们的领土上猎取象牙。事实上，坎巴人甚至被赶出了其中的一些领土，如姆贝雷。坎巴人与沿海米吉肯达人的关系严重恶化，以至于在 1874 年爆发了一场短暂的战争。坎巴人不同派系之间的内部冲突使情况变得更加糟糕(Lamphear,1970:98—99)。坎巴人未能开发出受沿海商人重视的替代出口商品。好像这还不够,来自蒙巴萨的斯瓦希里商队开始渗透到内陆地区,挑战坎巴人的垄断。到1860年代,斯瓦希里人的贸易经常远至乌干达。用杰克逊(Jackson,1986:230)的话说,坎巴人的沿海贸易变成了"过时的经济努力和零碎、随意的创新勉强拼凑起来的综合业务"。事实上,许多坎巴商人沦为斯瓦希里人这个沿海贸易的新霸主的纯粹代理人或中间人。

在坦桑尼亚,坎巴人的同行是尼亚姆韦齐人,他们开创了从内陆到沿海的贸易联系,尽管不确定这种贸易是何时开始的。但众所周知,沿海商队在1811年已经开始渗透到内地,到1830年代,参与这种贸易的大部分商队仍然属于尼亚姆韦齐和其他内陆民族。关于到访沿海地区的尼亚姆韦齐人的数量有各种估计。有人说,在1880年代,他们中有15,000—20,000人,其他人认为1890年的数字高达10万,或高达尼亚姆韦齐男性人口的三分之一。"如果估计正确的话,这些数字表明劳动力迁移与殖民时期一样广泛"(Iliffe,1979:45)。

起初,这种贸易是用内地的象牙换取沿海地区的纺织品和枪支等进口产品。在本世纪下半叶,由于象牙价格上涨,利润下降,以及从乌尼亚姆韦齐向西推进的象牙边界带来的竞争加剧,沿海商人向内陆渗透的数量急剧增加。就像坎巴人一样,尼亚姆韦齐人不断失去了他们以前的统治地位。尼亚姆韦齐人和其他内陆民族与沿海商人之间的冲突加剧了,因为前者试图通过对后者施加更大的政治控制来弥补他们在经济上的损失。

[308]随着象牙供应的进一步减少,蒂普·蒂布等沿海商人试图在尼亚姆韦齐王国之外建立新的商业帝国,并将其商业活动扩展到扎伊尔。许多来自沿海和内陆的商人转向奴隶贸易,因此奴隶贸易迅速扩大。来自于乌尼亚姆维齐本身的奴隶很少。

东非历史学家们似乎一致认为,沿海贸易对大陆的社会产生了深远的影响。据说,它刺激了现有的地方性和区域性贸易网络;削弱了一些行业,特别是纺织业,并促进了其他行业的发展,如盐和铁的生产,因为这两种产品在商路沿线被广泛交易。事实上,据称商队贸易促进了粮食生产,不仅是因为需求增加,还因为引进原产于美洲的新粮食作物,特别是玉米和木薯。据称，贸易还促进了经济专业化的发展，因为出现了新的职业商人群体、象牙猎人和搬运工。此外，它还促进了文化的混合，特别是斯瓦希里语和伊斯兰教向内地的传播。

但是，有人指出，这种贸易有其黑暗的一面。奴隶贸易给相关社区带来了灾难，它所带来的奴隶制的蔓延撕裂了许多社会结构。内陆地区进口了大规模的枪支，战争局面随之改变，而且有更加暴力、更具破坏性的影响。事实上，沿海和尼亚姆韦齐的大商人都建立了相对庞大的常备军，以保护他们的商业帝国并掠夺奴隶。物质力量的中心逐渐从旧的王朝统治者转向装备精良的冒险家——商人，如蒂普-提布、姆西里、米拉姆博（Mirambo）和恩云古-亚-马韦（Nyungu ya Mawe），他们开拓了自己的酋长国（Kimambo & Temu, 1969; Roberts, 1970; Webster & Unoma, 1975; Alpers, 1975; Iliffe, 1979）。

我们必须抵制将沿海贸易视为 19 世纪东非历史上双重性贸易（the deux ex machina）的诱惑。该贸易的影响远比人们常说的要有限。许多变化是大陆社会内部复杂动态的产物。在评估沿海贸易的经济影响时，积累的问题没有得到系统的解决。无论是来自沿海还是内地的商人，几乎没有证据表明他们对各自的经济有任何重大的生产性投资。从这个意义上，可以说沿海贸易几乎没有促进经济发展。

19 世纪，埃塞俄比亚在非洲的主要贸易伙伴是埃及和苏丹。在本世纪初，埃及是该国食糖、烟草、玻璃器皿、肥皂、橄榄油的主要供应商之一；[309]在本世纪晚期，埃及是该国纺织品、金属和烈酒的主要供应商。到 1880 年代和 1890 年代，埃塞俄比亚对埃及的出口包括毛皮、象牙、麝猫、珍珠、蜂蜜、蜡、树胶和咖啡。这些贸易大部分是通过马萨瓦进行的；1899 年埃塞俄比亚通过马萨瓦进行的贸易中，埃及作为进口来源国排在第六位，作为出口目的地排在第七位。在整个 19 世纪，这个港口一直处于外国统治者的控制之下，首先是土耳其人，然后从 1868 年到 1884 年是埃及人，1885 年后是意大利人（Pankhurst, 1968: 357, 377—379, 386—387）。埃塞俄比亚向苏丹出口的商品与埃及类似，此外还有奴隶、高粱、铁、牲畜、马匹和黄油等；除了制成品外，还进口许多相同的物品，其中一些是苏丹自己从埃及和地中海地区进口的，包括纺织品、地毯和皮革、火器、玛丽亚·特蕾莎银币、餐具、香料和香水（Pankhurst, 1968: 352—353）。

埃塞俄比亚-苏丹贸易的很大一部分是通过位于边境地区的集镇进行的，如位于青尼罗河以西的贝拉尚古尔（Bela Shangur），它为苏丹的森纳尔（Sennar）和埃塞俄比亚西部的奥罗莫国家提供了一个汇合点和交流区。贝拉尚古尔成为伊斯兰教在埃塞俄比亚西部的一个重要传播带，因为从苏丹那边来的许多商人都是埃及穆斯林。该地区也成为两国争夺的地区，特别是在苏丹建立马赫迪统治之后（Triulzi，1975）。如同上面考察的东非沿海贸易一样，一些关于埃塞俄比亚对外贸易的文章集中在奴隶出口的影响上，特别是来自南部高地的奴隶。但阿雷盖（Aregay，1988）认为，在这个地区，咖啡比奴隶重要得多，它为沙瓦王国（the kingdom of Shawa）在 19 世纪的崛起做出了巨大贡献。

埃及和埃塞俄比亚也是苏丹在非洲的主要贸易伙伴。事实上，埃及自古以来就是苏丹的主要贸易伙伴（Belshai，1976：21—25）。正如我们在第九章所看到的，埃及与苏丹的贸易在 19 世纪迅速增加。苏丹也与西部和南部的国家进行贸易。全副武装的贾拉巴商队深入到中部非洲，寻找奴隶和象牙。他们对所遇到的没有首领的社会造成了严重的破坏，其中一些社会被消灭或被迫迁移。组织较好的赞德人和芒贝图人设法遏制了贾拉巴团伙的剥削，但这只是暂时的，因为他们很快就遇到了另一群来自苏丹的掠夺性商人，即所谓的喀土穆人。他们是以喀土穆为基地的奴隶贩子。在科普特（Coptic）埃及人从 1860 年代和 1870 年代接手之前，他们最初是欧洲人。喀土穆人极大地削弱了赞德和芒贝图国家[310]（Birmingham，1976：265—266；Curtin，et. al.，1978：440—442）。喀土穆人还渗透到南部的湖区国家。托什（Tosh，1970：114）告诉我们，他们"掠夺牛群以支付税款"。然而，他们对布干达和布尼奥罗等国的影响似乎相当有限，因为这些国家有能力保护自己。当然，从布干达和布尼奥罗进口的奴隶数量仍然相当少。

苏丹的对外贸易在马赫迪时期出现了相当大的下降，延续了 1870 年代开始的一个趋势。这有几个原因。首先，苏丹在 1887 年至 1889 年期间陷入了与埃塞俄比亚的战争，埃塞俄比亚在第一轮战争中失败，苏丹在第二轮战争中失败。这场战争破坏了两国之间的贸易，阻碍了苏丹通过马萨瓦的出口贸易。苏丹的对外贸易也因英埃当局宣布禁止与马赫迪国家的贸易而受到影响，禁止贸易的目的是使革命国家缺乏武器和弹药。

此外，新政府还对进口货物征收高额税款。新统治者的态度使问题进一步复杂化。他们试图将自己的伊斯兰教区（dar al-Islam）与不信教者居住的地区（the dar al-harb）隔离开来，因此他们对来自他们认为的不信教者居住区的贸易和商人施加限制。在国内，新政府也发起了掠夺统治，因为战利品最初是其主要的收入来源（Nakash，1988a：62—66；1988b：37）。

　　总的来说，在马赫迪时期，苏丹对外贸易的构成发生了变化。某些商品，如烟草，被禁止进口，而奴隶的出口则急剧下降，因为"哈里发（the Khalifa）禁止出口7岁以上的男性，担心他们会被招募到埃及军队，与此同时他还试图增加圣战部队……另外，马赫迪国家似乎无法轻易获得新的奴隶"，因为人们担心掠夺奴隶的袭击可能会导致叛乱并危及政权（Nakash，1988a：65）。人们把注意力转向了象牙。象牙的外部市场很旺盛，但马赫迪国家却无法获得足够的象牙。事实上，随着它失去赤道地区的领土，它的象牙供应也在减少。

货币和信贷

　　货物的交换在东非要么通过易货贸易要么是通过使用货币。在该地区的一些地方，自古以来就使用货币，而在其他地区，在19世纪才开始普及使用。易货交易通常涉及到使用价值标准或记账单位，通常是基于牛、纺织品、铁制品或盐。在一些社会中，易货交易和货币都被用于[311]不同的经济部门或贸易部门。例如，易货贸易用于当地或农村交易，而货币用于城市或对外贸易。在许多社会中，很难从事实上确定易货交易在哪里结束，并由货币交换取而代之。例如，在布尼奥罗，"易货贸易与用子安贝（ensimbi）的贸易同时进行"（Uzoigwe，1979：54）。子安贝可能早在1800年之前就被引入布尼奥罗和其他的湖区国家，尽管它们的使用在19世纪才普及。在乌干达使用的子安贝来自桑给巴尔。有人认为，随着沿海商队贸易的发展，乌干达大规模进口子安贝可能造成了类似于上一章中提到的西非子安贝的贬值（Sundstrom，1974：95）。

　　桑给巴尔本身似乎并没有在贸易中大量使用子安贝。相反，在19世纪，最广泛使用的货币首先是玛丽亚·特蕾莎银币，后来是卢比（Sundstrom，1974：97）。甚至在基督教时代开始之前，东非海岸就已经在使用硬币了。在桑给巴尔发现了亚历山大时代的埃及硬币，这表明在古代埃及和东非海岸之间有一些贸易（Freeman-Grenville，1959：4—6）。在后来的几个世纪里，随着贸易的扩大，东非沿海城市发行了自己的硬币。例如，从十二世纪开始，"至少有七位基尔瓦（Kilwa）统治者，四位桑给巴尔统治者，二十四位摩加迪沙统治者，以他们的名义发行硬币……东非硬币的类型独具一格"（Grenville-Freeman，1974：75）。这些钱币主要是由铜制成的。仅一位收藏家就从摩加迪沙和周边地区找到了近 8000 枚在 1300 至 1700 年间铸造的此类硬币（Grenville-Freeman，1963）。1983 年，远在澳大利亚发现了基尔瓦古币，尽管没有人知道它们是如何到达那里的（Grenville-Freeman，1988）。基尔瓦硬币的铸造一直持续到 19 世纪，但数量很少（Grenville-Freeman，1978：192）。

埃塞俄比亚在古代也曾铸造过硬币，但在 19 世纪之交使用最广泛的货币是盐块，称为阿莫尔（amole）。盐块继续被广泛使用，特别是在南部地区，但它的体积和细分的难度使它不适合用于小买卖或大宗交易。在提格雷（Tigre）和沿海地区，布是主要货币。它很容易被分割成二分之一、四分之一和其他细小份额。铁条已经使用了几个世纪，但到了 19 世纪，北方省份已经停止使用铁条作为货币，尽管在埃塞俄比亚中部和南部的一些地区仍在使用。这些货币得到了补充，后来被玛丽亚·特蕾莎银币取代，这种银币在北非和西亚大部分地区使用。玛丽亚·特蕾莎银币在 18 世纪末或 19 世纪初被引入埃塞俄比亚，被不情愿地渐渐接受了。一开始，[312]维也纳铸造的硬币相当稀少，但在 19 世纪下半叶，它们的供应逐渐增加。当时的做法是，为想要玛丽亚·特蕾莎银币的商人专门铸造，他们支付金属外加佣金。到 1901 年，每年铸造约 150 万银币。

玛丽亚·特蕾莎银币体积过大，由于运输成本的原因，离海岸越远，其价值越高。当时没有小面额的硬币，因此，人们使用盐块、珠子、铁条和子弹作为零钱。因此，可以说玛丽亚·特蕾莎银币和埃塞俄比亚使用的其他货币形成了一个单一的货币体系。在整个 19 世纪，它们之间的汇率变化和波动相当大。更加复杂的是，其他外国货币，如印度卢比和埃及硬币，也在埃塞俄比亚使用，特别是在沿海地区和与苏丹的边界地区。在哈拉尔（Harar），只允许使用当地生产的硬币——马哈-列克（the maha lek）。后来，先是埃及人在 1875 年占领了哈拉尔，然后是梅内利克在

1887 年将哈拉尔并入埃塞俄比亚,马哈-列克才暂停使用。

19 世纪的最后二十年,意大利人试图在他们的殖民地厄立特里亚引入一种新货币,但没有成功;梅内利克更成功地创建了一种国家货币,既作为国家主权的象征,又作为阻止埃塞俄比亚财富因使用外国货币而外流的手段。新货币于 1894 年发行。它包括一种被称为比尔(ber)的一元硬币,以及六种较小的面值,从半元(alad)到贝萨(besa,银币的六十四分之一)。尽管有皇帝本人的告诫,新货币直到进入 20 世纪才取代了玛丽亚·特蕾莎银币和其他货币。然而,事实证明较小的硬币更受欢迎,并很快被采用(Pankhurst,1968:460—494)。

苏丹使用的货币同样五花八门。19 世纪初,货币从高粱或布到珠子、铁块不一而足,还有 1821 年埃及征服苏丹后引入的各种埃及和土耳其货币。新的货币只是逐渐流行起来。1830 年代末,穆罕默德·阿里政权禁止在埃及使用土耳其货币,土耳其货币也随之退出。因此,埃及货币占据了主导地位。这个新的国家在苏丹的货币化过程中扮演了一个矛盾的角色。一方面,通过要求以现金纳税,它鼓励了货币化,但通过转移大量货币向开罗进贡,它又剥夺了国内经济的货币。这使得定期能领到薪水的国家官员能够成为放债人。货币的稀缺,特别是在主要集镇之外和南部,[313]使易货贸易和当地货币的使用得以持续。然而,总的来说,货币化的进程加快了,伴随着市场关系的蔓延,这导致了经济社会和个人关系网络的不断扩大,包括劳动服务甚至婚姻联盟的商业化(Bjorkelo,1989:107—113)。

埃及对苏丹的控制从 1870 年代末开始急剧下降,埃及政权于 1885 年被马赫迪派推翻。作为改造经济和社会以及巩固其权力的一部分,新上台的马赫迪派统治者试图建立一个新型的财政和货币体系。为了削弱旧的商人精英并加强新的权力精英,首都从喀土穆迁至乌姆杜尔曼(Omdurman),并在那里建立了一个中央国库,负责处理马赫迪国家的所有财政事务。后来又建立了五个新的专门国库,以确保受托管理中央国库的技术官僚不会变得过于强大。马赫迪国家还开始用在喀土穆缴获的硬币、贵金属和珠宝铸造自己的硬币。新货币包括金镑、里亚尔(rial)银币和半里亚尔银币。不幸的是:

马赫迪的硬币是由高等级的金银制成的,这导致它们逐渐消失——许多金匠只是将它们熔化成金条或银条,然后出口,主要是出口到埃及。此外,由于没有合适的机器来铸造硬币,这对硬币的耐久性产生了不利影响,硬币用手都可以掰碎(Nakash,1988b:376)。

随着黄金储备的减少,铸币活动暂停了近一年,直到 1886 年底才恢复。政府新建了一个铸币厂,新铸硬币被贬值,并生产了比半里亚尔面值更小的硬币。马赫迪政权试图将该系统变成一个有利可图的收入来源。在实行货币贬值政策的同时,哈里发还试图控制汇率。事实上,外国硬币被哈里发囤积起来,从流通中消失了。马赫迪统治初期的货币政策引发了通货膨胀的压力,而后几年的货币政策则造成了通货紧缩的压力。但这种财政和货币自治的做法在 1898 年被英国殖民时过早地叫停了。

鉴于货币的广泛使用和复杂区域贸易网络的发展,毫无疑问,东非存在着资本市场和各种信贷机构,尽管与北非和西非相比,人们对它们所知甚少。看来,从事对外贸易或长途贸易的私营商人要么为自己融资,[314]从放债人那里借钱,从为其他商人充当代理人开始起步,要么从他们的亲戚和伙伴那里筹集信贷。正如我们在西非看到的那样,一些商人基本上是目标商人,他们定期出售自己生产的货物。小商人有时会积累起足够的钱,然后进入专业商人的行列,这并不罕见。而且还可以获得信贷,尽管成本很高。例如,在 19 世纪初的贡达尔,利率可高达 120%。埃塞俄比亚的利率"随后下降,因为条件更加稳定,现金供应量更大了"(Pankhurst,1968:494)。

直到 20 世纪初,现代银行才在埃塞俄比亚建立起来,或者说,在东非的大部分地区建立起来。在苏丹,"放贷是有利可图的生意,月利率为4%—5%,最高可达 15%"(Bjorkelo,1988:110)。放款人包括大商人和国家官员。在桑给巴尔以及斯瓦希里和索马里一带,银行家的角色由印度人扮演。他们为深入内地的阿拉伯、斯瓦希里和索马里商队商人提供资金,并处理很大一部分出口贸易。尽管伊斯兰教禁止向第三方转让信贷:

在这个以路途遥远和通信缓慢著称的国家，支票和信用证的巨大作用通常由在苏丹和东非进行贸易的商人来实现。在某些情况下，这种支票的贴现率为 200％，考虑到所涉及的风险，这并没有什么不合理，尽管它引起了更多信奉正统做法人士的反对（Sundstrom，1974：36）。

从搬运到铁路

使用驮兽长途运输货物仅限于东非北部国家：苏丹、埃塞俄比亚和索马里。在东非南部国家，即乌干达、坦桑尼亚和肯尼亚的大部分地区，搬运几乎是唯一的运输方式。在埃塞俄比亚高原，根据富商的财富、所运货物的类型和所穿越的地形，他们会选择使用骡、马、骆驼或驴。骆驼比骡或驴贵得多，不过载货也多，所以商人们倾向于使用它们。也有人使用人力搬运，但非常昂贵，尤其是使用奴隶；奴隶的成本是"骡子的两三倍，但（携带）的货物只有骡子的一半。这一因素，加上 19 世纪奴隶成本的稳步上升，很可能导致搬运工的逐渐消失"（Pankhurst，1968：283）。

[315]南方国家长途贸易商队中使用的搬运工人主要是雇佣工人。卡明斯（Cummings，1975，1985）为我们详细介绍了坎巴搬运工的社会起源、招聘程序、工作条件和工资。他们大多是从社会贫困阶层中招募的，特别是那些在周期性干旱期间容易遭受饥荒的人。当然也有少数人是为了寻求旅行的冒险刺激或为自己的企业获得技能和资本而加入。招募过程与仪式相结合；搬运工在出发前领到防护药品并宣誓团结一致。在旅途中，搬运工从事不同的专门工作：有搬运工、厨师、私人仆人、帐篷制作者，以及保护商队的训练有素的战士。他们的报酬用实物支付，这使他们成为潜在的企业家。当斯瓦希里商人在 19 世纪后半叶试图引入现金工资时，许多坎巴搬运工抵制这一措施，因为这有可能使他们作为工人和商人的双重角色解体。抵抗成功了，因为斯瓦希里商人被迫像以前一样向搬运工人支付实物。但这只是一个暂时的胜利。殖民主义就在不远处。相比之下，在坦桑尼亚，搬运工人很容易接受现金工资，每月赚取约 13 先令，几乎与 1935 年的工资相同（Iliffe，1979：45）。搬运工是东非的第一批移民工人。

　　该地区的河流和湖泊也被用于运输。例如,在塔纳湖(Lake Tana)和其他湖泊以及埃塞俄比亚的青尼罗河段,人们使用芦苇和树干制成的船搞运输(Pankhurst,1968:302—303)。上尼罗河地区的希卢克人(the Shilluk)依靠白尼罗河上的独木舟进行短途和长途贸易,也依靠其进行突袭(Mercer,1971:412—413)。维多利亚湖是非洲最大的湖泊,它作为一条贸易路线,在连接湖区各国家方面发挥了重要作用。早在19世纪最后25年沿海商人引进帆船之前,当地人就开始使用了独木舟(Hartwig,1970)。独木舟运输对乌干达南部盛产盐铁的湖区的贸易发展至关重要。许多湖岸市场在乔治湖(Lake George)和爱德华湖(Lake Edward)周围发展起来(Kamuhangire,1979:77—80)。

　　建立现代交通系统的最早尝试是在埃塞俄比亚。1850年代特沃德罗斯统治时期,埃塞俄比亚开始了现代道路建设。道路最初是为军事目的而建造的,为的是方便部队的调动。在梅内利克皇帝时期,道路建设计划加速进行(Pankhurst,1968:284—289)。也是在梅内利克统治时期,开始了现代邮政、电话和电报系统的安装以及铁路的建设。

　　出于经济和军事方面的考虑,梅内利克希望将首都和沿海地区连接起来。他对修建铁路的想法感兴趣由来已久,[316]但他一直等到1889年加冕后,才将特许权授予埃塞俄比亚帝国铁路公司。然而,建设工作直到1897年才在吉布提开始。公司不得不克服来自各方的反对,他们是吉布提的法国人、对埃塞俄比亚许多领地提出要求的意大利人以及担心会破坏泽伊拉贸易的英国人。许多当地人,特别是商人和酋长他们,害怕失去对商队贸易的控制和交通不便给他们带来的相对自主权,因此也反对修建这条铁路。此外,事实证明,在欧洲筹集资金比原先预计的要难。事实上,最初的公司进行了重组,其所有权也几经改变。该线路于1902年修到德雷达瓦(Dire Dawa),1917年通到亚的斯亚贝巴,总长为785公里。这条铁路直接对贸易产生了重大影响。最初的结果之一是大宗商品的进口和出口迅速增加。客运量也迅速增长(Pankhurst,1968:304—341)

　　埃塞俄比亚是东部非洲唯一的,实际上也是非洲仅有的两个逃脱了殖民统治的国家之一。因此,铁路系统,就像埃及几十年前开始的那样,是由当地人主动建设的。而在其他地方,正如在研究西非时所指出的那样,铁路的建设是殖民化进程的一部分。苏丹(Hill,1965)和南部地区、肯尼亚（Hill,1961）、乌干达（O'Connor,1965）和坦桑尼亚（Hill,1962）也都是如此。达利（Daly,1988：201）写道，苏丹的铁路系统"在基奇纳（Kitchener）向马赫迪国家进军时，是一条战略生命线；它不是为民用运输或协助国家的经济发展而设计的"。

在英国修建肯尼亚-乌干达铁路和德国修建坦噶尼喀铁路的过程中，战略和政治考虑也占了很大比重。1895年肯尼亚的铁路在蒙巴萨动工。该线路于1899年通到内罗毕，1902年通到维多利亚湖畔的基苏木（Kisumu），并从那里延伸到乌干达。在坦桑尼亚，铁路建设从达累斯萨拉姆开始。到1896年，从该市出发的第一条25英里的线路已经开通，"其目的是建立两条贯通的支线，一条到维多利亚湖，另一条到坦噶尼喀湖"（Latham,1978a：24）。

铁路的影响怎么强调都不过分。它们促进了殖民化，将这些东非国家纳入了世界资本主义经济，改变了贸易模式，降低了运输成本，并使人力搬运变得过时。肯尼亚-乌干达铁路的影响更大。它把蒙巴萨变成了东非的主要商业中心，并把大量的印度商人和欧洲定居者带到了肯尼亚（Janmohammed,1977,1983;Uzoigwe,1976;Lonsdale,1989b;Zeleza,1989）。

总　结

［317］非洲历史学中的一个主要问题是将区域作为历史单位来定义。很多时候，区域的范畴基于殖民时期的划分，因此，东非通常局限于指在肯尼亚、坦桑尼亚和乌干达等前英国统治的领土（Zeleza,1984,1985a,1990）。在本章中，东非已被扩展到包括今天的索马里、埃塞俄比亚和苏丹。

本章表明，在19世纪，有广泛的相互重叠的贸易网络将这些国家联系起来。这些网络可以分为三大类：第一类是湖间地区；第二类是沿海地区；第三类是苏丹东部，这里指从现代乍得延伸到红海的地区（Kapteijns & Spaulding,1982：29）。这些网络中的每一个以及它们之间的联系在19世纪都变得更加错综复杂。如同在西非和北非，这些网络是由贸易流散者维持的。最著名的包括由斯瓦希里人、尼亚姆韦齐人、坎巴人以及臭名昭著的苏丹贾拉巴团伙和喀土穆人创建的网络。本章还展示了独特的拜把子关系制度是如何为区域间贸易的车轮加油助力的。

因此，东非的贸易发展并不亚于西非或北非，这不会再有疑问。这个地区的悠久历史、市场的组织和结构、货币和信贷系统以及运输与其他两个地区有一些重要的相似之处。例如，一方面，埃塞俄比亚和埃及一样，主动将其通信和运输系统现代化，建造了铁路系统；而在东非其他地区，就像在西非和北非大部分地区一样，铁路建设是欧洲殖民化进程的一部分。

历史学家继续争论国家的作用，或"贸易和政治"之间的联系以及长途贸易对发展的影响。本章认为，虽然该地区的国家尝试通过征税和收费，或通过赞助官方商人和官方贸易流散地等各种尝试，从贸易中获取利益，但私营商人仍然占主导地位，国家控制的程度相当有限；也许只有在苏丹北部是例外，从1821年起埃及将其垄断制度暂时延伸到那里。在评估沿海贸易的影响时，许多历史学家倾向于从发展或不发达的角度来提出问题，这当然无法令人满意，因为它夸大了这种贸易在该地区绝大多数人的经济生活中的相对重要性。

［318］当地贸易、内部贸易和国内贸易比长距离贸易规模更大，也更重要，这一点怎么强调都不为过。尽管如此，仍然可以认为，农业贸易和制造品贸易有助于促进生产，而奴隶贸易却对奴隶出口社会的经济产生了不利的影响。

第十二章　中部非洲和南部非洲的贸易

贸易的组织

[319]与已经讨论过的三个地区相比,对中部非洲和南部非洲贸易发展情况的研究,除了奴隶贸易这一主题外,都是很有限的。例如,在现有的关于非洲经济史的一般调查中,几乎没有讨论过这两个地区内部贸易与外部贸易的区别(Wickins,1981;Austen,1987)。特别是对中部非洲的研究,突出了大西洋奴隶贸易和葡萄牙人的作用(Birmingham,1966;Vansina,1966;Gray & Birmingham,1970;Broadhead,1971;Martin,1972;Miller,1988)。当然,19 世纪这两个地区的贸易与大西洋奴隶贸易或国际贸易相比,要更加活跃。

与 19 世纪初非洲其他地区一样,由于生态系统的多样性和资源分配不均、社会分化和家庭分工,以及国家的资金需求,当地贸易在中部非洲和南部非洲的大部分地区已经存在了几个世纪。贸易是在市场上或通过小贩进行的。除了少数例外,我们对新世纪之交的中部和南部非洲市场的空间和时间组织仍知之甚少。对扎伊尔流域的研究相对较多。范西纳(Vansina,1983:87)告诉我们,早在 1500 年之前该地就已经形成了每周四天的固定市场。到了 19 世纪,集市的举行更加频繁,不过在提奥(Tio)和帖那(Tiene),最重要的集市仍是每周第四天举行,称为姆皮卡(mpi-ka),这一天被视为神圣的日子。有人认为,在这一天举行集市有助于减少矛盾。就实际控制而言,集市在酋长的领土上举行,由他掌控。酋长负责解决争吵和清除捣乱者;作为回报,他有权对市场上所有商品征税

（Harms,1981:72—73)。

　　最大的市场往往位于首都,那里集中了抵押品和消费者,为贸易提供了有利条件。19 世纪最著名的是首都卢安果的布阿(Buah)的市场(Martin,1970:141)和卢阿普拉河(Luapula)上的卡赞贝(Kazembe)首都(Roberts,1976:109)。19 世纪末,[320]主要市场在本-卢卢阿(Ben Lulua)的统治者卡兰巴(kalamba)的首都(Miller,1970:183)和加丹加姆西里(Msiri)的首都布肯亚(Bukenya)发展起来(Roberts,1976:122)。沿着主要的贸易路线也形成了重要的市场,如在连接卡赞贝和东非海岸的坦噶尼喀-尼亚萨走廊上的普潘甘达(Pupanganda)(St. John,1970:209)。最后,还有沿主要河流兴起的大市场,特别是在赞比西河和卢安贡河(Luangwa)交汇处的祖姆博(Zumbo),以及扎伊尔盆地的马莱博湖(Malebo Pool)。祖姆博建立于 18 世纪,其贸易边界发展到包括今天赞比亚、津巴布韦和莫桑比克的许多地区(Sutherland-Har-ris,1970a)。19 世纪下半叶,祖姆博沦为葡萄牙人的天下,成为臭名昭著的奴隶贸易港(Roberts,1976:123—125)。

　　马莱博湖是广袤的扎伊尔流域所有贸易往来必经之地。扎伊尔河沿岸有许多贸易定居点。根据范西纳(Vansina,1983:114—115)的说法,"到 1850 年代,柏罗波(Bolobo)、穆希(Mushie)、邦加(Bonga)、艾尔布(Irebu)、马堪扎(Makandza)、乌普托(Upoto)和博索克(Bosoko)等地,每个地方的人口都超过 10,000 人,组成了 10 至 12 个商行。几个较小的城镇的人口超过 5,000 人"。由于该地区人口密度较低,这些贸易城镇相对来说是人口密集之地。马莱博湖畔本身约有 15,000 人。周边有几个市场——南塔莫(Ntamo)、金沙萨、姆皮拉(Mpila)和姆法瓦(Mfwa),每个市场几乎每天都开业(Vansina,1973:255—256)。其中一些市场,如乌普托,"有两个部分:一个是妇女市场,进行食品交易;另一个是男子市场,出售其他产品"(Harms,1981:73)。这些城镇由建立这些城镇的商行的领导人控制,而不是由比较传统的政治当局控制。

　　中部和南部非洲有几个一体化的区域经济体,每个经济体都有一个中心,连接着众多的地方贸易线路,而这些贸易线路又与不断扩大的世界经济相联系。在 19 世纪,随着区域商业中心和国际贸易的增长,这些贸易环路不断扩大和加强。例如,马莱博湖和祖姆博分别与大西洋和印度洋沿岸的国际贸易相联系。中部非洲和南部非洲腹地的区域商业中心与非洲大陆东西两岸国际贸易体系的联系日益紧密。加丹加地区尤其如此,从 19 世纪中叶开始,该地区就同时进入东非和安哥拉贸易商的势力范围(Katzenellenbogen,1983)。

毋庸讳言,贸易的商品构成因市场而异。例如,在绍纳人中,他们的内部贸易以谷物、盐和铁器为主,[321]而他们的对外贸易则围绕着黄金、铜和象牙的出口,以及纺织品、枪支和其他奢侈品的进口展开(Beach,1977:47—55;1983:258—264)。这种以食品和必需品在当地的国内贸易中占主导地位,而消耗性资产和奢侈品则在对外贸易中占主导地位的模式,在中部非洲和南部非洲的许多社会中得以复制。在扎伊尔盆地,交易的食品包括玉米、木薯、香蕉、花生、棕榈油、鱼和牲畜。其他商品有金属制品,特别是铁器工具以及铁、黄铜和青铜器物,纺织品、串珠、贝壳、瓦器和陶器、盐、独木舟和渔具、烟草、木制品、酒精饮料(如玉米啤酒、糖酒和甘蔗酒)、象牙、奴隶和枪支。货物最集中的地方是马莱博湖市场(Vansina 1973:265—274)。

许多进入区域贸易网络的商品在经过销售和转售的接力后到达最终消费者手中。例如,在安哥拉中部高地奥文本杜人(the Ovimbundu)开发和控制的广泛网络中,"布、串珠、盐和枪支被卖给乔克韦人,换取象牙和蜡,而奴隶、象牙和蜡则来自卢巴(Luba)。维耶(Viye)商人则把这些东西带回高原,然后交易给拜伦杜人(the Bailundu),拜伦杜人把这些货物和农产品运到沿海。维耶商人又把奴隶生意带给洛兹人(the Lozi),洛兹人卖奴隶换牛,再通过葡萄牙商人把奴隶送到沿海地区"(Heywood,1985:252—253)。在缺乏统计数据的情况下,几乎不可能确定不同地区和国家在不同区域贸易网络中的贸易条件和贸易平衡。

现有的少量证据似乎表明,地区贸易对有关商人来说确实是有利可图的。例如,在赞比西河谷,"象牙贸易的利润估计为 500%"(Isaacman & Mandala,1985:216)。据说,在扎伊尔盆地的马莱博湖和上游之间的货物加价高达 500%。扣除雇佣独木舟的运输和交易成本,给船员餐饮和支付报酬,给途经的东道主献礼,确保在遇袭时为商队提供防御等费用之外,商人们仍有丰厚的利润。哈姆斯(Harms,1981:105)写道:"如果商人每年做一趟生意,他可以在两年内收回他的原始投资……他还有平均三年的时间来赚取高额利润,然后再进行新的投资"。

商人资本积累的模式

目前我们对中部非洲和东南非洲的商人如何为其活动筹资以及将其利润进行投资的了解相当有限。[322]最有可能的是参与地方商业的小商贩销售国内盈余。至于参与远距离贸易或对外贸易的职业商人,一些是由国家赞助的,但大多数是自筹资金或从现有的信贷机构筹集资金。国家赞助的商人在不同程度上参与了利润丰厚的商品贸易,如黄金和象牙。根据森德斯特伦(Sundstrom,1974:61—65)的研究,中部非洲至少有十几个社会,它们的酋长或国王垄断或主导对外贸易,而且王室商人是进行贸易的核心。这其中有卢安果、孔戈(Kongo)、本巴(Bemba)、卡赞姆贝(Kazembe)、库巴(Kuba,)加丹加和切瓦(Chewa)。

"垄断"在非洲商业史上是一个经常被滥用的词汇。正如我们在达荷美著名的"王室垄断"中所看到的那样,历史学家有时太过渴望看到实际上并不存在的垄断。中部非洲和南部非洲的许多"王室垄断"很可能同样是不真实的。姆登格(Mudenge,1974,1988:第5章)就已经证实,罗兹维-曼波人(the Rozwi Mambo)并没有像许多历史学家所假设的那样,垄断黄金贸易,更不用说所有的对外贸易了;这并不是说国家没有对这些社会的贸易进行管制,也不是说没有国家支持的商人。这仅仅只是强调,大多数对外贸易都掌握在私营商人手中。

私营商人依靠自己积累的资源,或者利用现有的信贷机构。中部和南部非洲充满了从艰苦和微不足道上升到有显著商业地位和政治权力的故事。特别引人入胜的是奇昆达人(the Chikunda)和科洛洛人(the Kololo)的故事,他们在19世纪,"从受社会压迫的工人转变为劳务承包商"(Isaacman & Mandala,1985:209)。在18世纪,奇昆达人曾是葡萄牙和亚洲庄园主(prazeros)在赞比西河谷的奴隶,他们为其充当搬运工、商人和猎人。由于承受的压力越来越大,他们的条件越来越差。19世纪初,大批奇昆达人起义并逃跑,跻身赞比西河谷和奇里河谷(Tchiri valleys)的民众中,成为独立的经营者。散居在外的奇昆达人利用以前的经验,建立了以象牙贸易为基础的商业企业,他们雇用奴隶劳工从事搬运工作。

直到 1880 年代，"大象群的枯竭和新设立的英国和葡萄牙殖民政权对跨赞比西-奇里边境贸易的限制，标志着奇昆达人作为企业家的日子一去不返"(Isaacman & Mandala, 1985：224—225)。

[323]科洛洛人使自己成为奇里河谷的主要经济和政治力量，他们最初是进贡给布洛齐(Bulozi)的索托-索科托(the Sotho-Sokoto)贵族的劳工，后来在 1850 年代被逼迫替苏格兰传教士利文斯敦博士服务，充当搬运工，利文斯敦将他们带到赞比西河谷。利文斯敦离开后，许多幸存的科洛洛搬运工成为独木舟手，由于需求量大，他们的工资相对较高。利文斯敦回来后，一些人又回到他身边工作，但他们的关系已经发生了变化，因为科洛洛人已经更加意识到自己是工人。1860 年，他们发动起义，与利文斯敦分道扬镳。他们利用手中的枪支维持秩序，对奇里河谷分散的社会提供安全保障，因为这些社会很容易受到奴隶袭击者的蹂躏。随着寻求避难的人被收编，科洛洛人的队伍不断扩大。十年后，科洛洛人成功地在该地区建立了六个小国，这些国家的对外贸易依靠象牙出口。新建立的科洛洛统治阶级利用其获得的国家权力，来动员附庸国和奴隶劳力进行象牙生产和贸易(Mandala, 1977, 1983)。

从奇昆达人和科洛洛人的案例中可以看出，商业积累的过程是在特定的历史环境中发展起来的，它们催生了新的民族和阶级的交融。另一个有启发性的例子是博班吉人(the Bobangi)，这个群体最初是由扎伊尔河沿岸小渔村的人组成。随着 18 世纪和 19 世纪沿河贸易的扩大，博班吉人的统治地位日益增强，因为他们控制了促姆比利(Tchumbiri)和米松格(Missongo)之间的一段关键河段。博班吉人的村镇越来越多地被组织成贸易公司。随着博班吉人将其贸易网络扩展成"大刚果商业圈"，外来群体也被纳入其中，博班吉族的聚居地不断扩大。博班吉族商人在该地区发展和传播共同的贸易语言林加拉语(Lingala)的过程中发挥了重要作用，林加拉语是当今中部非洲的主要语言之一。个别商人与控制不同河段贸易的贸易联盟之间的联系往往通过血缘兄弟关系和婚姻制度来维持。这样建立的伙伴关系可以持续几代人，并可以巩固不同村庄和城镇之间的联系(Harms, 1981：72—81；Vansina, 1973：247—265)。

希望开办或扩大其业务的博班吉商人大多依靠从现有公司获得的工资或利润。哈姆斯(Harms, 1981)的研究是少数几个比较详细地讨论 19

世纪中部非洲商人投资战略问题的研究之一。[324]他表明,随着区域贸易的扩大,以前在早期渔民社区中占主导地位的保险和互惠援助性社会投资的重要性下降了。事实上,它们与旨在促进商业企业发展的资本投资已不可同日而语。许多商人将他们的资金投资于贸易本身:购买或租用独木舟,以及获取贸易货物和劳动力。很少有人投资手工业制造、农业或渔业。声望投资的重要性也在增加,主要用于购买奢华的服饰和贵重金属,最重要的是政治职务和礼仪地位的头衔。商人们通过声望投资来炫耀和消耗他们的财富;通过进一步巩固自己的地位和权力,从而保障他们未来的发展(Harms,1981:163—196)。

信贷机构和货币

有证据表明,在中部和南部非洲的许多社会中存在着信贷机制,商人从此获得贷款,以建立或扩大其业务。森德斯特伦(Sundstrom,1974:34—44)提到了一些这样的社会,并指出,在一些情况下,贷款涉及利息,而在另一些情况下则不涉及。他告诉我们,"在下刚果","有一定数量的本地银行和投资,维利人(the Vili)有一个放债人协会,其职能之一是强制支付债务"(Sundstrom,1974:36)。此外,下刚果也使用信用证,叫米坎达(mukanda),由欧洲商人开具,"在几内亚海岸各地的工厂开具,用于支付货物和服务。这些支票由工厂在进口货物时兑现。这种支票的收款人可能会将其存放数月,或者在支票最终被提交给工厂之前将其转交给第三方"(Sundstrom,1974:36)。在一些社会中,债务人以他们的家属或牲畜作为典当的抵押品。

法律和道德压力被用来对付违约的债务人。在许多社会,如维利、姆邦杜(Mbundu)、切瓦(Chewa)、库巴(Kuba)、卢巴(Luba)和下刚果的很多社会,拖欠债务的人被扣押并强迫劳动,直到还清债务。或者没收债务人的财产。"为了对违约的债务人施加足够的社会压力,债权人可以抓走债务人所在家庭、村庄或部族的成员,或夺取其财产"(Sundstrom,1974:42)。这是基于集体责任的原则,即社区有义务在所有情况下保护其成员的利益。即便违约者死后,他的财产仍要拿来抵债。如果不这样做,可能会使他的整个家庭和社区蒙羞。森德斯特伦(Sundstrom,1974:43)报告了卢安果和下刚果的做法，即：

> [325]在欠债人死亡时，除非所有未偿还的债务都由财产支付，否则债权人会在人来人往的道路边，在行人看得到的地方竖两根柱子，把他悬尸示众。不过这样一来，债权人就丧失了对财产的所有要求。一旦死者的家属和亲属将其埋葬，所有债务在法律上随之失效。在实践中，这种习俗很少用到，因为它所附带的憎恶迫使债务人用遗产还债。

不但许多商人依靠赊账来筹集资金，有的时候，商业活动也是赊账进行的，即一伙商人将货物赊给另一伙商人，待后者将货物卖出后，再得到收益。例如，博班吉商人与控制马莱博湖贸易的提奥（Tio）商人之间的部分贸易就是通过这种方式进行的，这种商业信用形式似乎在该地区其他繁华的商业区得到了广泛的应用。

除了这些信用体系之外，通用货币的发展也促进了贸易的发展。中部和南部非洲的货币史仍有待详细研究，但毫无疑问，交换结构是复杂的。在一些社会中，易货贸易仍占主导地位。易货交易本身就相当复杂，因为它们往往是按照既定规则进行的，而不仅仅是在现场讨价还价的基础上进行的。此外，为了获利，商人必须对各种市场的价值和不足之处有充分的了解，并建立众多的商业三角关系（Sundstrom，1974：66—73）。至于货币，很明显，当时使用了许多货币。事实上，金属货币、布币和贝币在这两个地区的许多社会中已经使用了很长时间。作为货币使用的最重要的金属是铜。在今扎伊尔、赞比亚和津巴布韦的许多地方，铜以各种大小的条状、锭状或手镯的形式使用（Fagan，1970：31—34；Sutherland-Harris，1970b：25l；Birmingham，1983：21，26；Sundstrom，1974：240—246）。黄铜的使用也很广泛，其次是铁币，以条、锭和板块的形状流通（Sundstrom，1974：200—210）。黄金的使用似乎仅限于津巴布韦人，他们用黄金来支付进口商品。

布币也是相当古老的货币。它们在赞比西河谷、津巴布韦高原、孔戈王国（the Kongo kingdom）、卢安果以及安哥拉的乔克韦人和姆本杜人（the Mbundu）中被广泛使用。在其中一些地方，布被认为是高于所有其他货币和贷款的合适媒介（Martin，1970：141—143，1986；Birmingham

1970:170—171,1983:27—28;Miller,1970:183,1983:146—148;Beach,
1983:263 Sundstrom,1974:161—169)。早在 17 世纪,卢安果的酒椰布
币就已经成为非洲中西部的"硬通货"。[326]它一直流通到 18 世纪,不
过"在 19 世纪的商品贸易时期,与布匹和布匹术语相联系的计算方法在
卢安果海岸和整个下扎伊尔地区还在继续使用"(Martin,1986:8)。

在中部非洲被用作货币的贝壳是恩兹姆布贝(nzimbu),其学名为驼
背框螺(olivancillaria nana)。例如,孔戈王国在其全盛时期,已经实行了
以恩兹姆布贝为标准单位的完善的货币体系(Birmingham,1983:27;
Miller,1983:128)。"在孔戈王国和安哥拉,子安贝个体的单位是 40、
100、250、400、500,按体积计量的对应单位有 1,000(funda),10,000(lu-
fuka)、20,000(cofo)和 100,000(bondo),而 2,000 个贝壳被称为马库塔
(makuta),与同名的价值单位等值"(Sundstrom,1974:99)。马库塔成了
一个抽象的记账单位,其他货币都是用它来计算的。

另一种在中部非洲和南部非洲部分地区兼作货币的商品是盐。在
15 和 16 世纪,基萨马(Kisama)产的盐在安哥拉的一些地区被广泛使用
(Birmingham,1970:165)。在马拉维部分地区,盐块是常用的交换单位
(Reefe,1983:172)。根据森德斯特伦(Sundstrom,1974:130),"在中部
非洲,大多数盐的单位在 0.25 公斤到 5 公斤之间",视所购买商品的价
值,它们可以充当"零钱"和"大钱"。

19 世纪,随着贸易量的扩大和区域市场的一体化,货币的使用增多。
随之而来的是某一地区普遍接受一种或两种货币。最好的例子来自扎伊
尔盆地。几个世纪以来,该盆地的不同地区一直在使用各种布币、盐币、
金属币和贝币。19 世纪初,随着区域经济一体化的发展,铜币被普遍接
受。19 世纪下半叶,铜币逐渐被进口的黄铜货币米塔克(mitako)取代。
米塔克与旧布币伊布努(ibuunu)和贝壳币恩基(nji)同时使用。但后者
经常作为米塔克的小额零钱,尽管这三种货币严格来说并不只是彼此的
倍数,因为它们的兑换领域略有不同(Vansina,1973:282—296)。

搬运工和船工

与我们所研究的其他地区不同,在中部和南部非洲,驮畜在提供长途

贸易运输方面几乎没有发挥任何作用。陆路运输几乎完全由搬运工提供，而独木舟则在主要通航河流使用。[327]由于存在采采蝇地带和其他限制因素，动物运输受到阻碍。例如，有人认为，在马达加斯加，由于犍牛被视为神圣的动物，因此禁止使用犍牛。虽然在 19 世纪的前几十年，禁止商业利用犍牛的传统规定逐渐放宽，但由于梅里纳人（the Merina）担心交通工具的改进和现代化会给欧洲人的军事征服带来便利，所以运输仍主要依靠人力。1820 年代，拉达马一世（Radama I）曾发起"一系列的道路和交通改善工程……但 1829 年法国海军的轰炸加剧了这种恐惧，并终结了短暂的运输实验"（Campbell，1980：343）。除了战略上的考虑，搬运工对于梅里纳的政治和商业精英来说也是相对便宜的，因为它是建立在国家强制劳动基础上的，这种劳动既是奴役性的，又是无偿的（Campbell，1980：344—346）。

一些历史学家认为，搬运工的效率很低。当然，效率的问题是相对的。与当时两个地区的其他运输方式相比，人力搬运实际上是相当有效率的。海伍德（Heywood，1985）举例说，牛车在安哥拉中部高原地区没有商业竞争力。她认为，搬运工可以携带多达 35 公斤货物，几乎可以在任何条件下行走，可以走任何可用的路线，而牛车所经区域必须有足够的牧场和水源供应来喂牛。搬运工走完 550 公里的行程要 25 天，而牛车则需要两个月才能完成同样的行程。海伍德（Heywood，1985：246）总结说，"在连接中部非洲中心地带和安哥拉海岸大西洋港口的长途贸易路线上，搬运工是最可靠、最快捷、最便宜的货物运输方式"。搬运工包括奴隶、家属和雇工，不过他们在总劳动力中的相对比例因雇主而异，并随时间而变化。

在 19 世纪上半叶，奴隶和家属似乎占主导地位，此后，随着奴隶贸易的消失，商品生产和贸易的扩大，雇佣劳动变得越来越重要。起初，"自由的"工资劳动者是通过村长招募的，村长收取佣金；而从 1850 年代开始，则是通过当地的企业家（称为 ocimbalo）安排的，他为商队提供搬运工，以获取报酬。最后，人们可以自己加入商队。最大的商队多达 5,000 人，其中包括充当随从的妇女和青年，由奥文本杜（Ovimbundu）统治阶级的成员组织。前往沿海的商队显然比进入内地的商队受到更严格的控制。因此，[328]后一种商队的搬运工人能够发挥他们的创业天赋，将工资转化为商业利润。

事实上,特别是在橡胶繁荣的年代,雇佣的搬运工和小商贩之间的划分越来越模糊。招聘搬运工变得更加困难。搬运服务与贸易活动的结合体现在商队的组织上,特别是从事橡胶贸易的商队的组织上。海伍德(Heywood,1985:253)观察到,"在橡胶繁荣时期","商队通常由 1000 多人组成,进入橡胶生产区后分头行动。这样搬运工就在收集和加工橡胶的河岸上与个体生产者进行一对一的易货交易。类似的安排也适用于蜂蜡贸易,个人交易往往在蜂房完成"。对利润丰厚的商品,特别是橡胶的竞争如此激烈,以至于发展出了"堪巴卢考习俗(cambalucao),即大公司竞相出价,向商队首领提供各种礼物,希望说服他们与这家或那家公司进行竞标……这种交易技巧往往会扩大市场,甚至牵涉到最底层的搬运工人,他们更倾向于运输和销售自己的产品,而不是为他人工作"(Heywood,1985:253)。

竞争压力使许多搬运工人积累了足够的财富,从而成为独立的商人,这有助于削弱奥文本杜社会的依赖关系,这种关系将下层阶级与上层阶级联系在一起。随着本世纪末葡萄牙实施殖民统治,特别是在铁路系统建立后,需要有计划地淘汰搬运工来保证铁路系统的盈利,这些由搬运和贸易重组带来的阶级关系变化停止了,特别是在铁路系统建立之后,铁路系统需要系统地取消搬运工以实现其盈利能力。到了 1914 年,奥文本杜的搬运业基本结束,随之而来的是"卑微的人在有生之年可能升为小官或乡村统治者的社会流动时代的结束"(Heywood,1985:264)。

如果说搬运业在奥文本杜产生了商人,那么它在马达加斯加则催生了奴隶。与奥文本杜的同行不同,马达加斯加的大多数搬运工要么是强迫劳动者,要么是奴隶。国家使用强迫劳力做搬运工,而私营商人则依赖奴隶,奴隶"经常被雇佣出去,或允许自己雇佣出去。在某些情况下,他们再也见不到他们的主人,主人只是从奴隶的收入中提取一定比例的钱"(Campbell,1980:346)。19 世纪期间,奴隶搬运合同制度迅速发展。在塔那那利佛(Antanarivo)出现了一个强大的奴隶主集团,他们与国家关系密切,总部设在塔那那利佛。这些被称为马罗米塔(maromita)或博日扎诺(borizano)的搬运工分为两类:[329]一类是专门搬运货物的人,即姆帕卡(mpaka)或姆匹通德拉-恩塔那(mpitondra entana),另一类是参与运送旅客的人，即姆匹拉贾(mpilanja)。到本世纪末，搬运系统估计雇用了 50,000 至 60,000 名男子，约占伊梅里纳所有奴隶的五分之一。

伴随着搬运系统的发展，搬运工人的集体组织也得到了发展。他们创造了自己的文化，用歌谣和互助制度表达出来，并通过血缘兄弟关系(fatidra)加以巩固，由此产生了一种原贸易联盟运动。搬运工为争取更高的工资和更好的工作条件进行了断断续续的斗争。部分是由于这些斗争的结果，图阿马西纳(Toamasina)和塔那那利佛之间的搬运工资从1866 年的 2 银币上升到 1888 年的 5 银币，1894 年为 8 银币。虽然这些工资仍然很低，但是工资的上涨本身就是对搬运工组织能力的赞誉。搬运工发挥力量最终是因为没有可替代的运输系统。法国对马达加斯加的殖民，以及随后现代公路和铁路运输系统的建成，宣告了搬运工制度的终结(Campbell,1980:350—356)。

在安哥拉中部高地和马达加斯加靠搬运，而在扎伊尔河流域则靠独木舟。哈姆斯(Harms,1981:93)指出，要在该流域进行贸易旅行，"商人需要独木舟、桨手、贸易货物和联络人。与今天在河上看到的独木舟相比，当时的大型贸易独木舟体型巨大。它们平均有 15 米长，但最大的可能超过 20 米，有 60 至 70 名桨手。这些船员大多为富有的商人所拥有，其中一些人拥有四支或更多的船队。没有自己的独木舟的商人则租用独木舟或租用独木舟的空间，划桨者通常是商人的家庭成员，包括亲属和奴隶、雇工，或者是小商贩，这些商贩要出售自己的商品，自愿以划桨来换取免费运输。通常独木舟会组成一个船队，因为单独旅行几乎肯定会招致攻击。贸易之旅是漫长的、艰难的、危险的……一趟旅行不仅要花时间划到目的地再回来，还要花时间捕鱼、休息、在目的地讨价还价，或者可能要等待货物装满独木舟再回来"(Harms,1981:95)。从布班基-伊桑咖(Bobangi Esanga)到促姆比利(Tchumbiri)再回来，平均需要三到四个月的时间。最大的危险来自于天气(不可预测的热带风暴)和海盗。有时为了躲避海盗，独木舟要在夜间行驶。否则在傍晚时分，船员们就会在沙滩或岸上登陆，搭建营地。

河流运输系统与使用搬运工的陆路商队运输系统错综复杂地连接在一起。一般商队由 100 至 500 人组成。[330]商队白天行进，晚上在临时住所扎营。他们在路上买了大部分的食物。商队每经过一个地区，都要向当地酋长支付通行费。"一旦支付了通行费,酋长就会派人用他的铃铛护送商贩通过他的领地"(Vansina,1973:61)。与其他地方的商队一样,商队有一个职业等级制度,包括一个领导者,负责维持内部纪律,并在旅途中进行一切必要的谈判。陆路商队运送货物往返于扎伊尔河及遍布于其主要支流沿线的集市村庄和城镇。因此,这两种运输形式是综合运输系统的一部分,促进和维持了扎伊尔盆地的贸易。

在沿赞比西河和奇里河兴起的商业网络中,独木舟和搬运也构成了运输系统的一部分。事实上,在这里,同一群人,即奇昆达人和科洛洛人,既是搬运工,又是独木舟船员。在陆地上,他们是搬运工,而在横渡或沿赞比西河和奇里河行驶时,他们就成了独木舟手。奇昆达商队通常载有200人,他们运送各种货物,最远到加丹加的达隆达国(Lunda)卡赞贝(Kazembe),最南到达绍纳国(Shona)曼尼卡(Manyika)和姆文内穆拉帕(Mwenemutapa)。商队的领头人被称为姆萨姆巴茨(Musambadzi),他决定着商队的成败,因此他解决争端,与商队途经之地的统治者进行协商,选择营地,并在那里建立临时的过夜休息点(Misasa),并进行贸易谈判。当然,姆萨姆巴茨的商业头脑本身还不足以确保商队的成功。正如艾萨克曼和曼达拉(Isaacman & Mandala,1985:214—215)所认为的,"商队的成功还取决于搬运工的膂力和独木舟手的技能",他们必须长途搬运重物,并穿越险峻的河流。

后来,流散的奇昆达人建立自己的贸易企业时发现,由于自身人数较少,他们很难利用自己的劳动力进行运输,或者由于缺乏政治权力,他们也无法招到进贡的劳役和强迫的劳动力。当地人则"害怕穿越未知的危险地区,拒绝充当搬运工……结果,奇昆达人和他们以前的庄园主人一样,开始依赖奴隶劳动"(Isaacman & Mandala,1985:222)。

与奇昆达搬运工起初是奴隶不同的是,科洛洛搬运工起初是进贡的劳工。在为利文斯敦工作时,他们经常通过跳舞和娱乐取悦沿途村民以及通过狩猎和采集来补充他们微薄的食物供应。当利文斯敦离开后,他们把自己作为独木舟桨手和船员承包给其他雇主。[331]他们的命运由此开始好转。难怪当利文斯敦回来时,他们不能接受与利文斯敦原先达成的安排。科洛洛人通过操纵地方政治,把自己变成了奇里河谷的统治贵族后,他们以从臣民身上榨取的进贡劳动和强迫劳动为基础,组织了自己的商队。他们还通过向横渡奇里河的商队出租独木舟和划桨者而获利。为了维持对河道贸易的垄断，他们禁止当地的芒安贾人（the Mang'anja）拥有独木舟。

从 1860 年代开始，随着欧洲商人和殖民者在奇里高地的数量增加，科洛洛人利用他们的权力提供搬运工，并抽取其部分工资作为提成。没有提供足够搬运工的地方首领往往被废黜，取而代之的是更加顺从的首领。由于他们从搬运工的工资中直接获利，"科洛洛人支持劳工增加工资的要求，以此来提高自己的份额。当欧洲人拒绝提高工资时，科洛洛人毫不犹豫地不再提供劳工服务"（Isaacman & Mandala，1985：236）。

搬运工人则通过拒绝搬运超大包裹和偷窃，作为自己的反剥削斗争。用艾萨克曼和曼达拉（Isaacman & Mandala，1985：257）的话来说，"超过 50 磅的货物，不断地被留在酋长的法庭上。芒安贾搬运工在这方面是如此成功，以至于在 1880 年代和 1890 年代，50 磅成了通过奇里山谷的所有货物的标准重量"。搬运工们通过偷窃不仅打击了雇主，而且还试图限制科洛洛人抽取其工资的提成份额。

奇昆达和科洛洛搬运工以及独木舟手的案例表明了 19 世纪南部非洲工人阶级形成的复杂模式，以及运输工人为改善工资和工作条件而进行的斗争。这些斗争在一定程度上成功地将奇昆达和科洛洛搬运工人本身转变为独立的商人，他们转而雇佣其他人做搬运工和独木舟手，从这些人身上出现了新的斗争形式。如同在安哥拉中部高地一样，随着葡萄牙和英国在该地区实行殖民统治，以及 20 世纪初铁路系统的引入，这一正在上演的社会经济戏剧拉开了帷幕。

殖民贸易

早在 19 世纪最后 25 年欧洲人争夺非洲之前，中部和南部非洲就有几块殖民飞地，主要在今天的安哥拉和南非。这些飞地的生存在很大程度上依赖同邻近非洲社区的贸易，以及从邻近非洲社区获得的劳动力。[332]葡萄牙人最先试图在这些地区建立殖民帝国，但到 1800 年，经过三个世纪的努力几乎没有任何进展。罗安达，葡萄牙在安哥拉的殖民飞地的首都，是一个破旧的城市，没有什么可供贸易。班德（Bender，1978：66）

写道："罗安达的衰落在 19 世纪初被注意到,到了 19 世纪中叶已经衰败不堪……赌博、酗酒和放荡形骸是欧洲人的关注点,他们乐此不疲,许多财富、妻子和生命因此得得失失。"

安哥拉的殖民经济刚刚起步,其脆弱的种植园和渔业为葡萄牙定居者提供了很少的就业机会。这些人中的大多数是犯罪分子(degreda-dos),由政府运送过来为葡萄牙殖民和占领中部非洲开路。因此,许多定居者转而从事贸易。正如第二章所示,安哥拉成为大西洋奴隶贸易的主要中心,但随着 19 世纪下半叶奴隶贸易的结束,许多葡萄牙商人被迫离开内地,"从而丧失了葡萄牙在内地几乎唯一的主权标志"(Bender,1978:66)。在安哥拉南部,许多葡萄牙人成为流浪商贩或行商(被称为 fun-antes)。流浪商贩通常把他们的货物赊卖给非洲酋长和内地的商人。他们自己"也向沿海商人赊账取得贸易货物,而沿海商人有时又欠里斯本资本家的债务"(Clarence-Smith,1979b:66)。流浪商贩相当脆弱,因为他们受沿海债权人的约束,但却没有有效的手段来强制独立的非洲酋长和商人还债。

但是,流浪商贩的脆弱性被某些主要商品在内陆地区与沿海地区的差价所补偿。例如,"1896 年,一头牛在威拉高原(Huila hignlands)可以用 1 英镑至 1.5 英镑的价格买到,而在沿海地区的售价约为 3.25 英镑。在 1900 年,一磅橡胶在安哥拉东部卖 3 便士,在沿海地区卖 15 便士"(Clarence-Smith,1979b:66)。不足为奇的是,依托不同殖民港口的葡萄牙商人之间有激烈的竞争,而他们和非洲商人之间也有竞争,因为非洲商队会从内陆到访海岸。葡萄牙人自己组建了由雇佣的搬运工或奴隶组成的商队,不过他们未能与非洲商队进行有效竞争。随着南非布尔移民的到来,一种新的运输模式被引入安哥拉南部。布尔牛车,虽然更昂贵,比用头顶重物来搬运慢,但在 1890 年代和 1900 年代,由于橡胶繁荣和搬运工的严重短缺,牛车是不可或缺的运输工具(Clarence-Smith,1979b:66)。

[333]南非的殖民经济,或者更确切地说是经济,比安哥拉更有活力。19 世纪初,南非的殖民定居点仅限于开普殖民地,该殖民地自 17 世纪中叶起至 1795 年一直是荷兰东印度公司(VOC)的殖民地。在 1795 年到 1814 年之间,开普由英国和弗罗因德(Freund,1989)所说的巴达维亚

(Batavian)"过渡政府"交替统治。开普是作为一个贸易站建立的，贸易一直是其发展的核心。贸易有四种类型：在殖民地边界内进行的贸易；殖民地与邻近非洲社区之间的贸易；殖民地之间的贸易；以及与国际经济体的贸易。在本章中，我们主要关注前三种贸易，部分原因是本章讨论的是内部贸易，部分原因是如罗斯（Ross,1989:254）所言，"在新世界经常以出口为主导的经济中，出口从未发挥过主导作用。除了捕猎大象之外……没有任何部门是以出口为目的，甚至主要是为海外市场生产的"。

在荷兰东印度公司统治时期，公司有合法权利对开普的内外贸易实行垄断。实际上，它控制殖民地主要产品（葡萄酒、小麦和肉类）销售的努力远远没有达到垄断的程度（Ross,1989:246—248）。从1795年起，英国开始实行内部贸易自由化，尽管"所有的过渡政府都继续制定主食价格，并对进入开普敦的农产品征税"（Freund,1989:329）。开普敦是殖民地的商业中心，但在19世纪的前几十年，开普敦"商人社区的地位仍然岌岌可危。英国定居者中出现了许多破产现象"（Ross,1989:266）。

直到1820年代，情况才开始改善，开普敦的主要商人和商行开始稳定下来。随之而来的是零售和分销系统的变化。与以前几乎家家户户都参与贸易，一般商人占主导地位不同，从1820年代开始，出现了专业化的趋势，越来越多的生意在特定的商店里进行，而不是像以前那样在私人住宅里进行。葡萄酒和肉类的销售由大商人控制，而蛋糕、饼干、鱼、水果和蔬菜的零售则主要由奴隶掌握，他们中的一些人设法积累了足够的资本来换取自己的解放。许多被解放的奴隶转而从事开普敦的小规模贸易和手工业，并逐步发展起来，部分原因是他们很难获得土地和其他生产机会（Elphick & Shell,1989:214—224;Armstrong & Warden,1989）。

[334]在开普殖民地的乡村地区，贸易主要由行商（smousen）竞争。"通常是荷兰人，后来，英国的年轻人以商人身份进行了多次旅行，通常不切实际地希望积累起他们所需的资本，以获得更长久和更稳定的生意。为此，他们首先从开普敦或格雷厄姆斯敦（Grahamstown）的大商人那里借来资金"（Ross,1989:267）。随着开普敦以外越来越多的小城镇建立起较大的商行，出现定居的商人，行商的地位变得越来越脆弱。

由于开普殖民地的边界不断扩大，开普"内部贸易"的空间环境始终处于变化之中。最早与殖民者建立贸易关系的土著人是科伊桑人。到了

1800 年,开普-科伊桑人的贸易早已变得微不足道,因为科伊桑人的社会因布尔人的"边境"战争、疾病和异族通婚而无可挽回地崩溃了。自 17 世纪中叶以来,科伊桑人逐渐失去了土地、牛群和经济独立,这削弱了他们自我繁衍的能力。那些幸存下来的人被纳入开普经济,成为廉价的、强制劳动力(Elphick,1977,1989)。

19 世纪初,定居者从他们在开普的基地出发,将他们的贸易、农业和政治边界向北和向东扩展。定居者在边境地区进行贸易的主要工具是类似突击队的团伙,它也被用来进行袭击和狩猎。不足为奇的是,他们与土著人之间的边境贸易经常"演变成明显不平等的易货贸易,不平等的易货贸易演变成偷窃,偷窃演变成突击队有组织的突袭,这也是第一次'边境战争'的特点……因此,贸易和战争只是一枚硬币的两面"(Legassick,1980:65)。在北部边境,贸易是与格里夸人(the Griqua)和索托-茨瓦纳人(Sotho-Tswana)进行的(Legassick,1989);而在东部边境,贸易是与科萨人进行的(Giliomee,1989)。殖民商人从非洲社区寻求的最重要的产品是发展牧业的牛、能养活自己和劳工的谷物,以及用于出口的象牙。作为回报,后者主要购买烟草和金属制品。

例如,庞多兰(Pondoland)成为殖民商人所有商品的主要供应地。到 1830 年代,定居者定期开展"主要针对象牙贸易的贸易远征,往返于东开普殖民地和纳塔尔港,中间经过庞多兰"。到 1850 年代,庞多兰的大部分大象都被灭绝了。随后几代涌向庞多兰的定居商人继而被该国的牛所吸引,他们买走牛然后到殖民市场上出售。[335]很难估计每年从庞多兰卖走的牛的数量,但贝纳特(Beinart,1980b:137)指出,"在瘟疫发生前的十年里,庞多兰东部的一家大型贸易公司每年通常会将 500 到 1000 头牛送到皮特-马里茨堡(Pieter- maritzburg)。其他贸易公司可能会与他们竞争,竞争对手中还会有一些更小的经营者"。此外,庞多兰还出口了大量的牛皮。从 1860 年代开始,由于肺病和干旱的蔓延,加上棉纺织品和毛毯更容易获得,导致当地对制作革盾牌和服装的牛皮需求下降,这使得牛皮贸易迅速增加。事实上,到 1870 年代,毛毯是庞多兰的主要进口品。纳塔尔暴发牲畜疾病后政府鼓励从国外进口牛,特别是从马达加斯加进口。1875 年至 1909 年间,纳塔尔进口的牛不少于 80% 由马达加斯加提供(Campbell,1990—91:116)。

1870 年之前,欧洲商人主导了开普贸易。在纳塔尔,欧洲人开始面临来自亚洲商人的竞争。亚洲商人因为"印度、东非和毛里求斯的经济机会缩小或有限,(而他们)在贸易、信贷扩展和金融方面的长期海外联系以及纳塔尔商业前景的吸引力来到此地"(Padayachee & Morrell,1991:76)。商人有两类,一类是作为印度客商而来的大商人,另一类是小商贩(dukawallahs),其中许多人最初是作为契约劳工而来的。这些商人在扩大殖民地的商业网络方面发挥了重要作用。他们深入内地,与非洲社区进行贸易。欧洲的小店主发现越来越难以竞争,于是他们非常气愤。印度商人的成功得益于他们的贸易技能,以及他们的非正式信贷和借贷系统的活力,这是迫于他们接触欧洲人控制的银行和信贷机构的机会有限,这些机构将他们排除在外,或者印度人出于经济和宗教原因刻意避开这些机构。到了本世纪末,由于对他们的种族歧视和法律骚扰的制度化,再加上纳塔尔经济的萧条,随着印度企业从纳塔尔扩展到德兰士瓦后大家族商业关系的松动,以及金融资本在南非经济生活中的主导地位日益增强,印度商人逐渐被边缘化(Padayachee & Morrell,1991:77—93)。

到 19 世纪中叶,除了英国的开普和纳塔尔殖民地外,在今天的南非还建立了两个布尔人的殖民地——奥兰治自由邦和德兰士瓦。这导致了第三种贸易的发展,即殖民地之间的贸易。例如,我们在第 5 章中指出,开普殖民地是纳塔尔食糖的主要市场。1865 年,两个英国殖民地之间的进出口贸易总额约为 10.2 万英镑,其中三分之二是开普对纳塔尔的出口。[336]总的来说,开普与纳塔尔的贸易额占其对外贸易总额的比例不到 2%(Houghton & Dagut,1972:133)。1860 年代初,有人试图在两个殖民地之间建立所谓的"自由互惠的海岸贸易",但被开普拒绝了(Houghton & Dagut,1972:130—132)。随着 1870—1880 年代采矿业的发展,殖民地间贸易的数量和价值大大扩展。正如我们在第八章中所看到的,矿业革命加速了城市化进程,为工业化奠定了基础,这些都导致了内部市场的迅速发展。

随着南非贸易的扩大,对货币、信贷和银行机构的需求增加。19 世纪初,开普殖民地的货币,用德·基尔韦特(de Kiewet,1957:36)的话说,"给人的印象是一个钱币大杂烩。有印度的莫赫(Mohurs)金币和卢比、马德拉斯(Madras)的宝塔币(pagodas)、西班牙及其帝国的约翰纳金币

(johannas)、达布隆金币(doubloons)和银币(dollars)、威尼斯的珠片(se-quins)、英国的金币和先令。大部分货币都是纸质的里克斯元(Rix dollar)，印在劣质的纸上，很容易被污损，而且伪造得很厉害"。新的英国政府试图通过印刷更多的里克斯元来为其公共开支提供资金。结果是通货膨胀急剧上升，里克斯元不断崩溃。1825年，英国的硬币和本票取代了里克斯元。此举在开普殖民地受到了强烈的抗议，因为英国财政部规定，将里克斯元兑换成英镑的比率很低，导致殖民地钱财受损。1841年，里克斯元不再是法定货币，开普殖民地也因此更牢固地融入了大英帝国。新殖民地成立后，英国的硬币也推广到了纳塔尔。

但这些举措并没有解决殖民地的货币问题。首先，钱永远不够用。例如，在开普殖民地，1855年流通的硬币数额在60万至80万英镑之间，1865年增加到210万英镑，而纳塔尔的银行纸币数额在8,000至10,000英镑之间(Houghton & Dagut,1972:148)。货币和信贷的短缺导致了高利率，抑制了贸易、投资和经济增长。如果说英国殖民地的问题是缺钱的话，那么布尔殖民地的问题就是货币供应过剩。在德兰士瓦，1865年，所谓的南非共和国成立5年后，国家开始发行以政府农场为抵押的纸币。地主们也发行了自己的纸币。此外，正如特拉匹多(Trapido,1980:352—353)所观察到的那样，"神职人员、商人和私人都发行了信用票据，由于货币混乱，这些票据被称为好皮毛(good-furs)。共和国的货币在大多数商业交易中是不被接受的，[337]有的时候连政府部门也拒绝接受所谓的合法借贷货币"，这一点也不奇怪。直到采矿业发展起来，德兰士瓦的经济和金融体系才有了更安全的基础。

正如人们所预料的那样，英国的信贷和银行服务比布尔人的殖民地更发达。19世纪初，大部分信贷安排都是非正式的。在银行成立之前，开普殖民地的富商充当金融家和银行家。他们向其客户，特别是生产羊毛的农民提供信贷。"他们的票据开始流通，由其开普敦办事处承兑。当这种做法停止后，他们成为银行董事会的代表"(Kirk,1980:231)。机构信贷的最大来源是教会和孤儿院，它们负责管理死在开普殖民地又没有继承人的公司官员的遗产。这两个机构都参与了长期抵押贷款的融资。短期商业信贷通常从私人贷款人和持证拍卖商那里获得。后来银行成为商业信贷的重要来源。

开普殖民地的第一家银行是 1793 年成立的贷款银行。它最初的功能是"抵押贷款机构和典当经纪人的结合，以不动产和贵重物品（如贵金属和珠宝）为抵押进行放贷"（Ross，1989：261）。它在 1822 年才开始接受存款。另一家银行——贴现银行（Discount Bank）成立于 1808 年，它提供短期贷款，同时也向开普敦居民募集存款。这两家银行都是国有的。

1830 年代前，政府阻止任何组建私人银行的尝试。开普殖民地的第一家私人银行——好望角银行（the Cape of Good Hope Bank）成立于 1837 年。之后很快就有其他银行成立，特别是在 1850 年代和 1860 年代。例如，仅在 1859 年至 1862 年间，开普殖民地的银行数量就从 16 家增加到 29 家，合计资本从 230 万英镑增加到 340 万英镑（Amphlett，1914：9）。布尔人的两个殖民地都依赖开普殖民地和纳塔尔的银行的保护。1860 年代和 1870 年代，德兰士瓦试图建立银行的努力以失败告终。1860 年代在开普殖民地建立的最大、最著名的银行之一是标准银行，成立于 1862 年，资本金 100 万英镑，次年增加到 200 万英镑。该银行迅速成为南非最大的银行，分支机构遍布全国各地。事实上，到 20 世纪，它已经在莱索托、津巴布韦、赞比亚、莫桑比克、马拉维建立了分行，最远遍及扎伊尔、桑给巴尔和肯尼亚。到 1913 年，该银行总共有 215 家分行，比1900 年的 99 家和 1863 年的 18 家有大幅增加（Amphlett，1914：199）。

[338]南非银行业的发展突出了这样一个事实：从 19 世纪中期开始，南非国内的资本主义诞生了，南非融入世界资本主义体系的速度比南部非洲任何地方都要快。20 世纪初，南非银行的触角在南部非洲、中部非洲和东部非洲蔓延，这表明南非逐渐成为次区域的大都会，这一进程得到了以南非为中心的区域交通和通信基础设施发展的支持。

交　通

在 1870 年代修建铁路之前，南非的商人都是靠四轮货车运输货物。直到 1870 年，全国的铁路还不到 70 英里。到 1886 年，开普殖民地已建成 1000 英里铁路，耗资 1400 万英镑，其中大部分来自公共资金。因此铁路直到 1880 年代和 1890 年代才产生了很大的影响。之前是牛车占上风，它们在泥泞的道路上行驶，翻过无路可走的沟壑，越过陡峭的山丘，穿过崎岖的山谷。但牛车代价高且速度慢。在 1850 年代中期,一辆牛车的价格在 50 英镑以上,这是一笔数目不菲的钱(Beinart,1980b:141)。例如,伊丽莎白港和布隆方丹之间的旅程不仅"花了三个月……每辆牛车需要大约 50 头牛牵拉"(Houghton & Dagut,1972:110)。这在一定程度上反映了大多数长途路程的糟糕状况。牛车的移动速度也取决于草地的状况。正如德·基尔韦特(de Kiewet,1957:98)所说:"糟糕的草地削弱了牛车的动力;草的长势不好牛就羸弱,长势茂盛牛就有力气。这就是为什么当道路状况良好、牲畜营养充足时,牛车的运载成本为 15 英镑一吨,而当道路状况不佳、牲畜憔悴时,牛车的运载成本为 30 英镑一吨的原因。"

牛车已被视为布尔人质朴的典型象征。但布尔人并不是唯一的运输者骑手。从科伊桑人开始,有许多非洲企业家从事骑行运输(Elphick & Malherbe,1989:29)。他们常常把骑行运输赚来的钱投资于土地、牲畜和企业的改进,骑行运输与农业之间的联系确实很密切。1870 年代,在农民鼎盛时期,"许多农民在自家的庄稼收割后就用牛车搞运输",将庄稼运往市场,"用牛马运输也是赚取足够的钱来获得土地的便捷手段"(Bundy,1979:77)。

19 世纪的最后 25 年,铁路网的扩张给非洲和欧洲的运输骑手带来了灾难。前者的命运更糟糕,因为这时非洲农业面临的压力也在加剧,[339]其目的是消除非洲农民对定居农民的竞争,迫使他们成为后者以及采矿业的劳工。因此,非洲运输骑手及其牛车和马车的消亡,代表着在南非迅速扩张和工业化的种族资本主义中,非洲人积累资本的机会越来越少。

总　结

很明显,需要对中部非洲和南部非洲进行更多的研究,才能对市场的结构和组织、各种区域贸易体系的发展以及货币和信贷机构的演变得出更明确的结论。现有的证据表明,这两个地区的贸易范围并不亚于前几章所考虑的三个地区,而且随着 19 世纪的发展,贸易网络不断扩大,相互之间的联系更加紧密,这促进了更加一体化的区域经济的发展。

河流流域,特别是扎伊尔河和赞比西河流域,似乎是主要的贸易路线,一些主要的区域贸易中心在这些路线上发展和繁荣。毫不奇怪,搬运业和独木舟密切相关。正如我们所看到的,一些群体,如齐昆达人和科洛洛人,既是搬运工又是独木舟手。看来,搬运和独木舟的发展足以抵消没有驮兽而带来的任何不利影响。有许多研究清楚地表明,例如,搬运比牛车运输更"有效"。

对这两个地区的研究也提出了一些有趣的问题,例如,关于商人资本积累的模式。正如本章所示,有些人利用现有的信贷机构和社会支持网络为贸易企业筹集资金。另一些人则从赤贫中崛起,利用他们作为搬运工赚取的工资或超凡的狩猎技能,确立了自己的贸易地位。在某些情况下,商人将他们新发现的财富转化为政治权力,反过来,他们又利用这些权力来促进其贸易利益。扎伊尔盆地的研究结果所提供的有关商人投资利润方式的描述令人神往。中部非洲的整体数据为信用体系的道德经济提供了宝贵的见解,它揭示了该体系是由道德惩戒和社会制裁支撑的,而不仅仅是经济和法律压力。

此外,这两个地区还为欧洲殖民飞地的贸易发展和经济发展提供了重要材料。再次,葡萄牙人在建立可行的贸易企业方面,似乎和他们在农业方面一样差劲。南非殖民地的贸易,尤其是开普殖民地的贸易,[340]尽管存在着交通不便、货币不可靠、市场变化无常等严重的磨合问题,但还是比较活跃的。在矿业革命之前,贸易稳步增长,之后会随着新的城市和城镇的兴起而爆发。但是,正如定居者的农业和采矿业本身一样,这不是简单的经济胜利。它的基础植根于"原始积累"的动力。殖民者与土著社区之间的贸易关系往往与抢劫和战争无异。殖民者利用类似突击队的手段与非洲人进行贸易;同时,他们还利用法律和政治骚扰来强迫印度商人退出并使其边缘化。

第五部分　国际贸易和帝国主义

第十三章　北非:债务帝国主义

对欧贸易的增长

[343]到 18 世纪末,北非国家已经与非洲、亚洲和欧洲各国建立了广泛的国际贸易网络。本章研究北非国家与西欧国家之间的贸易,因为西欧国家会逐渐成为主导。

有一些证据表明,这种贸易是一种新的发展。例如,1783 年埃及的贸易数字显示,埃及对外贸易的 44.4%是与包括叙利亚在内的奥斯曼帝国进行的,34.5%是与沙特的吉达(Jedda)。欧洲以 14.2%远远落后(Walz,1978:62;Owen,1981:52)。马格里布没有可比较的数字,但似乎其与欧洲的贸易比与埃及更重要。

由于数据的不足和不准确,很难讨论 18 世纪末北非与亚洲和欧洲的贸易平衡和国际收支情况。1783 年埃及对外贸易的数字表明,埃及与奥斯曼帝国的贸易顺差为 1.255 亿帕拉,与吉达的贸易逆差为 1.912 亿帕拉,与欧洲的贸易逆差为 1340 万帕拉。关于贸易构成,我们知道的还有很多。马格里布国家对欧洲的主要出口商品包括橄榄油、谷物,特别是小麦、皮毛和皮革、未加工的羊毛和毛织品(Issawi,1982:34)。谷物的出口量相当大。例如,1790 年代前,"无论年景好坏,突尼斯都是欧洲的粮仓之一"(Valensi 1985:221—222)。

居住在北非的欧洲商人被限制在自己的住处。他们通常是贸易公司的代表,比其他外国商人享有相对更多的特权,这要归功于奥斯曼帝国与几个欧洲国家签订的投降条约所提供的保护,以及代表其政府的欧洲领事的存在。这些条约使外国商人免受当地法律的约束，并对进出口关税进行了限制。

但这些特权并不是一成不变的。随着 18 世纪当地货币的贬值，北非各国政府对关税收入的减少做出了反应，他们征收额外的关税、实施垄断和发布禁令，特别是对出口，因为当时[344]"在北非，很可能还有其他地方，人们认为出口使国家贫困，而向异教徒销售是不道德的"(Issawi，1982：18)。伊萨维(Issawi)认为，这种反商业主义政策的基本原因在于"这些国家社会力量的平衡。占主导地位的是官僚和士兵，他们对经济事务的兴趣仅限于税收和供给"(Issawi，1982：17)。欧洲商人与北非政府之间的斗争是 19 世纪欧洲帝国主义和殖民主义势力兴起的主要力量之一(Deeb，1978)。

19 世纪，西欧逐渐成为北非的主要贸易伙伴。当时西欧正在实现工业化，寻找原材料来源、制成品市场以及投资和人口定居的出路。就其本身而言，北非正在努力从奥斯曼人手中争取独立，并保护自己不受欧洲人的侵犯，1798 年拿破仑入侵埃及就是前车之鉴。这要求北非国家扩充其军队和经济并使之现代化，这就需要与威胁其自治的欧洲进行更多的贸易。因此，欧洲的工业化和北非的现代化被锁定在一个致命的结合中，其最终产物就是殖民化。

三个主要因素促进了欧洲与北非贸易的扩张。首先，居住在该地区的欧洲商人数量大增。第二，19 世纪中叶引进了蒸汽船，蒸汽船的速度比帆船快，受天气危害的影响也小，加快了贸易节奏，也有助于降低海运费率，使更多的商人能够加入到贸易中来。第三，欧洲政府开始发挥更积极的作用，力求保护其商人的商业利益。他们对北非各国政府施加了巨大的压力，要求他们废除贸易垄断政策和做法，向欧洲商人开放经济(Owen，1981：88—91)。

正如我们在第七章中所看到的，垄断制度在国内贸易中被广泛使用。这个制度符合统治国家的军事首领及寡头的利益，但却为无依无靠的农民、本土商人及外国商人所诟病。他们的联合反对最终成功地让国家放松了控制。许多历史学家认为，垄断制度在使国家富强的同时，使农民贫困化，也削弱了本土商人的实力。因此，当垄断制度后来被废除时，本土商人已没有能力与外国商人竞争。

[345]事实上,垄断制度在运作期间对欧洲商人有利。例如在阿尔及利亚,"尽管国家对这些垄断机构控制得很紧,但法国公司常常投诉阿尔及利亚商人,因为这些商人自己设法与马赛商人开展过多的交易,于是国家对此进行打击"(Bennoune,1988:30)。该制度不仅成功地将北非商人从国际贸易中排除出去,还促使他们中的许多人依附于欧洲商人,成为被保护者,并被限制在港口内。在摩洛哥,被保护人不受摩洛哥当局管辖,包括纳税。这促使许多富有的摩洛哥人成为受保护人,这样一来国家无法向他们收税,只能迫使其余人口增加税收(Ponasik,1977:204—205)。最后,通过扼杀当地的商业活动,该制度为欧洲人统治国内市场铺平了道路,因为这些北非国家在 19 世纪期间牢牢地嵌入了世界资本主义经济。

北非各国在不同时期废除了垄断制度。一般来说,到了 19 世纪中叶,这一制度要么被放弃,要么已经崩溃。北非与欧洲的贸易则急剧增长。现有数字表明,该地区的国际贸易以前所未有的速度扩大。该地区的平均增长率与世界平均水平大致相同,在世界经济扩张时蓬勃发展,而在 1873—1895 年间歇性的衰退期间则下滑。增长幅度最大的是埃及,其对外贸易额从 1810 年的 150 万英镑增加到 1870—1873 年间的 500 万英镑,1900 年增加到 3600 万英镑。阿尔及利亚的贸易额从 1835 年的 80 万英镑上升到 1891—1900 年间的 2100 万英镑,摩洛哥的贸易额从 1830 年代的 100 万英镑上升到 1900 年的 350 万英镑,突尼斯的贸易额从 1837—1839 年的 50 万英镑上升到 1875—1878 年的 110 万英镑(Issawi,1982:24)。难怪埃及会受到西欧大国的觊觎。

埃及和债券持有人

1798 年,拿破仑及其军队出于经济、政治和其他原因入侵埃及。进入新世纪后,埃及被法国占领。英国认为法国对埃及的占领是对其在印度和邻近地区的利益的直接威胁,因此它迫使法国在 1801 年离开埃及。这是两国为争夺埃及而进行长期斗争的第一步,这种斗争以 1882 年英国对埃及进行殖民统治而告终。在法国被赶走后的 40 年里,穆罕默德·阿里领导的埃及开始了一项雄心勃勃的经济和军队现代化计划,以摆脱土耳其宗主国的统治,挫败欧洲列强的野心。[346]垄断制度成为这个国家建设及现代化过程的重要支柱。

在 1840 年代，垄断制度及工业化运动均告崩溃。这样，埃及更稳定地融入扩大的世界资本主义体系，成为一个商品出口国。出口革命是以棉花为基础的，正如第三章和第四章所指出的，棉花的生产加强了土地私有制、扩大了灌溉土地面积，所有这些都对国家和社会阶级的发展产生了显著的影响。

在 19 世纪的大部分时间里，棉花占埃及出口总额的三分之二至四分之三。1838 年至 1865 年期间，棉花出口量增加了 10.5 倍，价值增加了 21.5 倍。1865 年是由美国内战引起的棉花价格暴涨的最后一年。到 1875—1879 年，棉花出口量从 1865 年的 2,507,000 坎塔尔，下降到年均 2,229,800 坎塔尔，价值从 15,443,200 英镑下降到 8,421,633 英镑。由此可见，棉花出口的价值比数量下降得更厉害，这表明埃及棉花在世界市场上的地位下降了。到 1900—1904 年间，埃及平均每年出口 5,941,000 坎塔尔，是 1865 年出口量的两倍多，但收入只有 15,817,000 英镑，这几乎只是 1865 年出口收入的一半（Owen，1969：73，90，161，166，198）。从 1840 年代初到本世纪末，埃及棉花的主要进口国是英国。到 1889 年，英国买走了埃及 65％的农产品，这个数字在 1869 年上升到 75％以上（Owen，1969：161—162）。埃及进口的主要欧洲产品是纺织制品、铜、木材和机械，其次是各种奢侈食品和饮料。在 1830 年到 1880 年之间，纺织制成品平均占埃及进口总额的三分之一（Owen，1969：172—173）。

埃及与欧洲贸易扩大，欧洲商人涌入埃及的数量随之增加，交通基础设施也得到改善，埃及对欧洲金融的依赖性也越来越大。据欧文（1972：203）介绍，"在埃及的欧洲人数量从 1838 年的约 8000—10000 人上升到 1881 年的 9 万多人。大多数人从事棉花的生产和出口，或从事银行和金融业"。由于奥斯曼帝国的投降条约规定了外国人在帝国领地的地位，在埃及的欧洲人成了特权阶层，"因此他们在 1876 年引入混合法庭之前，几乎不受埃及法律的约束。他们按照自己的价格进口货物。只有在最困难的情况下才能被征税"（Owen，1972：203）。总之，随着埃及融入以欧洲为基础的世界资本主义体系的程度加深，[347]在埃及的欧洲社区变得越来越多，越来越强势。

为了服务其迅速增长的贸易，埃及建立了大量的运输和通讯系统。

19世纪后半叶，铁路、电报、港口设施相继建成，并不断扩大和完善。埃及第一条铁路建于1853年，连接开罗和亚历山大。到1890年，铁路里程达1797公里(Issawi,1982:54)。亚历山大港得到了极大的拓宽和改进，由此进入亚历山大港的船舶总吨位从1830年的14万吨增加到1860年的130万吨，1890年达到150万吨(Issawi,1982:48)。它成为地中海沿岸最大的港口之一。此外，在1860年代，在1869年开通的苏伊士运河上修建了新的苏伊士港和塞德港。还铺设了近9500英里的电报线路。

埃及不仅深度融入与欧洲的贸易，而且通过苏伊士运河，成为世界贸易中不可或缺的纽带。运河使西欧和亚洲之间的运输成本降低了一半以上。到1880年代，经过运河运输的货物价值和数量都超过了绕开普的航线。埃及本身和西欧之间的旅行时间大大缩短，航班趋于定期。伊萨维(Issawi,1982:46)引用克劳奇莱(Crouchley,1938:142)的话说，"到1870年，有3条埃及、3条英国、5条法国、4条奥地利、2条意大利、1条俄罗斯和1条土耳其的蒸汽船航线，维持着横跨地中海到埃及的定期服务，还有大量的英国为主的商船，不定期地到来"。海上运输的改善，乃至整个运输和通讯系统的改善，成功地促进了埃及与欧洲的贸易和欧洲对埃及的统治。

建设这个运输和通讯网络的成本非常高，政府的收入不足以为其提供资金。埃及的支出总是超过收入。例如，在1860年代和1870年代，支出超收入2倍，有些年份超3倍。政府的收入主要来自土地税、海关税和铁路税。税赋对穷人很重，对富人则过低。乌斯怀亚土地(Ushuriya land)往往是最肥沃的，占总耕地面积的四分之一，其富人财产所有者每费丹只要交0.30英镑的税，而肥沃程度较低的哈拉吉亚土地(Kharajiya land)的所有者则每费丹要交1.2英镑的税。至于向欧洲居民收税的努力：

> 还是会受到投降条约特权的阻碍。只有费尽周章，才能说服外国人为他们所拥有的土地缴费，[348]而对居住在开罗和亚历山大的人征收房屋税的各种尝试则经常遭到领事的反对(Owen,1981:130)。

因此，为了资助其公共工程计划，以及满足腐败的君主制和统治阶级的累积利益,国家被迫借贷。这种公共借贷带来了自身的财政压力,因为债务需要支付利息,需要偿还。所以不久之后,就像 1980 年代的大多数非洲国家一样,钱越借越多——不是为了增加生产能力,而是为了偿还以前的贷款。债务危机在赛义德统治时期(1854—1862 年)开始揭开面纱。正是在他的统治下,根据埃及政府和以费迪南-德-莱塞普斯(Ferdinand De Lesseps)为首的法国商业利益集团谈判达成的糟糕的协议,修建了苏伊士运河,后者成立了一家公司来修建运河。赛义德将运河周围的领土割让给该公司,并同意为其提供开挖运河的劳动力,此外还以高价购买股份。总共动员了数十万埃及人修建运河,其中有 12 万多人在修建运河过程中死亡。在实际的财政支出方面,埃及政府花费了 1600 万英镑。这笔钱是政府没有的。所以大部分是向欧洲的银行家借来的(Marlowe,1964;Kinross,1968;Pudney,1968)。到赛义德去世时,他的政权已经从外国银行家那里借了 1400 万英镑(Ayandele,1986:143)。

埃及的债务负担在赛义德的继任者伊斯梅尔(1863—1879 年在位)的带领下不断上升。伊斯梅尔是一个雄心勃勃的现代化主义者,与他的祖父穆罕默德·阿里一脉相承,只是更无所顾忌、易受欺骗。用阿延得雷(Ayandele,1986:144—145)的话说,伊斯梅尔"操之过急,其建设规模对国家经济而言又过于庞大。他太容易被蜂拥在他周围的放款人及其代理人所欺骗。为了在一夜之间使埃及现代化,他修建了 13,000 多公里的灌溉渠,近 1500 公里的铁路和 8000 公里的电报线,450 座桥梁,4500 所小学和一个现代化的亚历山大港。个人花费和撑面子的场合也开销巨大。1869 年苏伊士运河正式开通时,他花了 100 万英镑招待客人。他还兴建豪华酒店,大力赞助艺术。"

债务不可避免地飙升。1862 年至 1873 年期间,埃及通过当地银行(大部分是欧洲银行的分行)和发放国库券筹借了 6850 万英镑。偿还债务的条件变得越来越苛刻,实际利率从 1862 年的 9% 上升到 1873 年的 11%。到 1872/1873 年,用于对外和对内偿债需 730 万英镑,约占估计财政收入的 70%(Owen,1981:127)。

埃及发现自己处于严重的财政困境。事实上,政府已经破产了。它甚至无法支付巨额贷款的利息,[349]这笔贷款的票面金额在 1875 年达到了 1 亿英镑,但埃及实际收到的只有 6800 万英镑(Owen,1972:201)。

阿延得雷(Ayandele,1986:145—146)声称,其余的钱被骗子骗走了。在绝望中,政府于 1875 年决定将其在苏伊士运河公司的股份以 400 万英镑的价格出售给英国,这只是埃及在该项目上实际花费的一小部分。这笔交易不仅让原本反对修建运河的英国在经济上获得了一笔意外之财,而且还在埃及获得了政治和战略上的立足点。购得股份之后,英国持有运河 44％的股份,同时占有 80％以上的运输量(Issawi,1982:51)。

　　出售运河股份并不足以使埃及免于金融和政治灾难,其岌岌可危的处境很快就变得十分明显。外国债权人设计了一些计划,以确保政府履行还债义务。这些计划使欧洲人加强了对埃及财政的控制,最终加强对整个国家的控制。到了 1878 年,埃及政府无法再能控制其财政事务。债权人在各自政府的支持下,强行任命一名英国人为财政部长,一名法国人为公共工程部长。债务还本付息使政府破产,甚至无法支付公务员的工资,许多公务员领不到工资。伊斯梅尔在 1879 年试图通过解雇内阁中的英国和法国部长来重新建立他的控制权,这导致他自己被罢免,英法对埃及经济各方面的监督得以巩固。《清算法》的通过,明确规定了埃及政府在金融方面可以做什么,不能做什么。越来越多的欧洲人加入到公务员队伍中,这种外国控制的模式实现了。在 1878 年,有 1300 多名欧洲人受雇于埃及政府。

　　这些事态发展激起了民族主义者越来越多的不满和抗议。民族主义运动是由不同的群体组成的,他们认为债权人强加的金融制度损害了他们的利益。这些团体包括担心税收增加的地主、因提早退休而忧心忡忡的军官、因看到异教徒把控政权而感到烦恼的宗教领袖,以及长期受苦的农民,他们对于外国统治阶级的压榨感到厌倦。民族主义者谴责英国和法国对其国家事务的干涉,并对腐败的君主制越来越感到不满,他们也要求推翻君主制。民族主义运动以阿拉比(Arabi)上校为首的一批军官为核心。1881 年 9 月,阿拉比和他的部队在开罗夺取了政权。新政府受到广泛欢迎,它实行了旨在遏制腐败、滥用资源[350]和外国剥削的改革。这让在埃及的欧洲社团以及法国、英国政府惊慌失措。1882 年 6 月暴动爆发后,英国人认为这是入侵埃及的良机。

　　埃及的不稳定和混乱对英国人入侵的催化作用,已成为帝国主义史学的风格化事实之一。有人认为,这种据说是由民族主义运动挑起的混乱，迫使不情愿的英国在 1882 年对埃及进行干预和殖民，部分原因是为了稳定埃及的秩序，但主要是为了保护苏伊士运河和通往印度的航线。英国对埃及的占领无意中引发了非洲的瓜分，因为法国对英国单枪匹马地干预一个以前由他们双重控制的国家感到不满，决定通过尝试在西非为自己开辟一个帝国来弥补其在埃及的损失。这个论点旨在解释瓜分的原因在于外围，在这个情况下，埃及不稳定，而这显然是从战略考量，而非经济。该论点与罗宾逊和加拉格尔（Robinson & Gallagher，1961）那本具影响力的大作《非洲与维多利亚时代》有关。

但这一论述有更久远的渊源。正如霍普金斯（Hopkins，1986）在其对《非洲与维多利亚时代》的深刻批判中所证明的那样，这个论题最早是由英国政府的著名官员在 1880 年代和 1890 年代提出的，他们急于消除人们普遍持有的观念，即英国对埃及的占领是出于保护债券持有者利益的需要，这些债券持有者不仅在埃及有很大的经济利益，而且在英国政府成员中享有相当大的政治影响力。半个多世纪后，罗宾逊和加拉格尔又把旧的自私自利的帝国主义论调复活并重新包装，并把它加以推广，用于解释整个非洲的瓜分。他们认为，英国之所以占领埃及，是因为法国的强硬态度和埃及的政治不稳定，这两点威胁到运河和英国通往印度的海上通道。因此，英国政府，或者说他们口中的"官方意见"，并不是出于任何利欲熏心的经济利益而去占领埃及，而是出于战略考虑。埃及的局部危机和英国不情愿的反应（如果是宽宏大量的反应），催生了对非洲的争夺，因为心怀怨恨的法国和德国试图在西非和东非建立自己的殖民帝国。英国不能袖手旁观，否则会在国际上丢掉面子。因此就东非而言，需要保护尼罗河的源头，埃及的生命线，免受德国可能的控制。

罗宾逊和加拉格尔的论点引起了很多争论（Owen & Sutcliffe，1972；Louis，1976）。批评者指出，《非洲与维多利亚时代》存在着明显的方法论和经验上的弱点。他们把经济、政治和战略因素严格分开，[351]这在分析上是站不住脚的，因为这些都是相互关联的（Kiernan，1974：74—80）。而认为从政府官员的著作中解读出的英国行动原因已经包含了所有可用的理由，那就大错特错了。事实上，正如霍普金斯（Hopkins，1986：373）恰如其分地指出的那样，两位作者不能声称"已经表达了那些在决定入侵埃及过程中起作用的人的所有意见，即便是官方圈子的所有意见;假定他们可能已经这样做了也是不合情理的"。谢泼森(Shepperson,1976)敏锐地注意到,罗宾逊和加拉格尔的模型与他们试图推翻的许多简单化模型一样,是机械的、没有说服力的。他们的工作忽略了这样一个事实,即"帝国主义的代理人由衷地相信他们是为经济目的而工作的"(Shepperson,1976:165)。事实上,乌佐维(Uzoigwe,1974)在研究与罗宾逊和加拉格尔发现的相同文件时发现,在领导人的头脑中,商业而非政治或战略考虑是最重要的。批评者还指出,从实证看,罗宾逊和加拉格尔的描述尽管细节丰富,但在时间顺序上却显得松散。例如,法兰西帝国在西非的扩张和英法在该地区的竞争早于埃及危机(Newbury,1962;Newbury & Kanya-Forstner,1969;Stokes,1976)。

至于埃及危机本身,过去 20 年所做的研究表明,当时对危机的性质进行了错误的描述,罗宾逊和加拉格尔也是如此(Owen,1976)。可以肯定的是,埃及承受着巨大的压力,这是几十年来外国人和腐败君主制贪婪剥削造成的,这一点怎么强调都不为过,但它却没有处于崩溃的边缘(Scholch,1981;Hunter,1984)。事实上,1879 年 2 月和 1881 年 2 月被大肆宣扬的军事抗议和 1882 年 6 月的亚历山大暴动远没有人们通常所认为的那么严重。骚乱为英国提供了入侵的借口。现在看来,骚乱不是由阿拉比帕夏煽动的。不管怎么说,阿拉比帕夏当时在开罗,而不是亚历山大,阿拉比"在下午几个小时后得到了骚乱的消息,并立即出兵平息了骚乱"(Galbraith & al-Sayyid-Marsot,1978:483)。事实上,骚乱本身是由英国和法国舰队的到来所引发的,而正是英国舰队在 7 月对亚历山大的炮轰加剧了局势恶化。

此外,现在已经很清楚,运河从来没有受到来自民族主义者的任何危险。当然,无论是海军部还是航运游说团都不认为它有危险,法尼(Farnie,1969:294)在他的权威研究报告中指出,"当(英国)内阁批准入侵时,水道并没有任何形式的迫在眉睫的危险",加尔布雷斯和阿尔-赛义德-马索特(Galbraith & al-Sayyid-Marsot,1978:473)指出,"运河安全论""作为[352]占领埃及的正当理由被提出来……因为它为自由党和公众提供了最容易接受的解释"。

也有充分的证据表明,在英国入侵时,埃及并没有滑向无政府状态。恰恰相反,阿拉比帕夏建立的新政府是受欢迎的、稳定的,但这不是欧洲人想要的。他们的两难之处在于，像阿拉比这样一个受欢迎的、稳定的政府，威胁到了他们的利益，因为它不太可能屈服于外国利益；但一个比较柔弱顺从的政府，如伊斯梅尔的政府，往往是不受欢迎、不稳定的。这就是认识混乱这一问题的背景。引用霍普金斯（Hopkins，1986：376）的话说，"既然混乱被定义为允许埃及人在管理他们自己的国家方面有更大的发言权"，那么在阿拉比帕夏的政府建立之后，"耸人听闻的故事在数量和强度上成倍增加就不足为奇了"。他继续说，"吸引欧洲人进入埃及的不是无政府状态，而是欧洲人的存在使维持稳定的方案变得越来越复杂，并把反对行为当做了无政府状态"。

法国在埃及的野心刺激了英国进行干预的说法也可以被驳回。法国政策的自信"在危机开始时比在危机的关键最后阶段更明显，当时法国反对干预"（Hopkins，1986：378）。1881 年占领突尼斯的决定对法国来说代价高昂，并束缚了法国的军队。这有助于缓和法国的帝国主义野心，甘贝塔（Gambetta）短暂的亲干涉主义政权的崩溃就是标志（Hyam，1975；Parsons，1976）。值得注意的是，法国舰队在炮轰前夕撤出了亚历山大港，而甘贝塔更为谨慎的继任者弗雷西内（Freycinet）"在议会中被击败，最后他要求获得资金与英国进行联合远征"（Hopkins，1986：378）。

因此，很明显，英国入侵埃及并非由法国的野心所挑起，而是偶然或勉强地侵入一个遭受混乱摧残的非洲国家，因为这些混乱会威胁到苏伊士运河的安全。入侵是有意识的、深思熟虑的政策的产物，目的是扩大和维护英国在埃及的经济利益。到 1880 年，英国已经成为埃及最大的贸易伙伴，占据了埃及 80％ 的出口，提供了 44％ 的进口。而英国的投资也占了主导地位。英国投资者和决策者之间的联系相当密切，在 1882 年那场看似偶然的危机之前的许多年里，埃及问题一直在英国政界占据重要地位。事实上，在 1877 年，"高级部长们考虑占领埃及……以应对奥斯曼帝国的崩溃，当时奥斯曼帝国在与俄国的战争中屈服"；1879 年"政府又一次考虑军事占领，[353]如果军队没有被祖鲁战争牵制在南非，可能会采取行动"（Hopkins，1986：381）。

从 1882 年起，除了名字没变，埃及已成为英国名副其实的殖民地。初级商品出口和制成品进口的贸易制度得到巩固。棉花在出口经济中的主导地位得到加强。1903 年，用于棉花种植的土地增加了 50％ 多一点

（Owen，1981：218）。1878—1882 年棉花占出口额的 77％左右，而
1898—1902 年这一数字上升到 80％，十年后接近 90％。棉花的实际出
口量从 1878—1882 年间到 1898—1902 年间增加了一倍多，从年均 250
万坎塔尔增加到 590 万坎塔尔。当我们考虑到 1848—1852 年每年只出
口 40 万坎塔尔时，棉花出口的惊人增长得到了证实（Issawi，1963：28）。
埃及成为英国的主要棉花供应国之一。

　　虽然棉花在出口中明显占主导地位，但进口的构成显然更加多样化。
主要的进口商品是纺织品和食品，如谷物、蔬菜、糖和咖啡。在 1880 年代
和 1890 年代，这些产品加起来几乎占了埃及进口的一半。其余的进口商
品是为投资农业和工业而进口的。从 1885—1889 年间到 1900—1904 年
间，埃及食品进口的增长速度似乎比总进口的增长速度更快，各自分别为
132％和 105％（Owen，198 1：241）。这表明，在并入大英帝国之后，埃及
农业结构发展不充分的弊端加剧了。

　　棉花生产和出口的大量增加，给埃及带来了健康的贸易顺差和有
利的贸易条件。然而，公共债务的利息支出和外国私人投资者的红利
外流，抵消了这一收益。埃及的总体国际收支状况从 1884—1892 年间
的 419,000 万英镑恶化到 1900—1904 年的负 2,723,000 英镑（Owen，
1981：242）。殖民政府将 40％的政府收入用于偿还债务，其余的用于国
防、行政和养老金。工业在很大程度上被公共和私人部门所忽视。私
人资本对棉花产业的融资更感兴趣。卫生和教育开支加起来只占总支
出的 1.5％，少得可怜（Issawi，1982：179）。

　　这些对外依赖和对内不发达的情况被银行系统所强化。在英国统治
下，银行业随着英国、法国、意大利和希腊的金融家建立了新的银行，或扩
大了旧银行而得以扩张。这些新银行中最重要的是 1898 年由英国金融
家成立的埃及国家银行。该银行与英格兰银行关系密切，[354]打算作为
中央银行运营（Crouchley，1936；Landes，1958；Tignor，1981）。这些银行
主要为棉花的生产、运输和销售提供资金。因此，在埃及作为一个主要商
品出口国融入世界经济的过程中，这些银行发挥了关键作用。1882 年，
他们对埃及农民的贷款达 700 万英镑。银行不仅为生产者提供资金，还
促进了外国在埃及土地所有权的增长。到 1887 年，外国人拥有 225,000
费丹，其中大部分用于种植"棉花王"（Owen，1981：139）。

因此，从 1882 年到 1918 年，"外国几乎对金融、银行、贸易和各种股份公司进行全面的统治"（Deeb，1978：16）。这表明，与罗宾逊和加拉格尔及其追随者的分析相反，英国入侵埃及是为了自身利益，为了它所提供的经济机会，而不仅仅是作为印度的不太方便但具有战略意义的附属。对埃及的殖民构成了席卷整个非洲的帝国主义的一种特殊形态。它标志着一种资本主义制度，一个涉及埃及经济、社会和国家转型的过程。在 19 世纪，埃及作为原材料（主要是棉花）出口国和制成品及资本的进口国，逐步卷入了世界资本主义经济。在这一过程中，许多政治和社会机构崩溃了，这只会日益加强外国对埃及经济的统治。到了 1875 年，埃及实际上已经破产，这对英法债券持有人的债务非常危险。1882 年英国的入侵使这场危机达到了顶点。因此，1882 年的入侵不是偶然事件，也不是自发的。它也不是一个孤立的事件。

阿尔及利亚和殖民者

埃及并不是 1880 年代和 1890 年代帝国主义"争夺战"中第一个被殖民的非洲国家。如上文所述，法国在 1881 年侵略了突尼斯。这明显促成了埃及的命运，因为它鼓励英国高级官员计划入侵，以此作为补偿（Hopkins，1986：382；Johns，1982：301—302）。突尼斯并不是北非第一个戴上殖民枷锁的国家。这种拿不准的荣誉属于阿尔及利亚，它在 1830 年被法国入侵。

到 18 世纪末，阿尔及利亚和法国之间的商业关系已经非常重要。例如，在 1762 年至 1772 年期间，法国向阿尔及利亚出口了价值 2300 万法郎的货物，其中 36.5％是毛料布（Bennoune，1988：29）。在阿尔及尔，有一个相当大的法国商人社区，他们拥有贸易商店和工厂。最大的法国商业机构是 1741 年成立的非洲公司。该公司"购买小麦、羊毛、蜡和[355]皮革。为了出口这些货物，它必须私通阿尔及尔的摄政当局，因为当局对授权该公司在那里进行贸易，甚至对工厂的供应品进行征税"（Bennoune，1988：30）。虽然在阿尔及利亚的国际贸易中，垄断制度有利于欧洲贸易公司，而牺牲了阿尔及利亚商人的利益，但后者并没有被完全消灭。法国商人对少数仍能自己直接与法国打交道的阿尔及利亚商人表示不满。

在阿尔及利亚的法国商人也抱怨垄断制度。19 世纪初,他们开始施加更大的压力,要求开放阿尔及利亚的商业。这遭到了阿尔及利亚政府的抵制,因为阿尔及利亚政府从垄断制度中获得了利益。法国政府于是开始探索占领阿尔及利亚沿海贸易港口的可能性。表面上看这是为了制止海盗行为,但法国此举还有另一个因素。法国商人不想向阿尔及利亚偿还拿破仑战争期间所欠的债务,而这些债务是商人们为陷入困境的革命政府签约购买小麦和马匹而欠下的。此外,在 1793 年和 1796 年,阿尔及利亚曾向革命政府提供了 125 万法郎的无息贷款。拿破仑倒台后,"法国政府拒绝偿还这笔债务,也拒绝强迫其商人还债"(Bennoune,1988:31)。这就为对抗埋下了伏笔。

事情在 1827 年达到顶点。4 月 27 日,在阿尔及尔禁卫军指挥官与法国领事皮埃尔–德瓦尔(Pierre Deval)举行的决定性会议上,这位土耳其的禁卫军指挥官告诉德瓦尔,今后法国商人将受到与其他商人一样的待遇,法国军队不得进入阿尔及利亚的土地。土耳其禁卫军指挥官对法国商人,包括副领事和德瓦尔侄子的举动作出了反应,"因为他们在安纳巴(Annaba)和卡拉(al-Qala)(La Calle)加固了法国的防御工事,并配置了大炮"(Abun-Nasr,1987:249)。德瓦尔反对说,根据 1535 年法国与奥斯曼帝国(阿尔及利亚名义上是奥斯曼帝国的一部分)之间的条约,法国在帝国内享有商业特权。这忽略了一个事实,即北非各摄政区自 1719 年以来一直独立于土耳其宫廷。法国当然对这些细节不感兴趣。如果法国的商人不能获得贸易特权,那么这个国家就会被入侵。他们编造了一个借口,即使按照帝国主义合理化的糟糕标准,这也是一个奇怪的借口。会后,德瓦尔声称,禁卫军指挥官用苍蝇拍打他。他宣称,这是对法国的侮辱。法国政府因此要求禁卫军指挥官道歉并作出赔偿。指挥官既不道歉也不赔偿,[356]于是外交关系中断了,法国在 6 月宣布对阿尔及利亚海域进行全面封锁。

封锁并没有迫使禁卫军指挥官屈服,因为它对阿尔及利亚海盗的活动没有什么实际影响。此外,封锁也不受欢迎,马赛的法国商人深受其害。法国为寻求出路,于 1829 年 8 月派出特使与禁卫军指挥官缔结停战协定。后者对特使嗤之以鼻,这更加剧了法国的不满。为了控制这个顽固的政权，法国总理开始计划将马格里布摄政区并入穆罕默德·阿里的埃及，因为法国与埃及关系友好。法国希望透过这种方式主导马格里布，而无须承担征服和管理的费用，并加速英国努力维持的奥斯曼帝国的解体。穆罕默德·阿里很难接受这个计划，于是法国内部施加压力，要独自征服阿尔及尔。君主主义者希望王室军队获得荣誉，而马赛商人则认为，如果法国控制了阿尔及尔，他们的财富将得到改善。由于国王查理十世的权力越来越受到自由派议员的反对，他认为，入侵阿尔及利亚是加强他和王室军队威望的一种手段。3月2日，查理十世在众议院新一届会议开幕时下令入侵阿尔及利亚（Abun-Nasr，1987：250—251）。

法国侵略者滑稽地声称，他们的入侵不是针对阿尔及利亚人民，而是针对他们的土耳其主人。当然没有人相信他们。禁卫军指挥官于7月初投降，逃往那不勒斯。侵略者从阿尔及利亚掠夺了一亿多法郎，其中一半流入法国国库。入侵的立竿见影未能拯救查理十世王权，他被迫于8月退位。法国的政治动荡使得在阿尔及利亚的法军为所欲为，军队毫无节制地推行殖民政策。军官从事土地投机活动，鼓励殖民者定居。直至1840年，法国将其对阿尔及利亚的官方政策描述为有限度的占领，意味着法国只占领主要城镇，其他地方则由当地人或土耳其统治者统治。当地发生的事件使这一政策成为笑柄。首先，定居者的数目不断增加，他们希望取得更多土地和权力。第二，阿尔及利亚人作出了强烈的反抗。事实上，直到1871年，阿尔及利亚一直受到一连串的叛乱和民族斗争的困扰。总的来说，对阿尔及利亚的征服夺去了大约50万阿尔及利亚人、超过15万名法国士兵和数千名殖民者的生命（Bennoune，1988：42；Ayandele，1986：184—191；Tlemcani，1986：第3章）。

[357]在阿尔及利亚饱受蹂躏的社会经济和政治秩序的废墟上，建立了一个残酷的殖民政权。正如第五章所展示的那样，阿尔及利亚的农民不仅失去了大片最肥沃的土地，被殖民者占用，他们中的许多人还变成了殖民经济中没有财产的廉价劳动力。与其他法国殖民地不同，阿尔及利亚在1848年的宪法中变成了法国的一个行政辖区。无论在法律上还是在实践中，定居者都是享有特权的少数人，而阿尔及利亚人本身则是受压迫的多数人。法国的统治在1871年大叛乱被镇压后得到巩固。复仇者和无情的政府要求发生叛乱的卡比利亚（Kabylia）地区赔偿3650万法

郎,并扣押参加叛乱者的所有土地。由于这些措施,这个地区的人民失去了估计 70％的总资产(Abun-Nasr,1987:268)。这就是原始的殖民积累,在 20 世纪初非洲大陆大部分地区的殖民时代开始时,这种残暴过程非常常见。

法国殖民统治建立后,旧的垄断制度被打破,新的关税结构建立了。出口到阿尔及利亚的法国商品关税逐步取消。阿尔及利亚的农产品也被免除了法国的关税,1851 年起,小麦免除关税,1867 年起葡萄酒免除关税。1884 年法国对阿尔及利亚征收关税,1892 年法国对阿尔及利亚征收新的保护主义关税。阿尔及利亚沦为法国经济的附属品,而法国则发展成为阿尔及利亚的主要贸易伙伴,到 1860 年贸易额占该国的 82％,这个数字在接下来的一百年里保持不变(Issawi,1982:33,37)。阿尔及利亚,像所有的殖民地一样,发展成为初级商品的出口国,主要是小麦和葡萄酒,并成为法国制造业的垄断市场。到 1890 年,葡萄酒占阿尔及利亚出口的三分之一。

因此,殖民时期阿尔及利亚的出口贸易只限于两种农产品。这反映了该国农业的日益专业化。正如我们在第五章中所看到的,定居者夺取了该国最好的一些土地,并将其用于谷物和葡萄酒生产。许多阿尔及利亚生产者和商人的土地被无偿征用。"那些幸免于难的人最终被通货膨胀毁掉,而通货膨胀又因引入法国货币而加剧"(Bennoune,988:36)。旧的货币完全被"宣布为不可兑换",结果是许多阿尔及利亚商人失去了他们的财富,被迫成为殖民劳工。这强调了韦伯(Webb,1982:465—466)提出的一个观点,即非洲货币的非货币化乃至被欧洲货币取代,[358]使非洲商人和企业家陷入贫困。简而言之,在阿尔及利亚被殖民时期,从不断扩大的国内外贸易中获益的主要是法国人。

根据伊萨维(Issawi,1982:24)的计算,1830 年代至 1870 年代初,阿尔及利亚的对外贸易年均增长 8.6％,1870 年代至 1900 年下降到 2.4％。1830 年至 1900 年期间的总增长率与世界贸易的增长率相当。阿尔及利亚的对外贸易额从 1830 年代的 180 万英镑增长到 1870—1873 年间的 960万英镑,到 1900 年为 2100 万英镑。尽管有这样的增长,阿尔及利亚在与法国的贸易中不再像前殖民时期那样享有贸易顺差。"阿尔及利亚的统计数字显示,在 1913 年前,阿尔及利亚的贸易一直处于持续逆差状态,大概是由资本流入来弥补的"(Issawi,1982:28)。外国资本,包括私人资本和公共资本,主要通过提供基础设施来资助定居者的经济部门,该部门直接或间接主要以出口为导向。所涉金额相当大,例如,到1913年,阿尔及利亚的公共债务约为7.5亿法郎或3000万英镑(Issawi,1982:68)。

这笔外国投资的很大部分用于兴建铁路、道路和港口,所有都是对该殖民地的军事和行政控制以及发展其依赖的资本主义经济所必需的。到了1890年,阿尔及利亚拥有3056公里的铁路,占北非铁路总里程的58%,但这些铁路线至少有五种不同的轨距,属于六家不同的公司。阿尔及利亚还发展了相当广泛的公路系统,到1860年代,公路总里程达3 000公里。有21个港口得到改善,其中阿尔及尔和奥兰(Oran)成为法国第二大和第四大航运港口。到1913年,进入阿尔及尔的船舶吨位约为9700吨,比1890年的1400吨和1830年的20吨大有增加(Issawi,1982:48—49,53—54)。

在19世纪,没有一个非洲国家像阿尔及利亚这样深入融入了欧洲国家的经济。与埃及经济不同的是,埃及的经济与债主的掠夺和野心紧密相连,而阿尔及利亚的殖民化则是受老牌帝国寻找市场、原料来源地和安置"过剩"人口场所的启发。在这个意义上,阿尔及利亚的殖民化代表了19世纪非洲帝国主义的另一种形态。埃及是在外国资本瓦解了旧秩序之后才崩溃的,而阿尔及利亚则是在外国资本还没有产生多大影响之前就被征服了。在埃及,外国资本想巩固自己的霸权,而在阿尔及利亚,外国资本则想建立霸权。如果说埃及的殖民化是"新帝国主义"的预兆,那么阿尔及利亚的殖民化则是旧帝国主义的缩影。更进一步地说,阿尔及利亚的殖民化代表了一种过渡形式,[359]它唤起了17和18世纪美洲、澳大利亚和新西兰根深蒂固的殖民主义,并预示着20世纪非洲从安哥拉和莫桑比克到肯尼亚、津巴布韦和南非的殖民主义最终将无法维持。

突尼斯:另一个债券持有人的地盘

相比阿尔及利亚,突尼斯的殖民化更像埃及,因为它是在严重的经济和政治危机中发生的,这是数十年外国干预、国内压迫和腐败的产物。突尼斯的事件也显示出欧洲竞争的激烈程度。

征服阿尔及利亚后，法国热衷于将其商业和帝国的触角伸向突尼斯。但法国并非一家独大，英国和意大利也对突尼斯觊觎已久。这三个国家的商人争相控制突尼斯利润丰厚的橄榄油贸易。石油出口量从 1781 年的 100 多万升上升到 1817 年的 500 多万升，1827 年上升到 760 多万升（Valensi，1985：224—227）。像其他北非领导人一样，突尼斯贝伊希望垄断突尼斯的对外贸易，部分原因是为了防止该国被欧洲列强吞并。1830年法国征服了阿尔及利亚，这使他更加担心。法国人并没有浪费时间，同年，他们强迫贝伊接受了处理欧洲国家与奥斯曼帝国关系的《投降条约》，并使欧洲领事能够在其周围建立欧洲居民及其家属的自治飞地。同时，由于欧洲在突尼斯影响力的增长，奥斯曼帝国也在对突尼斯增施压力，要求突尼斯接受某种形式的奥斯曼主权。

艾哈迈德贝伊（Ahmad Bey，1837—1855 年在位）试图抵制所有这些压力。对奥斯曼人，他只让步了宗教关系。为了加强突尼斯的地位，他大幅扩充军队。为了支付这些费用，他的政府增加了税收，巩固了垄断制度。然而，这只能激起农民的愤怒，农民的反抗导致农业衰退，而外国商人则强烈要求各自政府予以支持。艾哈迈德贝伊的继任者穆罕默德贝伊（Muhammad Bey，1855—1859 年在位）上台后，突尼斯的压力增大。后者废除了一些税收，但这使国家收入减少。

事实证明，要控制外国商人的活动是非常困难的，因为这些商人已经牢牢掌控了突尼斯的国际贸易。他们通常在橄榄采摘前就购买橄榄油。当收成不好或油价下跌时，突尼斯政府和农民就要承担损失。那些没能偿还债务的人，其财产被没收。穆罕默德贝伊很快就发现了外国商人的强大。[360]当他在 1858 年试图让外商就范时，金币和银币从流通中消失了，而这是唯一被外国商人接受以换取其货物的货币。为了保持足够的货币流通，政府铸造了大量的铜币。外商们拒绝接受这些铜币，希望能半价兑换，而另一半则抵购国库券，可在四年内赎回。实际上，突尼斯为商人提供了无息贷款。此前一年，政府勉强颁布了所谓的《基本法》，其中包括允许外国人在突尼斯获得财产，包括土地（Abun-Nasr，1987：272—277）。

这些发展有助于加深欧洲对突尼斯经济的渗透。事实上，欧洲商人越来越多地介入突尼斯的政治事务。例如，他们与宗教领袖一起，在

1860 年改良主义宪法颁布仅四年后就被中止的过程中发挥了作用。该宪法试图将突尼斯变成一个由议会统治的有限君主制国家。欧洲社会感到震惊，因为"最高委员会的存在阻碍了领事们通过贿赂高级官员、对贝伊威胁使用武力的传统方法从贝伊那里获得特许权"（Abun-Nasr，1987：279）。欧洲商人的部分权力来自借给政府官员大笔钱这一事实。例如，到 1862 年，政府官员在当地借了 2800 万法郎。

到了 1860 年代，突尼斯陷入了严重的财政困难，因为它的内债越来越多，而且在军事、公共项目和腐败领导人的私人项目上有大量的开支。因此，贝伊开始向国外寻求贷款。1863 年谈成了第一笔，但这却变成了套在突尼斯脖子上的枷锁。阿本-纳斯尔（Abun-Nasr，1987：280）写道："贷款的条件非常严格：在名义价值为 65,100,000 法郎的贷款中，在扣除各种费用后贝伊实际只收到 37,772,160 法郎。此外，厄兰格（Erlanger，一家巴黎银行）在卡资那达（Khaznadar，突尼斯总理）的同意下进行的欺诈交易包括虚构出售贷款债券，并由厄兰格银行以较低价格为突尼斯政府虚构回购。结果是贷款的实际价值在一年内减少了四分之一。从此，贝伊不仅要放弃他当初无力承担的公共工程，还要在当地和国外借贷，以履行第一笔借款的偿债义务"。

陷入破产和殖民的滑坡已经开始。1864 年，突尼斯为了增加政府的收入，决定提高人头税，这引发了国内叛乱四起，而叛乱又促使英国、法国和[361]意大利政府派遣军队来保护其公民和利益，加上农业生产急剧下降，经济危机加深。因为平息叛乱，税收减少，政府被迫在本地和海外借更多的资金，以履行以前的还款义务。1865 年，政府借到第二笔外国贷款，到了 1866 年，政府欠当地的债务达到 5000 万法郎。政府官员则大发横财。例如，某个达赫达赫（al-Dahdah），一个"月薪 600 法郎的官员，在 1863 年至 1866 年的三年中积累了 800 万法郎"（Abun-Nasr，1987：281）。但国家本身实际上已经破产。1867 年，惊慌失措的法国债券持有人成立了一个委员会来保护他们的利益。在接下来的几年里，该委员会被一个国际金融委员会所取代，该委员会被授权控制突尼斯的财政并确保债务的支付。

该委员会的成立敲响了突尼斯经济和政治独立的丧钟。该委员会将总额为 2.75 亿法郎的未偿债务整合为 1.25 亿法郎，利率为 5%。作为回报,贝伊被迫将军队规模减少三分之二,并降低人头税,以恢复农业生产。1870 年代初,被德国羞辱性地击败后,法国在突尼斯的地位有所削弱。意大利人和英国人乘机扩大其利益和活动。忧心忡忡的贝伊试图通过让步某些突尼斯的主权给奥斯曼帝国来获取苏丹的善意。1871 年,英国对这一提议给予了机会主义的支持,作为回报,英国为自己的商人获得了一些特许权。但到了 1873 年,英国的项目,包括铁路和银行,均证明无利可图。银行被关闭,铁路特许权被意大利人接管。法国又开始按捺不住,蠢蠢欲动。

与此同时,由哈伊尔·丁(Khayr al-Din)领导的新政府于 1873 年 10 月在突尼斯成立。它推行改革,试图杜绝贪污,并按时偿还债务。看上去国家像是走上了经济复苏的道路。从他们在 1875 年 4 月为支持突尼斯总理而举行民众示威来看,一些欧洲商人显然很高兴。但也有许多人对改革感到震惊,包括贝伊和他的腐败的亲信,以及欧洲领事,他们都在 1877 年参与策划了哈伊尔·丁的下台事件。此后,"突尼斯又回到了过去由总理掌权,专横暴政、强取豪夺的日子。税吏们大肆敛财……国家的经济却被破坏了。到了 1878 年底,政府再次无法履行其对财政委员会的责任"(Abun-Nasr,1987:288)。

[362]随着突尼斯陷入经济混乱,欧洲对该国的争夺也愈演愈烈。在英国接受法国人在突尼斯的最高利益,以换取法国人同样认可英国在塞浦路斯的利益后,意大利和法国成了主要的角逐者。意大利认为在突尼斯的意大利人比法国人更强大,因为在突尼斯的意大利人数远远超过法国人。例如,到 1880 年,意大利人有 2 万人,而法国人只有 200 人(Ayandele,1986:20)。为了他们在突尼斯的经济大规模且增长迅速的经济,法国人忽视了这种尴尬的现实。1879 年,当意大利人加强了控制突尼斯的运动时,法国人试图说服贝伊接受法国的保护,但没有成功。于是法国开始寻找入侵的借口,而这个借口并不难找。1881 年 3 月,法国抓住了赫鲁米尔人(the Khrumirs)一次习惯性抢劫的机会,并以此作为入侵的借口,尽管贝伊愿意支付赔偿金并惩罚掠夺的赫鲁米尔人。法国侵略军于 4 月底抵达突尼斯,贝伊于次月投降。突尼斯随后成为法国的保护国。

法国在突尼斯对外贸易中的份额在殖民化后迅速上升,虽然没有达到阿尔及利亚的份额水平。部分原因是突尼斯的关税制度改革需要时间。突尼斯曾与英国和意大利签订条约,允许这两个国家通过其新殖民地向法国出口货物。直到 20 世纪初,这些条约才重新谈判,突尼斯才得以完全纳入法国关税区。此外,突尼斯从来没有像阿尔及利亚那样吸引那么多的定居者,因为与阿尔及利亚的定居者获得土地不同,突尼斯的定居者必须购买土地。因此,只有相对富裕的定居者才会来到突尼斯。到 1901 年,法国定居者只有 24,000 人,远远少于有 71,000 人的意大利人(Abun-Nasr,1987:294)。突尼斯的交通和通讯发展也落后于阿尔及利亚。例如,到 1892 年,突尼斯只修建了 600 公里公路和 416 公里铁路(Issawi,1982:53—54)。但和阿尔及利亚一样,突尼斯的出口范围也在缩小。正如伊萨维(Issawi,1982:34)告诉我们的那样:

> 19 世纪下半叶之前,突尼斯有五种主要的出口产品:橄榄油……羊毛毡帽和布、羊毛、小麦以及毛皮。羊毛和毛织品逐渐被外国竞争所淘汰,但橄榄油的出口随着橄榄林的普及而增加;与阿尔及利亚一样,被法国占领后,突尼斯对法国的小麦和葡萄酒出口也迅速增长。

殖民后期:摩洛哥和利比亚

[363]法国在北非的野心也延伸到了摩洛哥。与突尼斯一样,法国并不是唯一对摩洛哥感兴趣的欧洲国家。事实上,从 1830 年代到 1870 年代,英国也对摩洛哥感兴趣。

直到 1830 年代初,摩洛哥与欧洲的贸易还相当微不足道,因为正如阿本-纳斯尔(Abun-Nasr,1987:297)告诉我们的那样,"摩洛哥人以宗教为由反对向欧洲人出口本国的产品;每当允许出口时,必须找到一些宗教理由",而进口则"通过对其征收百分之五十的关税"予以阻遏。到 1832 年,该国只有 248 名欧洲人,他们被限制在丹吉尔(Tangier)、拉巴特(Rabat)、塔图安(Tatuan)和萨尼拉(al-Sanira)等港口。欧洲商人倾向于使用本地犹太人而不是穆斯林作为中间人,这有助于减少"外国基督教徒和摩洛哥内陆地区之间的意识形态冲突,因为后者是虔诚的穆斯林"(Ponasik,1977:199)。

1830 年法国入侵阿尔及利亚，结束了摩洛哥的相对孤立状态。摩洛哥试图援助阿尔及利亚，在接下来的 15 年里，摩洛哥和法国军队在阿尔及利亚西部边境发生了几次冲突。1844 年，摩洛哥遭遇惨败，苏丹的地位对内对外都被削弱了。这次战败引发了该国一些地区的叛乱，也鼓励法国和其他欧洲国家扩大其活动范围。随着欧洲商人数量的增加，摩洛哥人对欧洲人的敌意更加强烈。1840 年代中期，苏丹利用这一点，扩大了政府的垄断，实现了政府对外贸的全面控制。这激起了以英国为首的欧洲人的一致施压，要求摩洛哥开放贸易，苏丹很难抵制。1856 年，英摩签订商业条约。该条约废除了大部分垄断，将进口关税降至 10％，并允许英国公民在摩洛哥拥有财产。

除法国和西班牙外，所有在摩洛哥的欧洲国家都批准了该条约。法国希望通过将摩洛哥贸易转移到阿尔及利亚来主导摩洛哥贸易，而西班牙则将摩洛哥视为自己的后院。西班牙的要求得到了武力的支持。摩洛哥人对萨伯塔（Sabta）新建防御工事的攻击使西班牙找到借口，并在 1860 年占领塔图安。这次失败在摩洛哥引发了另一波叛乱，进一步削弱了苏丹的力量，而欧洲商人的地位得到加强。在 1860 年与西班牙签订的和平条约和 1861 年与西班牙签订的商业条约中，摩洛哥被迫割让马利拉（Malila），支付 400 万英镑的赔偿金，并给予西班牙人在摩洛哥港口的停泊权和沿海捕鱼权。该[364]赔偿条款使西班牙能够控制摩洛哥的部分海关收入（Owen，1981；Abun-Nnsr，1987：302）。

到 1867 年，越来越明显的是，苏丹的权力正在被当地领导人和外国人夺走。欧洲人社区的规模已增加到 1,500 人，享受欧洲领事保护的摩洛哥人数量也大幅增加。欧洲人建立了自己的邮政系统和医疗服务，这是他们影响力和自主性不断增强的标志。一些欧洲人从事农业，但大多数人是商人。他们建立了中间人的采购网络，向他们提供周转资金，以购买出口产品，主要是橄榄油、羊毛和毛皮。这些商人：

> 于是选择更高层次的中间商，并在地方政府（Makhzen）管理的贸易之外逐步建立了一个私人网络，与 10 家外国公司关系密切。从 1880 年到 1900 年的 20 年内，大部分贸易转入了外国私商手中（Pascon，1986：48）。

民众对与欧洲人打交道的怨恨一如既往地强烈。苏丹毛利-哈桑(1873—1894 年在位)决心遏制欧洲人和当地的统治者。他推行了军事、行政和财政改革。他希望通过从每个主要城市征收固定的兵役税和引进欧洲教官来建立一支现代化的军队。他试图通过将全国 18 个省分解为 330 个小行政单位来加强中央政府权力。哈桑期望通过设计一个对摩洛哥人和外国人都一致的税收制度来增加收入。1889 年,他设定了一个固定的汇率,试图稳定摩洛哥货币的价值。这些改革都没有真正奏效。事实证明,使军队现代化的成本太高,而欧洲人则确立了税收和固定汇率(Abun-Nasr,1987:304—306)。

同时,欧洲人的竞争和野心正在加剧。法国尤其咄咄逼人,他们努力"阻止摩洛哥政府的改革,同时通过不断提出与阿尔及利亚边境事件有关的问题,使摩洛哥政府更大程度承认法国在摩洛哥的特殊利益"(Abun-Nasr,1987:306)。这反映了法国在摩洛哥的利益越来越大。从 1880 年代开始,法国增加了在摩洛哥贸易中的份额,特别是在英国占领埃及之后,因为英国为了安抚法国,同意摩洛哥成为法国的势力范围。但是,与在突尼斯一样,法国在摩洛哥的野心并非没有受到其他欧洲列强的挑战。通过 19 世纪晚期含糊不清的帝国主义规则,在摩洛哥经商的德国公司数量增加了,[365]这提升了德国在摩洛哥的利益。

事实上,摩洛哥欠下了几个欧洲国家的债务。大部分债务是在 20 世纪初,在马夫利-阿卜杜勒(Mawley Abdul,1894—1908 年在位)统治时期产生的,他是一个年轻的统治者,没有经验、易冲动,且生活奢侈;借债是为了满足腐败的统治集团和现代化的需要,特别是军队现代化的需要。1903 年和 1904 年摩洛哥共借了 8500 万法郎,实际到账只有 6150 万法郎。1910 年该国又以 8% 的利息借了 1.01 亿法郎,以偿付对西班牙和法国 1.35 亿法郎的赔偿金(Issawi,1982:68)。这些贷款的条件带来了严重后果,因为欧洲债权人除了得到慷慨的让步外,还得到了海关的控制权作为担保,其中一些让步近乎让摩洛哥丧失对部分地区的主权。

摩洛哥问题成为欧洲外交棋局的一部分。法国设法让大多数感兴趣的欧洲国家默认其对摩洛哥的帝国要求。我们已经提到英国,它接受了法国的要求,以换取其在埃及不受干涉。意大利在 1900 年同意了法国的要求,以换取法国承认其在利比亚的利益。西班牙在其势力范围得到法国承认后,也予以默认。主要的例外是德国,它成功地将摩洛哥问题国际化。1905 年 3 月,德国皇帝威廉二世对丹吉尔进行了著名的访问。1911年 7 月,德国炮舰"黑豹"号访问了阿加迪尔(Agadir)。德皇访问后,1906年阿尔赫西拉斯会议(the Algeciras Conference)召开,会议将摩洛哥的财政、行政和警察控制权分给了法国和西班牙。

这些活动激起了摩洛哥人的反抗,定期爆发对在该国的欧洲人的袭击。这些攻击又为法国和西班牙提供了军事干预的借口。愤愤不平的摩洛哥人也将怒火发泄到素丹身上,素丹在战斗中被其兄弟阿卜杜勒-哈菲兹(Abdul-Hafiz)的军队击败。但新素丹无法遏制法国人。1912 年 3月,他投降并签署条约,使摩洛哥成为法国的保护国。然而,摩洛哥并没有成为另一个阿尔及利亚或突尼斯,因为法国从未设法将其纳入关税区或完全主导该国的贸易。就帝国主义的排外独占本性来说,对摩洛哥的征服和殖民来得相当晚。

利比亚也是最后一个被殖民的非洲国家之一。意大利在 1911 年才占领利比亚。

意大利在利比亚的野心从 1880 年代就开始聚集。当时利比亚是奥斯曼帝国的一个省。奥斯曼人[366]在 1835 年曾直接控制了利比亚。19世纪初,利比亚在卡拉曼利王朝(the Qaramanli dynasty)的统治下摆脱了奥斯曼帝国的统治。因此在 19 世纪初,利比亚是一个独立的国家,由尤素福(Yusuf)帕夏统治。

帕夏的大部分收入来自贸易和海盗活动。到 1805 年,利比亚拥有一支由 24 艘战舰组成的舰队,还有许多其他商船,其主要贸易伙伴是英国。他们的大部分贸易是通过马耳他进行的。与北非其他地方一样,出口产品主要是牲畜和椰枣,出口贸易由国家垄断。

> 然而,从 1810 年左右开始,帕夏从贸易垄断和海盗活动中获得的收入开始下降。英国强迫他放弃对英国船队的牲畜贸易垄断,转给马耳他商人……海盗行为也在 1818 年完全停止,原因是 1818 年艾克斯-拉-夏贝尔国会(the Congress of Aix-la-Chapelle)通过决议,呼吁欧洲国家对马格里布统治者施加压力,要求他们放弃海盗行为;法国舰队也和英国人一起,要求他们默认(Abun-Nasr,1987:199)。

垄断和海盗行为结束后，的黎波里的欧洲商人数量增加。尤素福-卡拉曼利（Yusuf Qaramanli）担心这些商人及其领事过于强大。因此，他和其他北非统治者一样，试图通过军事现代化来遏制他们的影响，加强国家的地位。从 1820 年代中期开始，他开始扩大他的陆军和海军，但这些改革让他欠下了对这些欧洲人的债。到了 1830 年代初，帕夏发现自己受到了英国和法国领事的摆布，两国领事要求他偿还欠各自公民的债款。为了凸显他们的要求，英法两国把军舰开到了的黎波里。为了偿还债权人，帕夏提高了税收，贬低了货币，甚至没收了一些人的财产。可想而知，无论在农村还是城市中心，这些措施都引发了大量的叛乱。

法国占领阿尔及利亚后，利比亚面临的威胁加剧。事实上，法国不失时机地对尤素福-卡拉曼利强加了条约，提出诸多要求，其中包括废除其他贸易垄断，停止囚禁基督徒，向的黎波里的法国国民支付 8 万法郎的战争赔偿金，缩小海军规模，并为过去羞辱法国人的行为向法国领事道歉（Ayandele，1986：204）。尤素福的地位变得非常脆弱，以至于他在 1832 年退位。随之而来的是一场继承权之争，主要是英国人和法国人为各自支持对立的候选人在推波助澜。在这种混乱中，奥斯曼人决定一试身手[367]，夺回其在利比亚的权力。1835 年 5 月，他们派出一支舰队前往的黎波里。舰队几乎没有遇到抵抗。卡拉曼利王朝（the Qaramanli dynasty）由此灭亡。

但奥斯曼帝国的权力要受制于驻的黎波里势力强大的欧洲领事，更严重的是受到了利比亚人的普遍反对。对利比亚人来说，奥斯曼土耳其人只是帝国主义的征服者，所以不足为奇，奥斯曼的统治在海岸地区以外并无效力。在他们统治国家的 76 年里，奥斯曼帝国在此共有 33 位总督。实际上，利比亚的权力，尤其是在内地的权力，是由萨努西耶兄弟会（the Sanusiyya brotherhood）行使的（Ayandele，1986：205—210）。在奥斯曼帝国的统治下，"利比亚的出口量一直很小，仅限于牲畜产品、谷物和橄榄油。19 世纪末，用于造纸的北非芦苇草（esparto grass）变得重要起来"（Issawi，1982：34）。几乎没有建设任何现代交通和通信基础设施。

意大利盯上利比亚有相当长的一段时间了，但直到法国和英国分别对突尼斯和埃及进行殖民统治后，意大利才变得非常强硬。的黎波里塔尼亚（Tripolitania）的意大利人不断向奥斯曼帝国的官员发起挑战，英国和法国不再反对意大利在 1902 年占领利比亚的意见。德国自视为英国和法国设计的奥斯曼帝国的保护者,仍然是外部唯一的大障碍。

> 在意大利人等待时机向利比亚派兵的同时,他们推行了系统的经济渗透计划。1902 年后,意大利在的黎波里塔尼亚设立了邮局和医疗服务机构。罗马银行开始资助意大利在利比亚的经济企业,其中包括在的黎波里建立一个北非芦苇草厂,在班加西建立一个面粉厂,并购买土地用于农业定居(Abun-Nasr,1987:319)。

到了 1911 年,意大利再也等不及了。它将其入侵利比亚的意图通告各大国,但没有人反对。于是,意大利编造了一个借口。意大利声称其在利比亚的国民处于危险之中,需要保护。为此,它向奥斯曼帝国发出了最后通牒。意大利人对后者的答复并不满意,尽管他们保证意大利国民将受到保护。意大利要的当然不是一个保证,它要的是一个殖民地,于是它在 9 月底宣告开战。但意大利人并没有料到利比亚人会进行长期的抵抗。虽然意大利派出了 6 万军队,但在 1914 年第一次世界大战暴发时,他们仍然未能攻下利比亚内陆。

总　结

欧洲人对北非的殖民化,使 19 世纪末金融资本的运作凸显出来。[368]毫无疑问,债券持有者和债权人是殖民征服和占领该区域各国背后的主要煽动者。殖民化是该区域稳步融入世界经济的进程的高潮。

本章回顾了北非与欧洲贸易的迅速扩大,特别是在废除垄断制度之后的扩张。有人认为,这一方面是由于北非国家希望其军队和经济现代化,以保障其政治自治;另一方面是由于工业化的西欧国家对市场、原料来源、投资和人口安置的需要。

债券持有人施加的压力在埃及和突尼斯最为强烈。随着这些国家出口经济的发展,欧洲商人和债权人大量涌入,腐败的君主国由于投降协议而不愿向富人征税,也无法向外国人征税,于是只能越来越求助于贷款,以资助其昂贵的军事计划和为出口经济服务的基础设施建设。随着债务的增加,政府加强了对长期受苦的农民和其他劳动人口的剥削,这只加深了民众的反对。

在适当的时候,基础广泛的民族主义运动出现了,这些运动试图推翻压迫成性的无能政府,并阻止外国资本家对他们国家的剥削。民族主义者设法成立了改革政府,但这些改革政策并没有持续多久,它们遭到腐败的地方统治阶级和贪婪的外国商人及债权人的强烈反对,因为这些人的利益受到了威胁。在这些争夺霸权的斗争中,殖民化出现了。在阿尔及利亚,债务也起了作用,但这是一种不同的债务。当时是法国商人欠下了阿尔及利亚人的债务。殖民化为法国商人提供了一石二鸟的方法:一方面可以拖欠债务,另一方面打压阿尔及利亚的贸易,进而据为己有。

19世纪末北非的债务状况及其影响与当代非洲的债务危机有着惊人的相似之处。在这两种情况下,外国都加强了对金融部门的控制,出口收入的巨大份额被用于偿还债务,债务权益转换被推崇为解决方案。此外,在1870年代和1880年代的埃及和突尼斯,以及在1970年代和1980年代的许多重债非洲国家,债务危机后的紧缩和严厉的结构调整方案的实施主要落在了劳动人民的肩上,他们的收入急剧下降。作为回应,民众的反对运动也在增长。

[369]除了贪得无厌的欧洲金融家和腐败的北非统治者的阴谋诡计外,在北非的殖民化中还有四个突出的特点,其中许多特点在该大陆的其他地方重演。首先,几乎在每个案例中,殖民者都编造了离奇的借口来证明侵略的合理性。许多关于瓜分的帝国主义历史学,基本上是由重新包装的当代宣传组成的。第二,欧洲人的激烈竞争,不仅反映了每个国家在特定领土上的相对利益,而且反映了其在更广泛的外交联盟和冲突。第三,北非的殖民征服总是遭到激烈的抵制。最后,殖民主义一经确立,出口经济进一步加强,外国统治就会得到巩固。在所有情况下,每个国家的出口范围都缩小到一两种商品。

第十四章　西非:贸易帝国主义

与欧洲贸易的增长

[370]通过近年来的研究,我们可以更准确地了解19世纪西非国际贸易的规模、发展、构成和影响。根据因尼科利(Inikori,1983:59,62)的估计,19世纪初,西非海运出口年均值为2,264,860英镑,而进口则为2,244,695英镑。如果这些估计是正确的,那么西非似乎有少量的贸易顺差。

莱瑟姆(Latham,1978a:66)提供了本世纪末西非出口贸易的估计。1883年,西非的出口价值为1700万英镑,到1899年上升到2910万英镑,十六年间增长了71.2%,即年均增长约4.5%。出口贸易的成交增量可能比这更大,因为这一时期,西非大部分出口商品的国际价格异常低迷。莱瑟姆没有提供西非进口的参照数据,因此很难确定该地区在1883年和1899年的贸易平衡情况。弗兰克尔(Frankel,1938:194—195)的1907年进出口数据显示,进口额略高于出口额,进口为1090万英镑,出口为1070万英镑。这一数据局限性太大,无法概括19世纪末西非的贸易平衡情况。

19世纪西非的国际贸易可以分为两个大的时期:上半世纪,奴隶是主要的出口商品;下半世纪,植物油成为主要的出口商品。在这两个时期,非洲商人和欧洲商人之间的关系有很大的不同。在本世纪下半叶,从事西非国际贸易的商人数量急剧上升,他们之间的竞争加剧。随着经济形势的不景气,西非的贸易地位在本世纪最后25年骤然下降,贸易竞争加剧，从而削减了商人们的利润空间。

从这些竞争中产生了瓜分和殖民化的动力。因此，如果说负债率上升为北非的殖民化铺平了道路，那么利润下降也为西非殖民化铺平了道路。在北非，欧洲债券持有人寻求当地政府的殖民保护，而在西非，欧洲商人则寻求当地企业家竞争性的保护。[371]债券持有人和商人都是在竞争性资本主义的怀抱中成长起来的。到了非洲，他们突然发现了垄断资本主义的优点。

历史分期的说法远比引用1807年这个神奇的年份要好得多，这一年英国终于废除了奴隶贸易。据说这一年之后，一个"合法商业"的开明时代开始了。有人说，由于失去了奴隶贸易，沿海商人们开始寻找其他替代出口产品，他们发现了棕榈油。简而言之，有人说，英国废除奴隶贸易标志着西非经济史的分水岭（Dike，1956：67—69；Hopkins，1973：124—128，138—141；Fyfe，1974：46；Flint，1974a：392；Reynolds，1974：第2章；Munro，1976：42—48）。这种论点仅仅是以英国人为中心，它忽视了一个事实，那就是在英国宣布废除奴隶制之后，来自欧洲和美洲的其他商人还在继续这种臭名昭著的贸易。历史学家不断地提及"合法商业"时代，赋予了英国一种人道主义，而这种人道主义显然与英国此前大规模参与奴隶贸易及其在19世纪非洲的帝国主义行径相悖。另外，这个词还假设经济结构严重破坏、经济活动戛然而止，而事实上只是逐渐发生了变化。最后，这一论点为一个日益剥削、使西非走上殖民化道路的贸易制度披上了道德的外衣。

至1850年的出口结构

奴隶贸易的下降与棕榈油贸易的增长之间没有什么时间或因果关系。正如莱瑟姆（Latham，1983：268）尖锐地指出的那样："棕榈油贸易最初是奴隶贸易的一部分"。在讨论卡拉巴尔（Calabar）时，他指出，"有人认为卡拉巴尔很早就转向棕榈油贸易是因为它已经失去了奴隶贸易，这种说法没有任何佐证……在棕榈油贸易兴起之后，它仍然是一个重要的奴隶贸易港口"（Latham，1971：55—56）。

诺斯拉普（Northrup，1976，1978）在提到比夫拉湾（Bight of Biafra）

时也提出了类似的论点："与 19 世纪初以来常见的观点相反，棕榈油贸易的兴起，至少在尼日利亚东南部，并不取决于海外奴隶贸易的衰退。事实上，这两种商品的贸易在 19 世纪头几十年里都有所扩大"（Northrup，19784，227—228）。他认为，这两种贸易之所以能够共存，是因为它们在内地的供应网络不同（Northrup，1976：361）。莱瑟姆（Latham，1978b：216—217）对最后一点提出异议，认为奴隶和棕榈油的贸易网络和来源是相互关联的。

如果说奴隶贸易的衰落和棕榈油贸易的兴起之间的所谓关联确实是虚构的，那么，非洲经济史学家应该思考的问题不是为什么英国在 1807 年宣布废除奴隶制，[372]而是为什么奴隶贸易和奴隶制的噩梦一直到 19 世纪中叶还在折磨数百万非洲人。简短的答案是，美洲对奴隶的需求依然存在，而且随着出口生产的增加，非洲本身的奴隶贸易也在增长。因此，"合法商业"这个词没有什么分析价值，它是英国废奴主义者和工业家的道德主义姿态的遗迹，他们试图把西非从奴隶劳工的出口地变成植物油的出口地，当时对"工业润滑剂、用肥皂洗涤和用蜡烛照明的新时尚"的需求不断增加（Northrup，1976：359）。

而西非除了奴隶外，还拥有非洲大陆最密集的棕榈树、古老的棕榈果榨油技术，以及加工、运输和销售大量棕榈油和其他产品的企业技能和商业组织。直到 19 世纪中期，棕榈油才超过奴隶成为西非的主要出口产品。一直到 1830 年代，奴隶出口仍占西非出口总量的一半左右（Inikori，1983：60）。

虽然 19 世纪上半叶棕榈油出口的增长相当惊人，但是必须强调的是，棕榈油的出口早在 19 世纪之前就已经开始了。早在 1522 年，棕榈油就已经卖给了欧洲人。18 世纪最后 25 年，出口量增加，在 1790 年代达到年均 146.4 吨（Latham，1971：55—57）。19 世纪初，棕榈油在西非对英国的非奴隶出口中只占微不足道的 2.5％，相比之下，象牙占 14％，红木占 15.4％，黄金占 16.5％，树胶占 21.2％。奴隶占全部出口的 45％。1827 年至 1850 年，棕榈油在非奴隶出口中的比重上升到 44.5％（Inikori，1983：54，58）。

1800 年，英国从西非进口的棕榈油只有 223 吨，1810 年上升到 1288 吨，1830 年上升到 10,673 吨，1845 年上升到 25,042 吨，1853 年上升到

31,457 吨(Latham,1971:57)。英国前往西非收集棕榈油的船只数量和
规模也相应增加。1830 年,棕榈油运输航次为 52 次,而 1845 年为 112
次,1855 年为 137 次。1830 年,该贸易中使用的最大的船只注册吨位为
455 吨,而在 1855 年,最大的吨位为 1240 吨(Lynn,1981:334—336)。棕
榈油贸易最初以尼日尔三角洲地区为中心,然后从 1840 年代开始,维达
(Whydah)和巴达格瑞(Badagry)等地区得到发展,随后在 1850 年代,又
从喀麦隆扩张到安哥拉;在另一端的英国,棕榈油进口的主要港口是利物
浦,这原先是奴隶贸易港口。虽然利物浦保留了它的优势,但它在棕榈油
贸易中的份额却从 1830 年的 96％下降到 1855 年的 71％,[373]相比之
下,同期伦敦和布里斯托尔(Bristol)的份额,从 2％分别上升到 14％和
15％(Lynn,1981:336—342)。

英国主导了棕榈油贸易,而法国则主导了花生或落花生的贸易,这些
花生主要用于制造食用油和肥皂。从 1830 年代开始,花生成为上几内亚
海岸的主要出口产品。主要出口国是冈比亚和塞内加尔。1835 年至
1851 年,冈比亚的花生出口量增加了 26.5 倍以上,从 67 吨增加到
11,095 吨。1835 年花生出口价值仅 200 英镑,占冈比亚出口总额的
0.2％,微不足道。到 1851 年,其价值已上升到 133,133 英镑,占冈比亚
出口的 71％。1842 年以前,大部分出口到英国和美国。1834 年至 1842
年间,英国占贸易额的 43％,美国占 42％。其余的由塞内加尔和法国商
人购买。从 1843 年开始,这种趋势发生了逆转。在 1843—1851 年期间,
塞内加尔和法国商人的份额上升到 80％,而英国和美国商人的份额分别
下降到 10％和 9％(Brooks,1975:34)。

法国人也开始主导塞内加尔的花生出口贸易。到 1853 年,法国商人
从鲁菲斯克(Rufisque)运出 3000 吨,比 1843 年的 266 吨有增加。卡约
尔河(the Cayor river)和塞内加尔河的出口量从 1845 年的 167 吨增加到
1849 年的 1700 吨。在接下来的十年里,卡萨芒斯(Casamance)已经成为
另一个花生主产区(Brooks,1975:44—46)。法国商人在塞拉利昂和葡属
几内亚的花生贸易中也占主导地位(Bowman,1987:98—100)。所有这
一切之所以能够实现,部分原因是这些商人得到了法国海军军官的积极
支持,他们代表商人进行交易或干预,另外部分原因是 1845 年法国进口
关税"歧视经由外国船只运输进口的殖民地产品,从而实际上确保了西非

花生由法国船队运输"(Brooks,1975:52)。

两种植物油贸易——棕榈油集中在尼日尔周边,花生油集中在上几内亚沿海——确定了英法在西非的商业霸权的大致轮廓,而在本世纪下半叶,这两种商业霸权又转变为殖民帝国。除了这些产品外,西非还出口了许多其他商品,有传统的,也有新兴的。在传统的商品中,最重要的是黄金、象牙和树胶。

自古以来,黄金一直是西非的主要出口品。即使在奴隶贸易时代,黄金仍然是主要的出口商品。确切地说,比恩(Bean,1974)认为在某些时候黄金的出口可能远比奴隶的出口更重要,至少对黄金海岸地区来说是如此,这意味着黄金海岸提供了西非大部分的黄金。根据一些估计,黄金的年平均出口量在 1800 年至 1850 年间[374]达到 4 万盎司,是 1750 年至 1800 年出口量的 4 倍,但与 1471 年至 1750 年间相同(Reynolds,1974:8)。在沿海地区,黄金的售价为每盎司 13 英镑,据此测算黄金出口价值平均每年为 12 万英镑(Inikori,1983:56)。

象牙是另一种历史悠久的出口商品。与黄金一样,即使在奴隶贸易的高峰期象牙也一直是西非的主要出口商品。据范伯格和约翰逊(Feinberg & Johnson,1982:451)估计:"在 1699 年到 1725 年间,至少有 500 万英镑的象牙运离西非。大象数量的损失只能凭猜测。"象牙主要由荷兰和英国商人进口到欧洲。在那里,象牙被用来制作各种各样的产品,从艺术品到家具上的装饰品,以及厕所用品的雕刻,特别是梳子、餐具手柄、棋子和棋盘、纺锤和穿梭、狩猎号角、台球和乐器的音键等。

19 世纪初,西非仍是向英国输出象牙的主要出口地。事实上,它几乎占了非洲出口到英国的所有象牙。例如,1800 年至 1820 年间出口到英国的 37,679 英担非洲象牙中,99.9％来自西非。西非提供了英国象牙进口的大部分,1800 年的进口量为 1930 英担,占英国象牙进口总量的81％。到了 1820 年,虽然出口量增加到了 2181 英担,但西非所占比例已经下降到了 71％。1830 年,西非对英国的象牙出口量上升到 3071 英担,但西非在英国象牙市场的份额下降到 56％。

在接下来的几十年里,西非在非洲象牙出口总额和英国象牙进口总额中的份额加速下降。到 1840 年,由于非洲大陆其他地区的出口增加,西非在非洲象牙出口中的份额下降到 84％;西非在英国象牙进口中的份

额下降到 36％,而印度象牙的份额为 49％。到了 1860 年,英国进口的
10,520 英担象牙中只有 15％来自西非,而 63％来自印度洋地区。后者
很可能包括来自东非的再出口,因为印度是东非象牙的主要市场(Alp-
ers,1975)

在 1841 年至 1860 年之间从非洲出口的 16,416 英担象牙中,西非的
份额只有 40％,与北非的份额相同,而南非的份额为 19％,东非为 1％
(Johnson,1983b:113—131)。这种情况可能具有欺骗性,因为一些号称
北非的象牙实际上来自西非。正如约翰逊(Johnson,1978b)在喀麦隆的
案例中所证明的那样,到 19 世纪中期,在西非的一些地区,象牙贸易已经
从沿海地区转向跨撒哈拉贸易和北非,而象牙就是从那里转口到欧洲的。
[375]在西非内部,象牙供应来源也发生了变化。从 1820 年代中期到
1840 年代中期,塞拉利昂和黄金海岸提供了西非约一半的出口,此后它
们的总份额急剧下降;到 1860 年下降到 10％,因为伏尔特河以东的地区
显得更为重要(Johnson,1983:93—106)。

英国在塞拉利昂和黄金海岸的象牙贸易霸权几乎与法国在塞内加尔
和毛里塔尼亚的阿拉伯树胶霸权相当,尽管非法国船只,特别是英国船
只,承运了大部分树胶。象牙和树胶还有另一个相似之处:到 1870 年代,
由于棕榈油和花生贸易的迅速扩张,两者在各自的地盘都黯然失色。塞
内加尔和毛里塔尼亚是西非唯一的树胶供应地,从 16 世纪就开始出口树
胶。到了 18 世纪,西非已经成为阿拉伯树胶在欧洲的唯一供应地。在欧
洲,它被用作"制造油漆、纸张、胶水和墨水的硬化剂,并用于制作食品和
化妆品,以及给布匹上浆"(Webb,1985:149),欧洲的工业化,特别是纺织
生产的扩张,增加了对西非阿拉伯树胶的需求。到 1830 年代,毛里塔尼
亚和塞内加尔的树胶出口量显然已达到每年 2000 吨,是 1690 年代记录
的两倍,几乎是 17 世纪初的四倍。以每吨 70 英磅的价格计算,阿拉伯树
胶出口每年至少价值 14 万英磅(Curtin,1975:215—218;Webb,1985:
152)。因此,阿拉伯树胶贸易的利润相当丰厚。事实上,1790 至 1870 年
间,阿拉伯树胶是塞内冈比亚的主要出口产品,就像 1718 年之前的情况
一样,当时奴隶出口暂时被取代。

到 19 世纪中叶,棕榈油、花生、黄金、象牙和树胶是西部非洲主要的
非奴隶出口商品。此外,还有一些新兴的商品,如咖啡和可可,在后来的

几年里成为该地区贸易的主导。黄金海岸在 1820 年代和 1830 年代出口了大量的咖啡,1827 年达到 15,581 磅,1837 年达到 130,949 磅。此后,出口量急剧下降,1839 年为 2994 磅,1840 年只有 58 磅,到了 1841 年则完全消失(Reynolds,1974:94)。另一种出口产品是鸟粪,这是一种肥料,出口量惊人,但其繁盛期很短暂。第一次从西非向英国出口鸟粪显然是在 1843 年,1844 年达到 76,898 吨,价值 768,979 英镑,这几乎是 1843年的三倍,当年出口量 206,629 吨,价值 2,066,293 英镑。此后鸟粪出口骤然下降,到 1850 年出口值仅为 29,529 英镑(Inikori,1983:58)。木材出口量也急剧上升,是 1817 年至 1837 年期间出口量 1700 吨的三倍(Newbury,1971:92)。

进口及其影响

[376]与北非一样,西非的进口主要是制成品。因尼科利(Inikori,1983:76—88)提供了关于 1751 年至 1850 年期间西非与英国贸易的详细统计数据,使我们能够描绘出 19 世纪中期之前西非贸易发展的主要趋势。这些数据表明,1750—1807 年期间,纺织品、金属、烈酒和武器弹药这四种商品占西非进口的 92%。其余 8% 为盐、糖、烟草、帽子、珠子和子安贝等商品。纺织品约占总量的 66%,金属约占 11%,武器弹药占 9%,烈酒占 7%。可见,纺织品在西非进口商品中有着压倒性的优势。纺织品包括各种棉织品和毛织品。按价值计算,毛纺织品约占总量的 17%,印度棉布占 40%,英国棉布占 34%。在这一时期,西非从印度和英国共进口了超过 2.66 亿平方码的棉纺织品。其中约有四分之一的进口量是在 19 世纪最初的 8 年进行的,这预示着西非在海外贸易中的飞快增长。1800 年至 1807 年,纺织品的年平均进口量达到约 700 万平方码,比1750—1799 年期间的 350 万平方码进口量增加了一倍。

在接下来的几十年里,纺织品仍然是主要的进口商品。事实上,1827年至 1850 年间进口的棉纺织品是 1751 年至 1774 年可比时期的四倍多。在后一时期,平均每年进口 210 万平方码,而在 1827 年至 1850 年期间则为 860 万码。但有一个重大的变化。与以前不同的是,印度棉布在进口量中占的比例很小。在 1827 年至 1850 年进口的 1984 亿码中,印度棉布只占 6.5％。在解释这一数据时必须小心。实际情况是，只有"英国"输入西非纺织品中印度布的份额下降了，因为其他欧洲商人继续向西非输入大量的印度棉布。例如，塞内加尔和毛里塔尼亚欣欣向荣的树胶贸易就要依靠大量进口的印度吉尼布。1837 年至 1840 年间，法国商人进口了 526,000 匹，用因尼科利的表格法计算，可得 630 万平方码（Webb，1985：164）。同期通过英国进口到西非的印度棉布达 190 万平方码。

因此，此时印度棉布的输入量可能只是相对于当时最发达的工业国家——英国的贸易而言有所下降。到 19 世纪中叶，英国比其他任何国家都更大规模、更廉价地生产纺织品。毫不奇怪，[377]英国主导了西非纺织品市场，其份额从 1780—1807 年的 34％ 增加到 1827—1850 年的84％。尽管数量有大幅增加，但是随着纺织品价格的下降，纺织品在西非从英国进口额中的份额从 1750 年的约 66％ 下降到 1807 年的约 38％。

其他主要进口商品的相对份额也发生了变化。例如，金属的份额从1750—1807 年的 10.7％ 左右下降到 19 世纪第二个 25 年的 4.4％ 左右，尽管实际进口量有所增加。1850 年进口了 3,691 吨铁，而 1827 年只有656 吨（Newbury，1971：93）。与金属形成对比的是，在 1827 年至 1850年期间，烈酒和火器的份额分别从 6.9％ 上升到 14.6％，从 9.1％ 上升到15.5％。在这一时期，平均有 310 万加仑的烈酒从英国进口到西非，还有近 9.2 万支枪和 300 万磅的火药。如果这些数字是正确的，那么枪支进口的数量，而不是价值，似乎比 1750—1807 年期间的水平有所下降。据报道，英国商人每年向西非输入 15 万至 20 万支枪，总数量达到 28.3 万至 39.4 万支（Inikori，1977：349）。大部分的烈酒和枪支输入到尼日利亚-加蓬地区，分别占 61％ 和 57％，然后是摩洛哥和阿波罗尼亚角（the Cape Apollonia）之间的地区，分别占 22％ 和 25％，最后是黄金海岸，分别占 17％ 和 18％。

四种主要进口商品的总份额从 1750—1807 年的 92％ 下降到 1827—1850 年的 72％。在剩余的 28％ 中，主要进口商品是烟草，占 5％，子安贝占 2.4％，珠子占 2.3％。几乎三分之二的烟草是由尼日利亚-加蓬地区进口的，而近四分之三的子安贝是由黄金海岸进口的。珠子的进口在三个地区之间的分布比较均匀。烟草和子安贝的进口数量巨大。在 1827年至 1850 年期间，进口了超过 1500 万公斤的烟草，其中三分之二是在

1840 年代进口的。至于子安贝,如第十章所述,被用作货币,其进口量随着贸易的扩大而急剧增加。在 1791 年至 1860 年期间,仅英国对西非的子安贝出口量就达 6610 吨,约合 6 亿个贝壳。约有五分之四的子安贝是在 1834 年至 1850 年期间进口的(Hogedorn & Johnson,1983:160),这引发了该地区子安贝货币区的货币通胀。因尼科利提供的资料中没有食盐输入的记录,但从所有的记载来看,食盐是一个重要的进口项目。从英国进口的食盐从 1827 年的 151,418 蒲式耳上升到 1850 年的 469,207 蒲式耳(Newbury,1971:93)。

[378]关于海运贸易对西非的影响,历史学家们意见不一。有些人说它是消极的,另一些人认为它是积极的,更有人认为其影响可以忽略不计。在第一种学说看来,西非用有价值的产品换取了毫无价值的小饰品、破坏性的烈酒和武器,以及破坏非洲工业的劣质制成品(Rodney,1982:第 4 章;Davidson,1966:293—295)。第二种说法的支持者认为,大规模生产的廉价商品的进口有助于提高生活水平,出口贸易总体上刺激了国内贸易和为这种贸易服务的产业,特别是独木舟制造和食品供应(Hopkins,1973:126;Northrup,1978:208—223)。最后,也有些人认为,进口商品及其贸易总体上对刺激西非经济几乎没有什么作用,因为它们对该地区的主要经济活动——国内农业和手工业来说是边缘性的(Flint,1974:397—399;Latham,1978b:217—219)。

其中有些说法的成见比其他说法容易消除。关于小饰品的问题,上面所列的进口品中很少有可以称之为小饰品的。说进口商品都是些"劣质品"也是非常夸张的,因为如果商品质量低劣,非洲商人和消费者也不可能长期容忍接受它们。毫无疑问,非洲人的偏好决定了出口到西非各地的商品。最近的研究表明,即使是枪支的质量也不像当代观察家和后来的历史学家所说的那样差(Inikori,1997:359—361;Richards,1980:52—57)。但这并不意味着它们的影响是良性的,就像有些人想让我们相信的那样。当然,每年进口数以万计的枪支并不是作为非洲酋长的礼仪摆设,或者是为了吓走田野里的鸟类(White,1971:173—181;Fage,1989:107),也不是为了在旅行中保护自己和用于狩猎(Northrup,1978:166)。

这些枪支主要是为猎捕奴隶而进口的。奴隶贸易的扩大和枪支贸易的增加在时间和地点上有一定的相关性（Inikori，1977；Richards，1980）。很难看出奴隶与枪支的循环如何能产生积极的影响。酒类进口的影响可能比较模糊，难以解读，这取决于人们喜欢小酌怡情还是一醉方休。但是，通过声称以下几点来否定大量进口烈酒的潜在危害是愚蠢的："酒精作为社会润滑剂和通货，在非洲社会所发挥的有益作用比欧洲社会更多"（Fage，1989：107），或者"利文斯通不认为非洲人因饮用进口酒而遭受苦难"（Latham，1971：76），或者通过转述确实发现"资料显示的印象是，非洲人向欧洲海员出售的酒精饮料更多，受危害更深的应该是欧洲海员而不是非洲人"（Northrup，1978：166—167）。

因此，虽然说非洲的进口商品是由小饰品和劣质商品组成是不正确的，但不能如此轻率地否定枪支和烈酒的负面影响。[379]当35％的进口商品是枪支、火药、烈酒和烟草等非生产性商品，另外40％是纺织品和珠子这两种消费品，而金属等重要原料或资本产品所占比例仅为4％时，很难说这些进口商品有很大的发展潜力。换句话说，烟草的进口量比金属多。非生产性商品和消费品占主导地位，证明了西非统治阶级和商人扭曲的消费习惯、投资策略和经济政策。当然也可以说，进口刺激了出口生产和辅助产业及服务业的发展。正如我们所看到的，出口量的增长确实令人印象深刻。但是，如果说这彻底改变了西非经济的结构，那就太夸张了，因为不应该忘记，西非社会的国内生产总值只有一小部分进入了海运贸易。

要确定进口商品对西非工业的影响充满了困难。几乎没有人研究过具体进口商品在特定地区和某一时段内对受影响产业的影响有多大，因此无法保证经常所作的一般性结论的可靠性。比如说，大量进口纺织品导致了纺织制造业的非工业化（Inikori，1983：70—71），这种说法仍然只是一种断言。我们可以认为，纺织品进口的增加可能并不意味着当地生产的下降，而只是消费的上升。然而，在我们对该地区收入的增长和分配有更多的了解之前，就断定普通人的生活水平在提高，西非正在经历一场期望值上升的革命，未免过于草率（Hopkins，1973：126）。尽管进口的纺织品明显丰富，但很难多到足以取代当地的纺织品，尤其是在内地，进口纺织品数量很少，价格也相对昂贵。

正如我们在第六章和第七章中所论述的那样，西非工业满足当地需要和抵御外国竞争的能力不应该被低估。这并不意味着欧洲进口和欧洲贸易的影响在任何地方都可以忽略不计。这只是为了强调这样一个事实,这种影响因地而异,并随着时间的推移而变化;正如第 6 章在提到铁业时所表明的那样,它取决于贸易本身和受影响行业的组织以及有关社会的性质。似乎可以肯定的是,国际经济对西非的最终影响是该地区的殖民化。

贸易条件

人们经常说,19 世纪上半叶,贸易条件总体上对西非有利。[380]尽管有周期性的波动,但西非的出口商品价格总体上呈上升趋势,而进口商品的价格则在下降。柯廷(Curtin,1975:336)对塞内冈比亚的计算表明,在 1780 年代至 1830 年代期间,该地区的净易货贸易量增加了两倍多。在奴隶消失后、花生种植兴起前,塞内冈比亚的主要出口产品——树胶价格上涨了近 2.5 倍。其数量增长更快,增长了近 10.5 倍,因此收入条件也得到了大幅改善(Curtin,1975:331)。马赛市场上的花生价格从 1847 年的每公担 35 法郎上升到 1865 年的 43 法郎(Newbury,1971:93)。利物浦的棕榈油在 1810 年代以及 1830 年代、1840 年代和 1850 年代的大部分时间里,价格在 40 英镑到 60 英镑之间变化(Latham,1978b:213—215)。最后,象牙“比 18 世纪的价格上涨了 4 倍,但在 1830 年后波动不稳定”(Newbury,1971:93)。

同时,从英国和法国进口的产品价格在下降。例如,英国进口纺织品的价格从 1817 年的每码 10.5 便士下降到 1850 年的 3.5 便士;同期食盐价格从每蒲式耳 6 便士下降到 3.5 便士;火药从 1817 年的每磅 8.5 便士下降到 1825 年的 5 便士;钢铁价格从 1830 年的每吨 8 英镑下降到 1850 年的 7 英镑 12 先令。“在与法国的贸易中,棉布、陶器、毛料、粗棉布的主要成本下降;白兰地、珊瑚、火药和武器的主要成本保持稳定”(Newbury,1971:94)。

贸易条件有利于西非的事实并不意味着西非人是主要受益者。上面引用的出口价格是在欧洲市场而不是西非市场上获得的。例如,在 19 世纪初,阿拉伯树胶在圣路易斯的收购价约为每吨 70 英镑,在法国或伦敦的售价在 160 英镑至 180 英镑之间(Webb,1985:152)。1840 年代,在冈比亚以每 100 公斤 20 法郎的价格购买的花生在法国的售价为 37~38 法郎(Brooks,1975:41),而在塞拉利昂以每吨 3 英镑 8 先令到 6 英镑 3 先令之间的价格收购的花生在英国的售价为 10~14 英镑。在塞拉利昂成本为 2 英镑 10 先令的木材在欧洲能卖到 11 英镑(Newbury,1971:100)。而 1855 年在卡拉巴尔(Calabar)以每吨 25 英镑的价格购买的棕榈油在伦敦的售价在 38 英镑 10 先令到 50 英镑 10 先令之间(Latharn,1971:71—72)。因此,在欧洲从事西非产品交易的商人很容易获取 100% 以上的利润,即使扣除运输和其他成本,也是如此。主要的受益者是设在英国和法国如利物浦和马赛等主要商业港口的商行或公司。许多在西非经营的欧洲商人都是委托代理人或代理人。"由于在沿海地区有许多代理人,商行获得了巨大的利润;但同时,当发生事故或不幸时,代理人往往要遭受损失"(Reynolds,1974:55)。

[381]除了事故或不幸,在西非海岸经营的欧洲商人往往表现得相当不错,因为只要他们在对外贸易中占据主导地位,他们就可以用低价收购高价出售,赚取暴利。例如,纽伯里(Newbury,1971:100)曾指出,棉布"在波尔多每件成本只有 1.49 法郎,而圣路易斯商人以 13 法郎的价格出售……扣除运输和关税后,净利润为 11.26 法郎"。但是,欧洲商人对非洲内陆出口商品的供应控制非常有限,因为他们在很大程度上受限于自己的船只。因此,他们依赖非洲的经纪人和商人。于是后者拥有了相当大的权力,他们利用这些权力使自己的利润最大化。他们经常将沿海地区的进口商品价格标高 50%~60%(Newbury,1971:99,101)。但是,沿海市场和内陆市场之间的价格差异并不完全被沿海经纪人和商人收入囊中。它们被贸易链上的小商贩所分享。然而,毫无疑问,整个结构所依赖的众多当地商人赚取的利润是最低的。因此,在连接内陆到沿海到欧洲的营销链上,每个商人集团所占有的利润是逐步上升的。

从塞内加尔河沿岸的树胶贸易中可以看出其中一些贸易链的复杂性。内陆地区树胶的收割和销售是由扎瓦亚(zawaya)牧民及其客户完成的。然后,"在树胶贸易的季节,扎瓦亚商队将这些货存向西运到大西洋或向南运到河流市场"(Webb,1985:155)。沿河的树胶市场是季节性的,所以在法语中被称为停靠站(escales),而不是市场。扎瓦亚商队由河边的商人接应,他们充当东道主,"向商队和经纪人、向酋长和他们的代表及其随行人员提供食物和礼物"(Webb,1985:158)。

河边的商人,也就是外人所说的商贩(traitant),拥有自己的船只,并有船工沿着河道将树胶运到圣路易斯。圣路易斯有自己的商业等级制度。最上层的是商人,"一小群法国商人,他们或代表法国本土的商业公司,或本身就是圣路易斯进出口公司的所有者,或者两者兼而有之"(Webb,1985:156)。他们垄断了吉尼布(guinee cloth)的进口,吉尼布是沿河贸易网络的主要进口产品。在他们之下的是许可证持有者,大多是小店主和商业摊位的所有者。这些集团都想从树胶的利润中分一杯羹。当价格太低时,这些信息就会通过贸易链传递给扎瓦亚,扎瓦亚可以把他们的树胶送到其他市场或暂停供应。这是一个竞争非常激烈的行业。

不同贸易集团之间的关系复杂,而随着时间的推移,这种关系变得更加复杂。不可否认的是,这些商人是相互依赖的。[382]由于没有一种普遍接受的货币,加上市场的分割,因此有必要发展一系列的信用制度,非洲商人和欧洲商人在沿海地区发展了不可或缺的信用关系,尽管他们相互之间有疑虑。信贷主要有两种类型。一种是一个沿海商人向另一个沿海商人赊销贸易货物。在黄金海岸,"非洲人经常向欧洲商人赊销主要出口商品,而他想要的商品却不能立即到手。同样,欧洲商人也向非洲商人提供赊账货物,待该国的农产品上市后再偿付"(Reynolds,1974:150)。

因此,人们经常描绘的欧洲富有债权人和非洲贫困借贷者的形象被严重地过度简化了(Curtin,1973:303)。所涉及的金额可能很大。例如,到1855年,卡拉巴尔老城(Old Calabar)的埃菲克(Efik)商人持有超过25万英镑的信贷(Latham,1971:80)。第二种制度从1840年代开始变得更加普遍,特别是在西非和欧洲之间的蒸汽船服务发展之后。它涉及"非洲和欧洲商人从英国的佣金行直接购买,以换取农产品的寄售"(Newbury,1972:85)。一些塞拉利昂商人早在1818年就开始这样做。这种制度在1840年代和1860年代分别传到了黄金海岸和拉各斯,但在第一种制度盛行的塞内冈比亚并没有流行起来(Newbury,1972:86—88)。

信贷制度涉及巨大的风险,因为债务人不支付款项的情况并不少见。因此,这是非洲与欧洲商人之间长期冲突的源头。他们之间的紧张关系加剧了,因为每个集团都认为他们可以绕过对方来获得更多的利润。一些欧洲商人试图直接与内地的生产者进行贸易,而一些非洲商人则试图与欧洲进行同样的贸易。例如在塞内加尔,商人聘用了"几千名代理人和自己的运货人。到 1841 年,他们的季节性债务估计约有 10 万英镑"(Newbury,1972:88)。这些代理人"比传统的商贩有明显的商业优势。有工资保障的雇员可以在没有个人风险的情况下压低独立商人的价格"(Webb,1985:164)。他们之中,有一些非洲商人可以在外部市场上与欧洲商人进行有效竞争。例如,在黄金海岸,到了 1840 年代,有一些人可以"用自己的信用每年从英国进口 20,000 英镑到 30,000 英镑的货物"(Reynolds,1974:95)。这些竞争在 19 世纪下半叶愈演愈烈,不仅对非洲商人阶层,而且对他们的社会也造成了悲剧性的后果。

贸易竞争的加剧

[383]贸易竞争并不局限于非洲商人和欧洲商人之间的冲突。每个集团内部也存在着贸易竞争。关于尼日尔三角洲(Dike,1956;Jones,1963;Ikime,1968;Latham,1971;Northrup,1978)和黄金海岸(Priestley,1969;Reynolds,1974;Kaplow,1977、1978)的大量研究充分表明,一个主要由前奴隶、获得解放的非洲人和受过传教士教育的精英组成的新的非洲商人阶层已经崛起,他们开始挑战旧统治阶级的商业和政治霸权。

新商人阶级的崛起改变了旧的秩序,即使在综合性社会机制强大的地方也是如此。当然,这不是西非历史上第一次出现新阶级挑战现有阶级。但现在,新旧商业阶级之间的斗争是在全体非洲商人与欧洲商人之间的竞争日益激烈的情况下进行的。新阶级在 19 世纪第三个 25 年巩固了自己的地位。它与旧有非洲商人阶级和欧洲商人都展开激烈竞逐。它对前者的竞争优势加剧了沿海社会的解体,而对后者的有效挑战则注定了欧洲的商业霸权只能通过殖民化来实现。

欧洲商人之间的冲突在欧洲不同国家商人之间和各自国家商人内部都有发生。西非的主要竞争者是英国和法国商人。在欧洲的拿破仑战争期间,英国封锁了法国在塞内加尔的殖民飞地圣路易,然后占领了它。1817 年该地被归还法国。法国人试图在尼日尔三角洲棕榈油贸易中分得一杯羹。到 19 世纪中叶,英国人经过多年的冲突,成功地消除了丹麦人和荷兰人在黄金海岸的竞争。丹麦人竭尽全力也无法使要塞盈利,便于 1850 年把它们卖给了英国。1871 年荷兰人也将他们的堡垒卖给了英国。然而,那时英法两国的一个新的竞争者已经开始崭露头角,这就是德国。1845 年至 1850 年期间,从西非直接出口到汉堡的货物共计 500 万马克(Harding,1983:378—379)。

欧洲贸易竞争中鲜为人知的一个方面是来自同一国家的商人之间的竞争。林恩(Lynn,1981,1989)展示了 1830 年代、1840 年代和 1850 年代,布里斯托尔和伦敦的新兴小规模商人是如何在尼日尔三角洲的棕榈油贸易中挑战利物浦的老牌大商人的。他们之间竞争关系的加剧,有助于改变“一个原本[384]以依靠个人联系、一小撮商人之间的谅解和非正式协议而闻名的贸易”组织(Lynn,1981:348)。新来者并不认同早期的做法。英国人之间的贸易竞争“蔓延到对非洲中间人的攻击”。因此,正是“英国商人之间的事件以及英国商人和非洲商人之间的事件导致了1849 年任命约翰-比克罗夫特(John Beecroft)为三角洲地区的第一位英国领事,从而开始了向英国政治控制的转变”(Lynn,1981:348)。

在法国人中,来自波尔多的商人和来自马赛的商人为控制塞内加尔河的树胶贸易展开了竞争。这两个集团以不同的方式运作。马赛商人以流动商人的身份经营,不像波尔多商人长期居住在圣路易斯,与塞内加尔商人关系密切。在 19 世纪初,后者主导了奴隶贸易,而前者则控制了树胶的二手贸易。当奴隶贸易衰落时,马赛商人寻求进入波尔多商人想要垄断的树胶贸易。他们之间的过度竞争给树胶贸易造成了严重的破坏。塞内加尔的中间商首先受到影响。很多人经营亏损,并且:

> 负债累累,欠向他们提供信贷的法国居民的债。到了 1841 年,债务总额到了无法清偿的地步。在这种情况下,波尔多商人以经济危机为由,说服殖民政府进行干预,以获得竞争优势(McLane,1986:46)。

于是,1842 年法令颁布了,欧洲人被禁止进入河流市场,这在表面上是为了保护塞内加尔商人的利益。

1842 年的法令对波尔多商人和其他居住在圣路易斯的法国人是有

利的,因为它"重新创造了传统的贸易模式,通过塞内加尔的中间商进行
贸易,而这些中间商为定居的商人所用。新来的人很难进入这个封闭的
体系"(McLane,1986:48)。但斗争远未结束。马赛商人继续争取"自由
贸易",于是法国政府任命了一位部级的委员会,不过波尔多的利益在该
委员会中的代表性很差。1842 年又通过了一项新的法令,该法令:

> 起到切断塞内加尔中间商和圣路易斯老牌法国商行之间联系的
> 效果。更为重要的是,[385]船长和商人可以开着自己的船只到停靠
> 站去"监督"交易,到了 1849 年,这一对前奴隶开放以来普遍存在的
> 做法得以合法化(McLane,1986:50)。

马赛商人雇用前奴隶作为他们的代理人。到了 1853 年,从马赛到圣
路易斯的船只数量从 1849 年的 12 艘增加到 20 艘,这反映了新的竞争性
贸易制度。

波尔多商人看到他们的优势被削弱时,决心进行反击,排除马赛商人
的竞争。1851 年,他们向总督请愿,并在法国宣传他们的情况,要求在内
地批地,建立永久性的保护站,以传播法国的商业和"文明"。新任殖民地
部长对他们的诉求表示同情,因为他本人也是来自波尔多的商人,也曾是
波尔多商会的成员,于是他们的要求被接受了。不顾非洲人的抵抗,一座
堡垒被建造起来。当总督开始敷衍了事时,波尔多商人则策划将他赶下
台,让一位年轻的、精力充沛的塞内加尔工程兵总管路易斯·费德赫贝
(Louis Faidherb)来代替他。费德赫贝没有浪费时间,拿到了波尔多商人
要求的土地批文,并把树胶贸易的地点改到波尔多商人的关卡。这样,波
尔多商人就顺利地控制了阿拉伯树胶贸易。法国在西非的帝国开始
成型。

19 世纪中期之前,欧洲在西非的殖民扩张范围仅限于弗罗因得
(Freund,1984b:74)所说的几个沿海"指头尖"(finger-heads)一样的地
方。英国的殖民势力仅限于 1787 年建立的塞拉利昂(作为自由奴隶的避
难所)和 1816 年在冈比亚建立的巴瑟斯特(Bathurst);此外,英国在黄金
海岸和尼日尔三角洲的领事机构不断增加,但地位不太稳固。1851 年,
他们占领了拉各斯。法国人在塞内加尔沿岸的圣路易斯和科特迪瓦的大

巴萨姆(Grand Bassam)和阿辛尼(Assinie)建立了领事馆。1857年塞内加尔未来的首都达喀尔被占领。在接下来的几十年里,英法两国准备从这些沿海飞地向内陆迁移,扩大他们的殖民帝国。

西非和欧洲的发展为殖民运动提供了动力。毋庸置疑,这些发展是相互联系、相互促进的。在西非内部,上文提到的非洲商人和欧洲商人之间、不同国家的欧洲商人之间以及来自同一国家的商人之间的贸易竞争和紧张关系变得如此激烈,以至于过去半个世纪建立的贸易体系开始崩溃。危机加深的核心是商人数量的增加,[386]而西非出口产品的价格却在下降。这意味着比以往任何时候都要多的贸易商在争夺越来越缩小的利润馅饼。这是将激烈的商业竞争转化为致命的政治斗争的好办法,最终导致了欧洲列强对该地区的争夺和瓜分。

最重要的欧洲新来者是德国。德国与西非的贸易在1850年代和1860年代稳步增长,并从1870年开始爆发。德国的主要进口商品是棕榈油、棕榈仁、非洲红木、乌木、象牙、橡胶、咖啡、可可和花生。西非产品直接出口到汉堡的总价值从1860年的110万马克上升到1875年的500万马克,1890年上升到2250万马克,1900年达到5130万马克。在1860年以前,棕榈油是主要的出口商品,占当年出口总值的88.6%,其次是非洲红木,占6.7%,象牙占4.6%。到了1875年,棕榈仁(其出口记录最早出现在1861年)以45.8%的比例位居第一,其次是棕榈油35.9%,象牙8.3%,橡胶6.6%,非洲红木1.6%,其余为咖啡和乌木。到了1890年,棕榈仁的比重上升到60%,棕榈油的比重下降到12.6%。橡胶现在排在第二位,占18.2%,咖啡的份额增加到4.7%,可可占0.5%。到了1900年,主要的变化是可可的份额上升到33%,花生占了5.2%。德国的主要出口产品依次是烈酒和葡萄酒、火枪和火药、棉织品和食盐。1890年,这四类产品的相对份额分别为47.1%、11.3%、8.5%和0.9%(Harding,1983:377—391)。

德国贸易和竞争的增长,使英法两国由来已久的竞争更加激烈。德国商人开始在西非沿岸向英国和法国商人发起挑战。他们从拉各斯和喀麦隆进口棕榈油和棕榈仁,从喀麦隆、加蓬和老卡拉巴尔进口乌木,从拉各斯、加蓬和蒙罗维亚进口象牙,从圣多美进口可可。1880年,德国人甚至在利比里亚和加蓬建立了咖啡种植园(Harding,1983:366—371)。汉堡航运公司韦尔曼（Woermann）成为英国航运在西非最重要的竞争对手。

与此同时，法国商人和英国商人之间根深蒂固的对立情绪加剧。法国人试图在英国商人主导的繁荣的尼日尔三角洲贸易中增加自己的利益分成。法国非洲公司和塞内加尔公司分别于 1880 年和 1881 年成立，并在三角洲各地建立了分支机构。英国商人对此感到担忧。1884 年，英国国家非洲公司，即尼日尔皇家公司的前身，收购了法国公司。霍普金斯（Hopkins，1973：160）认为，"这一插曲表明，[387]英国的霸主地位无法通过纯粹的商业手段挑战成功，至少法国无法撼动"。这助长了法国建立一个受保护的殖民地帝国的念想。

在欧洲商人之间的竞争愈演愈烈的同时，前文提到的非洲新商人阶层的规模、权力、信心和财富都在增长。他们显然构成了一个新兴的资产阶级，他们很清楚地意识到自己是"新人"，有别于旧的商人阶级。他们中的许多人皈依了基督教，接受了欧洲教育，取了欧洲名字，并且喜欢维多利亚时代的服饰、价值观念，对一些非洲的社会习俗和传统有矛盾情绪。他们的队伍中既有独立经营者，也有欧洲商人的代理人。这两者并不相互排斥。有些人最初是代理人，最后成为独立商人，反之亦然。

一个例子是克劳瑟主教（Bishop Crowther）的儿子们。主教将教会资金投资于 1860 年代尼日尔河上的一家主要贸易公司——荷兰雅克公司（Holland Jacques and Company）的股票。"在接下来的十年里，克劳瑟主教的儿子约西亚（Josiah）被安排负责荷兰雅克公司在尼日尔的贸易。约西亚-克劳瑟用非洲人[取代了]公司船上所有的欧洲人，除了工程师和船长之外。另一个儿子约瑟夫（Joseph）成为另一家大型贸易公司——西非公司的总代理。而另一个儿子塞缪尔（Samuel）也被任命为西非公司的贸易主管。克劳瑟主教的女儿麦考利（Macaulay）夫人也积极参与拉各斯和努佩（Nupe）王国之间的商业活动……1880 年，克劳瑟众兄弟更进一步，在尼日尔河上运营自己的蒸汽船"（Ehrensaft，1972：480—481）。

西非许多最富有的商人都在蒙罗维亚、弗里敦和拉各斯等位于尼日尔三角洲的城镇中。其中理查德-布莱兹（Richard Blaize）出生于弗里敦，但在 1862 年搬到了拉各斯，在那里他赚到了钱。到 1890 年代中期，他的身价估计为 15 万英镑，如霍普金斯（1975：153）所说，"即使在英镑价值远低于 19 世纪的今天，这也是一笔巨款"。尼日尔三角洲有 19 世纪西非史学界最著名的"商人王子"，如奥波博（Opobo）的贾贾（Jaja）和伊茨科利（Itsekeri）的纳纳（Nana）。贾贾出身于卑微的奴隶，成为邦尼（Bonny）的重要商人。然而，他的社会出身使他无法担任政治职务。于是他离开邦尼，在奥波博建立了自己的王国，"这是精心挑选的地方，足以切断邦尼与河上贸易帝国的联系"；贾贾由此跃升为"三角洲最伟大的国王"（Webster & Boahen，1967：201）。纳纳也是出身卑微，不过不是奴隶，而是平民。1884 年，伊茨科利（Itsekeri）的商界要人们[388]任命他为贝努埃河（the Benue River）的总督，作为对其财富和权势的认可（Ikime，1968：50）。

在黄金海岸，巨商云集：有像詹姆斯-班纳曼（James Bannerman）这样在英国接受教育的商人，早在 1828 年，他的货物贸易价值就超过了7000 英镑；有乔治·布兰克森（George Blankson），他在黄金海岸各地都有工厂；有罗伯特·加特伊（Robert Ghartey），他以在木材、金矿和棕榈仁贸易中的多元化利益而闻名，同时也是温内巴（Winneba）的国王；有弗朗西斯·格兰特（Francis Grant），他是一位著名的"本地绅士"，据说他"在商业地位上与海岸上的任何欧洲人相当"；有托马斯·休斯（Thomas Hughes），一位富有的商人，是加纳现代采矿业的先驱；有约翰·萨尔巴（John Sarbah）和他的儿子约翰·门萨·萨尔巴（John Mensah Sarbah），他们以遍布该地区广泛的商店和贸易站网络而闻名。

还有一些杰出的女商人，如斯旺兹（Swanzy）夫人和贝纳斯（Barnes）夫人，她们显然是开普海岸最富有的非洲商人之一（Reynolds，1974：107—114）。在利比里亚的巨商有史蒂芬·本森（Stephen Benson），他是该国未来的总统，在 1840 年代初，他的海岸贸易额为 14,000 英镑；詹姆斯·麦吉尔（James McGill）的贸易额为 15,000 英镑；佩恩（Payne）和耶茨（Yates）的合伙公司贸易额为 34,000 英镑（Syfen，1977：227）。利比里亚的"商人王子"成为该国的社会和政治精英，是宣布利比里亚独立的幕后推手；他们认为独立是促进自己利益的一种手段，以此对抗英国商人；因为英国商人根据国际法对利比里亚殖民地实施的关税、委托经营要求和入境港立法的合法性提出质疑。

　　非洲新商人阶层的崛起，很大程度上归功于他们的边缘性。身为前奴隶、被解放的非洲人和受过传教士教育的人，他们没有传统的积累财富的机会。但同样，他们也没有受制于传统的不利影响而不去利用新出现的贸易机会。他们是一个不断变化的旧世界和一个努力奋斗的新世界的产物。他们与传统的家族网络和欧洲商行都有联系。家族关系为他们提供了诸如土地和住宅等关键资源，这些资源可以被整合成商业场所，以及低成本的家庭劳动力，同时也为他们提供了一些保护，使他们免于破产；正如卡普洛（Kaplow, 1978：27）在黄金海岸的案例中所说的那样，"非洲商人声称某些资产是家庭财产，使其免受海外债权人的侵害"。他们从欧洲人那里获得了信贷，要么是作为委托代理人，要么是作为独立经营者。

　　简而言之，尼日尔三角洲地区发展起来的家庭、住户或毗连的房屋制度促进了非洲商人活动的筹资、组织和发展。作为回报，商人[389]要把收入的相当一部分用于满足其支持或赞助单位对财产、劳动力、教育和消费品的需求，正如杜梅特（Dumett, 1973）在对约翰·萨巴（John Sarbah）的案例研究中所表明的那样。萨巴与几个合伙人一起，在 1882 年以 25,000 英镑的名义资本向一家矿业公司放贷，试图投资矿业。但该公司一年后就倒闭了。非洲商人确实试图投资工业和农业，但他们的大部分财富要么投资于贸易，要么投资于满足家人和家庭的需要。这样的支出并不是"非生产性"的，但也没有支持持续积累的过程。事实上，当一个商人死后，他或她的资产往往被分割和重新分配。因此，似乎很少有代际积累。正如霍普金斯（Hopkins, 1973：153）在提到理查德·布莱兹（Richard Blaize）时所说，他的"生意，就像他同时代的大多数人一样，与他一起死去"。这就削弱了新的非洲商人阶层的地位，通常也削弱了他们与欧洲竞争者进行有效斗争的能力。

　　从 1850 年代开始，这个阶级迅速扩张，这得益于从帆船到蒸汽航行的过渡。蒸汽船的航行速度比帆船快，载货量大，并为非洲商人提供了小批量的货物运输服务。非洲商人直接从欧洲进口货物，无论是为自己还是替欧洲制造公司做代理，都变得比以前更容易和更便宜。但事实证明，蒸汽船的发展喜忧参半。在利比里亚，蒸汽船沿各港口的定期航行受利比里亚产品海外市场价格的波动和下降的影响，这给沿海贸易带来了灾难。1847 年至 1871 年期间，利比里亚人至少拥有和经营着 139 艘船只。

到 1872 年,只剩 29 艘船只在运营。"1883 年以后,直到本世纪末,任何一年记录在案的利比里亚船只都不超过三艘"(Syfert,1977:233)。这些蒸汽船不仅仅装满了商品,还带来了大量的欧洲商人。对欧洲商人来说,与西非的贸易变得比帆船统治海洋的时代更容易、速度更快、成本更低。

从 1852 年起,蒸汽船在西非开始定期使用。主要的承运方是英非蒸汽船公司和英非蒸汽航运公司。从 1870 年起,"两家公司同意确定运费和航行日期,此后一直保持密切联系"(Lynn,1989:229)。从 1891 年起,这两家公司由埃德-登普斯特公司(the Elder Dempster & Company)经营。还有几家法国公司在 1889 年合并为法布尔-弗雷西内(Fabre-Frassinet)公司。德国经营的有汉堡的韦尔曼公司,它成为英国公司的主要竞争对手。1890 年代中期,埃德-登普斯特和韦尔曼航运公司建立了西非航运联盟,[390]通过使用回扣制度,实际上迫使商人使用埃德-登普斯特或韦尔曼航运公司的船只。

不知不觉陷入殖民化

随着蒸汽船的到来,西非和欧洲之间的运费和旅行时间都急剧下降。例如,棕榈油运往英国的运费从 1855 年的每吨 5 英镑下降到 1907 年的每吨 2 英镑左右(Lynn,1989:229)。蒸汽船与帆船不同,还可以随时出行,在航行过程中,无论天气如何,都可以停靠沿海的几个港口。而对于西非贸易的竞争来说,最关键的是,随着蒸汽船的到来,商人们不必经营或租用船只进行贸易,因为他们可以租用货位。于是,贸易活动和航运就被分割开来。老牌的帆船公司,大部分未能改用蒸汽船,失去了对贸易的控制。非洲和欧洲的商人大量涌入,而以前因经营或租用船只成本过高,他们的数量受制。

结果影响深远。竞争加剧,利润开始下降。在 1850 年代和 1860 年代,超级货轮和蒸汽船之间存在着激烈的竞争,它们所代表的贸易制度遍布整个西非,特别是在著名的贸易中心,如老卡拉巴尔城(Latham,1971:58—63)。蒸汽船的引入也有助于带来贸易方式的结构性变化,"即商人们从使用沿海的船舶作为贸易中心转向使用停泊在河中的'船体',然后,从 1860 年代出现的'从船到岸'贸易,发展成岸上'工厂'"(Lynn,1989:

230）。蒸汽船很快占据统治地位。1855年，蒸汽轮船将6.5%的棕榈油从西非运到英国，1875年增至76.2%，1890年增至98.8%（Lynn，1989：234）。

随后，油料贸易有了两个新的发展。第一，作为蒸汽船大本营的利物浦重新获得了对伦敦和布里斯托尔的支配地位。其次，由于蒸汽船可以停靠整个西非海岸，新的地区被开辟为棕榈油和其他产品的供应商。西非出口油料的港口数量从1850年的14个增加到1870年的47个，1890年增加到108个（Lynn，1989：240—241）。随着这些变化，西非的出口量急剧上升。与此同时，油料的价格也在下降，从而进一步加剧了竞争。利物浦的棕榈油价格从1854—1856年间的每吨50英镑下降到1862—1866年间的32英镑，1880年代末为20英镑。从1860年开始大量出口的棕榈仁价格从1860年代的每吨15英镑下降到1880年代末的10英镑左右。花生的价格也下降了一半以上，从1857—1867年的27.5法郎左右下降到1877—1900年的15法郎左右（Hopkins，1973：133）。利物浦的非洲红木价格从每吨26.5先令下降到1874年的15先令（Syfert，1977：232）。

[391]棕榈油和花生价格的下跌直接受引进蒸汽船导致的供应结构变化的影响。此外，需求结构也发生了变化。由于天然气和电灯的发展，美国从1859年开始开发新的矿物油，苏伊士运河开通后亚洲植物油进口量增加，以及1873年至1896年欧洲主要国家经历的间歇性经济衰退导致原料市场普遍萎缩，西非油料被挤出了市场（Munro，1976：65—72；Lynn，1989：228）。

因此，纯粹的易货贸易条件对西非绝对不利。在参与西非与欧洲贸易的各个群体中，存在着奥斯丁（Austen，1983：10）所说的"脆弱性差异"。受影响最小的是欧洲的公司和西非内地的供应者，前者是因为他们有效地确定了价格，后者是因为如果价格降得太低，他们可以退出出口贸易。

欧洲和非洲的个别商人则没有任何选择。持续的低价使他们面临破产的威胁，因此他们之间的冲突加深了，这表现在双方的不法行为和欺骗事件在增加，以及关于各自业务领域和管辖权的争议。他们把对方看作是必须绕过的寄生中间人。霍普金斯（Hopkins，1973：149—150，155）认为，越来越多欧洲货币的使用加剧了这些争端。受此伤害最大的群体是内地的旧商业精英和商人，他们发现自己的钱很快就失去了价值。非洲货币的非货币化已经开始。这对非洲统治阶级的许多群体的影响是灾难性的（Webb，1982：465）。

由于这些变化、冲突和发展，信用体系承受了巨大的压力。欧洲人对非洲商人的不信任，导致 1858 年欧洲人在黄金海岸出台了有争议的破产法。最著名的破产案是海岸角的约瑟夫·史密斯（Joseph Smith），据说他欠英国的福斯特和史密斯公司（Foster and Smith）18,000 英镑。实际上，是这家公司欠史密斯钱。在 15 年的时间里，史密斯进行了价值 1,387,232 英镑的贸易，并支付了 32,000 英镑的运费、利息和杂费。该公司一直在欺骗他，在他们提供给他的货物成本上加了 25%—50%，甚至更多。他发现这一点时，与该公司对质。该公司承认多收了他的钱，但拒绝削减他的欠款。当史密斯试图将他的棕榈油直接卖到英国时，该公司将货物没收。此事被告上法庭，法院判决史密斯胜诉；该公司欺骗他的钱共计 28,000 英镑，超过了他所欠的钱。但该公司以时效为由提出抗辩，史密斯的债务[392]只减免了 2000 英镑。史密斯被判"在三个月内支付欠款；由于他没有办法支付，便于 1861 年宣布破产"（Reynolds，1974：154）。

这种欧洲债权人欺骗非洲债务人的做法，被称为"洗白"，变得越来越普遍。非洲商人和生产者以各种方式作出反应，特别是抵制欧洲商人并扣留他们的产品，1858 年至 1860 年间、1865 年和 1872 年，这种情况在黄金海岸有发生（Reynolds，1974：140、148；Webster&Boahen，1967：219），1862 年和 1864 年，在卡拉巴尔也发生过（Latham，1971：62,71），1880 年代在尼日尔三角洲的其他地区以及 1885—1886 年间在塞内加尔和毛里塔尼亚的树胶生产者之间也发生过（Hopkins，1973：155）。冲突很快就变成了政治性的争霸斗争。1868 年，黄金海岸的商人与传统统治者走到一起，成立了芳蒂联邦（the Fante Confederation），目的是保护自己免受英帝国野心的欺压和内地阿桑特人的威胁。联邦宪法中对经济问题的强调违背了其主要目标（Hayford，1970；Wilson，1969）。这个事例传到阿克拉，阿克拉联邦也随之成立。在尼日利亚的阿贝奥库塔（Abeokuta），受过教育的精英们成立了埃格巴（Egba）联合管理委员会，作为他们进行现代化和国家建设的工具。在他们所做的许多事情中，他们"组织了一个通往阿克拉的邮政服务，开办了一所世俗学校……通过对出口产品征收关税，为阿贝奥库塔中央政府提供了收入来源"（Pallinder-Law，1974：70）。

这些现代国家建设的实验被证明是短命的。首先，它们并没有受到传统统治精英中许多成员的欢迎。更为重要的是，英国人对它们一直怀有敌意。例如，他们认为芳蒂联邦是对英国在加纳南部的权力和管辖权的挑战，所以他们决心粉碎它。首先，他们想办法把酋长和商人对立起来。然后在 1871 年 12 月，所有的行政人员都因捏造的叛国罪被逮捕。联邦一亡，英国人就决定在加纳南部建立殖民地。他们在 1874 年击败了该地区最强大的势力阿桑特后实现了这一目标；自 1823 年以来，英国人一直与阿桑特断断续续地进行战斗（Fynn，1978）。1874 年 7 月英国宣布吞并加纳南部为其殖民地。

英国的下一个主要行动区是尼日尔三角洲。在那里，英国商人面临着来自非洲商人非常激烈的竞争。1879 年，乔治·戈尔迪（George Goldie）说服"四个主要贸易公司在他的领导下合并，以降低产品价格和分享利润"（Flint，1974a：400）。于是非洲联合公司成立。[393]公司迅速开展行动，试图通过与当地统治者达成排他性的贸易协议来垄断棕榈油贸易，并通过临时性人为抬高价格来迫使法国商人破产。该公司很快发现，这些措施不足以消除竞争。因此，它寻求皇家特许状的保护和权力，并于 1886 年获得了特许状。该公司改名为尼日尔皇家公司。它立即通过征收沉重的许可经营费用和税收，限制非洲商人阶级的行动自由来摧毁这个阶级。然后就轮到除掉贾贾和纳纳了。英国人要求他们签订保护条约，其中应包括自由贸易条款。两人都拒绝了。当英国商人在奥波博试图固定棕榈油价格时，贾贾试图绕开他们，直接卖给英国。这就注定了他的命运。1887 年，他被逮捕并被驱逐到加勒比海，四年后他死在那里。1894 年，纳纳也遭遇了同样的命运。他是在英军炮击其首都埃布罗希米（Ebrohimi）后被捕的。

与此同时，法国人也开始相信，只有直接的殖民统治才能消灭他们的商业竞争对手。他们在三角洲地区与英国人竞争败北，在他们看来，更加需要巩固其在已拥有桥头堡地区的地位，主要是塞内加尔。1877 年，法国在塞内加尔引入差别关税，以保护其贸易和增加殖民地政府的收入，英国对此提出抗议。法国人不甘示弱，两年后开始从塞内加尔向西苏丹内陆，向尼日尔河中上游盆地推进。沿途发生了许多战争，最著名的是与萨莫里·图雷(Samori Toure)的战争，当时他正一心想在该地区建立一个现代化的新国家(Person，1978)。法国侵略军还向南进入科特迪瓦、达荷美和几内亚。到了1890年代初，法国已经在西非建立了一个面积数倍于自己的帝国。

这些发展使与西非贸易迅速增长的德国商人忧心忡忡。他们担心法国和英国在已享有商业霸权的地区显示出扩大殖民统治的迹象时，自己可能会被排除在西非之外(Turner，1967)。德国商人在喀麦隆的利益日益增长，英国商人在那里安居乐业，而法国则表现出帝国的野心，因为1883年它宣布对杜阿拉以南的马林巴(Malimba)实施保护。与西非另外地方的其他欧洲商人一样，德国人与非洲商人杜阿拉人的竞争也越来越激烈。1884年，德国吞并了喀麦隆，他们"在吞并后立即发表的公开和秘密声明中明确表示，他们完全打算破坏杜阿拉的贸易垄断，[394]以便更有效地开发喀麦隆"(Austen，1982：12)。德国政府最初认为可以把殖民地交给当地的贸易公司来经营。当这些公司表现出不愿意承担殖民管理的财政负担、非洲人的反抗也爆发时，政府就自己接过了殖民统治的缰绳。德国还吞并了多哥。

欧洲人征服西非和非洲人反抗的细节众所周知，这里不再赘述(Hargreaves，1974a，1974b；Crowder，1981；Ajayi & Crowder，1974；Boahen，1987b)。从我们的讨论中可以很清楚地看出，经济竞争在决定殖民化的原因和进程中起着核心作用。我们重点讨论了这些竞争在西非不同地区展开的情况。然而，这些进程是由欧洲资本主义发展的动力推动的，这一点怎么强调都不过分。人们常常认为，非洲的瓜分是1873—1896年欧洲"大萧条"的产物，它加剧了国际竞争的命运，迫使商业利益集团向其政府施压，以确保新的、受保护的殖民市场(Hynes，1979)。焦虑的政府放弃了自由主义的自由贸易和自由放任政策，开始设置保护主义壁垒。从1875年的奥地利开始，西班牙在1877年、意大利在1878年、德国在1879年、瑞士在1884年、法国在1881年和1892年都开始设置保护主义壁垒。穆罗(Muro，1976：67)写道，"国家对市场的控制和管理成为一种有利的手段，既能保证在面临压力的现有商业形势下进行调整，又能在非洲和国际经济之间建立新的联系"。

这种分析需要一些限定。有经济史学家认为，欧洲并没有发生过大萧条，而是在 19 世纪最后 25 年出现了一系列的周期性波动。经济扩张并没有完全停止，尽管许多欧洲经济体的扩张速度比之前和之后的繁荣时期要慢（Saul，1969）。此外，认为只有萧条期才会产生冲突也过于简单化：繁荣期也会产生冲突，因为萧条期和增长期总是不平衡的，而且会留下阶级和国家之间冲突加剧的痕迹。因此，可以说，19 世纪最后 25 年欧洲人对西非的殖民，一方面源于不均衡的周期性波动对欧洲国家和经济的吞噬，另一方面源于经济、社会和技术在西非与欧洲贸易的组织和结构方面的变化。

毫无疑问，贸易经济为欧洲对西非的殖民提供了条件。政治、外交和军事方面的考虑当然影响了这一进程的性质和时间，但它们都不是推动力。[395]而且，与北非一样，入侵发生在稳定的现代化新政权正在形成之时，如芳蒂联邦、三角洲的奥波博和伊茨科利河流国家，以及萨莫里（Samori）的曼杜卡帝国（Mandinka empire）。因此，正如哈格里维斯（Hargreaves，1974：408）切中肯綮地指出，"是贾贾和奥波博以及拉·迪奥（Lat Dior）日益增长的力量和信心，而不是他们的弱点，激起了欧洲对他们的干预"。但是，像哈格里维斯（Hargreaves，1974：405—407，415—419）和霍普金斯（Hopkins，1973：161—162）倾向于把西非瓜分的开始"归咎"于法国的活动是徒劳的。西非的瓜分没有一个由一个国家按下的单一触发器。它是一个复杂而混乱的过程，在这个过程中，英国、法国和德国等主要的欧洲大国都参与其中。

总　　结

如果说北非的殖民化主要是"金融帝国主义"的产物，那么西非的殖民化则是"贸易帝国主义"的结果。北非国家因债务增加而变得脆弱，而西非则因商品价格急剧下降而成为受害者。

在试图勾勒出西非和欧洲之间商业关系的发展历程时，本章试图对一些流行的解释进行质疑和限定。有人认为，使用"合法商业"一词来庆祝新时代的到来,忽视了废除奴隶贸易是一个渐进的过程,而西非与欧洲的贸易结构并没有发生突然的变化这一事实。此外,不应忽视的事实是,西非确实是紧随"合法商业"飞快地走向殖民化的。

虽然西非与欧洲的贸易在19世纪显著增加,西非出口初级产品和进口制成品也无可厚非,但对于欧洲进口给西非经济造成的影响却没有达成一致。已经证明,说西非用有价值的产品换取了不值钱的小饰品或低劣商品不足为信。但说大部分进口产品是生产性产品同样不足为信。当然,枪支和烈酒主要是破坏性的。纺织品是消费品,虽然进口量很大,但不足以满足整个西非市场的需求,因此更可能是补充而不是取代当地的生产。因此,没有令人信服的证据表明,进口产品要么刺激了西非的经济,要么破坏了西非的经济。它们对生产的影响要有限得多,而且是有区别的。

还有人认为,19世纪上半叶西非的贸易条件是有利的,但需要说明的是,这种贸易的主要受益者不是西非[396]商人,而是欧洲的商行。至于贸易竞争,虽然主要冲突是非洲商人和欧洲商人之间的冲突,但各集团内部的竞争也极大地影响了帝国主义在西非的发展轨迹。事实上,19世纪中叶英国在尼日尔以及法国在塞内加尔进行政治控制的举措,似乎既是由英国内部以及法国内部的贸易竞争煽动,也是因与非洲对手的冲突引发。19世纪下半叶德国商人的到来,使得欧洲内部的竞争激化。

在非洲方面,新的商人阶层并不总是与旧的统治阶层和睦相处。随着他们的地位越来越高,前者逐渐开始以牺牲后者为代价积累政治力量。欧洲人能够利用这些分化来削弱非洲新的商人阶级,希望通过组建"现代"国家和政治单位来巩固自己的努力。

贸易体系的危机主要是由两个相互关联的事态发展引发的。一方面,欧洲和非洲的商人数量急剧增加,这本身就是过去半个世纪贸易迅速增长的产物,而蒸汽船的引进又进一步刺激了这种增长。另一方面,由于需求结构的变化和本世纪最后25年的间歇性衰退,西非商品在欧洲市场上的价格急剧下降。信贷系统承受了巨大的压力,非洲货币的逐步非货币化更加剧了这种压力。随着危机的加深,商业竞争变成了争夺政治霸权的激烈斗争。西非的瓜分清楚地展现了贸易、社会转型、技术变革、经济周期和殖民化之间的复杂联系。

第十五章 南方的帝国主义

与欧洲贸易的增长

[397]中部非洲、南部非洲和东部非洲是广阔的区域。尽管它们之间和内部存在明显的差异,但它们与欧洲的贸易发展方式和殖民化模式与北非和西非有很大的不同。首先,与北非不同在于这些地区并不是债券持有者的游乐场。总的来说,在这些地区建立殖民统治的过程中,金融和商业资本的作用不如采矿和投机资本重要。第二,中部和东部非洲部分地区的奴隶贸易比西部非洲持续的时间要长得多。第三,在这三个地区,植物油在非奴隶出口贸易中的比例比西非小。反倒是象牙、橡胶、羊毛、矿物和香料占主导地位。这些商品没有受到蒸汽船的引进和19世纪末欧洲间歇性衰退的严重影响。第四,长期定居的欧洲移民,特别是在安哥拉、莫桑比克和南非,在组织出口生产和贸易方面发挥了积极作用。

因此,这三个地区被纳入世界资本主义体系,以及被瓜分殖民的情况与北非和西非有很大不同。北非的殖民化是在债务危机不断加深的情况下进行的,而西非的殖民化则是在贸易利润下降的情况下进行的。在中非,投机资本占据了主导地位,而在南部非洲,矿业资本是拉动殖民化的火车头。东非长期以来是印度洋贸易体系的重要组成部分,是最后一个完全融入不断扩大的、欧洲主导的世界资本主义体系的地区。在这里,投机资本也发挥了作用,先发制人的殖民政治也发挥了作用。

在19世纪上半叶,奴隶出口在以扎伊尔河口为中心的地带,以及沿安哥拉和莫桑比克海岸的贸易网络中占主导地位。19世纪进入跨大西洋贸易的所有奴隶中,扎伊尔和安哥拉至少提供了三分之二(Curtin,et. al.,1978:424)。奴隶的实际数字存在严重争议。曼宁(Manning,1990: 70—71)的最新估计显示,1800 年至 1860 年,从卢安果出口的奴隶平均每年在 5,000 至 15,000 人之间,从安哥拉出口的奴隶平均在 15,000 至 25,000 人之间。这些奴隶大部分最终流向巴西和古巴,因为那里对奴隶劳动力的需求不断增加。在莫桑比克,奴隶贸易比非洲其他地方持续的时间更长。到[398]1880 年代,由于印度洋岛屿上不断扩大的种植园经济对奴隶的需求,奴隶贸易仍然是最主要的商业活动(Alpers,1975: 216—219)。根据利泽岗(Liesegang,1983:463—464)提供的数据, 1800—1842 年期间,奴隶出口量在大约 4500 到 30,000 人之间波动。在此期间,总共至少出口了 397,100 名奴隶。葡萄牙人是安哥拉和莫桑比克海岸的主要奴隶贩子。葡萄牙在 1836 年废除了奴隶贸易,但并没有产生什么直接影响。安哥拉的奴隶贸易一直到 1850 年巴西港口对奴隶船关闭之后才开始消亡(Seleti,1990:34)。

坦桑尼亚海岸、非洲之角和苏丹东部也有相当数量的奴隶出口,1820 年至 1870 年期间,坦桑尼亚海岸每年平均出口奴隶 15,000 人,该地区以现代坦桑尼亚腹地、马拉维大部分地区和扎伊尔东北部为中心。在非洲之角,1805 年至 1880 年期间平均为 4000 至 5000 人,其中大部分来自当今埃塞俄比亚的西达马(Sidama)和奥罗莫地区。来自苏丹东部的奴隶出口,在 18 世纪一直稳定在每年不到 5000 人的水平,到了 19 世纪急剧上升,在 1870 年代末奴隶贸易逐渐终结之前,一直在 5000 到 12,500 人之间波动(Manning,1990:76—81)。从坦桑尼亚海岸出口的大部分奴隶被用于沿海的阿拉伯-斯瓦希里种植园和印度洋的欧洲种植园。这些种植园主要为世界市场生产。来自非洲之角和苏丹东部的奴隶最终流向北非或西亚。

在中部、南部和东部非洲的主要贸易网络中,唯一不依赖奴隶出口的是开普殖民地。开普经济本身主要依赖从亚洲输入的奴隶劳动力。从 1806 年起,开普殖民地成为英国殖民地,这意味着它受到 1807 年英帝国废除奴隶贸易和 1834 年废除奴隶制的影响。在很长一段时间里,除了向过往船只提供补给外,开普殖民地几乎没有什么可以提供给世界市场的。当然,与安哥拉和扎伊尔的贸易网络相比,它的作用微不足道,更不用说西非的贸易网络了。到 1807 年,开普的出口额只有 3 万英镑,其中 9000 英镑是转口贸易,到 1810 年上升到 10.3 万英镑,其中一半是转口贸易。在接下来的 30 年里,开普产品的出口增长了 4.5 倍,而包括转口在内的所有出口产品的总价值增长了 10.5 倍以上。由此可见,转口贸易在开普殖民地的国际贸易中起着至关重要的作用(Ross,1983:254—255)。

开普的出口商品主要是葡萄酒、羊毛、谷物、皮毛和象牙。随着谷物出口价值的下降,象牙出口价值上升。例如,到 1840—1844 年,出口的谷物价值只有 13,000 英镑,而 1775—1779 年则为 129,000 英镑(Ross,1983:257)。在后一时期,谷物[399]主要供给爪哇和印度的荷兰驻军。谷物出口的下降反映了国内市场的增长,而不是产量的下降。与此相反,象牙的内部市场有限,所以它的生产主要是为了出口。南非对英国的象牙出口量从 19 世纪的年均 4790 磅稳步上升到 1820 年代的 27,950 磅和 1850 年代的约 100,000 磅(Johnson,1983b:122)。

葡萄酒是 19 世纪前四十年最重要的出口产品,1806 年英国占领开普后,开普的葡萄酒生产和出口因其在大英帝国内享有的优惠关税安排而得到促进。大部分葡萄酒出口到英国,少量出口到澳大利亚。1806 年至 1839 年间,开普的葡萄酒出口量一般占其总产量的 34% 至 50%(Ross,1983:256)。

尽管出口明显快速增长,但开普的贸易却持续出现逆差。在 1807 年至 1855 年期间,除了三年外,其他年份的进口量都超过了出口量,每年的贸易逆差平均为 268,500 英镑。罗斯(Ross,1983:24)认为,“正是由于英国军队的大量驻扎,才使得开普的进口额超过出口额,造成如此大的逆差”。赤字通过向开普敦汇款来弥补,以支付部队的费用和给养。进口商品主要包括消费品和武器。这种贸易的主要受益者是开普敦的大商人和农业生产者,特别是葡萄酒种植者。从 1840 年代开始,开普的出口经济发生了革命性的变化,羊毛占据了主导地位。罗斯(Ross,1983:258)的数据显示,羊毛出口量从 1840—1844 年的 297,562 公斤增加到 1855 年的 5,450,458 公斤,年均增长 115%。同时“从价值上看,羊毛出口在1840—1844 年至 1855—1859 年期间每年增长 18%”(Ross,1983:243)。在发现钻石和黄金之前,羊毛成为开普经济的支柱。纳塔尔也出口一些羊毛,但它的主要出口商品最初是象牙,后来被糖所取代。

到 1855 年,开普的出口总值约为 110 万英磅。这比扎伊尔河口的贸易总值还少。随着扎伊尔奴隶贸易从 1850 年代开始减少,象牙和棕榈油逐渐占主导地位。自 16 世纪以来,该地区就开始出口象牙,但直到 1860 年代,象牙贸易一直被奴隶贸易所取代。象牙出口量从 1832 年的一吨半上升到 1859 年的 80 多吨。到 1880 年代,每年有 150 至 300 吨的象牙从扎伊尔河上游支流运抵马拉博湖(Harms,1981:40)。这种象牙贸易的规模可以从扎伊尔象牙"占在伦敦销售的所有象牙[400]的六分之一"(Curtin,et. al.,1978:425)这一事实来衡量。大量的棕榈油和棕榈仁也被出口。棕榈油贸易由荷兰人主导,"对他们来说,下刚果是英国控制区之外的棕榈油供应来源地"(Munro,1976:51)。与西非的棕榈油贸易相比,我们对扎伊尔棕榈油贸易的了解要少得多。1870 年,鹿特丹的凯迪伊克(Kerdijk)和品克弗(Pincoffs)公司进口了价值 160 万荷兰盾的棕榈油,还有数量较少的棕榈仁、花生和咖啡(Wesseling,1981:497)。除这些产品外,烟草的出口量也在不断增加。

进口商品的构成与西非模式没有明显差异。范西纳(Vansina,1973:268—269)将 1880 年代在马拉博湖交易的进口商品分为六大类:金属、布匹、珠子和贝壳、陶器、火器以及海盐、蜡烛和镜子等杂项。哈姆斯(Harms,1981:44)还补充了酒精饮料,并观察到"同一类别的商品往往有不同的款式,反映了当地喜好的多样性和时尚的变化。例如,布班基族(Bobangi)有 17 种样式的布匹,但这些布匹只占扎伊尔贸易中设计款式总量的一小部分"。

这些进口产品对当地生产的影响似乎微乎其微,因为这些产品主要是由"商人、酋长和家族首领消费的,因此它们不一定在当地市场上与当地的替代品竞争"(Harms,1981:46—47)。到 1880 年代初,"刚果河口的年贸易额约为 300 万英镑,比尼日尔河口的贸易额还要高一些"(Curtin,et. al.,1978:425)。与西非一样,这种贸易促进了新的商人群体的崛起,其中一些人将他们的财富转化为政治权力。随着时间的推移,新商人与旧统治阶级之间的冲突变得更加公开和激烈。然而,与西非相比,却很少有人研究扎伊尔的这些进程是如何展开的,这一点再怎么强调也不过分。

从 1860 年代开始,象牙和棕榈油是扎伊尔的主要出口商品,而在安哥拉,主要出口商品则是蜡和橡胶,尽管它也出口一些象牙。罗安达的象牙出口量从 1832 年的 1.2 吨上升到 1844 年的 43 吨。在接下来的 15 年里,罗安达和本格拉(Benguela)的象牙出口量又增加了 80%。从 17 世纪开始,本格拉就开始出口蜡。19 世纪罗安达的蜡出口量迅速增加,从 1809 年的 165,890 磅上升到 1817 年的 452,987 磅,1857 年增加到 1,698,248 磅(Miller,1970:178;1983b:241)。奥文本杜族和乔克韦族在象牙和蜡的贸易中占主导地位,因为他们拥有有利的地理位置和作为猎手的优势。到 1850 年代后期,这两种[401]产品占安哥拉出口总值的 80% 以上。

安哥拉出口产品的构成在 19 世纪的最后 25 年发生了巨大的变化。象牙随着象群数量锐减而减少,橡胶进入舞台。橡胶出口开始于 1869 年,十年半后,其价值已经超过了蜡和象牙的总和。乔克韦人再次主导了新的贸易;在寻找产胶树木的过程中,由于离海岸最近的树木资源已经枯竭,他们开始与家人一起向北迁徙。因为橡胶生产与大象狩猎不同,大象狩猎仅限于男子,而妇女和儿童也被视为有效的橡胶生产者(Miller,1971:186—194)。到了 1890 年代末,橡胶贸易的繁荣使本格拉(其主要出口地)成为安哥拉的主要出口港,超过了罗安达。

总体而言,在 1869 年至 1900 年期间,安哥拉通过罗安达、本格拉、马卡梅德斯(Macamedes)和安布里斯(Ambriz)等港口的进出口贸易增长了约三倍半,即年增长率为 7.6%。罗安达占这一时期贸易总额的 52%,本格拉占 32.4%,安布里斯占 10.6%,马卡梅德斯占 5.2%。总的来说,进口比出口多,平均每年 253 康多(contos)(Clarence-Smith,1983:407—410),主要进口商品是纺织品、酒类和武器。根据米勒(Miller,1983:211—227)收集的 1785 年至 1823 年罗安达进口的数据,纺织品占进口量的一半以上,酒精占五分之一,武器只占 5%,几乎与食品相同。食品主要是大米、小麦粉、橄榄油、奶酪和醋,这些食品主要是为欧洲居民准备的。四分之一的进口纺织品是欧洲的毛料和亚麻布,其余是亚洲的棉布。铁器和其他金属占 0.9%,低于帽子、彩色穗带和"红帽子"等物品 1.5% 的份额。

葡萄牙声称是安哥拉海岸的宗主国,但它并没有主导安哥拉的贸易。米勒(Miller,1983:228—229)关于 1785 年至 1823 年期间按原产地划分的进口分布数据显示,葡萄牙提供了安哥拉 12.2% 至 30.6% 的进口商品,主要包括葡萄酒、食品和火药。安哥拉的主要进口来源地是亚洲,份额占 24% 至 61.6%,主要是棉纺织品。其次是巴西,份额占 12.9% 至 39.7%,主要包括朗姆酒、烟草、糖、大米和再出口欧洲的货物。葡萄牙排在第三位。排在最后的是北欧国家,其份额在 4.8% 至 25.1% 之间,主要是英国的毛织品和亚麻制品,少量是法国、低地国家(荷兰、比利时和卢森堡等)以及德国的产品。

[402]安哥拉是初生的葡萄牙帝国在非洲的一颗明珠。1880 年至 1900 年的数据显示,葡萄牙通过其在非洲的殖民飞地进行的贸易总额为 159,701 康多。其中安哥拉占 64.5%,其次是圣多美占 23.5%,佛得角占 5.4%,莫桑比克占 5.3%,最后是几内亚占 1.3%。总体而言,非洲领土对葡萄牙的贸易变得越来越重要,特别是在 1822 年巴西获得独立后。1824 年,非洲领土占葡萄牙对外贸易总额的 1%,而巴西则占 20%。到了 1861 年,非洲殖民飞地的份额提高到 6%,而巴西的份额则下降到 14%。再 30 年后,前者超过后者,分别为 11% 和 10%。到 1899 年,非洲的份额上升到 17%,而巴西的份额下降到 7%。按价值计算,葡萄牙与非洲殖民飞地的贸易额从 1824 年的 160 康多,上升到 1861 年的 2593 康多,1891 年为 9108 康多,1899 年则达到 19,154 康多,这按当时的汇率计算,相当于近 300 万英镑(Clarence-Smith,1983:400—403)。

如前所述,1880 年代前,莫桑比克的出口贸易一直以奴隶为主。其他商品的出口有限。例如,到 1874 年,莫桑比克只出口了 81 吨象牙,而 1844 年只有 29 吨。象牙占该国非奴隶出口贸易的三分之一。另外四分之一是 1840 年代以来才出口的新产品,如芝麻、花生和其他农产品。芝麻和花生出口的扩张是相当显著的。以 1868 年至 1874 年为例,芝麻出口量增加了一倍多,从 78.7 万升增加到 190 万升,花生出口量从 47 磅增加到 540 万升。1874 年,橡胶、蜡、柯巴脂和紫色地衣染料的出口量占总出口量的 13%。紫色地衣染料的出口量从 1868 年的 47 吨上升到 1874 年的 77 吨,同期蜡的出口量从 8 吨上升到 55 吨。但椰仁和椰核纤维的出口量分别从 83 吨下降到 52 吨,从 25 吨下降到 7 吨。在出口总量中,16% 是毛皮,主要是从德兰士瓦过境,14% 是外国金银(Liesegang,1983:469—470)。

与安哥拉一样,橡胶在 19 世纪最后 25 年成为莫桑比克的主要出口产品。橡胶出口量从 1874 年的 42 吨上升到 1887 年的 447 吨,当时橡胶出口占莫桑比克出口总值的 32%。1884 年,花生、芝麻和椰仁的重要性也有所增加,它们占克利马内(Quelimane)出口额的 52%。在某些年份,仅花生就占莫桑比克岛出口额的 40%。到 1901 年,全国共出口 7488 吨花生,价值 403 康多。椰仁的出口在 1891 年达到顶峰,当时有 2119 吨椰仁从克利马内出口。[403]1893 年开始有少量的糖经赞比西河出口。当年出口了 600 吨。到 1900 年,这个数字已上升到 3400 吨。糖正在成为莫桑比克最主要的出口产品,到 1914 年占该国出口总量的 41%(Liesegang,1983:480—487)。

在进口方面,1874 年纺织品占 42%,火器占 9%,外国金银占 8%,酒类占 7%,铁锄占 6%,珠子占 3%,糖占 2%,其余为杂项。这些进口商品中有四分之一到三分之一是由葡萄牙人居住区自身消费的,其余的则在内地进行贸易。在本世纪最后 25 年,进口商品的构成发生了相当大的变化,这反映在马普托(Maputo)的进口商品上。马普托成为该国主要的贸易中心,取代了莫桑比克岛上的旧首都以及克利马内。这在一定程度上是建设港口和铁路系统的结果,其目的是为迅速扩张的南非经济服务。马普托和约翰内斯堡之间的铁路线于 1894 年建成。马普托成为政府一半以上收入的来源地,收入主要来自进口税。根据 1897 年马普托的进口清单,最主要的商品是食品,占总量的 16.5%,其次是铁制品,占 15%,葡萄酒占 13%,纺织品占 11%,葡萄牙硬币占 8%,木材占 7%,机器占 3%,煤炭占 2%。就整个国家而言,1897 年至 1900 年期间,进口额超过出口额,比例是 3.5:1(Liesegang,1983:507—508)。

位于莫桑比克海峡对岸的马达加斯加,其国际贸易在 19 世纪期间也有相当大的发展。它以图阿马西纳港(Toamasina)为中心,在 1820 年代完全并入不断扩大的梅里纳国(Merina state)。根据坎贝尔(Campbell,1983:528)的说法,"在 19 世纪上半叶,对外贸易受到梅里纳宫廷重商主义政策的限制,该政策通过一系列涉及王室和少数外国商人的垄断政策来限制贸易"。1860 年代,保守的女王拉纳瓦罗纳一世(Ranavalona Ⅰ)去世后,马达加斯加采取了较为自由的经济政策,使其国际贸易迅速扩大。外国商人主要是英国人、法国人和美国人。

马达加斯加出口的商品种类繁多,包括橡胶、公牛、毛皮、酒椰、大米、咖啡、烟草、蜡和树胶等。这些商品的价值波动相当大。例如,在1885—1888 年期间,主要的出口产品——橡胶和毛皮的平均出口值分别为 300,000 银币和 437,500 银币。到了 1890 年,这两项出口值分别下降到 202,268 银币和 117,693 银币。美国商人在橡胶和毛皮贸易中占主导地位,而英国商人则在公牛、大米、酒椰、咖啡和烟草的出口中占有重要地位。在进口方面,棉布商品占据主导地位,其次是酒类、[404]五金、陶器、玻璃、家具和石油等各种商品。1860 年代中期至 1880 年代中期,大部分棉布商品(有时多达五分之四)来自美国,其余来自英国,少量来自法国。

　　从 1864—1865 年到 1890 年,通过图阿马西纳的进出口总值增长了1.5 倍,从 844,603 银币增长到 1,295,002 银币。在大多数年份中,进口额比出口额高 2 倍(Campbell,1983:541—552)。在这种扩张的背后,隐藏着波动和日益激烈的贸易竞争。总得来说,1860 年代和 1870 年代初期是经济增长时期。在 1870 年代剩下的时间里,经济持续停滞,这在很大程度上是因为世界经济衰退。这种停滞加剧了进口商之间以及他们与梅里纳政府之间的竞争。"主要是由于这种贸易的激烈竞争,1870 年代,大多数外国公司在塔那那利佛(Antanarivo)以及图阿马西纳建立了代理机构"(Campbell,1983:532)。与西非一样,这种竞争最终导致了殖民化。

　　到 19 世纪初,东非海岸"基本上仍处于资本主义世界经济之外"(Wallerstein,1976:36)。几个世纪以来,它的主要对外联系是与西亚和西南亚国家的往来(Chittick,1974;Ochieng',1976;Chaudhuri,1989;Freeman-Grenville,1988)。在 19 世纪的大部分时间里,这种情况一直存在。东非向亚洲,特别是向印度出口的最重要的产品是丁香。孟买是东非进口商品的主要贸易中心。象牙被用来制作手镯,被视为妇女出嫁不可缺少的装饰品。19 世纪东非象牙出口到孟买的价值平均为 256,000卢比,1810 年代为 189,000 卢比,1820 年代为 216,000 卢比,1830 年代为 292,000 卢比,1840 年代为 544,000 卢比,1850 年代为 846,000 卢比,1860 年代为 780,000 卢比,1870 年代为 872,000 卢比,1880 年代为1,149,000 卢比,1890 年代为 774,000 卢比(Sheriff,1983:423—426)。从东非出口到孟买的丁香价值从 1803 年的 4,000 卢比上升到 1827—

1828 年的 27,000 卢比,1846—1847 年的 291,000 卢比,1863—1864 年的 780,000 卢比(Sheriff,1983:444—449)。1801 年至 1870 年期间,孟买从东非进口的货物总价值为 6560 万卢比,其中象牙约占 71%,丁香占 20%,柯巴脂占 6%;而其出口价值为 4460 万卢比,其中棉花制品占 63%(Sheriff,1987:249—252)。

与亚洲的贸易使东非进入了世界资本主义经济扩张的轨道,因为亚洲市场"现在本身也被纳入了资本主义世界经济"(Wallerstein,1989:33)。事实上,由于当地需求仍然停滞不前[405],19 世纪印度对东非象牙需求的上升并不是为了满足当地需求,而是为了再出口到伦敦。因此,印度越来越多地承担了"东非和伦敦之间象牙贸易的中介角色"(Sheriff,1983:422)。从 1820 年代开始,孟买通常将其象牙进口总量的三分之一到五分之四转口到英国(Sheriff,1983:423—426)。1801 年至 1870 年从东非进口的 4630 万卢比象牙中,75.4% 再出口到伦敦(Sheriff,1987:249—252)。

从 1820 年代开始,东非、欧洲和美国之间的直接贸易也开始扩大。这种贸易以象牙为中心,东非生产的是"软"象牙,而西非则生产"硬"象牙。随着新用途的发现,如制造梳子、钢琴键和台球,对"软"象牙的需求增加。从孟买再出口的东非象牙未能满足需求,因此从 1830 年代开始,参与印度贸易的英国和美国商人进入非洲象牙市场。不久之后,欧洲人和美国人在桑给巴尔这个沿海地区主要的商业和政治中心任命了常驻代理,以巩固各自在该地区的商业地位。到 1859 年,美国成为桑给巴尔的主要贸易伙伴,其次是印度。这两个国家加起来占桑给巴尔进出口总额的近三分之二(Sheriff,1987:128—129)。接着是法国和德国,这两国占据了桑给巴尔贸易总额的 30%。英国的份额不到 1%(Sheriff,1987:135)。

法国和德国主导了新商品的贸易,如椰子、芝麻和用于染色工艺的染料地衣草。例如:

> 对法国的椰子制品出口额从 1859 年的 96,000 玛丽亚·特蕾莎银币上升到 1860 年代初的每年约 169,000 玛丽亚·特蕾莎银币。肯尼亚北部沿海地区开始生产大量的芝麻用于出口,从 1859 年的约

100,000 玛丽亚·特蕾莎银币上升到 1860 年代的年均 150,000 玛丽亚·特蕾莎银币。其中一半以上销往法国,约三分之一销往德国(Sheriff,1987:134)。

在 1850 年代,德国公司一度还曾控制了从东非到西非的有利可图的子安贝出口贸易,因为当时西非子安贝供应不足。1859 年,东非子安贝出口价值达到 244,000 玛丽亚·特蕾莎银币。但这种繁荣很快就平息了。在 1860 年代,子安贝的出口价值平均只有 60,000 玛丽亚·特蕾莎银币。

美国内战爆发后,美国的存在急剧下降。到 1864—1865 年,美国人在桑给巴尔岛的巨大贸易份额从 1859 年的 24% 下降到 8%。印度以[406]40% 的份额跃居第一。德国、法国和英国的份额分别上升到 14%、12% 和 7%(Sheriff,1987:135)。后者成为东非象牙的重要市场。到1880 年代,英国平均从东非进口 82 吨象牙,比 1860 年代的 29 吨和 1830年代①的 8 吨都有所增加。1890 年代上升到 109 吨,此时东非已成为英国的主要象牙出口国,超过了西非和印度(Sheriff,1983:428—432)。

在 19 世纪的前 75 年,贸易条件总体上对东非仍然有利。例如,"在桑给巴尔,每弗拉西拉(frasila,35 磅)的象牙价格从 1823 年的 22 玛丽亚·特蕾莎银币上升到 1873 年的 89 银币,在半个世纪内增长了三倍,或平均每年增长约 6%"(Sheriff,1983:433)。同样,"柯巴脂(gum copal)的价格从 1823 年的 3 银币上升到 1853 年的 8 银币"(Sheriff,1987:102)。与此同时,主要的进口商品——棉纺织品的价格却在下降。例如,被称为美利卡尼(merikani)的美国产未漂白棉布的价格从 1827—1828 年的 3银币降至 1852—1853 年的 1.95 银币。直到 1870 年代初,价格一直低于3 银币(Sheriff,1987:253—256)。

优惠的贸易条件使东非的商业利润丰厚。这反过来又吸引了更多的外国商人来到东非,促进了当地商人阶层的发展,并刺激了象牙市场边界的扩张和桑给巴尔商业网络向东非内陆的深入。欧洲人之间的竞争日益激烈,每个集团都试图与桑给巴尔国签订谢里夫(Sheriff,1987:127)所说

---

① 原文为 1930 年代,疑有误。——译者注

的"最惠国"商业条约。这些条约压低了出口关税，并将进口关税降至5％，但硬币除外，因为硬币的进口免关税。桑给巴尔在对外贸易关税方面的损失，由国内海关收入来弥补是绰绰有余的。

当地的商人阶级成分混杂，由统治王朝，包括苏丹本人、赛义德赛德（Seyyid Said）、当地的阿拉伯人和斯瓦希里人以及印度人组成。后者成为主导，尽管他们中的许多人是作为贫穷的移民来到东非的。他们之所以能在商业上占据优势地位，是因为他们的简朴以及与印度和外国商人的联系。他们中最富的有像贾拉姆·瑟乌基（Jairam Sewji）这样的人，他的公司在1846年时拥有550万玛丽亚·特蕾莎银币的资产。这些商人资助了大部分进入东非内陆的商队贸易和许多沿海种植园。此外，他们还成为苏丹以及一些欧洲商人的重要放贷人。

随着贸易的扩大，象牙、柯巴脂和其他商品的供应来源向东非腹地深入。到了1870年代，象牙市场的边界已经延伸到扎伊尔东部。[407]谢里夫（Sheriff, 1987: 155—200）将桑给巴尔的商业腹地分为三个部分。核心部分是姆里马（Mrima）海岸后面的腹地，在1848年至1874年期间，桑给巴尔40％至82％的象牙和42％至96％的柯巴脂由该地区供应。到1870年代初，该地区提供了桑给巴尔进口总量的57％。姆里马的象牙和柯巴脂贸易由国家垄断。

其次是南部腹地，从基尔瓦延伸到德尔加多角（Cape Delgado）附近的通吉（Tungi），该地区在政治和经济上都不同程度地独立于桑给巴尔。到1874年，它占桑给巴尔进口的21％。北部腹地从蒙巴萨和拉姆乌（Lamu）延伸到贝纳迪尔（Benadir），该地区与内陆和外部世界，特别是阿拉伯和印度发展了自己独立的贸易联系，所占比例为15％。

蒙巴萨的商业网络包括现代肯尼亚沿海的米吉肯达人（the Mijikenda）和内陆的坎巴人，其贸易活动在第十一章中进行了调查分析。蒙巴萨的象牙出口在1840年代末达到高峰。例如，1849年，估计出口了2,500—3,000弗拉西拉象牙。1872年下降到1250弗拉西拉，1887年下降到500弗拉西拉（Sheriff, 1987: 171）。19世纪中叶蒙巴萨出口贸易的显著特点是食品出口越来越重要，主要是向阿拉伯出口。例如，1884年，蒙巴萨出口了336,000弗拉西拉小米、玉米、豆类、芝麻和椰仁，以及100,000个椰子，所有这些东西的价值为95,500玛丽亚·特蕾莎银币,而非农业项目,如象牙的价值为 92,150 银币(Cooper,1977:101)。马林迪(Malindi)的农产品出口量更大。例如,仅 1884 年就出口了 500,000 弗拉西拉小米、120,000 弗拉西拉芝麻和 120,000 弗拉西拉豆类。三年后,芝麻和豆类的出口量分别上升到 250,000 和 200,000弗拉西拉。就价值而言,1884 年马林迪的出口价值为 275,000 银币 ,1887 年为 381,800 银币(Cooper,1977:85)。在 20 世纪之交,蒙巴萨有望成为东非的主要商业中心,超越桑给巴尔,这要归功于东非殖民化的火车头——肯尼亚-乌干达铁路的建设(Janmohamed,1983)。

　　埃塞俄比亚与国际经济体的贸易在 19 世纪的大部分时间里都在扩大,尽管由于内外战争而出现了相当大的波动。该国贸易的很大一部分是通过马萨瓦港(Massawa)实现的,该港在外国控制下,首先是土耳其人,随后从 1868 年到 1884 年是埃及人,1885 年后是意大利人。马萨瓦港的贸易由印度商人主导,"他们得到亚丁(Aden)和孟买商行的支持"(Pankhurst,1968:359)。现有的估计表明,在本世纪的前三分之二时间[408],贸易相当稳定。马萨瓦的进出口总值平均超过 500,000 玛丽亚·特蕾莎银币。随后贸易在本世纪最后 25 年迅速扩张。例如,在 1879 年,马萨瓦的对外贸易总值达到了 210 万银币,其中 60% 是出口。到 1900年,这一数值上升到 430 万银币。这一年,厄立特里亚的港口进出口货物总价值达 1200 万银币(Pankhurst,1968:361—362)。除马萨瓦外,埃塞俄比亚的国际贸易还通过其他城市和港口进行,如亚的斯亚贝巴、哈拉尔(Harar)、泽拉(Zeila)和柏培拉(Berbera)。1899—1900 年的估计显示,亚的斯亚贝巴的进出口额分别为 160 万和 300 万玛丽亚·特蕾莎银币,哈拉尔的相应数字为 270 万和 380 万银币。泽拉和柏培拉的进出口贸易增加了大约几百万玛丽亚·特蕾莎银币(Pankhurst,1968:396—426)。

　　19 世纪上半叶,埃塞俄比亚的主要出口商品依次是奴隶、黄金、象牙、麝猫香、黄油、珍珠、谷物、蜡、毛皮、骡子、咖啡和树胶。在本世纪下半叶,奴隶的出口大大减少。到 1880 年代初,除黄金、皮毛外,主要出口商品是黄油、象牙、麝猫香、珍珠、咖啡、蜂蜜和蜡。这些出口商品主要销往阿拉伯和南欧,少量销往西欧和印度。在进口方面,主要是纺织品,其次是金属奢侈品,从镜子到香料和香水等,以及其他制成品,如餐具和工具,最后是打仗用的武器和弹药。虽然进口商品的构成几乎没有任何变化,但进口商品的来源地却发生了一些变化。在本世纪初，埃塞俄比亚的进口商品主要来自印度、英国、意大利和土耳其。到本世纪末，印度的地位受到意大利的挑战，其次是英国、土耳其、奥匈帝国、法国、美国和俄国（Pankhurst,1968:371—388）。

　　与上述国家形成对比的是，苏丹的国际贸易在19世纪最后25年似乎有所下降。苏丹与欧洲的直接贸易在1840年代废除国家垄断后一直稳步增长。欧洲商人在该国的规模不断扩大，蒸汽船也引到尼罗河上，所有这些都鼓励了出口。"到1879年，苏亚金（Suakin）的年出口额已达25.4万英镑，1880年据说约有758艘船只停靠。该贸易的很大一部分是树胶：1881年，仅英国就进口了大约3620吨，价值180,084英镑"（Daly,1988:193）。象牙贸易也扩大了，随之而来的是奴隶贸易，因为奴隶被用作猎人和搬运工。苏丹的象牙因为质地优良，需求量很大："它柔滑细腻、不透明、易加工，且耐气候"（Beshai,1976:25）。[409]与东非其他地区一样，随着对象牙需求的增加，象牙的供应变得更加稀缺，象牙的贸易边界被扩大到包括以前未曾接触过的地区。

　　苏丹反过来也进口了制成品，主要是棉纺织品。例如，1879年，进口了24,784件衣服，同时进口了8578吨棉制品、67吨缝纫用棉、19吨鞋子、589吨檀香木和205吨肥皂（Nakash,1988:57）。

　　1881年马赫迪王国的建立，严重干扰了苏丹的国际贸易。这有几个因素。1885—1886年，苏丹的沿海重镇苏亚金被围困。然后从1887年初到1889年初，苏丹与埃塞俄比亚发生战争，阻碍了卡萨拉（Kassala）和马萨瓦之间的贸易。而在1889年8月，苏丹与埃及爆发了战争，战火中断了从柏柏尔（Berber）、栋古拉（Dongola）到瓦迪哈尔法（Wadi Halfa）、阿斯旺（Aswan）的北线交通。埃及的英国当局则禁止与苏丹的贸易，以防止武器弹药走私到苏丹。苏丹新政府本身也对与"异教徒"进行贸易持反对态度，并且不欢迎外国人。它有时还对进口货物征收高额税款（Nakash,1988:62—63）。

　　在马赫迪运动期间，树胶出口量急剧下降，从1881年估计的7543吨下降到1885年的1146吨，1890年仅为7吨，1895年为160吨（Daly,1988:217）。随着战争趋缓，加上1889年的饥荒也迫使政府改变对外贸易政策，贸易从1890年开始恢复。1892年至1898年期间，苏丹经苏亚金和阿斯旺进出口的货物价值 875,320 英镑,其中 55％为出口,45％为进口(Nakash,1988:66)。1898 年,马赫迪王国落入英埃军队手中,新的殖民政府成立,即强制推行所谓的英埃共管。此后,出口贸易的恢复速度加快。到 1901 年,树胶出口"恢复到马赫迪运动之前的水平(7695 吨)。树胶迅速成为该国的主要出口产品,并且一直如此,每年几乎没有例外,直到 1920 年代末被棉花所取代"(Daly,1988:216)。

中部非洲和投机资本

如上所述,中部非洲的商品不像西非的商品那样受到 19 世纪末经济衰退的严重影响。因此,与后一地区不同的是,欧洲商人和非洲商人之间的贸易竞争在煽动殖民化压力方面并不像欧洲之间的竞争那样关键,而且,与西非和北非的情况相反的是,最终起主导作用的不是殖民超级大国英国和法国,而是较弱的国家葡萄牙和比利时,后者是通过其野心勃勃的君主利奥波德二世(Leopold II)[410](Vail,1976;Martin,1983)的阴谋来实现的。这对该地区后来的殖民资本主义构建模式产生了深远的影响。

葡萄牙人觊觎安哥拉已有数百年,尽管葡萄牙人在当地的存在仅限于一块小小的沿海飞地。许多历史学界的左右两派学者都认为葡萄牙的帝国主义很特殊,因为据说葡萄牙本身就很落后,不发达。哈蒙德(Hammond,1961,1966)首先提出的这个论点,安德森(Anderson,1962)等不同学者的著作中对此予以呼应、重述和重申。安德森认为葡萄牙的殖民主义是如此的特殊,以至于他认为这构成了一个独立的流派,即"极端殖民主义"。对一些学者来说,葡萄牙的案例为所有马克思主义的帝国主义理论提供了反证,而对另一些学者来说,它是证明马克思主义关于帝国主义规则的一个例外。

克拉伦斯-史密斯(Clarence-Smith,1979a,1979b,1983,1985)、维尔和怀特(Vail & White,1980)、维尔(Vail,1983)和塞莱蒂(Seleti,1990)等人的著作在驳斥该论点方面做了大量工作,表明葡萄牙殖民主义是经济力量的产物,不亚于其他欧洲列强的殖民主义。用克拉伦斯-史密斯(Clarence-Smith,1979a:173)的话说,葡萄牙资产阶级确实是"'争夺非洲'期间所有欧洲资产阶级中经济动机最强的……殖民地对于富人资产阶级来说,可以说是一种意识形态和政治上的奢侈品,而对于葡萄牙这个穷亲戚来说,殖民地却被他们视为生死攸关的问题。作为软弱无保障的阶级,葡萄牙资产阶级比任何一个同行更需要保护主义"。

这些论点是有说服力的。但事实仍然是,葡萄牙资产阶级不仅在其所谓的殖民地(如安哥拉)上投入很少,他们甚至没有主导其贸易。可以肯定的是,安哥拉是葡萄牙帝国在非洲的明珠,在 1880 年代占其非洲贸易的三分之二,占其对外贸易总额的近 8%。尽管如此,需要指出的是,葡萄牙帝国在安哥拉,尤其是莫桑比克的扩张和巩固,与其说是由于葡萄牙资本的"有效占领",不如说是由于外国资本的投机性开发。就像克拉伦斯-史密斯(Clarence-Smith,1979a:173)所说的那样,葡萄牙资产阶级中的买办促成外国资本向葡萄牙帝国的渗透,因为他们只对葡萄牙尽可能多地在非洲获取大片地区的主权感兴趣,以便最大限度地发挥其中介人的作用。这是在变相地说明葡萄牙资本的弱小。接受这一事实并不意味着经济动机对葡萄牙的殖民化是无关紧要的,也不意味着葡萄牙[411]殖民主义是"独特的"。远非如此。它只是为了解释帝国建立的过程和它所采取的形式。

1880 年代初,扎伊尔盆地被比利时的利奥波德二世夺走;随后安哥拉和莫桑比克之间的一大片领土被英国利益集团夺走,这一带产生了赞比亚、津巴布韦和马拉维等国家。这使葡萄牙建立"新巴西"的希望落空,并有可能剥夺葡萄牙在安哥拉和莫桑比克的殖民要求。柏林会议后,葡萄牙必须先展示有效的占领,才能让其他殖民国家接受和尊重其帝国要求。1890 年,英国发出最后通牒,要求葡萄牙从现在马拉维的齐里河谷(Tchiri valley)下游以及现在津巴布韦的部分地区撤军,"否则将中断外交关系"(Vail & White,1980:106)。

最后通牒使葡萄牙陷入混乱。国家感觉受到了羞辱。政府声明扫地,君主制因接受最后通牒而影响力下降,而年轻的、未经考验的共和党领导人的政治地位却在上升。由于经济状况岌岌可危,事态变得更加严重。事实上,正是经济危机使葡萄牙无法对英国的通牒作出有效的反应,同时也强化了它对殖民帝国的需求。葡萄牙人坚信,殖民地的回报即使不能马上得到,那也会在不久的将来必然得到。

葡萄牙面临着一个两难的局面。它对殖民地的需求从未如此之强，但它获得殖民地的能力却从未如此之弱，因为与以前不同，现在有其他更富裕和更强大的国家在同一个缔造殖民帝国的大西洋里遨游。解决的办法是向外国拥有的特许公司授予特许权，葡萄牙希望以此一石二鸟。首先，这些公司可以鼓励投资，刺激殖民地的经济增长，这对葡萄牙本身也有很大的利益。其次，这些公司将确保葡萄牙的有效占领，因为它们的经营不仅取决于接受葡萄牙的主权，而且它们的租约将要求它们在其控制的地区建立行政系统，提供运输和通信基础设施。作为回报，这些公司将通过向其控制地区的居民征税来获取利润，控制其农民种植的农产品贸易，并建立种植园，由国家确保提供充足的常备劳动力供应。

莫桑比克是特许公司的避风港。这是因为在这个地区，葡萄牙面临着最大的挑战，而英帝国主义的力量似乎化身为英国[412]矿业大亨和帝国主义者塞西尔-罗德斯。1891年和1892年，葡萄牙给一些由英国、南非和德国资本控制的特许公司颁发了特许证，让它们管理莫桑比克。当法国人疯狂地开始在刚果签订条约时，英国承认了葡萄牙在安哥拉的领土主张，因为它认为葡萄牙是一个友好的国家，比较容易操纵。但当占领纳米比亚的德国人开始威胁到葡萄牙在安哥拉南部的利益时，葡萄牙转向法国，并将大量的特许权授予一家法国公司。在瓜分期间，联盟就像沙漠中的流沙一样易变。

和葡萄牙殖民帝国一样，利奥波德在扎伊尔的巨大殖民地产也是投机资本主义企业的产物。大刚果"商业"的贸易活力在数量和价值上仅次于尼日尔三角洲，这让利奥波德二世这个不折不扣的帝国主义者胃口大开，他狂热地相信，殖民地会给小小的比利时带来利润和荣耀（Stengers，1972:259—265）。于是利奥波德插足了扎伊尔，毕竟比利时在该地区的贸易中几乎没有立足之地。荷兰商人在扎伊尔贸易中的销售量最大，而英国在该地区的经济利益最大，葡萄牙则是最觊觎其殖民地位的。1870年代末，葡萄牙曾试图就各自在扎伊尔盆地的经济利益区与英国达成协议，但由于欧洲列强以及葡萄牙和英国内部的反对，协议没有成功。葡萄牙政府被普遍认为是腐败和保护主义。因此，其他欧洲国家，特别是荷兰、法国和英国本身，为了保护其商人的利益，都打算抵制葡萄牙的要求。同时，法国开始根据探险家布拉扎（Brazza）签订的条约，对该地区的部分地区提出要求。

在这场动荡中，利奥波德站了出来。作为一个立宪君主，他发现很难将他的帝国野心强加给一个持怀疑态度的比利时政府，所以他求助于成立一个私人组织——国际非洲协会。他坚持认为，该协会是面向科学研究和慈善事业的。他的真正动机很快就显露出来了，因为当英国、法国、葡萄牙和荷兰"开始为他们对刚果河口的要求而争吵时，利奥波德建议把刚果河口交给他的组织，这样这条河就可以保持中立。他承诺将对该地区的出口征收低关税，从而满足各国商人的要求"（Gavin，1986：333）。

德国支持这个想法，更多的是为了挫败其敌对势力的野心，而不是屈服于国王的野心。扎伊尔的危机有可能失控。精明的德国总理俾斯麦邀请 14 个欧洲政府和美国[413]的代表来柏林，首先讨论刚果地区的贸易自由问题；二是刚果河和尼日尔河的航行自由问题；三是制定关于欧洲列强进一步扩大非洲沿海领土的规定。可见，对扎伊尔商业的争夺是柏林会议召开和讨论的核心。事实上，尼日尔河问题很快就得到了解决，因为英国坚持认为该地区只属于其势力范围，没有人提出任何严重的反对意见。因此，与传统的观念大相径庭的是，召开柏林会议不是为了"瓜分非洲"，而是为了调节欧洲各大国在扎伊尔盆地贸易上的关系。

虽然没有人反对在扎伊尔盆地建立自由贸易区的原则，但对于"自由贸易"在这里究竟意味着什么，却有很大的争议。大家一致认为，自由贸易区越大越好。但荷兰人担心该原则会扩大到荷属西印度群岛（Wesseling，1981：502—507）。法国和葡萄牙反对美国提出的扎伊尔盆地中立的计划。其他国家都反对英国宣布对奴隶贩卖实行全面禁运的计划，因为它们认为这是在扩大会议的范围，超出了原来的议程。最后，众害相权取其轻，他们决定承认利奥波德对扎伊尔盆地名义上的宗主权。

事后看来，柏林会议上对自由贸易的信心以及对利奥波德的意图和承诺的信任可能显得天真，不合时宜。但事实上，它反映了当时两个完全不同的现实。首先，作为扎伊尔盆地主要贸易大国的英国和荷兰认为，建立自由贸易制度比建立一个代价高昂的殖民帝国更有利于他们的经济利益，因为殖民帝国的建立必然会遭到其他欧洲大国的抵制。再加上英国和荷兰此时都没有在该地区建立帝国的政治意愿。荷兰当时是世界第二大殖民的国家，用韦瑟林（Wesseling，1981：508）的话说，就殖民地而言，荷兰是一个"饱和的大国"。另一方面,作为殖民超级大国的英国,在其他更重要的地区,即尼日尔盆地和埃及,陷得太深,无法在扎伊尔盆地采取断然行动。

从这个角度看,利奥波德为英国和荷兰商人提供了他们想要的行动自由,他们的政府也省去了殖民征服和管理的费用。当然,利奥波德注定要挫败英国和荷兰人对"非正式帝国"战利品的信心,因为他巩固了对领土的控制,并建立了非洲殖民时期最残暴、最具剥削性的政权之一,只有葡萄牙人能与之匹敌。[414]在这两种情况下,由于有抱负的帝国主义者在经济和政治上的弱点,最初的投机性企业发展成为残酷的新商业主义企业。

南部非洲与土地所有者

南非的建国和融入世界资本主义体系一直是关于"新帝国主义"的辩论的中心。事实上,是霍布森(Hobson,1965,1969)这位英国自由主义经济学家创造了这个术语,在他的著作中,"新帝国主义"受到了南非经验的极大影响。太多的马克思主义者和新马克思主义学者,南非采矿业垄断结构的发展,以及该行业在19世纪最后25年的国家政治经济中所发挥的关键作用,都证实了列宁主义的论点,即帝国主义是可识别的:具有垄断资本主义特点(Lenin,1978;Marks & Atmore,1974;Innes,1984)。

南非也吸引了急于反驳霍布森、列宁的理论及其追随者的学者。南非的案例构成了罗宾逊和加拉格尔(Robinson&Gallagher,1974)的第二个基柱,即当地的危机,在当时是布尔民族主义,威胁到了英国通往印度的海路,因此被迫进行帝国干预,随后引发了次大陆的瓜分。这一论点被许多历史学家重申并加以阐述。内维特(Newitt,1984:35)认为,"地方政治危机"不断迫使欧洲和殖民当局做出决定,并扮演(往往是勉强地)"解决问题"或"管理危机的角色"。施罗伊德(Schreuder,1980)认为,"周边地区的政治对形成瓜分至关重要",并总结说,南非提供了一个"关于新帝国主义如何实际运作的启发性事例……与其说是资本主义阶段的结果,倒不如说是由于海外边缘国家的历史发展所造成的"(Schreuder,1980:3,317—318)。在施罗伊德(Schreuder)的描述中,1819—1902年的南非战争不过是竞争性的地方国家间的小规模局部冲突。对于波特(Porter,1980)来说,它是英国错误"舆论"的产物,这种舆论是由开普总督米尔纳(Milner)和殖民大臣张伯伦(Chamberlain)炮制出来蛊惑大众的。奥布莱恩(O'Brien,1979)干脆把战争和英国对南非的干预归咎于米尔纳,但我们知道,米尔纳对经济事务几乎没有什么兴趣。

把南非建国和南非战争这样的动荡事件归咎于个人,简直是糟糕的历史论断。把它归咎于"舆论",又只是触及表面,并没有揭露事情的实质。而把"地方事件"从"全球背景"中"剥离"出来,也太造作了。就像罗宾逊和加拉格尔(Robinson & Gallagher),他们对"撒哈拉以南"瓜分的时期划分倾向于忽略 1882 年埃及被占领之前帝国对西非的干预[415],施罗伊德对 1877—1895 年的时期划分,忽略了 1871 年英国对西格里夸兰(Griqualand West)的占领,以及 1870 年代酝酿的各种邦联计划,所有这些计划在很大程度上都是受钻石发现的启发。将时期节点定在 1895年,他回避了对垄断矿业资本在引发南非战争,以及最终在促进南非统一中所扮演的角色的研究。

库比切克(Kubicek,1979)试图论证矿业大亨对战争没有责任,事实上他们反对战争,这几乎完全是基于对一位地主的书信的解读。该地主的往来书信很有说服力地证明了,地主和国家之间的关系是密切的,尽管周期性地存在利益冲突,而且它们还证明了这样一个事实,即尽管各地主之间存在着重要的分歧,但他们却共享着许多压倒一切的利益。最重要的是,他们希望降低生产成本。因此,他们要求德兰士瓦的克鲁格(Kruger)政府作出让步,而后者并不准备给予这种让步。此外,他们还希望得到正规、足量、廉价的非洲劳动力。第一个要求加剧了与德兰士瓦的冲突,最终导致南非战争;第二个要求则加速了其余独立的非洲国家被征服(Simons & Simons,1969;Duminy & Guest,1976;Fraser & Jeeves,1977;Pakenham,1979;Noer,1979;Marks,1982;Innes,1984;Wheatcroft,1985)。

如上所述,在矿产革命之前,南非与欧洲的贸易很难与西非或中非相比,更不用说北非了。布尔共和国尤其贫困。直到"1877 年 4 月,德兰士瓦国库中的现金只有 12 先令 6 便士"(Keppel-Jones,1975:96)。10 年后,随着黄金的发现,德兰士瓦开始突然变成南非的工业中心地带。殖民者之间的经济力量平衡发生了深刻的变化。英国殖民地和布尔殖民地之间的竞争和冲突加剧。

钻石最早发现于 1867 年。发现地点位于当时由格里夸人（the Griquas）统治的格里夸兰。开普殖民地、奥兰治自由邦和南非共和国（当时称为德兰士瓦）对该地区的权利要求立即引发了它们之间的冲突。1871 年,开普殖民地吞并了钻石区,9 年后,整个格里夸兰并入开普殖民地。在贫穷但却非常独立的德兰士瓦发现黄金,这激起了开普殖民地和英国帝国主义者的梦想,他们希望与布尔移民的殖民地建立联邦。矿业资本和定居者移民纷纷涌入兰德（Rand）。克鲁格政府以怀疑的态度对待英国人和其他外地人,称呼其为[416]外国人（uitlanders）。布尔人和外国人之间因政府的炸药垄断政策、高额的歧视性税收、国家不支持以英语为母语的学校、严格的公民权和特许权法等问题而发生冲突。

1890 年代中期,矿业公司对高额的工作成本和市场波动感到苦恼,于是与外国人和当时由矿业大亨罗德斯统治的开普政府勾结,推翻了德兰士瓦政府。1895 年 12 月至 1896 年 1 月期间,詹姆逊突击队（the Jameson Raid）从罗德斯的南罗得西亚（Southern Rhodesia）殖民地发起攻击。但策划者希望外国人发起的起义并没有发生。

突袭的结果是灾难。英属殖民地与布尔共和国的关系恶化。英帝国政府对布尔共和国采取了越来越好战的路线,要求给予外国人政治权利。克鲁格拒绝,并要求撤走边境上的英军。双方开始为战争做准备。1899 年 10 月战争爆发,历时两年半。英国从英国本土、开普殖民地和帝国领地调集了 448,000 人的军队,布尔人调集的兵力是其五分之一。战争结束后,南非联邦成立（Holt, 1958;Thompson, 1960;Marais, 1961;Le May, 1965;Pakenham, 1966;Goodfellow, 1967;Davenport, 1978）。

矿产革命不仅给了四分五裂的定居者殖民地更充分的理由去战斗和统一,还为他们提供了"征服非洲国家所需的资金、技术和资源;它将许多独立的、自给自足的非洲社会变为工业劳动力的农村储备（Denoon & Nyeko, 1982:76）。因此,余下的独立非洲国家,如祖鲁,最终被征服并纳入南非新兴的种族资本主义。摧毁非洲政权,不仅被视为在矿业资本霸权下统一南非的先决条件,还为定居者提供了大量廉价劳动力资源,用以开采新发现的矿产。如第八章所示,从非洲人失去土地和政治权利,到移民劳工的制度化，采矿业在定居者国家和经济的所有关键架构的发展中发挥了重要作用。

矿产革命使南非坚定地融入了世界资本主义体系。该国吸引了非洲大部分的外国投资。1870 年至 1936 年撒哈拉以南非洲的 12 亿英镑投资中，约有 43％流向南非(Lanning with Mueller，1979：72)。[417]如第八章所示，南非的矿业催生了非洲大陆一些最大的公司和一些全球垄断企业，其中包括罗德斯的德比尔斯(De Beers)公司。该公司在 1890 年实现了对全球钻石贸易的控制，还有欧内斯特·奥本海默(Ernest Oppen-heimer)在 20 世纪初组建的南非矿业巨头英美集团。南非成为世界经济中矿产品的主要供应国，特别是黄金这种货币商品，是当时世界经济的流动性所离不开的。

南非也成为南部非洲地区的一个次帝国大都会。它的资本，特别是矿业资本渗透到次大陆，并将触角伸向该地区各国的矿业、基础设施和工业企业，从津巴布韦到赞比亚，从纳米比亚到安哥拉，从莫桑比克到马拉维，更不用说莱索托、斯威士兰和博茨瓦纳这些"人质"国家(hostage state)了。其中许多国家成为南非的劳动力储备地。事实上，南非采矿业产生的资本对其中一些国家的殖民化过程起到了直接作用，尤其是对津巴布韦、赞比亚、马拉维等国家，但后者程度较轻。这是在英属南非公司的支持下完成的。

英属南非公司由塞西尔-罗德斯组建，并于 1889 年 10 月获得皇家特许状。罗德斯试图利用它作为他在林波波河以北土地上进行殖民的工具，他希望在那里找到一个新的兰德。该公司并不打算参与实际采矿，而是提供行政和运输基础设施。它还希望通过持有矿业公司的股份来获取利润。1890 年 6 月，在 500 名警察的护送下，派出了约 200 名定居者组成的所谓"先锋队"。随后投机热潮出现了，特别是在 1893 年战争和 1896—1897 年叛乱之后，伴随着一些土著人土地和牲畜被强占。然而到 1900 年，"第二兰德"未能找到，投机泡沫破灭。不过，适度的采矿业已经建立，定居者的农业已经开始，农民为新的殖民市场生产商品，矿场和定居者农场的雇佣就业也都在扩大。简而言之，定居者殖民主义的结构和非洲人与定居者之间斗争的新基础已经奠定(Ranger，1967；Palmer，1977；Phimister，1988)。

赞比亚和马拉维的殖民压力早于英属南非公司的成立。但是，后者将传教士和商人的帝国主义野心转化为殖民统治的铁腕。在"先锋队"向津巴布韦进发的同时，罗德斯的使节也在与赞比亚西部的[418]巴罗策（Barotse）国王勒瓦尼卡（Lewanika）签订条约。1891年，英国政府承认英属南非公司对巴罗策兰的"保护"。1899年，该国其他地区被征服（Roberts，1968，1976；Indakwa，1977）。由于商人、传教士和已经在马拉维扎根的种植园主的联合反对，英属南非公司被排除在马拉维之外。然而，该公司资助了1891年成立的新殖民管理机构，英国政府任命罗德斯的一个门徒为其专员（McCracken，1968；Pachai，1973；Indakwa，1977）。

东非：延迟合并

东非是非洲最后一个被欧洲列强瓜分的地区。这是因为"它的主要联系是跨越印度洋"（Wallerstein，1989：33）。在这个地区，英国的对手是新来的国家德国和意大利，而不是其传统的帝国对手法国。虽然英国早在1840年就已在桑给巴尔岛设立领事馆，但英国的帝国主义野心在1870年代才开始显现。从1873年开始，英国发起了"反奴隶贸易运动，以此来建立英国在该地区的经济和政治霸权"（Wolff，1974：333）。反奴隶贸易运动不仅为英国的帝国主义攻势提供了意识形态上的掩护，而且对奴隶贸易的压制严重削弱了统治者阿曼苏丹的经济基础，这两点都为英国的殖民化提供了便利（Cooper，1977：122—149），到了1890年代初，英国已经宣布自己对桑给巴尔行使"保护权力"（Flint，1965：641—646）。

与此同时，德国已经在非洲大陆建立了殖民势力；德国成立于1871年，不仅是一个新的殖民的国家，也是一个新的民族国家。德国对于殖民化感兴趣的原因一直备受争议。有人认为，俾斯麦并不情愿，是受舆论的怂恿而推行帝国主义的，或者是出于采取反英政策，以赢得法国友谊的外交目的。正如亨德森（Henderson，1965：125）在前段时间所说的那样，"这些解释都不是很有说服力。德国正在迅速成为一个高度工业化的国家，而且在他们看来攫取海外领土很明智，因为这些领土可能在将来为德国提供额外的原材料和制造品的新市场"。德国必须尽快采取行动，因为成立殖民帝国的机会稍纵即逝。伊利夫（Illife，1979：89）指出，到了1883

年 4 月，俾斯麦"开始怀疑英法两国阴谋歧视德国在西非的贸易"。

因此，统一和工业化为德国争取殖民帝国的建立，以在"太阳下获得一席之地"（Turner，1967）奠定了基础。韦勒（Wehler，1972：84—85）认为，帝国主义为德国转型成工业社会[419]所产生的社会危机提供了所有的解决之道，并成为"一个缺乏稳定的历史传统，且无法掩盖其尖锐的阶级分化的新建国家中的一股整合力量"。起初，德国政府希望通过特许公司在非洲（包括东非）建立其殖民帝国。正如上一章所述，在喀麦隆的德国贸易公司不愿意承担行政管理的风险和财政负担。

在德国商人根基不深的东非，坦噶尼喀被德国殖民协会收购，该协会成立了德国东非公司来管理该领土。1885 年 2 月 27 日，即柏林会议结束的第二天，该公司获得了帝国的保护。但在 1890 年，该公司放弃履行帝国的行政职能，专注其商业利益。与非洲其他地方一样，声称占有领土并没有立即转化为有效的控制。非洲激烈而持久的抵抗便是明证（Kimambo & Temu，1969；Jackson，1970；Kieran，1970；Illife，1979：第 4章）

在德国对坦噶尼喀进行殖民统治后，"英国的政策是加大力度，想办法在东非获得不可谈判的势力范围"（Wolff，1974：39）。1880 年代中期之前，英国在该地区的霸权"一直建立在不可靠的假象之上，即利用受其保护的桑给巴尔苏丹宣称对大陆拥有主权；而更稳妥的办法是靠皇家海军舰队（Royal Naval Squadron），但这费用极高，因为该舰队还在印度洋沿岸搜捕阿拉伯奴隶贩子"（Lonsdale，1989b：8）。这显然不足以称霸当地。于是英国加强了对奴隶贸易的讨伐，并首次向寻求在该地区建立商业霸权的英国商业利益团体提供支持。麦金农（Mackinnon）和他的商业伙伴们在整个印度洋贸易区都有航运和商业利益，他们试图通过在东非海岸获得立足点来巩固自己的地位，为此，他们希望从英国政府那里获得航运和铁路担保（Munro，1987）。1887—1888 年，麦金农的英帝国东非公司获得了皇家特许状，特许状赋予其专属经济特权，以及从肯尼亚海岸到乌干达的殖民和管理权。该公司认为，通过修建一条从蒙巴萨到乌干达的铁路，可以最优化地实现这两个目标。虽然工程于 1895 年开始，但当时该公司已陷入破产，于是英国被迫吞并了东非保护国，当时这个地方叫肯尼亚。其余的十年时间里，战火遍地，要么是征服，要么是抵抗

(Low,1965;Mungeam,1966;Zeleza,1982;Lonsdale:1989b)。

[420]有几年,新的保护国是由桑给巴尔岛管理的。根据奥格特(Ogot,1974:249)的说法,对英国政府来说,东非保护国"本身似乎没有什么经济或战略意义。但是,由于桑给巴尔岛和海岸构成了英国在东非和印度洋综合体进行军事行动的必要基地,因此这个作为桑给巴尔后院的保护国,其安全必须得到保证"。桑给巴尔是英国在东非利益的东翼,乌干达是西翼。

乌干达与欧洲的第一次直接接触是在 19 世纪 60 年代,最初是通过传教士,他们的活动助长了布干达宫廷的派系政治(Nabudere,1980:20—28)。拜访布干达的传教士和商人对这个国家的高度集权和经济潜力印象深刻。然而,在乌干达殖民化之际,起根本作用的是"帝国主义内部的竞争逻辑,而不是现有产品的诱惑"(Mamdani,1976:40)。英国对乌干达的殖民化是"通过签署英德协议的那支笔",宣布"维多利亚湖以北的地区……是英国的势力范围"(Kiwanuka 1974:314)。英属东非公司(IBEAC)根据其皇家特许状被授权进行贸易和管理这个国家。一旦该公司完成了为帝国政府接管所进行的准备工作,它就在 1893 年 4 月被取代了。1894 年 6 月,乌干达被正式宣布英国为其保护国。

与此同时,意大利在东北非炫耀武力。1880 年代初,意大利人占领了阿萨布(Assab)和马萨瓦(Massawa),并试图从那里向埃塞俄比亚的中心地带推进。但埃塞俄比亚人做好了充分的应对准备。特沃德罗斯(Tewodros)和梅内利克(Menelik)皇帝决心通过军队的现代化来迎接欧洲的挑战。结果是 1896 年 3 月意大利人在阿杜瓦遭受了耻辱的失败。埃塞俄比亚仍然是瓜分期间唯一一个对欧洲侵略者取得决定性军事胜利并保留主权的非洲国家(Marcus,1975;July,1992)。

意大利人在索马里南部的运气更好。北部索马里兰被英国人占领,法国人占领了吉布提飞地。当时法国人已经占领了一些印度洋岛屿,如留尼汪岛和科摩罗岛;1895 年,他们终于征服了马达加斯加,对黄金生产巨大利润的期望刺激了他们的胃口(Campbell,1988c:116—126;Mulib-wa,1974)。同时,1896 年初,英国发动了征服苏丹的运动。英国侵略者有两个问题,一个是军事问题,即用武力征服马达加斯加,另一个是外交问题,对苏丹的扩张,要预先防止埃及人的反对和欧洲人的批评,[421]因为苏丹在 1821 年至 1885 年期间一直是埃及的属地。于是，共管的谎言就这样被编造出来了。1898 年，马赫迪王国首府乌姆杜尔曼被英军攻陷，英国国旗升起后，埃及国旗随之升起。1899 年 1 月，英国与埃及的帕夏签订了《共管协议》。现实情况是："英国已经取得了对苏丹的控制权，虽然它在那里的政策和计划经常要考虑到埃及，但这种控制权是通过武力来维持的，而不是通过《共管协议》来维持的"（Daly，1988：18）。毕竟，埃及本身就是英国的殖民地。

总　　结

可以看出，在中部非洲、南部非洲和东非，同西非和北非一样，与欧洲的贸易迅速扩大，尽管出口的构成有很大的不同。例如，中非西部和东非奴隶出口的持续时间比西非要长。本章研究了几个网络，从集中在扎伊尔盆地的网络（几十年来一直是主要的贸易区），到葡萄牙人长期渴求的安哥拉和莫桑比克，再到 1840 年代羊毛出口扩大之前相对贫穷的补给站开普，跨过印度洋到本世纪初被重商主义国家统治的马达加斯加岛，到充满活力的斯瓦希里贸易海岸，然后向北到古老的埃塞俄比亚，以及被埃及控制后来爆发革命的苏丹。在每个网络中，国际贸易的发展方式有很多相似之处，也有一些区别。东非沿海，与亚洲的贸易仍然很重要，而南部和中部非洲地区则向西看向大西洋。

可以合理地认为，有三种殖民化模式与这三个地区大致对应。在中部非洲，主要是扎伊尔和安哥拉，以及东南部的莫桑比克，殖民化多是投机资本的产物。无论是利奥波德二世国王，还是葡萄牙，都没有在他们最终占领的领土上投资多少。但缺乏资本并不意味着他们不是坚定的帝国主义者，也不意味着他们没有经济动机。这只是意味着他们采用了新的方法来实现其目标。葡萄牙人采用了新军阀主义的特许公司来"有效地占领"他们声称的领土，而利奥波德则成立了他的投机协会，在扎伊尔盆地的主要商业大国英国和荷兰的纵容下，成功地夺取了大片领土的控制。

如果说中部非洲被"弱者"殖民，那么南部非洲则吸引了他们中最强大的英国。人们注意到，自从霍布森提出"新帝国主义"这个词以来，南非的情况就频频出现在关于"新帝国主义"的性质和动力的辩论中。有人认为,南非在本世纪最后三十年的斗争主要是由矿产革命推动的。由于矿产资源如此令人垂涎,以至于在帝国主义之间进行了一场激烈的战争,这是在争夺非洲期间唯一一个进行这种战争的国家。矿产资源和矿业经济的需求,也为征服非洲其余独立国家提供了便利和必要,这就是今天的南非。此外,矿产革命把南非变成了该地区的一个次帝国大都,会这在一定程度上表现为,以英属南非公司形式存在的矿业资本在津巴布韦、赞比亚以及较小程度上在马拉维的殖民化中发挥了重要作用。

特许公司也被用于东非部分地区,例如,德国对坦桑尼亚的殖民,英国对肯尼亚和乌干达的殖民。但与英国特许公司不同的是,东非的特许公司是资本不足的投机性企业,它们很快就把自己的行政特权拱手让给了各自的政府,这些公司不是因为现有的贸易联系而开始进行殖民,而是在帝国主义间竞争加剧的情况下,作为先发制人的殖民工具。因此,东非的并购不单只是相对地"迟"了一些,也可以被描述为先发制人。帝国主义在该地区的竞争非常激烈,涉及到殖民超级大国英国和法国,以及殖民新贵德国和意大利。

结语：拓展非洲经济史的视野

> "危险的不是我们不知道的事情，而是我们知道的事情不真实。"
>
> ——古训

[423]本研究的灵感来自需要从非洲经济史这个复杂的迷宫中剥离出一层层厚厚的神话。如果在读完本书时，读者觉得自己没有学到什么新东西，而是对一些自以为知道的东西产生了疑问，那么写这本书就非常值得了。很多时候，非洲社会和经济体被描述为不是什么，而不是它们是什么。

现有的文献充满了与其他地方，特别是欧洲的发展的错误比较。许多学者的精力被浪费在寻找非洲经济中发生的任何"增长""创新""变革"或"发展"背后的外部刺激因素。这并不是要否认外部力量在非洲历史上发挥的重要作用。只是为了强调，内部发展构成了推动非洲历史前进的动力。从非洲环境的性质、人口、农业、采矿、制造业和贸易到环境变化的影响、新疾病、奴隶贸易和欧洲进口等一系列具体问题，以及城市化、性别分工、市场组织、原始殖民积累和殖民化的模式等，本研究对这一整个系列问题中很多标准的特征和解释提出了质疑。

由于本书的主要论点和内容已在导言和每章末尾的结论中作了概括，此时再提出一套详细的结论显得多余。只要简要地概述一下研究的一些前提和结论就足够了。具体来说，本研究的目的是：第一，涵盖整个大陆的经济史；第二，尽可能广泛地分析生产和交换的过程；第三，提供一个长期的历史视角。

我认为，非洲大陆作为一个整体，必须是要谈论的一般性"非洲"的基础。基于撒哈拉或肤色的划分,如"撒哈拉以南非洲"和"黑非洲"的称呼,几乎没有告诉我们非洲大陆历史变化的动态。[424]因此,在讨论不同的主题时,本研究试图涵盖非洲大陆的所有主要地区。可以得出的一个结论是,非洲各经济体之间存在着巨大的差异。此外,发展水平也极不平衡。有一些相对简单的社会,其最高和最有效的经济和政治组织形式是村社。在另一个极端,有一些较先进的社会,复杂的经济和政治制度延伸到广大地区。

正如通常的情况那样,这项研究对生产过程的重视程度大大超过了交换系统。从农业和采矿业到制造和建筑业,不仅对生产活动的范围进行了广泛的研究,还试图将经济过程与符合自然规律的过程联系起来。有人认为,不能仅仅将生态系统视为历史事件的背景,更需要将其充分纳入经济变化的分析中。例如,农业生产的组织与土壤类型、降雨模式、作物病害以及其他生态变量和环境变化等密切相关。因此,必须像通常研究"生产关系"那样,对"生产力"予以认真和动态的探究。这种全面的探究将使我们对生产过程有更现实的看法,并使我们能够评估其全部成本和收益。计算"效率"或"生产力"必须包含自然等式,因为正是自然提供了人类生存所需的材料。事实上,人类是自然的一部分。从研究中可以看出,人类对生态系统的适应模式各不相同,并在本世纪期间发生了变化。

在整个研究中,人们一直关注的是不同社会和背景下生产关系的变化。无论主题是农业、采矿、制造业还是贸易,都试图分析劳动过程:如何根据性别、年龄和技能的划分来组织、控制和争夺工作,以及如何占有和分配剩余。我们可以得出一些结论。首先,劳动的性别分工差异极大,因此,非洲各地普遍存在父权压迫或性别平等的假设都是错误的。男女之间的关系远比人们有时所意识到的要动态和模糊得多。

第二,劳动过程包含了广泛的形式,从家庭劳动,到抵押劳动(奴隶、契约劳动和佃农劳动)和自由雇佣劳动。第三,很明显,大多数非洲社会并不是一群生活在"公共"和"平等"的简单乐趣中的同质人群。社会分化一直存在,[425]在本世纪随着时间推移变得更为明显。在众多中央集权国家,农民都不同程度地被统治阶级所剥削。农民和其他劳动群体的反应,在安于现状和奋起抗争的两极之间辩证转换。

将 19 世纪作为一个整体来观察，就有可能追溯长期的经济和社会变化，阐释结构上的连续性和非连续性。最重要的印象是，这是一个几乎在所有领域都发生动荡变化的时期，从环境和人口，到农业、工业和贸易。19 世纪被政治史学家称为非洲现代史上的"革命"时期是很恰当的。环境条件波动剧烈，在世纪初和世纪末是长期的干旱，中间时期较湿润多雨。人口结构的变化是因为奴隶贸易的逐步废除、新疾病的肆虐和旧疾病的蔓延、大规模的区域性移民和欧洲及亚洲的定居者移民、城市化的扩张（特别是在北非和西非以及南非新的采矿中心），以及殖民征服的掠夺。

在本世纪，非洲农业变得比以往任何时候都更加多样化。在许多社会中，由于环境和人口方面的挑战或经济机遇的出现，新的种植和畜牧业方法产生了新的作物和工具也开始采用。现有的证据似乎表明，农业生产，包括出口生产有了显著的增长。然而，对一些社会和脆弱的社会阶层来说，由于正在发生的变革以及周期性爆发的环境危机和政治冲突，饥饿问题持续存在，甚至更加严重。此外，随着出口生产的增加，出现了一种趋势，特别是在新兴的殖民地和其他正在深深融入世界经济的国家中，出现了单一作物种植和粮食部门非资本化的趋势——这些发展将加强，并将困扰 20 世纪的非洲。

要评估整个非洲采矿业和制造业的趋势更为困难。关于这些行业因欧洲进口产品输入而衰落的论点受到质疑。非洲工业的复原力比人们所认为的要强。虽然非洲工匠的技能不容置疑，但除了埃及和马达加斯加等国最终不成功的工业化推动，以及南非[426]在矿产革命后的工业化推动之外，几乎没有证据表明古老的采矿和制造业技术在 19 世纪期间发生了革命性的变化。然而，这并不意味着矿业和制造业的生产组织是静止的。在主要的生产中心，生产过程发生了重大变化，研究才刚刚开始。

至于贸易，也许是前殖民时期经济史研究方面最好的，所有的证据都表明，各种形式的贸易——国内的、地区性的和国际性的——在 19 世纪迅速发展。区域内和区域间的商业网络不断扩大，商人阶层不断扩张。在这期间，货币化传播，新的信贷机构发展，运输系统进行了扩展和重组。简而言之，许多通常与殖民资本主义相关的特征在 19 世纪非洲的商业中心已经很发达了。因此，在讨论资本主义在非洲的渗透时，必须要有更多的辨别力，这很重要。"资本主义"一词常常被用作欧洲殖民化的同义词。

尽管资本主义的特征,从生产资料的私人所有制、产品投放市场、出卖劳动力作为商品,到阶级斗争、追求利润、组建公司,以及拥有资本主义的神秘品质——企业家精神,已经以各种形式和组合存在于非洲大陆的主要经济体中。这些经济体也许不是马克思主义意义上的资本主义社会形态,但也不是"前资本主义"。

欧洲殖民化是近代非洲历史上,对非洲大陆社会和经济产生重大影响的,第二个重大外部侵扰,第一个是奴隶贸易。这两者在顺序和结构上是有联系的。奴隶贸易削弱了非洲社会,牵涉到人口、经济、社会和政治等方方面面,与此同时,它又以相同的方式使组织该贸易的西欧国家国力增强,因此到19世纪末,后者逐渐积累了军事力量、经济实力和种族傲慢,并得以殖民整个非洲大陆。由此可见,奴隶贸易为殖民化奠定了基础。

本研究批评了一些试图免除欧洲对贩卖奴隶和殖民化的最终责任的解释。我们应该记住,虽然有许多非洲人积极参与贩卖奴隶,还有一些人像波尔汉(Boahen,1987b)所说的那样在瓜分期间进行"合作"或"结盟",但无论是无助的奴隶还是被征服的非洲人,都没有到欧洲去乞求被奴役或殖民。是欧洲人来到这里,发起了大西洋奴隶贸易,并建立了殖民帝国。是欧洲人控制了人类贩卖,[427]夺取其他民族的土地,并从中获益最多。奴隶贸易和殖民征服都伴随着令人难以置信的暴力。正如我们在安哥拉和莫桑比克的葡萄牙殖民地、南非的英国和布尔殖民地以及阿尔及利亚的法国殖民地所看到的那样,殖民经济的制度是真正的"原始积累"过程,用马克思(Marx,1978:875—876)的话来说,"是用血与火的文字写成的"。

20世纪之交,非洲大陆的其他地区也经历了这种血与火的洗礼。而非洲大陆还在承受这种苦难的后果。

参考文献

Abel, W, *Agricultural Fluctuations in Europe From the Thirteenth to the Twentieth Centuries.* New York: St Martin's Press, 1980.

Aberibigbe, A B *Lagos: The Development of an African City.* London: Longman, 1975.

Abir, M, 'Southern Ethiopia. ' In Gray, R and Birmingham, D, eds, 1970.

Abou-El-Haj, R, 'An Agenda for Research in History: The History of Libya Between the Sixteenth&Nineteenth Centuries. ' *International Journal of Middle East Studies*, 15: 305—319, 1983.

Abrams, P and Wrigley, E A, eds. *Towns in Societies: Essays in Economic History and Historical Sociology.* Cambridge: Cambridge University Press, 1978.

Abu-Lughod, J, *Cairo: 1001 Years of the City Victorious.* Princeton, N J, Princeton University Press, 1961.

Abun-Nasr, J M, A *History of the Maghreb in the Islamic Period.* Cambridge: Cambridge University Press, 1987.

Afigbo, A E, et. al., eds. *The Making of Modern Africa.* Vol. 1: *The Nineteenth Century.* London: Longman.

Afonja, S, 'Changing Modes of Production and the Sexual Division of Labour Among the Yoruba. ' *Signs*, 7:299—313, 1981.

Agiri, B, 'Slavery in Yoruba Society in the Nineteenth Century. ' In Lovejoy, P E, ed., 1981.

Agiri, B, 'The Introduction of Nitida Kola into Nigerian Agriculture, 1880—1920. ' *African Economic History*, 3:1—14, 1977.

Ahn, P M, *West African Soils.* Oxford: Oxford University Press, 1970.

Ajaegbu, H I, 'The Demographic Situations in Pre-colonial and Early Colonial Periods in West Africa: An Assessment of the Usefulness of Non-conventional Data Sources. ' In Fyfe, C and McMaster, D, eds., 1977.

Ajayi, J F A, ed., *Africa in the Nineteenth Century Until the 1880s.* Vol. 6 of *Unesco General History of Africa.* 8 Vols. Oxford: Heinemann, 1989.

Ajayi, J F A and Crowder, M, eds. *History of West Africa.* VoL2, 1974.

Ajayi, J F A and Crowder, M, eds., 'Africa at the Beginning of the Nineteenth Century. ' In Ajayi, J F A, ed., 1989.

al-Sayyid-Marsot, A L, 'Religion or Opposition? Urban Protest Movements in Egypt' *Interna-*

tional Journal Middle East Studies, 16:54 1—552, 1984.

Allen, J de V and Wilson, T H, eds., *Swahili Houses and Tombs on the Coast of Kenya*. London: Art and Archaeology Research Papers, . 1979.

Allen, J de V, 'The Swahili House: Cultural and Ritual Concepts Underlying its Plan and Structure.' In Allen, J de V and Wilson, T H, eds., 1979.

Alpers, E A, 'Rethinking African Economic History.' *Ufahamu*, 3:97—129, 1973.

Alpers, E A, *Ivory and Slaves in East and Central Africa to the Later Nineteenth Century*. London: Heinemann, 1975.

Alpers, E A, 'State, Merchant Capital, and Gender Relations in southern Mozambique to the end of the Nineteenth Century: Some Tentative Hypotheses.' *African Economic History*, 13:25—55, 1984a.

Alpers, E A, ' "Ordinary Household Chores": Ritual Power in a Nineteenth Century Swahili Women's Spirit Possession Cult.' *International Journal of African Historical Studies*, 17:677—702, 1984b.

Ambler, C H, 'Population Movement, Social Formation and Exchange: Central Kenya in the Nineteenth Century.' *Intemaiional Joumal of African Historical Studies*, 18:201—222, 1985.

Amin, S, *Accumulation on a World Scale*. 2 Vols. New York: Monthly Review Press, 1974.

Amin, S, ed., *Modem Migrations in West Africa*. London: Oxford University Press, 1974.

Amin, S, *Unequal Development*. New York: Monthly Review Press, 1976.

Amin, S, *Imperialism and Unequal Development*. New York: Monthly Review Press, 1977.

Amin, S, *The Law of Value and Historical Materialism*. New York: Monthly Review Press, 1978.

Amin, S, *Class and Nation*. New York: Monthly Review Press, 1980.

Amin, S, *Delinking: Towards a Polycentric World*. London: Zed Books, 1990. Amphlett, G T, *History of the Standard Bank of South Africa Ltd*. 1862—1913. Glasgow: Glasgow University Press, 1914.

Andah, B, 'Iron Age Beginnings in West Africa: Reflections and Suggestions.' *West African Journal of Archaeology*, 9:135—150, 1983.

Anderson, P, 'Portugal and the End of Ultra Colonialism.' *New Left Review*, 15:83—102, 16:88123. 1962.

Anderson, L, 'Nineteenth-Century Reform in Ottoman Libya.' *International Journal of Middle East Studies*, 16:325—348, 1984.

Anderson, D and Grove, R, eds., *Conservation in Africa. People, Policies and Practice*. Cambridge: Cambridge University Press, 1987.

Anderson, D, and Grove, R, 'Introduction: The Scramble for Eden: Past, Present and Future in African Conservation.' In Anderson, D and Grove, R, eds., 1987.

Andrews, P A, 'Tents of the Tekna, Southwest Morocco.' In Oliver, P, ed., 1971.

Ansley, R, *The Atlantic Slave Trade and British Abolition* 1760—1810. Cambridge: Cambridge University Press, 1975.

Anthony, K R M, et. al., *Agricultural Change in Tropical Africa*. Ithaca and London: Cornell University Press, 1979.

Archer, 1, 'Nardam Compounds, Northern Ghana.' In Oliver, P, ed., 1971.

Aregay, M W, 'The Early History of Ethiopia's Coffee Trade and Rise of Shawa. ' *Journal of African History*, 29:19—25, 1988.

Arens, W, ed., *A Century of Change in Eastern Africa*. The Hague: Mouton, 1976.

Arhin, K, 'Atebubu Markets: ca. 1884—1930. ' In C. MeUlassoux, ed., 1971.

Arhin, K, *West African Traders in Ghana in the Nineteenth and Twentieth Centuries*. London: Longman, 1979.

Armstrong, J C and Worden, N A, 'The Slaves, 1652—1834. ' In Elphick, R and Giliomee, H, eds., 1989.

Arnold, D, 'Introduction: Disease, Medicine and Empire. ' In Arnold, D, ed., 1988.

Arnold, D, ed., *Imperial Medicine and Indigenous Societies*. Manchester: ManchesterUniversity Press, 1988.

Aronson, L, 'History of Cloth Trade in the Niger Delta: A Study of Diffusion. ' *Textile History*, 11:899—107, 1980.

Arrighi, G, *The Geometry of Imperialism: The Limits of Hobson's Paradigm*. London: Verso, 1983.

Asad, T and Wolpe, H, 'Concepts of Modes of Production. ' *Economy and Society*, 5:197—240, 1976.

Atieno-Odhiambo, E S, 'The Rise and Decline of the Kenyan Peasant—1881—1922', in *The Paradox of Collaboration and Other Essays*, Nairobi: East African Publishing House, 1974.

Atkins, K E, ' "Kaffir Time": Preindustrial Temporal Concepts and Labour Discipline in Nineteenth Century Colonial Natal. ' *Journal of African History*, 29:229—244, 1988.

Austen, R A, 'Economic History. ' *African Studies Review*, 14:425—438, 1971.

Austen, R A, 'African Commerce Without Europeans: The Development of International Trade in the Pre-Modern Era. ' *Kenya Historical Review*, 6:1—21, 1978.

Austen, R A, 'The Trans-Saharan Slave Trade. A Tentative Census. ' In Gemery, H A and Hogendom, J S, eds., 1979.

Austen, R A and Headrick, D, 'The Role of Technology in the African Past' *African Studies Review*, 26:163—184, 1983.

Austen, R A, 'The Metamorphoses of Middlemen: The Duala, Europeans and the Cameroon Hinterland, Ca. 1800—Ca. 1960. ' *International Journal of African Historical Studies*, 16:1—37, 1983.

Austen, R A, 'African Economies in Historical Perspective. ' *Business History Review*, 59: 101—113, 1985.

Austen, R A, *African Economic History*. London: James Currey, 1987.

Austen, R A, 'On Comparing Pre-Industrial African and European Economies. ' *African Economic History*, 19:21—24, 1990—91.

Awad, M H, 'The Evolution of Landownership in the Sudan. ' *The Middle East Journal*, 25: 212—228, 1971.

Ayandele, E A, 'Northern Africa. ' In Afigbo, A E, et. al., 1986.

Ayrout, H H, *The Egyptian Peasant*. London. Beacon Books, 1963.

Azarya, V, 'State and Economic Enterprise in Massina. ' *Asian and African Studies*, 13:157—

190，1979.

Azevedo，M J，'Epidemic Disease Among the Sara of Southern Chad，1890—1940.' In Patterson，K D and Hartwig，G W，eds.，1978.

Badri，H K，*Women's Movement in the Sudan*. New Delhi：Asia News Agency，1986.

Baier，G，*A History of Land Ownership in Modern Egypt*，1800—1850. London：Oxford University Press，1962.

Baier，G，*Egyptian Guilds in Modern Times*. Jerusalem，1964.

Baier，G，*Studies in the Social History of Modern Egypt*. Chicago：University of Chicago Press，1969.

Baier，S，'Trans-Saharan Trade and the Sahel：Damergu，1830—1970.' *Journal of African History*，18：37—60，1977.

Ballard，C，' "A Year of Scarcity"：The 1896 Locust Plague in Natal and Zululand.' *South African Historical Journal*，15：34—52，1983.

Ballard，C，'Drought and Economic Distress：South Africa in the 1880s.' *Journal of Interdisciplinary History*，27：359—78，1986.

Barbour，K M，*The Growth，Location and Structure of Industry in Egypt*. New York：Praeger，1972.

Bates，R H，*Essays on the Political Economy of Rural Africa*. Berkeley：University of California Press，1983.

Bates，R H，'Some Contemporary Orthodoxies in the Studyof Agrarian Change'，In Kohil，A，ed.，1986.

Bates，R H，*Towards a Political Economy of Development：A Rational Choice Perspective*. Berkeley：University of California Press，1988.

Bay，E G，ed.，*Women and Work in Africa*. Boulder，Colo. ：Westview Press，1982.

Beach，D，'The Shona Economy：Branches of Production.' In Palmer and Parsons，eds.，1977.

Beach，D N，*The Shona and Zimbabwe 900—1850：An Outline of Shona History*. New York：Africans Publishing Co.，1980.

Beach，D N，'The Zimbabwe Plateau and its Peoples.' In D. Birmingham and P. Martin，eds.，1983.

Bean，R，'A Note on the Relative Importance of Slaves and Gold in West African Exports.' *Journal of African History*，15：351—356，1974.

Bean，R N and Thomas，R P，'The Adoption of Slave Labour in British America.' In A. Gemery and J. S. Hogendom，eds.，1979.

Beck，land Keddie，N，eds.，*Women in the Muslim World*. Cambridge：Harvard University Press，1978.

Beckford，G L，*Persistent Poverty：Underdevelopment in Plantation Economies of the Third World*. New York：Oxford University Press，1972.

Beinart，W，'Labour Migrancy and Rural Production：Pondoland c. 1900—1950.' In Mayer，P，ed.，1980a.

Beinart，W，'Production and the Material Basis of Chieftainship：Pondoland，c. 1830—1880.' In Marks，S and Atmore，A，eds.，1980b.

Beinart，W，*The Political Economy of Pondoland*. Cambridge：Cambridge University Press，1982.

Beinart, W, 'Settler Accumulation in East Griqualand from the Demise of the Griqua to the N-ative Lands Act. ' In Beinart, W, Delius, P and Trapido, S, eds., 1986.

Beinart, W, Delius, P and Trapido, S, eds., *Putting a Plough to the Ground: Accumulation and Dispossession in Rural South Africa*, 1850—1930. Johannesburg: Ravan Press, 1986.

Beinart, W and Delius, P, 'Introduction. Approaches to South African Agrarian History. ' In Beinart, W, Delius, P and Trapido, S, eds., 1986.

Beinart, W and Bundy, C, *Hidden Struggles in Rural South Africa: Politics and Popular Movements in the Transkei and Eastern Cape* 1890—1930. London: James Currey, 1987.

Beinart, W, 'Introduction: The Politics of Colonial Conservation. ' *Journal of Southern African Studies*, 15:143—162, 1989.

Bell, C, 'Alternative Theories of Sharecropping: Some Tests Using Evidence From Northeast India. ' *Journal of Development Studies*, 13:317—346, 1977.

Bell, R H V, 'Conservation with a Human Face: Conflict and Reconciliation in African Land Use Planning. ' In Anderson, D and Grove, R, eds., 1987.

Belshaw, D, 'Taking Indigenous Technology Seriously: The Case of Inter-cropping Techniques in East Africa. ' *IDS Bulletin*, 10:24—27, 1979.

Ben-Amos, P D, *Social Change in the Organisation of Wood Carving in Benin City*, Nigeria. Ph. D. dissertation, Indiana University, 1971.

Bender, G J, *Angola Under the Portuguese: The Myth and the Reality*. Los Angeles: University of California Press, 1978.

Bennoune, M, *The Making of Contemporary Algeria*, 1830—1987, Cambridge: Cambridge University Press, 1988.

Benoit, D, and Lacombe, B, 'Towards Getting Precise Data in Contemporary Africa for the Years 1920—30. ' In C. Fyfe and D. McMaster, eds., 1977.

Benoit, D, and Lacombe, B, 'Main Results of a Survey Based on Parish Registers of Kongoussi-Tikare, 1978. ' In Fyfe, C and McMaster, D, eds., 1981.

Berg, G M, 'Riziculture and the Founding of Monarchy in Imerina. ' *Journal of African History*, 22:289—308, 1981.

Berg, J V D, 'A Peasant Form of Production: Wage-Dependent Agriculture in southern Mozambique. ' *Canadian Journal of African Studies*, 21 ;375—389, 1987.

Berger, M T, 'Imperialism and Sexual Exploitation: A Response to Ronald Hyam's "Empire and Sexual Opportunity". ' *Journal of Imperial and Commonwealth History*, 17:83—89, 1988.

Berman, B, *Control and Crisis in Colonial Kenya: The Dialectic of Domination*, London James Cuney, 1990.

Bernal, M, *Bloch Athena*, Vol. l. London: Free Association Books, 1987.

Bernal, M, *Black Athena*, Vol. 2. London: Free Association Books, 1991.

Bernstein, H and Pitt, M, 'Plantations and Modes of Exploitation. ' *Journal of Peasant Studies*, 1:514—526, 1974.

Bernstein, H, 'Notes on Capital and Peasantry. ' *Review of African Political Economy*, 10: 60—73, 1977.

Bernstein, H and Depelchin, J, 'The Object of African History: A Materialist Perspective', In *History in Africa*, 5:1—19, 1978.

Bernstein, H and Depelchin, J, 'The Object of African History: A Materialist Perspective', In *History in Africa*, 6:17—43, 1979.

Berry, S S, 'The Concept of Innovation and the History of Cocoa Farming in Western Nigeria.' *Journal of African History*, 15:83—95, 1974.

Berry, S S, *Cocoa, Custom and Socio-Economic Change in Rural Western Nigeria*. London: Oxford University Press, 1975.

Berry, S S, 'The Food Crisis and Agrarian Change in Africa.' *African Studies Review*, 27: 59—112, 1984.

Beshai, A A, *Export Performance and Economic Development in Sudan*, 1900—1967. London: Ithaca Press, 1976.

Bhaduri, A, 'A Study of Agricultural Backwardness under Semi-Feudalism.' *Economic Journal*, 83:120—137, 1973.

Bharat, A, *The Asians in East Africa*, Chicago: Nelson Hall, 1972.

Biermann, B, 'Indlu: The Domed Dwelling of the Zulu.' In Oliver, P, ed., 1971.

Birmingham, D, Trade and Politics in Angola, Oxford: Clarendon Press, 1966.

Birmingham, D, 'Early Trade in Angola and its Hinterland.' In Gray, R and Birmingham, D. eds., 1970.

Birmingham, D, *Trade and Politics in Angola*, Oxford: Clarendon Press, 1971.

Birmingham, D, 'The Forest and Savanna of Central Africa.' In Flint, J E, ed., *From c. 1790 to c. 1870*, Vol. 5 of *The Cambridge History of Africa*, 8 Vols. Cambridge: Cambridge University Press, 1976.

Birmingham, D, 'The Coffee Barons ofCazengo.' *Journal of African History*, 19:523—538, 1978.

Birmingham, D and Martin, P, eds., *History of Central Africa*, 2 Vols. London and New York: Longman, 1983.

Birmingham, D, 'Society and Economy Before A. D. 1400.' In Birmingham, D and Martin, P, eds., 1983.

Bjorkelo, A, *Prelude to the Madhiyya: Peasants and Traders in the Shendi Region*, 1821— 1885, Cambridge: Cambridge University Press, 1989.

Bloch, M, ed., *Marxist Analyses and Social Anthropology*, London: Malaby, 1975.

Bloch, M, 'Modes of Production and slavery in Madagascar.' In Watson, J L, ed., 1980.

Blomstrom, M and Hettne, B, *DevelopmentTheory in Transition. The Dependency Debate and Beyond: Third World Responses*, London: Zed Books, 1988.

Bloomhill, G, 'The Ancient Copper Miners of Africa: Lemba Tribe's Secret "Mutsuku' Rites".' *Africa World*, 6, 1963.

Boahen, A, *Britain, the Sahara and the Western Sudan*, 1788—1861. Oxford: Clarendon Press, 1964.

Boahen, A, *African Perspectives on Colonialism*. Baltimore: The Johns Hopkins University Press, 1987a. Boahen, A, ed., *General History of Africa*. Vol. 7: *Africa Under Colonial Rule*, 8 Vols. Berkeley and London: California University Press and Heinemann,

1987b.

Boahen, A A, 'New Trends and Processes in Africa in the Nineteenth Century.' In Ajayi, JFA, ed., 1989.

Boesen, J, 'On Peasantry and the Modes of production *Debate*.' *Review of African Political Economy*, 15/16: 154—161, 1979.

Bohannan, P, 'Some Principles of Exchange and Investment Among the Tiv.' *American Anthropologist*, 57:60—70, 1955.

Bohannan, P and Dalton, G, eds., *Markets in Africa*. New York: Anchor Books, 1962. Bohannan, P and Bohannan, L, *Tiv Economy*, London: Longman, 1968.

Bohannan, P, 'The Impact of Money on an African Subsistence Economy.' *Journal of Economic History*, 19:491—503, 1969.

Bohannan, Pand Curtin, P D, *Africa and Africans*, 3rd ed. Prospect Heights, III: Waveland Press, 1988.

Bonte, P, 'Ecological and Economic Factors in the Determination of Pastoral Specialisa-tion.' *Journal of Asian* and *African Studies*, 16:33—49, 1981.

Boserup, E, *The Conditions of Economic Agricultural Growth: The Economics of Agrarian Change Under Population Pressure*. London: Allen and Unwin, 1965.

Bouriiere, F, ed., *Ecosystems of the World*. 13. *Tropical Savannas*. *Amsterdam*: Elsevier Scientific Publishing Co., 1983.

Bower, J G, 'Native Smelting in Equatorial Africa.' *The Mining Magazine*, 37:137—147, 1927.

Bowman, J L, 'Legitimate Commerce and Peanut Production in Portuguese Guinea, 1840s—80s.' *Journal of African History*, 28:87—106, 1987.

Bozzoli, B, *The Political Nature of a Ruling Class: Capital and Ideology in South Africa* 1890—1933. London: Routledge and Kegan Paul, 1981.

Bradford, H, *A Taste of Freedom: The ICU in Rural South Africa* 1924—1930. New Haven: Yale University Press, 1987.

Brandstrom, P, et. al., *Aspects of Agro-Pastoralism in East Africa*. Uppsala: Scandinavian Institute of African Studies, 1979.

Braverman, A and Srinivasan, T N, 'Credit and Sharecropping and Interlocking of Agrarian Markets.' *Journal of Development Economics*, 9:289—312, 1981.

Brenner, R, 'The Origins of Capitalist Development: A Critique of Neo-Smithian Marxism.' *New Left Review*, 104:25—92. 1977.

Brett, M, 'Continuity and Change: Egypt and North Africa in the Nineteenth Century.' *Journal of African History*, 27 :149—162, 1986.

Brewer, A, *Marxist Theories of Imperialism: A Critical Survey*. London: Routledge and Kegan Paul, 1980.

Briggs, A, 'Cholera and Society in the Nineteenth Century.' *Past and Present*, 29:16—96, 1961.

Broadhead, S H, *Trade and Politics on the Congo Coast*, 1770—1870. Ph. D. Dissertation, Boston University, 1971.

Brooks, G E, 'Peanuts and Colonialism: Consequences of the Commercialisation of Peanuts in West Africa, 1830—1870.' *Journal of African History*, 16:29—54, 1975.

Brooks, G E, 'The Signares of Saint-Louis and Goree: Women Entrepreneurs in Eighteenth-Century Senegal. ' In Hafkin, N and Bay, E, eds., 1976.

Brooks, H C and El-Ayouby, Y, *Refugees South of the Sahara : An African Dilemma*. Westport, Conn: Negro University Press, 1976.

Brothwell, D R, ' Bio-Archaeological Evidence for Morbidity in Earlier African Populations. ' In Fyfe, C and McMaster, D, eds., 1981.

Brown, L C, *The Tunisia of Ahmed Bey*. Princeton, N. J. : Princeton University Press, 1974.

Brown, B and Brown, W T, 'East African Towns: A Shared Growth. ' In Arens, W, ed., 1976.

Brown, M B, *The Economics of Imperialism*. Harmondsworth: Penguin, 1978.

Brown, B, 'Facing the Black Peril: The Politics of Population Control in South Africa. ' *Journal of Southern African Studies*, 13:256—273, 1987.

Bruce-Chwatt, L J and J M, 'Malaria and Yellow Fever. ' In Saben-Clare, E E et. al., eds., 1980.

Bryant, A T, *Olden Times in Zululand and Natal*. Cape Town: Struik, C, 1965.

Bundy, C, *The Rise and Fall of the South African Peasantry*. London: Heinemann, 1979.

Bundy, C, 'Vagabond Hollanders and Runaway Englishmen: White Poverty in the CapeBefore Poor Whiteism. ' In Beinart, W, Delius, P and Trapido, S, eds., 1986.

Burke, K and Durutoye, A B, 'A Dry Phase South of the Sahara 20, 000 years ago. ' *West African Journal of Archaeology*, 1:1—8, 197 1.

Burke, G and Richardson, P, 'The Profits of Death: A Comparative Study of Miners'Phthisis in Cornwall and the Transvaal, 1876—1918. ' *Journal of Southern African Studies*, 5: 147—171, 1978.

Bunidge, R M and Kallen, E, eds., *Problems and Prospects in Long and Medium Range Weather Forecasting*. London: Springer-Verlag, 1984.

Butzer, K W, Isaac, G L and Richardson, J L, 'Radiocarbon Dating of East African Lake Levels. ' *Science*, 1069—1076, 1972.

Cain, P J and Hopkins, A G, 'Gentlemanly Capitalism and British Expansion Overseas I: The Old Colonial System, 1688—1850. ' *Economic History Review*, 39:501—525, 1986.

Cain, P J and Hopkins, A G, 'Gentlemanly Capitalism and British Expansion Overseas II: New Imperialism, 1850—1945. ' *Economic History Review*, 40:1—26, 1987.

Caldwell, J C, 'Major Questions in African Demographic History. ' In Fyfe, C and McMaster, D, eds., 1977.

Calvocoressi, D and David, N, 'A New Survey of Radio Carbon and Thermoluminescence Dates for West Africa. ' *Journal of African History*, 20:1—29, 1979.

Camaroff, J L, 'Dialectical Systems, History and Anthropology: Units of Study and Question of Theory. ' *Journal of Southern African Studies*, 8:143—172, 1982.

Campbell, D J, *Strategies for Coping with Drought in the Sahel : A Study of recent Population Movements in the Department of Maradi , Niger*. Ph. D. thesis, Clark University, 1977.

Campbell, G, ' Labour and the Transport Problem in Imperial Madagascar, 1810—1895. '

Journal of African History, 21 :341—356, 1980.

Campbell, G, 'Madagascar and the Slave Trade, 1810—1895. ' *Journal of African History*, 22:203—227, 1981.

Campbell, G, 'Toamasina (Tamatave) and the Growth of Foreign Trade in Imperial Madagascar, 1862—1895. ' In Liesegang, G, Pasch, H and Jones, A, eds., 1983.

Campbell, G, 'The Monetary and Financial Crisis of the Merina Empire, 1810—1835. ' *South African Journal of Economic History*, 11:99—1 18, 1986.

Campbell, G, 'The Adoption of Autarchy in Imperial Madagascar, 1820—1835. ' *Journal of African History*, 28:395—409, 1987.

Campbell, G, 'Slavery and Fanompoana: The Structure of Forced Labour in Imerina. ' *Journal of African History*, 29:463—486, 1988a.

Campbell. G, 'Missionaries, Fanompoana and the Menalamba in late Nineteenth Century Madagascar. ' *Journal of Southem African Studies*, 15:54—73, 1988b.

Campbell, G, 'Gold Mining and the French Takeover of Madagascar, 1883—1914. ' *African Economic History*, 17:99—126, 1988c.

Campbell, G, 'The East African Slave Trade, 1861—1895: The Southern Complex. ' *International Journal of African Historical Studies*, 22: 1—26, 1989.

Campbell, G, 'An Industrial Experiment in Pre-colonial Africa: The Case of Imperial Madagascar, 1825—1861', *Journal of Southern African Studies*, 17:525—559, 1991.

Campbell, G, 'Disease, Cattle, and Slaves: The Development of Trade Between Natal and Madagascar. ' *African Economic History*, 19:105—133, 1990—91.

Cannon, B D, 'Nineteenth-Century Arabic Writings on Women and Society: The Interim Role of the Masonic Pressin Cairo-(Al-Latif, 1865—1895). ' *International Journal of Middle East Studies*, 17:463—484, 1985.

Carney, J and Watts, M, 'Disciplining Women? Rice, Mechanization and the Evolution of Mandinka Gender Relations in Senegambia', *Signs: Journal of Women in Culture andSociety*, 16:651—681, 1991.

Carr-Saunders, A M, *World Population: Past Growth and Present Trends*. Oxford: Clarendon Press, 1936.

Carruthers, 'Creating a National Park, 1910 to 1926. ' *Journal of Southern African Studies*, 15:188—216, 1989.

Caulk, R A, 'Armies as Predators: Soldiers and Peasants in Ethiopia, c. 1850—1935. ' *International Journal of African Historical Studies*, 11:457—493, 1978.

Chaichian, M A, 'The Effects of World Capitalist Economy on Urbanization in Egypt' *International Journal of Middle East Studies*, 20:23—43, 1988.

Chandler, T and Fox, G, 3000 *Years of Urban Growth*. New York: Academic Press, 1974.

Chanock, M, 'Agricultural Change and Continuity in Malawi. ' In R. Palmer and N. Parsons, eds., 1977.

Chaudhuri, K N, *Trade and Civilisation in the Indian Ocean*. Cambridge: Cambridge University Press, 1989.

Childe, V G, 'Civilization, Cities and Towns. ' *Antiquity*, 31:36—38, 1958.

Childs, S T and Schmidt P R, 'Experimental Iron Smelting: The Genesis of a Hypothesis with

Implications of African Prehistory and History. ' In Haaland, H and Shinnie, P, eds., 1985.

Chittick, N, *Kilwa: An Islamic Trading City on the East African Coast*. Nairobi: British Institute of Eastern Africa, 1974.

Clarence-Smith, W G and Moorsom, R, 'Underdevelopment and Class Formation in Ovamboland, 1845—1915. ' *Journal qf African History*, 16:365—381, 1975.

Clarence-Smith, W G, 'Slaves, Commoners and Landlords in Bulozi. ' *Journal of African History*, 20:219—234, 1979a.

Clarence-Smith, W G, *Slaves, Peasants and Capitalists in Southern Angola*, 1840—1926. Cambridge: Cambridge University Press, 1979b.

Clarence-Smith, W G, 'The Myth of Uneconomic Imperialism: The Portuguese in Angola, 1836—1926. ' *Journal of Southern African Studies*, 5:165—181, 1979c.

Clarence-Smith, W G, 'Portuguese Trade with Africa in the 19th Century: An Economic Imperialism with a note on the trade of Angola. ' In Liesegang, G, Pasch, H and Jones, A, eds., 1983.

Clarence-Smith, W G, *The Third Portuguese Empire*, 1825—1975: *A Study in Economic Imperialism*. Manchester: Manchester University Press, 1985.

Clark, JD, ' Pre-European Copper Working in South Central Africa. ' *RoanAntelope*, May, 1957.

Clark, J D, 'Prehistoric Populations and Pressures Favouring Plant Domesticationin Africa. ' In Harlan, et. al., eds., 1976.

Clark, W C, 'Scales of Climate Impacts. ' *Climatic Change*, 7:5—27, 1985.

Cleveland, W L, 'The Municipal Council of Tunis, 1858—1870: A Study in Urban Institutional Change. ' *International Journal Middle East Studies*, 9:33—61, 1978.

Cline, W, *Mining and Metallurgy in Negro Africa*. Menasha, Wisconsin, George Banta, 1937.

Cloudsley-Thompson, JL, *Insects and History*. London: Weidenfeld and Nicholson, 1976.

Cobbing, J, 'Mfecane as Alibi: Thoughts on Dithakong and Mbolompo. ' *Journal ofAfrican History*, 29:487—519, 1988.

Cobbing, J, 'The "Mfecane?" Aftermath: Towards a New Paradigm. ' University of the Witwatersrand, 1991.

Coghlan, H H, *Notes on the Prehistoric Metallurgy of Copper and Bronze in the Old World*. Oxford: Oxford University Press, 1956.

Cohen, A, 'Cultural strategies in the organization of trading diasporas. ' In Meillassoux, C, ed., 1971.

Cohen, J M and Weintraub, D, *Land and Peasants in Imperial Ethiopia: The Social Background to a Revolution*. Asse, Netherlands: Van Gocum, 1975.

Cohen, D and AtienoOdhiambo, E S, *Siaya: The Historical Anthropology of an African Landscape*. London: James Currey, 1989.

Cole, J R, 'Feminism, Class, and Islam in Tum-of-the Century Egypt' *International Journal of Middle East Studies*, 13:387—407, 1981.

Coleman, DC, 'Proto-Industrialisation: A ConceptToo Many. ' *Economic History Review*, 36: 435—448, 1983.

Conah, G, *African Civilizations. Precolonial Cities and States in Tropical Africa*: An Archaeological Perspective. Cambridge: Cambridge University Press, 1987.

Cooper, F, *Plantation Slavery on the East African Coast*. New Haven: Yale University Press, 1977.

Cooper, F, 'The Problem of Slavery in African Studies. ' *Journal of African History*, 20: 103—125, 1979.

Cooper, F, *From Slaves to Squatters*: Plantation Labour and Agriculture in Zanzibar and Coastal Kenya, 1890—1925. New Haven: Yale University Press, 1980.

Cooper, F, 'Peasants, Capitalists and Historians: A Review Article. ' *Journal of Southern African Studies*, 7:284—314, 1980.

Cooper, F, 'Africa and the World Economy. ' *African Studies Review*, 24:1—86, 1981. Coquery-Vidrovitch, C, 'Research on an African Mode of Production. ' In Gutkind, P and Waterman, P, eds., 1977.

Coquery-Vidrovitch, C, 'Towards an African Mode of Production. ' In Seddon, D, ed., 1978.

Coquery-Vidrovitch, C and Lovejoy, P E, 'The Workers of African Trade in Precolonial Africa. ' In Coquery-Vidrovitch, C and Lovejoy, P E, eds., 1985.

Coquery-Vidrovitch, C and Lovejoy, P E, eds. *The Workers of African Trade*. Beverly Hills: Sage Publications, 1985.

Coquery-Vidrovitch, C, *Africa*: Endurance and Change South of the Sahara. Berkeley: University of California Press, 1988.

Cordell, D D and Gregory, J W, 'Historical Demography and Demographic History in Africa: Theoretical and Methodological Considerations. ' *Canadian Journal of African Studies*, 14:389—416, 1980.

Cordell, D D, 'The Savanna Belt of North-Central Africa. ' In Birmingham, D and Martin P, 1983.

Cordell, D D, *Dar al Kuli and the Last Years of the Trans-Saharan Slave Trade*. Madison: Wisconsin University Press, 1985.

Cordell, D D et al, eds., *African Population and Capitalism*. Boulder, Col. : Westview Press, 1987.

Cordell, D D and Gregory, J W, 'Earlier African Historical Demographies. ' *Canadian Journal of African Studies*, 23:5—27, 1989.

Coupland, R, *The British Anti-Slavery Movement*. London: Butterworth, T, 1933. Coursey, D G, 'The Origins and Domestication of Yams in Africa. ' In Harian, et. al., 1976.

Crisp, J, ' *The Story of An African Working Class*: Ghanaian Miners' Struggles 1870—1980. London: Zed Books, 1984.

Crosby, A W, 'Ecological Imperialism: The Overseas Migration of Western Europeans as a Biological Phenomenon. ' In Worster, D, ed., 1988.

Crosby, A W, *Ecological Imperialism*: The Biological Expansion of Europe, 900—1900. Cambridge: Cambridge University Press, 1989.

Crouchley, A E, *The Economic Development of Modern Egypt*, London: Longmans, 1938.

Crowder, M. ed., *West African Resistance*: The Military Response to Colonial Occupation. London: Hutchinson, 1978.

Crowder, M, *West Africa Under Colonial Rule*. London: Hutchinson, 1981.

Crummey, D, 'Society and Ethnicity in the Politics of Christian Ethiopia During the Zamana MasfeL' *International Journal of African Historical Studies*, 1975.

Crummey, D, 'Abyssinian Feudalism. ' *Past and Present*, 89: 115—138, 1979.

Crummey, D and Stewart, C C, eds., *Modes of Production in Africa: The Precolonial Era*. Beverly Hills: Sage Publications, 1981.

Crummey, D, 'State and Society: Nineteenth Century Ethiopia. ' In D. Crummey and C. C. Stewart, eds., 1981a.

Crummey, D, 'Women and Landed Property in Gondarine Ethiopia. ' *International Journal of African Historical Studies*, 14:444—465, 1981b.

Crummey. D, ed., *Banditry and Rebellion and Social Protest in Africa*. London: James Cuney, 1986.

Crummey, D, 'Banditry and Resistance: Noble and Peasant in Nineteenth Century Ethiopia. ' In D. Crummey, ed., 1986a.

Crush, J, *The Struggle For Swazi Labour*. Kingston and Montreal: McGill-Queen's University Press, 1987.

Cummings, R J, *Aspects of Human Porterage with Special Reference to the Akamba of Kenya: Towards an Economic History*, 1820—1920. Ph. D. Dissertation, University of California, Los Angeles, 1975.

Cummings, R J, 'Wage Labour in Kenya in the Nineteenth Century. ' In Coquery-Vidrovitch and Lovejoy, P E, eds., 1985.

Cuno, K M, 'The Origins of Private Ownership of Land in Egypt: A Reappraisal. ' *International Journal Middle East Studies*, 12:245—275, 1980.

Curtin, P D, *The Image of Africa: British Ideas and Action*, 1780—1840. Madison: University of Wisconsin Press, 1964.

Curtin, P D, *The Atlantic Slave T rode : ACensus*. Madison: University of Wisconsin Press, 1969.

Curtin, P D, 'The Lure of Bambuk Gold. ' *Journal of African History*, 14:623—631, 1973.

Curtin, P D, *Economic Change in Precolonial Africa: Senegambia in the Era of the Slave Trade*, 2 Vols. Madison: University of Wisconsin Press, 1975.

Curtin, P D, eL al., *African History*. Boston: Little Brown, 1978.

Curtin, P D, 'Nutrition in African History. ' *Journal of Interdisciplinary History*, 14:371—382, 1983.

Curtin, P D, *Cross-Cultural Trade in World History*, Cambridge: Cambridge University Press, 1984.

D'Hoote, J L, *Soil Map of Africa*, Lagos: Commission de Co-Operation Technique en Afriqueau Sud du Sahara, 1964.

Daaku, K Y, 'Trade and trading patterns of the Akan in the seventeenth and eighteenth centuries. ' In Meillassoux, C, ed., 1971.

Daaku, K Y, *Trade and Politics on the Gold Coast* 600—1700, Oxford: Oxford University Press, 1970.

Dalby, D, et. al., eds., *Drought in Africa*, London: International African Institute, 1977.

Dalton, G, ed., *Tribal and Peasant Economies: Readings in Economic Anthropology*, New-York: Natural History Press, 1967.

Dalton, G, 'Comment: What Kinds of Trade and Markets?.' *African Economic History*, 6: 134—138, 1978.

Daly, M W, *Empire on the Sudan: The Anglo-Egyptian Sudan* 1898—1934, Cambridge: Cambridge University Press, 1988.

Danby, M, 'Ganvie, Dahome.' In Oliver, P, ed., 1971.

Darish, P, 'Dressing for the Next Life: Raffia Textile Production and Use Among the Kuba of Zaire.' In Schneider, J and Weiner, A B, eds., 1989.

Darkoh, M B K, *Combating Desertification in the Southern African Region: An Updated Regional Assessment*, Nairobi: UNEP, 1989.

Daumas, E M, *Women of North Africa or "The Arab Womens"*. San Diego, Cal., 1943.

Davenport, T R H, *South Africa: A Modern History*, 2nd ed. Toronto: University of Toronto Press, 1978.

David, N, 'The Ethnography of Pottery: A Fulani Case Seen in Archaeological Perspec-tive.' *Module*, 21:1—29, 1972.

David, N, 'Prehistory and Historical Linguistics in Central Africa: Points of Contact' In Ehret, C and Posnansky, M, eds., 1982.

Davidson, B, *Black Mother: The Years of the African Slave Trade*, Boston: Little Brown, 1961.

Davidson, B, *A History of West Africa to the Nineteenth Century*. Garden City, N. Y: Double-day, 1966.

Davis, D B, *The Problem of Slavery in the Age of Revolution*, 1770—1823, Ithaca, N. Y.: Cornell University Press, 1975.

Davies, R, et. al., 'Class Struggle and the Periodisation of the State in South Africa.' *Review of African Political Economy*, 7:4—30, 1976.

Davies, J N P, *Pestilence and Disease in the History of Africa*. Johannesburg: Wit-watersrand University Press, 1979.

Davies, R H, *Capital, State and White Labour in South Africa* 1900—1960. Brighton: Har-vester, 1979.

Davison, P and Harries, P, 'Cotton Weaving in South-East Africa: Its History and Technolo-gy.' *Textile History*, 11:175—192, 1980.

Dawson, M H, 'Smallpox in Kenya, 1880—1920.' *Social Science and Medicine*, 13:245—250, 1979.

Dawson, M H, 'Disease and Population Decline of the Kikuyu of Kenya, 1890—1925.' In Fyfe, C and McMaster, D, eds., 1981.

De Kiewet, C W, *British Colonial Policy and the South African Republics*, 1929.

De Kiewet, C W, *A History of South Africa: Social and Economic*. London: Oxford Universi-ty Press, 1957.

De Vries, J, 'Measuring the Impact of Climate on History: The Search for Appropriate Method-ologies.' In Rotberg, R 1 and Rabb, T K, eds., 1981.

Dean, P, *The Evolution of Economic Ideas*. Cambridge: Cambridge University Press, 1978.

Deeb, M, 'The Socioeconomic Role of the Local Foreign Minorities in Modern Egypt, 1805—1961. ' *International Journal of Middle East Studies*, 9: 11—22, 1978.

Delegorgue, A, *Travels in Southern Africa*, Vol. 1. Durban: University of Natal Press, 1990.

Denoon, D and Nyeko, B, *Southern Africa Since* 1800. London: Longman, 1982.

Denoon, D, *Settler Capitalism: The Dynamics of Dependent Development in the Southern Hemisphere*. Oxford: Clarendon Press, 1983.

Denoon, D, 'The Political Economy of Labour Migration to Settler Societies: Australia, Southern Africa, and Southern South America, between 1890 and 1914. ' In Marks, S and Richardson, P, eds., 1984.

Derricourt, R, 'Invasion Models and Zonal Exploitation in Later South African Prehistory. ' In Fyfe and McMaster, eds., 1977.

Dewey, C and Hopkins, A G, eds., *The Imperial Impact: Studies in the Economic History of Africa and India*. London: Athlone Press, 1978.

Dias, J R, 'Famine and Disease in the History of Angola c. 1830—1930. ' *Journal of African History*, 22:349—378, 1981.

Dike, K O, *Trade and Politics in the Niger Delta* 1830—1885. Oxford: Clarendon Press, 1956.

Diop, L M, 'Metallurgic et l'agc de fer en Afrique. ' BIFAN, 30:10—38, 1968.

Dorward, D C, ' An Unknown Nigerian Export: Tiv Bcnnisced Production, 1900—1960. ' *Journal of African History*, 16:431—459, 1975.

Dorward, D C, and Payne, A I, 'Deforestation, the Decline of the Horse, and the Spread of the Tsetse Fly and Trypanosomiasis Nagana in the Nineteenth Century Sierra *Leone*. ' *Journal of African History*, 16:239—256, 1975.

Dorward, D C, 'Pre-Colonial Tiv Trade and Cloth Currency. ' *International Journal of African Historical Studies*, 9:516—591, 1976.

Douglas, M, 'The Lele Resistance to Change. ' In Bohannan, P and Dalton, G, eds., 1965.

Douglas, M, 'Raffia Cloth Distribution in the Lele Economy. ' In Dalton, G, ed., 1967.

Doumou, A, ed., . *The Moroccan State in Historical Perspective* 1850—1985, Dakar: Codesria Book Scries, 1990.

Doxey, G V, *The Industrial Colour Bar in South Africa*. London: Oxford University Press, 1961.

Drescher, S, *Econocide: British Slavery in the Era of Abolition*. Pittsburg: University of Pittsburg Press, 1977.

Drescher, S, *Capitalism and Anti-Slavery: British Popular Mobilisation in Comparative Perspective*. New York: Oxford University Press, 1987.

Dubos, R, *Mirage of Health*. New York: Harper and Row, 1959.

Dubos, R, *Man, Medicine, and Environment*. Harmondsworth: Penguin Books, 1968.

Duffill, M B and Lovejoy, P E, 'Merchants, Porters, and Teamsters in the Nineteenth Century Central Sudan. ' In Coquery Vidrovitch, C and Lovejoy, P E, eds.

Duly, C, *The Houses of Mankind*. London: Thames Hudson, 1979.

Dumett, R, 'The Rubber Trade of the Gold Coast and Asante in the Nineteenth Century. African Innovation and Market Responsiveness. ' *Journal of African History*, 12:79—101, 1971.

Dumett, R, 'John Sarbah, the Elder, and African Mercantile Entrepreneurship in the Gold Coast in the Late Nineteenth Century.' *Journal of African History*, 14: 663—679, 1973.

Duminy, A H and Guest, W R, eds., Fitzpatrick, SouthAfrican Politician: SelectedPapers, *1888—1906*. Johannesburg and New York: McGraw-Hill, 1976.

Dumont, R, *Types of Rural Economy: Studies in World Agriculture*. London: Methuen, 1957.

Dupire, M, 'The Position of Women in a Pastoral Society The Fulani WoDaaBe, Nomads of the Niger.' In Paulme, D, ed., 1963.

Dupre, G, and Rey, P, 'Reflections on the Relevance of a Theory of the History of Exchange.' In D. Seddon, ed., 1978.

Durand, J D, 'The Modern Expansion of World Population.' *Population Problems*, *Proceedings of the American Philosophical Society*, 3, 1967.

Dyer, M, 'Export Production in Western Libya, 1750—93.' *African Economic History*: 1 17—136, 1984.

Dyson-Hudson, R and McCabe, J T, *South Turkana Nomadism: Coping with Unpredictably Varying Environment*. 2 Vols. New Haven: Human Relations Area Hies, 1985.

Ehrensaft, P, 'The Political Economy of informal Empire in Pre-colonial Nigeria, 1807—1884.' *Canadian Journal of African Studies*, 6: 45 1—490, 1972.

Ehret, C, 'The Demographic Implications of Linguistic Change and Language Shift' In Fyfe, C and McMaster, D, eds., 1981.

Ehret, C and Posnansky, M, eds., *The Archaeological and Linguistic Reconstruction of African History*. Los Angeles: University of California Press, 1982.

Ehret C, 'Linguistic Inference About Early Bantu History'. In Ehret C and Posnansky, M, eds., 1982.

Ehret C, 'East African Words and Things: Agricultural Aspects of Economic Transformation in the Nineteenth Century.' In Ogot B A, ed., 1985.

Elbl, I, 'The Horse in Fifteenth-Century.' *International Journal of African Historical Studies*, 24: 85—109, 1991.

Eldridge, E A, 'Drought Famine and Disease in Nineteenth-Century Lesotho.' *African Economic History*, 16: 61—93, 1987.

Eldridge, E, 'Women in Production: The Economic Role of Women in Nineteenth Century Lesotho', *Signs: Journal of Women in Culture and Society*, 16: 707—731, 1991.

Elphick, R, *Kraal and Castle: Khoikhoi and the Founding of White South Africa*. New Haven: Yale University Press, 1977.

Elphick, R and Shell, R, 'Intergroup Relations: Khoikhoi, Settlers, Slaves and Free Blacks, 1652—1795.' In Elphick, R and Giliomee, H, eds., 1989.

Elphick, R and Giliomee, H, eds., *The Shaping of South African Society*, 2nd ed. Cape Town: Longman, 1989.

Elphick, R and Malherbe, M C, 'The Khoisan to 1828.' In Elphick, R and Giliomee, H, 1989.

Eltis, D, 'Trade Between Western Africa and the Atlantic World Before 1870: Estimatesof

Trends in Value, Composition and Direction. ' *Research in Economic History*, 12:151—196, 1989.

Emmanuel, A, *Unequal Exchange: A Study of the Imperialism of Trade*. New York: Monthly Review Press, 1974.

Erskine, J M, *Ecology and Land Usage in Southern Africa*. Pretoria: Africa Institute of South Africa, 1987.

Etherington, N, 'African Economic Experiments in Colonial Natal 1845—1880. ' *African Economic History*, 5:1—15, 1978.

Etherton, D, 'Algerian Oases. ' In Oliver, P, ed., 1971.

Evans-Pritchard, E E, *The Sanusi of Cyrenaica*. Oxford: Clarendon Press, 1949.

Faegre, T, *Tent: Architecture of the Nomads*. New York: Anchor Books, 1979.

Fagan, B M, 'Early Trade and Raw Materials in South Central Africa. ' In Gray, R and Birmingham, D, eds., 1970.

Fage. J D, *An Introduction to the History of West Africa*. Cambridge: Cambridge Univer-sity Press, 1955.

Fage, J D, 'Slavery and the Slave Trade in the Context of West African History. ' *Journal of African History*, 10:393—404, 1969.

Fage, J D, 'The Effects of the Export Slave Trade on African Populations. ' In R. P. Moss and R J. Rathbone, eds., 1975.

Fage, J D, *History of Africa*. London: Hutchinson, 1978.

Fage, J D, 'Slaves and Society in Western Africa, c. 1445—c. 1700. ' *Journal of African History*, 21:289—310, 1980.

Fage, JD, 'African Societies and the Atlantic Slave Trade. ' *Past and Present*, 125:97—115, 1989.

Fagerhund, V G, and Smith, H T, 'A Preliminary Map of Market Periodicities in Ghana. ' *Journal of Developing Areas*, 4, 1970.

Fagg, B, 'Recent Work in West Africa: New Work on Nok Culture. ' *World Archaeology*, 1: 41—50, 1969.

Fagg, W, and Picton, J, *The Porters' Art in Africa*. London: British Museum, 1970.

Fagg, W, *Miniature Wood Carvings of Africa*. New York: Graphics Society, 1970.

Falola, T, 'Power Relations and Social Interactions Among Ibadan Slaves, 1850—1900. ' *African Economic History*, 16:95—114, 1987.

Falola, T, 'The Yoruba Toll System: Its Operation and Abolition. ' *Journal of African History*, 30:69—88, 1989.

Farias, P F de M, ' Silent Trade: Myth and Historical Evidence. ' *History in Africa*, 7 :9—24, 1974.

Fame, D A, *East and West of Suez: The Suez Canal in History*, 1854—1956. Oxford: Clarendon Press, 1969.

Farnsworth, N R, et. al., 'Potential Value of Plants as Sources of New Anti-fertility Agents. ' *Journal of Pharmaceutical Sciences*, Part I 64/4: 535—598, Part II 64/5: 717—754, 1975.

Feeley-Hamik, G, 'Cloth and the Creation of Ancestors in Madagascar. ' In Schneider, A and

Weimer, A B, eds., 1989.

Feierman, S, *Health and Society in Africa : A Working Bibliography.* Waltham, Mass, 1979.

Feierman, S, ' Struggles for Control: The Social Roots of Health and Healing in Modern Africa. ' *African Studies Review*, 28:73—147, 1985.

Feierman, S, *Peasant Intellectuals : Anthropology and History in Tanzania*, Madison: University of Wisconsin Press, 1990.

Feinberg, H M, and Johnson, M, 'The West African Ivory Trade During the Eighteenth Century: The "... and Ivory" Complex. ' *International Journal of African Historical Studies*, 15:435—453, 1982.

Fieldhouse, D K, *The Theory of Capitalist Imperialism.* London: Longman, 1967.

Fieldhouse, D K, *Economics and Empire*, 1830—1914. London: Wedenfeld and Nicholson, 1973.

Fika, A, *The Kano Civil War and British Over-Rule*, 1882—1940. Ibadan: Oxford University Press, 1978.

Filipowiak, W, 'Iron Working in the Old Kingdom of Mali. ' In Haaland, R, et. al., 1985.

Fisher, A G B and Fisher, H J, *Slavery and Muslim Society in Africa.* London: G. Hurst, 1970.

Fisher, H J, 'He Swalloweth the Ground with Fierceness and Rage: The Hone in the Central Sudan: Its Introduction. ' *Journal of African History*, 13:369—388, 1972.

Fisher, H J, 'The Horse in the Central Sudan II: Its Use. ' *Journal of African History*, 14: 355—379, 1973.

Flint, J E, 'Zanzibar 1890—1950. ' In V. Harlow and E. M. Quiver, eds., 1965.

Flint, J E, 'Economic Change in West Africa in the Nineteenth Century. ' In J. F. A Ajayi and M. Crowder, eds., 1974a. Flint, J E, *Cecil Rhodes.* Boston: Little Brown, 1974b.

Flint, J E, ed., *The Cambridge History of Africa.* Vol 5. *From c.* 1790 *to c.* 1870, 8 Vols., Cambridge: Cambridge University Press, 1975.

Ford, J, *The Role of the Trypanosomiases in African Ecology : A Study of the Tsetsefty Problem.* Oxford: Clarendon Press, 1971.

Foster, G M, *Traditional Societies and Technological Change.* New York: Harper and Row, 1973.

Foster-Carter, A, 'The Modes of Production Controversy. ' *New Left Review*, 107:47—77, 1978.

Frank, G, *Capitalism and Underdevelopment in Latin America.* New York: Monthly Review Press, 1967.

Frank, G, *Latin America : Underdevelopment or Revolution.* New York: Monthly Review Press, 1969.

Frank, G, *World Accumulation 1492—1789.* London: Macmillan, 1978a.

Frank, G, *Dependent Capitalism and Development. New* York: Monthly Review Press, 1978b.

Frank, A G, *Crisis : In the World Economy.* London: Heinemann, 1980.

Frank, A G, *Crisis : In the Third World.* London: Heinemann, 1981.

Frankel, S H, *Capital Investment in Africa.* Oxford: Oxford University Press, 1938.

Frantz, C, 'Fulbe Continuity and Change under Five Flags Atop West Africa. ' *Journal of Asian and African Studies*, 16:89—114, 1981.

Fraser, M and Jeeves, A, *All That Glittered: Selected Correspondence of Lionel Phillips*, 1890—1924. Cape Town: Oxford University Press, 1977.

Freeman-Grenville, G S P, 'The Times of Ignorance: A Review of Pre-Islamic Settlement on the East African Coast. ' *Uganda Museum Occasional Papers*, 4:4—17, 1959.

Freeman-Grenville, G S P, 'The Coast, 1498—1840. ' In Oliver, R and Mathews, G, eds., 1963.

Freeman-Grenville, G S P, 'Some Aspects of the External Relations of the East AfricanCoast: Before 1800. ' In Ingham, K, ed., 1974.

Freeman-Grenville, G S P, 'Numis tic Evidence for Chronology at Kilwa. ' *Numismatic Chronicle*, 28:191—196, 1978.

Freeman-Grenville, G S P, *The Swahili Coast*, *2nd to 19th Centuries: Islam, Christianity and Commerce in Eastern Africa*. London: Variorum Reprints, 1988.

Freund, B, *Capital and Labour in the Nigerian Tin Mines*. Harlow: Longman, 1981.

Freund, B, 'Labour and Labour History in Africa: A Review of the Literature. ' *African Studies Review*, 27:1—58, 1984a.

Freund, B, *The Making of Contemporary Africa: The Development of African Society Since* 1800. London: Macmillan, 1984b.

Freund, B, 'Theft and Social Protest among the tin miners of Northern Nigeria. ' In Crummey, D, ed., 1986.

Freund, B, *The African Worker*. Cambridge: Cambridge University Press, 1988.

Freund, B, 'The Cape Under the Transitional Governments, 1795—1814. ' In Elphick, R and Giliomee, H, 1989.

Friede, H, ' Notes on the Composition of Pre-European Copper and Copper-Alloy Artefacts from the Transvaal. ' JSAI MM, 75, 1975.

Frishman, A, 'The Population Growth of Kano, Nigeria. ' In Fyfe, C and McMaster, D, eds., 1977.

Fyfe, C, 'Reform in West Africa: The Abolition of the Slave Trade. ' In Ajayi, J F A and Crowder, M, eds., 1974.

Fyfe, C, ed., *African Studies Since* 1945. London: Longman, 1976.

Fyfe, C and McMaster, D, eds., *African Historical Demography*, Vol. l. Edinburgh: University of Edinburgh, Centre for African Studies, 1977.

Fyfe, C and McMaster, D, eds., *African Historical Demography*, Vol. 2. Edinburgh: University of Edinburgh, Centre for African Studies, 1981.

Fyle, C M, 'Northeast Sierra Leone in the Nineteenth and Twentieth Centuries: Reconstruction and Population Distribution in a Devastated Area. ' In Fyfe, C and McMaster, D, eds., 1981.

Fynn, J K, 'Ghana'Asante Ashanti. ' In Crowder, M, ed., 1978.

Gabel, C, 'Demographic Perspectives on the African Pleistocene. ' In Fyfe, C and Mc-Master, D, eds., 1977.

Galaty, J G, 'Land and Livestock among Kenyan Maasai. ' *Journal of Asian and African Studies*, 16:68—88, 1981.

Galbraith, J S and al-Sayyid-Marsot, A A, 'The British Occupation of Egypt: Another View. ' *International Journal of Middle East Studies*, 9:471—488, 1978.

Galletti, R, Baldwin, K D S and Dina, IO, 'Clothing of Nigerian Cocoa Farmers- Families. ' In Roach, M and Eicher, J B, eds., 1965.

Garlake, P S, *The Early Islamic Architecture of the East African Coast*. Nairobi and London: Oxford University Press, 1966.

Garlake, P S, 'Pastoralism and Zimbabwe. ' *Journal of African History*, 19:479—493, 1978.

Gavin, R J, 'The European Conquest of Africa. ' In Afigbo, E A, et. al., 1986.

Gebremedhin, N, 'Some Traditional Types of Housing in Ethiopia. ' InOliver, P, ed., 1971.

Geiger, S, 'Women and Class in Africa: A Review. ' *African Economic History*, 16:115—122, 1987.

Gemery, H A and Hogendom, J S, 'The Atlantic Slave Trade: A Tentative Economic Model. ' *Journal of African History*, 15:233—246, 1974.

Gemery, H A and Hogendom, J S, 'Technological Change, Slavery, and the Slave Trade. ' In Dewey, C and Hopkins, A G, eds., 1978.

Gemery, A and Hogendom, J S, eds., *The Uncommon Market: Essays in the Economic History of the Atlantic Slave Trade*. New York: Academic Press, 1979.

Genovese, E D, *From Rebellion to revolution: Afro-American Slave Revolts in the Making of the Modern World*. Baton Rouge: Louisiana State University, 1979.

Gerrard, T F, *Akan Weights and the Gold Trade*. London: Longman, 1980.

Ghai, Y P and Ghai, D P, *Portrait of a Minority: Asians in East Africa*. Nairobi: Oxford University Press, 1970.

Giblin, J, 'Famine and Social Change During the Transition to Colonial Rule in North-eastern Tanzania. ' *African Economic History*, 15:85—105, 1986.

Gifford, P and Louis, W R, eds., *Britain and Germany in Africa*. New Haven: Yale University Press, 1967.

Gifford, P and Louis, W R, eds., *France andBritain in Africa*. New Haven: Yale University Press, 1971.

Gifford, P and Louis, W R, eds., *Decolonization and African Independence: The Transfers of Power*, 1960—1980. New Haven: Yale University Press, 1988.

GiHomee, H, 'The Eastern Frontier, 1770—1812. ' In Elphick, R and Giliomee, H, eds., 1989.

Gislain, J J, 'On the Relations of Stale and Market' *Telos*, 73:147—152, 1987.

Glantz, M H, ed., *Drought and Hunger in Africa: Denying Famine a Future*. Cambridge: Cambridge Univenity Press, 1987a.

Glantz, M H, 'Drought and Economic Development in Sub-Saharan Africa. ' In Glantz, ed., 1987b.

Glass, D V and Eversley, DEC, *Population in History*. Chicago: Aldine Publishing Co., 1965.

Glass, D V and Revelle, R, *Population andSocial Change*. London: Edward Arnold, 1972.

Gleave, M B and Prothero, R M, 'Population Density and Slave Raiding-A Comment. ' *Journal of African History*, 12:319—327. 1971.

Gludcman, M, 'Land Tenure: Group and Individual Rights. ' In Z A and J M Konczacki, eds.,

1977.

Gold, A E, 'Women in Agricultural Change: The Nandi in the 19th Century.' In Ogot, BA, ed., 1985.

Golledge, R, ed., *A Ground for a Common Search*. Santa Barbara: Univenity of Santa Barbara Press, 1988.

Good, C M, 'Man, Milieu, and the Disease Factor Tick-borne Relapsing Fever in East Africa.' In Pattenon, K D and Hartwig, G W eds., 1978.

Goodfellow, C F, *Great Britain and South African Confederation*, 1870—1881. New York: Oxford Univarsity Press, 1967.

Goody, J, *Technology, Tradition and the State in Africa*. London: Oxford University Press, 1971.

Goody, J, *Production and Reproduction: A Comparative Study of the Domestic Domain*. Cambridge: Cambridge University Press, 1976.

Goody, E N, 'Daboya Weavers: Relations of Production, Dependence and Reciprocity.' In E. N. Goody, ed., 1982.

Goody, E N, ed., *From Craft to Industry: The Ethnography of Proto-Industrial Cloth Production*. Cambridge: Cambridge Univenity Press, 1982.

Goucher, C L, 'Iron is Iron "Ti l it is Rust": Trade and Ecology in the Decline of West African Iron-Smelting.' *Journal of African History*, 22:179—189, 1981.

Grace, J, *Domestic Slavery in West Africa with Particular Reference to the Sierra Leone Protectorate*, 1896—1927. London: Frederick Muller, 1975.

Gran, P, *Islamic Roots of Capitalism in Egypt*, 1760—1840. Austin: University of Texas Press, 1979.

Graves, A and Richardson, P, 'Plantations in the Political Economy of Colonial Sugar Production: Natal and Queensland, 1860—1914.' *Journal of South African Studies*, 6:214—229, 1980.

Gray, R F, *The Sonjo of Tanganyika: An Anthropological Study of an Irrigation-Based Society*. London: Oxford University Press, 1963.

Gray, R and Birmingham, D, eds., *Precolonial African Trade*. Oxford: Oxford University Press, 1970.

Greenland, D J and Lal, R, eds., *Soil Conservation and Management in the Humid Tropics*. Chichester: John Wiley, 1977.

Gregory, J W et. al, *African Historical Demography: A Multidisciplinary Bibliography*. Los Angeles: Crossroads, 1984.

Grove, A T, 'Desertification in the African Environment' In Dalby, D, et. al., eds., 1977.

Grove, R, 'Early Themes in African Conservation.' In Anderson and Grove, eds., 1987.

Grove, R, 'Scottish Missionaries Evangelical Discourses and the Origins of Conservation Thinking in Southern Africa, 1820—1900.' *Journal of Southern African Studies*, 15:163—187, 1989.

Guelke, L, 'Freehold Farmers and Frontier Settlers, 1657—1780.' In Elphick, R and Giliomee, H, eds., 1989.

Gugler, Jand Flanagan, W G, *Urbanization and Social Change in West* Africa. Cambridge:

Cambridge University Press, 1978.

Gump, J, 'Ecological Change and Pre-Shakan State formation. ' *African Economic History*, 18:57—71. 1989.

Gutkind, P C W and Wallerstein, I, eds., *The Political Economy of Contemporary Africa*. Beverly Hills: Sage, 1976.

Gutkind, PC W and Waterman, P, eds., *African Social Studies: A Radical Reader*. London: Heinemann, 1977.

Gutkind, P C W, Cohen, R and Copans, J, eds., *African Labour History*. Beverly Hills: Sage, 1978.

Guy, J, *The Destruction of the Zulu Kingdom*. London: Longman 1979.

Guy, J, 'Ecological Factors in the Rise of Shaka and the Zulu Kingdom. ' In Marks, S and Atmore, A, eds., 1980.

Guy, J, 'The Destruction and Reconstruction of Zulu Society. ' In Marks, S and Rathbone, R, 1982.

Guy, J. ' Analysing Pre-Capitalist Societies in Southern Africa. ' *Journal of Southern African Studies*, 14:18—37, 1987.

Guyer, J 1, 'Household and Community in African Studies. ' *African Studies Review*, 24:87—137, 1981.

Haaland, R and Shinnie, P, eds., *African Iron Working-Ancient and Traditional*. Oslo: Norwegian University Press, 1985.

Haaland, R, 'Iron Production, Its Socio-Cultural Context and Ecological Implications. ' In Haaland, R and Shinnie, P, eds., 1985.

Hafldn, N J and Bay, E S, eds., *Women in Africa: Studies in Social and Economic Change*. Stanford: Stanford University Press, 1976.

Hair, P E H, 'From Language to Culture: Some Problems in the Systemic Analysis of the Ethno-Historical Records of the Sierra Leone Region. ' In Moss, R P and Rathbone, RJ. eds., 1975.

Hakem, A A, and Hrbek, I, 'The Civilization of Napata and Meroe. ' In Mokhtar, G, ed., 1981.

Hall, M and Vogel, JC, ' Some Recent Radiocarbon Dates from Southern Africa. ' *Journal of African History*, 21:431—455. 1980.

Hall, M, 'Archaeology and Modes of Production in Pre-Colonial Southern Africa. ' *Journal of Southern African Studies*, 14:1—17, 1987.

Hamdan, G, 'Evolution of Irrigation Agriculture in Egypt' In Stamp, L D, ed., 1961.

Hammond, R J, 'Economic Imperialism, Side-lights on a Stereotype. ' *Journal of Economic History*, 21:582—598, 1961.

Hammond, R J, *Portugal and Africa* 1815—1910. Stanford: Stanford University Press, 1966.

Hance, W A, *The Geography of Modern Africa*. New York: Columbia University Press, 1975.

Hansen, B, 'Income and Consumption in Egypt, 1886/1887 to 1937. ' *International Journal of Middle East Studies*, 10:27—47, 1979.

Hansen, W and Schulz, B, 'Imperialism, Dependency and Social Class. ' *Africa Today*, 1981: 5—36. 1981.

Harding, L, 'Hamburg's West Africa Trade in the 19th Century. ' In G. Liesegang, H. Pasch and A. Jones, eds., 1983.

Hargreaves, J D, 'The European Partition of West Africa. ' In Ajayi, J F A and Crowder, M, eds., 1974a.

Hargreaves, J D, *West Africa Partitioned : The Loaded Pause*. Madison: University of Wisconsin Press, 1974b.

Harlan, J R, et. al., 'Plant Domestication and Indigenous African Agriculture. ' In Harlan et. al., eds, 1976a.

Harlan, J R, et. al., eds., *Origins of African Plant Domestication*. Mouton: The Hague, 1976b.

Harlow, V and Chilver, E M, eds., *History of East Africa* VoL2. Oxford: Clarendon Press, 1965.

Harms, R, 'Slave Systems in Africa. ' *History in Africa* , 5:327—335, 1978.

Harms, R W, *River of Wealth , River of Sorrow : The Central Zaire Basin in the Era of the Slave and Ivory Trade* , 1500—1891. New Haven: Yale University Press, 1981.

Harms, R, 'Sustaining the System: Trading Towns Along the Middle Zaire. ' In Robertson, C C and Klein, M A, eds., 1983.

Harrell-Bond, B E, *Imposing Aid Emergency Assistance to Refugees*. Oxford: Oxford University Press, 1986.

Harries, P, 'Slavery, Social Incorporation and Surplus Extraction; The Nature of Free and Unfree Labour in Southern Africa. ' *Journal of African History* , 22:309—330, 1981.

Hanies, P, 'Kinship, Ideology and the Nature of Pre-Colonial Labour Migration. ' In Marks, S and Rathbone, R, eds., 1982.

Harries, P, 'Plantations, Passes and Proletarians: Labour and the Colonial State in Nineteenth Century Natal. ' *Journal of Southern African Studies* , 13:372—399, 1987.

Hanis, D R, 'Traditional Systems of Plant Food Production and the Origins of Agriculture in West Africa. ' In Harlan, J R, et. al., 1976.

Harris, N, *The End of the Third World*. Harmondsworth: Penguin, 1986.

Han, K, *The Political Economy of West African Agriculture*. Cambridge: Cambridge University Press, 1982.

Hartwig, G W, 'Economic Consequences of Long-Distance Trade in East Africa: The Disease Factor. ' *African Studies Review* , 18:63—73, 1975.

Hartwig, G W, 'Social Consequences of Epidemic Diseases: The Nineteenth Century in Eastern Africa. ' In Patterson, K D and Hanwig, G W eds., 1978.

Hartwig, G W, 'Demographic Considerations in East Africa During the Nineteenth*Century*. ' *The International Journal of African Historical Studies* , 12:653—672, 1979.

Hartwig, G W, 'Smallpox in the Sudan. ' *African Studies Review*- , 24: 5—33, 1981.

Harvey, T J, *The Paleolimnology of Lake Mobutu Sese-Seko , Uganda-Zaire : The Last 28,000 years*. Ph. D. Dissertation, Duke University, 1976.

Hay, M J, and Stichter, S, eds., *African Women South of the Sahara*. Harlow: Longman, 1984.

Hay, M J, 'Queens, Prostitutes and Peasants: Historical Perspectives on African Women, 1971—1986. ' *Canadian Journal of African Studies* , 22:431—447, 1988.

Hayes, C J H, A *Generation of Materialism*, 1871—1900. New York: Harper and Row, 1941.

Hayford, J E C, *Gold Coast Native Institutions*, new ed. London: Frank Cass, 1970.

Headrick, D, *Tools of Empire: Technology and European Imperialism in the NineteenthCentury*. New York: Oxford University Press, 1981.

Headrick, D, *The Tentacles of Progress: Technology in the Age of Imperialism* 1850—1940. New York: Oxford University Press, 1988.

Hedlund, H, 'Contradictions in the Peripberalization of a Pastoral Society: The Maasai. ' *Review of African Political Economy*, 15/16:15—34, 1979.

Henderson, W O, 'German East Africa 1884—1918. ' In Harlow, V and Chilver, E M, eds., 1965.

Henige, D, 'Measuring the Immeasurable: The Atlantic Slave Trade, West African Population and the Pynhonian Critic. ' *Joumal of African History*, 27:295—313, 1986.

Henn, J K, 'Women in the Rural Economy: Past, Present, and Future. ' In Hay, M J and Sdchter, S, eds., 1984.

Herbert, E W, 'Aspects of the Use of Copper in Pre-colonial West Africa. ' *Journal of African History*, 14:179—194, 1973.

Herbert, E W, 'Smallpox Inoculation in Africa. ' *Journal of African History*, 16:539—559, 1975.

Herbert, E W, *Red Gold of Africa: Copper in Precolonial History and Culture*. Madison: University of Wisconsin Press, 1984.

Hermassi, E, *Leadership and National Development in North Africa*. Berkeley: University of California Press, 1972.

Herskovits, M J, 'The Cattle Complex in East Africa. ' *American Anthropologist*, 28:230—72, 361—80, 494—528, 633—664, 1926.

Hesselberg, J, *The Third World in Transition: The Case of the Peasantry in Botswana*. Uppsala: Scandinavian Institute of African Studies, 1985.

Heywood, L, 'Porters, Trade and Power: The Politics of Labour in the Central Highlands of Angola, 1850—1914. ' In Coquery-Vidrovitch, C and Lovejoy, P E, eds., 1985.

Heywood, L M, 'The Growth and Decline of African Agriculture in Central Angola, 1890—1950. ' *Journal of Southern African Studies*, 13:355—371, 1987.

Heywood, L and Thornton, J, 'African Fiscal Systems as Sources for Demographic History: The Case of Central Angola, 1799—1920. ' *Journal of African History*, 29:213—228, 1988.

Hill, P, *The Gold Coast Cocoa Farmer: A Preliminary Survey*. London: Oxford University Press, 1956.

Hill, M F, *Permanent Way*. Vol. l. *The Story of the Kenya and Uganda Railway*, 2nd ed. Nairobi: East African Railways and Harbours, 1961.

Hill, M F, *Permanent Way*. Vol. 2. *The Story of the Tanganyika Railways*. Nairobi: East African Railways and Harbours, 1962.

Hill, P, 'Markets in Africa. ' *Journal of Modern African Studies*, 1:44 1—453, 1963.

Hill, P, 'Notes on Traditional Market Authority and Market Periodicity in West Africa. ' *Jour-*

nal of African History, 7:295—311, 1966.

Hill, R, Sudan Transport. London, 1965.

Hill, P, 'Two Types of West African House Trade. ' In Meillassoux, C, ed., 1971.

Hill, P, 'Problems with A. G. Hopkins' Economic History of West Africa. ' African Economic History, 6:127—133, 1978.

Hill, M and Vogel, JC, 'Some Recent Radio Carbon Dates from Southern Africa. ' Journal of African History, 21 :43 1—455, 1980.

Hindess, B and Hirst, P Q, Pre-Capitalist Modes of Production. London: Routledge and Kegan Paul, 1975.

Hindess, B and Hirst, P Q, Mode of Production and Social Formation: An Auto-Critique of Pre-capitalist Modes of Production. London: Macmillan, 1977.

Hitchcock, R R and Smith, M R, eds., Proceedings of the Symposium on Botswana: The Historical Development of a Human Landscape. Manhalltown, S. A. : Heinemann Educational Books, 1982.

Hoben, A, Land Tenure Among the Amhara of Ethiopia. Chicago: The University of Chicago Press, 1973.

Hobsbawm, E and Ranger, T, eds., The Invention of Tradition. Cambridge: Cambridge University Press, 1989.

Hobson, J A, Imperialism: A Study. Ann Arbor: University of Michigan Press, 1965.

Hobson, J A, The War in South Africa. New York: Fertig, 1969.

Hodder, B W, 'Periodic and Daily Markets in West Africa. ' In Meillassoux, C, ed., 1971.

Hogendom, J, 'The Economics of Slave Use on two 'Plantations' in the Zaria Emirate of the Sokoto Caliphate. ' The International Journal of African Historical Studies, 10:369—383, 1977.

Hogendom, J S, Nigerian Groundnut Exports: Origins and Early Development. Zaria and Ibadan: Amadhu Bello University Press and Oxford University Press, 1978.

Hogendom, J S and Johnson, M, 'The Cowrie Trade to West Africa from the Maldives in the Nineteenth Century. ' In Liesegang, G, Pasch, H and Jones, A, eds., 1983.

Hogendom, J S and Johnson, M, The Shell Money of the Slave Trade. Cambridge: Cambridge University Press, 1986.

Hogendom, J S and Gemery, H A, 'Continuity in West African Monetary History? An Outline of Monetary Development. ' African Economic History, 17:127—146, 1988.

Hogendom, J S and Gemery, H A, 'Assessing Productivity in Precolonial African Agriculture and Industry 1500—1 800. ' African Economic History, 19:31—35, 1990—91.

Hollingsworth, T H, Historical Demography. New York: Ithaca, 1969.

Holsinger, D C, 'Migration, Commerce and Community: The Mizabis in Eighteenth and Nineteenth Century Algeria. ' Journal of African History, 21 :61—74, 1980.

Holt, E, The Boer War. Putman: London, 1958.

Holt, P M and Daly, M W, The History of the Sudan. London: Weidenfeld and Nicholson, 1979.

Homewood, K and Rodgers, W A, 'Pastoralism, Conservation and the Overgrazing Controversy. ' In Anderson, D and Grove, R, eds., 1987.

Hopkins, A G, 'The Currency Revolution in South West Africa. ' *Journal of the HistoricalSo-ciety of Nigeria*, 3:471—483, 1966.

Hopkins, A G, *An Economic History of West Africa*. London: Longman, 1973.

Hopkins, B, *Forest and Savanna*, 2nd ed. London: Heinemann, 1974.

Hopkins, A G, 'Imperial Connections. ' In Dewey, C and Hopkins, A G, eds., 1978a.

Hopkins, A G, 'Innovation in a Colonial Context: African Origins of the Nigerian Cocoa-Farm-ing Industry, 1880—1920. ' In Dewey, C and Hopkins, A G, eds., 1978b.

Hopkins, A G, 'Africa's Age of Improvement. ' *History in Africa*, 7:141—160, 1980.

Hopkins, A G, 'The Victorians and Africa: A Reconsideration of the Occupation of Egypt, 1982. ' *Journal of African History*, 27:363—391. 1986.

Hopkins, A G, 'African Entrepreneurship: An Essay on the Relevance of History to Develop-ment Economics. ' *Geneve-Afrique*, 26:8—28, 1988.

Hopkins, A G, 'African Economic History: The First Twenty-Five Years. ' *Journal of Afri-can History*, 30:157—163, 1989.

Hom, L V, 'The Agricultural History of Barotseland, 1840—1964. ' In Palmer and Parsons, eds., 1977.

Horowitz, R, *The Political Economy of South Africa*. London: Weidenfeld and Nicholson, 1967.

Horowitz, M and Little, P D, 'African Pastoralism and Poverty: Some Implications for Drought and Famine. ' In Glantz, M H, ed., 1987.

Horton, R, *Kalahari Sculpture*. Apapa, Nigeria: Department of Antiquities, 1965.

Houghton, D H, *The South African Economy*, 2nd ed. Cape Town: Oxford University Press, 1967.

Houghton, D H and Dagut, J, *Source Material on the South African Economy*, 1860—1970. VoL. 1: *1860—1899*. Cape Town: Oxford University Press, 1972.

Hourani, A, 'Ottoman Reform and the Politics of Notables. ' In Polk, W and Chambers, R, eds., 1968.

Hourani, A H and Stem, S M, *eds., The Islamic City*. Berkeley and Los Angeles: University of California Press, 1970.

Howard, A M, 'The Relevance of Spatial Analysis for African Economic History: The Sierra Leone-Guinea System. ' *Journal of African History*, 17:365—388, 1976.

Hsiao, J C, 'The Theory of Share Tenancy Revisited. ' *Journal of Political Economy*, 18: 1023—1032, 1975.

Hull, R W, *African Cities and Towns Before the European Conquest*. New York: Norton, 1976.

Hunt, K S, *The 1820 Settlers*. Cape Town, 1984.

Hunter, F R, *Egypt Under the Khedives* 1805—1879. Pittsburg: University of Pittsburg Press, 1984.

Hyam, R and Martin, G, *Reappraisals in British Imperial History*. London, 1975.

Hyam, R, *Britain's Imperial Century*, 1815—1914: *A Study of Empire and Expansion*. Lon-don: B. T. Batsford, 1976.

Hyam, R, 'Empire and Sexual Opportunity. ' *Journal of Imperial and Commonwealth Histo-*

ry, 14:34—89, 1986.

Hyam, R, ' "Imperialism and Sexual Exploitation": A Reply. ' *Journal of Imperial and Commonwealth History*, 17:90—98, 1988.

Hyden, G, *Beyond Ujamaa in Tanzania*. London: Heinemann, 1980. Hyden, G, *No Shortcuts to Progress*. London: Heinemann, 1983.

Hynes, W Q, *The Economics of Empire: Britain, Africa and the New Imperialism*. London: Longman, 1979.

Idiens, D, 'An Introduction to Traditional African Weaving and Textiles. ' *Textile History*, 11:5—21, 1980.

Igbafe, P A, 'Slavery and Emancipation in Benin, 1897—1945. ' *Journal of African History*, 16:409—429, 1975.

Igbozurike, U M, *Agriculture at the Crossroads: A Comment on Agricultural Ecology*. De-lfe: University of Ife Press, 1977.

Ikime, O, *Merchant Prince of the Niger Delta: The Rise and Fall of Nana Olomu Last Governor of the Benin River*. Ibadan: Heinemann, 1968.

Illife, J, A *Modern History ofT anganyika*. Cambridge: Cambridge University Press, 1979.

Illife, J, *The African Poor: A History*. Cambridge: Cambridge University Press, 1987.

Imperato, P J, *African Folk Medicine: Practices and Beliefs of the Bambara and OtherPeoples*. Baltimore: York Press, 1977.

Indakwa, J, *Expansion of British Rule in the Interior of Central Africa*, 1890—1924: *A Study of British Imperial Expansion into Zambia, Zimbabwe and Malawi*. Washington: University of America Press, 1977.

Ingham, K, ed., *Foreign Relations of African States*, London: Butterworths, 1974.

Inikori, J E, 'Introduction. ' In Inikori, J E, ed., 1982.

Inikori, J E, 'Measuring the Atlantic Slave Trade on Africa: A Review of the Literature. ' *Journal of African History*, 17:197—223, 1976.

Inikori, J E, 'The Import of Firearms into West Africa, 1750—1807. ' *Journal of African History*, 18:339—368, 1977.

Inikori, JE, 'Under-Population in Nineteenth Century West Africa: The Role of the Export Slave Trade. ' In Fyfe. C and McMaster, D, eds., 1981.

Inikori, J E, ed., *Forced Migration: The Impact of the Export Slave Trade on West African Societies*. New York: Africans Publishing Co., 1982.

Inikori, J E, 'West Africa's Seaborne Trade, 1750—1850. ' In Liesegang, H. Pasch, and Jones, A, eds., 1983.

Innes, D, *Anglo-American and the Rise of Modern South Africa*. New York: Monthly Review Press. 1984.

Irvine, FR, *West African Crops*. London: Oxford University Press, 1969.

Isaacman, A, *Mozambique: The Africanization of a European Institution. The Zambezi Prazos*, 1750—1902. Madison: University of Wisconsin Press, 1972.

Isaacman, A and Isaacman, B, 'The Prezeros as Transfrontiersmen: A Study in Social and Cultural Change. ' *International Journal of African Historical Studies*, 8:1—12, 1975.

Isaacman, A, *The Tradition of Resistance in Mozambique: Anti-Colonial Activity in the Zam-*

bezi Valley, 1850—1921. London: Heinemann, 1976.

Isaacman, A, 'Social Banditry in Zimbabwe Rhodesia and Mozambique, 1894—1907: An Expression of Early Peasant Protest' *Journal of Southern African Studies*, 4:1—30, 1977.

Isaacman, A and Mandala, E, 'From Porters to Labour Extractors: The Chikunda and Kololo in the Lake Malawi and Tchiri River Area.' In Coquery-Vidrovitch, C and Lovejoy, P E, eds., 1985.

Isaacman, A, 'Ex-Slaves, Transfrontiersmen and the Slave Trade: The Chikunda of the Zambezi Valley, 1850—1900.' In Lovejoy, ed., 1986.

Isaacman, A, 'Peasants and Rural Social Protest in Africa.' *African Studies Review*, 33:1—120, 1990.

Issawi, C, *Egypt in Revolution: An Economic Analysis*. London: Oxford University Press, 1963.

Issawi, C, 'De-Industrialization and Re-Industrialization in the Middle East' *International Journal of Middle East Studies*, 12:469—479, 1980.

Issawi, C. *An Economic History of the Middle East andNorth Africa*. New York: Columbia University Press, 1982.

Jackson, D, 'Resistance to the German Invasion of the Tanganyikan Coast 188—1891.' In Rotberg, R I and Mazrui, A A, eds., 1970.

Jackson, M, 'The Dimensions of Kamba Pre-colonial History.' In Ogot B A, ed., 1986.

Jacoby, E H, *Man and Land: The Fundamental Issue in Development*. London: Andre Deutsch, 1971.

Jagger, P, 'KanoCity Blacksmiths: Precolonial Distribution, Structure and Organisation.' *Savanna*, 2:11—25, 1973.

James, C L R, *The Black Jacobins*. New York: Vintage Books, 1963.

Janmohammed, K, *A History of Mombasa: Some Aspectsof Economic and Social Life in an East African Port Town During Colonial Rule*. Ph. D. Dissertation, Northwestern University, 1977.

Janmohammed, K, 'The Emergence of Mombasa as the Chief Commercial Centre of East Africa:1895—1914.' In Liesegang, G, Pasch, H and Jones, A, eds., 1983.

Jeeves, A H, *Migrant Labour in South Africa's Mining Economy: The Struggle for the Gold Mines'Labour Supply* 1890—1920. Kingston and Montreal: McGill-Queen's University Press, 1985.

Jeng, A A O, *The Export Economy of the Gambia: Production, Marketing and International Trade: A Study in Dependency and Underdevelopment*. Ph. D. dissertation, University of Birmingham, 1978.

Jewsiewicki, B and Letourneau, J, eds., *Modes of Production: The Challenge of Africa*. Ste-Foy: SAFI, 1985.

Jewsiewicki, B and Newbury, D, eds., *African Historiographies: What History for Which Africa*. Beverly Hills: Sage, 1986.

Jewsiewicki, B, 'Toward a Historical Sociology of Population in Zaire: Proposals for the Analysis of the Demographic Regime.' In Cordell, J et. al., eds., 1987.

Johns, B R, *Business Investment and Imperialism: The Relationship Between Economic Inter-*

ests and the Growth of British Intervention in Egypt, 1838—82. Ph. D. thesis, Exeter University, 1982.

Johnson, D G, 'Resource allocation under sharecontracts. *Journal of Political Economy*, 58: 111—123, 1950.

Johnson, D H and Anderson, D M, eds., *The Ecology of Survival: Case Studies From Northeastern African History*. Boulder, Col. ; Westview, . 1988.

Johnson, M, 'The Ounce in Eighteenth Century West African Trade. ' *Journal of African History*, 7:197—214, 1966.

Johnson, M, 'The Nineteenth Century Gold 'MithqaT in West Africa and North Africa. ' *Journal of African History*, 9:547—569, 1968.

Johnson, M, 'The Cowrie Currencies of West Africa. ' *Journal of African History*, 3 : 17—49 Part 1, 331—353 Part 2, 1970.

Johnson, M, 'The Economic Foundations of an Islamic Theocracy-The Case of Masina', *Journal of African History*, 17:481—495, 1976a.

Johnson, M, 'Calico-Caravans: The Tripoli-Kano Trade After 1880. ' *Journal of African History*, 17:95—117, 1976*b*.

Johnson, M, 'Technology, Competition, and African Crafts. ' In C. Dewey and A. G. Hopkins, eds., 1978a.

Johnson, M, 'By Ship or by Camel: The Struggle for the Cameroons Ivory Trade in the Nineteenth Century. ' *Journal of African History*, 19:539—549, 1978b.

Johnson, M, 'Cloth as Money: The Strip Cloth Currencies of Africa. *Textile History*, 11: 193—202, 1980.

Johnson, M. ' On Computerising Trade Statistics. ' In G. Liesegang, H. Pasch and A. Jones, eds., 1983a.

Johnson, M, 'Ivory and the Nineteenth Century Transformation in West Africa. ' In Liesegang, G, Pasch, H and Jones, A, eds., 1983b.

Johnson-Odim, C and Strobel, M, eds., *Restoring Women to History*. Bloomington: Organization of American Historians, 1988.

Johnston, B F, *The Staple Food Economies of Western Africa*. Stanford: Stanford Univer-sity Press, 1963.

Johnstone, F, *Class, Race and Gold: A Study of Class Relations and Racial Discrimination in South Africa*. London: Routledge Keegan Paul, 1976.

Jones, W O, *Manioc in Africa*. Stanford: Stanford University Press, 1959.

Jones, G I, *The Trading States of the Oil Rivers*. London: Oxford University Press, 1963.

July, R W, *A History of the African People*, 4th ed. Prospect Heights, Ill. : Waveland Press, 1992.

Kader, S A, *Egyptian Women in a Changing Society*, 1896—1987. Boulder and London: Lynne Rienner, 1987.

Kahn, *J S* and Llobera, J R, eds., *The Anthropology of Pre-capitalist Societies*. London: Macmillan, 1981.

Kallaway, F, 'Preliminary Notes Toward a Study of Labour on the Diamond Fields of Griqualand West' Paper delivered at the Workshop on the Social and Economic History of South Africa, Oxford University, 1974.

Kamuhangire, E R, 'The Precolonial Economic and Social History of East Africa. ' In Ogot, B A, eds., 1979.

Kaplow, S, 'The Mudfish and the Crocodile: Underdevelopment of a West African Bourgeoisie. ' Science and Society, 41:317—33, 1977.

Kaplow, S B, 'Primitive Accumulation and Traditional Social Relations on the Nineteenth Century Gold Coast' Canadian Journal of African Studies, 12:19—36, 1978.

Kapteijns, L and Spaulding, J, 'Precolonial Trade Between States in the Eastern Sudan, ca. 1700—ca. 1900. ' African Economic History, 11:29—57, 1982.

Katzenellenbogen, S E, 'Katanga's Trade in the Pre-Colonial Period and its Collapse on the Eve of the Belgian Penetration. ' In Liesegang, G, Pasch, H and Jones, A, eds., 1983.

Kay, G, Development and Underdevelopment: A Marxist Analysis. London: Macmillan, 1975.

Kea, R, Settlements Trade and Politics in the Seventeenth-Century Gold Coast Baltimore: Johns Hopkins University Press, 1982.

Keddie, N R, 'Problems in the Study of Middle Eastern Women. ' International Journal of Middle East Studies, 10:225—240, 1979.

Kedourie, E and Hain, S G, eds., Economic History of the Middle East, London: Frank Cass, 1988.

Keegan, T, 'The Share Cropping Economy, African Class Formation and the Natives' Land Act in the Highveld Maize Belt' In Marks, S and Rathbone, R, eds., 1982.

Keegan, T, 'The Sharecropping Economy on the South African Highveld in the Early Twentieth Century. ' Journal of Peasant Studies, 10:201—226, 1983.

Keegan, T, 'Trade, Accumulation and Impoverishment: Mercantile Capital and the Economic Transformation of Lesotho and the Conquered Territory, 1870—1920. ' Journal of Southern African Studies, 12: 196—216, 1986a.

Keegan, T, 'White Settlement and Black Subjugation on the South African Highveld: The Tlokoa Heartland in the North Eastern Orange Free State, ca. 1850—1914. ' In Beinart, W, Delius, P and Trapido, S, eds., 1986b.

Keegan, T, Rural Transformations in Industrialising South Africa: The Southern Highveld to 1914. London: Macmillan, 1987.

Keegan, T, Facing the Storm: Portraits of Black Lives in Rural South Africa. Athens: Ohio State University, 1988.

Keegan, T, 'The Origins of Agrarian Capitalism in South Africa: A Reply. ' Journal of Southern African Studies, 15:666—683, 1989.

Keenan, J, 'The Concept of the mode of production in hunter-gatherer societies. ' In Kahn, J S and Llobera, J R, eds., 1981.

Kehoe, D P, The Economics of Agriculture on Roman Imperial Estates in North Africa. Gottingen: Vandenhoeck and Ruprecht, 1988.

Kendall, R L, 'An Ecological History of the Lake Victoria Basin. ' EcologicalMonograph, 39: 121—176, 1969.

Kense, F J, Daboya: A Gonja Frontier. Ph. D. Dissertation, University of Calgary, 1981.

Kense, F J, Traditional African Iron-Working. Calgary: University of Calgary, AfricanOccasional Papers, 1, 1983.

Kense, F J, 'The Initial Diffusion of Iron to Africa.' In Haaland, R and Shinnie, P, eds., 1985.

Keppel-Jones, A, *South Africa: A Short History*. London: Hutchinson, 1975.

Kerridge, E, *The Agricultural Revolution*. New York: M. Kelley, 1968.

Keteku, E, *The Iron Age in Ghana*. M. A. thesis. University of Calgary, 1975.

Kibrieab, G, *Some Reflections of the African Refugee Problem: A Critical Analysis of Some Basic Assumptions*. Uppsala: Institute of the African Studies, 1983.

Kieran, J A. 'Abushiri and the Germans.' In Ogot, B A, ed., 1970.

Kiernan, V G, *Marxism and Imperialism*. London: Edward Arnold, 1974.

Kimambo, I N and Temu, A J, eds. A *History ofTanzania*. Nairobi: East African Publishing House, 1969,

Kimble, J, 'Labour Migration in Basutoland c. 1870—1885.' In Marks, S and Rathbone, R, eds., 1981.

King, A D, ed., *Buildings and Society: Essays on the Social Development of the Built Environment* London: Routledge and Kegan Paul, 1980.

Kinross, Lord, *Between Two Seas: The Creation of the Suet Canal*. London: The Camelot Press, 1968.

Kinsman, M, ' "Beasts of Burden": The Subordination of Southern Tswana, ca. 1800—1840.' *Journal of Southern African Studies*, 10:39—54, 1983.

Kirk, T, 'The Cape Economy and the Expropriation of the Kat River Settlement, 1846—1853.' In Marks, S and Atmore, A, eds., 1980.

Kiwanuka, M S M, 'Uganda Under the British.' In Ogot, B A, ed., 1974.

Kjekshus, H, 'The Population Trends of East African History: A Critical Review.' In Fyfe, C and McMaster, D, eds., 1977b. Kjekshus, H, *Ecology Control and Economic Development in East African History*. London: Heinemann, 1977a. Klein, M A. ' African Social History.' *African Studies Review*, 15:97—1 12, 1972.

Klein, M, 'Servitude Among the Woiof and Serer of Senegambia.' In Miers, S and Kopytoff, I. eds., 1977.

Klein, M A, 'The Study of Slavery in Africa: A Review Article.' *Journal of African History*, 19:599—609, 1978.

Klein, M A and Lovejoy, P E, 'Slavery in West Africa.' In Gemery, H and Hogendom, J, eds., 1979.

Klein, M A, 'Women Slavery in the Western Sudan.' In Robertson, C and Klein, M A, eds., 1983.

Klein, M A, 'The Demography of Slavery in Western Sudan: The Late Nineteenth Century.' In Cordell, D D and Gregory, J W, eds., 1987.

Klingshim, A, *The Changing Position of Women in Ghana*. Ph. D. dissertation, Philipps University, Marburg/Lahn, 1971.

Knuffel, W E, *The Construction of the Bantu Grass Hut* Graz, Austria: Akademische Druck, 1973.

Koebner, R and Schmidt, H D, *Imperialism: The Story of a Political Word*, 1840—1960.

Cambridge: Cambridge University Press, 1964.

Kohil, A, ed., *The State and Development in the Third World* Princeton, N. J: Princeton University Press, 1986.

Konczadd, Z A and J M, eds., *An Economic History of Tropical Africa*. 2 Vols. London: Frank Cass, 1977.

Konczadd, Z A, Parpart, J L and Shaw, T M, eds., *Studies in the Economic History of Southern Africa*. London: Frank Cass, 1990.

Koponen, J, 'War, Famine, and Pestilence in Late Precolonial Tanzania: A Case for a Heightened Mortality.' *International Journal of African Historical Studies*, 21 : 637—676, 1988.

Kopytoff, I and Miers, S, 'African "Slavery" as an Institution of Marginality.' In Miers, S and Kopytoff, I, eds., 1977.

Krapf-Askari, E, *Yoruba Towns and Cities*. Oxford: Clarendon, 1969.

Kriedte, P, et. al., *Industrialisation Before Industrialisation*, Cambridge: Cambridge University Press, 1981.

Kubicek, R V, *Economic Imperialism in Theory and Practice : The Case of South African Gold Mining Finance*, 1886—1914. Durham, N. C: Duke University Press, 1979.

Kutzbach, J E, 'Estimates of Past Climate at Paleolake Chad, North Africa Based on a Hydrological and Energy-balance Model.' *Quaternary Research*, 14:210—223, 1980.

Lacey, M, *Working for Boroko : The Origins of a Coercive Labour System in South Africa* Johannesburg: Ravan Press, 1981.

Lacoste, Y, 'General Characteristics and Fundamental Structures of Medieval North African Society.' *Economy and Society*, 3:1—17, 1974.

Lado, C, 'Agricultural and Environmental Knowledge: A Case Study of Peasant Farming in Maridi District, Southern Sudan.' *Malaysian Journal of Tropical Geography*, 13:7—36, 1986.

Lal, R and Greenland, D J, eds., *Soil Physical Properties and Crop Production in the Tropics*. Chichester: Wiley, 1979.

Lamb, V, *West African Weaving*. London: Duckworth, 1975.

Lamb, H H, *Climate: Present, Past and Future*. Vol. 2. *Climatic History and the Future*. London: Methuen, 1977.

Lamb, V and Lamb, A, 'The Classification of Horizontal Treadle Looms in Sub-Saharan Africa.' *Textile History*, 11:22—62, 1980.

Lamb, H H, *Climate, History and the Modern World*. London and New York: Methuen, 1982

Lamphear, J, 'The Kamba and the Northern Mrima Coast' In Gray, R and Birmingham, D, eds., 1970.

Lamprey, H F, 'Pastoralism Yesterday and today: The Overgrazing Problem.' In Bourliere, F, ed., 1983.

Landes, D, *Bankers and Pashas : International Finance and Economic Imperialism in Egypt*. Cambridge, Mass. : Harvard University Press, 1958.

Lane, E W, *Manners and Customs of Modern Egyptians*. The Hague and London: East-West

Publications, 1978.

Lanning, G with Mueller, M, *Africa Undermined: A History of the Mining Companies and the Underdevelopment of Africa*. Harmondsworth: Penguin, 1979.

Last, M, *The Sokoto Caliphate*. London: Longman, 1977.

Latham, A J H, 'Currency, Credit and Capitalism on the Cross River in the Pre-Colonial Era.' *Journal of African History*, 12:599—605, 1971.

Latham, A J H, *Old Calabar 1600—1891: The Impact of the International Economy Upon a Traditional Society*. Oxford: Clarendon, 1973.

Latham, A J H, *The International Economy and the Underdeveloped World*. London: Croom Helm, 1978a.

Latham, A J H, 'Price Fluctuations in the Early Palm Oil Trade.' *Journal of African History*, 19:213—218, 1978b.

Latham, A J H, 'Palm Oil Exports from Calabar 1812—1887 With a note on Price Formation.' In Liesegang, G, Pasch, H and A. Jones, A, eds., 1983.

Law, R, *The Oyo Empire, C. 1600—C. 1836: A West African Imperialism in the Era of the Atlantic Slave Trade*. Oxford: Clarendon Press, 1976.

Law, R, 'Towards a History of Urbanisation in Pre-colonial Yoruba! and.' In C. Fyfe andD. McMaster, eds., 1977a.

Law, R, 'Royal Monopoly and Private Enterprise in the Atlantic Trade: The Case of Dahomey.' *Journal of African History*, 18:555—577, 1977b.

Law, R, 'In Search of a Marxist Perspective on Pre-Colonial Tropical Africa.' *Journal of African History*, 19:441—452, 1978.

Law, R, *The Horse in West African History: The Role of the Horse in the Societies of Pre-Colonial West Africa*. London, 1980.

Law, R, 'For Marx, But with Reservations about Althusser A Comment on Bernstein and *Depdchin*.' *History in Africa*, 8:247—251, 1981.

Law, R, 'Technology and Imperialism.' *Journal of African History*, 23:211—272, 1982.

Lawson, F H, 'Rural Revolt and Provincial Society in Egypt, 1820—1824.' *International Journal of the Middle East Studies*, 13:131—153, 1981.

Le May, G H L, *British Supremacy in South Africa, 1899—1907*. London: Clarendon Press, 1965.

Le Veen, E P, *British Slave Trade Suppression Policies, 1821—1865*. New York: AmoPress, 1977.

Legassick, M, 'South Africa: Capital Accumulation and Violence.' *Economy and Society*, 3: 253—291, 1974.

Legassick, M, 'Perspectives on African 'Underdevelopment.' *Journal of African History*, 17:435—440, 1976.

Legassick, M, 'Gold, Agriculture, and Secondary Industry in South Africa, 1885—1970: From Periphery to Sub-Metropole as a Forced Labour System.' In Palmer, R and Parsons, N, eds., 1977.

Legassick, M, 'The Frontier Tradition in South African Historiography.' In Marks, S and Atmore, A, eds., 1980.

Legassick, M and F de Clercq, 'Capitalism and Migrant Labour in Southern Africa: The Origins and Nature of the System. ' In Marks, S and Richardson, P, eds., 1984.

Legassick, M, 'The Northern Frontier to c. 1840: The Rise and Decline of the Griqua People. ' In Elphick, R and Giliomee, H, eds., 1989.

Lehane, B, *The Compleat Flea*. London: Murray, 1969.

Lemarchand, R, 'African Peasantries, Reciprocity and the Market' *Cahiers d Etudes Africaines*, 113:33—67, 1989.

Lenin, V I, *Imperialism: The Highest Stage of Capitalism*. Moscow: Progress Publishers, 1978.

Lenzen, G, *The History of Diamond Production and the Diamond Trade*. London: Barrie and Jenkins, 1970.

Levin, M D, 'House Form and Social Structure in Bakosi. ' In Oliver, P, ed., 1971.

Lewcock, R, 'Zanj, the East African Coast' In Oliver, P, ed., 1971.

Lewis, M, *The Myth of the Machine and Human Development*. New York: Brace and World, 1967.

Lewis, J, 'The Rise and Fall of the South African Peasantry: A Critique and Reassessment. ' *Journal of South African Studies*, 11:1—24, 1984.

Lewis, L A and Berry, L, *African Environments and Resources*. Boston: Unwin Hyman, 1988.

Liesegang, G, 'A First Look at the Import and Export Trade of Mozambique 1800—1914. ' In Liesegang, G, Pasch, H and Jones, A, eds., 1983.

Liesegang, H, Pasch, H and Jones, A, eds., 1983. *Figuring African Trade: Proceedings of the symposium on the Quantification and Structure of the Import and Export and Long DistanceTrade in Africa* 1800—1912. Sankt Augustin. Berlin: D. Reinner, 1986.

Lindahl, B, 'Architecture and Art During the Gondar Period. ' College of Architecture, University of Addis Ababa, 1969.

Livingstone, D A, 'Environmental Changes in the Nile Headquarters. ' In Williams, M A J and Fame, H, eds., 1979.

Lockhart, J G, *Rhodes*. London: Hodder and Stoughton, 1963.

Lomax, A and Arensberg, C M, ' A World Wide Evolutionary Qaisification of Culture by Subsistence Systems. ' *Current Anthropology*, 18:659—701, 1977.

Lonsdale, J, 'States and Social Processesin Africa: A Historiographical Survey. ' *Africa Studies Review*, 2/3:139—125, 1981.

Lonsdale, J, 'African Pasts in Africa's Future. ' *Canadian Journal of African Studies*, 23: 126—146, 1989a.

Lonsdale, J, 'The Conquest State, 1895—104. ' In Ochieng', W R, ed., 1989b.

Lopez, R, *The Birth of Europe*. New York: Phoenix House, 1966.

Louis, W R, 'The Berlin Congo Conference. ' In Gifford, P and Louis, W R, eds., 1971.

Louis, W R, ed., *Jmperialism: The Robinson and Gallagher Controversy*. New York: New-Viewpoints, 1976.

Lovejoy, PE, 'Long-Distance Trade and Islam: The Case of the Nineteenth Century Hausa Kola Trade. ' *Journal of the Historical Society of Nigeria*, 5:537—547, 1971.

Lovejoy, PE, 'The Kambarin Beriberi: The Formation of a Specialised Group of Hausa Kola Traders in the Nineteenth Century.' *Journal of African History*, 14:633—651, 1973.

Lovejoy, P E, 'Interregional Monetary Hows in thePrecolonial Trade of Nigeria.' *Journal of African History*, 15:563—585, 1974.

Lovejoy, PE and Baier, S, 'The Desert-Side Economy of the Central Sudan.' *International Journal of African Historical Studies*, 8:551—581, 1975.

Lovejoy, P E, 'Plantations in the Economy of the Sokoto Caliphate.' *Journal of African History*, 19:341—368, 1978a.

Lovejoy, P E, 'The Borno Salt Industry.' *International Journal of African Historical Studies*, 11:629—668, 1978b.

Lovejoy, P E, 'The Characteristics of Plantations in the Nineteenth Century Sokoto Caliphate Islamic West Africa.' *American Historical Review*, 84: 1267—1292, 1979.

Lovcjoy, PE, *Caravans of Kola, The H ausa Kola Trade*: 1700—1900. Zaria: Ahmadu Bello University Press, 1980.

Lovejoy, P E, 'Slavery in the Sokoto Caliphate.' In Lovejoy, P E, ed., 1981.

Lovejoy, P E, ed., *The Ideology of Slavery in Africa*. Sage: Beverly Hills, 1981.

Lovejoy, P E, 'The Volume of the Atlantic Slave Trade in Africa: A Review of the *Literature*' J *Journal of African History*, 23:473—501, 1982.

Lovejoy, P E, *Transformations in Slavery: A History of Slavery in Africa*. Cambridge: Cambridge University Press, 1983.

Lovejoy, P E, 'Commercial Sectors in the Economy of the Nineteenth-Century Central Sudan: The Trans-Saharan Trade and Desert-Side Salt Trade.' *African Economic History*, 13: 85—116, 1984.

Lovejoy, P E, *Salt of the Desert Sun: A History of Salt Production and Trade in the Central Sudan*. Cambridge: Cambridge University Press, 1985.

Lovejoy, P E, 'Fugitive Slaves: Resistance to Slavery in the Sokoto Caliphate.' In Okihiro, G, ed., 1986a.

Lovejoy, P E, 'Problems of Slave Control in the Sokoto Caliphate.' in Lovejoy, P E, ed., 1986b.

Lovejoy, P E, ed., *Africans in Bondage: Studies in Slavery and the Slave Trade*. Madison: Wisconsin University Press, 1986c.

Lovejoy, P E, 'The Impact of the Slave Trade on Africa: A Review of the Literature.' *Journal of African History*, 30:365—394, 1989.

Low, DA, 'British East Africa: The Establishment of British Rule, 1895—1912.' In Hariow, V and Chilver, E M, eds., 1965a.

Low. D A.' The Northern Interior: 1840—1844.' In Oliver. R and Mathews, G. eds., 1963.

Low. D A, 'Uganda: The Establishment of a Protectorate.' In Harlow, V and Chilver, EM. eds., 1965b.

Lucas. A and Hanis, J R, *Ancient Egyptian Materials and Industries*. London: Edward Arnold, 1962.

Luxembourg, R, *The Accumulation of Capital*. London: Routledge and Kegan Paul, 1941.

Lynn, M, 'Change and Continuity in the British Palm Oil Trade with West Africa, 1830—

1855. ' *Journal of African History*, 22:331—348, 1981.

Lynn, M, 'From Sail to Steam: The Impact of the Steamship Services on the British Palm Oil Trade with West Africa, 1850—1890. ' *Journal of African History*, 30: 227—245, 1989.

Mabogunje, A L, *Urbanization in Nigeria*. London: University of London Press, 1968.

Mabro, T and Radwan, S, *The Industrialization of Egypt*, 1939—1973: *Policy and Performance*. Oxford: Clarendon, 1976.

Mack, J, 'Baku ba Embroidery Patterns: A Commentary on their Social and Political Implications. ' *Textile History*, 11:163—174, 1980.

Mackenzie, J H, 'Chivalry, Social Darwinism and Ritualised Killing: The Hunting Ethos in Central Africa up to 1914. ' In Anderson, D and Grove, R, eds., 1987.

Mafeje, A, ' The Problem of Anthropology in Historical Perspective: An Inquiry into the Growth of the Social Sciences. ' *Canadian Journal of African Studies*, 10: 307—333, 1976.

Mafeje, A, 'On the Articulation of Modes of Production: Review Article. ' *Journal of Southern African Studies*, 8:123—138, 1981.

Mafeje, A, *African Households and Prospects for Agricultural Revival in Sub-Saharan Africa*. Dakar: Codesria, 1991.

Maggs, T, 'Some Recent Radiocarbon Dates From Eastern and Southern Africa. ' *Journal of African History*, 18:161—191, 1977.

Maggs, T, 'The Iron Age Sequence South of the Vaal and Pengola Rivers: Some Historical Implications. ' *Journal of African History*, 21:1—15, 1980.

Mahadi, A and Inikori, JE, 'Population and Precapitalist Development in Precolonial West Africa: Kasar Kano in the Nineteenth Century. ' In Cordell, D D and Gregory, J W, eds., 1987.

Maher, V, *Women and Property in Morocco*: *Their Changing Relation to the Process of Social Stratification in the Middle Atlas*. Cambridge: Cambridge University Press, 1974.

Mahoney, F, 'Notes on Mulattoes of the Gambia Before the Mid-Nineteenth Century. ' *Transactions of the Historical Society of Ghana*, 8, 1965.

Mair, L P, *An African People in the Twentieth Century*. London: Routledge and Kegan Paul, 1934.

Maley, J, 'Paleoclimates of Central Sahara During Early Holocene. ' *Nature*, 269:573—577, 1977.

Mama, A and Imam, A, 'The Role of Academics in Limiting and Expanding Academic Freedom. ' Codesria Symposium on Academic Freedom, Research and the Social Responsibility of the Intellectual in Africa, Kampala, Uganda, 1990.

Mamdani, M, *Politics and Class Formation in Uganda*. New York and London: Monthly Review Press, 1976.

Mamdani, M, 'A Great Leap Backward: A Review of Goran Hyden's No Shortcut to Progress. ' *Ufahamu*, 14:178—194, 1985.

Manchuelle, F, 'The "Patriarchal Ideal" of Soninke Labour Migrants: From Slave Owners to Employers of Labour. ' *Canadian Journal of African Studies*, 23:106—125, 1989.

Mandala, E, *The Kololo Interlude in Southern Malawi*, 1861—1895. M. A. Thesis, University of Malawi, 1977.

Mandala, E, *Capitalism, Ecology and Society: The Lower Tchiri Shire Valley of Malawi*, 1860—1960. Ph. D. Dissertation, University of Minnesota, 1983.

Mandala, E, 'Capitalism, Kinship and Gender in the Lower Tchiri Shire Valley of Malawi, 1860—1960: An Alternative Theoretical Framework' *African Economic History*, 13: 137—169, 1984.

Mandala, E, *Work and Control in a Peasant Economy: A History of the Lower Tchiri Valley in Malawi* 1895—1960. Wisconsin: University of Wisconsin Press, 1990.

Mangat, JS, A *History of the Asians in East Africa*, 1886—1945. London: Oxford University Press, 1969.

Manning, P, 'The Enslavement of Africans: A Demographic Model. ' *Canadian Journal of African Studies*, 15:499—526, 1981.

Manning, P, 'Contours of Slavery and Social Change in Africa. ' *American Historical Review*, 88:835—857, 1983.

Manning, P, 'Merchants, Porters and Canoemen in the Bight of Benin: Links in the West African Trade Network. ' In Coquery-Vidrovitch, C and Lovejoy, P E, eds., 1985.

Manning, P, 'Local Versus Regional Impact of Slave Exports on Africa. ' In Cordell, DD, et. al.. eds., 1987.

Manning, P, 'Social Versus Regional Impact of Slave Exports on Africa. ' In Cordell, D D et. al.., eds. , 1988a.

Manning, P, 'Divining the Unprovable: Simulating the Demography of African Slavery. ' *Journal of Interdisciplinary History*, 10:177—201, 1988b.

Manning, P, 'The Prospects for African Economic History: Is Today Included in the Long Run?' *African Studies Review*, 32:49—62, 1989.

Manning, P, *Slavery and African Life: Occidental, Oriental, and African Slave Trades*. Cambridge: Cambridge University Press, 1990.

Manning, P, 'The Warp and Woof of Precolonial African Industry. ' *African Economic History*, 19:25—30, 1990—91.

Mannix, D P and Cowley, M, *Black Cargoes: A History of the Atlantic Slave Trade*, 1518—1865. New York: Viking, 1962.

Maquet, J and Naigiziki, S, 'Land Tenure Rights in Ancient Rwanda. ' In Z A and J M Konczacki, eds., 1977.

Marais, J S, *The Fall of Kruger's Republic*. Oxford: Clarendon Press, 1961.

Marcus, H G, *The Life and Times of Menelik II*. Oxford: Clarendon, 1975.

Maret, P de and Nsuka, F, 'History of Bantu Metallurgy: Some Linguistic Aspects. ' *History in Africa*, 4:43—65, 1977.

Maret, P de, D Van Noten and Cohen, D, 'Radio Carbon Dates for West Central Africa. ' *Journal of African History*, 18:481—505, 1977.

Maret, P de, 'New Survey of Archaeological Research and Dates for West Central Africa. ' *Journal of African History*, 23:1—15, 1982.

Maret, P de, 'The Smith's Myth and the Origin of Leadership in Central Africa. ' In Haaland, R, et. al. eds., 1985.

Marks, S and Richardson, P, eds., *International Labour Migration: Historical Perspectives.* London: Institute of Commonwealth Studies, 1984.

Marks, S and Atmore, A, 'The Imperial Factor in South Africa: Towards a Reassessment' *Journal of Imperial and Commonwealth History*, 3 :105—139, 1974.

Marks, S and Atmore, A, eds., *Economy and Society in Pre-Industrial South Africa.* London: Longman, 1980.

Marks, S and Rathbone, R, 'Introduction. ' In Marks, S and Rathbone, R, eds., 1982.

Marks, S and Rathbone, R, eds., *Industrialization and Social Change in South Africa: African Class Formation, Culture and Consciousness*, 1870—1930. London: Longman, 1982.

Marks, S, 'Scrambling For South Africa. ' Journal of African History, 23:97—113, 1982.

Mark, P, 'Quantification of Rubber and Palm Kernel Exports from the Casamance and theGambia, 1884—1914. ' In Liesegang, G Pasch, H and Jones, A, eds., 1983.

Marks, S, 'Class, Ideology and the Bambata Rebellion. ' In Crummey, D, ed., 1986. Marlowe, J, *The Making of the Sues Canal* London: The Crescent Press, 1964.

Marsot, A A al-Sayyid, 'The Revolutionary Gentlewoman in Egypt' In Keddie, N and Beck, L, eds., 1978.

Marsot A A al-Sayyid, *Egypt in the Reign of Muhammad AU.* Cambridge: Cambridge University Press, 1984.

Martin, P, 'The Trade of Loango in the Seventeenth and Eighteenth Centuries. ' In Gray, R and Birmingham, D, eds., 1970.

Martin, P, *The ExternalTrade ofthe Loango Coast*, 1576—1870. Oxford: Oxford Univerrity Press. 1972.

Martin, P, 'The Violence of Empire. ' In Birmingham, D and Martin, P, eds., 1983.

Martin, S, 'Gender and Innovation: Farming, Cooking, and Palm Processing in the Ngwa Region, South-Eastern Nigeria, 1900—1930. ' *Journal of African History*, 25:41 1—427, 1984.

Martin, P, 'Power, Cloth and Currency on the Loango Coast. ' *African Economic History*, 15:1—12, 1986.

Marx, K, *Capital* Vol. l. Harmondsworth: Penguin, 1978.

Mason, M, 'Population Density and "Slave Raiding": The Case of the Middle Belt of Nigeria. ' *Journal of African History*, 10:555—564, 1969.

Mason, M, 'Captive and Client Labour and the Economy of the Bida Emirate: 1857—1901. ' *Journal of African History*, 14:453—471, 1973.

Mason, M, 'Production, Penetration and Political Formation, 1857—1901. ' In Crummey, D and Stewart, C C, eds., 1981.

Mason, R J, 'Early Iron Age Settlement at Broederstroom 24/73, Transvaal. ' *SAJS*, 77: 401—416, 1981.

Mathieson, W L, *British Slavery and Its Abolition*, 1823—1838. London: New York: Octagon Books, 1926.

Matsetela, T, 'The Life Story of Nkomo Mma-Pooe: Aspects of Sharecropping and Proletarianization in northern Orange Free State, 1890—1930. ' In Marks, S and Rathbone, R, eds., 1982.

Mayer, P, 'The Origin and Decline of Two Rural Resistance Ideologies. ' In Mayer, P, ed.,

1980.

Mayer, P. ed., *Black Villages in an Industrial Society*: *Anthropological Perspectives on Labour Migration in South Africa*. Cape Town: Oxford University Press, 1980.

Mazrui, A A, *The Africans*: *A Triple Heritage*. Boston: Little Brown, 1987.

McCarthy, J A, 'Nineteenth Century Egyptian Population. ' *Middle Eastern Studies*, 12:1—39, 1976.

McClellan, C W, 'Land, Labour, and Coffee: The South's Role in Ethiopian Self-Reliance, 1899—1935. ' *African Economic History*, 9:69—83, 1980.

McCracken, J, 'The Nineteenth Century in Malawi. ' In Ranger, T O, ed., 1968.

McCracken, J, 'Colonialism, Capitalism and Ecological Crisis in Malawi: A Reassessment' In Anderson, D and Grove, R, eds., 1987.

McDougall, E A, 'Camel Caravans of the Saharan Salt Trade. Traders and Transporters in the Nineteenth Century. ' In Coquery-Vidrovitch, C and Lovejoy, P E, eds., 1985.

McDougall, E A, 'Productionin Precolonial *Afncn.* ' *African Economic History*, 19:37—43, 1990.

McEachern, D, Aicher, J W and Richard, D, *Households and Communities*. University of Calgary, Archaeological Association, 1989.

McLane, M O, 'Commercial Rivalries and French Policy on the Senegal River, 1831—1585'. *African Economic History*, 15:39—67, 1986.

McLoughlin, P F M, 'Introduction. ' In McLoughlin, P F M, ed., 1970.

McLoughlin, P F M, *ed.*, *African Food Production Systems*: *Cases andTheory*. Baltimore: The Johns Hopkins Press, 1970.

McMaster, D N, 'Speculation on the Coming of Banana to Uganda. ' In Z A and J M Konczacki, eds., 1977.

McNeil, W H, *Plagues and Peoples*. New York: Anchor Press, 1976.

Meier, G M and Seers, D, eds., *Pioneers in Development*. New York: Oxford University Press, 1984.

Meillassoux, C, ed., *The Development of Indigenous Trade and Markets in West Africa*. London: Oxford University Press, 1971.

Meillassoux, C, ''The Economy' in Agricultural Self' Sustaining Societies: A Preliminary Analysis. ' In Seddon, D, ed., 1978.

Meillassoux, C, *Maidens, Meal and Money*: *Capitalism and the Domestic Community*. Cambridge: Cambridge University Press, 1981.

Meillassoux, C, 'Female Slavery. ' In Robertson, C C and Klein, M A, eds., 1983.

Melotti, U, *Marx and the Third World* London: Macmillan, 1981.

Mendels, F F, 'Proto-Industrialisation. The First Phase of the Industrialisation Process. ' *Journal of Economic History*, 32:24 1—26 1, 1972.

Menne, F R, 'Production and Export of Cloves towards the end of the 19th Century and Cultivation Attempts in German East Africa. ' In Liesegang, G, Pasch, H and Jones, A, eds., 1983.

Mercer, P, 'Shill uk Trade and Politics From the Mid-Seventeenth Century to 1861. ' *Journal of African History*, 12:407—426, 1971.

Michael, P, Petras, Jand Rhodes, R, 'Imperialism and the Contradictions of Imperialism. ' *New Left Review*, 85:83—104, 1974.

Michell, G, *Architecture of the Islamic World*, *Its History and Social Meaning*. London: Thames Hudson, 1978.

Middleton, J, *The Effects of Economic Development on Traditional Political Systems in Africa South of the Sahara*, Surveys of Research in the Social Sciences, Vol. VI., The Hague, 14, 1966.

Miers, S and Kopytoff, I, eds., *Slavery in Africa: Historical and Anthropological Perspectives*. Madison: University of Wisconsin Press, 1977.

Miers, S and Roberts, R, eds., *The End of Slavery in Africa*. Madison: University of Wisconsin Press, 1988.

Miller, J C, 'Chokwe Trade and Conquest in the Nineteenth Century. ' In Gray, R and Birmingham, D, eds., 1970.

Miller, J C, 'The Significance of Drought, Disease and Famine in the Agriculturally Marginal Zones of West Central Africa. ' *Journal of African History*, 23: 17—61, 1982.

Miller, J C, 'The Paradoxes of Impoverishment in the Atlantic Zone. ' In Birmingham, D and Martin, P, eds., 1983a.

Miller, J, 'Imports at Luanda, Angola, 1785—1823. ' In Liesegang, H. Pasch and A. Jones, eds, 1983b.

Miller, JC, 'Demographic History Revisited. ' *Journal of African History*, 25:93—96, 1984.

Miller, JC, *Way Of Death: Merchant Capitalism and the Angolan Slave Trade*, 1730—1830. Madison: University of Wisconsin Press, 1988.

Mintz, S W and Wolf, E R, 'Haciendas and Plantations in Middle America and the Antilles. ' *Economy and Society*, 6:380—412, 1977.

Miracle, M P, *Maize in Tropical Africa*. Madison: University of Wisconsin Press, 1966.

Miracle, M P, *Agriculture in the Congo Basin: Tradition and Change in African RuralEconomies*. Madison: University of Wisconsin Press, 1967.

Mkandawire, T and Bourenane, N, eds., *The State and Agriculture in Africa*. Dakar: Codesria Book Series, 1987.

Mkandawire, T, 'The State and Agriculture in Africa: Introductory Remarks', In Mkandawire, T and Bourenane, N, eds., 1987.

Mokhtar, G, ed., *General History of Africa*. Vol. 2: *Ancient Civilizations of Africa*. London and Berkeley: Heinemann and University of California Press, 1981.

Monsted, M and Walji, P. A *Demographic Analysis of East Africa*. Uppsala: Scandinavian Institute of African Studies, 1978.

Moock, J L, ed., *Under standing Africa's Rural Households and Farming Systems*. Boulder and London: Westview Press, 1986.

Moran, E F, *Changing Agricultural Systems in Africa*. Wiilliamsburg, VA: Department of Anthropology, College of William and Mary, 1979.

Morojole, C M H, *The 1960 Agricultural Census of Basutoland*. Maseru: Government of Basutoland, 1963.

Morris, M, *The State and Development of Capitalist Social Relations in the South African*

Countryside: *A Process of Class Struggle*. Ph. D. dissertation. University of Sussex, 1981.

Morris, P, ed., *Africa*, *America and Central Asia*: *Formal and Informal Empire in the Nineteenth Century*. Exeter: University of Exeter, 1984.

Mortimer, M, *Adapting to Drought*: *Farmers*, *Famine and Desertification in West Africtk*Cambridge: Cambridge University Press, 1988.

Moss, R P and Rathbone, R J A R, eds., *The Population Factor in African Studies*. London: University of London Press, 1975.

Moss, R P, ed., *The Soil Resources of Tropical Africa*. London: Cambridge University Press, 1968.

Mudenge, S I, 'The Role of Foreign Trade in the Rozwi Empire: A Reappraisal. ' *Journal of African History*, 3:373—391, 1974.

Mudenge, S I, *A Political History of Muhnumutapa c.* 1400—1902. Harare: Zimbabwe Publishing House, 1988.

Mudimbe, V Y, *The Invention of Africa*. Bloomington, Ind: Indiana University Press, 1987.

Muhly, J D, *Copper and Tin*. Hamden, Conn: Anchor Books, 1973.

Mungeam, G H, *British Rule in Kenya*, 1895—1912. London: Oxford University Press, 1966.

Munro, J F, *Africa and the International Economy*, 1800—1960. London: J. M. Dent, 1976.

Munro, J F, 'Shipping and Railway Gurantees: William Mackinnon, Eastern Africa and the Indian Ocean, 1860—93. ' *Journal of African History*, 28:209—230, 1987.

Murdock, G P, *Africa*, *Its Peoples and Their Culture History*. New York: McGraw-Hill, 1959.

Muriuki, G, A *History of the Kikuyu*, 1500—1900. Nairobi: Oxford University Press, 1974.

Muriuki, G, 'The Kikuyu in the Pre-Colonial Period. ' In Ogot, B A, ed., 1986.

Murmann, C, *Change and Development in East African Cattle Husbandry*. Copenhagen: Akademisk Foriag, 1974.

Murray, C, 'Review Article: Landlords, Tenants and Share-Croppers-Agrarian Change in Regional Perspective. ' *Journal of Southern African Studies*, 14:153—159, 1987.

Murray, MJ, 'The Origins of Agrarian Capitalismin South Africa: A Critique of the Social History Perspective. ' *Journal of Southern African Studies*, 15:645—665, 1989.

Mutibwa, P, *Malagasy and the Europeans*: *Madagascar's Foreign Relations*, 1861—1895. London: Longman, 1974.

Mutwira, 'A Question of Condoning Game Slaughter: Southern Rhodesian Wild Life Policy 1890—1953. ' *Journal of Southern African Studies*, 15:250—262, 1989.

Nabi, I, *Contracts*, *Resource use and Productivity in Sharecropping*. Department of Economics, Quaid—e-Azam University, Islamabad, 1984.

Nabudere, D W, *Imperialism and Revolution in Uganda*. London: Onyx Press, 1984.

Nakash, Y, 'Fiscal and Monetary Systemsin the Madhist Sudan, 1881—1898. ' *International Journal of Middle East Studies*, 20:365—385.

Nakash, Y, 'Reflections on a SubsistenceEconomy: Production and Trade of the Madhist Sudan, 1881—1898. ' In Kedourie, E and Hain, S G, eds., 1988a.

Nelson, C, 'Women and Power in Nomadic Societies of the Middle East' In Nelson, C, ed., 1973.

Nelson, C, *ed.*, *The Desert and the Sown*: *Nomads in the Wider Society*. Berkeley: Instituteof International Studies, University of California, 1973.

Nelson, C, 'Public and Private Politics: Women in the Middle Eastern World. ' *American Ethnologist*, 1, 1974.

Netting, R, et. al. ' Introduction. ' In Netting, R, et. al. eds.

Netting, R, etaL, eds., *Households*: *Comparative and Historical Studies of the Domestic Group*. Berkeley: University of California Press, 1984.

Newbury, C W, 'Victorians, Republicans, and the Partition of West Africa. ' *Journal of African History*, 3:493—501, 1962.

Newbury, C W, 'North African and Western Sudan Trade in the Nineteenth Century: A Reevaluation. ' *Journal of African History*, 1:233—246, 1966.

Newbury, C W and Kanya-Forstner, A S, 'French Policy and the Origins of the Scramblefor West Africa. ' *Journal of African History*, 10:253—276, 1969.

Newbury, C W, 'Prices and Stability in Early Nineteenth Century West African Trade. ' In Meillassoux, C ed., 1971.

Newbury, C W, 'Credit in Early Nineteenth Century West African Trade. ' *Journal of African History*, 13:81—95, 1972.

Newbury, C W, 'The Imperial Workplace: Competitive and Coerced Labour Systems in New Zealand, Northern Nigeria and Australia New Guinea. ' In Marks, S and Richardson, P, eds., 1984.

Newitt, M, *Portugal in Africa*: *The Last One Hundred Years*. London: Longman, 1981.

Newitt, M, 'Economic Penetration and the Scramble for Southern Africa. ' In Morris, P, ed., 1984.

Newitt, M D D, 'Drought in Mozambique 1823—1831. ' *Journal of Southern African Studies*. 15:15—35, 1988.

Newton-King, S, 'The Labour Market of the Cape Colony, 1807—28. ' In Marks, S and Atmore, A, eds., 1980.

Nicholls, C S, *The Swahili Coast*: *Politics*, *Diplomacy and Trade on the East African Littoral*, 1798—1856. London: Allen and Unwin, 1971.

Nicholson, S E, 'Climatic Variations in the Sahel and Other African Regions During the Past Five Centuries. ' *Journal of Arid Environments*, 1:3—24, 1978.

Nicholson, S E, 'The Methodology of Historical Climate Reconstruction and its Application to Africa. ' *Journal of African History*, 20:31—49, 1979.

Nicholson, S E and Hohn, H, ' African Environmental Changes and the General Atmos-pheric Circulation in late Pleistocene and Holocene. ' *Climatic Change*, 2:313—348, 1986.

Nicholson, S E, 'The Nature of Rainfall Fluctuations in Subtropical West Africa. ' *Monthly Weather Review*, 108:473—487, 1980.

Nicholson, S E, 'The Historical Climatology of Africa. ' In Wigley, T M L, et. al. eds., 1981.

Nicholson, S E, and Entekhabi, D, 'The Quasi Periodic Behaviour of Rainfall Variability in Africa and Its Relationship to the Southern Oscillation. ' *Meteorology and Atmos-pheric*

Physics, 34:31 1—348, 1986.

Nicklin, K, 'Annang Ibibio Raphia Weaving. ' *Textile History*, 11:142—162, 1980.

Nindi, B C, 'African Refugee Crisis in a Historical Perspective. ' *Trans African Journal of History*, 15:96—107, 1986.

Noer, T J, *Britain, Boer and Yankee: The United States and South Africa*, 1870—1914. Kent, Ohio: Kent University Press, 1979.

Northrup, D, 'The Compatibility of the Slave and Palm Oil Trades in the Bight of Biafra. ' *Journal of African History*, 17:353—364. 1976.

Northrup, D, *Trade Without Rulers: Precolonial Economic Development in South-Eastern Nigeria*. Oxford: Clarendon Press, 1978.

Northrup, D, 'Nineteenth Century Patterns of Slavery and Economic Growth in Southeastern Nigeria. ' *International Journal of African Historical Studies*, 12:1—16, 1979.

Nolen, F V, 'Ancient and Modern Iron Smelting in Central Africa: Zaire, Rwanda and Burundi. ' In Haaland, R, et. al. eds., 1985.

O'Brien, P, *The Revolution in Egypt's Economic System: From Private Revolution to Socialism*, 1952—1965. London: Oxford University Press, 1966.

O'Brien, T H, *Milner*. London: Constable, 1979.

O'Connor, A M, *Railway Development in Uganda: A Study in Economic Geography*. Nairobi: Oxford University Press, 1965.

O'Connor, A, *The African City*. London: Hutchinson, 1983.

O'Fahey, R S, 'Slavery and the Slave Trade in Dar Fur. ' *Journal of African History*, 14:29—43, 1973.

O'Hear, A, 'Political and Commercial Clientage in Nineteenth-Century llorin. ' *African Economic History*, 15:69—83, 1986.

O'Sullivan, J M, 'Slavery in the Malinke of Kabadougou Ivory Coast' *International Journal of African Historical Studies*, 13:633—650, 1980.

Ochieng', W R, *Kenya and Its Invaders*. Nairobi: Kenya Literature Bureau, 1976.

Ochieng', W R, 'The Gusii Before 1900. ' In Ogot B A, ed., 1986.

Ochieng', W R, ed., *A Modern History of Kenya: 1895—1980*. London and Nairobi: Evans Brothers, 1989.

Ofonagoro, W I, 'From Traditional to British Currency in Southern Nigeria: Analysis of a Currency Revolution, 1880—1948. ' *Journal of Economic History*, 39:623—654, 1979.

Ogot, B A, 'Kenya Under the British, 1895—1963. ' In Ogot B A, ed., 1974.

Ogot B A, ed. ; *Zamani: A Survey of East African History*. Nairobi: Longman/East African Publishing House, 1974.

Ogot B A, ed., *Economic and Social History of East Africa*. Nairobi: East African Literature Bureau, 1975.

Ogot B A, 'African Ecology in Historical Perspective: Problems and Prospects. ' In Ogot BA, ed., 1979.

Ogot, B A, ed., *Ecology and History in East Africa*. Nairobi: Kenya Literature Bureau, 1979.

Ogot, B A, ed., *Economic and Social History of East Africa*. Nairobi: Kenya LiteratureBureau, 1979.

Ogot, B A, ed., *Kenya in the Nineteenth Century*. Nairobi: Bookwise and Anyange Press, 1985.

Ogot, B A, ed., *Kenya Before* 1900. Nairobi: East African Publishing House, 1986.

Okeke, C S, 'Uses of Traditional Textiles Among the Anioch Igbo of Mid-Western Nigeria. ' *Textile History*, 10:108—1 18, 1979.

Okeke, C S, 'Factors which Influenced Igbo Traditional Woven Designs for Apparel Fabrics. ' *Textile History*, 11:116—130, 1980.

Okigbo, B and Greenland, D J, 'Intercropping Systems in Tropical Africa. ' In Papendiek, R J, et. al., eds., 1977.

Okihiio, G Y, 'Precolonial Economic Change Among the Thlaping c. 1795—1817. ' *International Journal of African Historical Studies*, 17:59—79, 1984.

Okihiro, G Y, ed., *In Resistance: Studies in African, Afro-American and Caribbean History*. Amherst, Mass. : University of Massachussets Press, 1986.

Okyar, O, 'The Role of the State in the Economic Life of the Nineteenth-Century Ottoman Empire. ' *Asian and African Studies*, 14:143—164, 1980.

Oliver, P, ed., *Shelter in Africa*. New York: Praeger, 1971.

Oliver, P, ed., *Shelter, Sign and Symbol*. London: Barrie Jenkins, 1975.

Oliver, R and Fagan, B M, *Africa in the Iron Age*. Cambridge: Cambridge University Press, 1975.

Oliver, R and Fage, J D, *A Short History of Africa*. Harmondsworth: Penguin, 1962.

Oliver, R and Mathews, G, eds., *History of East Africa*. Vol. 1. Oxford: Oxford University-Press, 1963.

Oliver, P, *Dwelling: The House Across the World*. Austin: University of Texas Press, 1987.

Omer-Cooper, J D, *The Zulu Aftermath: A Nineteenth-Century Revolution in BantuAfrica*. London: Longman, 1978.

Onimode, B, *An Introduction to Marxist Political Economy*. London: Zed Books, 1985.

OnyangoAbuje, JC and Wandibba, S, 'The Paleoenvironment and its Influence on Man's Activities in East Africa During the Latter Part of Upper Pleistocene and Holocene. ' In Ogot, B A, ed., 1979.

Oppong, C, 'A Note on Some Aspects of Anthropological Contributions to the Study of Fertility. ' Paper on Population and Demography, National Research Council, 1981.

Oroge, E A, 'Iwofa: An Historical Survey of the Yoruba Institution of Indenture. ' *AfricanEconomic History*, 14:75—106, 1985.

Owen, E R J, *Cotton and the Egyptian Economy*, 1820—1914. Oxford: Oxford University Press, 1969.

Owen, R and Sutcliffe, B, eds., *Studies in the Theory of Imperialism*. London: Longman, 1972.

Owen, R, 'Egypt and Europe: From French Expedition to British Occupation. ' In Owen, R and Sutcliffe, B, eds., 1972.

Owen, R, 'Robinson and Gallagher and Middle Eastern Nationalism. ' In Louis, W R, ed., 1976.

Owen, E R J, *The Middle East in the World Economy*, 1800—1914. London and New York: Methuen, 1981.

Pachai, B, *Malawi: The History of the Nation*. London: Longman, 1973.

Pachai, B, *The International Aspects of the South African Indian Question*, 1860—1971. Cape Town: C Struik, 1971.

Packard, R M, *While Plague*, *Black Labour: Tuberculosis and the Political Economy of Health and Disease in Soulh Africa*. Pietermaritzburg: University of Natal Press, 1989.

Padayachee, V and Morrell, P, 'Indian Merchants and Dukawallahs in the Natal Economy, c. 1875—1914. ' *Journal of Southern African Studies*, 17:71—103, 1991.

Pakenham, E, Jameson's Raid London: 1966.

Pakenham, T, TAe *Boer War*. New York: Random House, 1979.

Pallinder-Law, A, 'Aborted Modernization in West Africa? The Case of Abeokuta. ' *Journal of African History*, 15:65—82, 1974.

Palma, R, 'Dependency: A Formal Theory of Underdevelopment or a Methodology for the Analysis of Concrete Situation of Underdevelopment?' *World Development*, 6:881—924, 1978.

Palmer, R and Parsons, N, eds., *The Rootsof Rural Poverty in Central and Southern Africa*. London: Heinemann, 1977.

Palmer, R, *Land and Racial Discrimination in Rhodesia*. London: Heinemann, 1977.

Pankhurst, R, 'The History and Traditional Treatment of Smallpox in Ethiopia. ' *MedicalHistory*, 9:344—356, 1965.

Pankhurst, R, 'The Great Ethiopian Famine of 1888—1892: A New Assessment' *Journal of the Historycf Medicine*. Part 1, April 1966: 95—124; Part 2, July 1966: 271—294, 1966.

Pankhurst, R, *Economic History of Ethiopia*. Addis Ababa: Haile Seilassie University Press, 1968.

Panzac, D, 'The Population of Egypt in the Nineteenth Century. ' *Asian and African Studies*, 21:1 1—32, 1987.

Parpart, J L and Staudt, K, eds., *Women and the State in Africa*. Boulder and London: Lynne Rienner, 1989.

Parsons, J W, *France and the Egyptian Question*, 1875—1894. Ph. D. thesis, Cambridge University, 1976.

Parvin, M and Putterman, L, 'Population and Food Dynamics: A Caloric Measure in Egypt. ' *International Journal of Middle East Studies*, 12:81—100, 1980.

Pascon, P, *Capitalism and Agriculture in the Haoia of Marrakesh*. London: Routledge and Kegan Paul, 1986.

Patterson, K D, 'Disease and Medicine in African History: A Bibliographical Essay. ' *History in Africa*, 1:141—148, 1974.

Patterson, K D, 'The Vanishing Mpongwe: European Contact and Demographic Change in the Gabon River. ' *Journal of African History*, 16:217—238, 1975.

Patterson, K D and Hartwig, G W, 'The Disease Factor: An Introductory Overview. ' In Patterson, K W and Hartwig, G W, eds., 1978.

Patterson, K D and Hartwig, G W, eds., *Disease in African History*. Durham: Duke University Press, 1978.

Patterson, K D, 'Bibliographical Essay. ' In Patterson, K D and Hartwig, G W, eds., 1978.

Patterson, K D, *Infectious Diseases in Twentieth-Century Africa: A Bibliography of their Distribution and Consequences*. Waltham, Mass: Crossroads Press, 1979.

Patterson, O, *Slavery and Social Death: A Comparative Study*. Cambridge: Harvard University Press, 1982.

Paulme, D, ed., *Women of Tropical Africa*. Berkeley and Los Angeles: University of California Press, 1963.

Pearce, R, 'Sharecropping: Towards a Marxist View.' *Journal of Peasant Studies*, 10:42—70, 1983.

Peel, JD Y, 'Urbanization and Urban History in West Africa.' *Journal of African History*, 21:269—277, 1980.

Peires, J B, 'The British and the Cape 1814—1834.' In Elphick, R and Giliomee, H, eds., 1989a.

Peires, J B, *The Dead Will Arise: Nongqaawusa and the Great Xhosa Cattle-Killing of 1856—7*. Johannesburg and London: Ravan Press, James Cuney, 1989b.

Pellow, D, 'Recent Studies on African Women.' *African Studies Review*, 20:117—126, 1977.

Penrose, E F, ed., *European Imperialism and the Partition of Africa*. London: Frank Cass, 1974.

Perinbam, B M, 'The Political Organization of Traditional Gold Mining: The Western Lobi C. 1850—C. 1910.' *Journal of African History*, 29:437—462, 1988.

Person, Y, 'Guinea-Samori.' In Crowder, M, ed., 1978.

Peters, P, 'Gender, Developmental Cycles and Historical Process: A Critique of Recent Research on Botswana.' *Journal of Southern African Studies*, 9:100—122, 1983.

Phillips, J, *The Development of Agriculture and Forestry in the Tropics*. London: Faber and Faber, 1966.

Phillipson, D W, 'Population Movement and Interaction in African Pre-history: Some Examples from the Last 2000 Years in Eastern Zambia.' In Fyfe, C and McMaster, D, eds., 1977a.

Phillipson, D W, *The Later Prehistory of Eastern and Southern Africa*. London: Heinemann, 1977b.

Phillipson, D W, 'Early Food Producing Communities in East Africa: Problems of Recognition.' In Fyfe, C and McMaster, D, eds., 1981.

Phillipson, D W, *African Archaeology*. Cambridge: Cambridge University Press, 1985.

Phimister, I R, 'Alluvial Gold Mining and Trade in Nineteenth Century South CentralAfrica.' *Journal of African History*, 15:445—456, 1974.

Phimister, I R, *An Economic and Social History of Zimbabwe*, 1890—1948: *Capital Accumulation and Class Struggle*. London: Longman, 1988.

Picton, J and Mack, J, *African Textiles: Weaving and Design*. London: British Museums Publications, 1979.

Picton, J, 'Women's Weaving: the Manufacture and use of Textiles Among the Igbirra People of Nigeria.' *Textile History*, 11:63—88, 1980.

Pitcher, M A, ' Sowing the Seeds of Failure: Early Portuguese Cotton Cultivation in Angola and Mozambique, 1820—1926.' *Journal of Southern African Studies*, 17:43—70, 1991.

Pittock, A B, et. al., *Climatic Change and Variability: A Southern Perspective*. Cambridge: Cambridge University Press, 1978.

Pokrant, R J, 'The Tailors of Kano City. ' In Goody, E N, ed., 1982.

Polanyi, K, et. al., eds., *Trade and Markets in Early Empires*. New York: Free Press, 1957.

Polanyi, K, *Primitive, Archaic and Modern Economies: Essays of K. Polanyi*. Ed. Dalton, G, Garden City, N. Y. : Double Day, 1968.

Pole, L M, 'Decline or Survival? Iron Production in West Africa from the Seventeenth Century to the Twentieth Centuries. ' *Journal of African History*, 23:503—513, 1982.

Polk, W and Chambers, R, eds., *The Beginnings of Modernization in the Middle East*. Chicago: Chicago University Press, 1968.

Polychroniou, C, *Marxist Perspectives on Imperialism: A Theoretical Analysis*. New York: Praeger, 1991.

Ponasik, D S, 'The Systemof Administered Trade as a Defence Mechanism in Protectorate Morocco. ' *International Journal of Middle East Studies*, 8:195—207, 1977.

Pool, D I, A Framework for the Analysis of West African Historical Demography. ' In Fyfe, C and McMaster, D, eds., 1977.

Porter, A N, *The Origins of the South African War: Joseph Chamberlain and the Diplomacy of Imperialism*, 1895—1899. Manchester: Manchester University Press, 1980.

Posnansky, M. 1977. 'Brass Casting and its Antecedents in West Africa. ' *Journal of African History*, 18:287—300.

Post, J D, *The Last Great Subsistence Crisis in the Western World* Baltimore: Johns Hopkins University Press, 1977.

Post, J D, *Food Shortage, Climatic Variability and Epidemic Disease in Pre-industrial Europe*. Ithaca and London: Cornell University Press, 1985.

Post, K, ' "Peasandzation" and Rural Political Movements in Western Africa. ' *European Journal of Sociology*, 13:223—254, 1972.

Priestly, M, *West African Trade and Coast Society: A Family Study*. London: Oxford University Press, 1969.

Prussin, L, *Architecture in Northern Ghana : A Study of Form and Functions*. Berkeley: University of California Press, 1969.

Pudney, J, *Suez: De Lesseps' Canal*. London: J. M. Dent and Sons, 1968.

Purseglove, J W, 'The Origins and Migrations of Crops in Tropical Africa. ' In Harlan, J, et. al., eds., 1976.

Qunta, C, ed. 1987. *Women in Southern Africa*. London: Allison and Busby.

Raikes, P, *Modernising Hunger*. London: CIIR, 1988.

Ranger, T O, *Revolt in Southern Rhodesia*, 1896—7: *A Study in African Resistance*. London: Heinemann, 1967.

Ranger, T O, ed., *Aspects of Central African History*. London: Heinemann, 1968.

Ranger, T O, 'Resistance in Africa: From Nationalist Revolt to Agrarian Protest' In Okihiro, G, ed., 1986.

Ranger, T O, 'The Invention of Tradition in Colonial Africa. ' In Hobsbawm, E and Ranger, T, eds., 1989.

Rapeport, A, *House Form and Culture*. Englewood: Prentice Hall, 1969.

Rapoport, A, 'Vernacular Architecture and the Cultural Determinants of Form. ' In King, AD, ed., 1980.

Rasmusson, E M, 'Global Climate Change and Variability: Effects on Drought and Desertification in Africa. ' In M. H. Glantz, ed., 1987.

Rassam, A, 'Introduction: Arab Women: The Status of Research in the Social Sciences and the Status of Women in the Arab World. ' In Unesco, ed., 1984a.

Rassam, A, 'Towards a Theoretical Framework for the Study of Women in the Arab World. ' In Unesco, ed., 1984b.

Ratcliffe, B M, 'The Economics of the Partition of Africa: Methods and Recent Research Trends. ' *Canadian Journal of African Studies*, 15:3—3 1, 198 1.

Rawley, J, *The Transatlantic Slave Trade: A History*. New York: Norton, 1981.

Raymond, A, *The Great Arab Cities in the Sixteenth and Eighteenth Centuries: An Introduction*. New York: New York University Press, 1984.

Reefe, T Q, 'The Societies of the Eastern Savanna. ' In Birmingham D and Martin, P, eds., 1983.

Reining, P, 'Social Factors and Food Production in an East African Peasant Society: The Haya. ' In P. F. M. McCloughlin, ed., 1970.

Reynolds, E, 'Trade and Economic Change on the Gold Coast, 1807—1874. Harlow: Longman, 1974.

Reynolds, E, *Trade and Economic Change on the Gold Coast*, 1807—1874. Harlow: Longman, 1978.

Reynolds, C, *Modes of Imperialism*. Oxford: Martin Robertson, 1981.

Rice. C D, *The Rise and Fall of Black Slavery*. New York: Harper and Row. 1975.

Richards, A, ed., *Subsistence to Commercial Farming in Present-day Buganda*. Cambridge: Cambridge University Press, 1973.

Richards, A, 'Growth and Technical Change: 'Internal' and 'External' Sources of Egyp-tian UnderdevdopmenL' Aston and Studies, 15:45—67, 1981.

Richards, A, *Egypt's Agricultural Development: Technical and Social Change*. Boulder, Colo: Westview Press, 1982.

Richards, P, 'Ecological Change and the Politics of African Land Use. ' *African Studies Review*, 26:1—71, 1983.

Richards, P, *Indigenous Agricultural Revolution: Ecology and Food Production in West Africa*. London: Hutchinson, 1985.

Richards, W A, 'The Import of Firearms into West Africa in the Eighteenth Century. ' *Journal of African History*, 21:43—59, 1980.

Richardson, D, 'The Eighteenth Century British Slave Trade: New Estimates of its Volume and Distribution. ' *Research in Economic History*, 12:197—239, 1988a.

Richardson, D, 'Slave Exports from West and West-Central Africa, 1700—1810: New Estimates of Volume and Distribution. ' *Journal of African*, 30:1—22, 1989b.

Richardson, P, 'The Recruitment of Indentured Labour for the South African Gold Mines, 1903—1908', 18, 1977.

Richardson, P and Van Helten, J J, 'Labour in the South African Gold Mining Industry, 1886—1914. ' In Marks, S and Rathbone, R, eds., 1981

Richardson, P and Van-Helten, JJ, 'The Natal Sugar Industry, 1849—1905: An Interpretive Essay. ' *Journal of African History*, 23:515—527, 1982.

Richardson, P, 'The Natal Sugar Industry in the Nineteenth Century. ' In W. Beinart, P. Delius, and S. Trapido, eds., 1986.

Rigby, P, *Persistent Pastoralists: Nomadic Societies in Transition.* London: Zed Books, 1985.

Rivlin, H A B, *The Agricultural Policy of Muhammad Ali in Egypt.* Cambridge, MA: Harvard University Press, 1961.

Roach, M E and Eicher, J B, eds., *Dress, Adornment and the Social Order.* New York: John Wiley, 1965.

Roberts, A D, 'The Nineteenth Century in Zambia. ' In T. O. Ranger, ed., 1968.

Roberts, A D, A *History of Zambia.* London: Heinemann, 1976.

Roberts, A, 'Nyamwezi Trade. ' In Gray, R and Birmingham, D, eds., 1970.

Roberts, R and Klein, M, 'The Banamba Slave Exodus of 1905 and the Decline of Slavery in the Western Sudan. ' *Journal of African History*, 21:375—94.

Roberts, R L, 'The Emergence of a Grain Market in Bamako, 1883—1980. ' *Canadian Journal of African Studies*, 14:37—54, 1980a.

Roberts, R L, *Warriors, Merchants and Slaves: The State and the Economy in Middle Niger Valley*, 1700—1914. Stanford: Stanford University Press, 1987.

Roberts, R, 'Long Distance Trade and Production: Sinsani in the Nineteenth Century. ' *Journal of African History*, 21:169—188, 1980b.

Robertson, A F, *The Dynamics of Productive Relationships: African Share Contracts in Comparative Perspective.* Cambridge: Cambridge University Press, 1987.

Robertson, C and Berger, I, eds., *Women and Class in Africa.* New York: Holmes and Meier, 1986.

Robertson, C C and Klein, M A, eds., *Women and Slavery in Africa.* Madison: University of Wisconsin Press, 1983.

Robertson, C, *Sharing the Same Bowl: A Socioeconomic History of Women and Class in Accra, Ghana.* Bloomington: Indiana University Press, 1984.

Robinson, R Jand Gallagher, *Africa and the Victorians: The Official Mind of Imperialism.* London: Macmillan, 1974.

Rodney, W, 'African Slavery and Other Forms of Oppression on the Upper Guinea Coast in the Context of the Atlantic Slave Trade. ' *Journal of African History*, 7:431—443, 1966.

Rodney, W, *How Europe Underdeveloped Africa.* Washington: Howard University Press, 1981

Roe, E M, 'Lantern on the Stern: Policy Analysis, Historical Research, and Pax Britannicain Africa. ' *African Studies Review*, 30:45—62, 1987.

Romero, P W, ' "Where Have All the Slaves Gone?" Emancipation and Post-Emancipation in Lamu, Kenya. ' *Journal of African History*, 27:497—512, 1986.

Rosenblaum, P, *Gold Mining in Ghana*, 1894—1900. Ph. D. Dissertation, Columbia University, 1977.

Ross, R, 'Smallpox at the Cape of Good Hope in the Eighteenth Century. ' In Fyfe, C and Mc-Master, D, eds., 1977.

Ross, R, 'The Relative Importance of Exports and the Internal Market for the Agriculture of the Cape Colony. ' In Liesegang, G, Pasch, H and Jones, A, eds., 1983.

Ross, R, 'The Origins of Capitalist Agriculture in the Cape Colony: A Survey. ' In Beinart, W, Debus, P and Trapido, S, eds., 1986.

Ross, R, 'The Cape of Good Hope and the World Economy, 1652—1835. ' In Elphick, R and Giliomee, H, eds., 1989.

Rotberg, R Iand Mazrui, A A, eds., *Protest and Power in Black Africa*, New York: Oxford University Press, 1970.

Rotberg, R I and Rabb, T K, eds., *Climate and History*. Princeton: Princeton University Press, 1981.

Roth, H L, *Studies in Primitive Looms*, 3rd ed. Halifax: Bankfield Museum, 1950.

Rue, G M La, 'The Export Trade of Darfur, c. 1785 to 1875. ' In Liesegang, G, Pasch, H and Jones, A, eds., 1950., 1983.

Ruedy, J, *Land Policy in Colonial Algeria: The Origins of the Rural Public Domain*. Berkeley and Los Angeles: University of California Press, 1967.

Ruthenberg, H, *Farming Systems in theTropics*, 3rd ed. London: Oxford University Press, 1980.

Rutter, A F, 'Ashanti Vernacular Architecture. ' In Oliver, P, ed., 1971.

Saadawi, N el. *The Hidden face of Eve*. Boston: Beacon Press, 1980.

Saben-Clare, E E, et. al., eds., *Health in Tropical Africa During the Colonial Period*Oxford: Clarendon Press, 1980.

Safer, J F and Gill, F M, *Spirits from the Sea: An Anthropological Look at Shells*. New York, 1982.

Saha, S C, 'Agriculture in Liberia During the Nineteenth Century: Americo-Liberians' Contribution. ' *Canadian Journal of African Studies*, 22:224—239, 1988.

Said, E, *Orientalism*. New York: Vantage Books, 1979.

Salmons, J, 'Funerary Shrine Cloths of the Annang Ibibio, South-east Nigeria. ' *Textile*History, 11:120—141, 1980.

Sandbrook, R and Cohen, R, eds., *The Development of an African Working Class*. London: Longman, 1975.

Sanders, J, 'Palm Oil Production on the Gold Coast in the Aftermath of the Slave Trade: A Case Study of the Fante. ' *International Journal of African Historical Studies*, 15:49—63, 1982.

Saul, J S and Woods, R, 'African Peasantries. ' In Shanin, T, ed., 1979.

Saul, S B, *Myth of the Great Depression*, 1873—1896. London: Macmillan, 1969.

Schlippe, P de, *Shifting Cultivation in Africa: The Azande System of Agriculture*. London: Roudedge and Kegan Paul, 1956.

Schmidt, PR, 'A New Look at Interpretation of the Early Iron Age in East Africa. ' *History*in*Africa*, 2:127—136, 197.

Schmidt, P R and Avery, D H, 'Complex Iron Smelting and Prehistoric Culture in Tanzania. '

Science, 201:4361 1085—1089, 1978.

Schmidt, P R, *Historical Archaeology: A Structural Approach in an African Culture*. Westport: Greenwood Press, 1978.

Schmidt, P R, 'Steel production in Prehistoric Africa: Insights from Ethno Archaeology in West Lake, Tanzania. ' *Proceedings of the Eighth Pan-African Congress of Pre historic and Quaternary Studies*. Nairobi:335—340, 1980.

Schmidt, P R, 'The Origins of Iron Smelting in Africa: Complex Technology in Tanzania. ' *Research papers in Anthropology*, 1, Brown University, 1981.

Schneider, H K, 'The Pastoralist Development Problem. ' *Journal of Asian and African Studies*, 16:27—32, 1981.

Schneider, J and Weimer, A B, eds., *Cloth and Human Experience*. Washington: Smith-sonian Institution, 1989.

Scholch, A, *Egypt for the Egyptians: The Socio-Political Crisis in Egypt*, 1878—1882. London: Middle East Centre, St Anthony's College Oxford, 1981.

Schove, D J, 'African Droughts and the Spectrum of Time. ' In Dalby, D, et. al., eds., 1977. Schreuder, D M, *The Scramble for Southern Africa*, 1877—1895: *The Politics of PartitionReappraised* Cambridge: Cambridge University Press, 1980.

Schumpeter, J A, *Imperialism and Social Classes*. New York: Augustus M. Kelley, 1951. Schwerdtfeger, F, 'Zanj, the East African Coast' In Oliver, P, ed., 1971.

Scott, J C, 'Everyday Forms of Peasant Resistance. ' *Journal of Political Science*, 13:5—35, 1985.

Scott, J C, *Weapons of the Weak: Everyday Forms of Peasant Resistance. New* Haven: Yale University Press, 1985.

Searing, JF, ' Aristocrats, Slaves and Peasants: Power and Dependency in the Wolof States, 1700—1850. ' *International Journal of African Historical Studies*, 21:475—503, 1988.

Seddon, D, *ed., Relations of Production: Marxist Approaches to Economic Anthropology*. London: Frank Cass, 1978.

Seidenberg, D A, *Uhuru and the Kenya Indians*. New Delhi: Vikas Publishing House, 1983.

Seidman, A and Makgetla, A S, *Outposts of Monopoly Capitalism: Southern Africa in the Changing Global Economy*. London: Zed Press, 1980.

Seleti, Y, 'The Development of Dependent Capitalism in Portuguese Africa. ' In Konczacld, J L Parpart, and Shaw, T M, eds., 1990.

Sen, A K, 'Peasants and dualism with or without surplus. ' *Journal of Political Economy*, 74: 425—450, 1966.

Sen, A K, *Poverty and Famines*. Oxford: Clarendon Press, 1981.

Shanin, T, *ed., Peasants and Peasant Societies*. Harmondsworth: Penguin, 1979.

Shaw, T, 'Early Crops in Africa: A Review of the Evidence. ' In Harlan, J R, et. al., eds., 1976.

Shaw, T, 'Questions in the Holocene Demography of West Africa. ' In Fyfe, C and McMaster, D, eds., 1977.

Shaw, T, 'Towards a Prehistoric Demography of Africa. ' In Fyfe, C and McMaster, D, eds., 1981.

Shea, P, *The Development of an Export Oriented Dyed Cloth Industry in Kano*. Ph. D. Dissertation, University of Wisconsin, 1975.

Shenton, B and Watts, M, 'Capitalism and Hunger in Northern Nigeria. ' *Review of African Political Economy*, 15/16:53—62, 1979.

Sheriff, A M H, 'Trade and Under-development' In Ogot, B A, ed., 1979.

Sheriff, A M H, 'Ivory and Economic Expansion in East Africa in the Nineteenth Century. ' In-Liesegang, G, Pasch, Hand Jones, A, eds., 1983.

Sheriff, A M H, 'Social Formations in Precolonial Kenya. ' In Ogot, B A, ed., 1985.

Sheriff, A M H, *Slaves, Spices and Ivory in Zanzibar*. London: James Currey, 1987.

Shinnie, PL, *The African Iron Age*. Oxford: Oxford University Press, 1971.

Shinnie, PL and Kense, F J, 'Merottic Iron Working. ' *Meroitic Studies Meroitica*, 6:17—28, 43—49, 1982.

Shinnie, P, 'Iron Working at Meroe. ' In Haaland, R and Shinnie, P, eds., 1985.

Shipton, P, 'African Famines and Food Security: Anthropological Perspectives. ' *Annual Review of Anthropology*, 19:353—394, 1990.

Showers, K B, 'Soil Erosion in the Kingdom of Lesotho: Origins and Colonial Response, 1830s—1950s. ' *Journal of Southern African Studies*, 15:263—286, 1989.

Shroeter, D J, *Merchants of Essaouira : Urban Society and Imperialism in Southwestern Morocco*, 1844—1886. Cambridge: Cambridge University Press, 1988.

Shukla, J, 'Predictability of time Averages. ' Part II: 'The Influence of the BoundaryForcing. ' In Bunidge, R M and Kallen, E, eds., 1984.

Sieber, R, *African Furniture and Household Objects*. Bloomington: Indiana University Press, 1980.

Silberfein, M, 'The African Cultivator A Geographic Overview. ' *African Studies Review*, 20: 7—23, 1977.

Silver, J, 'The Failure of European Mining Companies in the Nineteenth Century Gold Coast. ' *Journal of African History*, 22:51 1—529, 1981.

Simmons, H J, and R E, *Class and Colour in South Africa* 1850—1950. Harmondsworth: Penguin, 1969.

Sindiga, I, 'The Use of Geography in Recent Historical Research in East Africa. ' *TransAfrican Journal of History*, 14:124—138, 1985.

Sivers, P von, 'Insurrection and Accommodation: Indigenous Leadership in Eastern Algeria, 1840—1900. ' *International Journal of Middle Eastern Studies*, 6:259—215, 1975.

Sivers, P von, 'Algerian Landownershipand Rural Leadership, 1860—1940: A Quantitative Approach. ' *The Maghreb Review*, 4:58—62, 1979.

Sjoberg, G, *The Preindustrial City: Past and Present*. Glencoe, El. : Free Press, 1960.

Smaldone, J P, *Warfare in the SokotoCaliphate : Historical andSociological Perspectives*. Cambridge: Cambridge University Press, 1977.

Smith, E B, *Egyptian Architecture as Cultural Expression*. New York: American Life Foundation, 1968.

Smith, J, et. al., eds., *Households and the World Economy*. Beverly Hills: Sage, 1984.

Smith, M G, *Baba of Kano*. London: Oxford University Press, 1954.

Smith, R H T, 'West African Market Places: Temporal Periodicity and Locational Spacing. ' In

C. Meillassoux, ed., 1971.

Smith, R, 'The Canoe in West African History.' *Journal of African History*, 11:5 15—533, 1970.

Smith, W S, *The Art and Architecture of Ancient Egypt*. Harmondsworth: Penguin, 1958.

Smith, PEL, 'Early Food Production in Northern Africa as seen From South-WesternAsia.' In J. R. Harlan, et. al., eds., 1976.

Soejarto, D D, et. al., 'Fertility Regulating Agents from Plants.' *Bulletin of the World Health Organisation*, 56:343—352, 1978.

Solway, B L and Engelman, S L, eds., *British Capitalism and Caribbean Slavery: The Legacy of Eric Williams*. Cambridge: Cambridge University Press, 1987.

Spaulding, J, 'Slavery, Land Tenure and Social Class in the Northern Turkish Sudan.' *International Journal of African Historical Studies*, 15:1—20, 1982.

St Croix, F W de, *The Fulani of Northern Nigeria: Some General Notes*. Lagos: Government Printer, 1944.

St John, C, 'Kazembe and the Tanganyika-Nyasa Corridor, 1800—1890.' In Gray, R and Birmingham, D, eds., 1970.

Steel, R H, 'Iron Age Mining and Metallurgy in South Africa.' In Hitchcock, R R and Smith, MR, eds., 1982.

Steiner, K G, *Intercropping in Tropical Smallholder Agriculture with Special Reference to West Africa*. Eschborn: GTZ, 1982.

Stengers, J, 'King Leopold's Imperialism.' In Owen, R and Sutcliffe, B, eds., 1972. Stem, P, *Small-Scale Irrigation: A Manual of Low-Cost Water Technology*. London: Intermediate Technology of Publications, 1980.

Stevenson, R F, *Population and Political Systems in Tropical Africa*. New York: Columbia University Press, 1968.

Stichter, S, *Migrant Labourers*. Cambridge: Cambridge University Press, 1985.

Stichter, S B and Parpart J L, eds., *Patriarchy and Class: African Women in the Home and the Workforce*. Boulder and London: Westview Press, 1988.

Stokes, E, 'Imperialism and the Scramble for Africa: The New View.' In Louis, W R, ed., 1976.

Stone, L, *The Family, Sex and Marriage in England* 1500—1800. New York: Harper, 1979.

Street F A and Grove, A T, 'Environmental and Climatic Implications of late Quaternary lake-level Fluctuations in Africa.' *Nature*, 261:385—390, 1976.

Streeten, P P, 'Development Dichotomies.' In G. M. Meier and D. Seen, eds., 1984.

Strobel, M, 'FromLelemama to Lobbying: Women's Associations.' In Hafldn, N and Bay, EG, eds., 1976.

Strobel, M, 'Slavery and Reproductive Labour in Mombasa.' In Robertson, CC and Klein, MA, eds., 1983.

Strobel, M, *Muslim Women in Mombasa*, 1890—1975. New Haven: Yale University Press, 1979.

Sud, C and Fennessey, M J, 'Influence of Evaporation in Semi-Arid Regions on the July Circulation: A Numerical Study. ' *Journal of Climatology*, 4:383—398, 1984.

Summers, R, *Ancient Mining in Rhodesia*. Salisbury: National Museums of Rhodesia, 1969.

Sundstrom, L, *The Exchange Economy of Precolonial Africa*. New York: St Martin's Press, 1974.

Suret-Canale, J, *Essays on African History: From the Slave Trade to Neocolonialism*. Trenton, N. J. : Africa World Press, 1988.

Sutherland-Harris, N, 'Zambian Trade with Zumbo in the Eighteenth Century. ' In Gray, R and Birmingham, D, eds., 1970a.

Sutherland-Harris, N, 'Trade and the Rozwi Mambo. ' In Gray, R and Birmingham, D, eds., 1970b.

Sutton, I, 'The Volta River Salt Trade: The Survival of an Indigenous Industry. ' *Journal of African History*, 22:43—61, 1981.

Sutton, I, 'Labour in Commercial Agriculture in Ghana in the late Nineteenth Century and Early Twentieth Century. ' *Journal of African History*, 24:4671—483, 1983.

Sutton, J E G and Roberts, A D, 'Uvinza Salt Industry. ' *Azama*, 3:45—86, 1968.

Sutton, J E G, 'Population Estimates From Selected African Iron Age Sites. ' In Fyfe, C and McMaster, D, eds., 1981.

Sutton, J E G, 'Archaeology in West Africa: A Review of Recent Work and a Further Last of Radio Carbon Dates. ' *Journal of African History*, 23:291—313, 1982.

Sutton, J E G, 'Irrigation and Soil Conservation in African Agricultural History. ' *Journal of African History*, 25:25—41, 1984.

Sutton, J E G, 'Temporal and Spatial Variability in African Iron Furnaces. ' In Haaland, R, et. al., eds., 1985.

Swindell, K, 'Serawoollies, Tillimbukas and Strange Farmers: The Development of Migrant-Groundnut Farming Along the Gambia River, 1848— 1895. ' *Journal of African History*, 21:93—104, 1980.

Swindell, K, *The Strange Farmers of The Gambia: A Study in the Redistribution of Population*. Centre for Development Studies, Monograph Series no. 15, University College of Swansea, Geo Books, Norwich, 1981.

Syfert, D N, 'The Liberian Coasting Trade, 1822—1900. ' *Journal of African History*, 17: 217—235, 1977.

Tahir, I, 'Scholars, Sufis, Saints and Capitalists in Kano: 1904—74. ' Ph. D Thesis, University of Cambridge, Cambridge, 1975.

Talle, A, *Women at a Loss: Changes in Maasai Pastoralism and their Effects on Gender Relations*. Stockholm: University of Stockholm, 1988.

Tambo, D C, 'The Sokoto Caliphate Slave Trade in the Nineteenth. ' *International Journal of Africa Historical Studies*, 9:167—217, 1976.

Taylor, A J P, *Germany's First Bid for Colonies*, 1884—5. London: Macmillan, 1938.

Temu, A and Swai, B, *Historians and Africanist History: A Critique*. London: Zed Press, 1981.

Terray, E, *Marxism and 'Primitive' Societies: Two Studies*. New York: Monthly Review Press, 1972.

Terray, E, 'Classes ad Class Consciousness in the Abron Kingdom of Gyman. ' In Bloch, M, ed., 1975.

Thomas, D B, *Importing Technology into Africa*. New York: Praeger.

Thomas, M F and Whittington, G W, eds., *Environment and Land Use in Africa*. London: Methuen, 1969.

Thompson, B W, *Africa: The Climatic Background*. London: Oxford University Press, 1975.

Thompson, L M, *The Unification of South Africa*, 1902—1910. Oxford: Clarendon, 1960.

Thornton, J, 'Demography and History in the Kingdom of Kongo, 1550—1750. ' *Journal of African History*, 28:507—530, 1977a.

Thornton, J, 'An Eighteenth Century Baptismal Register and the Demographic History of Manguenzo. ' In Fyfe, C and McMaster, D, eds., 1977b.

Thornton, J, 'The Slave Trade in Eighteenth Century Angola: Effects on Demographic Structures. ' *Canadian Journal of African Studies*, 14:417—427, 1980.

Thornton, J, *The Kingdom of Kongo: Civil War and Transition*, 1641—1718. Madison: University of Wisconsin Press, 1983a.

Thornton, J, 'Sexual demography: The Impact of the Slave Trade on Family Structure. ' In Robertson, C C and Klein, M A, eds., 1983b.

Thornton, J, 'The Historian and the Precolonial African Economy. ' *African Economic History*, 19:45—54, 1990—91a.

Thornton, J, 'Precolonial African Industry and the Atlantic Trade, 1500—1800. ' *African Economic History*, 19:1—19, 1990—91b.

Tickwell, C, *Climatic Change and World Affairs*. Cambridge. MA: Harvard University Press, 1977.

Tignor, R L, 'The Introduction of Modern Banking into Egypt, 1855—1920. ' *Asian and African Studies*, 15:103—122, 1981.

Timberlake, L, *Africa In Crisis: The Causes, the Cures of Environmental Bankruptcy*. London: Earthscan, 1988.

Tieincam, R, *State and Revolution in Algeria*. Boulder, Colo: Westview Press, 1986. Todd, J A, 'Iron Production by the Dimi of Ethiopia. ' In Haaland, R and Shinnie, P, eds., 1985.

Toledano, E R, *State and Society in Mid-Nineteenth Century Egypt*. Cambridge: Carribridge University Press, 1990.

Tony, W I, 'Natural Disasters, Social Structure and Change in Traditional Societies. ' *Journal of Asian and African Studies*, 13:167—183, 1978.

Tosh, J, 'The Northern Interlacustrine Region. ' In Gray, Rand Birmingham, D, eds., 1970.

Trapido, S, 'The Friends of the Natives: Merchants, Peasants and the Political and Ideological Structure of Liberalism in the Cape, 1854—1910. ' In Marks, S and Atmore, A, eds., 1980.

Trapido, S, 'Putting a Plough to the Ground: A History of Tenant Production on the Vereening Estates, 1896—1920. ' In Beinart, W Delius P, and Trapido, S, eds., 1986.

Trevor, T G, 'Some Observations on the Relics of Pre-European Culture in Rhodesia andSouth Africa. ' *JRA*1, 60:389—99, 1930.

Trigger, B G, 'The Myth of Meroe and the African Iron Age.' *International Journal of African Historical Studies*, 2:23—50, 1969.

Triulzi, A, 'Trade, Islam, and the Madhia in Northwestern Wallaga, Ethiopia.' *Journal of African History*, 16:55—71, 1975.

Tucker, J E, 'Problems in the Historiography of Women in the Middle East: The Case of Nineteenth Century Egypt.' *International Journal of Middle East Studies*, 15:321—336, 1983.

Tucker, J E, *Women in Nineteenth Century Egypt*. Cambridge: Cambridge University Press, 1985.

Turner, H A, 'Bismarck's Imperialist Venture.' In Gifford, P and Louis, W R, eds., 1967.

Turrell, R, 'Kimberley: Labour and Compounds, 1871—1888.' In Marks S and Rathbone, R, eds., 1982.

Turshen, M, *The Political Ecology of Disease in Tanzania*. New Brunswick, N. J: Rutgers University Press, 1984.

Tylecote, R F, 'The Origins of Iron Smelting in Africa.' *West African Journal of Archaeology*, 5:1—9, 1975.

Tylecote, R F, 'Early Copper Slags and Copper Base Metal From the Agades region of *Niger*.' *Journal of the Historical Metallurgy Society*, 16:58—64, 1982.

Tyson, P D, 'Temporal and Spatial Variation of Rainfall Anomalies in Africa South of Latitude 22 During the Period *of* Meteorological Record.' *Climatic Change*, 2:363—371, 1980.

Udovitch, A L, *Partnership and Profit in Medieval Islam*. Princeton: Princeton University Press, 1970.

UNESCO, *Social Science Research and Women in the Arab World*. London and Dover, N. H: Francis Pinter, 1984.

United Nations, *Determinants and Consequences of International Demographic*, *Economic and Social Factors*. New York: United Nations, 1973.

Usoro, E J, 'Notes on Quantitative Approaches to Research on West African Economic History.' In Dewey, C and Hopkins, A G, eds., 1978.

Uzoigwe, G N, *Britain and the Conquest of Africa*, Ann Arbor University of Michigan Press, 1974.

Uzoigwe, G N, 'The Mombasa Victoria Railway, 1890—1902: Imperial Necessity, Humanitarian Venture, or Economic Imperialism.' *Kenya Historical Review*, 4: 11—34, 1976.

Uzoigwe, G N, 'Precolonial Markets in Bunyoro-Kitara.' In Ogot B A, ed., 1979.

Vail, L, 'Mozambique's Chartered Companies: The Rule of *the Feeble*.' *Journal of African History*, 17:389—416, 1976.

Vail, L, 'Ecology and History: The Example of Eastern Zambia.' *Journal of Southern African Studies*, 3:129—155, 1977.

Vail, L, 'The Political Economy of East-Central Africa.' In Birmingham, D and Martin, P. eds., 1983.

Vail, L and WhiteX, *Capitalism and Colonialism in Mozambique*, London: Heinemann, 1980.

Valensi, L, *Tunisian Peasants in the Eighteenth and Nineteenth Centuries*. Cambridge: Cambridge University Press, 1985.

Van Bath, B H S, *The Agrarian History of Western Europe*, A. D. 500—1850. London: Arnold, 1963.

Van Onselen, C, 'Reactions to Rinderpest in Southern Africa. ' *Journal of African History*, 13:473—488, 1972.

Van Onselen, C, *Chibaro: African Mine Labour in Southern Rhodesia*. Nottingham: Rulo, 1976.

Van Onselen, C, *New Babylon*, Vd. 1 of *Studies in the Social and Economic History of the Witwatersrand*, 1886—1914. 2 Vols. London: Longmans, 1982a.

Van Onselen, C, *New Nineveh*, Vol. 2 of *Studies in the Social and Economic History of the Witwatersrand*, 1886—1914. 2 Vols. London: Longmans, 1982b.

Van Onselen, C, 'Race and Class in the South African Countryside: Cultural Osmosis and Social Relations in the Share-Cropping Economy of the South-Western Transvaal, 1900—1950. ' *American Historical Review*, 95 :99—123, 1990.

Vansina, J, *The Tio Kingdom of the MiddleCongo*, 1880—1892. London: Oxford University Press, 1973.

Vansina, J, *Kingdoms of the Savanna*. Madison: University of Wisconsin Press, 1975.

Vansina, J, 'Finding Food and the History of Precolonial Equatorial Africa: A Plea. ' *African Economic History*, 7:9—20, 1979.

Vansina, J, 'The Peoples of the Forest' In Birmingham, D and Martin, P, eds., 1983.

Verity, P, 'The Kababish Nomads of Northern Sudan. ' In Oliver, P, ed., 1971.

Walker, C, 'Review Article: Women's Studies on the Move. ' *Journal of Southern African Studies*, 13:433—438, 1987.

Waller, R, 'Economic and Social Relations in the Central Rift Valley: The Maa-Speakers and their Neighbours in the Nineteenth Century. ' In Ogot B A, ed., 1985.

Wallerstein, I, *The Modern World System*. New York: Academic Press, 1974.

Wallerstein, I, 'The Three Stages of African Involvement in the World Economy. ' In Gutkind, P C W. et. al., eds., 1976.

Wallerstein, I, *The Capitalist World Economy*. Cambridge: Cambridge University Press, 1979.

Wallerstein, I, *The Modern World System*. Vol. 2. New York: Academic Press, 1980. Wallerstein, I, *Historical Capitalism*. London: Verso, 1983.

Wallerstein, I, *The Politics of the World Economy*. Cambridge: Cambridge University Press, 1984.

Wallerstein, 1, 'Africa and the World Economy. ' In Ajayi, J F A, ed., 1989.

Walz, T, *Trade Between Egypt and BiladAs-Sudan*, 1700—1820. Cairo: Institute Francais D'Archaeologie Oriental, 1978.

Wamba-dia-Wamba, E, 'How is Historical Knowledge Recognized?' *History in Africa*, 13: 331—344, 1986.

Wamba-dia-Wamba, E, *History of Neo-Colonialism? Self-Determination and History in Africa*. Africa Research and Publications Project, Working Paper, No. 5, 1987.

Warburg, G, 'Slavery and Labour in the Anglo-Egyptian Sudan. ' *Asian and African Studies*, 12:221—243, 1978.

Warren, B, 'Imperialism and Capitalist Industrialization. ' New Left Review, 81:3—44, 1973.

Warren, B, *Imperialism: Pioneer of Capitalism*. London: New Left Books and Verso, 1980.

Warriner, D, *Land Reform and Development in the Middle East: A Study of Egypt, Syria, and Iraq*. London: Oxford University Press, 1962.

Washbume, C, *Primitive Drinking: A Study of the Uses and Functions of Alcohol in Preliterate Societies*. New York: University Publishers, 1961.

Waterbury, J, *Hydropolitics of the Nile Valley*. New York: Syracuse, 1979.

Watson, J L, ed., *Asian and African Systems of Slavery*. Berkeley: University of California Press, 1980.

Watts, M, *Silent Violence: Food, Famine and Peasantry in Northern Nigeria*. Berkeley: University of California Press, 1983.

Watts, M, 'Drought, Environment and Food Security: Some Reflections on Peasants, Pastoralists and Commoditization in Dryland West Africa. ' In M. H. Glantz, ed., 1987.

Watts, M, 'Struggles Over Land, Struggles Over Meaning. ' In Golledge, R, ed., 1988.

Webb, J L A, 'Toward the Comparative Study of Money: A Reconsideration of West African Currencies and Neoclassical Monetary Concepts. ' *International Journal of African Historical Studies*, 15:455—465, 1982.

Webb, JL A, 'The Trade in Gum Arabic: Prelude to French Conquest in Senegal. ' *Journal of African History*, 26:149—168, 1985.

Webster, J B and Boahen, A A, *The Growth of African Civilisation: The Revolutionary Years. West Africa Since 1800*. London: Longman, 1974.

Webster, J B and Unoma, A C, 'East Africa: The Expansion of Commerce. ' In Flint, J E, ed., 1975.

Webster, J B, ed., *Chronology, Migration and Drought in Interlacustrine Africa*. New York: Africans Publishing, Dalhousie University Press, 1979.

Webster, J B, 'Drought, Migration and Chronology in the Lake Malawi Littoral. ' *Trans-African Journal of History*, 9:70—90, 1980.

Webster, J B, 'Periodization in African History c. 1050—1840. ' *Journal of General Studies*, 4:5—23, 1983.

Webster, D J, 'The Political Economy of Food Production and Nutrition in Southern Africa in Historical Perspective. ' *Journal of Modern African Studies*, 24:447—463, 1986.

Wehler, H U, 'Industrial Growth and early German Imperialism. ' In Owen, R and Sutcliffe, B, eds., 1972.

Welch, C E, 'Peasants as a Focus in African Studies. ' *African Studies Review*, 20:1—5, 1977.

Wembah-Rashid, JAR, 'Iron Workers of Ufipa. ' International Committee of Urgent Anthropological and *Ethnological Research Bulletin*, 11:65—72, 1969.

Wesseling, H L, 'The Netherlands and the Partition of Africa. ' *Journal of African History*, 22:495—509, 1981.

Wheatcroft, G, *The Randlords*. London: Weidenfeld and Nicholson, 1985.

White, EF, 'Creole Women Traders in the Nineteenth Century. ' *International Journal of Af-*

rican Historical Studies. 14:626—642, 1981.

White, E F, *Sierra Leone' s Settler Women Traders: Women on the Afro-European Frontier.* Ann Arbor, Mich. : University of Michigan Pless, 1987.

White, G, 'Firearms in Africa: An Introduction. ' *Journal of African History.* 7:173—181, 1971.

White, Landeg, *Magomero: Portrait of an African Village.* Cambridge: Cambridge University Press, 1987.

White, Louise, 'Women in the Changing African Family. ' In Hay, J and Stichter, S, eds., 1984.

Widdns, P L, *An Economic History of Africa From the Earliest Times to the Partition.* Cape Town: Oxford University Press, 1981.

Wigley, T M L, et. al., eds., *Climate and History.* Cambridge: Cambridge University Press, 1981.

Wilcox, W F, 'Increase in the Population of the Earth and of the Continents Since 1650. ' *International Migrations.* Vol. 2: *Interpretations.* New York: National Bureau of Economic Research, 1931.

Wilhite, D A and Glantz, M H, 'Understanding the Drought Phenomenon: The Rote of Definitions. ' *Water International.* 10:111—120, 1985.

Wilks, I, 'Asantepolicy towards theHausa tradein thenineteenth century. ' In Meillassoux, C, ed., 1971.

Williams, D. *Icon and Image.* London: Allen Lane, 1974.

Williams, E, *Capitalism and Slavery.* London: Andre Deutsch, 1981.

Williams, MAJ and Fame, H, eds., *The Sahara and the Nile.* Rotterdam: A A Balkema, 1979.

Willis, J R, *Slaves and Slavery in Muslim Africa.* 2 Vols. London: Frank Cass, 1985.

Willoughby, J, *Capitalist Imperialism, Crisis and the Stale.* New York: HarwoodAcademic Publishers, 1986.

Wilson, F, *Labour in the South African Gold Mines,* 1911—1969. Cambridge: Cambridge University Press, 1972.

Wilson, H S, ed., *Origins of West African Nationalism.* London: Macmillan, 1969.

Wilson, K B, 'Trees in Fields in Southeastern Zimbabwe. ' *Journal of Southern AfricanStudies.* 15:369—383, 1989.

Wilson, T H, 'Swahili Funerary Architecture of the North Kenya Coast' In J de V Allen and Wilson, T H, eds., 1979.

Wipper, A. ' Reflections on the Past Sixteen Years, 1972—1988, and Future Challenges. ' *Canadian Journal of African Studies.* 22:409—421, 1988.

Wolf, E, *Peasant Wars of the Twentieth Century.* New York: Harper and Row, 1969.

Wolff, ER. *Peasants,* Englewood Cliffs: Prentice Hall, 1966.

Wolff, R D, *The Economics of Colonialism: Britain and Kenya,* 1870—1930. New Haven: Yale University Press, 1974.

Wolpe. H, 'Capitalism and Cheap Labour-Power in South Africa: From Segregation to Apartheid. ' *Economy and Society.* 1:425—456, 1972.

Wolpe, H, *Race, Class and the Apartheid State.* Trenton, NJ: Africa World Press, 1990.

Wood, C A, 'A Preliminary Chronology of Ethiopian Droughts. ' In Dalby, D, et. al., eds., 1977.

Worden, N, *Slavery in South Africa*. Cambridge: Cambridge University Press, 1985.

Worster, D, *The Ends of the Earth: Perspectives on Modern Environmental History*. Cambridge: Cambridge University Press, 1988.

Wright, D R, 'Darbo Jula: The Rote of a Mandinka JulaClan in the Long Distance Trade of the Gambia River and Its Hinterland. ' *African Economic History*, 3:33—45, 1977.

Wright, M, 'Societies and Economies in Kenya, 1870—1902. ' In Ogot, B A, ed., 1979.

Wright, M, 'Iron and Regional History: Report on a Research Project in South Western Tanzania. ' *African Economic History*, 14:147—165, 1985.

Wright, M, 'Towards a Critical History of Iron Makers in Sumbamanga District, Tan-zania. ' Mimeo, n. d.

Wrigley, C C, 'Neo-Mercantile Policies and the New Imperialism. ' In Dewey, C and Hopkins, A G, eds., 1978.

Wrigley, C, 'Population and History: Some Innumerable Reflections. ' In Fyfe, C and McMaster, D, eds., 1981.

Wrigley, C C, 'Population in African History. ' *Journal of African History*, 25: 93—96, 1984.

Wylie, D, 'The Changing Face of Hunger in Southern African History, 1890—1980. ' *Past and Present*, 122:159—199, 1989.

Wyndham, H A, *The Atlantic and Slavery*. London, 1935.

Young, M C, 'Nationalism, Ethnicity and Class in Africa: A Retrospective. ' *Cahiers d Etudes Africaines*, 103:421—495, 1986.

Young, C, 'The Colonial State and Post-Colonial Crisis. ' In Gifford, P and Louis, W R, eds., 1988.

Zaalouk, M, *Power, Class and Foreign Capital in Egypt: The Rise of the New Bourgeoisie*. London: Zed Books, 1989.

Zeleza, P T, *Dependent Capitalism and the Making of the Kenyan Working Class During the Colonial Period*. Ph. D. Dissertation, Dalhousie University, 1982.

Zeleza, T, 'African History: The Rise and Decline of Academic Tourism. ' *Ufahamu*, 13:9—43, 1983.

Zeleza, T, *Record of Minutes of UN ESCO -Sponsored Consultative Meeting on the Revision of History Textbooks in East and Central Africa*. Nairobi: UNESCO, 1984.

Zeleza, T, *Record of Minutes of UN ESCO -Sponsored Consultative Meeting on the Revision of History Textbooks in East and Central Africa*. Nairobi: UNESCO, 1985a.

Zeleza, T, ' The Problems of Teaching African Economic History, ' paper Presented to UNESCO Conference on Revision of History Textbooks in East and Central Africa, Nairobi, UNESCO, 1985b.

Zeleza, T, 'The Problems of Writing History Textbooks: The Case of East Africa, ' paper presented to the Meeting of Experts on History Teaching and Textbooks in African Schools, Nairobi, UNESCO, 1989b.

Zeleza, T, 'The Current Agrarian Crisis in Africa: Its History and Future. ' *Journal of Eastern*

African Research and Development, 16:151—186, 1986.

Zeleza, T, 'African Sugar in the World Market. ' *Journal of Eastern African Research and Development*, 18:1—23, 1988.

Zeleza, T, 'The Establishment of Colonial Rule. ' In Ochieng', W R, ed., 1989.

Zeleza, T, 'The Production of Historical Knowledge for Schools. ' *Transqfrican Journal of History*, 19:1—23, 1990.

Zeleza, T, 'African Social Scientists and the Struggle for Academic Freedom', *Journal of Eastern African Research and Development*, 22: 11—32, 1992.

Zwanenberg, R M A and King, A, *An Economic History of Kenya and Uganda*, 1800—1970. London: Macmillan, 1975.

Zwanenberg, R M A, 'Dorobo Hunting and Gathering: A Way of Life or a Mode of Production?' *African Economic History*, 2:12—24, 1976.

索　引

A

Abeokuta
 nationalism　392
 population　76-77
Accra Confederation　392
Accra, nationalism　392
Ada, salt production　194
Addis Ababa
 markets　299
 population　78
 trade　408
adoption, Maasai　139
Adowa
 markets　299
 textiles　209
Adulis, urbanization　76
Afkala, trade　299
Afrikaners　74-75, 162
Agadez, copper production　183, 185
Agalawa, trade　279
agriculture　6-11, 115-116, 425
 and colonialism　156-172
 and imperialism　145
 labour 160-161, 165-166, 169
 labour, gender division 93
 and mining　161
 mixed farming 110-111
 productivity　7-8
 and slavery　133-145, 154
 tools 92-95, 115
agro-forestry　88
Air Massif, salt production　196, 198
Akamba, trade 298
Akjoujt, copper production　183
al-Masallamiyya, growth of 78
al-Matamma, growth of 78
Alamaya, agriculture 91
Albert, Lake 28
alcohol　237-238, 403
Alexandria　347

population　77, 81
 rainfall 30
 settlers 81
Algeria
 agriculture 91, 93, 98-99, 143, 357
 architecture 213
 colonization　167-170, 354-359, 368
 crafts 250
 currency 357
 economy　358
 education　251
 exports　357-358
 and France　167-170, 354-359
 imports 357
 industrialization　249-252
 labour 251
 land ownership　167-170
 population　58
 railways　358
 rainfall 30
 settlers 73, 169-170, 250, 357
 trade 256-257, 270, 345, 357-358
 transport 265, 358
 urbanization　77
Algiers
 population　76-77
 port 358
 trade 270
Alima, agriculture 103
Aliu Amba, markets 299
Alur, taxation 301
Ambriz, trade 401
Anglo-American Corporation 249, 417
Anglo-Turkish Treaty 220
Angola
 agriculture 103-104, 156-157
 colonialism　332
 colonization　410-411, 421
 currency 325-326

disease 43-44, 47
exports 400-401
furniture 212
imports 401
livestock diseases 46
population 67
and Portugal 156-159, 331-332,
401-402,410-411
settlers 74
slave trade 64, 397
slavery 157
trade 321, 332
transport 327
animal husbandry 109-115
See also livestock
Ankobar
markets 299
population 78
Ankole, urbanization 78
Antanarivo, trade 404
Arabs
credit systems 3 14
trade 298, 304
archaeology, and demography 5 5
arms and ammunition, imports 376-
378,386,403
Asante
colonization 392
currency 282
markets 274-275
slave trade 71
textiles 204, 208
trade 275-279
transport 287
urbanization 77
Ashanti
architecture 82, 214
furniture 212
gold production 189
pottery 212
Ashanti Gold Fields 244
Asians
immigration 75
Asmara, urbanization 78
Assab
colonization 420

markets 299
Assinie, colonization 385
Aswa, agriculture 91
Asyut, population 77
Atebubu
markets 275
trade 279
Awdaghust, urbanization 76
Axum, urbanization 76
Azande
brewing 211
migrations 72

B

Babuka, textiles 208
Badagry, exports 372
Bagamoyo, markets 297
Baganda
taxation 301
textiles 201
trade 303
Bahr al-Ghazal, trade 304
Bailundu, trade 321
Bakuba, textiles 203
Bamako, trade 276
Bambara, textiles 203
Bambuku, gold production 189-190
bananas 102, 108
banks 337-338, 353
Bannerman, James 388
Bantu, languages 175
barley 96-97
Bamato, Barney 229
Barotse, colonization 417
Barotseland
agriculture 105
colonization 418
land ownership 124-125
and slavery 136
barter 310, 325
basketry 211
Basotho
agriculture 37, 106
food shortages 37
households 127
labour, distribution 127

labour, gender divisions 149
Bathurst, foundation of 385
Bauchi, tin production 187-188
bazaars 257-258
beads, imports 403
beans 96-97, 108, 256, 407
Bedouin
    agriculture 119
    architecture 215
    textiles 207
Beit, Alfred 229, 232
Bela Shangur, trade 309
Belgium
    and Central Africa 421
    and Zaire 412-414
Bemba, trade 322
Benadir, trade 407
Benghazi, rainfall 30
Benguela
    exports 400-401
    trade 401
Benin
    brass production 186
    population 66
    transport 292
    urbanization 77
    woodworking 213
Benson, Stephen 388
Benue, salt production 194
Berbers
    markets 298
    trade 408
Berbers, textiles 201, 207
Betsileo, gold production 194
Bette, caravans 288
Biafra
    exports 371
    population 66
Bida
    and slavery 137
    tin production 188
Bilma, salt production 196, 198
Black Flag Rebellion 228
Blaize, Richard 389
Blankson, George 388
Blaze, Robert 387

blood-brotherhood 303
boats 291-292, 315
Bobangi, trade 323-325
Boers 74-75, 415-416
    agriculture 106
    transport 338
Bole, credit system 287
Bolobo, population 320
Bonduku
    markets 275
    trade 278
Bonga, population 320
Bonny, trade 387
Boran, architecture 215
Bomu, droughts 29
Bosoko, population 320
Boure, gold production 189
bovine pleuro-pneumonia 49
    See also lungsickness
brass production 186
brewing 210
Britain
    in Africa 19
    in East Africa 419-420
    and Egypt 220-221, 349-354, 421
    and Morocco 363-365
    and South Africa 415-416
    and Southern Africa 422
    and Uganda 420
    and West Africa 392-393
    and Zanzibar 418
British National African Company 386
British South African Company 417
bronze production 186
Buah, markets 319
Buganda 78
    agriculture 108
    colonization 420
    slave trade 310
    taxation 301
    textiles 207
    trade 304
    urbanization 78
Buhaya, iron production 176
building
    See construction

Bukenya, markets 320
Bulawayo, population 79
Bunyoro
    currency 311
    furniture 212
    slave trade 310
    trade 304
Bunyoro-Kitara
    markets 297
    trade 301, 303
Burundi, agriculture 89
Busoga, trade 304
Bweyorere, urbanization 78

C

Cairo 76
    population 76-77, 80-81, 259
    settlers 81
    trade 270, 304
Calabar
    exports 371, 380, 386
    trade 382, 392
camels, exports 267
Cameroon
    architecture 215
    colonization 393
    exports 386
    furniture 212
    salt production 195
canoes 291-292, 315, 329
Cape Colony
    agriculture 114
    conservation 39
    credit systems 337-338
    currency 336-337
    disease 43
    exports 398-400
    imports 399
    land holdings 159
    population 56-57, 75
    slavery 159
    trade 333-337, 398-400
Cape Delgado, trade 407
Cape Town
    population 79
    trade 333

Cape Verde, trade 402
caravans 38, 264-265, 287-291, 299,
    327-330
Casablanca, population 77
Casamance, exports 373
cassava 100, 102-103
Cayor, exports 373
Cazengo, agriculture 104, 157
Central Africa
    colonization 421
    crop patterns 102-104
    and Portugal 421
    trade 319-321, 339-340, 397,
        400-402, 409-414, 421
    transport 326-331, 339
Central Mining 232
cereals, exports 97
Chad
    currency 285
    droughts 29
    livestock diseases 46
    salt production 195-196
Chad, Lake 28, 30
    transport 291
Chaga, brewing 211
Chagga
    agriculture 91
    markets 296
Chamber of Mines
    Nigeria 246-247
    South Africa 234-237
    West Africa 243
charcoal 178, 181-182
Chencha, architecture 215
Chercher, markets 299
Chewa 47
    credit systems 324
    trade 322
Chiana, iron production 179
Chikunda
    trade 322
    transport 330-331
child-rearing practices 13
Chokwe
    agriculture 103
    currency 325

furniture 212
migrations 72
cholera 41-42
Chungo, urbanization 76
cities 76
　layouts 81-82
　populations 76-78
climate 52-53
　and change 25-31
　regions 85
cloth currencies 285-286, 325
cloves 107, 144, 404
cocoa 101, 128-129, 386
coconuts 108, 407
cocoyam 100
coffee 101, 104, 108, 157
　exports 375, 386
coir 402
Cokwe, trade 321, 400-401
colonialism 53
　and agriculture 156-172
　and currency 284
　and disease 47-48, 51-52
　and manufacturing 247-251
　and population 57
　and trade 331-338
　and urbanization 80
colonization 426
　Central Africa 421
　East Africa 418-422
　North Africa 367-369
　Southern Africa 422
　West Africa 385-386, 390-396
colour bar 228, 234
Compagnie d*Afrique 354
Condominium Agreement 421
Congo
　agriculture 94, 102-104
　copper production 184
　credit systems 324
　mining 184
　population 59
Consolidated Gold Fields 232
construction 213-216
copal 104, 404
copper production 183-187

copra 402
cotton 97, 99, 103, 109, 156-157,
　201-202, 353
　exports 97, 346, 353, 404
　imports 376-377, 386, 404, 409
　prices 256, 406
cowrie currency 282-284, 311, 326,
377
crafts 210-213, 225-226, 250
credit systems 286-287, 294, 314, 324-
325, 382, 391-392
crop patterns 95, 116
　Central Africa 102-104
　East Africa 107-109
　North Africa 96-99
　Southern Africa 104-107
　West Africa 99-102
　See afro agriculture
Cross River, currency 282
Crowther family, and trade 387
cultivation
　methods of 85-92
　See afro agriculture
currency 310-313, 325-326, 391
　and colonialism 284

D

Daboya
　iron production 175
　textiles 202
Dahomey
　agriculture 142
　architecture 215
　slave trade 71, 142
　trade 277-278, 281, 292
　urbanization 77
Dakar, colonization 385
Dallal Bosso, salt production 196
Dallol Fogha, salt production 196
Damietta, population 77
Danagla, trade 304
Dankali, salt production 196
DarFur
　and slavery 135
Darbo, trade 280
Darfur

iron production 180
markets 300
trade 266-267, 300
De Beers Consolidated Mines Ltd 229-230, 248, 417
death rates, mineworkers 236
demography, historical 54-56, 82-83
diamonds 227-230, 415
diet, Pedi 105
Diggers Association 228
disease
and colonialism 47-48, 51-52
and drought 44-45
ecology of 40-52
and imperialism 41
livestock 45-47
Djibouti, colonization 420
Do Dimmi, iron production 175
Dongo, urbanization 76
Dongola, urbanization 78
Doula, colonization 393
droughts 29-30, 32, 34, 37, 52
coping strategies 35-40
definitions 35
and disease 44-45
and famine 35, 38
and slave trade 34-35
Dutch East India Company (VOC) 333
dyes and dyeing 202-203, 208
dysentery 44

E

East Africa
colonization 418-422
crop patterns 107-109
markets 296-300
merchants 406
trade 397, 403-409, 421
trade terms 406
transport 314-317
East African Protectorate
colonization 419-420
See also Kenya
East Coast fever 51
See also theilerioisis
ecology, and demographics 56

economics 4-5, 21-22
Efik, trade 382
Egba United Board of Management 392
Egypt
agriculture 90-91, 93, 96-97, 111, 117-120, 143
banks 353
and Britain 220-221, 349-354, 421
colonialism 350-353
colonization 368
copper production 183
currency 263
disease 42-43, 49
economy 347-349, 353-354
exports 346, 353
and France 352
gold production 189
households 127-128
imports 353
industrialization 217-221, 226
labour, agricultural 143
labour, distribution 127-128
labour, gender divisions 152-154
land ownership 117-120, 131, 354
livestock diseases 45
mining 189
nationalism 349
peasantry 117-120
population 57
prices 256
railways 347
rainfall 30
salt production 196
settlers 73, 346
slave trade 266-267
taxation 117-118, 347
textiles 218-219
tin production 187
trade 255-262, 266-267, 270-272, 304, 308-310, 343, 345-354
transport 265, 347-348
urbanization 76-77
Embu, trade 306
Engaruka, agriculture 92
Entoto, population 78

environmental change, and society 32-40

epidemics 50, 66
  and food shortages 45
  and social structure 50-52

Eritrea
  currency 312
  trade 408

Essaouira
  population 77
  trade 259

Ethiopia
  agriculture 91, 94, 108-109, 111-112, 121-123, 126
  architecture 214-215
  basketry 211
  brass production 186
  climate 28
  colonization 420
  credit systems 314
  currency 311-312
  disease 43
  droughts 30, 32
  exports 408
  households 127
  imports 408
  industrialization 226
  iron production 179-180
  land ownership 121-123, 126
  leather 211
  livestock diseases 46
  markets 297-299
  peasantry 121-123, 126-127
  population 32, 67
  pottery 212
  salt production 196
  slave trade 398
  taxation 122, 301-303
  textiles 207-209
  trade 308-310, 407-408
  transport 299, 314-315
  urbanization 76, 78

Ewe, credit system 287

exports 344

F

Fachi, salt production 196, 198

famine 32, 35-40, 52

Fang, migrations 72

Fame Confederation 392

feathers, exports 267

fertility 64-66, 71

Fez
  population 76-77
  trade 270

Fezzan, agriculture 97

finance
  foreign investment 232
  and trade 262-263

Fipa, iron production 177, 179

food
  preparation and preservation 210
  trade 276-277, 308

food shortages
  coping strategies 35-40
  and epidemics 45

forests 28

Foster and Smith 391

France
  and Algeria 167-170, 354-359
  in East Africa 420
  and Egypt 352
  and Libya 366
  and Morocco 363-365
  and Senegal 384-385
  and Tunisia 359, 361-362
  and West Africa 393

Freetown 77, 81
  merchants 387
  trade 281

Fulani 49
  textiles 207

Fulbe, agriculture 112-113

furnaces
  See metalworking

furniture 212

G

Gabon
  disease 66
  exports 386
  plantations 386
  salt production 195
Gajaaga, trade 280
Gambia
  agriculture 99
  colonization 385
  currency 286
  exports 373, 380
Ganvie, architecture 215
Gao
  trade 270
  urbanization 76
GazaNguni, and slavery 135
Gedi, urbanization 76
gender
  and agricultural labour 93
  analysis 11-12
  and architecture 215-216
  and division of labour 145, 147-155, 207-209,424
General Mining 232
German East Africa Company 419
Germany
  in East Africa 418-419
  and Libya 367
  and Morocco 364-365
  and West Africa 386, 393
Gezira, agriculture 109
Ghadmes, agriculture 97
Ghana
  agriculture 100-101, 129
  architecture 213
  colonization 392
  construction 216
  gold production 240-244, 396
  iron production 175, 179
  labour, agricultural 137
  land ownership 128-129
  migrants 72
  mining 240-244, 252
  salt production 194-195

  textiles 208
Ghartey, Robert 388
gold
  currency 282
  exports 268, 372-373
  production 188-194, 227, 230-233, 240-244
Gold Coast
  bankruptcy case 391
  colonization 385
  credit systems 382
  exports 375
  merchants 388
  nationalism 392
  trade 392
Goldie, George 392
Gondar
  credit systems 314
  markets 299
  population 78
grain, exports 398, 407
Grand Bassam, colonization 385
Grant, Francis 388
Griqua, trade 334
Griqualand 415
groundnuts 99, 129-130
guano, exports 375
guilds 258-259, 270
Guinea
  agriculture 99
  caravans 288
  climate 30
  currency 282
  exports 373
  population 66
  trade 402
Guinea-Bissau
  agriculture 130
  land ownership 130
gum 381-382, 384-385
  exports 372, 375, 408
  prices 380, 406
Gusii, trade 305-306
Gwandu, agriculture 140

H

Hamama, textiles 207
Harar
  agriculture 108
  currency 312
  markets 299
  population 78
  trade 408
Hausa
  agriculture 36-37
  architecture 214
  food shortages 36-37
  households 127
  labour distribution 127
  pottery 211
  textiles 202, 207-208
  trade 279-280
healing, organization of 49
health
  and migrant labour 240
  mineworkers 235
  mining communities 231, 236
hides, exports 403
hoes 95, 180, 403
Holland Jacques and Company 387
households 12, 126-128, 138-140
  and textile production 209-210
housing 213-216
Hughes, Thomas 388
Hutu, agricultural labour 137

I

Ibadan, population 77
Ibibia, textiles 203
Ibibio, textiles 208
Ife
  brass production 186
  pottery 212
Igbirra, textiles 207
Igbo Ukwu, brass and bronze production 186
Ikelemba, agriculture 103
Ilorin
  population 76-77

trade 279
Imerina
  agriculture 91
  population 225
immigration 70, 74-75, 83
Imperial British East Africa Company 419-420
Imperial Railway Company 316
imperialism 16-22
  and agriculture 145
  and disease 41
imports, effects of 378-379
Indians, in East Africa 406
indigo 100, 109, 202
industrialization 216-221, 223-226, 251-252
inflation 284-285
influenza 41
inoculation 49
intercropping 87-88
International African Association 412
Inyanga, agriculture 89, 92
Irebu, population 320
iron production 174-176, 178-183
  imports 181-182, 377
  labour 178-180, 182
  prices 380
  smelting 176
  and social status 180
  trade 180-183
irrigation 89-92
Islam, and trade 271, 280, 298
Ismailia, population 77
Italy
  in East Africa 420-421
  and Libya 365, 367
  and Morocco 365
  and Tunisia 362
ivory
  exports 267, 372, 374-375, 386, 399-400, 402, 404, 407
  prices 380, 406
  trade 404-406
Ivory Coast
  colonization 385
  currency 282

J

Ja'aliyyin, trade 304
Jabal, agriculture 97
Jabarti, trade 299
Jahaanke, trade 280
Jaja of Opobo 387, 393
Jameson Raid 416
Jenne
  trade 270
  urbanization 76
Jenne-Jeno, iron production 175
jiggers 44
Johannesburg Consolidated Invest-
ments 232
Johannesburg, population 79
Jos Plateau, tin production 187, 244-
245
Juula, trade 279-280

K

Kabba, textiles 207
Kabylia
  colonization 357
Kaditshwene, population 79
Kamba
  agriculture 88
  trade 303-307, 407
  transport 315
Kambarin Beriberi, trade 279
Kano 82
  agriculture 100
  droughts 29
  population 77, 275
  textiles 100, 202, 204-205, 210
  tin production 188
  trade 269-270, 275
Kanuri, salt production 196
Karagwe, trade 304-305
Karebe, epidemics 50
Kasongo
  population 79
  trade 303
Kassala, urbanization 78
Katagun, agriculture 89

Katanga
  copper production 184-185
  markets 320
  mining 184
  trade 303, 320,322
  transport 330
Katsina, agricultural labour 137
Katwe, markets 297
Kawar, salt production 196
Kazembe
  markets 319
  trade 322
  transport 330
Kebbi, agricultural labour 137
Kenya
  agriculture 88, 91, 95, 108, 111
  colonization 419, 422
  epidemics 51
  famine 51
  labour, gender divisions 150
  markets 296-297
  population 67
  railways 75
  settlers 74-75
  trade 303-307, 407
  transport 314, 316
Khartoum
  markets 300
  population 78, 300
  trade 267
Khartoumers, slave trade 305, 309
Khoikhoi
  food preservation 210
  population 56
Khoisan
  agriculture 113
  and colonialism 159
  disease 43
  trade 334
  transport 338
Kibiro, markets 297
Kikuyu
  agriculture 95
  and epidemics 51
  land ownership 132
  markets 296

trade 303, 305
Kilimanjaro, markets 296
Kilwa
    currency 311
    markets 297
    trade 407
    urbanization 76
Kimberley
    diamond mining 227-230
    population 79
Kimberley Central Diamond Mining
Company 229
Kinshasa
    foundation 79
    markets 320
kinship 12
    and trade 303, 388-389
Kintampo
    markets 275
    trade 279
Kita
    famine 276
    trade 276
Kivui, and trade 306
Kobbei
    growth of 78
    markets 300
Koena, labour 239
kola 101, 275-276
Kololo
    trade 323
    transport 330-331
Kongo
    currency 325-326
    trade 322
Konso, agriculture 91
Kordofan, trade 300
Krio, trade 281
Krobo, agriculture 100
Kuba
    credit systems 324
    furniture 212
    textiles 205-207
    trade 322
Kukawa, trade 270
Kumasi

markets 274
    urbanization 81-82
Kumbi, trade 270
Kumbi-Saleh, urbanization 76
Kush, gold production 189
Kutaruka, iron production 175
Kwapin, agriculture 100

L

labour 424
    agricultural 160-161, 165-166, 169
    caravans 288-290
    construction 216
    gender division 145, 147-155,
    207-209, 424
    gold production 189-191, 193
    industrial 219, 223-225
    iron production 178-180, 182
    mining 228-230, 233-240, 242-243
    peasantry 126-140
    salt production 194, 196-198
    textile production 206-210
    tin production 188
    transport 315, 327-331
Lagos
    colonization 385
    credit systems 382
    exports 386
    merchants 387
    population 80
Laitokitok, markets 296
Lamu, trade 407
languages
    Bantu 175
    Lingala 323
    spread of 175
Lattako, population 79
Lawra, iron production 179
leather 211
Lele, agriculture 102
Lele, textiles 207
Lemba, copper production 185
leprosy 44
Lesotho
    agriculture 93-94, 106, 132-133
    climate 30

droughts 37
famine 37
labour 239
labour, distribution 127
labour, gender divisions 149
land ownership 132-133
Lewis and Marks 248
Liberia
　agriculture 142
　currency 282
　merchants 388
　plantations 386
　trade 389
　urbanization 77
Libya
　agriculture 97-98, 143
　colonization 365-367
　economy 366
　and France 366
　and Germany 367
　and Italy 365, 367
　population 58
　rainfall 30
　settlers 74
　trade 258
　transport 265
　urbanization 77
Liche, population 78
Lingala language 323
linguistics, and demography 55
livestock
　diseases 45-47, 49
　ownership 51
　for porterage 290-291
Loango
　credit systems 324
　currency 325
　markets 319
　population 67
　slave trade 397
　trade 322
　urbanization 76
Lobi, gold production 189-190
looms 203-204, 207
Lozi, trade 321
Luanda

colonialism 332
　exports 400
　trade 401
Luapula, markets 319
Luba
　copper production 185
　credit systems 324
　furniture 212
　trade 321
Lulonga, agriculture 103
Lunda, transport 330
lungsickness 46, 114
Luo
　agriculture 95
　trade 305

M

Maasai
　adoption 139
　agriculture 112
　construction 216
　and epidemics 51
　households 138-140
　labour, distribution 138-140
　labour, gender divisions 150-151
　land ownership 138-140
　livestock diseases 46
　markets 296
　taxation 301
　trade 305
Macamedes, trade 401
Madagascar
　agriculture 91, 143-144
　colonization 420
　education 223
　exports 403
　gold production 193-194
　imports 403
　industrialization 217, 221, 223-226
　labour, agricultural 143
　slave trade 67
　and slavery 135
　textiles 201, 207-208, 224
　trade 403-404
　transport 327-329
Magadi, Lake 28

Maghreb
　　agriculture 96-97
　　trade 258, 266, 268-270, 272, 343
maize 90, 96-97, 102-106, 108, 256
Makndza, population 320
Makuta rising 159
Malabo Pool, trade 399-400
malaria 43-44
Malawi
　　agriculture 87, 89, 104
　　colonization 417, 422
　　currency 326
　　diseases 48
　　salt production 195
　　slave trade 398
Malawi, Lake 30
MaleboPool 79
　　agriculture 103
　　markets 320
　　population 320
　　trade 320
Mali
　　iron production 180
　　textiles 203
Malimba, colonization 393
Malindi 77
　　agriculture 107, 144
　　exports 407
　　markets 297
　　and slavery 144
　　taxation 302
　　urbanization 76
Malinke Mori, trade 280
Mamvu, agriculture 102
Manekweni, agriculture 110
Mang'anja
　　agriculture 87, 89, 95, 104
　　labour, gender divisions 146-147
　　transport 331
Mangan, salt production 196-198
Mangbetu
　　agriculture 103
　　furniture 212
　　slave trade 309
　　trade 304
Mantasoa, industrialization 224

manufacturing 13-14, 247-251, 425
Manyika, transport 330
Mapungubwe
　　urbanization 76
Maputo, trade 403
Maraka
　　agriculture 142
　　caravans 288
　　trade 276, 281
　　transport 287
Marakwet, agriculture 91
Maria Theresa dollar (MT) 311-312
markets 255, 257
Marrakech
　　population 77
　　trade 270
Mashaw, population 79
Mas saw a
　　colonization 420
　　markets 299
　　trade 309, 407
　　urbanization 78
Massina, agriculture 113, 142
Massingiri rising 159
Mauritania
　　climate 28
　　copper production 183
　　exports 375
　　trade 392
Mauritius
　　agriculture 107
　　malaria 44
　　settlers 75
Mbanza Kongo, urbanization 76
Mbundu
　　credit systems 324
　　currency 325
McGill, James 388
medicine 48
Medje, agriculture 102
Meknes, population 76
Menalamba revolt 144
Mengo, population 78
merchants 259-262
　　migrant 279-281
　　segregation of 270, 279

Merina
  agriculture 143
  industrialization 221, 223-225
  textiles 224
  trade 403
  transport 327
Merka, markets 298
Meroe
  gold production 189
  urbanization 76
Mero
  taxation 301
  trade 306
metals, imports 376-377
metalworking 13, 199-200
  See also copper, gold, iron, tin
mfecane 33, 57
Mfengu, agriculture 105
Mfwa, markets 320
migration 70-73, 83
  Asian 75, 81
  European 75, 81
  labourers 238-240
  merchants 279-281
  and urbanization 80-81
Mijikenda, trade 306, 407
military conscription 118
millets 90, 96, 99
  exports 107-108
  See also grain
Mindouli, copper mining and production 184
Mine Managers' Association 243
mining 13-14, 199-200, 425
  and agriculture 161
  copper 184
  gold 189-193
  labour 228-230, 233-240, 242-243
  and manufacturing 248-249
  salt 196
  tin 187
Mizabi, trade 270
Mobutu Sese Seko (Albert), Lake 28
Mogadishu
  currency 311
  markets 298

Mombasa 77
  agriculture 108, 144
  exports 407
  labour, gender divisions 147
  markets 297-298
  and slavery 144
  trade 306, 407
Momboares 13
monetary systems 282-286, 294
Mongo, agriculture 102
Monrovia
  exports 386
  merchants 387
  urbanization 77, 81
Moors, trade 276
Morocco
  and Britain 363-365
  climate 30
  colonization 363-365
  construction 216
  currency 263
  disease 42, 45, 50
  droughts 30, 32
  economy 365
  exports 363
  famine 32
  and France 363-365
  and Germany 364-365
  imports 363
  and Italy 365
  merchants 363
  population 32, 58
  settlers 74, 364
  and Spain 363, 365
  trade 255-260, 268, 272, 345, 363-364
  transport 265
  urbanization 77
Mossi, iron production 182
Mozambique
  agriculture 104, 111, 156-159
  colonization 421
  droughts 34
  exports 402-403
  imports 403
  labour 239
  labour, gender divisions 147

markets 320
migrations 73
peasantry 158
population 67
and Portugal 156-159, 205, 411
settlers 74
slave trade 34, 158, 397
and slavery 135
trade 402
Mozambique Company 159
Mpila, markets 320
Mpongwe, disease 66
Mrima, trade 407
Muniyo, salt production 197-198
Mushie, population 320
Mutapa
  gold production 192
  textiles 204
Mwenemutapa, transport 330

N

nagana
  See sleeping sickness
Naivasha, Lake 28
Nakuru, Lake 28
Namaqaland, mining 227
Nana of Itsekeri 387, 393
Nandi, gender divisions of labour 150
Napata
  gold production 189
  urbanization 76
Natal
  agriculture 106, 164-167
  currency 336
  exports 399
  livestock 51
  settlers 75
  trade 335
nationalism 349, 392
Native Labour Department 234
Ngala, furniture 212
Ngami, Lake 30
Ngoni
  agriculture 111
  migrations 72
  settlements 47

Nguni
  agriculture 105, 111
  migrations 72
  and slavery 70
Niassa Company 159
Niger
  agriculture 90
  climate 28
  colonization 385, 392
  copper production 183, 185
  iron production 175
  merchants 387
  textiles 205
  trade 383, 392
  transport 291
Nigeria
  agriculture 89, 101
  brass production 186
  bronze production 186
  currency 282
  droughts 29
  exports 371
  food shortages 247
  iron production 175, 177, 179
  land ownership 245-246
  livestock diseases 46, 49
  mining 244-247, 252
  nationalism 392
  population 71
  and slavery 136-137
  textiles 201-204, 207-208
  tin production 187-188, 244-247
  transport 292
  urbanization 77
Nile River 27-28
Nimro, markets 300
Nkole, trade 304
North Africa
  colonization 367-369
  crop patterns 96-99
  trade 343-345, 368
Ntamo, markets 320
Nubia, gold production 189
Nupc
  agriculture 140
  iron production 179

and slavery 141
Nyamwezi, trade 297, 303-304, 307-308
Nzabi, agriculture 103

O

olive oil 97-98, 359
Omdurman
colonization 421
trade 300
oral tradition, and demography 55-56
Oran, port 358
Orange Free State
settlers 75
trade 335
orchila, exports 402
Oromo, slave trade 398
Orphan Chamber 337
Ottoman Empire, and Libya 366-367
Ovimbundu
agriculture 103
trade 321, 400
transport 327-328
Owe, textiles 207
Oyo
iron production 177
population 76

P

palm kernels 100, 386, 390
palm oil 100, 102-104, 383
exports 371-373, 386, 390-391
prices 380, 390
Pare, agriculture 89
partition 19-22
pass law 235
Payne and Yates 388
peanuts 99, 102
exports 99, 373, 386, 402
prices 380, 390
See also groundnuts
peasantry
definition 8-10
labour processes 126-140
and the State 117-126, 154-155

Pedi, agriculture and diet 105
pellagra 96
Pemba
slave trade 144
taxation 302
plague 43
plantains 102
plantations 107-109, 140-145, 159, 164-167, 223, 386
ploughs 92-94
Porno, agriculture 103
Pondoland, trade 334
population 83
cities 76-78
and colonialism 57
growth 56-60
and slave trade 60-69
Port Louis, population 78
Port Said, population 77
porterage 290, 314-315, 326-330
Portugal
and agriculture 156-159
and Angola 156-159, 331-332, 401-402, 410-411
and Central Africa 421
colonialism 410-411
and Mozambique 156-159, 205, 411
pottery 211
prices, Egypt 256
production process 424
productivity, agricultural 7-8
prostitution 237-238
Pupanganda, markets 320

Q

Quelimane, exports 402

R

Rabat, population 77
railways 315-316
rainfall 30-31
See also climate
rainforest 28
Rand Mines Ltd 232
Rand Native Labour Association 235

relapsing fever 44
reserves, game and native 39
Reunion, agriculture 107
Rhodes, Cecil 229, 417
rice 89-91, 96-97, 99, 102
    labour 148
rinderpest 45-47, 50
Rooiberg, tin production 187
Rosetta, urbanization 76
Royal Niger Company 244, 386, 393
Rozwi Mambo, trade 322
Rubaga, urbanization 78
rubber 101, 103-104, 401
    exports 386, 402-403
Rufisque, exports 373
Rwanda
    agriculture 89
    furniture 212
    labour, agricultural 137-138
    land ownership 137-138
    taxation 301
    trade 303-304

S

Sahara
    climate 28-29
    rainfall 30
    salt production 196
    trade 268, 270, 272
Sahel
    agriculture 98
    droughts 29-30
    livestock diseases 47
    migrants 72
    rainfall 31
    salt production 196-197
    trade 270
Saint Louis
    colonization 385
    exports 380
    trade 381, 383-385
Sakalave, textiles 206
Salaga
    markets 275
    population 275
    trade 275, 278

salt
    as currency 326
    imports 386
    prices 380
    production 194-199
Samburu, trade 306
SaoTome
    exports 386
    trade 402
Sarbah, John and John Mensah 388-389
Sawakin, trade 300
segregation 40, 82
Segu Bambara, agriculture 142
Semen, agriculture 91
Senegal
    agriculture 90, 99
    colonization 385, 393
    currency 286
    exports 373, 375
    and France 384-385
    furniture 212
    trade 381-385, 392
    transport 291-292
Senegal River 28
Senegambia
    agriculture 100, 129-130
    credit systems 382
    currency 282, 285-286
    labour, gender divisions 147-148
    migrants 72
    population 66
    salt production 195
    taxation 277
    trade 277, 280-281, 380
Sennar, trade 266-267
Serer, agriculture 110
sesame 100, 108
    exports 402, 407
sex ratios 66
Shambaai, gender divisions of labour 147
sharecropping 128-133, 154, 161, 170
Shawa, trade 309
shell currency 326
    See also cowrie currency

Shendi
  growth of 78
  markets 300
  trade 300
shifting cultivation 86-87
Shilluk, transport 315
Shoa, trade 299
Shona
  agriculture 104
  trade 320
  transport 330
Shona-Ndebele uprising 50
Sidama
  slave trade 398
  trade 299
Sidamo, architecture 215
Sierra Leone
  agriculture 89
  colonization 385
  credit systems 382
  exports 373, 375, 380
  livestock diseases 46
  trade 281
  transport 292
  urbanization 77
silk 201
Sinai, salt production 196
Sinnar
  markets 300
  trade 300
Sinsani, transport 292
slave trade 7, 13, 33, 38, 305, 309-310, 397-398, 426-427
  abolition of 67-68, 371
  and demographics 83
  and drought 34-35
  estimated numbers 63-66
  and fertility 64-66, 71
  and food trade 276
  and population 60-69
  within Africa 70-72
slavery 10
  and agriculture 133-145, 154
  on caravans 289
sleeping sickness 46-47, 49
  See also trypanosomiasis

smallpox 41-43, 45, 49, 66
Smith, Joseph 391
social organization 424
social status, iron producers 180
society
  and epidemics 50-52
society, and environmental change 32-40
socio-economics, and demography 56
soil types 85
Sokoto Caliphate
  agriculture 100, 124, 131, 140
  caravans 288
  currency 282
  labour, agricultural 137
  land holding 124
  peasantry 124
  population 77
  pottery 211
  slave trade 71
  and slavery 137, 141
  taxation 124
  textiles 210
  trade 275-276
Somalia
  colonization 420
  credit systems 314
  markets 298
  population 67
  trade 298-299
  transport 314
Somaliland, livestock diseases 46
Soninke
  agricultural labour 137
  and slavery 135
Sonjo, agriculture 91
sorghum 96, 99, 109
Soron D'inki, textiles 204
Sotho, agriculture 111
Sotho-Tswana, trade 334
South Africa
  agriculture 93, 105-107, 113-114, 159-167
  brewing 211
  and Britain 415-416
  climate 30

colonization   417-418, 422
    emergence of 414-415
    epidemics 50-51
    foreign investment 232
    industrialization 252
    iron production 175
    labour, gender divisions 149
    land ownership 160, 162-163
    livestock diseases 46
    manufacturing 248-249
    mining 227-240,   251, 415-417, 422
    peasantry 160-164
    railways 338
    settlers 74, 162, 417
    and slavery 135
    trade 415-417
    transport 338-339
South Africa War 162
Southern Africa
    crop patterns 104-107
    trade 319-321, 339-340, 397-400,
    414-418, 421
    transport 326-331
Spain, and Morocco 363, 365
spirits, imports 376-378, 386
State
    and peasantry 117-126, 154-155
    and trade 300-303, 317
steamships 389-390
steel
    prices 380
    production 177
Suakin
    growth of 78
    trade 408
sub-Saharan Africa 2, 272
Sudan
    agriculture 91, 108-109, 111, 120-121
    climate 28
    colonization 420
    credit systems 314
    currency 312-313
    exports 408
    households 127
    imports 409
    labour, agricultural 137

labour, distribution 127
land ownership 120-121, 131
livestock diseases 46
markets 298
peasantry 120-121
population 58-59, 67
salt production 196, 198
slave trade 266-267, 398
    and slavery 135
    smallpox 43
    taxation 121, 303
    textiles 204, 207
    trade 266-267, 270-271, 276, 300-301,
304, 308-310, 408-409
    transport 287, 314, 316
    urbanization 76, 78
Suez Canal 347, 349, 351
Suez, population 77
sugar 97
    exports 97, 403
    imports 403
sugarcane 96, 102, 106-107, 164-167
Swahili
    architecture 214
    construction 216
    credit systems 314
    trade 298, 303-305, 307
    transport 315
Swazi, agriculture 87, 111
Swaziland
    agriculture 125-126
    climate 30
    labour, gender divisions 150
    land ownership 125-126
    peasantry 125-126
sweet potatoes 100, 102

T

Tabora
    markets 297
    taxation 301
    trade 304
    urbanization 78
Tabu, salt production 197
Tada, brass production 186
tailoring 204-205, 208

Tajura, markets 299
tamarind 267
Tanganyika
    colonization 419
    population 59
    salt production 195
Tanganyika, Lake 30
Tanzania
    agriculture 89, 91-92, 108, 111
    colonization 422
    disease 43-44, 48
    epidemics 50
    iron production 175-177
    labour, gender divisions 147
    markets 296-297
    population 60, 67
    salt production 194
    settlers 75
    slave trade 398
    trade 303-304, 307-308
    transport 314, 316
taro 100, 102
    See also cocoyam
Tarudant, population 77
Taruga, iron production 175
Tatuan, Spanish occupation 363
Taveta, markets 297
Tchiri
    colonization 411
    trade 322-323
    transport 330-331
technology 13
Teguidda n'tesent, salt production 198
Tekna, construction 216
Temme, agriculture 89
tents 215
terracing 88-89
textiles 13
    imports 205, 376-377, 379, 403
    prices 380
    production 100, 201-210, 218-219, 224-226
    trade 205-206
Thaba Bosiu, foundation of 79
Tharaka, trade 306
Thebes, urbanization 76

theilerioisis 45
Thlaping, agriculture 105, 114
Thonga, brewing 211
Ticne, markets 319
Tigre
    agriculture 91
    currency 311
timber, prices 380
Timbuktu
    trade 270
    urbanization 76
tin production 187-188
Tio
    markets 319
    trade 325
Tiv
    brewing 211
    currency 285
    trade 15
Tiza, iron production 179
Toamasina, trade 403-404
tobacco 96, 103, 105, 109, 377
Togo, transport 292
Tokarawa, trade 279
tools
    agricultural 92-95, 115
    textile production 203-204
Tooro, trade 305
trade 426
    and colonialism 331-338
    diasporas 279-281
    effects of 308
    and finance 262-263
    inter-regional 275-279, 294
    internal 14-16
    international 16
    and Islam 271, 280, 298
    and kinship 303, 388-389
    monopdies 255-257, 272, 301, 322, 344-346, 355
    networks 303-310, 317
    regional 266-272
    and the State 300-303, 317
    women in 281-282, 388
transport 264-266, 287-292, 294-295
    labour 315, 327-331

Transvaal 415
  bronze production 186
  copper production 185
  currency 336
  gold production 231
  settlers 75
  tin production 187
  trade 335
Tripoli
  population 77
  rainfall 30
  trade 269-270
trypanosomiasis 46
  See also sleeping sickness
tsetse flies 46, 49
Tswana, gender divisions of labour 147
Tuareg
  salt production 197
  trade 276, 291
tuberculosis 236, 240
Tungi, trade 407
Tunis
  population 76-77
  settlers 81
  trade 270
Tunisia
  agriculture 91-93, 96, 98, 111
  basketry 211
  colonization 359-362, 368
  currency 262, 360
  disease 43
  economy 359-362
  exports 359, 362
  and France 359, 361-362
  and Italy 362
  land ownership 362
  migrants 72
  population 58
  pottery 212
  settlers 73, 362
  taxation 360
  textiles 207-209
  trade 257, 345
  transport 265, 362
Turkana, Lake 28

Tutsi, agricultural labour 137
typhoid fever 44

U

Ufipa, iron production 180
Uganda
  agriculture 108
  and Britain 420
  climate 28
  colonization 420, 422
  currency 311
  disease 44
  forests 28
  settlers 75
  trade 305
  transport 314-316
Ujiji
  markets 297
  urbanization 78
Ukambani, taxation 301
Umgungundhlovu, foundation of 79
Union Corporation 232
United Africa Company 392
Unyamwezi, taxation 301
Unyanyembe, trade 304
Upoto, population 320
Urambo, urbanization 78
urbanization 75-83
Usagaras, agriculture 91
Uvinza, salt production 194-195

V

vaccination 49
venereal diseases 41, 66
Victoria, Lake 28, 30, 315
Vili, credit systems 324
vines 98
Viye, trade 321
VOC
  See Dutch East India Company
Volta, transport 291
Vonizongo, gold production 194

W

Wadai, markets 300
wages
  mineworkers 233-235, 246-247
  transport 289, 292, 315, 329, 331
Wahehe, agriculture 89
Wasambaa
  agriculture 89, 91
  markets 296
Waterberg, tin production 187
wax, exports 400
weaving 203-204
West Africa
  crop patterns 99-102
  exports 370-375, 386
  imports 376-379, 386, 395
  markets 274-275
  merchants 381, 383-389, 396
  slave trade 371-372, 378
  trade 370-371, 383-390, 394-396
  trade terms 379-382, 391-392
  transport 389-390
West Africa Company 244
West-Central Africa
  droughts 34
  and slave trade 34
wet-lands 89
wheat 89, 96-98, 106
  exports 106
  prices 256
Whydah
  exports 372
  trade 278, 281
wine 106
  exports 98, 399
  imports 386
Witwatersrand Native Labour Association 235
Wolof, and slavery 70, 136
women 11-12
  and caravans 288
  and mining 237
  in trade 281-282, 388
wood
  exports 372, 375, 386

  prices 390
woodwork 212-213
wool 114, 201-202, 399

X

Xhosa
  agriculture 114-115
  households 161
  trade 334

Y

Yalwa, textiles 204
yams 100, 102
Yatenga, iron production 182
Yeju, agriculture 91
Yoruba
  labour, agricultural 137
  migrations 72
  and slavery 67
  textiles 202-203, 207
  trade 277, 281
  urbanization 77

Z

Zaire
  and Belgium 412-414
  colonization 412-414, 421
  copper production 185
  currency 325-326
  disease 44
  furniture 212
  imports 400
  iron production 175
  markets 319-320
  population 320
  salt production 195
  slave trade 397-398
  textiles 203, 205, 208
  trade 321, 323, 399
  transport 329-330
  urbanization 79
Zambesia Company 159
Zambezi
  agriculture 158-159
  textiles 205, 207

trade 321-323
transport 330
Zambia
 agriculture 104-105
 colonization 417, 422
 currency 325
 markets 320
 salt production 195
 trypanosomiasis 47
Zande
 agriculture 102
 slave trade 309
 trade 304
Zanzibar 77
 agriculture 107, 144
 and Britain 418
 colonization 418
 credit systems 314
 currency 311
 disease 42-43
 labour, gender divisions 147
 markets 297
 population 297
 slave trade 144
 taxation 302
 trade 405-407
Zaria, and slavery 141
Zeila
 markets 298-299

trade 408
Zigua
 agriculture 37-38
 food shortages 37-38
Zimbabwe
 agriculture 89, 104, 111
 bronze production 186
 colonization 422
 copper production 184
 currency 325
 epidemics 50
 gold production 189-193
 markets 320
 mining 184, 190-193
 settlers 74
 textiles 204
Zimbabwe (city) 76
Zulu
 agricultural labour 165-166
 architecture 215
 construction 216
Zulu State
 colonization 416
 and drought 32-33
 urbanization 79
Zuinbo
 markets 320
 trade 320

译后记

《非洲现代经济史：十九世纪》(*A Modern Economic History of Africa I, The Nineteenth Century*)1993年首次由非洲社会科学研究发展理事会(CODESRIA)出版，2003年再版。本次翻译是以再版的版本作为蓝本翻译的。原著500多页，分5个部分，内容涵盖19世纪整个非洲的环境和人口变化、农业生产、矿业和制造业、国内贸易和区域贸易、国际贸易和帝国主义。

作为目前非洲经济史研究领域仅有的几本权威著作之一，本书在原著出版第二年便获得非洲图书界最高荣誉"诺马奖"。评委会颁奖词写道："该书体量宏大，史料丰富，构思巧妙，是深入研究19世纪非洲经济史的一部力作。这一开创性的著作将非洲经济史研究提升到一个新的高度，必将产生巨大影响。"

作者保罗·提杨贝·泽勒扎(Paul Tiyambe Zeleza)，1955年出生，是马拉维杰出的非洲史专家，先后在马拉维大学、英国伦敦大学获学士、硕士学位，1982年在加大戴豪斯大学获非洲史博士学位。他曾在马拉维、肯尼亚、牙买加、埃塞俄比亚、加拿大、南非、美国等40多个国家讲学或担任著名高校校级领导职务，2016年起担任美国非洲大学校长，是非洲学者中极具国际影响力的人物。泽勒扎著述极丰，出版了26本专著，数百篇论文和书评。鉴于其在学术界和社会领域的影响力，2013年，卡内基公司将其评为43位对美国生活做出重要贡献的"伟大移民"之一。

泽勒扎教授也是我"非洲圈"教授好友们的好友。十余年里，我分别通过我们共同的好朋友：我在博茨瓦纳的博士生导师 Brain Mokopakgosi 教授、Jamie Monson 教授、Leonardo A. Villalón 教授、Part Mgadla 教授、Frank Youngman 教授和 Johnson Phyllis 等，联系过他，想落实版权出版中文译稿，但都不知道什么原因没有联系上。直到李安山教授与华东师大出版社推进"六点非洲系列"，我再次推荐了这本书，李安山教授欣然牵线。项目终于落定。

2009 年至 2010 年，我受益于"中非 10＋10 计划"以"中非联合培养博士生"身份在博茨瓦纳大学学习，本书是指定阅读书目，每周需要向导师汇报学习进展。2011 年，浙江师范大学创建中非国际商学院并开始招收本科生，在刘贵今大使、舒运国教授的支持和指导下，我开始教授"非洲经济"课程，并用此书作为主要的参考教材。不过，由于是对中外学生统一全英文教学，为了让所有学生都能更好地理解非洲的历史与经济的相关性，从 2012 级开始，我有意识地让中国同学做一些文本的中英文翻译练习，并尝试找到我们在翻译与理解之间的卡点，就此与西方对非洲经济史的研究做参照，然后进行讲解，力图澄清"欧洲中心主义""非洲中心主义"等概念及其细节。由是，本书翻译也凝聚了我和我执教中非国际商学院"非洲经济"课程历届同学的努力，并得到了何曙荣先生的倾力协助。另外，华东师范大学出版社六点分社为本书顺利出版提供了保障。

本书最终得以推出，除了两位译者的埋头苦干，也得益于热爱非洲研究的同仁们的关心与支持，得益于院校师生的共同努力，得益于出版社领导和编辑的关注和辛勤工作。"众人拾柴火焰高"，正是在这种跨越代际、跨越国界、跨越时代的学术合作与推动中，我感受到非洲研究似乎自带了某种人类共同追求真理力量的使命感和光辉感。

中国对非洲经济史的了解不多，这与蓬勃发展的中非经贸尚不相称。充分借鉴非洲本土的既有研究成果，可以为中国学者了解非洲提供有价值的参考和支持。作为译者，我深知翻译是一项桥梁工程，承载着文化与思想的交流，而自己能力有限，翻译中难免有疏漏或不足，恳请各位方家、读者、学人不吝批评、指正。

张　瑾

2022 年 10 月 10 日于金华语洺斋

图书在版编目（CIP）数据

非洲现代经济史：十九世纪/（马拉维）保罗·提
杨贝·泽勒扎著；张瑾，何曙荣译.—上海：华东师
范大学出版社，2023

ISBN 978-7-5760-4619-9

Ⅰ.①非… Ⅱ.①保… ②张…③何… Ⅲ.①经济史—
非洲—19世纪 Ⅳ.①F140.95

中国国家版本馆 CIP 数据核字（2024）第 013376 号

华东师范大学出版社六点分社
企划人 倪为国

六点非洲系列

非洲现代经济史：十九世纪

作　　者　（马拉维）保罗·提杨贝·泽勒扎
译　　者　张　瑾　何曙荣
责任编辑　王　旭
责任校对　徐海晴
特约审读　杨钰霆
封面设计　卢晓红

出版发行　华东师范大学出版社
社　　址　上海市中山北路 3663 号　邮编　200062
网　　址　www.ecnupress.com.cn
电　　话　021 - 60821666　行政传真　021 - 62572105
客服电话　021 - 62865537　门市（邮购）电话　021 - 62869887
地　　址　上海市中山北路 3663 号华东师范大学校内先锋路口
网　　店　http://hdsdcbs.tmall.com/

印刷　者　上海景条印刷有限公司
开　　本　700×1000　1/16
印　　张　33
字　　数　350 千字
版　　次　2025 年 4 月第 1 版
印　　次　2025 年 4 月第 1 次
书　　号　ISBN 978-7-5760-4619-9
定　　价　199.80 元

出版人　王　焰

（如发现本版图书有印订质量问题，请寄回本社客服中心调换或电话 021 - 62865537 联系）

A Modern Economic History of Africa (Volume1): The Nineteenth Century
by Paul Tiyambe Zeleza
Copyright © CODESRIA
Published by arrangement with Council for the Development of Social Science Research in Africa
Simplified Chinese translation copyright © 2025 by East China Normal University Press Ltd.
All Rights Reserved.

上海市版权局著作权合同登记　图字:09 - 2021 - 0416 号